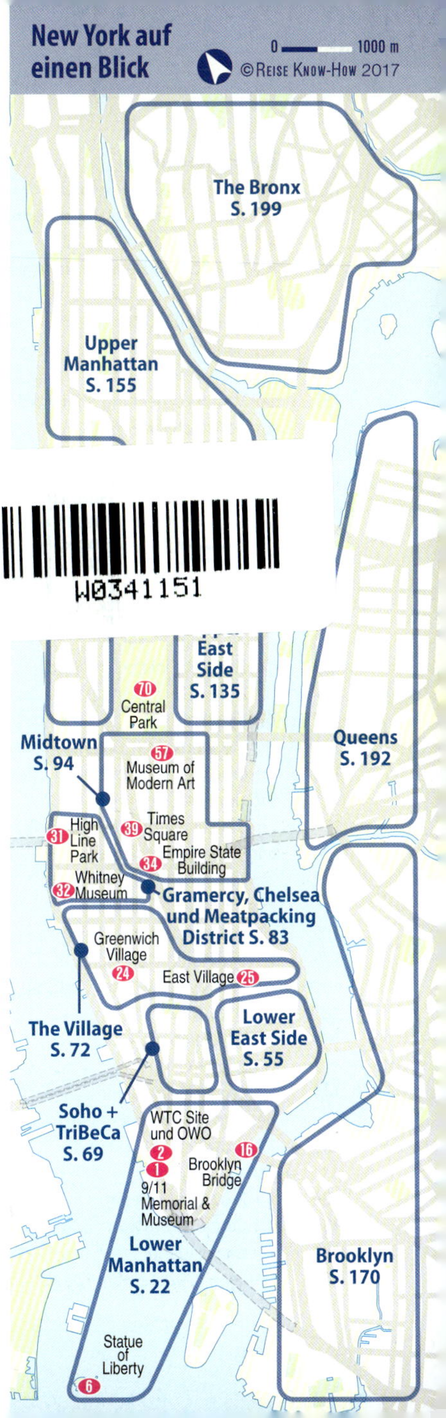
New York auf einen Blick
0 1000 m
©Reise Know-How 2017
The Bronx S. 199
Upper Manhattan S. 155
East Side S. 135
70 Central Park
Midtown S. 94
57 Museum of Modern Art
Queens S. 192
31 High Line Park
39 Times Square
34 Empire State Building
32 Whitney Museum
Gramercy, Chelsea und Meatpacking District S. 83
Greenwich Village
24
East Village 25
The Village S. 72
Lower East Side S. 55
Soho + TriBeCa S. 69
WTC Site und OWO
2
1
16
Brooklyn Bridge
9/11 Memorial & Museum
Lower Manhattan S. 22
Brooklyn S. 170
Statue of Liberty
6

Margit Brinke, Peter Kränzle

CITY|TRIP PLUS

NEW YORK CITY

Nicht verpassen!

Karte S. 5

1 2 9/11 Memorial & Museum, World Trade Center Site und One World Observatory [C22]
Die WTC Site mit Memorial, Museum und Aussichtsplattform zieht Besucher in ihren Bann (s. S. 22 und S. 25).

6 Statue of Liberty [B27]
Das Geschenk Frankreichs gilt seit seiner Einweihung 1886 als *das* Symbol für Demokratie und Freiheit (s. S. 31).

16 Brooklyn Bridge [E22]
Ein Spaziergang über die Brücke ist genauso ein Muss wie der Blick auf die Skyline von der Brooklyn Heights Promenade oder dem Brooklyn Bridge Park aus (s. S. 52).

24 25 Greenwich Village [C19] und East Village [D19]
Das „Village" ist ein Musterbeispiel für alternative Lebensformen, skurrile Bewohner, schräge Läden, gemütliche Cafés und schicke Lokale (s. S. 75 und S. 80).

31 32 High Line Park und Whitney Museum of American Art [B18]
In nächster Nähe zum Neubau des Whitney Museum, das amerikanische Kunst des 20. und 21. Jahrhunderts zeigt, beginnt der High Line Park auf einer einstigen Hochbahntrasse (s. S. 92 und s. S. 93).

34 Empire State Building [C16]
Der „Inbegriff des Wolkenkratzers" ist eines der Wahrzeichen New Yorks (s. S. 97).

39 Times Square und Theater District [C15]
Am Times Square schlägt das Herz der Stadt, speziell seit der Broadway verkehrsberuhigt ist. Hier beginnt der Theater District und man geht architektonisch neue Wege (s. S. 104).

57 Museum of Modern Art (MoMA) [C14]
Das MoMA bietet eine der umfassendsten und sehenswertesten Sammlungen moderner Kunst und soll in naher Zukunft erneut vergrößert werden (s. S. 131).

62 Metropolitan Museum of Art (The Met Fifth Avenue) [C11]
Das Metropolitan Museum of Art mit seinen Filialen The Met Breuer 61 und The Met Cloisters 85 beherbergt die größte Kunstsammlung der westlichen Welt (s. S. 139).

70 Central Park [C12]
Besonders sonntags scheint hier jeder unterwegs zu sein. Von Kutschfahrten über Konzerte und Theater bis hin zu Spielplätzen wird im Park viel geboten (s. S. 146).

Leichte Orientierung mit dem cleveren Nummernsystem

Die Sehenswürdigkeiten sind im Text und im Kartenmaterial mit derselben **magentafarbenen ovalen Nummer** 1 markiert. Alle anderen Lokalitäten wie Geschäfte, Restaurants usw. tragen ein **Symbol und eine fortlaufende rote Nummer** (1). Die Liste aller Orte befindet sich auf S. 396, die Zeichenerklärung auf S. 407.

Inhalt

Ein Muss für jeden New-York-Besucher: ein Spaziergang über die Brooklyn Bridge ⓰ (300ny Abb.: mb)

440ny Abb.: NYC&Co©Julienne Schaer

„Tribute in Light“ - Lichtshow zur Erinnerung an das World Trade Center und den Anschlag vom 11. September 2001

Zeichenerklärung

★★★ nicht verpassen
★★ besonders sehenswert
★ wichtig für speziell interessierte Besucher

[A1] Planquadrat im Kartenmaterial. Orte ohne diese Angabe liegen außerhalb unserer Karten. Ihre Lage kann aber wie von allen Ortsmarken mithilfe der begleitenden Web-App angezeigt werden (s. S. 406).

Vorwahlen

- **in die USA:** 001
- **nach Deutschland:** 011-49
- **nach Österreich:** 011-43
- **in die Schweiz:** 011-41
- **Area code Manhattan:** 212 bzw. 646 und 917 für *mobil phones*
- **Area code Bronx, Brooklyn, Queens, Staten Island:** 718, 347 oder 929

Der *area code* muss auch bei Ortsgesprächen mitgewählt werden.

Abkürzungen

Abgesehen von Abkürzungen für Tage, Monate etc. wurden folgende verwendet:

- E (East), W (West)
- St. (Street)
- Rd. (Road)
- Sq. (Square)
- Ave. (Avenue)
- bei Adressangaben: „/“ für „Ecke“ „-“ für „zwischen“

New York City ist ein ethnischer Mikrokosmos und Ausflüge in die „boroughs“ – v.a. Brooklyn, die Bronx oder Queens – zeigen dies besonders gut. In Manhattan stehen Veränderungen an der Tagesordnung und es tut sich enorm viel.

Neues Grün

New York wird immer grüner: Abgesehen vom High Line Park (s.S.92), einer Flaniermeile in luftiger Höhe zwischen Meatpacking District und dem ebenfalls im Umbruch befindlichen Hudson-Yards-Areal (s.S.94), wächst die Attraktivität des Hudson River Park (s.S.90) ebenso wie das neu angelegte Governors Island (s.S.35). Im Central Park wurde das Hallett Nature Sanctuary (s.S.148) wiedereröffnet und auch der Battery Park präsentiert sich neu, u.a. mit Urban Farm und SeaGlass Carousel (s.S.29).

Neues aus der Kulturszene

Abgesehen vom nach Renovierung wiedereröffneten, multimedialen Design-Museum Cooper-Hewitt (s.S.143) und dem neuen Met Breuer (s.S.138) lohnt besonders ein Besuch des neuen Whitney Museum (s.S.93), auch wegen der Sicht auf High Line Park und Hudson River. Noch spektakulärer ist der Ausblick vom One World Observatory (s.S.25).

Für Feinschmecker

Der beliebte Gourmet- und Flohmarkt Smorgasburg (s.S.254) hat sich an mehreren Standorten in Brooklyn etabliert. Neu sind mehrere Gourmet-Imbisshallen wie Hudson Eats (s.S.28) oder Urbanspace Vanderbilt (s.S.123). Bei den Turnstile Food Cart Tours (s.S.230) wird man satt und dazu gut informiert.

211ny Abb.: mb

NEW YORK ENTDECKEN

New York für Citybummler

„New York war ein unerschöpflicher Raum, ein Labyrinth von endlosen Schritten ...“ – diese Zeile aus Paul Austers „New York Trilogy“ kann als Leitfaden für die Erkundung der riesigen Metropole dienen. New York ist in der Tat ein Labyrinth aus Wolkenkratzerschluchten, die je nach Wetterlage bedrohlich oder faszinierend wirken, bietet aber gleichzeitig pulsierend-bunte Viertel, stille Ecken und grüne Oasen.

EXTRATIPP

Sightseeing einmal anders

Wer New York aus einer anderen Perspektive erleben möchte, kann dies entweder per Bus oder Water Taxi tun. Einige **Buslinien** (z. B. die Linien M1 bis M5) durchqueren Manhattan fast komplett in Nord-Süd-Richtung vom Village, durch Midtown, vorbei am Central Park bis hinauf nach Harlem bzw. Washington Heights.

Einen außergewöhnlichen Blick auf die Skyline Manhattans vom Wasser aus ermöglicht das **Water Taxi** (s. S. 332). Die kleinen gelben Boote umrunden den Südteil der Insel zwischen Hudson und East River. Es gibt Hop-on-hop-off- und andere Touren.

- Infos zu den **Buslinien** (mit Plänen): www.mta.info
- Infos zu **Water Taxi:** www.nywatertaxi.com

New York besteht nicht allein aus **Manhattan.** Zusammen mit den vier anderen Stadtbezirken *(boroughs)* – **Bronx, Brooklyn, Queens** und **Staten Island** – zählt die Stadt über acht Millionen Einwohner. Angesichts der Größe und des Angebots gilt es auszuwählen. Wer Zeit hat, sollte dennoch dem einen oder anderen weiteren Stadtbezirk einen Besuch abstatten.

Eines vorweg: New York hat **kein eigentliches Zentrum.** Dafür gibt es eine Reihe von *neighborhoods,* Stadtviertel, die völlig unterschiedliche Aspekte bieten. Mit fast 22 km Länge und einer Breite zwischen 1,3 und 3,7 km ist Manhattan nicht einfach zu erkunden. Viel zu laufen ist unvermeidbar, doch kann man bei Nutzung der U-Bahn, offiziell *subway* und von Einheimischen *train* genannt, Kraft sparen. Über 20 Linien durchziehen allein Manhattan und es gibt viele Stopps. Noch dichter ist das Busnetz, das allerdings etwas „staugefährdet“ ist und mehr Orientierungssinn erfordert.

Die Südspitze Manhattans – **Lower Manhattan** – ist eines der meistfrequentierten Areale der Stadt. Hier liegt mit der Wall Street und dem World Financial Center 3 eines der Finanzzentren der Welt, hier erinnert das **9/11 Memorial & Museum** 1 an den dunkelsten Tag der Stadt und touristische Highlights wie das **One World Observatory** 2 auf dem neuen **One WTC,** die Statue of Liberty 6 und Ellis Island 7 laden ein. Besonders die

Vorseite: Das Little Red Lighthouse (s. S. 169) ist ein wenig bekanntes historisches Relikt unterhalb der George Washington Bridge

Eines der touristischen Zentren der Stadt: die Südspitze Manhattans

009ny Abb.: mb

Freiheitsstatue gilt nicht nur als New Yorker Wahrzeichen, sondern verzeichnet nach Times Square 39 und Empire State Building 34 auch die meisten Besucher. Angesichts des Andrangs und des limitierten Zugangs zu den beiden Aussichtsplattformen bedarf der Besuch dort genauer Vorausplanung.

Ein zweites touristisches Zentrum ist **Midtown**, eine weitere Konzentration von Wolkenkratzern, die zweite Skyline. Hier liegt mit dem Times Square 39 die mit rund 35 Millionen jährlich angeblich meistbesuchte Touristenattraktion der Welt. Andere Topattraktionen sind das Empire State Building 34, der Grand Central Terminal 45, das Rockefeller Center 50 – speziell dessen Aussichtsplattform Top of the Rock –, der Madison Square Garden 36, das weltgrößte Kaufhaus Macy's 33 oder die St. Patrick's Cathedral 51. Hinzukommen eine Reihe sehenswerter historischer und moderner Bauten wie die Public Library 43, das Chrysler Building 46 sowie der **High Line Park** 31, das neue **Whitney Museum** 32 oder das MoMA 57.

Der Central Park 70 in **Uptown** – dem dritten touristischen Zentrum – wird zu beiden Seiten von zahlreichen Museen eingerahmt, mehr als man während eines Kurztrips würdigen könnte. Hauptanziehungspunkte sind das American Museum of Natural History 74, das Metropolitan Museum of Art 62 oder das Guggenheim Museum 63.

Einkaufsareale gibt es viele, doch konzentriert finden sie sich um Broadway und 5th Avenue 52. Während Letzterer ein vornehmes Flair anhaftet, ist der Broadway eher etwas für Schnäppchenjäger. Besonders der Lower Broadway zwischen Canal Street und Union Square (14th St.) lohnt, denn hier überwiegen die preiswerten Läden, besonders im Umkreis der Canal Street. Aber auch ungewöhnliche Boutiquen befinden sich hier, besonders in Teilen von SoHo 22 und dem Village (s. S. 72).

Doch nicht allein Times Square 39 und Theater, legendäre Museen und spektakuläre Bauten machen die Stadt aus. Das Alltagsleben spielt sich in augenscheinlich ganz gewöhnlichen, aber dennoch **typischen Vierteln** ab. Dieses „andere New York" lässt sich bei einem Spaziergang oder bei nächtlichem *bar-hopping* kennenlernen. Das bekannteste „alternative" New Yorker Viertel ist das **Village** – bestehend aus Greenwich 24 und East Village 25 – zwischen Houston und 14th St., aber auch das sich im Süden anschließende **SoHo** 22 sollte man zu Fuß erkunden. Hier sind v. a. zwei Besuchergruppen gut aufgehoben: Architekturfreunde – wegen des Cast Iron District – und Bummler – wegen der zahlreichen Shops und Boutiquen, vor allem entlang dem Broadway.

Neben dem East Village erleben derzeit auch die **Lower East Side (LES)** (s. S. 55) sowie die **Bowery** und **NoLIta** ein Revival. Diese Viertel sind wegen der Kneipen und Bars besonders abends ein Anziehungspunkt und **Treff der Partyszene.** Tagsüber lohnt die LES wegen ihrer Geschichte als einstiges Immigrantenzentrum, wegen der zahlreichen historischen Bauten und ein paar erhaltener authentisch-jüdischer Shops. Zwischen Lower Manhattan und Midtown, nördlich der 14th Street, blühen derzeit besonders **Chelsea** 29 und der **Meatpacking District** 31. Einstmals industriell geprägt, lädt hier mit nun attraktiver touristischer Infrastruktur entlang der 14th und 23rd St. sowie zwischen 5th und 9th Ave. wiederum ein ganz anderes New York zum Entdecken ein. Highlights sind hier der High Line Park 31, eine grüne Erholungspromenade auf Stelzen, und das neue **Whitney Museum** 32. Doch das ist nicht die einzige **Ruheoase:** Die *waterfront* – der Streifen entlang dem Wasser – mit ihren alten Piers, besonders am Hudson River, wird immer attraktiver, Governors Island 8 ist ein grünes Paradies und dazu gibt es in jedem Viertel Parks und begrünte Plätze zum Pausieren und Erholen.

Vorschläge für **Spaziergänge** durch verschiedene Viertel findet man auf den Seiten 40, 62 und 114 Einige **Einzelziele** in Upper Manhattan sowie Abstecher in die anderen **Stadtbezirke** sollte man ebenfalls einplanen: einen Spaziergang über die Brooklyn Bridge 16, eine Pause im Brooklyn Bridge Park 87, den abendliche Sonnenuntergang an der nahen Brooklyn Heights Promenade 86, Strandvergnügen in Coney Island 97, The Cloisters 85 – die Mittelalter-Filiale des Metropolitan Museum of Art 62 –, für Sportfans die beiden Baseballstadien Yankee Stadium 104 oder Citi Field 100, die angesagten Viertel in Brooklyn wie DUMBO 87 oder Williamsburg 92 sowie eine Fahrt hinüber nach Staten Island 110, mit dem „International Express" durch die ethnische Vielfalt von Queens (s. S. 192) oder eine Entdeckungsreise durch die Bronx (s. S. 199).

In New York kann man mühelos eine, zwei oder sogar mehrere Wochen verbringen, ohne dass es einem langweilig würde. Die meisten Besucher kommen jedoch für einen Kurzbesuch hierher. Dank der guten und preiswerten Flugverbindungen bietet sich die Stadt auch als Ausgangspunkt einer Reise entlang der US-Ostküste an. Mindestens drei Tage sollte man aber für New York einplanen – verbunden mit der festen Absicht, bald zurückzukehren.

New York an einem Tag

Ein einziger Tag ist für einen Besuch in der Weltmetropole New York viel zu wenig. Wer es dennoch wagen möchte, für den gibt es nachfolgend eine kurze Übersicht der absoluten „musts". Ein Besuch der Statue of Liberty 6 fällt hierbei aus Zeitgründen leider weg und auch bei den aufgelisteten Museen sollte man sich von seinen persönlichen Interessen leiten lassen. Wer möchte, kann alternativ einen der auf den Seiten 40, 62 und 114 beschriebenen Spaziergänge absolvieren.

- Zumindest das **9/11 Memorial** 1 sollte man besucht haben, wenn auch die Zeit für das angeschlossene Museum und die Aussichtsplattform auf dem One WTC 2 nicht reichen wird.
- Am **Times Square** 39 mit all seinen Lichtern, Werbebannern und Monitoren schlägt das Herz der Stadt, speziell seit der Broadway verkehrsberuhigt ist.
- Sehens- und erlebenswerte bunte, multiethnische Viertel gibt es in New York viele, doch das **Village** – Greenwich Village 24 und East Village 25 – ist ein Musterbeispiel und auch vom Angebot, was Lokale, Shops und Nightlife angeht, vielseitig und interessant. V. a. das East Village ist auch für den Abend ideal.
- Zwischen 1929 und 1931 erbaut, ist das **Empire State Building** 34 eines der Wahrzeichen New Yorks.
- Das **Metropolitan Museum of Art** 62 ist eine der sehenswertesten Kulturinstitutionen und beherbergt die größte Kunstsammlung der westlichen Welt.

EXTRATIPP

Besichtigungsprogramm – weniger ist mehr

New York kennt keine Grenzen. Über eines sollte man sich deshalb von Anfang an klar sein: Es ist unmöglich, alle Attraktionen auf einmal „mitzunehmen". Es muss, abhängig u. a. von Interessen, Konstitution, Finanzen oder Jahreszeit und Wetter, eine **Auswahl** getroffen werden. Im vorliegenden Reiseführer werden zahlreiche Attraktionen, Museen und interessante Stadtviertel beschrieben, davon gehören jene, die mit 2 und 3 Sternen hervorgehoben sind, zum „Pflichtprogramm"; der Besuch der anderen ist fakultativ.

Es empfiehlt sich, den **öffentlichen Nahverkehr** ausgiebig zu nutzen und sich eine Wochenkarte dafür zuzulegen (s. S. 342). Wer sich gleich am ersten Tag die Füße wund läuft, wird die restliche Zeit wenig Spaß haben. Vor allem mit der Subway gelangt man einfach und bequem von einem Punkt zum nächsten. Aber auch Busse lassen sich gut in die Stadtbesichtigung einbeziehen, es ist dabei lediglich ein wenig Kartenstudium und während der Stoßzeiten etwas mehr Geduld nötig.

- Beim **Guggenheim Museum** 63 verschmelzen Architektur und moderne Kunst zu einem genialen Gesamtkunstwerk.
- Das **Museum of Modern Art (MoMA)** 57 ist das dritte Highlight in der New Yorker Museumslandschaft und beherbergt eine der umfassendsten Sammlungen moderner Kunst.
- Das **American Museum of Natural History** 74 gilt als weltgrößtes Naturkundemuseum.
- Mitten in Manhattan fungiert der **Central Park** 70 als grüne Lunge der Stadt – vielleicht reicht es für eine kurze Pause im Südteil?
- Natürlich darf der Einkaufsbummel auf der **5th Avenue** 52 bei einem New-York-Besuch nicht fehlen.
- Einen Spaziergang über die **Brooklyn Bridge** 16 sollte man unbedingt unternehmen und anschließend die Aussicht von der **Brooklyn Heights Promenade** 86 bzw. vom **Brooklyn Bridge Park** 87 genießen.

Das gibt es nur in New York

- ***Pushcarts und gourmet food trucks:*** *Sie sind ganzjährig an fast jeder Straßenecke zu finden und bieten auf kleinstem Raum eine Vielfalt an preiswerten und vielfach auch kulinarisch interessanten Gerichten aus aller Welt.*
- ***Delis:*** *eine Mischung aus Lebensmittelgeschäft, Feinkostladen und Imbiss, oft 24 Stunden geöffnet*
- ***Unvergessliche Ereignisse*** *sind die Times Square New Year's Eve Celebration & Ball Drop, die Thanksgiving Parade und das Feuerwerk am Unabhängigkeitstag (4. Juli).*
- *Es gibt zwei* ***Fähren,*** *die Superausblicke liefern: Staten Island (gratis) und Governors Island Ferry (s. S. 37).*
- *New Yorks* ***Museumsmeile*** *ist ein einmaliges Konglomerat weltbekannter Museen wie dem Metropolitan Museum of Art* 62 *oder dem Guggenheim Museum* 63*.*
- *Macy's* 33 *und Bloomingdale's (s. S. 250) – zwei* ***Konsumtempel der Superlative!***
- *Der* ***Madison Square Garden*** 36*, die legendäre Sport- und Veranstaltungshalle, beherbergt zugleich einen Bahnhof im Untergeschoss.*
- *New Yorks Straßen dominieren* ***gelbe Taxis*** *(s. S. 344), zunehmend in der umweltschonenden Hybridversion.*
- *Auf Weltreise im* ***„International Express"****: mit der Subway Nr. 7 die vielen ethnischen Facetten der Weltstadt kennenlernen (s. S. 196).*
- *Ein riesiger Park mitten im Stadtzentrum: Der* ***Central Park*** 70 *fungiert nicht nur als grüne Lunge, sondern auch als Spielwiese und „gute Stube".*
- *Eine* ***Großstadt wird „grün":*** *Grünanlagen an East und Hudson River, Promenaden und Gärten öffnen die Stadt verstärkt zum Wasser hin und bieten neuen Erholungsraum (s. S. 285).*
- ***Baseball:*** *In keiner Stadt spielt der amerikanische Nationalsport eine derart wichtige Rolle. Sehenswert: die Stadien von Yankees* 104 *und Mets* 100*.*
- ***Kostenlose Sommerkonzerte*** *und andere Veranstaltungen gibt es zwischen Juni und September an vielen Punkten der Stadt (s. S. 244).*

New York an einem Wochenende

Drei Tage sind für eine Erkundung New Yorks das absolute Minimum. Ein Muss sind die Viertel zwischen Central Park und Lower Manhattan, aber auch ein Abstecher raus aus Manhattan muss sein, um das „andere New York" kennenzulernen. Besonders Brooklyn bietet sich hierfür an, da es leicht mit der Subway zu erreichen ist. Auf den Seiten 40, 62 und 114 werden Spaziergänge durch verschiedene Viertel näher beschrieben.

1. Tag Downtown Manhattan

Es gibt verschiedene Alternativen, um das Besichtigungsprogramm „stilecht" zu beginnen: am Times Square 39, im Metropolitan Museum of Art 62, mit einer Fahrt mit der Staten Island Ferry (s. S. 37), im Angesicht der Statue of Liberty 6, auf Ellis Island 7 oder mit einem Bummel entlang der 5th Avenue 52. Oder man beginnt an der Südspitze Manhattans, denn hier liegen die Wurzeln der Stadt: das Finanzzentrum Wall Street (s. S. 45), das **9/11 Memorial & Museum 1** und das Aussichtsdeck **One World Observatory 2**.

Vormittags und mittags

Der **Battery Park 5** mit der Festung Castle Clinton an der Südspitze Manhattans ist der erste Anlaufpunkt. Von hier verkehren Fähren zur **Statue of Liberty 6** und nach **Ellis Island 7**. Da der Besuch je nach Saison und Andrang zeitaufwendig sein kann, empfiehlt sich als Alternative der Besuch des 9/11 Memorial 1 (evtl. mit Museum) und vielleicht des Aussichtsdecks des One WTC 2. Für den „Hunger zwischen-

013ny Abb.: mb

Die Freiheitsstatue 6, Symbol der Demokratie und Wahrzeichen der Stadt New York

014ny Abb.: mb

durch“ bieten sich die Imbisswagen am Straßenrand, die sogenannten *pushcarts* oder *food trucks,* an.

Nachmittags und abends

Auf einer Erkundungstour durch Lower Manhattan könnten **Wall Street** (s. S. 45), **Federal Hall** 12, **Museum of American Finance** (s. S. 215), **Trinity Church** 11 und **South Street Seaport** 13 Programmpunkte sein. Von der **City Hall** 15 ist es nicht weit zum abschließenden Höhepunkt des Tages: ein Spaziergang über die **Brooklyn Bridge** 16, zum **Brooklyn Bridge Park** 87 und zur **Brooklyn Heights Promenade** 86. Sowohl von der Brücke als auch von der Promenade ist der Ausblick, speziell bei Sonnenuntergang, unvergleichlich. Für Nachteulen bietet sich anschließend **Downtown Brooklyn** (s. S. 176) an.

2. Tag Midtown Manhattan

Vormittags und mittags

Ausgangspunkt am zweiten Tag ist die Kreuzung Broadway/Canal Street [D21]. Von hier geht es hinein nach **Chinatown** 17, **Little Italy** 20 und die **Lower East Side (LES)** (s. S. 55). Abgesehen von dem **New Museum of Contemporary Art** 19 und dem **LES Tenement Museum** 18 bietet sich massenhaft Gelegenheit, italienische, chinesische oder jüdische Spezialitäten zu probieren.

Danach bietet sich ein Spaziergang durch die benachbarten Viertel **SoHo** 22 und das **Village** (GreenwichVillage 24/ East Village 25) an. Hier, aber auch rund um den **Union Square** 26, gibt es genügend Lokale aller Kategorien für das Mittagessen. Wer lieber ein Picknick macht: **Washington Square Park** [C/D19], Union Square oder **Bryant Park** [C15] bieten sich dafür an, manchmal mit kostenloser musikalischer Unterhaltung. Oder wie wäre es mit einer Pause auf dem Sonnendeck der neugestalteten **High Line** 31 mit Lunchpaket aus dem nahen **Chelsea Market** (s. S. 255)?

Zum Ausruhen ideal, aber auch für Action ist im Washington Square Park [C/D19] ständig gesorgt

Nachmittags und abends

Am nahen **Times Square** 39 schlägt das pulsierende Herz der Stadt. Hier breitet sich der **Theater District** mit seinen unzähligen Kinos und Theatern aus.

Midtown birgt eine Reihe weiterer architektonischer Highlights und ungewöhnlicher Museen, z. B. die **Morgan Library** 35, den **Grand Central Terminal** 45, den **UN-Komplex** 48 oder den legendären **Madison Square Garden** 36. Eine Fahrt auf die Aussichtsplattform des **Empire State Building** 34 oder des **Rockefeller Center** 50, vorzugsweise bei Sonnenuntergang, könnte den Abschluss eines aufregenden Tages bilden.

Um in den Abendstunden ins **Nightlife** abzutauchen, lohnt die kurze Subwayfahrt ins angesagte **Williamsburg** 92 in Brooklyn.

3. Tag Uptown Manhattan

Vormittags

Jetzt ist es Zeit für ein paar berühmte Museen, z. B. das **Metropolitan Museum of Art** 62, das **Guggenheim Museum** 63, das **Museum of the City of New York** 68 oder das **American Museum of Natural History** 74. Bei schönem Wetter und besonders an einem Sonntag böte sich anschließend ein Picknick im **Central Park** 70 an. Die nötigen Zutaten gibt es beispielsweise bei **Zabar's** (s. S. 153). Alternativ isst man gut bei **The Wright** im Guggenheim Museum 63 oder man geht auf einen Hotdog zu **Papaya King** (s. S. 235).

Das Museum of the City of New York 68 widmet sich der Stadtgeschichte

015ny Abb.: NYC&Co@Alex Lopez

Nachmittags und abends

Direkt an der Südostecke des **Central Park** 70 beginnt mit der **5th Avenue** 52 eine der berühmtesten Flanier- und Shoppingmeilen der Welt. Allerdings ist Einkaufen nicht alles: Attraktionen wie das **Museum of Arts & Design** (s. S. 215), das **MoMA** 57, das **Rockefeller Center** 50 (mit Studiotouren und Aussichtsplattform), die **Radio City Music Hall** 49, die **St. Patrick's Cathedral** 51 oder die **Carnegie Hall** 58 sorgen für kulturelle Abwechslung.

Nightlife

Dass New York niemals schläft, ist eine altbekannte Tatsache. Für Nachteulen bietet sich – abgesehen vom Broadway – das derzeit trendige **East Village** 25 zu einer Klub-/Bar-Tour an, z. B. in der **Crif Dogs/PDT Bar** (s. S. 238) oder im **Death & Co** (s. S. 238).

400ny Abb.: mb

Das 9/11 Memorial 1 *mit dem neuen Nahverkehrsbahnhof im Hintergrund*

New York in fünf Tagen

Fünf Tage sind für einen New-York-Besuch optimal, denn dann ist genügend Zeit für Museen, Shopping und Ausflüge in die anderen „boroughs" wie Brooklyn (Coney Island), die Bronx oder Queens. Angesagt ist derzeit besonders Brooklyn, das leicht mit der Subway zu erreichen ist. Für Vorschläge, wie man die ersten drei Tage in New York verbringen kann, siehe Seite 17, Spaziergänge durch bestimmte Stadtviertel sind auf den Seiten 40, 62 und 114 beschrieben.

4. Tag Brooklyn, Harlem und die Bronx

Vormittags und mittags

Die Fahrt mit dem *train* nach **Coney Island** 97 ist ein Erlebnis, denn die U-Bahn verkehrt meist oberirdisch und bietet im Vorbeifahren Einblick in unterschiedlichste Viertel. Auf Coney Island überrascht das Strandfeeling mit *boardwalk* („Strandpromenade") und Vergnügungsparks. Vorbei am Aquarium (s. S. 192) führt der *boardwalk* nach **Brighton Beach** (s. S. 191), wo das russisch-ukrainische Herz der Weltstadt schlägt. Kunstfreunde sollten sich das **Brooklyn Museum** 95 und den Botanic Garden (s. S. 187) nicht entgehen lassen. Interessantes zu Brooklyn erfährt man auf den „Made in Brooklyn"-Touren (s. S. 331).

Nachmittags und abends

Als Kontrastprogramm bietet sich anschließend ein Besuch in **Harlem** 75 mit seinem pulsierenden Zentrum um die 125th Street an. Wer Karten für ein Spiel der Yankees hat, für den wird es nun Zeit, zum **Yankee Stadium** 104 zu fahren.

Falls nicht, sollte man sich das Stadium wenigstens bei einer Tour ansehen. Ausklingen könnte der Tag in **Little Italy in the Bronx** 107 (Arthur Ave.) oder in einem der **Soulfood-Lokale** in Harlem.

5. Tag Ausflüge

Vormittags

Eine Fahrt mit der kostenlosen Fähre nach **Governors Island** (nur im Sommer, s. S. 37) oder **Staten Island** 110 bietet grandiose Ausblicke, doch v. a. auf Governors Island kann man New York von einer beschaulicheren Seite kennenlernen. Am nördlichen Ende Manhattans lockt dagegen v. a. **The Cloisters** 85, ein nachgebautes mittelalterliches Kloster und Filiale des Metropolitan Museums of Art 62.

Nachmittags und abends

Besonders empfehlenswert ist **die Fahrt mit dem „7 Train"**, auch „International Express" genannt (s. S. 196). Die U-Bahn steuert den Flushing Meadows-Corona Park mit dem **Citi Field** 100 (dem Baseballstadion der Mets), dem National Tennis Center (US Open) und dem **Queens Museum** 101 an und quert dazwischen die unterschiedlichsten ethnischen Viertel. Hier kann man auf der Rückfahrt immer wieder einmal kurz aussteigen, um in ein anderes Land „einzutauchen" – und unterschiedlichste Spezialitäten zum Abendessen probieren.

Blick vom Brooklyn Bridge Park 87 auf die beleuchtete Südspitze von Manhattan

Lower Manhattan

„New York ist eine wunderbare Katastrophe", schwärmte schon der weltberühmte Schweizer Architekt Le Corbusier. Steht man zum ersten Mal in dieser Stadt, mitten in Hochhausschluchten, umgeben von tosendem Verkehr und geblendet von schriller Buntheit, um dann von wuselnden Menschenmengen durch die Straßen geschoben zu werden, kann man ihm, fasziniert und verunsichert zugleich, nur zustimmen.

Idealer Startpunkt für die Besichtigung New Yorks ist die Südspitze Manhattans mit der Wall Street und dem World Financial Center. Hier im Stadtkern befinden sich das Finanzzentrum, aber auch die Keimzelle der Weltmetropole, und hier erinnert man an die Katastrophe von 9/11.

In den schmalen „Wolkenkratzer-Canyons", die je nach Wetterlage entweder bedrohlich oder faszinierend wirken, fällt es schwer, sich vorzustellen, dass sich hier einst nur ein kleines Dorf umgeben von dichtem Wald befand. Doch es gibt noch Relikte aus diesen längst vergangenen Zeiten und auf dem sogenannten „Heritage Trail" ist es möglich, gezielt auf Spurensuche zu gehen. Dazu sind an markanten Stellen Karten von Lower Manhattan mit Infos zu den hier befindlichen Attraktionen aufgestellt. Nach dem Schock von „9/11" hat sich die Region nicht nur erholt, sie gilt mittlerweile sogar als neues Boomviertel der Stadt.

▷ Stilles Gedenken an den Terroranschlag am 11. September 2001

1 9/11 Memorial & Museum ★★★ [C22]

Das Herz der Stadt schlägt an der ehemaligen World Trade Center Site (WTCS), jenem Ort, der am 11. September 2001 durch einen terroristischen Anschlag in Schutt und Asche gelegt wurde. Noch immer scheuen viele New Yorker den Besuch des 9/11 Memorial & Museum, denn den Schock des Terroranschlags haben viele noch immer nicht überwunden. Für Besucher ist dieser eindrucksvolle Ort jedoch ein „must-see", denn danach versteht man die Stadt und ihre Bewohner besser.

Heute bilden das **9/11 Memorial** zusammen mit **One WTC** das Zentrum der

Orientierung in Manhattan

Eigentlich kann man sich in Manhattan nicht verlaufen. Die Orientierung ist einfach: Abgesehen von der Südspitze und dem West Village sind die Straßen ab der Houston Street in einem regelmäßigen Raster angelegt. Die 5th Ave. trennt Manhattan in einen Ost- und einen Westteil und entsprechend wird den Straßennummern „East" (E) bzw. „West" (W) angefügt.

*Die **Avenues** verlaufen in Nord-Süd-Richtung und beginnen nördlich der Houston Street. Der Broadway ist die einzige Straße, die an der Südspitze beginnt und schräg durch ganz Manhattan läuft. Avenues sind mit Nummern und/oder Namen versehen (z. B. Ave. of the Americas = 6th Ave.); nördlich der 110th St., in Harlem, wechseln häufig die Namen, z. B. wird aus der „Ave. of the Americas" die „Lenox Ave."*

Neubebauung. Im September 2011, zum 10. Jahrestag der Anschläge, wurde das National September 11 Memorial eingeweiht, im Mai 2014 folgte das Museum. Bereits 2004 war hierfür der Entwurf „Reflecting Absence“ von Arad, Walker und Bond ausgewählt worden.

Vom Rand der beiden schwarz glänzenden, riesigen **Brunnenbecken**, North und South Pool genannt und eingelassen in die *footprints*, die Fundamentumrisse der einstigen „Twin Towers“, strömen die größten künstlich geschaffenen Wasserfälle Nordamerikas in die Tiefe. Entlang dem Rand der Becken sind auf Bronzepanelen fast 3000 Namen von Opfern eingraviert: aus New York, dem Pentagon in der Hauptstadt Washington D.C. und

402ny Abb.: mb

***Streets** sind nördlich der Houston Street ab 1 durchnummeriert, im städteplanerischen „Durcheinander“ Lower Manhattans hingegen namentlich bezeichnet. Jene östlich der 5th Ave. erhalten die Bezeichnung „East“ (E) vorangestellt, die anderen „West“ (W).*

*Die meisten Streets in Manhattan sind **Einbahnstraßen,** jene mit geraden Nummern führen nach Osten, mit ungeraden nach Westen; Canal, Houston, 14th, 23rd, 34th, 42nd, 57th, 72nd, 79th und 86th Street sind in beiden Richtungen befahrbar.*

*Bei **Adressangaben** hilft die Nennung der beiden Querstraßen, zwischen denen der Punkt liegt (5th Ave./33rd–35th St.) oder die betreffende Ecke (5th Ave./34th St.). Aber auch die **Hausnummern** der Streets zwischen Houston St. und Central Park folgen einem logischen System: Ausgehend von der 5th Avenue sind für jeden Block 100 Nummern reserviert. Eine Nummer zwischen 1 und 100 W liegt also zwischen 5th und 6th Avenue, eine Nummer zwischen 100 und 200 W zwischen 6th und 7th Avenue usw. Nach Osten wird ebenso verfahren.*

***Downtown** ist nicht wie sonst das Stadtzentrum, sondern steht für den Südteil Manhattans, genauer Lower Manhattan (südlich der 14th St.). Midtown befindet sich zwischen 34th und 59th Street. Zwischen Downtown und Midtown (14th–34th St.) liegen Gramercy und Chelsea, Viertel, die hier der Einfachheit halber zu Downtown gerechnet werden. Uptown breitet sich nördlich der 59th St. aus, wobei **Upper Manhattan** das Areal nördlich des Central Park bzw. der 110th St. meint.*

vom bei Shanksville/PA abgestürzten United-Airlines-Flug 93. Außerdem sind die sechs Opfer des Bombenanschlags auf das World Trade Center am 26. Februar 1993 erwähnt.

Die das Denkmal umgebende **Memorial Plaza** soll zum Nachdenken anregen und hat sich ungeachtet allen Trubels ringsum tatsächlich zu einer Ruheoase entwickelt. Es handelt sich um einen Park mit Eichenhain und insgesamt rund 400 Bäumen. Eine chinesische Wildbirne wird „Survivor Tree" genannt: Sie konnte als einziger Baum nach dem Einsturz gerettet und wieder aufgepäppelt werden.

Das **9/11 Memorial Museum** erstreckt sich unterirdisch zwischen den beiden Becken und wurde von dem norwegischen Architekturbüro Snøhetta (Craig Dykers) und Davis Brody Bond geplant. Zugänglich ist das Museum durch einen Glaspavillon, von dem aus Rampen nach unten zu einer sehr emotionalen Ausstellung auf rund 4500 m² führen.

Kernstück ist die riesige **Foundation Hall** zwischen den Fundamenten der Zwillingstürme. Hier stehen ein Stück jener Flutmauer, die beim Einsturz der Türme dem Wasser des Hudson River standhielt, und außerdem die über 10 m hohe „Last Column", einer der Stahlträger. Zu sehen ist ferner die Fluchttreppe („Survivors' Stairs"), die von vielen Flüchtenden benutzt wurde.

Die **South Tower Gallery** unter dem South Pool erinnert mit Fotos, Hörproben und persönlichen Gegenständen an die Opfer, ihr Leben und ihre Familien. Besonders eindrucksvoll ist die „Wall of Faces" mit Fotos der Opfer. In der **North Tower Gallery** befindet sich eine historische Ausstellung in drei Teilen: „The Day of 9/11", „Before 9/11" und „After 9/11". Mit Ausstellungsstücken, Videos, Stimmen und Originaltonaufnahmen wird der Unglückstag im Stundentakt geschildert. Es geht um die Hintergründe, die zu den Ereignissen am 11. September führten, und um die unmittelbaren Folgen, um Hilfsaktionen und Auswirkungen.

EXTRATIPP

Nicht versäumen

Das **9/11 Tribute Center** (s. S. 212) ist ein auf Privatinitiative eingerichtetes kleines Museum. Im Zentrum stehen die Auswirkungen auf die Menschen und Einzelschicksale. Empfehlenswert sind hier besonders die angebotenen 75-minütigen Walking-Touren um das 9/11 Memorial, die von Betroffenen durchgeführt werden – z. B. Angehörigen, Feuerwehrleuten oder Polizisten.

› **National 9/11 Memorial & Museum,** 180 Greenwich St., www.911memorial.org, Subway: Rector St., Memorial tgl. 7.30–21 Uhr, gratis zugänglich, Museum So.–Do. 9–20 Uhr (letzer Einlass 18 Uhr), Fr./Sa. 9–21 Uhr (19 Uhr), $ 24 (Di. 17–20 Uhr frei, Tickets ab 16 Uhr vor Ort auf „first come, first served"-Basis). Vorabreservierung im Internet empfehlenswert.

★1 [B18] **Ground Zero Museum Workshop,** 420 W 14th St., 9th Ave.–Washington St., http://groundzeromuseumworkshop.org, Mo. 12, Di./Do./Fr. 11 Uhr, Mi. 11–15, Sa. 11/13, So. 12 Uhr, $ 25. Fotos von Gary Marlon Suson, Erinnerungsstücke und Videos. Interaktive zweistündige Touren mit 3-D-Installationen.

2 [D22] **9/11 Memorial Museum Store,** 20 Vesey St., tgl. 9–18 Uhr. Hier gibt es nicht nur Souvenirs, sondern auch Infos zum Memorial und zu 9/11.

403ny Abb.: mb

2 World Trade Center Site und One World Observatory ★★★ [C22]

Das World Trade Center, das unvergessene Wahrzeichen New Yorks, war zwischen 1966 und 1973 nach Plänen des japanischen Architekten Minoru Yamasaki für $ 1,5 Mrd. errichtet worden. Es stellte bei der Einweihung am 4. April 1973 nicht nur den größten Bürokomplex der Welt dar, sondern galt mit den zwei 417 bzw. 415 m hohen Twin Towers zugleich als weltweit höchster Bau. 9/11, der Terrorangriff am 11. September 2001, hinterließ nicht nur eine Lücke in der Skyline und ein gigantisches Trümmerfeld mit sieben komplett zerstörten Gebäuden, sondern auch ein bis heute kaum bewältigtes Trauma in der Bevölkerung.

Für das neue WTC war als Resultat eines Architekturwettbewerbs zunächst der aufsehenerregende Entwurf von Daniel Libeskind, u. a. Erbauer des Jüdischen Museums in Berlin, ausgewählt worden. Doch bald rissen der Pächter Silverstein und die von ihm favorisierte Architekturfirma **Skidmore, Owings & Merrill (SOM)** das Projekt und seine Ausführung mehr und mehr an sich. 2005 legte David Childs von SOM einen komplett neuen Entwurf für das Kernstück – damals Freedom Tower, jetzt **One WTC** genannt – vor: Ein eher plumper und festungsartiger Bau – ein „Bau der Angst", wie Kritiker bemängeln – entstand und von Libeskinds ursprünglichem, spiralförmig himmelwärts strebenden Bau war lediglich die **Höhe von 1776 Fuß** – als Erinnerung an die Verabschiedung der Unabhängigkeitserklärung im Jahr 1776 – übrig geblieben. Der 104-stöckige, $ 3,8 Mrd. Dollar teure Bau hatte im April 2012 das Empire State Building an Höhe überragt und wurde im November 2014, unter anderem als Sitz der Verlagsgruppe Conde Nast, eröffnet.

Die zugehörige dreistöckige Aussichtsplattform, das **One World Observatory (OWO)**, steht seit Ende Mai 2015 Besuchern offen. Der Eintritt in diese neue Attraktion ist teuer und man muss wegen

⌃ Rundumblick auf New York vom neuen One World Observatory

der Sicherheitskontrollen und dem Besucherandrang genügend Zeit einplanen. Dennoch, der Ausblick lohnt sich schon allein, weil er sich wegen der südlichen Lage komplett von den beiden anderen Aussichtspunkten, dem Empire State Building und dem Rockefeller Center, unterscheidet.

Nach den Kontrollen im sogenannten **Welcome Center** geht es durch eine nachgebildete Felsenbasis des Turms (mit Informationen und Fotos) zum Aufzug. Dieser bringt Gäste in weniger als einer Minute in den 102. Stock und zeigt dabei mit LED-Technik an den Wänden in Kurzfassung die Stadtentwicklung. Oben angekommen, lüftet sich nach einem kurzen dreidimensionalen Video über die Stadt das Geheimnis: New York City liegt dem Besucher nur durch eine Scheibe getrennt zu Füßen. Im **Main Observatory** im 100. Stock – komplett verglast und geräumig – kann man den Ausblick in aller Ruhe genießen.

Außerdem gibt es **City Pulse**, einen interaktiven Ring von Videomonitoren, die von Angestellten bedient werden und Auskünfte zu Sehenswürdigkeiten und Ausblicken, Geschichte und Bauten geben. Das **Sky Portal** ist eine weitere Besonderheit: eine Art rundes Podium, von dem aus man mithilfe von Kameras auf die Straßen unterhalb des Gebäudes blickt.

Obwohl die Aufräumarbeiten auf dem WTC-Gelände schon im Mai 2003 offiziell für beendet erklärt wurden und aus „Ground Zero" die „World Trade Center Site" geworden war, schritten die Bauarbeiten nur langsam voran. Kontroversen und Diskussionen, Verzögerungen und Unterbrechungen standen auf der Tagesordnung und noch heute ist das Areal teilweise Baustelle.

Als erster Bau wurde 2006 am Nordrand des Geländes **7 WTC** fertiggestellt, ein von David Childs (SOM) gestalteter Turm mit 52 Stockwerken. In der Lobby ist ein Leuchtschriftband der Konzeptkünstlerin Jenny Holzer mit Texten über New York von Walt Whitman, Allen Ginsberg, Langston Hughes u. a. zu sehen. Im November 2013 folgte **4 WTC** (Fumihiko Maki & Ass.), ein niedriger Bau mit hoher Glaslobby, die an die Greenwich Street grenzt.

2018 soll **3 WTC**, ein relativ niedriger, unspektakulärer Bau von Richard Rogers, fertig sein, bei **2 WTC** an der Nordostecke des Grundstücks wird es hingegen noch etwas länger dauern. Der Bau von BIG (Bjarke Ingels Group aus Kopenhagen) soll einmal 387 m hoch werden und damit fast an das One WTC heranreichen (ohne Antenne 417 m). Die treppenartig gestaltete und mit einer Art grünen Balkonen ausgestattete Fassade ist zum 9/11 Memorial hin ausgerichtet.

5 WTC (Kohn Pederson Fox), geplant anstelle des ebenfalls zerstörten Deutsche Bank Buildings, wird wohl nicht gebaut. Im Sommer 2016 eröffnete am Südende des Grundstücks der **Liberty Park**, erhöht gelegen und mit Ausblick auf das Memorial. In naher Zukunft soll die Sphere (s. S. 31) hier aufgestellt werden. Noch im Bau ist der **St. Nicholas National Shrine.** Nach Plänen von Santiago Calatrava erhält die orthodoxe Gemeinde sehenswerten Ersatz für ihr bei 9/11 zerstörtes Gebäude am WTC. Die Eröffnung ist für 2017 geplant.

Calatrava zeichnet ebenfalls für den **WTC Transportation Hub**, den neuen Nahverkehrsbahnhof an der Nordostecke der WTC Site, verantwortlich. Das Hauptgebäude, der **Oculus**, eröffnete nach über zwölf Jahren Bauzeit und Milliardenaufwand im Frühjahr 2016. Abgesehen von seiner praktischen Funktion als wichtiger Knotenpunkt für elf Subways und PATH-Pendlerzüge stellt der Bahnhof eine technische Meisterleistung dar und ist aufgrund seines flügelartigen Daches mit zu öffnendem Oberlicht über einer mehrstöckigen Halle auch architektonisch sehenswert. Er verbindet die World Trade Center Towers 1 bis 4, das 9/11 Memorial, Brookfield Place 3 und den Battery Park City Ferry Terminal miteinander und beherbergt zahlreiche Läden und Lokale.

Das **Fulton Center,** nur einen Block östlich gelegen, wurde im November 2014 ebenfalls als Nahverkehrsknotenpunkt – neun Subway-Linien treffen hier zusammen – neu eröffnet. Herzstück des umweltbewusst und energietechnisch vorbildlich geplanten Gebäudes ist die Haupthalle mit dem Sky Reflector Net, einer Art Dachfenster. In der Halle befinden sich auch Läden, Imbiss- und Verkaufsstände.

Im Herbst 2016 wurde der Bau eines Kulturzentrums beschlossen: Zwischen 1 und 2 WTC soll nach Plänen der Brooklyner Architekturfirma REX das **Ronald O. Perelman Performing Arts Center** mit Bühnen, Eventflächen und Café entstehen.

› **One World Observatory,** 285 Fulton St. (Zugang West St.), https://oneworldobservatory.com, tgl. 9–20, Mai–Sept. bis 22 Uhr, $ 34 (Standardticket), zeitgebundene Tickets, daher ist ein Ticketkauf im Internet vorab sinnvoll. Man sollte mindestens 1½ Std. für den Besuch einplanen!

› **Infos zur WTC-Site** unter www.panynj.gov/wtcprogress (Baufortschritt), www.renewnyc.com (zum Viertel ringsum) und www.wtc.com

3 Brookfield Place/ World Financial Center ★★ [C22]

Das 1988 fertiggestellte **World Financial Center** am Hudson River stammt vom Reißbrett des Argentiniers César Pelli. Der Komplex entstand in direkter Nachbarschaft zum World Trade Center, da man dessen Aushub am Fluss aufschüttete und damit Land schuf, auch für die angrenzende Battery Park City 4.

Der **Baukomplex** besteht aus vier mit unterschiedlichen Dächern versehenen, verschieden hohen Bürotürmen aus Granit und Glas, die sich um ein großes Glas-Atrium gruppieren. Nach oben zu wächst der Anteil an Glas, um dadurch den Eindruck von Leichtigkeit zu erwecken. Der Komplex wird wegen seiner perfekten Infrastruktur gerühmt, z. B. wurde der Verkehr in den Untergrund verlegt und es gibt Fußgängerbrücken zur Verbindung der Gebäudeteile.

Ganz im Süden steht **200 Liberty Street,** einst One World Financial Center (WFC), 1986 errichtet mit trapezförmigem Dach und 176 m Höhe. Damit verbunden ist **225 Liberty Street** (2 WFC) von 1987 mit halbkugelförmigem Dach (197 m). Zwei weitere Bauten stehen an der Vesey Street: **200 Vesey Street** oder 3 WFC von 1985 mit pyramidalem Dach und mit 225 m der höchste der Bauten und im Nordwesten (zum Fluss hin) **250 Vesey Street** – 4 WFC oder North Tower – von 1986 mit stufenförmigem Dach und nur rund 150 m Höhe. Das vorgelagerte New York Mercantile Exchange Building entstand hingegen erst 1997. Das Verbindungsglied bildet der **Winter Garden** von 1988, eine tonnenüberwölbte Glas-Stahl-Konstruktion mit 36 m hohem Atrium, in dem 16 mehr als 10 m hohe Palmen stehen. Der Winter Garden öffnet sich zu einer Piazza am Fluss, wo sich ein Jacht- und ein Fährhafen befinden.

Während 9/11 war es an fast allen Gebäuden zu Schäden gekommen und das WFC war monatelang für Renovierungen geschlossen. Seit 2011 befindet sich der Komplex in Besitz von Brookfield Office Properties, einer Immobilienfirma aus dem kanadischen Toronto, deshalb auch die Umbenennung. Auffälligste Neuerung war der 2013 eröffnete Eingang im Osten, dem Winter Garden vorgelagert, zur West Street hin: der **Brookfield Place Winter Garden Pavilion** nach Plänen von Pelli Clarke Pelli Architects (Rafael Pelli). Es handelt sich um ein Glasgebäude mit gewölbter Fassade, dessen Decke von zwei 16 m hohen, palmenartigen Säulen aus geschwungenen Röhren getragen wird. Hier befindet sich der Zugang in den Untergrund, zu dem Verteilertunnel, der zu One WTC und dem neuen PATH-Bahnhof führt.

Bei Eröffnung des neuen Winter Garden 2015 war jeder begeistert. Eine moderne **Ladenpassage** mit (hochpreisigen) Shops ist ebenso dazugekommen wie zwei Food Courts: **Le District** – ein französisches Marktareal mit Verkaufs- und Imbissständen – und im Obergeschoss **Hudson Eats** mit Lokalen wie Blue Ribbon Sushi Bar, Dos Toros Taqueria oder Springle's Cupcakes. Von hier aus überblickt man nicht nur die neu gestaltete Waterfront Plaza am Fluss (ebenfalls mit Lokalen) und den Jacht- und Fährhafen (North Cove Marina), sondern auch das Atrium, wo öfters Veranstaltungen, Konzerte, Shows oder Kunstinstallationen stattfinden.

› Brookfield Place, 230 Vesey St., tgl. 10 bis mind. 18 Uhr geöffnet, http://brookfieldplaceny.com, Subway: Rector St.

4 Battery Park City ★ [C23]

An der Südspitze Manhattans zwischen Brookfield Place und Battery Park liegt Battery Park City, eines der wegweisenden Großbauprojekte der Stadt (www.bpcparks.org). Auf dem großteils aus Aushub vom Bau des WTC aufgeschütteten Gelände entstand 1967 bis 1976 eine **„Stadt in der Stadt"** mit Büros und Wohnungen. Mehrere Platz- und Parkanlagen gliedern die Wohn- und Büroblöcke, geschmückt durch teils monumentale Plastiken berühmter Künstler, so der Säulengarten „Upper Room" von Ned Smyth (Esplanade/Albany St.) oder im Norden das **Irish Hunger Memorial** – eine irische Landschaft mit Steinruine und -mauern und passend irischer Bepflanzung.

Im angrenzenden **Nelson A. Rockefeller Park** gibt es Rasen-, Sport- und Spielflächen und einen Seerosenteich sowie den Children's Garden mit Bronzekunstwerken von Tom Otterness, genannt „The Real World". Richtung Osten folgt der **Teardrop Park** mit einer „Ice Wall" aus verschiedenen Steinmaterialien, Rutschen, Sandkästen und Wasserspielen, Felsen zum Klettern und naturnaher Bepflanzung.

Die **Battery Park City Esplanade** führt südwärts zum Battery Park und bietet einen grandiosen Ausblick auf Ellis Island 7, die Statue of Liberty 6, den Hudson River und New Jersey. Die Promenade endet am Robert F. Wagner Park, wo sich das **Museum of Jewish Heritage** (s. S. 215), ein sechseckiger pyramidenförmiger Bau, befindet. Bei dem 1997 eröffneten Museum sollen die sechs Ecken an die 6 Mio. ermordeten Juden erinnern, aber auch an den Davidstern. Geplant wurde das Museum vom Architekturbüro

EXTRATIPP

Architekturmuseum
Gegenüber dem Museum of Jewish Heritage befindet sich das nicht allzu große, aber sehenswerte **Skyscraper Museum** (s. S. 217). Die 1996 gegründete Institution zog mehrfach um, ehe sie in die von Skidmore, Owins & Merrill (SOM) geplanten Museumsräume einzog. Es gibt zwei Galerieräume: Einer beherbergt die Dauerausstellung „Skyscraper/City" über die Entwicklung von New Yorks Skyline mit zwei Holz-Miniaturmodellen von Downtown und Midtown (geschaffen von Mike Chesko), der andere dient Wechselausstellungen. Es geht um das reiche architektonische Erbe der Stadt und die Kräfte und Individuen, die dahinter stecken. Abgesehen von Ausstellungen zu Architekturthemen aus aller Welt gibt es verschiedene Programme und Publikationen.

Kevin Roche, John Dinkeloo & Associates, 2003 kam der **Robert M. Morgenthau Wing** mit Veranstaltungshalle, neuem Zugangsbereich und dem Garden Of Stones dazu. In diesem kleinen Park scheinen Bäume aus skulpturalen Steinen herauszuwachsen. Im Inneren geht es anhand von Fotos, Dokumenten, Relikten und Dokumentarfilmen um die Geschichte der Juden von etwa 1880 bis in die Gegenwart. Drei Hauptthemen stehen im Mittelpunkt: das jüdische Leben im späten 19. Jh., die Judenverfolgung, insbesondere durch die Nazis und die in den letzten Jahren stattfindende Rückbesinnung auf jüdische Traditionen und Kultur.

❺ Castle Clinton National Monument/Battery Park ★★ [D23]

Castle Clinton war Teil einer alten Hafenbefestigung, benannt nach dem Gouverneur De Witt Clinton. Im Vorfeld der Auseinandersetzungen mit den Briten zu Beginn des 19. Jahrhunderts, die im „War of 1812" gipfelten, entstanden zusätzlich zu Fort Jay auf Governors Island ❽, das bisher den Hafen sicherte, fünf **Befestigungsanlagen:** Fort Wood (Bedloe's Island), Fort Gibson (Ellis Island), Castle Williams (Governors Island), die South-West Battery (das spätere Castle Clinton) und die North Battery (Hubert St.).

Die **South-West Battery** wurde 1811 als Artilleriestellung fertiggestellt. Sie lag 61 m vom Ufer entfernt und war nur durch eine Zugbrücke mit Manhattan verbunden. 1821 zog das Militär ab, 1823 hatte die Festung ausgedient. Aus dem Militärstandort wurde ein **Vergnügungspark** mit Opernhaus und Theater, durch Erdaufschüttung mit dem Festland verbunden. Die „schwedische Nachtigall" Jenny Lind trat beispielsweise im Castle Garden vor mehreren Tausend Zuschauern auf und der „Der Barbier von Sevilla" wurde hier aufgeführt.

404ny Abb.: mb

⊡ *Ungewöhnliches Vergnügen: das SeaGlass Carousel im Battery Park*

1855 wurde Castle Garden zur **Immigrationsstation** umgebaut und fungierte bis 1890 unter dem Namen Castle Clinton als Vorgänger von Ellis Island. Mehrere Millionen Einwanderer wurden hier hindurchgeschleust. Erst nachdem die alte Festung zu klein geworden war und die Einwanderer ab 1892 auf Ellis Island erstmals amerikanischen Boden betraten, geriet Castle Clinton in Vergessenheit.

1896 eröffnete nach Umbauten in den alten Gemäuern ein **Aquarium.** Als dieses 1941 nach Coney Island umgezog, schienen die Tage der alten Festung gezählt und die Abrissbirnen rückten an. Der drohende Abbruch konnte gerade noch abgewendet werden, 1946 wurde der Bau zum National Monument erklärt und 1975 als **Castle Clinton National Monument** eröffnet. Heute fungiert die Festung vor allem als Ticketverkaufsstelle und Anlegepunkt für die Ausflugsboote zur Statue of Liberty und nach Ellis Island. Eine kleine Ausstellung erinnert an die Geschichte und ein Laden bietet Souvenirs an.

Der umliegende **Battery Park** gleicht einer grünen Insel zwischen Fluss und Hochhauswand und lohnt schon allein wegen des sich hier bietenden Ausblicks auf Freiheitsstatue, Ellis Island und New Jersey einen Stopp. Benannt ist der Park am Zusammenfluss von East und Hudson River nach einer Geschützreihe, die zur Sicherung des Hafens hier stand.

Zahlreiche **Statuen und Monumente,** z. B. für jüdische Immigranten, wallonische Siedler, die Heilsarmee, berühmte New Yorker (wie Giovanni da Verrazano oder die Dichterin Emma Lazarus) oder in Erinnerung an besondere Ereignisse, wie das East Coast War Memorial (ein Bronzeadler von Albino Manca), schmücken den Park, der kürzlich komplett umgestaltet und in verschiedene Abschnitte gegliedert wurde: z. B. Battery Woodland, ein Pflanzenlabyrinth, die Bosque Gardens mit Brunnen oder die Gardens of Remembrance. Neue Fahrradwege und Spielplätze sind entstanden und die **Battery Urban Farm** – eine Art Gemeinschaftsnutzgarten – wurde angelegt.

405ny Abb.: mb

Das Korean War Veterans Memorial im Battery Park

2015 eröffnete dazu am Südende des Parks das **SeaGlass Carousel.** Das Karussell in Gestalt einer Meeresschnecke aus Glas und Stahl mit 30 beleuchteten Fischen im Inneren ist einzigartig und soll daran erinnern, dass sich hier einmal das New York Aquarium befand. Besucher reiten auf allerhand Meeresgetier und werden selbst zu Fischen wenn sie im Inneren Platz nehmen und mit entsprechenden Bildern und Geräuschen durch eine Meereswelt gleiten. Der Zugang erfolgt durch die Tiffany & Co. Foundation Woodland Gardens.

Noch steht die Skulptur **„The Sphere“** („Große Kugelkaryatide“) als Mahnmal für „9/11“ im Battery Park, in Kürze jedoch soll sie im neu eröffneten Liberty Park (s. S. 26) aufgestellt werden. Das Stahl-Bronze-Kunstwerk von 5 m Durchmesser und über 20 t Gewicht war von dem bayerischen Künstler Fritz Koenig 1971 als Symbol für freien Handel und Ideenaustausch geschaffen und zwischen den beiden Türmen des World Trade Center aufgestellt worden. Dort überstand es den Einsturz der Gebäude ohne größere Schäden.

Im Park befindet sich saisonal das **Table Green and Table Green Cafe**, ein Restaurant und Café mit Freiplätzen, und außerdem wurde das Gebäude auf dem historischen **Pier A** von 1886 – einst u. a. von der Hafenpolizei genutzt – nach umfassender Renovierung wiedereröffnet. Im Pier A Harbor House gibt es jetzt beispielsweise die Long Hall und eine Oyster Bar, den Harrison Room und die Commisioner's Bar. Besonders schön sitzt man im Freien.

› **Castle Clinton NM**, Battery Park, 26 Wall St., Subway: Bowling Green oder South Ferry, www.nps.gov/cacl, tgl. 7.45–17 Uhr, Eintritt frei, mit Infostelle und kleiner Ausstellung, Shop und WCs
› **Infos zu allen National Sites in NYC:** www.nps.gov/npnh/index.htm
› **Infos zum Battery Park:** www.thebattery.org, Pier A: www.piera.com

248ny Abb.: mb

6 Statue of Liberty ★★★ [B27]

„Gebt mir eure Müden, eure Armen, eure niedergedrückten Massen, die sich danach sehnen, frei zu atmen.“ Diese Inschrift am Sockel der Freiheitsstatue untermauert die Bedeutung des Monuments als Symbol für Freiheit und Demokratie. Die fast 34 m hohe Statue vor der Hafeneinfahrt New Yorks war ein Geschenk der französischen Nation an die USA in Anerkennung der Vorreiterrolle Amerikas beim Aufbau eines modernen demokratischen Systems.

Seit 1886 New Yorks Wahrzeichen: die Freiheitsstatue

Die **Sockelinschrift** der New Yorker Dichterin Emma Lazarus (1849–1887) bringt die Bedeutung der Statue of Liberty für die Amerikaner und Menschen in aller Welt auf den Punkt. Längst ist die Freiheitsstatue zum **Wahrzeichen New Yorks**, wenn nicht sogar von ganz Amerika geworden. Sie ist ein Geschenk der französischen Nation an die USA als Zeichen der Freundschaft und aus Dankbarkeit für die Schaffung des ersten modernen demokratischen Systems. 1865 waren **in Frankreich erste Pläne** bekannt geworden, in den USA eine derartige Figur aufzustellen. Die Idee stammte von dem französischen Republikaner **Lefebvre de Laboulaye** (1811–1883), der unter Kaiser Napoleon III. für das „Modell Amerika" schwärmte. Ein derartiges Monument sollte die republikanischen Ideale in Frankreich stärken und zugleich die Freundschaft fördern. Laboulaye konnte den Künstler **Frédéric-Auguste Bartholdi** (1834–1904) für seine Pläne gewinnen. Nach dem Sieg Preußens im Deutsch-Französischen Krieg von 1871 sah Laboulaye die Zeit gekommen, seiner Idee Gestalt zu verleihen. Bartholdi reiste in die USA, um dort Bericht zu erstatten, einen Aufstellungsort ausfindig zu machen und Präsident Ulysses S. Grant und andere Persönlichkeiten um finanzielle Unterstützung zu bitten.

EXTRAINFO

Die Statue of Liberty in Zahlen

Gesamthöhe: 92,99 m	
Statuenhöhe (Sockel bis Fackel):	46,50 m
Figurenhöhe (Ferse bis Scheitel):	33,86 m
Länge der Hand:	5 m
Länge rechter Arm:	12,80 m
Kopfhöhe:	5,26 m
Kopfbreite (von Ohr zu Ohr):	3,05 m
Nasenlänge:	1,48 m
Höhe der Basis/ des Fundaments:	19,81 m
Höhe des Granitsockels:	27,13 m

Dass die Statue in New York, dem damaligen Tor zur Neuen Welt stehen musste, war klar, und bereits beim Einlaufen in den Hafen entschied sich Bartholdi für die kleine Insel **Bedloe's Island** (1956 in „Liberty Island" umbenannt) als passenden Standort. Laboulaye präsentierte 1875 erste Pläne. **Fehlende Gelder** verhinderten zunächst, dass die Statue den USA wie geplant zur Einhundertjahrfeier übergeben werden konnte. Während in Frankreich und den Staaten mühsam Spenden für das Projekt gesammelt wurden – besonders Zeitungsmagnat Joseph Pulitzer und sein Boulevardblatt New York World machten sich dafür stark –, arbeitete Bartholdi bereits an der Umsetzung seiner Kolossalstatue. Vorbilder waren antike Monumentalfiguren, wie der legendäre Koloss von Rhodos, doch Anekdoten zufolge soll Bartholdi seine Mutter als Muster für die weibliche Gewandfigur verwendet haben. Zudem hatte der Künstler bereits Erfahrungen mit einem ähnlichen, jedoch nicht realisierten Projekt, einer Kolossalstatue am Zugang des Suez-Kanal, gesammelt.

Zunächst formte Bartholdi ein Tonmodell, bei der **Umsetzung in den riesigen Maßstab** benötigte er jedoch technische Hilfe und zwar die des Tüftlers **Gustave Eiffel** (1832–1923), der 1889 durch den gleichnamigen Turm in Paris berühmt werden sollte. Eiffel konstruierte ein Gerüst aus Eisenträgern, über dessen Außenhaut die Kupferhülle aus 300 gegossenen, vernieteten Platten drapiert wurde. 1878 waren Teile der Statue zum ersten Mal auf der Weltausstellung in Paris ausgestellt, 1881 war sie fertig, wurde zerlegt und in Kisten verpackt mit einem Dampfer Richtung New York verschifft, wo sie 1885 ankam.

Unterdessen hatte der Architekt Richard M. Hunt (1827–1895) auf der kleinen Insel den **Sockel** – damals der weltgrößte aus einem Stück gegossene Betonblock – in die Fundamente eines ehemaligen Forts eingelassen. Ganz fertig war der Sockel jedoch noch nicht, als das Schiff aus Frankreich den New Yorker Hafen erreichte und Einzelteile in einer feierlichen Parade durch die Stadt getragen wurden. Erst 1886 konnte der Zusammenbau in der Hafenzufahrt beginnen und am 28. Oktober 1886 weihte Präsident Grover Cleveland die Statue ein.

Anlässlich des **100-jährigen Jubiläums** wurde 1986 eine $ 86 Mio. teure Restaurierung abgeschlossen, bei der u.a. die alte Goldfackel (jetzt im Museum) durch eine neue ersetzt und ein Museum im Sockel eingerichtet wurde. Eine Wendeltreppe führt über 377 Stufen zur Aussichtsplattform in der Krone der Figur, ihre sieben Strahlen sollen die sieben Meere symbolisieren. Ursprünglich war sogar die Fackel der höchste begehbare Punkt.

Im Inneren des Sockels informiert das **Statue of Liberty Museum** über Hintergrund und Bau der Freiheitsstatue. Derzeit in Planung ist ein freistehender Museumsbau am nordwestlichen Ende der Insel mit Galerien, Buchladen, Theater, grünem Dach etc.

› **Statue of Liberty & Statue of Liberty Museum,** Liberty Island, www.nps.gov/stli, Fähren und Tickets s. rechts

EXTRATIPP

Statue of Liberty und Ellis Island – Ticket-Know-how

Ab Castle Clinton/Battery Park 5 verkehren je nach Jahreszeit unterschiedlich häufig (mind. 9.30–17 Uhr und mind. alle 30 Min.) **Fähren von Statue Cruises** für derzeit $ 18 (4–12 Jahre $ 9) nach Liberty und Ellis Island. Um Wartezeit zu vermeiden, sollte man Tickets online vorbestellen (Reserve Tickets, kürzere Wartezeiten, eigener Zugang), es bilden sich nämlich oft schon um 8 Uhr lange Schlangen vor den Ticketschaltern. Ellis Island ist im „Fähr-Paket" immer enthalten, doch nach 14 Uhr lohnt es sich nicht mehr, an beiden Inseln auszusteigen. Da Besucher, ehe sie an Bord gehen dürfen, eine Sicherheitskontrolle durchlaufen, sollte in der Hauptsaison genügend Zeit eingeplant werden. Für die Gesamttour mit Besichtigungen sind mindestens vier Stunden einzuplanen. Für die Besichtigung gibt es **drei Ticketvarianten,** wobei Liberty und Ellis Island und das Museum auf Ellis Island in jeder enthalten sind:

› **Reserve Ticket** („Grounds only", im Fährticket enthalten): Zugang zu beiden Inseln, Audio-Tour, Ranger-Touren

› **Pedestal Ticket** (kostenlos), für Museum und Aussichtsplattform im Sockel, ausgegeben nach „first-come, first-served"-System bzw. auf Reservierung

› **Crown Ticket** ($ 3, Reservierung obligatorisch, max. vier Tickets), Zugang zur Krone nur ohne Gepäck und für Personen über 1,20 m, namens- und zeitgebundene Tickets

› **Infos/Reservierung:** Tel. 18775239849 oder www.statuecruises.com

› Im **CityPASS** ist zwar die Überfahrt inkl., nicht aber der Zugang zum Monument.

7 Ellis Island ★★ [B25]

Als „Nation of Immigrants" sind sich die Amerikaner ihrer Herkunft durchaus bewusst, und daher ist Ellis Island für sie von besonderer Bedeutung. Rund 12 Mio. Menschen betraten auf dieser Insel zwischen 1892 und 1954 erstmals nordamerikanischen Boden und begannen ein neues Leben.

Ellis Island war als Nachfolger von Castle Clinton 5 am 1. Januar 1892 als **Immigrationsstation** eröffnet worden. Bis zur Schließung 1954 sollten sie mehr als 70 % aller USA-Einwanderer passieren, denn in jenen Jahren war das Schiff das wichtigste Transportmittel und New York der größte Hafen im Land. Zu Spitzenzeiten wurden bis zu 5000 Leute am Tag abgefertigt, teils stundenlang überprüft und in 2 % der Fälle wurden „Unerwünschte" abgewiesen.

Auf der Insel befanden sich ursprünglich 35 Gebäude, dennoch waren die Kapazitäten bald erschöpft. Erst als 1924 strengere Einwanderungsquoten in Kraft traten, entspannte sich die Lage. In den 1940er-Jahren wurde die Insel zu einem **Deportationszentrum** für unerwünschte Fremde, außerdem entstand ein Hospital für Soldaten und eine Trainingsstation der US Coast Guard (Küstenwache).

1954 geschlossen, unterstellte Präsident Lyndon B. Johnson die Insel 1965 dem National Park Service und anlässlich der Einhundertjahrfeier 1992 fanden Umbauten für über $ 170 Mio. statt. Die Initiative **„Save Ellis Island"** begann, die Gebäude nach und nach zu renovieren, wurde allerdings durch Hurricane Sandy im Oktober 2012 gebremst, da schwere

Ellis Island wurde 1892 als Einwandererstation eröffnet

Wasserschäden im zentralen Bau, der als Museum dient, erst wieder behoben werden mussten.

Sehenswert ist der Hauptbau mit der beispielhaft renovierten **Great Hall,** der Ankunftshalle. Zusammen mit Verwaltungsräumen, Fährbüro, Gepäckraum, Schlafsälen, Krankenstation und Speisesaal bildet sie das sehenswerte **Ellis Island National Museum of Immigration** mit interessanten Ausstellungen.

Es geht um vier Jahrhunderte Einwanderungsgeschichte, die Geschichte von Ellis Island und einzelne Immigrantenschicksale. Erinnerungsstücke, Fotos, Karten, Briefe, Tagebuchaufzeichnungen und Originalinterviews mit Ankömmlingen berichten anschaulich über die Zugewanderten. Beeindruckend ist v. a. die Abteilung „Treasures from Home", eine Sammlung von Dingen, die die Immigranten von zu Hause mitbrachten. Die zentrale Ausstellung „Peopling of America" informiert mit elf grafischen Displays über vier Jahrhunderte Einwanderungsgeschichte von der vorkolonialen Zeit bis heute, also auch bevor und nachdem Ellis Island Aufnahmestation war.

Es gibt ein interaktives Lernzentrum für Kinder sowie eine Forschungsbibliothek, Filmvorführungen und im zugehörigen **American Family Immigration History Center** Computer zur Ahnenforschung. Hinter der Great Hall steht die **American Immigrant Wall of Honor** mit den Namen unzähliger hier eingetroffener Zuwanderer (www.wallofhonor.org). Von der vorgelagerten Terrasse bietet sich ein hervorragender Ausblick auf Manhattan.

Mit einem Hard Hat Reserve Ticket ist es möglich, sich mit Schutzhelm auf eine 90-minütige Tour durch den nicht restaurierten **Ellis Island Hospital Complex,** das frühere Krankenhausareal, zu begeben. Dort gibt es eine Kunstausstellung mit Installationen („Unframed – Ellis Island").

› **Ellis Island Immigration Museum,** Ellis Island, zweiter Fähr-Anlaufpunkt nach Liberty Island (s. S. 33), www.nps.gov/elis, www.libertyellisfoundation.org, http://saveellisisland.org, geöffnet je nach Jahreszeit, meist tgl. 9–17 Uhr, Eintritt frei, Fähre $ 18, Hard Hat Reserve Ticket: Aufpreis $ 35. Shops und Restaurant mit Freiterrasse.

8 Governors Island ★★ [D25]

Wie Ellis und Liberty Island ist auch Governors Island der Südspitze Manhattans vorgelagert. Neben dem modernen Gebäude der **Staten Island Ferry** (Whitehall Ferry Terminal) fällt das renovierte **Battery Maritime Building** von 1905 ins Auge, das als Anlegestelle für die Fähre nach Governors Island fungiert. Innerhalb weniger Minuten gelangt man zu Soissons Landing auf der alten Festungsinsel und lässt dabei alle Hektik der Stadt zurück. Von der Uferpromenade der Insel – sie soll einmal ringsum verlaufen – bietet sich ein Ausblick auf die Skyline, die Freiheitsstatue 6, Ellis Island 7, den Hafen und den East River mit seinen Brücken bis hinüber nach Brooklyn.

1624 hatten sich auf der Insel die ersten **europäischen Siedler** niedergelassen. Sie zogen bald nach Manhattan um und das Stück Land geriet in Vergessenheit. Während der britischen Herrschaft befand sich die Insel im **Privatbesitz des britischen Gouverneurs,** daher auch der Name. Nach dem Ende der Kolonialzeit ging das Land dann in den Besitz der USA über und fungierte zwischen 1794 und 1966 als Festung zum Schutz der Hafeneinfahrt bzw. als **Militäranlage.**

406ny Abb.: mb

Der Großteil der Insel gehört seit 2003 den New Yorkern. Lediglich die beiden im Vorfeld des War of 1812 gegen die Briten auf der Insel entstandenen Festungen – **Fort Jay** und **Castle Williams** – und die zugehörigen Parade Grounds, der Paradeplatz, sind als älteste noch erhaltene Teile der Militäranlage zum **National Monument** erklärt worden und unterstehen dem National Park Service. Zusammen mit den historischen, einst von Militär bzw. Coast Guard genutzten Gebäuden bilden sie den **Governors Island Historic District.** Die alten Bauten sollen nach und nach neuen Bestimmungen zugeführt werden. Schon jetzt sind z.B. in den Offiziershäuschen im Nolan Park im Nordosten im Sommer Ausstellungen, *Pop-up Stores* und Galerien eingezogen, es finden Kulturevents oder Kinderveranstaltungen statt. Die Urban Assembly New York Harbor School, eine Highschool, ist nördlich des Liggett Arch eingezogen und das Lower Manhattan Cultural Council's Arts Center betreibt Künstlerateliers auf Zeit.

Vor allem im Süden der Insel entstanden Erholungs-, Spiel- und Naturflächen mit Trails, Promenaden, botanischen Anlagen und Aussichtshügeln. Beliebt sind die **Liggett Terrace**, ein perfektes Picknickareal mit Imbissstationen, und der **Hammock Grove**, eine Wiese mit Hängematten und angrenzendem Abenteuerspielplatz mit Sportflächen, genannt **Play Lawn.** Die neueste Ergänzung ist **The Hills**, eine hügelige Naturlandschaft mit atemberaubendem Blick auf die Statue of Liberty 6. Im äußersten Süden sind renaturierte Ufer- und Marschlandschaften geplant.

Bei jungen Leuten beliebt ist der **Governors Club**, wo abgesehen von Barbetrieb regelmäßig Konzerte, Partys, Disco und andere Events stattfinden. *Food trucks* und Imbissstände sorgen für das leibliche Wohl und im September werden hier die Vendy Awards (www.vendyawards.streetvendor.org), die Auszeichnungen für das beste Streetfood, verliehen.

› **Historic Governors Island,** www.nps.gov/gois, https://govisland.com, www.governorsislandalliance.org, Fähren zur frei zugänglichen Insel (s. rechts). Vielerlei Veranstaltungen, Touren, Shop und Imbissstände, Fahrradverleih u. a.

9 „Old Town" ★ [D23]

An der Ecke South/Whitehall Street, vor den beiden Fährhäfen **Whitehall Ferry Terminal** („South Ferry"), wo die Staten Island Ferries abfahren, und **Battery Maritime Building** (Fähre nach Governor Island), kann man eine Zeitreise in New Yorks Vergangenheit beginnen. Das Maritime Building wurde 1907 mit einer grün gestrichenen, 91 m breiten Arkadenfront aus schmiedeeisernem Stahlgitterwerk, geschmückt mit Friesen und aufwendigem Beaux-Arts-Dekor, errichtet und diente bis 1938 auch als Anlegeplatz der Fähren nach Brooklyn. Nachdem ein Feuer 1991 den Fährhafen stark in Mitleidenschaft gezogen hatte, wurde er 2005 nach einer Komplettrenovierung neu eröffnet und dient nun dem Fährverkehr nach Governors Island ❽.

Daneben steht der moderne, gläserne Neubau der Staten Island Ferry. Er umfasst einen großzügig proportionierten Wartesaal, Imbissstände und Kioske sowie zeitgemäße technische Einrichtungen (Anzeigetafeln, Fahrkartenautomaten usw.) und eine Verbindungen zur Subway. Kunstwerke im Inneren verschönern den 65.000 Schiffspassagieren, die täglich zum St. George Ferry Terminal auf Staten Island und zurück unterwegs sind, die Wartezeit.

Lässt man den Battery Park ❺ links liegen, stößt man bei der Suche nach dem New York des 18. und 19. Jahrhunderts auf einen Gebäudekomplex bestehend aus kleiner Kirche und Wohnhaus, beide untrennbar verbunden mit **Elizabeth Ann Seton** (s. S. 38). In dem 1793 im Federal Style errichteten **Watson House** wohnte Seton – es war 1806 vergrößert worden. Daneben steht die **Church of Our Lady of the Rosary** mit ihrem ungewöhnlichen ellipsoiden Grundriss. In der Kirche steht der **Shrine of St. Elizabeth Ann Seton,** während im Haus die Irish Mission at Watson House – ein irischer Klub, der Immigranten-Mädchen bei ihrer Ankunft betreute – Ausstellungen anbietet.

Die Pearl Street führt zu dem rund 130 m hohen, ungewöhnlichen, blau verglasten Büro-Wolkenkratzer **Broad Financial Center** mit sehenswertem Foyer mit kurioser Uhr. Beim **Fraunces Ta-**

EXTRATIPP

Annäherung an Manhattan

Wer New York erst einmal in aller Ruhe auf sich wirken lassen möchte, dem sei eine kostenlose Schifffahrt empfohlen: Eine Möglichkeit ist, die **Staten Island Ferry** vom Staten Island Ferry Terminal zur gleichnamigen Insel ⑩ zu nehmen und mit der nächsten Fähre gleich wieder zurückzufahren (insgesamt etwa 1 Std., Aussteigen nötig). Auf der Fahrt bieten sich spektakuläre Ausblicke auf Manhattan, den Hudson River, New Jersey, die Statue of Liberty und Ellis Island. Zum anderen könnte man im Sommer mit der **Governors Island Ferry** ab Battery Maritime Building den kürzeren Weg zur gleichnamigen Insel wählen und dort von der umlaufenden Promenade die Ausblicke auf Skyline, Statue of Liberty und Ellis Island genießen.

- •**3** [D24] **Staten Island Ferry,** Whitehall Terminal, Whitehall/South St., www.siferry.com. Abfahrt rund um die Uhr, jeweils zur vollen/halben Stunde.
- •**4** [D24] **Governors Island Ferry,** Battery Maritime Building, neben Staten Island Ferry Terminal, https://govisland.com/info/ferry. Fährabfahrten Ende Mai–Ende Sept. tgl. 10–18, an Wochenenden bis 19 Uhr, hin und zurück $ 2, samstag-/sonntagvormittags (vor 12 Uhr) Fähren gratis.

◁ *Blick von Governors Island auf die Südspitze Manhattans*

Elizabeth Ann Seton – Amerikas erste Heilige

Mit Blick auf den Hafen lebte Elizabeth Ann Seton (1774-1821), die erste 1975 vom Papst heiliggesprochene Amerikanerin. Sie hatte den ersten Nonnenorden der USA, die ***American Sisters of Charity,*** *gegründet und sich als Begründerin des* ***„Parochial School Systems“,*** *der Organisation kirchlicher Schulen, hervorgetan.*

Die Tochter des Arztes und Professors Richard Bayley stammte aus prominenter New Yorker Familie und heiratete 1794 William Magee Seton, Sprössling einer Familie, der eine Schifffahrtsgesellschaft gehörte. William starb früh, Elizabeth wurde mit 29 Jahren Witwe. Sie hatte zuvor noch ihren kränkelnden Mann nach Italien begleitet und blieb nach seinem Tod dort. In Rom wandte sich die Protestantin dann dem ***Katholizismus*** *zu.*

Als sie nach New York zurückkehrte, wandten sich Familie und Freunde von der „Konvertitin“ ab und als dann noch das Unternehmen ihres Mannes bankrott ging, lebte sie mit ihren fünf Kindern in Armut. 1808 nahm Elizabeth Seton daher dankbar das Angebot an, in Baltimore eine Schule zu eröffnen. Sie zog dorthin um, gründete eine kirchliche Schule und zugleich den ersten amerikanischen katholischen Frauenorden. 1817 entsandte „Mother Seton“ drei ihrer Mitschwestern nach New York. Heute noch arbeiten und leben Nonnen dieses Ordens in der damals gegründeten Saint Patrick School (Prince Street).

vern Block Historic District handelt es sich dann um den einzigen original erhaltenen Straßenblock New Yorks aus dem 18. Jh. mit hübschen alten Ziegelhäuschen. Im Zentrum des denkmalgeschützten Ensembles steht das **Fraunces Tavern Museum** (s. S. 214), eine exakte Replik des 1719 erbauten Wirtshauses aus Backstein. Im ersten Stock des Museums wird an die Geschichte und Kultur jener Tage erinnert, im Erdgeschoss ist die Porterhouse Brewing Company eingezogen. Wenige Schritte von der Tavern entfernt, zweigt die Stone Street zum **Stone Street Historic District** mit altem Kopfsteinpflaster und Häusern, die nach dem Feuer von 1835 entstanden sind, ab. Das Viertel erstreckt sich etwa vom Hanover Square bis zur Pearl Street und ist als Fußgängerzone ausgewiesen.

Am Nordrand dieses Historic District, am Hanover Square, steht das **India House** von 1837, in dem sich einst die New York Cotton Exchange (Baumwollbörse) befand. Heute lädt hier im Untergeschoss **Harry's** (s. S. 230) ein. Der Grieche Harry Poulakakos hat dieses Lokal mit Bar 1972 gegründet und es ist noch heute eine New Yorker Institution.

› **Our Lady of the Rosary Church mit Seton Shrine,** 7 State St., http://spcolr.org/st-seton-shrine-1, zu Gottesdiensten bzw. Bürozeiten geöffnet. Benachbart: **James Watson House,** www.watsonhouse.org, derzeit noch wegen Wirbelsturmschäden geschlossen.

Der bronzene Bulle am Bowling Green gilt als Symbol für den Aufschwung an der Börse

⑩ Bowling Green/National Museum of the American Indian ★ [D23]

Am Beginn des Broadway, dem alten „Highway 9", der Manhattan mit Albany, der Hauptstadt des Staates New York, verband, liegt mit **Bowling Green** die älteste Parkanlage der Stadt. Hier soll 1626 Peter Minuit den Indianern die Insel Manhattan abgekauft haben. Der bronzene Bulle an der Nordspitze des Platzes ist ein Geschenk des Bildhauers Arturo Di Modica an die Börse und steht als Symbol für steigende Kurse an der Wall Street. Den Platz dominiert das **US Custom House** (1 Bowling Green St.) mit dem **George Gustav Heye Center**, einer Filiale des **National Museum of the American Indian (NMAI)**. Der prachtvolle Beaux-Arts-Bau wurde 1907 von Cass Gilbert (Architekt des Woolworth Building, s. S. 50) erbaut und sollte die große Hafentradition der Stadt symbolisieren. Daher wurde er reich dekoriert und ausgestattet, z. B. mit 44 ionischen Säulen mit Figuralkapitellen sowie monumentalen weiblichen Personifikationen der Kontinente, geschaffen vom Bildhauer Daniel Chester French (1850–1931). Die runde Marmorhalle im Inneren wurde im Rahmen des WPA-(Arbeitsbeschaffungs-)Projekts unter Roosevelt 1937 vom Maler Reginald Marsh mit Wandgemälden ausgestattet. Bei ge-

048ny Abb.: mb

Spaziergang 1: Unterwegs in Lower Manhattan

Das Herz von NYC schlägt nicht nur wegen der sich hier befindenden Wall Street in Lower Manhattan, hier wurde die Stadt auch 1624 von niederländischen Händlern gegründet und hier befindet sich seit dem 9. September 2001 das emotionale Zentrum der Stadt. Das ***9/11 Memorial & Museum*** 1 ist deshalb der ideale Ausgangspunkt für einen Spaziergang. Hat man das Memorial auf sich wirken lassen, sollte man sich einen Moment Zeit lassen, bevor man wieder in das pulsierende Leben im Areal um die neuen Hochhäuser der ***WTC Site*** 2 und den dominierenden Hauptbau, ***1 WTC*** mit dem ***One World Observatory***, eintaucht.

Über die Vesey Street und vorbei am ***Brookfield Place/World Financial Center*** 3, erreicht man den Hudson River und erkennt während des Spaziergangs nach Süden zum Battery Park Grün- und Spielflächen, Wege und Piers des sich hier nordwärts erstreckenden ***Hudson River Park*** 30 die in den letzten Jahren reali-

[C22] 9/11 Memorial & Museum S. 22

[C22] World Trade Center Site und One World Observatory S. 25

[C22] Brookfield Place/ World Financial Center S. 27

[C23] Battery Park City S. 28

[D23] Castle Clinton National Monument/Battery Park S. 29

[D23] „Old Town" S. 36

[D23] Bowling Green/National Museum of the American Indian S. 39

[D23] Trinity Church S. 44

[D23] Federal Hall National Monument S. 47

[E22] South Street Seaport S. 48

[D22] St. Paul's Chapel S. 49

[D22] City Hall und Umgebung S. 50

[E22] Brooklyn Bridge S. 52

[A17] Hudson River Park S. 90

[F23] Brooklyn Heights Promenade und Brooklyn Heights S. 173

[F22] Brooklyn Bridge Park/ DUMBO S. 174

Alle weiteren Karteneinträge s. S. 396.

sierte Hinwendung der Stadt zum Wasser. Den Anfang des Parks markiert die ***Battery Park City*** *4, eines der wegweisenden Großbauprojekte der Stadt, das zudem durch Grünflächen und Öffentliche Kunst von sich Reden macht. Das ca. 37 ha große Gelände wurde größtenteils künstlich aufgeschüttet von – hauptsächlich handelt es sich um Aushub vom Bau des WTC – und zwischen 1967 und 1976 entstand hier eine „Stadt in der Stadt" mit Büros, Wohnungen, Parkanlagen und Versorgungseinrichtungen.*

Kurz bevor man nun den Battery Park erreicht, fällt einem im Wagner Park, direkt am Hudson River, ein sechseckiger pyramidenförmiger Bau ins Auge: Das 1997 eröffnete ***Museum of Jewish Heritage*** *(s. S. 215) informiert hier über die Geschichte der Juden von etwa 1880 bis in die Gegenwart.*

Der neu gestaltete ***Battery Park*** *5 mit dem historischen* ***Castle Clinton,*** *Teil einer alten Hafenbefestigung, bietet nicht nur einen traumhaften Ausblick, von hier gehen auch die Fähren zur* ***Statue of Liberty*** *6 und nach* ***Ellis Island*** *7 ab. Die 1886 in der Hafenzufahrt aufgestellte Freiheitsstatue, die nicht nur zum Wahrzeichen New Yorks bzw. der USA, sondern der Demokratie im Allgemeinen geworden ist, war einst ein Geschenk der französischen Nation – als Zeichen der Freundschaft und aus Dankbarkeit für die Schaffung des ersten modernen demokratischen Systems. Um die Freiheitsstatue und das benachbarte Ellis Island, wo zwischen 1892 und 1954 rund 12 Millionen Einwanderer erstmals nordamerikanischen Boden betraten, zu besuchen, muss man Zeit und Geduld mitbringen, denn die Warteschlangen vor der Fähre sind oft sehr lang. Zudem sollte man sich die Tickets vorher besorgen.*

Wer einen anderen Blick auf Manhattan und die Upper New York Bay werfen möchte, sollte eine (kostenlose) Fahrt mit der orangefarbenen ***Staten Island Ferry*** *(s. S. 37) einplanen. Während der etwa 20-minütigen Fahrt bieten sich ein spektakulärer Ausblick auf die Freiheitsstatue und Ellis Island – auch eine gute Alternative, wenn man den Besuch der beiden Sehenswürdigkeiten aus Zeitgründen nicht schafft. Vom historischen Fährhafen gleich nebenan im Sommer für $2 nach* ***Govenors Island*** *(s. S. 37), und dort lohnt sich nicht nur der Ausblick von der Promenade ringsum, sondern auch die Insel selbst. Im 18. Jh. in Privatbesitz des britischen Gouverneurs, diente die Insel seit der Unabhängigkeit der USA zunächst als Festung zum Schutz der Hafeneinfahrt. Heute unterhält die Küstenwache eine Station, Teile der Insel – mit historischen Bauten – wurden als Nationalpark unter Schutz gestellt und andere Areale zum Naherholungsgebiet umgestaltet.*

Gegenüber dem Fährhafen trifft man auf der Suche nach dem New York des 18. und 19. Jahrhunderts auf den ***Shrine of Mother Seton*** *(7–8 State St., s. S. 37), das letzte erhaltene frühe Baudenkmal Lower Manhattans. An der Nordspitze des Battery Park, dort wo sich das* ***US Custom House*** *mit dem* ***National Museum of the American Indian*** *10 erhebt, beginnt* *mit dem Broadway New Yorks berühmteste Straße. Hier duckt sich die* ***Trinity Church*** *11, eine der ältesten anglikanischen Kirchen Nordamerikas, zwischen die Hochhäuser und behält zugleich die weltberühmte* ***Wall Street*** *(s. S. 45) im Auge.*

Vorbei an der (für Besucher geschlossenen) Börse – ***New York Stock Exchange*** *– und der* ***Federal Hall*** *12 führt die Wall Street auf die Ostseite der Insel Manhattan zum East River. Auch hier wurde der Uferstreifen begrünt und zur* ***East River Esplanade*** *umgestaltet. Zudem fungiert* ***Pier 11*** *als Fährhafen für Water Taxis und East River Ferries. Das nahe gelegene ehemalige Hafenviertel um den* ***South Street Seaport*** *13 und die* ***Fulton Street*** *[D/E22] präsentiert sich als pulsierendes Touristenzentrum. Die Fulton Street führt den Spaziergänger – mit Blick auf den 1 WTC – wieder zurück zum Broadway. Wie so häufig in NYC treffen auch hier Alt und Neu aufeinander: Historische Bauten wie die* ***St. Paul's Chapel*** *14, das* ***Woolworth Building*** *(s. S. 50) oder die* ***City Hall*** *15 bilden dabei einen spannenden Kontrast zu modernen „skyscrapern" und vor allem zum architektonisch auffälligen Apartmenthochhaus* ***New York by Gehry/8 Spruce Street*** *(s. S. 52).*

Zu den Highlights jedes New York-Besuchs gehört ein Spaziergang über die ***Brooklyn Bridge*** *16 (Zugang an der Ostseite des Rathauses) – „die beste und wirkungsvollste Medizin, die meine Seele bisher genossen hat", wie einst Amerikas Nationaldichter Walt Whitman über die 1883 eingeweihte Brücke schwärmte. Am anderen Ende der Brooklyn Bridge befindet man sich nicht nur in New Yorks neben Manhattan bedeutendstem Stadbezirk Brooklyn, sondern zugleich im einem der vielen derzeit angesagten Stadtviertel,* ***DUMBO*** *87 („Down under the Manhattan Bridge Overpass"). Hier lohnt ein Bummel über die Front und die Jay Street mit ihren Läden und Cafés zum* ***Brooklyn Bridge Park*** *87. Die Parkanlage erstreckt sich am Ostufer des East River von der Manhattan Bridge südwärts unter der Brooklyn Bridge hindurch, die alten Hafenpiers mit einschließend. Diese wurden bzw. werden ebenfalls in Grünanlagen mit Freizeitwert umgestaltet und geben dem Stadtbezirk ein neues Gesicht. Von dem Park (Fulton Ferry) geht es über die neue Squipp Pedestrian Bridge hinauf ins berühmte historische Stadtviertel* ***Brooklyn Heights*** *86. Höhepunkt im Brooklyn Heights Historic Districts ist die* ***Brooklyn Heights Promenade,*** *die sich oberhalb der ehemaligen Piers und des BQE (Brooklyn-Queens-Expressway) erhebt und einen kaum noch zu steigernden Blick auf die spektakuläre Hochhauskulisse Manhattans zulässt.*

Endpunkt des Spaziergangs – von der Promenade geht es über die Montague St. [F/G23] – ist die nahe ***Borough Hall*** *(mit Visitor Center), das Rathaus von Brooklyn an der Cadman Plaza. Von hier fahren Subway-Linien zurück nach Manhattan. Wer möchte, kann aber auch mit der East River Ferry oder dem Water Taxi vom Brooklyn Bridge Park (Fulton Ferry Landing) nach Manhattan zurückkehren.*

nauer Betrachtung der Hafenszenen sieht man rechts vom Eingang Greta Garbo, die vor einem Schiff ein Interview gibt.

1973 war die Zollbehörde aus dem Alexander Hamilton gewidmeten US Custom House ausgezogen, 1994 zog das besuchenswerte NMAI mit interessantem Laden und Bibliothek ein. Benannt ist die NMAI-Filiale nach George Gustav Heye (1874–1957), dessen Privatsammlung von etwa 800.000 indianischen Kunstwerken und Kunsthandwerk die Basis des National Museum of the American Indian in Washington D.C., einem 2004 eröffneten Teil der Smithsonian Institution, bildet. Im George Gustav Heye Center in New York werden seither interessante Wechselausstellungen zur Geschichte und Kunst der Indianer gezeigt und es gibt ein Filmarchiv sowie ein vielseitiges Veranstaltungsprogramm.

An die prächtige Architektur, die einst das Customs-Gebäude und den kleinen Park umgab, erinnert noch das **Cunard Building** (25 Broadway). 1921 ließ die Cunard-Reederei, die damals größte Passagierlinie der Welt, dieses Hochhaus errichten. In der Halle wurden die Tickets für die großen Übersee-Luxusliner der Gesellschaft verkauft. Sehenswert sind die Wandmalereien und die reich ornamentierte Decke sowie Barry Faulkners Weltkarten an den Wänden und Schiffe berühmter Seefahrer wie Kolumbus, Drake oder Erikson an den Gewölbestützen.

Wer weiter auf dem Broadway läuft, stößt immer wieder auf in den Teer eingelassene Granitplatten: 164 sind es zwischen Bowling Green 10 und Woolworth Building (s. S. 50). Sie erinnern an bedeutende Paraden auf dem Broadway, beginnend mit jener zur Einweihung der Statue of Liberty im Oktober 1886.

Gegenüber des Cunard Building befindet sich der Neorenaissancebau von **Standard Oil Trust** (26 Broadway) von 1922 mit einem weithin sichtbaren markanten Turm in Form einer Öllampe. Zum historischen Anspruch der beiden Gebäude passt auch der Subway-Zugang der „Bowling Green Station“ im Beaux-Arts-Stil. Hier angelangt, steht man schon am Rand des Battery Park 5.

› **National Museum of the American Indian (NMAI),** George Gustav Heye Center – US Custom House, 1 Bowling Green, http://nmai.si.edu/visit/newyork, tgl. 10–17, Do. bis 20 Uhr, Eintritt frei, Subway: Bowling Green

11 Trinity Church ★★ [D23]

Von der WTC Site 2 sind es nur wenige Schritte bis zur altehrwürdigen Trinity Church. Dabei passiert man den bei 9/11 schwer beschädigten **Zuccotti Park** mit Kunstwerken wie „Joie de Vivre“ aus rotem Stahl von Mark di Suvero oder „Double Check“ von J. Seward Johnson (Bronzefigur eines sitzenden Mannes mit Aktentasche). In die Schlagzeilen geriet der Platz erneut im Herbst 2011 als Basis der **„Occupy Wall Street“-Bewegung.**

An der Ostseite des Platzes führt der Broadway vorbei. Hier befindet sich das ehemalige **Chamber of Commerce Building** in einem Beaux-Arts-Bau von 1901 und gegenüber der gotisierende **Liberty Tower** von 1910 mit weißer Terrakottaverkleidung. Dominantester Bau an der Liberty Street ist jedoch jener der **Chase Manhattan Bank** (28 Liberty St.), auf deren Vorplatz die Dubuffet-Skulptur „Four Trees“ (1972) die Blicke anzieht. Die **Federal Reserve Bank** (33 Liberty St.) ist eine von zwölf Bundesnotenbanken (sie

Wall Street und Museum of American Finance

Die Trinity Church liegt direkt auf der Achse der Wall Street - gerade so, als würde Gott das Machtzentrum des Mammon genau beobachten. Seit dem 11. September 2001 ist das Areal um die Börse für den Verkehr geschlossen und auch Fußgänger kommen wegen Polizeisperren nicht mehr nah an den Komplex heran. Man kann das Treiben lediglich von den Stufen der Federal Hall aus beobachten. Die Wall Street wurde übrigens nach der Stadtmauer benannt, die die ersten Siedler hier einst zum Schutz vor den Indianern errichteten.

*Die **New York Stock Exchange** (NYSE, 11 Wall/20 Broad St.) gilt als die bedeutendste Börse der Welt und befindet sich in einem 16-geschossigen Bau von 1903. Seit „9/11" ist die Besuchergalerie in der Börsenhalle, wo Aktien in Millionenhöhe gehandelt werden, geschlossen. Der Grundstein für die Börse wurde 1792 mit dem Zusammentreffen von 24 Maklern in der Wall Street Nr. 68 gelegt, die offizielle Gründung als „New York Stock & Exchange Board" erfolgte 1817. Ihren heutigen Namen erhielt die Börse 1863 und der erste Handelsort wurde zwei Jahre später an der Ecke Wall St./Broad St. eröffnet. Das bisher einschneidendste Ereignis war der große **Börsenkrach am 29. Oktober 1929,** der eine Weltwirtschaftskrise einleitete. Aber auch der „Schwarze Montag" am 19. Oktober 1987 sorgte für Chaos, ebenso die Finanzkrise im Herbst 2008.*

*In der nahe gelegenen ehemaligen Bank of New York, einem Bau aus dem Jahr 1927, sorgt das **Museum of American Finance** (s. S. 215) gewissermaßen für Ersatz für die nicht mehr zu besichtigende NYSE, von der es jedoch Souvenirs im Museumsladen zu kaufen gibt. In der alten, riesigen Schalterhalle erhält der Besucher Einblick in die Welt des Geldes und des Börsenhandels. Die größte Abteilung nennt sich „The Financial Markets" und befasst sich mit der Funktionsweise der Finanzmärkte, mit der legendären Wall Street und der New York Stock Exchange sowie anderen Börsen. In der Abteilung „Banking in America" geht es um die Geschichte von Banken und Kreditinstituten, um Sparformen, Banküberfälle, Kreditkarten und Krisen. „Entrepreneurs" stellt verschiedene Firmenchefs und Wirtschaftsexperten in Videointerviews vor. Aktueller Bezug wird in der Abteilung „Tracking the Credit Crisis: A Timeline" vorgestellt; hier geht es um die letzte Finanzkrise.*

Kleinere Galerien beschäftigen sich mit der Geschichte des Geldes in New York, Münzen, der Währung im Allgemeinen, Geldscheinen und Fälschungssicherheit. Der Alexander Hamilton Room schließlich zollt dem gleichnamigen ersten Schatzmeister der USA Tribut. Er begründete die Bank of New York als erste Bank der Stadt.

druckt die Banknoten mit dem Buchstaben B). In ihrem fünfgeschossigen Tresorsystem ist das größte Goldreservenlager der Welt eingebaut. Hier lagern die Schätze verschiedener Nationen jeweils in eigenen Panzerräumen.

Im Schatten der Hochhäuser am Broadway wie dem **Trinity Building** (um

054ny Abb.: mb

055ny Abb.: mb

1900 im neogotischen Stil erbaut) oder dem Gebäude der **Irving Trust Company** mit schönem Art-déco-Mosaik in der Lobby (Wall St./Broadway/New St.) steht die **Trinity Church.** Es handelt sich um eine der ältesten anglikanischen Kirchen Nordamerikas. 1697 wurde sie vom englischen König William III. gestiftet und bereits ein Jahr später geweiht. 1776 wurde der erste Bau durch ein Feuer zerstört und 1790 entstand ein Neubau, der im Winter 1838/1839 unter enormer Schneelast einbrach. Heute steht hier die dritte Kirche, 1846 nach Plänen von Richard Upjohn aus rötlichem Sandstein im neogotischen Stil errichtet. Die Bronzetüren mit biblischen Szenen entwarf Richard Morris Hunt nach Lorenzo Ghibertis Florentiner Paradiestür. Dank ihrem etwa 86 m hohen Turm war die Kirche bis etwa 1860 das höchste Gebäude New Yorks – man kann sich das heute kaum mehr vorstellen!

1976 besuchte Queen Elizabeth II. die Kirche und zeigte sich ähnlich beeindruckt vom **Innenraum** wie der „normale“ Besucher. Buntglasfenster über den ganzen Kirchenraum verteilt zeigen religiöse Szenen, besonders schön ist jenes mit Jesus und den Aposteln über dem Altar. Es soll aus Deutschland stammen. In der angrenzenden **All Saints' Chapel** befindet sich ein Kenotaph (leeres Grabmal) für Reverend Dix, weitere Grabmäler befinden sich in den angrenzenden Räumen. Rechts vom Eingang hängt im

Die Trinity Church im Schatten der Hochhäuser am Broadway hat eine bewegte Geschichte hinter sich

Das Herz des Finanzviertels ist die Wall Street mit der NYSE (s. S. 45)

EXTRATIPP

Downtown Connection

Die Alliance for Downtown New York betreibt **kostenlose Kleinbusse** zwischen South Street Seaport (13) und Battery Park City (4) mit mehreren Stopps (tgl. 10–19.30 Uhr, ca. alle 10–20 Min.).

› **Infos und Route:** www.downtownny.com/programs/downtown-connection-bus

Baptisterium ein italienisches Triptychon aus dem 15. Jh. Berühmt ist auch die Orgel mit fast 9000 Pfeifen, die 1961 nach alten Vorlagen rekonstruiert wurde.

Umgeben ist die Kirche vom **Trinity Churchyard**, auf dem etliche Prominente bestattet liegen, z. B. der erste US-Finanzminister, Alexander Hamilton (1757–1804), oder der in Genf geborene Albert Gallatin (1761–1849), Diplomat und US-Finanzminster unter Thomas Jefferson. Dazu gibt es Denkmäler wie das Firemen's Memorial Monument oder das Soldiers'/Martyrs' Memorial Monument.

› **Trinity Church,** Broadway/Wall St., Subway: Wall St., www.trinitywallstreet.org, Mo.–Fr. 7–18, Sa. 8–16, So. 7–16 Uhr, mit Bookstore (74 Trinity Pl.) und Ausstellung im Südflügel sowie regelmäßigen Chor- und Orchesterkonzerten, u. a. Do. 13 Uhr gratis.

(12) Federal Hall National Monument ★★ [D23]

Steht die Börse für die Wirtschaftsmacht der USA, erinnert das gegenüberliegende Federal Hall National Monument an die **Geburtsstunde der Nation.** Der Bau gilt als schönstes klassizistisches Bauwerk New Yorks. Lediglich seine Lage erinnert noch an den Vorgängerbau von 1703, der als Rathaus und kurzzeitig auch als US-Parlamentssitz diente. Am 30. April 1789 wurde George Washington, dessen Bronzestatue über den Stufen aufragt, in der Federal Hall als erster US-Präsident vereidigt. Das alte Rathaus diente bis zum Umzug nach Philadelphia im Jahr 1790 als erstes Kapitol der jungen Nation, in dem Senat und Repräsentantenhaus ihre Sitzungen abhielten. Als 1812 ein neues Rathaus errichtet wurde, geriet die Federal Hall in Vergessenheit und wurde später abgerissen.

Das heute hier befindliche **klassizistische Bauwerk** wurde zwischen 1834 und 1842 als US Custom House (Zollhaus) im damals modernen Greek-Revival-Stil entworfen. Bei der Front mit seinen 16 dorischen Säulen orientierten sich die Architekten am Parthenon auf der Athener Akropolis, während der Innenraum mit seinen 16 korinthischen Säulen an das Pantheon in Rom erinnert. 1862 siedelte die Zollbehörde in die Wall Street Nr. 55 um und verschiedene andere Behörden zogen ein. 1939 wurde der tempelartige Bau **zum Denkmal erklärt** und erinnert seither an die Unabhängigkeit und an die ersten Jahre der neuen Nation. Der Park Service informiert im Inneren anhand von Videos und Modellen, Fotos und Dokumenten über den geschichtsträchtigen Ort, den Bau, die frühe Geschichte der USA, die US-Verfassung und die Bill of Rights. Zudem gibt es interessante Sonderausstellungen und Informationen zu anderen historischen Bauten in Lower Manhattan, außerdem Ranger-Touren.

› **Federal Hall,** 26 Wall St., Subway: Wall St., www.nps.gov/feha, mit Federal Hall Information Center, Mo.–Fr. 9–17 Uhr, Eintritt frei. Mehrmals täglich 30-minütige kostenlose Gebäudeführungen durch Park Ranger.

⑬ South Street Seaport ★ [E22]

Der South Street Seaport markiert den Kern des alten Hafenviertels aus dem 19. Jh. zwischen Pier 15 und Pier 17/18 (Burlington und Peck Slips) sowie South und Water Street. Hafenflair ist nicht mehr viel zu spüren, speziell seit 2005 der **Fulton Fish Market**, der hier seit 1821 existierte, in die Bronx (Hunters Point) umgezogen ist.

Heute lockt das Viertel in erster Linie wegen der **Läden** und **Lokale**. Es wird noch bis voraussichtlich 2017 gebaut und man blickt v.a. gespannt auf die alten Lagerhallen auf **Pier 17**, wo ein neuer Einkaufs- und Vergnügungskomplex mit Cafés, Imbissständen, Markthalle, Restaurants und Läden und dem begrünten Dach von SHoP Architects entsteht. Auch der **Seaport Cultural District** mit den **Seaport Studios** (19 Fulton St.) sorgt für neue Attraktivität. Schräg gegenüber zogen in das historische **Fulton Market Bldg.** (11 Fulton St.) bereits ein Kinokomplex (iPic) ein und (saisonal) gibt es auf dem Vorplatz Gourmetstände und eine Bar von Smorgasburg (s. S. 254), mehr ist geplant.

407ny Abb.: mb

An **Pier 16** liegen historische Schiffe vor Anker, z. B. der Schooner Pioneer, 1885 gebaut und immer noch auf Fahrt gehend, oder der Großsegler „Wavertree" (1885). An **Pier 15** unterhält in einem futuristischen Flachbau New York City & Company in einem Raum mit Hornblower Cruises eine Infostelle. Dazu lädt auf zwei Decks eine Bar zum Drink ein und es gibt Bänke und Freiflächen.

Die Piers sind durch die neue **East River Waterfront Esplanade** miteinander verbunden. An vielen Stellen wurden kleine Parkanlagen mit Sitzgelegenheiten geschaffen, die einen tollen Ausblick auf den East River und Brooklyn bieten. Die Esplanade ist wiederum Teil des **East River Greenway**, der sich als Fuß- und Radweg entlang dem Fluss vom Battery Park an Manhattans Südspitze etwa 15 km hinauf nach East Harlem zieht. Mit Ausnahme eines Teilstücks in Midtown (um die United Nations) vollendet, bildet der Weg den östlichen Teil des **Manhattan Waterfront Greenway.**

An **Pier 11**, etwa auf Höhe der Wall Street, befindet sich eine der betriebsamsten Fähranlegenstellen in Manhattan. Von hier aus verkehren Fähren hinüber zum Hudson River und nach New Jersey, die gelben New York Water Taxis und die East River Ferries Richtung Brooklyn und Queens sowie nach Midtown. Es gibt außerdem eine Schnellfähre zur IKEA-Filiale in Red Hook/Brooklyn.

An die Geschichte des Hafenareals, das in den 1970er- und 1980er-Jahren gerade noch gerettet werden konnte, erinnert die sogenannte **Schermerhorn Row,** eine Reihe von 1811 bis 1813 errichteten Lagerhäusern und Kontoren (2–18 Fulton), die mit Inbetriebnahme der Brooklyn-Fähre 1813 und des Fulton Markets 1821 zu den Topgeschäftsadressen gehörten. Wenn man durch die alten Gassen schlendert, entdeckt man immer wieder Interessantes wie **Meyer's Hotel** von 1873 (heute eine Bar) am Peck Slip, den **Cannon's Walk** oder am anderen Ende der Gasse die **Consolidated Edison Electrical Substation** (1975) mit einem Wandbild der Brooklyn Bridge von Richard Haas. Das **South Street Seaport Museum** (s. S. 218) ist kein Museum im eigentlichen Sinne, sondern bezeichnet den ganzen historischen Distrikt mit Schiffen, maritimen Bauten und Institutionen wie dem Bowne Printers Office. Das eigentliche Museum im ehemaligen Rogers Hotel – einer Seefahrerherberge – informiert ausführlich und auf unterhaltsame Weise über die Geschichte des Hafens, den Handel und die Seefahrt.

Vom Museum betreut wird auch das seit dem Kinohit „Titanic" wiederentdeckte **Titanic Memorial Lighthouse** (Fulton/Water St.), das an die vielen im Jahr 1912 ertrunkenen Passagiere des Luxusliners erinnert. Von hier führt die Fulton Street als Einkaufsstraße mit zahlreichen Schnäppchenläden zurück zum Broadway.

› **South Street Seaport**, Fulton/South St. (Pier 17), www.southstreetseaport.com, Subway: Fulton St. TKTS-Ticketverkauf (s. S. 242) und Visitor Information (s. S. 309).
› **East River Greenway:** www.eastrivergreenwaynyc.org

Der South Street Seaport mit historischen Schiffen

⑭ St. Paul's Chapel ★ [D22]

Die St. Paul's Chapel aus dem 18. Jh. bildet einen **ruhenden Pol am brodelnden Broadway**, gerahmt von einem Friedhof. Die Kirche wurde 1766 fertiggestellt, der Ostteil sowie der Westturm folgten erst um 1794. St. Paul's ist die einzige Kirche New Yorks aus der Zeit vor der Unabhängigkeit.

Außer dem prächtigen Kronleuchter (aus Irland) ist die Kirche innen eher schlicht, aber hell und luftig, in Pastelltönen gehalten und mit korinthischen (Holz-)Säulen. Im Nordflügel befindet sich „Washington's Pew", die **Gebetsbank George Washingtons**, an der er am Inauguration Day, dem 30. April 1789, nach seiner Vereidigung beim Gottesdienst saß. Nach der Ermordung John F. Kennedys im Jahr 1963 wurde in dieser Kirche ein Requiem für den Präsidenten abgehalten. Beim Einsturz des World Trade Center blieb die Kapelle wundersamerweise fast unbeschädigt und bildete während der Aufräumarbeiten einen Ort der Zuflucht, der Trauer, der Ruhe und Versorgung. Inzwischen wurde ein Teil der alten Bänke entfernt, es gibt eine Ausstellung zu 9/11 und es finden Konzerte statt.

Nur einen Steinwurf entfernt liegt die **St. Peter's Church** von 1785, ebenfalls ein Ort der Stille im Geschäftsrummel (Barclay/Church St.). Es ist die älteste katholische Kirche und wurde 1836 im Greek-Revival-Stil komplett umgebaut. Der Innenraum präsentiert sich barockisierend.

› St. Paul's, Broadway/Fulton St., Subway: Fulton St., www.trinitywallstreet.org/about/stpaulschapel, Mo.–Sa. 10–18, So. 7–18, Friedhof nur bis 16 bzw. So. 15.30 Uhr

15 City Hall und Umgebung ★ [D22]

Der **Civic Center District**, in dessen Zentrum das Rathaus steht, war in den 1890er-Jahren das „Zeitungsviertel“, heute konzentrieren sich hier Stadt-, Staats-, Bundesverwaltungen und -gerichte sowie das Polizeipräsidium. Das Viertel protzt mit imposanter Architektur aus drei Jahrhunderten.

Zu den ungewöhnlichsten Bauten gehört das **Woolworth Building** (233 Broadway/Barclay St.). 1879 begann Frank W. Woolworth, Waren für 5 oder 10 Cent anzubieten und bereits 1913 konnte er im Beisein von Präsident Woodrow Wilson das $ 13,5 Mio. teure Hauptquartier, geplant vom Cass Gilbert, beziehen. Bis in die 1930er-Jahre, als das Chrysler Building fertig wurde, war das Woolworth Building mit 242 m das höchste Gebäude New Yorks. Kuriose Fassadendetails wie Fledermäuse und anderes Getier, das pyramidale Dach, Strebepfeiler, Zinnen und Türme lohnen ein genaues Hinsehen.

057ny Abb.: mb

Der **City Hall Park** ist ein Platz mit Tradition und mit all seinen Bänken um einen Brunnen und gelegentlichen Kunstinstallationen besonders zur Mittagspause beliebt. Die Region um das heutige Rathaus war zu Zeiten der Holländer nur ein offenes Feld, genannt „De Vlackte“, die Viehweide. Seit britischer Zeit, im späten 17. Jh., begann die Stadt sich auszudehnen und das Areal wurde zu „The Commons“ bzw. „The Fields“, einer Art Park und Versammlungsplatz. Auf dem Dorfplatz, auf dem sich auch der Schandpfahl befand, trafen sich ab 1760 die **Sons of Liberty**, die nach Unabhängigkeit strebenden Kolonisten, und errichteten die „Flagpole of Liberty“. Diese Fahnenstange ließen die britischen Behörden immer wieder umsägen, bis der Streit im Jahr 1770 in der „Schlacht am Golden Hill“, der ersten blutigen Konfrontation zwischen amerikanischen Siedlern und britischer Kolonialmacht, eskalierte.

„The Fields“ blieb Treffpunkt der freiheitsliebenden Siedler und 1776 las General George Washington hier den versammelten amerikanischen Truppen die **Declaration of Independence**, die Unabhängigkeitserklärung, vor. Nach der Eroberung New Yorks durch britisches Militär wurde auf dem Platz der 20-jährige US-Offizier Nathan Hale, der als Spion gefangen worden war, erhängt – eine Statue an der Platzecke nahe dem Broadway erinnert an ihn. Auch nach der Unabhängigkeit standen hier keine Wohnhäuser, sondern nur ein paar Hütten und ein Gefängnis (erbaut 1759). Alles änderte sich zwischen 1802 und 1812, als hier das **neue Rathaus** entstand, seither heißt das Areal City Hall Park.

Der Broadway führt im Westen am Park vorbei und jenseits davon breitet sich das Viertel **TriBeCa** 23 aus. An der Park Row reihten sich früher die Redaktionen verschiedener Zeitungen, u.a. die der New Yorker Tageszeitungen Sun, World und Tribune, aneinander und bildeten die sogannte „**Newspaper Row**". 1893 gab es in New York allein 19 Tageszeitungen, geblieben sind nur wenige. Am Printing House Square erinnert die Statue Benjamin Franklins mit der Pennsylvania Gazette in der Hand an jene Zeiten.

Die **City Hall** (meist Mi um 12 Uhr zu besichtigen, www1.nyc.gov/site/designcommission/public-programs/tours/city-hall.page) ist ein ideales Beispiel für amerikanische Architektur des frühen 19. Jh. Entworfen wurde sie im Georgian Style von John McComb Jr. und dem französischen Einwanderer Joseph Mangin. Ursprünglich war aus Sparsamkeit nur die Schauseite marmorverkleidet, schließlich stand das Rathaus zu seiner Erbauungszeit noch an der Nordgrenze der Stadt. Im Inneren beeindruckt eine überkuppelte Rotunde mit zehn Säulen, in der 1865 Abraham Lincoln aufgebahrt war. Eine geschwungene Doppeltreppe führt zum City Council und zum Governor's Room.

Hinter Park und Rathaus liegt ein ganzer Komplex von Gebäuden, die mit dem **Gerichtswesen** zu tun haben: das United States Courthouse (40 Centre St.), 1933 von Cass Gilbert begonnen und von seinen Söhnen vollendet, das New York County Courthouse (60 Centre St.), 1926 im Greek-Revival-Stil mit tempelartiger Front, korinthischen Säulen und Freitreppe erbaut, sowie das Criminal Courts Building (100 Centre St.) von 1939. Direkt hinter dem Rathaus steht das **Old New York County Court House** (52 Chambers), auch „Tweed Courthouse" genannt, nach dem korrupten Politiker William M. Tweed, der sich am Bau eine goldene Nase verdiente. Tweed wurde 1871 gestürzt und starb im Gefängnis. Der nördlich vom Old New York County Court House gelegene **Surrogate's Court** (Hall of Records, 31 Chambers St.) diente einst als Stadtarchiv. Er wurde 1899 bis 1911 in Anlehnung an die Pariser Oper im Beaux-Arts-Stil erbaut. Unübersehbar ist das **Municipal Building** gegenüber (1 Centre St.), der 1914 von McKim, Mead & White erbaute Sitz der Stadtverwaltung , in dessen Nordteil sich ein CityStore (Mo.–Fr. 10–17 Uhr, http://a856-citystore.nyc.gov) mit NYC-Souvenirs befindet.

Zwischen diesen Bauten geht der kleine Foly Square fast unter. Hier fand man bei Bauarbeiten 1991 einen alten Friedhof. Wie sich herausstellte, handelt es sich um den Friedhof der afroamerikanischen Bevölkerung der Stadt. Zwischen den 1690er- und 1790er-Jahren war der **African Burial Ground** „benutzt" worden – heute informiert ein Visitor Center mit Ausstellungen (s. S. 212) Besucher über die afroamerikanische Gemeinde der Frühzeit und ihren Friedhof. Dazu gibt es ein Memorial im Freien.

› **African Burial Ground NM,** 290 Broadway, Subway: Park Pl. bzw. Brooklyn Bridge-City Hall, www.nps.gov/afbg

Park mit Tradition: der City Hall Park vor dem Rathaus der Stadt

EXTRATIPP

New York by Gehry

Der weltberühmte kanadische Architekt Frank Gehry plante im Auftrag des New Yorker Immobilienmoguls Bruce Ratner einen 2011 fertiggestellten, auffälligen 76-stöckigen Wolkenkratzer an der Ostseite der City Hall und am Anfang der Brooklyn Bridge (8 Spruce St.). Um die Bau- und Instandhaltungskosten des „New York by Gehry" gering zu halten, setzte Gehry eine spezielle Software ein, die von seinem Büro für die Fisch-Skulptur in Barcelona 1992 entwickelt wurde und auch am Guggenheim Museum in Bilbao zum Einsatz kam. Sie hilft z. B. Flächen besonders energiesparend zu gestalten und die Lichteinwirkung, die daraus resultierende Beleuchtung und Materialkosten zu berechnen. Die energiesparende Glas-Stahl-Konstruktion, die Luxusapartments beherbergt, ist mit ihrer bewegten Fassade ein neues architektonisches Wahrzeichen Lower Manhattans geworden.

› **Infos:** http://newyorkbygehry.com

EXTRAINFO

Daten und Zahlen zur Brooklyn Bridge

› **Eröffnung:**	24. Mai 1883
› **Gesamtlänge:**	1834 m
› **Spannweite:**	486 m
› **Breite:**	knapp 26 m
› **Gewicht:**	14.680 t

Bei ihrer Eröffnung 1883 galt die Brooklyn Bridge als „technisches Wunderwerk" und „Medizin für die Seele"

16 Brooklyn Bridge ★★★ [E22]

Ein Muss für jeden New-York-Besucher ist der Sonnenuntergang an der Brooklyn Heights Promenade und ein Spaziergang über die Brooklyn Bridge. Als Letztere im Jahr 1883 eröffnet wurde, war sie die erste Hängebrücke aus Stahl und galt als technisches Wunderwerk. Schriftsteller, Künstler und Fotografen lobten die Brücke in höchsten Tönen und der aus Brooklyn stammende Dichter Walt Whitman meinte sogar, ein Gang über die Brücke sei die „beste und wirkungsvollste Medizin, die meine Seele bisher genossen hat."

Das technische Wunderwerk mit seinen 1725 m Länge ist dem aus Thüringen stammenden Ingenieur und Erfinder des Drahtseils Johann August Röbling zu verdanken. Er hatte 1855 den Vorschlag gemacht, die unzuverlässige Fähre, die über den East River verkehrte, durch eine Brücke zu ersetzen. 1867 erging der Auftrag und Röbling sollte $ 8000 dafür erhalten.

1869 startete die Konstruktion, die am Ende 18 Millionen Dollar verschlingen sollte. Röbling selbst erlebte die Vollendung seines Werkes nicht mit, er war bereits drei Wochen nach Baubeginn an Wundstarrkrampf, die Folge einer Quetschung seines Fußes bei einer Fährschiffhavarie, gestorben. Er war eines von 27 Opfern, die der Bau, an dem insgesamt rund 600 Arbeiter beteiligt waren, forderte. Nach Röblings Tod leitete sein Sohn Washington die Bauarbeiten, doch er wurde 1872 bei der Besichtigung der Pfeilerfundamente im Senkkasten von der sogenannten Taucherkrankheit (Dekompressionskrankheit) heimgesucht und war seither an den Rollstuhl gefesselt. Fortan war seine Frau Emily

vor Ort tätig – und sie überquerte auch bei der Eröffnung als erste Person die Brücke.

Tragseile aus Stahl für die Brückenaufhängung zwischen den beiden Türmen und Senkkästen, die ein Ausheben der Pfeilerfundamente unter Wasser, aber im Trockenen ermöglichten, waren **revolutionäre technische Verfahren.** In den beiden hohen Granithauptpfeilern, die als 84 m hohe gotische Doppelbögen im Stil von Stadttoren erbaut wurden – der sogenannte Brooklyn Tower war bereits 1875 fertig –, befinden sich je vier gusseiserne Ankerplatten. An deren Enden sind vier Stahlseile befestigt, die aus je 19 ummantelten Strängen von insgesamt 5657 km zink-galvanisiertem Draht bestehen. Zur Verstrebung wurden weitere diagonale und vertikale Seile, die oben am Hauptseil und unten an Stahl-Bodenträgern befestigt wurden, angebracht.

Bei der **Eröffnung am 24. Mai 1883** fuhren 1800 Fahrzeuge und liefen über 150.000 Menschen über die Brücke. Pferdefuhrwerke nutzten die Außenbahn, die Straßenbahnen fuhren auf der „zweiten Spur" und die Fußgänger gingen in der um 5,50 m höhergelegten Mitte. Manchen war die Brücke jedoch suspekt und als eine Frau auf der insgesamt 40 m über dem Fluss verlaufenden Brücke stolperte, brach eine Panik aus. Andererseits lobten Künstler und Fotografen die Brücke in höchsten Tönen, zu diesem Zeitpunkt waren Brücken noch etwas Ungewöhnliches in New York.

Noch heute ist der Spaziergang faszinierend, er dauert mit Fotopausen rund 30 bis 45 Minuten. Vom Endpunkt in Brooklyn, in **DUMBO** 87, beim Brooklyn Bridge Park 87, sind es weitere 10 bis 15 Minuten bis nach **Brooklyn Heights,** zur **Brooklyn Heights Promenade** 86. Be-

New Yorks Brücken

Mit dem Zusammenschluss der Städte Manhattan, Brooklyn, Queens, Bronx und Staten Island zu New York City im Jahr 1898 wuchs die infrastrukturelle Bedeutung der Brooklyn Bridge. Sie machte mit den in der Folgezeit konstruierten Brücken das Funktionieren der neuen Weltmetropole überhaupt erst möglich.

So wurde nach der Brooklyn Bridge von 1896 bis 1903 mit der ***Williamsburg Bridge*** *weiter nördlich eine weitere Verbindung zwischen Brooklyn und Manhattan geschaffen. Mit einer Spannweite von 488 m und einer Länge von 2227 m war sie bis 1924 die weltgrößte Hängebrücke. Über sie verläuft bis heute eine U-Bahn-Trasse und diese Linie trug dazu bei, dass das Brooklyner Viertel Williamsburg zum lebhaften Wohnareal, „Brooklyn's East Village", wurde - ein buntes, multiethnisches Viertel um die Bedford Avenue. Auch zahlreiche jüdische Familien zogen damals aus den beengten Verhältnissen an der Lower East Side hierher und verhalfen der Brücke zu dem Beinamen „Jewish Highway".*

Die dritte Brücke über den East River nach dem Zusammenschluss der fünf „boroughs" war die 1909 eröffnete ***Manhattan Bridge,*** *ebenfalls mit U-Bahn-Trasse. Sie liegt mit einer Spannweite von 448 m, einer Länge von 2089 m und einer Breite von 36,5 m zwischen den beiden erstgenannten Brücken.Damit verbanden drei Brücken die beiden wichtigsten New Yorker Stadtbezirke, Manhattan und Brooklyn, 1909 folgte die erste Brücke zwischen Manhattan und Queens: Die* ***Queensborough Bridge,*** *auch als „59th Street Bridge" bekannt. Auch hier verkehrten einst Bahnen, heute sind es auf zwei Decks nur noch Autos und Busse. Die Auslegerbrücke ist fast 2500 m lang und 106 m hoch. Zur Verbindung mit der Bronx war schon 1848 die „High Bridge" entstanden, ehe die mächtige Washington Bridge (1888) eröffnet wurde. Heute überqueren den Harlem River insgesamt 15 Brücken.*

Eine der beiden „modernen" Brücken New Yorks ist die ***George Washington Bridge,*** *die 1931 eröffnet wurde. Schon Architekt Le Corbusier schwärmte von der „GWB" zwischen Upper Manhattan und New Jersey. Mit einer Länge von 1451 m überspannt sie den Hudson River und galt bei Eröffnung mit einer Spannweite von 1067 m zwischen den Pfeilern als weltlängste Hängebrücke. Da über sie die I95 verläuft, gilt sie zugleich als eine der wichtigsten Brücken der Stadt und dazu als eine der malerischsten. Letzteres wegen des direkt am Brückenpfeiler stehenden letzten Leuchtturms von Manhattan, dem* ***Little Red Lighthouse*** *(s. S. 11) von 1880, das in einem Kinderbuch von Hildegarde H. Swift 1942 verewigt wurde.*

Übertroffen wurde die George Washington Bridge längenmäßig von der 1964 eröffneten ***Verrazano Narrows Bridge,*** *wo alljährlich der berühmte New York Marathon startet. Die Hängebrücke mit einer Spannweite von 1298 m zwischen den Pfeilern galt von 1964 bis 1981 als weltgrößte, heute befindet sich unter den Hängebrücken auf Platz 8. Sie führt auf 4 km über „The Narrows", die Mündung des Hudson River in den Atlantik, und verbindet Brooklyn und Staten Island.*

sonders empfehlenswert ist es, dort zum Sonnenuntergang (oder zum spektakulären Silvesterfeuerwerk) hinzukommen.

› **Brooklyn Bridge,** Zugang zum Fußweg in Manhattan an der Ostseite der City Hall 15, Park Row, eine Treppe führt auch von der Drumgoogle Plaza (Gold/Frankfort St.) hinauf zum Fußweg, Subway: Brooklyn Bridge/ City Hall

› **Rückfahrt** von der Brooklyn Bridge: Subway (A/C) High St., von der Promenade: Subway (2/3) Clark St. oder Fähre Fulton St./Pier 1

Gastronomie und Shopping in Lower Manhattan

› Vielerlei Hinweise gibt es bei der **Downtown Alliance,** die in Downtown Infokioske betreibt: www.downtownny.com.

5 [D22] **55 Fulton Market,** 55 Fulton St. Großer Supermarkt mit vielen Frischeprodukten, auch Biowaren.

6 [D22] **Baked by Melissa,** 110 Fulton St. Bekannt für Mini-Cupcakes, aber auch Macarons u. a.

7 [D23] **Champs Gourmet Deli,** Exchange Pl./30 Broad St. Neben Gebäck gibt es Sandwiches, Suppen und Salate.

8 [D23] **Financier Patisserie,** 62 Stone St., Mill Lane-Hanover Sq. Gute, frische Backwaren.

9 [D23] **Smörgås Chef** $$-$$$, 53 Stone St. Ausgefallenes skandinavisches Lokal im Stone Street Historic District, besonders im Sommer beliebt.

› **Century 21 Department Store** (s. S. 250). Kaufhaus mit sehr günstigen Preisen

10 [E22] **Seaport Smorgasburg,** 11 Fulton St., saisonal tgl. ab 10/11 Uhr bis spätabends. Gourmetstände, Bar und Events.

› **Wochenmärkte** (s. S. 254): Fulton Stall Market (207A Front St.), Bowling Green und City Hall Park.

Lower East Side

Nordöstlich von Lower Manhattan breitet sich eine Region aus, die aus ganz unterschiedlichen Vierteln mit jeweils eigenem Charakter besteht, deren Grenzen allerdings fließend sind. Little Italy, Chinatown und die Bowery sind streng genommen Teile der Lower East Side zwischen Broadway und East River sowie Canal und 14th Street. Hier lebt ein buntes Völkergemisch und eine lebhafte Szene ist charakteristisch. Kontrastierend finden sich hier aber auch sehr heruntergekommene und sanierungsbedürftige Ecken, die man nachts besser meiden sollte.

Ein Zentrum der Lower East Side und des ehemaligen Judenviertels sind die **Delancey Street** und ihr Umfeld mit zahlreichen Schnäppchenläden und Restaurants. Hier offenbart sich der Wandel der LES vom einstigen Armen- zum In-Viertel der Stadt am deutlichsten. Alte Häuser wurden und werden renoviert, neue Kneipen, Cafés und Bars sowie Apartmentbauten wie das auffällige **Blue Building** – unübersehbar an der Ecke Delancey/ Norfolk in blau-weißem Schachbrettmuster von dem Schweizer Architekten Bernard Tschumi – schießen aus dem Boden. Beherrschende Achsen sind jedoch der **Broadway** und die **Canal Street,** die Durchgangsstraße zwischen Brooklyn (Manhattan Bridge) und New Jersey (Holland Tunnel). Beide Routen gleichen bunten Straßenmärkten mit viel Ramsch und gelegentlichen Schnäppchen.

Im **Lower East Side Tenement Museum** 18, einem Konglomerat aus Besucherzentrum, Shop (v.a. Bücher) mit Tourangebot und historischen Bauten, erfährt man alles über den einst armen

„Shalom" – das jüdische New York

Was wäre New York ohne seine jüdischen Bewohner? Ihr Einfluss beschränkt sich nicht nur auf Diamanten- und anderen ***Handel*** *- ihre* ***Klezmermusik*** *klingt weit über New Yorks Grenzen, ihre* ***kulinarischen Spezialitäten*** *gehören zum Alltag (s. S. 228) und die* ***jiddische Sprache*** *hat das „Noo Yawkese" mitgeprägt. So „schleppt" ein New Yorker seinen Koffer und isst sein Bagel nie ohne „schmier" (Frischkäse) ...*

Mit zwischen 1,6 und 1,8 Mio. Mitgliedern (je nach Quelle) lebt in New York die ***größte jüdische Gemeinschaft außerhalb Israels.*** *Man weiß sogar genau, wann die ersten Juden New Yorker Boden betraten: Im September 1654 landeten 23 Männer aus Brasilien mit ihren Familien im damals noch holländischen Neu-Amsterdam. Sie waren Nachfahren jener sephardischen Juden, die im späten 15. Jh. vor den Verfolgungen in Spanien und Portugal in die liberalen Niederlande geflohen und von dort in die holländischen Kolonien in die Neue Welt gekommen waren. Nachdem die holländischen Niederlassungen in Brasilien an Portugal gefallen waren, blieb nur mehr die Flucht nach Nordamerika. Im aufgeschlossenen, wirtschaftlich orientierten und liberalen Neu-Amsterdam blühte die jüdische Gemeinde schnell auf.*

Einen ungeahnten Boom erlebte New Yorks jüdische Gesellschaft um 1880, als eine riesige ***Einwanderungswelle osteuropäischer Juden*** *(Aschkenasim) die Stadt erreichte. Auf der Flucht vor Hunger, Arbeitslosigkeit und Verfolgung im zaristischen Russland und in den umliegenden Ländern versuchten Tausende in der Lower East Side, damals noch kaum entwickelt, einen Neuanfang. Sie brachten nicht nur die jiddische Sprache mit, sondern auch ihren teils sehr strengen Glauben und ihr soziales Engagement. Die in der Ukraine und*

059ny Abb.: mb

Polen entstandene Bewegung der „Frommen“ (hebr. „Chassidim“) war es auch, die marxistische Ideen in Amerika einführte.

Der nächste große Zustrom aus dem Osten Europas folgte nach dem ***Ersten Weltkrieg*** *bzw. der* ***Oktoberrevolution*** *in Russland. Dabei spaltete sich die Bevölkerung schnell auf: einerseits das Gros der einfachen Arbeiter, die v. a. in der Textilindustrie tätig oder als „fliegende Händler“ unterwegs waren, andererseits die Großhändler, Diamanthändler und Bankiers. Allen gemein war der Fleiß und das Streben, sozial aufzusteigen. So gelang es vielen, den elenden Lebensbedingungen der überbevölkerten Lower East Side zu entkommen und sich, z. B. in Brooklyn, ein besseres Leben aufzubauen. Weitere Juden kamen nach der* ***nationalsozialistischen Machtergreifung*** *in Deutschland 1933. Damals entstand ein jüdisches Zentrum im Norden Manhattans, in Washington Heights. Dort fanden besonders viele Münchner und süddeutsche Flüchtlinge eine Heimat.*

Heute gibt es in New York ***mehrere chassidische Gemeinden,*** *die sich ständig über die richtige Form der Religionsausübung streiten. Dazu gehören als bekannteste Gruppen die Lubawitscher (Crown Heights/Brooklyn), deren Gemeinde in der weißrussischen Stadt Lubawitsch gegründet wurde, und die Satmar (Williamsburg/Brooklyn), die aus einer Region an der ungarisch-rumänischen Grenze kommen. Chassidim leben zu über 90% in Brooklyn, v. a. in Williamsburg und Borough Park, mit steigender Tendenz, denn kinderreiche Familien sind die Regel. Auch wenn die „Gottergebenen“ sich streng an Traditionen, an Thora und Talmud halten und mit ihren langen schwarzen Mänteln, Hüten, Schläfenlocken und Bärten im bunten Stadtbild etwas archaisch wirken, sind sie es, die die Unterhaltungselektronikbranche und v. a. den Diamantenhandel beherrschen.*

› ***Chassidic Discovery Walking Tours*** *(s. S. 184)*

Stadtteil, in dem schlechte hygienische Zustände und drückende Enge in den „Mietskasernen“ herrschten. Schon **um die Jahrhundertwende** machte sich hier die Überbevölkerung besonders krass bemerkbar. Im Mittelpunkt standen eine halbe Million **Juden,** zumeist arme Einwanderer aus dem Osten Europas, die hart arbeiteten, meist in den Textilfabriken, den *sweat shops.* Heute leben nur noch wenige Tausend Juden hier, denn nach Einweihung der Williamsburg Bridge im Jahr 1903 zogen die meisten über den „Jewish Highway“ nach Brooklyn, in die Stadtviertel Williamsburg oder Crown Heights, wo heute große, aktive chassidisch-jüdische Gemeinden existieren. In der Lower East Side sind nur noch wenige jüdische Läden übrig, deren Spezialitäten man sich allerdings nicht entgehen lassen sollte (s. S. 228).

Bevor die Juden ab dem späten 19. Jh. die Lower East Side dominierten, war das Viertel zweigeteilt. Da existierte um die Jahrhundertmitte **„Klein Deutschland“** (um die Bowery), in dem rund 1 Mio. Deutsche eine Heimat gefunden hatten.

‹ Erst Klein-Deutschland, dann jüdisch und heute schick und in Yuppie-Kreisen angesagt: die Lower East Side

1858 beschrieb Karl Theodor Griesinger das Deutschenviertel: „Lebensmittelhändler sind stets Deutsche (...). Dicht bei dicht sitzen sie vor vollen Humpen, mampfen Brot und Käse und tun ihren Seelen Gutes an“ (aus: „Lebende Bilder aus Amerika“). Von ihnen, ihren Kindergärten, Turnvereinen, Bierhallen (wie die Germania-Tanzhalle an der Ecke Broome St.) oder dem Deutschen Wintergarten (45 Bowery), ist kaum etwas geblieben. Viele Deutsche verließen bald die Lower East Side und ließen sich in Yorkville in der Upper East Side nieder. Ein Schiffsunglück im Jahr 1904, als bei einem Gemeindeausflug der Dampfer General Slocum Feuer fing und über 1000 Menschen umkamen, trug ebenfalls zum Niedergang der deutschen Gemeinde bei. Die 1934 gegründete deutsch-jüdische Zeitung Der Aufbau wurde 2004 eingestellt.

Der Bereich westlich der Bowery war das **Zentrum der irischen Einwanderer** mit der St. Mary's Church (1833) in der Grand St. als Mittelpunkt. Gerade das irische Viertel genoss einen üblen Ruf: Die Iren hatten hier so etwas wie eine eigene Mafia aufgebaut und terrorisierten ganze Stadtviertel. Gefördert wurde das schlechte Ansehen aber auch durch die Abneigung der meist puritanischen Amerikaner gegenüber den lebenslustigen und trinkfreudigen katholischen Iren.

Dieser irische Teil der Bowery galt als Vergnügungsviertel der Stadt, mit Tanzhallen, Schießbuden, Lotterieständen und der „Säufermeile“ Skid Row. Inzwischen ist daraus eine respektable Flanierstraße geworden, mit empfehlenswerten Lokalen und Shops sowie einer ganzen Reihe Ateliers.

Mittlerweile hat ein **Revival** die ganze Lower East Side erfasst: Neue Shops, Boutiquehotels, Lokale und Bars sorgen für ein reges Nachtleben – besonders an Wochenenden – und v. a. junge New Yorker ziehen in die alten, renovierten Wohnblöcke und neuen Apartmentbauten.

Rings um den beliebten Essex Street Market (s. S. 255) um die „Essex Crossing“ herrscht derzeit rege Bautätigkeit (der Markt selbst soll ebenfalls umziehen) und an der Houston St. befindet sich ein riesiger Whole-Foods-Biomarkt mit Imbiss.

⊡ *Exotische Spezialitäten aller Art werden in New Yorks Chinatown feilgeboten*

408ny Abb.: mb

17 Chinatown ★★ [D21]

Chinatown ist der beherrschende Teil der Lower East Side, denn die Asiaten haben hier nach Deutschen, Iren und Juden die Hauptrolle übernommen. Im Unterschied zu den größeren Chinesenvierteln in San Francisco oder Vancouver präsentiert sich der Stadtteil in New York kaum touristisch. Der Kern des zu Beginn des 20. Jh. entstandenen Viertels befindet sich im **Südzipfel der Lower East Side** zwischen Canal Street, Broadway und Bowery, mit Mott und Grand Street als Lebensadern.

Läuft man durch die Straßen, fühlt man sich nach China versetzt, man hört hauptsächlich asiatische Dialekte und ebensolche Schriftzeichen weisen auf die Angebote der Läden und Spezialitäten der Lokale hin. Das Geschehen kontrollierten und kontrollieren wohl noch immer die „Tongs", Handelsgesellschaften und Verbrechersyndikate in einem, und Banden sollen hier noch immer ihr Unwesen treiben. Brutale Bandenkriege wie im Areal um Doyers und Pell St. – nicht ohne Grund „Bloody Angle" genannt – sind heute allerdings zum Glück passé.

Die Einwohnerzahlen in Chinatown nehmen noch immer zu und damit wächst das sowieso schon überbevölkerte Wohnviertel – mit geschätzten 100.000 Menschen, v.a. aus China, Taiwan und Hongkong – weiter. Die Textilfabriken *(sweat shops)* sind auch hier der älteste Wirtschaftszweig und es rackern sich nach wie vor die (zumeist weiblichen) Arbeiter 10 bis 14 Stunden täglich und sechs Tage in der Woche für einen Hungerlohn, ohne Sozialleistungen und unter elenden Bedingungen ab. Mit den Hongkong-Chinesen gelangte allerdings auch Kapital nach New York, viele investierten hier und in anderen Stadtteilen in Immobilien.

409ny Abb.: mb

Idealer Ausgangspunkt für einen Bummel durch Chinatown ist die geschäftige Subway-Station Canal/Lafayette Street. Sehenswert ist das Gebäude der ehemaligen **Engine Company No. 31** (87 Lafayette St.), ein Feuerwehrhaus, das 1895 im Stil eines französischen Châteaus erbaut wurde. Nach Überqueren der Centre Street, dank Straßenbuden und Imbissständen bereits mit „chinesischem Flair", erreicht man die Baxter Street mit asiatischen Restaurants, Imbissbuden und Läden. Am südlichen Ende die-

Einkaufsbummel zwischen Kitsch und „Made in China"

EXTRATIPPS

Chinesische Leckereien

Im Columbus Park lässt sich nicht nur New Yorks chinesische Gemeinde live erleben, der Park ist zudem ideal für eine kleine Pause, z. B. mit Leckereien von:

- 11 [D21] **Aji Ichiban,** 37 Mott St. Riesige Auswahl an asiatischen Snacks aller Art, süß und salzig, jeweils mit kleinen Schälchen im Laden zum Vorherprobieren.
- 12 [E21] **Chinatown Icecream Factory,** 65 Bayard St. Hier gibt es leckere, teils ungewöhnliche Eissorten wie Black Sesame oder Green Tea.
- 13 [D21] **Dragonland Bakery,** 125 Walker St. Angeboten werden Kuchen, v. a. aber gute *buns* (Hefeteilchen) mit verschiedenen Füllungen und *toppings*.
- 14 [D21] **Excellent Dumpling House,** 111 Lafayette St. Das Excellent Dumpling House ist ähnlich wie Tasty Dumpling, aber hier gibt es auch volle Gerichte wie Thai Chicken, Beef oder Fisch.
- 15 [E20] **Lucky King Bakery,** 280 Grand St. Typisch asiatische Backwaren wie frische *buns* (süße gedämpfte Hefeteigsemmelchen mit verschiedenen Füllungen) oder *dumplings* (Nudeltaschen mit Füllung, abgekocht oder frittiert).
- 16 [D21] **Lung Moon Bakery,** 83 Mulberry St. Vielerlei süßes Gebäck wie *lotus seed cookies* oder *lemon rolls,* aber auch Salziges.
- 17 [D21] **New Beef King,** 89 Bayard St. Leckeres *jerky* (getrocknete Fleischstreifen, Schwein oder Rind, trocken oder „feucht", d. h. in Soße) als Snack, auch gut als Notration auf dem Flug!
- 18 [D21] **Tasty Dumpling,** 42 Mulberry St. Hier gibt es heiße chinesische Teigtaschen (ähnlich wie Ravioli) mit unterschiedlichen Füllungen, gut und preiswert.

Jüdische Spezialitäten

In der LES sind noch einige traditionsreiche Lebensmittelgeschäfte und *delis* erhalten geblieben, in denen man unverfälschte jüdische Spezialitäten (s. S. 228) kosten kann.

- 19 [E18] **Harry & Ida's Meat and Supply Co.,** 189 Ave. A. Deli im East Village, bekannt für Räucheraal, aber auch für anderes kreativ Geräuchertes, Fermentiertes und Mariniertes. Tolle Sandwiches!
- › **Katz's Delicatessen** (s. S. 235). Berühmter *deli* von 1888.
- 20 [E20] **Kossar's Bialys,** 367 Grand St. Jüdische Bäckerei, spezialisiert auf Bagels und *Bialys* – eine polnische Spezialität aus Hefeteig mit Zwiebelfüllung in der Mitte.
- 21 [E20] **Pickle Guys,** 49 Essex St. Eingelegte Gemüse, Sauerkraut und v. a. leckere Gurken („new", „half sauer", „full sauer").
- › **Russ & Daughters** (s. S. 256). Legendärer *appetizer store* von 1914, große Auswahl an Fisch und jüdischen Spezialitäten.
- 22 [E19] **Yonah Schimmel's,** 137 E Houston St. Hier gibt es die besten *Knishes* („Kartoffelkrapfen") der Stadt. Sie wurden ab 1890 an *push carts* verkauft, seit 1910 gibt es den Laden.

063ny Abb.: mb

061ny Abb.: mb

ser Straße befindet sich der **Columbus Park**, Treff der chinesischen New Yorker. Hier hängen die alten Männer ihre Holzkäfige mit Nachtigallen in die Bäume, es wird gespielt und diskutiert, Yoga und Qigong praktiziert und musiziert. Im 19. Jh. gehörte das Areal zur „Mulberry Bend“, einem verrufenen Rotlichtviertel und Teil des Five-Points-Slums; es wurde 1882 abgerissen. Südlich des Parks beginnt das Civic Center, südöstlich befinden sich große Wohnblöcke.

Nur wenige Schritte sind es vom Columbus Square zum verkehrsumtosten **Chatham Square** mit einem Gefallenendenkmal und der nördlich anschließenden **Confucius Plaza**, auf der die Statue des chinesischen Philosophen Liu Shih steht. „**Bloody Angle**“ (Doyers/Pell St.) war einst der Ort erbitterter Bandenkämpfe und ist heute fest in chinesischer Hand mit Restaurants und Läden, die sich in der **Mott Street** fortsetzen. Dort befindet sich auch der **Eastern States Buddhist Temple** (64b Mott St.), von außen klein und unscheinbar, im Inneren jedoch strahlend durch mehr als hundert goldene Buddhas.

Im Osten führt die **Canal Street**, gesäumt von Läden mit Heimwerker- und Haushaltswaren, Elektro- und Elektroniksachen und Ramsch aller Art, in den Kern der Lower East Side. Im Bereich von Canal Street und Bowery befand sich früher das Zentrum der jüdischen Juweliere und Goldhändler, sie zogen jedoch während des Zweiten Weltkriegs nordwärts, nach Midtown.

Fisch und Meeresfrüchte in einem Laden in Chinatown

Jüdische Spezialitäten gibt es zum Beispiel bei Russ & Daughters

Spaziergang 2: Chinatown, Lower East Side, SoHo und das Village

Zwar erinnert der nördlich der City Hall gelegene ***Columbus Park*** *[D21] an den „Entdecker" Amerikas, doch längst hat sich der kleine Park zum Zentrum des umtriebigen* ***Chinatown*** *17 gemausert. Die nahe Mott Street sowie die querende Canal Street sind die pulsierenden Lebensadern von Chinatown – einen interessanten Einblick in diese fremde Welt gibt das* ***Museum of Chinese in America*** *21 –, während sich in der parallel zur Mott verlaufenden Mulberry Street noch Überbleibsel von* ***Little Italy*** *20 erhalten haben.*

Über eine weitere Hauptachse von Chinatown/Little Italy, die Grant Street, geht es ostwärts zur Bowery und damit in die ***Lower East Side (LES).*** *Die liebevoll renovierte* ***Eldridge Street Synagogue*** *(s. S. 213) und ganz besonders die Touren, die vom* ***Lower East Side Tenement Museum*** *18 durch eines der restaurierten historischen Apartmentblöcke und durch das Viertel veranstaltet werden, geben eindrucksvoll Einblick in das Leben der frühen Zuwanderer, zumeist Juden aus Osteuropa, Deutsche, Iren und Italiener. Man spürt beim Bummel durch die Hauptstraßen wie Orchard [E20] oder Delancey Street [E20] aber angesichts der schicken Läden und Lokale auch, dass die LES inzwischen zu einem angesagten Viertel geworden ist.*

Vor Jahren wäre in der LES eine Institution wie das ***New Museum*** *19 mit seiner ungewöhnlichen Architektur und den Ausstellungen zur zeitgenössischen Kunst noch unvorstellbar gewesen. Gegenüber dem Museum beginnt die Prince Street und sie führt zunächst durch* ***NoLIta*** *(„North of Little Italy") und schließlich mitten hinein nach SoHo 22 („South of Houston"). Abgesehen von bestaunenswerten historischen Häusern laden hier besonders zahllose kleine und größere Läden, Boutiquen, Galerien, Lokale und Cafés zur Unterbrechung des Bummels ein.*

Egal, ob man die Prince oder die Spring Street wählt, im Westen stößt man unweigerlich auf die Avenue of the Americas, wie die 6th Avenue auch genannt wird. Jenseits dieser Nord-Süd-Achse durch Manhattan breitet sich das ***West Village,*** *Teil des* ***Greenwich Village*** *24, aus. Zu den für Besuchern interessantesten Straßen im Village gehört die Bleecker Street*

- 17 [D21] Chinatown S. 59
- 18 [E20] Lower East Side Tenement Museum S. 65
- 19 [E20] New Museum S. 66
- 20 [D20] Little Italy S. 67
- 21 [D20] Museum of Chinese in America (MOCA) S. 68
- 22 [D20] SoHo (Cast Iron District) S. 69
- 23 [C21] TriBeCa S. 72
- 24 [C19] Greenwich Village S. 75
- 25 [D19] East Village S. 80
- 26 [D18] Union Square S. 84
- 27 [E18] Gramercy S. 85

Alle weiteren Karteneinträge s. S. 396.

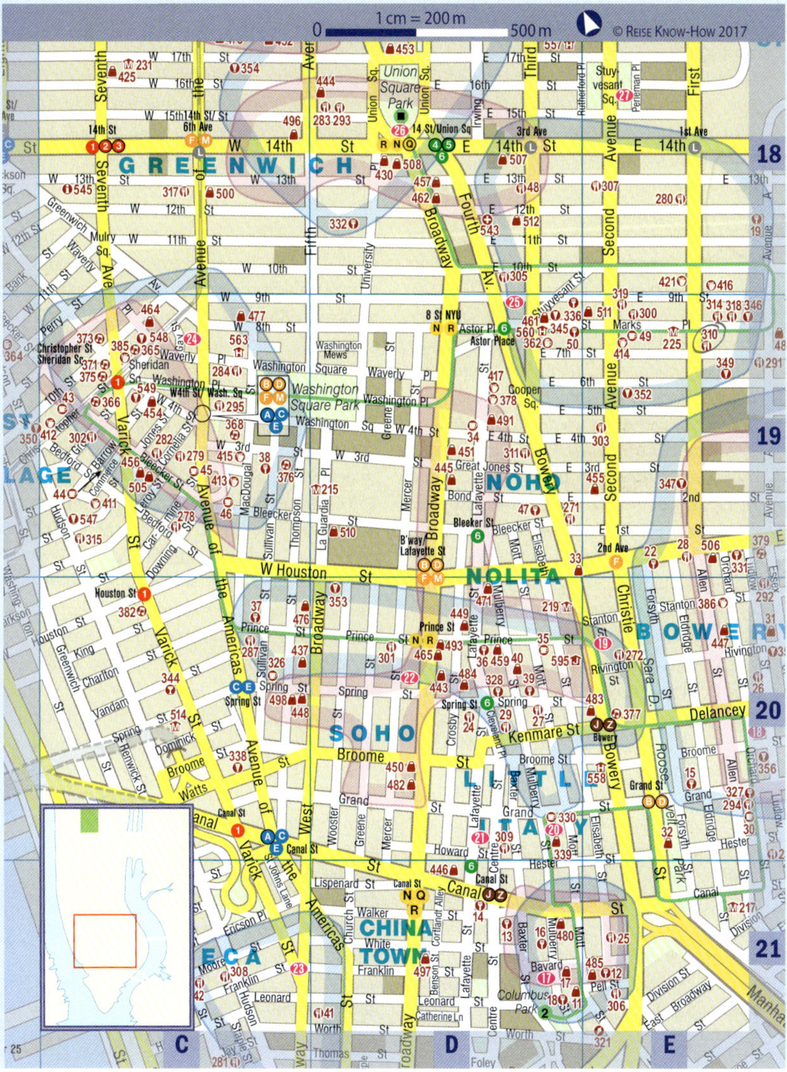
1 cm = 200 m
0
500 m
© Reise Know-How 2017
GREENWICH
VILLAGE
NOHO
NOLITA
SOHO
LITTLE ITALY
CHINA TOWN
BOWERY
Union Square Park
Washington Square Park
Stuyvesant Sq.
Columbus Park
Washington Mews
Seventh Ave
Avenue of the Americas
Fifth Ave
University Pl
Broadway
Fourth Av.
Third Ave
Second Avenue
First Ave
Bowery
Lafayette St
Mulberry St
Mott St
Elizabeth St
Christie St
Varick St
W Houston St
Canal St
Delancey St
Kenmare St
Grand St
Broome St
Spring St
Prince St
Bleecker St
E 14th St
W 14th St
Astor Pl
Cooper Sq.
Great Jones St
Bond St
Washington Pl
Waverly Pl
Christopher St
West Broadway
Howard St
Hester St
Walker St
White St
Franklin St
Leonard St
Worth St
Bayard St
Pell St
Division St
East Broadway
Manhattan
18
19
20
21
C
D
E

[C19] mit ihrer Fülle an kleinen Läden, Boutiquen, Cafés und Lokalen. An der Christopher Street gilt es rechts abzubiegen, um zum geschichtsträchtigen ***Sheridan Square*** *[C19], dem Zentrum des West Village, zu gelangen.*

Das eigentliche Herz des „Village" schlägt jedoch auf dem nur wenige Schritte östlich gelegenen ***Washington Square*** *[C/D19]. Gerade an Wochenenden scheint sich hier das ganze Viertel zu treffen. Der Platz ist ideal für ein Päuschen, da hier auch immer wieder Konzerte oder sonstige Vorführungen stattfinden. Vorbei an Bauten der New York University passiert der Spaziergänger dann wieder den Broadway und erreicht am Astor Place den Zugang zum* ***East Village*** *(25) und dessen Hauptachse* ***St. Marks Place.*** *Ringsum sind viele Restaurants, Cafés und Shops sowie einige Avantgardebühnen zu Hause und im Theatre 80 befindet sich zugleich das* ***Museum of the American Gangster*** *(s. S. 215).*

Ist für Greenwich Village der Washington Square das Zentrum, so ist es im East Village der ***Tompkins Square*** *[E19], in dessen Umfeld sich neben Läden und Lokalen auch zahllose Bars befinden.* ***St. Mark's-in-the-Bowery*** *(131 E 10th St.), die zentrale Kirche des Viertels, ist immerhin das zweitälteste Gotteshaus der Stadt und auf ihrem Friedhof liegt Peter Stuyvesant begraben.*

Schlendert man von St. Mark's wieder westwärts zum Broadway, empfiehlt es sich, gleich einer weiteren bekannten Kirche einen Besuch abzustatten: der ***Grace Church*** *(802 Broadway). 1843 bis 1846 im neogotischen Stil errichtet, gilt die Kirche als Meisterwerk von James Renwick, der auch die berühmte St. Patrick's Cathedral (51) erbaut hat, und war einst die Lieblingskirche der New Yorker High Society.*

Für Buchfreunde wartet einen Block nördlich am Broadway, Ecke E 12th St., mit ***Strand Books*** *(s. S. 252) ein Highlight. Der 1927 gegründete und noch immer unabhängige Buchladen birgt auf mehreren Stockwerken prall gefüllte Bücherregale – und das Besondere ist, dass es fast jedes Buch, auch Neuerscheinungen, hier zu Sonderpreisen gibt!*

Es ist dann nicht mehr weit zum ***Union Square*** *(26), einem der umtriebigsten Plätze der Stadt, mit historischer Bedeutung. 1839 angelegt, gilt der Platz schon immer als beliebter Demonstrationsort und wird von einem Reiterstandbild George Washingtons dominiert. Weitere Statuen auf bzw. um den Platz erinnern an Mahatma Gandhi und den Künstler Andy Warhol, der einst in der Nähe sein Atelier eingerichtet hatte.*

Auch heute trifft man sich immer noch wie früher auf dem Union Square und strömt von hier in die umliegenden Stadtvierteln ***Chelsea*** *(29) und* ***Gramercy*** *(27) zum Einkaufen oder zum Essen gehen aus. Zudem findet an der Westseite des Platzes der wohl beste* ***Wochenmarkt*** *der Stadt statt (s. S. 254), sodass man den Spaziergang bei einem Picknick mit den Spezialitäten des Marktes (oder vom nahen Whole Foods, s. S. 256) ausklingen lassen könnte.*

062ny Abb.: mb

18 Lower East Side Tenement Museum ★★ [E20]

In der Canal Street prägen bunte chinesische Billigläden das Bild. Kaum mehr etwas erinnert an die früheren Bewohner des Viertels, die Juden. Ausnahme ist die **Eldridge Street Synagogue** (s. S. 213), die bezeichnenderweise neben einem kleinen Buddhistentempel steht und Zeugnis von der jüdischen Vergangenheit der Lower East Side ablegt. Die unter Denkmalschutz stehende, aktive Synagoge mit ihren etwa 700 Plätzen wurde 1887 von orthodoxen Aschkenasim erbaut. Sie ist einer der prächtigsten jüdischen Bauten, mit romanischen, gotischen und maurischen architektonischen Details, sehenswerten Buntglasfenstern, Messingleuchtern und Schnitzarbeiten, vorwiegend aus den 1930er-Jahren. Der eigentliche Kirchenraum steht Besuchern ebenso offen wie Ausstellungen und ein kleiner Laden im Untergeschoss. Messen finden in einem kleinen Gebetsraum statt.

Die Region um die Orchard Street erinnert an die Wirtschaftsgeschichte des Viertels und zieht heute wegen seiner Läden mit Textilien, Leder- und Haushaltswaren v. a. sonntags Besucher an. Am Sabbat (samstags) sind hingegen viele Betriebe geschlossen. Die Orchard Street wurde nach den Obstgärten des Politikers James De Lancey benannt, der hier in der Kolonialzeit ein Landgut unterhielt. Im 19. Jh. ließen sich bevorzugt jüdische Kleiderhändler nieder, die inzwi-

An die Zeiten der Lower East Side als Zuwandererviertel erinnert das Lower East Side Tenement Museum

schen jedoch eine Minderheit darstellen. Die Zahl der jüdischen Läden und Lokale verringert sich zumnehmend, stattdessen schießen im Umfeld der Delancey Street mehr und mehr Szeneboutiquen, Cafés und schicke Shops aus dem Boden.

In einem restaurierten Apartmenthaus der Jahrhundertwende in der Orchard Street Nr. 97 befindet sich das sehenswerte **Lower East Side Tenement Museum,** in dem insgesamt sechs Wohnungen von deutschen und osteuropäischen Juden sowie italienischen und irischen Zuwanderern, die zwischen 1863 und 1935 hier lebten, besichtigt werden können. Sie vermitteln einen Eindruck von der Wohnsituation im späten 19. Jh., von den schrecklichen hygienischen Zuständen und der drückenden Enge, die einst in diesem armen Stadtteil herrschten.

Bis 2017 sollen auch im jetzigen Visitor Center (Nr. 103), wo unterschiedliche Touren starten, ein Film gezeigt wird und es einen gut sortierten (Buch-)Shop gibt, Wohnungen verschiedener Immigrantengruppen zu besichtigen sein.

Ein Shoppingtipp in nächster Nähe ist der Brillenladen **Moscot** (108 Orchard St.), inzwischen eine Kultmarke.

› **Lower East Side Tenement Museum,** Visitor Center: 103 Orchard/Delancey St., www.tenement.org, Fr.–Mi. 10–18.30, Do. 10–20.30 Uhr. Tickets für verschiedene Hausführungen, eine kulinarische und Walkingtouren durch das Viertel (ab $ 25), Subway: Essex St./Delancey St.

316ny Abb.: mb

Trug zur Revitalisierung der Bowery bei: das New Museum

19 New Museum ★ [E20]

Neuestes Zeichen des Wandels in der LES ist das New Museum (of Contemporary Art). Zum 30-jährigen Jubiläum zog das Museum Ende 2007 aus SoHo an die **Bowery** um. Der Ortswechsel erfolgte wie bei der nahen Zweigstelle des Goetheinstituts mit Galerie **„Ludlow 38“** (38 Ludlow St.) nicht ohne Hintergedanken. Es sollte ein Anstoß für weiteren Aufschwung gegeben werden und nicht nicht zuletzt möchte sich das Museum als eines der führenden in Sachen zeitgenössische Kunst etablieren.

Die einstige Skid Row (das „Penner-Quartier“) mit Obdachlosenheimen und Suppenküchen sowie Restaurant-Ausstattern und Gebrauchtwarenhändlern weicht zunehmend Boutiquen, Hotels (wie The Bowery Hotel, www.thebowery hotel.com) und Restaurants. Der Wandel in der LES ist unübersehbar.

Allein der **ungewöhnliche Bau des New Museum** ragt optisch aus dem Umfeld der alten Backsteinbauten heraus: Es ist ein fensterloser, kubischer weißer Bau vom Reißbrett der japanischen Architekten Sejima/Nishizawa (SANAA), die 2010 den Pritzker-Preis erhielten. Der Bau wirkt wie ein umstürzender Kistenstapel. An der Fassade gibt es wechselnde Kunstwerke zu sehen. Wenn auch im Inneren architektonisch weniger spektakulär, sind die wechselnden Ausstellungen ebenso sehenswert wie der Blick von der Dachterrasse, dem „Sky Room" (nur an Wochenenden!).

An der Ecke E Houston/Bowery gibt es mehr Kunst zu sehen: An der **Bowery Graffiti Wall** verewigen sich in regelmäßigen Abständen große Straßenkünstler, z. B. Keith Haring, REVOK and POSE, Swoon Nekst oder Dondi (www.bowery boogie.com/tag/graffiti-wall).

› **New Museum (of Contemporary Art),** 235 Bowery, www.newmuseum.org, Mi.–So. 11–18, Do. bis 21 Uhr, $ 16, Do. 19–21 Uhr beliebiger Eintritt, mit Café, Laden und Programm, Subway: Bowery.

20 Little Italy ★ [D20]

Schlendert man vom New Museum of Contemporary Art 19 auf der Bowery in Richtung Grand Street, geht es vorbei am Bau der **Home Savings of America** (130 Bowery/Grand), 1894 als Bowery Savings Bank von Stanford White erbaut. Die **Grand Street**, von chinesischen Läden, Bäckereien und Imbisslokalen geprägt, geht kaum merklich in **Little Italy** (www.littleitalynyc.com) über. Diese kleinste Enklave der Lower East Side ist heute nur noch ein schwacher Abglanz früherer Zeiten. Das kleine italienische Zentrum mit dem **Italian-American Museum** (155 Mulberry St., www.italianamericanmuseum.org, Fr.–So. 12–18 Uhr) befindet sich heute um die touristische Mulberry Street (Canal–Broome St.).

Ab dem späten 19. Jh. hatten sich hier v. a. Süditaliener niedergelassen, sodass sich zu Blütezeiten rund 40.000 Menschen in nur 17 Straßenblocks drängelten. Heute sind nur noch ein paar Tausend italienischstämmige Bürger übrig geblieben, längst haben die Asiaten das Sagen. Lediglich während des Hauptfestes, der **Festa di San Gennaro** in der zweiten Septemberhälfte, erstrahlt die Mulberry Street kurzzeitig in altem italienischen Glanz. Größere italienische Viertel als dieses befinden sich heute in der Bronx (Arthur Ave.) und in Brooklyn (Bensonhurst).

Auffällig ist das frühere **Police Headquarters Building** (240 Centre St.), 1909 mit dominanter Barockkuppel, zwei Pavillons und korinthischen Säulen um das Portal erbaut. In den „wilden Jahren" des Viertels, während der Prohibition, versuchte die Polizei von hier aus die „Bootleggers' Row", die Schmugglergasse, von der Grand Street bis zur Bowery zu kontrollieren. Seit 1985 haben im alten Polizeipräsidium Privatleute die neu hergerichteten Apartments bezogen.

KLEINE PAUSE

Italienische Snacks

Legendäre *alimentari* wie **Di Palo's** (200 Grand St.), die **Alleva Dairy** (188 Grand St.) – die älteste italienische Käserei der USA – oder **Ferrara Bakery & Café** (s. S. 235) laden zum Imbiss bzw. zum Kauf einer Brotzeit ein. Wer möchte, kann auch bei **Piemonte Ravioli** (190 Grand St.) für zu Hause einkaufen.

Am Ende des Rundgangs lohnt ein Blick auf das **Puck Building** (295–309 Lafayette St.). Es wurde 1885 erbaut und war zwischen 1887 und 1916 Sitz des Satiremagazins Puck und damals das größte Druck- und Verlagshaus der Welt.

21 Museum of Chinese in America (MOCA) ★ [D20]

Mitten im früheren Little Italy hat das Museum of Chinese in America Quartier bezogen. Maya Lin, die auch das Vietnam Memorial in Washington geplant hat, hat mit ihrem Entwurf für „The New MOCA" umweltfreundliche Gegebenheiten in einem bereits vorhandenen Gebäude geschaffen. Um einen Innenhof reihen sich die Ausstellungssäle aneinander, wobei der Schwerpunkt auf 160 Jahren **chinesisch-amerikanischer Geschichte** sowie **Kunst und Kultur** der in Nordamerika lebenden Chinesen liegt, illustriert durch über 60.000 Briefe und Dokumente, Tonaufnahmen, Kleidung und Textilien, Fotos und andere Artefakte sowie interaktive Stücke.

› **Museum of Chinese in America,** 215 Centre St., www.mocanyc.org, Di.–So. 11–18, Do bis 21 Uhr, $ 10 (1. Do. im Monat Eintritt frei), Subway: Canal St.

Gastronomie und Shopping in der Lower East Side

› **An Choi** (s. S. 231). Schmackhafte vietnamesische Sandwiches. Im selben Haus: **Dudley's** (s. S. 234) – ideal zum Frühstück!

23 [E20] **Fung Tu** $$$, 22 Orchard St., Tel. 212 2198785, Di–So. Dinner. Chinesische Küche vom bekannten Chefkoch Jonathan Wu modern und saisonal interpretiert, dazu ausgezeichnete Getränkeauswahl.

24 [D20] **Jacks Wife Freda** $-$$, 224 Lafayette St. (Little Italy), Mo.–Sa. 10–24, So. bis 22 Uhr. Speisekarte mit preiswerten amerikanischen, mediterranen und vegetarischen Gerichten. Ideal zum Frühstück.

25 [E21] **Jing Fong** $-$$, 20 Elizabeth/Canal St. Bekannt für *Dim Sum* und andere authentisch-asiatische Gerichte, immer lebhaft und voll.

26 [E20] **Kuma Inn** $-$$, 113 Ludlow/Delancey St. Kleines und gemütliches Lokal, schmackhafte südostasiatische „Tapas", dazu 20 verschiedene Sake-Sorten.

27 [D20] **Lombardi's** $-$$, 32 Spring/Mott-Mulberry St. Für viele die beste Pizza in New York. Seit 1905 knusprig aus dem offenen Holzofen, beliebt mit gehackten Muscheln. Es gibt oft lange Wartezeiten.

28 [E19] **Macondo** $$, 157 E Houston St., Mo.–Do./So. 17–24, Fr./Sa. 17–2 Uhr. Latin Street Food wie Arepas aus Venezuela, Empanadas aus Kolumbien, Tacos aus Mexiko etc. Sa./So. 11–16 Uhr Brunch.

29 [D20] **Mexican Radio** $-$$, 19 Cleveland Pl. Kleiner Mexikaner mit günstigen Mittagsmenüs.

30 [E20] **Roasting Plant,** 81 Orchard St. Winzige Rösterei mit Ausschank von erstklassigem Kaffee.

31 [E20] **Economy Candy,** 108 Rivington St. Kleiner Laden vollgestopft mit Süßigkeiten.

› **Essex Street Market** (s. S. 255). Lebensmittel preiswert.

32 [E20] **Hester Street Fair,** Seward Park (Hester/Essex St.). Markt mit Kunsthandwerk und Imbiss, Mitte Mai–Ende Okt. Sa 10–18 Uhr.

› **New Kam Man** (s. S. 253). Asia-Kaufhaus.

33 [D19] **Whole Foods (1),** 95 E Houston St. Hervorragender Biosupermarkt mit riesiger Getränkeabteilung und Imbiss.

› **Yunghong Chopsticks Shop** (s. S. 254). Essstäbchen und sonst nichts!

SoHo und TriBeCa

SoHo und TriBeCa breiten sich westlich der Lower East Side und des Broadway aus. Und sie zeigen die Vorliebe der Amerikaner, lange Wörter abzukürzen: So bedeutet SoHo nichts anderes als „**So**uth of **Ho**uston“ und bezeichnet damit die geografische Ausdehnung des Viertels zwischen West Houston – „Hauston“ gesprochen – und Canal Street. TriBeCa steht für „**Tri**angle **Be**low **Ca**nal“, also für das Areal südlich der Canal bis zur Chambers Street (North Battery Park City). Der Broadway begrenzt beide Viertel im Osten, der Hudson River im Westen. In den letzten Jahren hat sich **NoLIta** („**No**rth of **Li**ttle **Ita**ly“) als Viertel herausgebildet, das sich nördlich des Italienerviertels um Lafayette, Prince und Spring Street, östlich des Broadway erstreckt. Hierher „schwappt“ die Infrastruktur von SoHo über und kleine Läden, Cafés und Lokale sind entstanden. Besonders lohnt sich ein Bummel entlang der Prince oder der Spring Street, etwa vom Broadway ostwärts bis zum New Museum ⑲.

Als die Vergnügungsindustrie im 19. Jh. nordwärts ins Village gezogen war, verfiel SoHo zusehends. Erst als die expandierende Textilindustrie in der zweiten Hälfte des 19. Jh. auf den billigen Grundstücken Einzug hielt und *sweat shops*, große Nähsäle, entstanden, ging es wieder bergauf. Für diese Zweckbauten eignete sich besonders die um 1850 entwickelte Eisenbauweise und es entstanden die SoHo bis heute prägenden **Cast Iron Buildings.** In den 1960er-Jahren drohte zwar der Abriss der teils aufgelassenen, teils als Lager und Werkstätten umgenutzten Hallen, doch aktive Denkmalschützer konnten die Tabula rasa abwehren.

Das alte Lagerhausviertel SoHo mit dem denkmalgeschützten Cast Iron District machte einen dramatischen Wandel vom hässlichen Fabriken-Niemandsland zum **Vorzeigeviertel** durch. Ateliers, Werkstätten und Galerien zogen in die Hallen ein und das Loft als neue Form des Wohnens ohne Raumgrenzen war geboren. Die ganze Region avancierte zum **Stadtteil der Künstler und Aussteiger** und gehört inzwischen zu den In-Vierteln New Yorks mit ausgefallenen Shops und teuren Lokalen in den alten renovierten Lagerhäusern. Gerade der Abschnitt zwischen Broadway und West Broadway sowie Broome und Prince Street ist ideal zum Bummel. Sehenswerte Architektur, ausgefallene Läden, darunter solche mit ungewöhnlicher Avantgarde-Kleidung, und Lokale aller Art laden ein. Zunehmend veranlassen die steigenden **Wohnungspreise** in SoHo allerdings mehr und mehr Bewohner, sich im südlichen Teil von TriBeCa anzusiedeln, das sich damit zunehmend zum Trendviertel entwickelt.

In den späten 1970er-Jahren hat sich SoHo (und mit Einschränkungen auch TriBeCa) zur Konkurrenz für das feine **Kunst- und Galerienviertel** in Uptown entwickelt. Die meisten Galerien befinden sich zwischen Grand und Houston Street, Broadway und West Broadway.

㉒ SoHo (Cast Iron District) ★★ [D20]

Als Ausgangs- und Endpunkt eines Rundgangs durch SoHo empfielt sich die **Subway-Station Prince Street** (Ecke Broadway, Linien N, R). Berühmt ist SoHo für seine alten Hochhausbauten. Eines davon ist das **Singer Building** (561–563

065ny Abb.: mb

⌃ *Der Cast Iron District wird wegen der speziellen Bauweise so genannt*

Broadway), 1904 von Ernest Flagg als Büro- und Lagerhaus der gleichnamigen Nähmaschinenfabrik erbaut – der Namenszug „Singer" befindet sich noch über dem Eingang an der Prince Street. Es handelt sich dabei jedoch nur um das „kleine" Singer Building, der 40-stöckige Hauptbau stand am unteren Broadway und wurde 1967 abgerissen. Schmiedeeiserne Balkone und Bögen gliedern die elfstöckige Fassade aus Terrakotta, Glas und Stahl.

Am Broadway locken Läden (v.a. Kleidung) wie eine **Bloomingdale's-Filiale** (Hausnr. 504), das japanische Kaufhaus **Muji** (Nr. 455) oder **Uniqlo** (Nr. 546), ein japanisches Bekleidungsgeschäft. Das **St. Nicholas Hotel** (509 Broadway) zählte im 19. Jh. zu den erlesenen Luxushotels der Stadt. Im Bürgerkrieg diente es als Hauptquartier der Unionsarmee und 1875 wurde es geschlossen. Neben dem **New Era Building** (495 Broadway) mit Café erhebt sich die Neorenaissancefassade des **Haughwout Building**, das 1857 wegen des ersten dampfbetriebenen Fahrstuhls Schlagzeilen machte.

Das Herz von SoHo schlägt zwischen West Houston Street und Canal Street um die Hauptachse **Greene Street.** Hier befinden sich weitere sehenswerte Bauten aus der Zeit zwischen 1869 und 1895, sogenannte **Cast Iron Buildings,** deren Hauptmerkmal ein Skelett aus Eisenträgern ist. Zwischen dieses Gerüst wurden vorfabrizierte dünne Fassadenteile aus Gusseisen – verschiedenster Formen und Dekors – platziert. Rund 50 solcher historischer Denkmäler sind

KLEINE PAUSE

Snackpause in SoHo

An der Ecke Broadway/Prince St. lockt der „Gourmettempel" **Dean & DeLuca** (s. S. 255). Hier, wie auch etwas preiswerter in der **Gourmet Garage** (s. S. 255), kann man Spezialitäten aus aller Welt kaufen oder sich einen Imbiss an den heißen oder kalten Theken gönnen. Bei der Gourmet Garage kann man auch auf einer Bank sitzend vor dem Laden essen und dabei dem Trubel ringsum zusehen.

066ny Abb.: mb

auf fünf Blocks noch erhalten. Sie konzentrieren sich in der Greene Street zwischen Broome und Spring Street, z. B. der **„King“ of Greene St.** (Nr. 72–76) oder die **„Queen“** (Nr. 28–30) beide von Issac F. Duckworth erbaut. Vielfach residieren heute im Erdgeschoss nette Galerien, ausgefallene Boutiquen, gemütliche Kneipen und Cafés, in den oberen Stockwerken befinden sich hingegen begehrte Lofts.

Der **West Broadway** hat sich zu einer Topadresse in SoHo gemausert. Exklusive Läden, edle Boutiquen, Cafés und gehobene Restaurants reihen sich an Kunstgalerien. Der West Broadway stellt eine direkte Verbindung zum Greenwich Village 24 und zur New York University am Washington Square her.

Die **Prince Street** führt zum Ausgangspunkt zurück und ist wegen der zahlreichen Cafés, *delis* und Kneipen hervorragend zum Lunch oder für einen Snack geeignet. Abschließend lohnt es sich, den Broadway entlangzuschlendern, um hier – besonders zwischen Astor Place und Canal Street – in einen Kaufrausch zu fallen.

Gastronomie und Shopping in SoHo

› **Dominique Ansel Bakery** (s. S. 234). Bekannt für grandiose Backwaren aller Art, aber auch ideal zum Frühstück, für Sandwiches, Quiches u. a. Imbisse.

34 [D19] **La Colombe,** 400 Lafayette St. (NoHo), weitere Filiale 270 Lafayette (NoLIta). Ausgezeicheneter Kaffee und Snacks.

35 [D20] **Little Cupcake Bakeshop,** 30 Prince St. (NoLIta), Mo.–Fr. 7.30–23, Sa./So. 8–23 Uhr. Konditorei und gemütliches kleines Café mit exzellenten Cupcakes.

36 [D20] **MacBar,** 54 Prince St. In diesem Imbisslokal bekommt man alles, was mit Makkaroni und Käse zu tun hat.

37 [C20] **Olive's,** 191 Prince St. Sandwiches, Salate, kleine Gerichte zum Mitnehmen, nett, familiär, erschwinglich und immer voll (abends geschlossen).

38 [C19] **Peanut Butter & Co.,** 240 Sullivan St. *Peanut butter sandwiches* aller Art, wie das legendäre „The Elvis“ mit Banane, dazu Milchshakes.

39 [D20] **Rice to Riches,** 37 Spring St. Reispudding (Milchreis) in verschiedenen ausgefallenen Variationen.

40 [D20] **Space Cowboy,** 234 Mulberry St. V. a. Boots, aber auch andere Cowboy-Accessoires.

Einkaufen in SoHo: ausgefallene Shops sind hier keine Seltenheit

EXTRATIPP

Für Krimifreunde

Der **Mysterious Bookshop** (s. S. 253) in der Warren Street gilt als einer der ältesten Krimibuchläden der USA. Er ist zwar nicht groß, doch Krimifreunde werden hier so schnell nicht mehr herauskommen. Der Besitzer Otto Penzler ist selbst Autor und Verleger und kennt sich in der Szene bestens aus.

23 TriBeCa ★ [C21]

Das kleine, südlich an SoHo anschließende Viertel TriBeCa kann man entweder als Abstecher vom Broadway aus erkunden oder per Subway erreichen (Station Franklin St., Linie 1). TriBeCa ist von **schmalen hohen Backsteinhäusern** und **Lagerhallen** geprägt, sodass hier das vormalige Industrieviertel noch stärker zum Vorschein kommt als in SoHo. Vermehrt befinden sich in diesen Häusern Wohnungen (Lofts) und mehr und mehr kleine Boutiquen, Galerien und Restaurants ziehen in die Untergeschosse ein. **Moderne Architektur** ist ebenfalls ein Thema: Nach Plänen des Schweizer Architekturbüros Herzog & de Meuron entstand an der Leonard Street 56 ein 57-stöckiges, spektakuläres Wohnhochhaus aus einzelnen verglasten „Wohnscheiben" (http://56leonardtribeca.com). Nicht weit vom Subway-Bahnhof entfernt reihen sich an der **Franklin Street** (Greenwich-Hudson St.) sehenswerte ehemalige Lagerbauten mit Neorenaissancedekor an den Fassaden auf. Einen guten architektonischen Überblick erhält man besonders in der **Harrison Street**, in der eine Reihe von acht Stadthäusern im Federal Style, entstanden um die Wende vom 18. zum 19. Jh., zu Lagerhäusern umgebaut wurde. In den 1970er-Jahren restauriert, stellen sie heute begehrte Wohnadressen dar. Die **White Street** ist die dritte Hauptachse von TriBeCa und auch sie bietet sehenswerte Architektur, wie die Nr. 2 im Federal Style oder die Nr. 49, die Hebrew School, in ausgefallener Wellenform.

Gastronomie und Shopping in TriBeCa

- **41** [D21] **Landmarc** $$, 179 W Broadway/Leonard St. Preiswertes nettes französisches Bistro mit italienisch inspirierten Gerichten.
- **42** [C21] **Tribeca Grill** $$$, 375 Greenwich Ave. Restaurant mit Bar, elegant und bekannt für seine Martini-Auswahl.
- › **TriBeCa Greenmarket**, Greenwich St./Chambers-Duane St., Ende März-Dez. Mi. 8-15 Uhr, Sa. 8-15 Uhr ganzjährig

The Village

The Village, wie das Areal zwischen Houston und 14th Street von seinen Bewohnern kurz genannt wird, war zu **Beginn des 19. Jh.** tatsächlich noch ein Dorf. Hier lebten neben einigen englischen Farmern, die sich im 18. Jh. Gutshöfe errichtet hatten, besser gestellte New Yorker, die dem Trubel der wachsenden Metropole entfliehen wollten. **Im Laufe des 19. Jh.** siedelten sich mehr und mehr Immigranten an und das Village wurde Teil der Stadt. Berühmtheit erlangte es im 20. Jh. als **Viertel der Boheme**, der Künstler und Aussteiger, der jungen Leute, der Studenten und Nonkonformisten,

Bunt und ausgefallen ist alles im Village - hier ein Wandbild

425ny Abb.: mb

der Homosexuellen und der Avantgarde. Der frühere Glanz ist mittlerweile zwar verblasst, aber immer noch leben hier viele Künstler und Schauspieler, v.a. solche, die sich die inzwischen teuer gewordenen Wohnungen leisten können.

Greenwich – gesprochen „Grännitsch" – **Village** umfasst das Areal westlich des Broadway bis zum Hudson River, zwischen W 14th Street und W Houston Street, dabei wird ein kleiner Teil davon (westlich der 6th Ave.) auch als **West Village** bezeichnet. Die Hauptachsen heißen Bleecker und Christopher Street, letztere gilt zugleich als Zentrum der New Yorker Homosexuellenszene. Die Hauptattraktionen des Viertels gruppieren sich rund um den **Washington Square**, im West Village um den **Sheridan Square.**

Östlich des Broadway schließt sich bis hin zum East River das **East Village** an. In den 1960er-Jahren noch galt das East Village um die 3rd Avenue als etwas heruntergekommenes Armeleuteviertel. Dann zogen aufgrund der steigenden Mieten in Greenwich Village die Hippies hierher. Sie wohnten Tür an Tür mit den Zuwanderern aus osteuropäischen Ländern und prägten allmählich den Charakter des East Village als **Treff der Musiker, Künstler und Bohemiens** sowie der Beat Generation. In den 1980er-Jahren folgten die Punks und mit ihnen entstand ein bunt-chaotisches Bevölkerungsgemisch aus Alteingesessenen, Ausreißern, Drogensüchtigen und Möchtegern-Künstlern. Secondhandläden wurden allmählich von Boutiquen und Modeläden abgelöst und alteingesessene Restaurants wie Veselka (144 2nd Ave./9th St.) bekamen internationale Konkurrenz. Langsam ist ein **Aufschwung** unübersehbar, das East Village liegt voll im Trend und tritt in Konkurrenz zu SoHo. Die skurrilen,

Kinky Friedman – Jüdischer Cowboy, Countrysänger, Krimiautor und Politiker

Mit 50 „fett, fabelhaft und finanziell versorgt" zu sein, hatte der Musiker und Krimiautor Kinky Friedman einmal als sein Lebensziel angegeben. Berühmt und vermögend dürfte der 1945 geborene Texaner mit Zweitwohnsitz Greenwich Village inzwischen sein. Auch wenn der Name (noch) nicht in Bestsellerlisten auftaucht, hat der „Zwitter aus Groucho Marx und Sam Spade" (so die Chicago Tribune) längst auch in Deutschland eine eingeschworene Fangemeinde. Er ist der Prototyp des ausgeflippten Village-Bohemien und in seinen Krimis persifliert er sich in der Hauptperson selbst, als wenig erfolgreichen Musiker, regelmäßigen Kneipengeher und „Hobby-Detektiv".

*Seine eigenwilligen, streitbaren **Krimis** sind v. a. wegen der flapsigen, überschäumenden Sprache und der Beschreibung New Yorks lesenswert. Über die Storys gehen die Meinungen auseinander: Für die einen ist Kinky genial, die anderen schütteln über den Sonderling nur den Kopf. Seine „New York Mysteries" kennzeichnet nicht nur Witz und schwarzer Humor, sondern eine Authentizität, die so weit führt, dass man seine Bücher auch als Bar- und Restaurantführer verwenden kann.*

*Die meiste Zeit verbringt der Texaner Friedman jedoch auf seiner Ranch im heimatlichen Texas, inmitten allerlei Getiers und unzähliger Kinder. Bevor er sich als Krimiautor einen Namen machte, war er mit dem **Friedenskorps** auf Borneo, arbeitete als **Cowboy** und als **Countrysänger.** Seine Band hieß „Texas Jewboys" und Ringo Starr und Eric Clapton gaben kurze Gastspiele. Der Bandname deutet es an: Kinky ist jüdischer Herkunft. Er bezeichnet sich als „berühmtesten Juden neben Jesus Christus" und zu den aussagekräftigen „Hits" seiner Musikerlaufbahn gehören Titel wie „They ain't makin' Jews like Jesus anymore", „I'm proud to be an asshole from El Paso" oder „Drop kick me Jesus through the goal posts of life" ...*

*Kurzzeitig widmete sich der schreibende und singende Cowboy auch der **Politik.** 2006 bewarb er sich vergeblich für das Amt des Gouverneurs von Texas und 2010 unterlag er bei der Wahl zum Agrarbeauftragten. Er plant jedoch, sich auch in Zukunft in die Politik einzumischen.*

dubiosen und kuriosen Figuren von früher sind weitgehend verschwunden – sie würden auch nicht mehr zu den aufgeputzten Designershops und Boutiquen, den schicken Cafés, Bars und Restaurants v. a. rund um den Tompkins Square Park passen. Selbst in der Region der vormals geschmähten **Alphabet Avenues** – den Avenues A, B, C und D – ist es inzwischen ruhiger und attraktiver geworden und Kleinbrauereien wie die Alphabet City Beer Co. (96 Ave. C) oder Arepa Factory (147 Ave. A), ein kleiner venezuelanischer Imbiss, sind entstanden.

In letzter Zeit verlagert sich die **East-Village-Szene** nach Süden, Richtung

Houston Street. Das Areal, das sich hier zwischen Broadway, Lafayette und Bowery zum neuen In-Viertel entwickelt, heißt **NoHo** (**No**rth of **Ho**uston). In NoHo sind gehäuft Off- und Off-off-Broadway-Bühnen, Cafés und Kneipen, Boutiquen und Billigshops zu finden. Wie die sich südlich anschließende Bowery war NoHo einst optisch kein Aushängeschild, doch auch hier wandelt sich das Viertel zum Positiven.

Das Village, Ost- wie Westteil, lädt mit abwechslungsreicher Kneipen- und Klubszene und architektonisch kontrastreichen Bauten vorwiegend aus der Zeit zwischen 1871 und 1890, v.a. im **St. Mark's Historic District**, zum Erkunden ein. Vor den Wolkenkratzern Manhattans als Hintergrundkulisse hat sich hier die Atmosphäre einer Kleinstadt, allerdings mit Weltstadtflair, erhalten.

24 Greenwich Village ★★★ [C19]

„Greenwich Village ist wie Schwabing plus Montmartre im Quadrat", meinte einmal der deutschstämmige Schriftsteller Hermann Kesten (1900–1996), der 1940 bis 1953 in New York lebte. In der Tat hat sich das Village vom Dorf über ein Künstler- und Aussteiger- zum Trendviertel entwickelt. Es steht synonym für die „Nouveaux Riches" und die Boheme, für Künstler, aber auch für junge Leute, Studenten und Nonkonformisten aller Art.

Der **Astor Place**, an der Subway-Station 8th Street (Broadway, Linien N, R), bildet den perfekten Ausgangspunkt für eine Tour durch das Village (http://villagealliance.org). Am Platz verschmelzen Greenwich und East Village miteinander, hier ballen sich Läden, Cafés, *delis* und Lokale jeglicher Couleur.

Zunächst geht es entlang der 8th Street Richtung Westen. An der Ecke zur 5th Avenue befinden sich die **Washington Mews,** einst die Ställe und Kutschenstellplätze von Gertrude Vanderbilt Whitney (s. S. 93), die hier auch wohnte. Mitten im **Univiertel** der New York University gelegen, ist die Infrastruktur entsprechend: Buch- und Bioläden, Cafés und zahlreiche Kneipen. Die NYU plant in den nächsten Jahren eine viel diskutierte Expansion im Village.

Entlang der 5th Avenue reihen sich große, wenig attraktive Apartmenthäuser aneinander, in den Seitenstraßen dagegen bilden die typischen New Yorker Reihenhäuser beliebte Fotomotive. Zu den Sehenswürdigkeiten an der 5th Avenue gehören die 1840 erbaute neogotische **Church of the Ascension** (36–38 5th Ave.) und die **First Presbyterian Church** von 1846 (5th/12th St.), ebenfalls neogotisch. Das **Forbes Building** (60 5th Ave.), 1925 vom Toparchitekturbüro der Stadt, Carrère & Hastings, als Verlagssitz des Wirtschaftsmagazins Forbes erbaut, ist heute im Besitz der NYU. Der **Salmagundi Club** (47 5th Ave.) ist Sitz verschiedener Kunstorganisationen und der Greenwich Village Society. Er erhielt seinen Namen nach Washington Irvings Satiremagazin The Salmagundi Papers, das ab 1871 erschien.

Vorbei am **Patchin Place** (W 10th St./6th Ave.), einem ruhigen Wohnblock mit Alleebäumen, in dem Mitte des 19. Jh. die Kellner des Brevoort Hotels (5th Ave.) wohnten und später Schriftsteller wie John Reed einzogen, erreicht man den Westteil des Greenwich Village. Besonders hier offenbart sich der Kleinstadtcharme des Viertels, seine vitale Künstlerszene und der verbliebene Hauch von Boheme. Am **Freitagabend** ist hier die Hölle los, denn dann kommen die „B&Ts", die „Bridge and Tunnel People" aus New Jersey, Brooklyn, Queens, Staten Island oder den Vororten auf Long Island und bevölkern Klubs und Lokale.

Die „Ureinwohner" des Village lernt man besser bei lokalen Veranstaltungen kennen, z. B. während **NYC Pride,** dem LGBT-Festival mit großer Parade (s. S. 262) oder bei der **Village Halloween Parade** Ende Oktober entlang der 6th Avenue (Spring–16th St.).

Das **Jefferson Market Courthouse** am Sheridan Square ist ein Wahrzeichen des Village. 1833 ließ hier Präsident Thomas Jefferson eine Markthalle einrichten, daneben entstanden 1877 das Jefferson Market Courthouse und eine Feuerwache. 1945 zogen sowohl das Gericht als auch der Markt aus und der Abbruch drohte. Nach Protesten der Bewohner entschied man sich in den 1960er-Jahren für eine Renovierung und seit 1967 nutzt eine Filiale der New York Public Library den Bau.

Vom „Old Jeff" lohnt ein kurzer Rundgang durch den **Greenwich Village Historic District.** Eine der Hauptachsen ist die **Christopher Street,** Treff der Homosexuellenszene und gespickt mit Shops und Bars sowie dem 1955 eröffneten **Lucille Lortel Theatre** (Nr. 121). Am **Sheridan Square,** benannt nach General Philip Sheridan, der hier auch in einer Statue verewigt ist, schlägt das Herz des West Village. Er markiert zugleich den Kreuzungspunkt von sieben Straßen.

Das Village wurde berühmt-berüchtigt durch mehrere Aufstände und Zwischenfälle, wie 1969 die **Stonewall Riots.** Damals verteidigten sich Gäste der Homosexuellenbar Stonewall Inn gegen die schon seit Längerem brutal gegen die Homo-Szene vorgehende Polizei. Diese musste sich während der Unruhen in der Bar verschanzen. In der Folge gab es zahlreiche Demonstrationen, die die Po-

068ny Abb.: mb

sition der Schwulen in New York und damit in ganz Amerika stärkten und aus denen sich im Laufe der folgenden Jahre die weltweit gefeierte **Christopher Street Day Parade (Pride Parade)** entwickelte. Das Stonewall Inn wurde 2016 von Präsident Obama zum National Monument erklärt.

Ringsum den **Sheridan Square** haben sich Kneipen, Restaurants und *nightspots* in Hülle und Fülle angesiedelt, so das älteste Kabarett New Yorks, das Duplex (s. S. 241), in dem schon Barbra Streisand und Dick Cavett auftraten. Etwas weiter nördlich befindet sich ein weiterer „Klassiker": der Keller-Jazzklub Village Vanguard (s. S. 240). In dieser „Carnegie Hall des Jazz" waren schon Charlie Parker, Miles Davis, Thelonius Monk, Wynton Marsalis, aber auch Woody Guthrie und Harry Belafonte zu hören. Ebenfalls einen Besuch wert sind das Jekyll and Hyde (91 7th Ave.), eine Bar, in der es spuken soll, das historische Stonewall Inn (s. S. 322), die 55 Bar (s. S. 239) oder Klub und Kabarett The Monster (s. S. 322).

Die Christopher Street führt in das Wohnviertel um die Grove Street zum **Grove Court** (Christopher St./Sheridan Sq.), einer Reihe von sechs Stadthäusern aus der Mitte des 19. Jh. Das einst exklusive Gässchen, die sogenannte„Mixed Ale Alley", beschreibt O. Henry 1902 in „The Last Leaf". Weitere historische Häuser finden sich in der **Bedford Street,** so z. B. das Isaacs-Hendricks House (Nr. 77) von 1799 oder das 1893 erbaute, schmalste Haus der Stadt (Nr. 751/752, nur 2,90 m breit). 1923/1924 lebte hier Edna St. Vincent Millay, die Gründerin des Cherry Lane Theatre (s. S. 245). In Nr. 88 (Ecke Grove St.) wohnten die „Friends" der gleichnamigen TV-Serie und Nr. 86 beherbergte **Chumley's Speakeasy.** Das Haus mit der Adresse 102 Bedford St. nennt man **„Twin Peaks".** Es handelt sich um ein eindrucksvolles Künstlerhaus von 1830 im hier ungewöhnlichen Tudor-Stil.

Im Viertel der Nonkonformisten und Aussteiger

Am Hudson Park liegt **St. Luke's Place** mit 15 Reihenhäusern aus den 1850er-Jahren. Berühmt ist Haus 10 St. Luke's Place, das für die Außenaufnahmen der „Cosby Show" Modell stand. Auch in den Nachbarhäusern wurde gefilmt, so in Nr. 4 der Streifen „Warte, bis es dunkel ist" mit Audrey Hepburn.

In der **Bleecker Street** finden sich unzählige Shops, Cafés und (v. a. italienische) Lokale. Über **La Guardia Place,** die Fortsetzung des West Broadway (SoHo), erreicht man den zentralen Washington Square. Einen Blick sollten Architektur-Interessierte ins **Center for Architecture** (s. S. 213) werfen, wo das American Institute of Architecture wechselnde Ausstellungen zeigt – gegenüber lohnt ein Blick in einen idyllischen **community garden,** einen Gemeinschaftsgarten.

Zu den geschichtsträchtigen Plätzen im Village zählt der **Washington Square.** Im 18. Jh. befand sich hier ein Friedhof, danach diente der Platz als Duellier- und Hinrichtungsstätte – die „Galgen-Ulme" steht noch an der Nordwestecke. Heute ist hier ein beliebter Treff der Studenten der New York University (NYU) und am Wochenende ist für vielerlei Unterhaltung gesorgt, von Jazz über Breakdance und Rap bis hin zu Zauberern, Jongleuren und Feuerschluckern.

069ny Abb.: mb

In den 1950er-Jahren avancierte der Park zum Amüsierplatz der Boheme und in den Nebenstraßen entstanden viele kleine Theater wie das Sullivan Street Playhouse (Nr. 169).

Wahrzeichen des Platzes ist der **Washington Arch**, entworfen von Stanford White und 1893 an jener Stelle erbaut, an der einst General George Washington gegen die anrückenden Briten kämpfte. 1916 riefen Marcel Duchamp und John Sloan auf dem Platz die „Freie und Unabhängige Republik Washington Square“ aus. Viel ist von der damaligen Atmosphäre nicht übrig geblieben, sind es doch mittlerweile weniger die Aussteiger als vielmehr die Reichen, die das Viertel für sich beanspruchen. Die Häuserzeile **The Row** (1832–1833) am Nordrand ist der Beweis dafür: Einst wohnten hier Künstler und Dichter wie John Dos Passos, Edward Hopper oder Henry James, heute ist es die Prominenz.

Noch ein Stück weiter nördlich steht das **Mark Twain House** (14 W 10th St.) aus den späten 1850er-Jahren. Dort hat Samuel Clemens (so lautet Mark Twains eigentlicher Name) 1900/1901 für gut ein Jahr gelebt (Infos/Touren: http://marktwainsnewyork.com).

Neben den beiden hier ansässigen Kirchen, der **Washington Square United Methodist Church** mit auffällig roten Türen und der **Judson Memorial Church** (55 Washington Place) von 1892, deren Leitung stets aktiv Stellung zu Problemen wie Aufrüstung und AIDS bezog, dominieren die Bauten der **New York University (NYU)** den Platz. Vom Originalbau der 1831 als Gegenpart zur Columbia University 81 gegründeten Privatuniversität ist nur mehr der Turmsockel erhal-

KLEINE PAUSE

Koreanisch-italienische Fusion

Piora (s. S. 234) im West Village ist winzig und noch keine drei Jahre alt, hat aber im Herbst 2015 zum zweiten Mal einen Michelin-Stern verliehen bekommen. Betrieben wird es von dem gebürtigen Koreaner Simon Kim, sein Partner Christopher Cipollone steht in der Küche. Auf den Tisch kommt eine Symbiose aus koreanischen und italienischen Aromen, Techniken und Zutaten, z. B. Pasta mit Chilipaste und Krabbensud oder asiatischen Pilzen und Trüffeln. Es gibt ein (saisonal wechselndes) 3-Gänge-Menü zum Festpreis. Highlight ist die Bar mit ihren japanisch inspirierten Cocktails.

424ny Abb.: mt

◁ *Zu den geschichtsträchtigen und beliebtesten Plätzen im Village zählt der Washington Square [C/D19]*

ten. Anlaufpunkte sind der Book Store (18 Washington Pl.) oder das Infocenter in der modernen Stern Hall (Südost-Ecke Washington Sq.). Das nahe **Brown Building** (29 Washington Sq./Greene St.) gehörte ehemals der Shirtwaist Company und sorgte 1911 durch einen großen Brand, der zu Toten und Verletzten führte, für Aufsehen. Nach der Katastrophe wurden neue Feuerschutz- und Arbeitsgesetze erlassen.

› **Möglicher Ausgangspunkt** für einen Besuch von Greenwich Village: Astor Place, Subway-Station 8th Street (Linien N, R)

Gastronomie und Shopping im Greenwich Village

43 [C19] **McNulty's Tea & Coffee Company,** 109 Christopher St., www.mcnultys.com. Riesenauswahl an Tees und Kaffees aus aller Welt.

44 [C19] **Milk & Cookies,** 19 Commerce St. Winziges verstecktes Keks-Lädchen mit ein paar Tischen, an denen man Kakao trinken und Kekse essen kann. Tipp: Bacon Smack (würzig).

45 [C19] **popbar,** 5 Carmine St./6th Ave.–Bleecker St. Eis am Stil mit verschiedenen *toppings* und *dippings*, handgemacht mit lokalen und frischen Produkten.

46 [C19] **Porto Rico Importing Company (1),** 201 Bleecker St. Kaffeerösterei mit Riesenauswahl an Kaffee und Tee, auch Ausschank.

47 [D19] **Quartino Bottega Organica,** 11 Bleecker St. Diner mit kleinem Garten und Gerichten aus Bio-Produkten.

› Die **Bleecker Street** lockt mit Lokalen/Läden, z. B. Maison Kayser (Nr. 326, französisches Café und Bäckerei), Murray's Cheese Bar (Nr. 264), Faicco's Pork Store (neben Murray's, Leckeres vom Schwein), Tacombi (Nr. 255, Tacos/Burger) oder Pasticceria Rocco (Nr. 243).

25 East Village ★★ [D19]

Am besten ist es, sich im **East Village** einfach treiben zu lassen, die unzähligen, teils kuriosen Shops zu bestaunen oder in einem der Straßencafés sitzend die „Szene" aufzusaugen. Auf den ersten Blick erscheint das East weniger attraktiv als das Greenwich Village, doch das mag an dem teilweise schlechteren Erhaltungszustand der Bauten liegen. Gerade die Überbleibsel der Hippieszene, konzentriert zwischen 6th/7th St. und 2nd/3rd Ave., machen das Viertel interessant. Immer noch ist das East Village die beste Adresse für Nachtleben, avantgardistisches Theater und Konzerte.

Zwischen Astor Place und Tompkins Square, entlang der Flaniermeile St. Marks Place, herrscht permanent **Flohmarktstimmung**, doch außer an den Ständen lassen sich auch Schnäppchen in den Boutiquen, Secondhandläden und kuriosen Shops machen.

Idealer Ausgangspunkt für einen Spaziergang durch das Viertel ist der **Cooper Square**, der von der **Cooper Union** (41 Cooper Sq.) mit sehenswertem modernem Neubau von Thom Mayne/Metamorphosis (2009, 41 Cooper Sq.) dominiert wird, 1859 vom Erbauer der ersten amerikanischen Dampflok errichtet und bis heute eine kostenlose Ausbildungsstätte. Der fünfstöckige Ursprungsbau besteht aus Stahlrippen, die aus Eisenbahnschienen gefertigt wurden. Große Veranstaltungen, die hier stattfanden, waren 1859 die Einweihung der Great Hall durch Mark Twain oder 1860 Präsident Lincolns Rede „Right makes Might".

An der 428–434 Lafayette Street liegt die **Colonnade Row**, eine kuriose Reihe von Stadthäusern mit ungewöhnlicher, gemeinsamer Fassade in Form eines griechischen Tempels mit korinthischen Säulen. 1833 wurde der Bau, benannt nach dem Architekten, als „Geer's Folly" eröffnet und berühmte Leute wie Astor, Vanderbilt, Washington Irving oder Charles Dickens zogen ein. Heute sind von den ursprünglich neun Häusern noch vier übrig.

Das gegenüberliegende **Public Theater** wurde 1849 im neoromanischen Stil als erste freie Bibliothek der Stadt erbaut. 1965 war die Astor Library zum Theater umgebaut worden und ist heute Sitz des New York Shakespeare Festivals. Gleichzeitig veranstaltet man „Shakespeare in the Park" (s. S. 244). An der Kreuzung Lafayette/Bleecker Street steht das sehenswerte **Bayard Condict Building** (65 Bleecker St.). Der einzige Bau des wegweisenden Chicagoer Architekten Louis Sullivan in der Stadt wurde 1898 mit filigraner Terrakottafassade erbaut.

Über die Bowery geht es zurück, vorbei am **Old Merchant's House** (29 E 4th St., www.merchantshouse.org, Do.–Mo. 12–17 Uhr, $ 10), einem klassizistischen Backsteinbau von 1832. Hier ist die Originalausstattung aus der Zeit erhalten, als das Haus noch im Besitz der reichen Kaufmannsfamilie Tredwell war. Vorbei

EXTRATIPP

Nightlife im East Village

Ein idealer Ort, um das New Yorker Nachtleben kennenzulernen, ist das East Village. Hier drängeln sich die Bars und Klubs, etliche davon an der 6th Street, z. B. **Death & Co** (s. S. 238), **Mayahuel** (s. S. 238) oder **Crif Dogs/PDT** (s. S. 238). Lohnend ist auch der ehemalige Rockklub **Continental** (s. S. 238) im Retro-Look.

am Gebäude der berühmten Stadtteilzeitung **Village Voice** (Cooper Sq./5th Ave), betritt man beim Einbiegen in die E 6th Street eine andere Welt. Hier, v. a. zwischen 2nd und 1st Avenue, befindet sich **Little India**, mit zahllosen indischen Lokalen und Imbissständen.

Aber auch von **Little Ukraine** mit dem Wahrzeichen **St. George's Ukrainian Catholic Church** (von 1976) sind Spuren erhalten. In und um die 2nd und 1st Avenue finden sich noch etliche ukrainische, polnische und jüdische Coffeeshops und Traditionslokale wie Veselka (144 2nd Ave./9th St.). Um die Jahrhundertwende galt diese Region nicht nur als die Heimat der Osteuropäer, sondern ihre Hauptachse, die 2nd Avenue zwischen Houston und 14th Street, war auch als „Broadway des jiddischen Theaters" berühmt.

Auf den **St. Marks Place** stößt man bei Spaziergängen durch das East Village des Öfteren. Einstmals Hippiezentrum, fungiert er heute als Treff der Anwohner, mit einer ganzen Reihe kurioser Geschäfte in den Untergeschossen der Häuser. Zudem sind einige Avantgardebühnen eingezogen und im Obergeschoss des **Theatre 80** (80 St. Marks Pl.) hat das **Museum of the American Gangster** (s. S. 215) seine Heimat gefunden.

Auf dem nahen **Tompkins Square** fanden früher Demonstrationen und Zusammenkünfte der Flower-Power-Bewegung statt, heute an Sonntagen ein Wochenmarkt. Auf dem Platz erinnert ein Standbild an die mehr als 1000 Menschen, die 1904 auf einer Vergnügungsfahrt auf dem East River beim Brand des Dampfers „General Slocum" ums Leben kamen. Diese Katastrophe bedeutete das endgültige Aus von „Little Germany". Allerdings waren schon vorher viele deut-

KLEINE PAUSE

Orientalische Leckerbissen

Im **Timna** (s. S. 234) gibt es orientalische und israelitische Gerichte. Chefkoch Nir Mesika, geboren in Israel und mit marokkanischen Vorfahren, verwendet viele selbst hergestellte Zutaten, z. B. Käse, Brote und Soßen. Gerichte wie das *Oxtail Ragout* (mit Polenta und Pilzen) oder der *Bedouin Octopus,* Tintenfisch mit Kräutern und Auberginenpüree, Hummus und Tomaten-Relish, sind Geschmacksbomben.

sche New Yorker in bessere Viertel (wie Yorktown in der Upper West Side) gezogen. In der Umgebung des Platzes, speziell entlang St. Marks Place und E 7th Street, befinden sich zahlreiche kleine Cafés und multiethnische Lokale, die v. a. von Einheimischen frequentiert werden und ideal für eine kleine Pause sind.

Die nahe Kirche **St. Mark's-in-the-Bowery** (131 E 10th St.) von 1799 ist die zweitälteste der Stadt. Auf dem Friedhof des Gotteshauses befindet sich neben Gräbern prominenter New Yorker auch die Begräbnisstätte des ersten Gouverneurs Neu-Amsterdams, Peter Stuyvesant. Angeblich soll die Kirche an der Stelle seiner Hauskapelle errichtet worden sein. An der Kreuzung Stuyvesant Street/E 10th Street befindet sich außerdem die Stuyvesant Polyclinic, 1857 als Armenklinik gegründet. Hier soll sich früher Stuyvesants Landhaus befunden haben.

In nächster Nähe steht noch das **Stuyvesant-Fish House** von 1803/1804, Teil des **Renwick Triangle**, eines Häuserblocks von 1861. Am Ende der Stuyvesant Street, kurz vor dem Cooper Union Building, laden die **George Hecht Viewing Gardens** zum Ausruhen ein. Wer noch nicht müde ist, kann einen kleinen Umweg in die 4th Avenue zur **Grace Church** (802 Broadway) unternehmen. Die Kirche wurde vom Baumeister der St. Patrick's Cathedral 51, James Renwick, errichtet. Sie zeigt präraffaelitische Buntglasfenster, einen sehenswerten Mosaikboden und einen „schiefen Turm" – so benannt, weil der 1888 angefügte Marmorkirchturm sich angeblich langsam neigen soll. Zudem finden hier des Öfteren Konzerte statt (http://music.gracechurchnyc.org).

Gastronomie und Shopping im East Village

› **Café Mogador** (s. S. 233). Brunch und toller Kaffee.

48 [D18] **Feast** $$, 102 3rd Ave., Tel. 212 5298880. Tagsüber (10–14 Uhr) Lunch, Kaffee und Kuchen, ab 18 Uhr Szenelokal mit kreativem Speiseangebot in gemütlich-rustikalem Ambiente. Sa/So. Brunch.

49 [E19] **Porto Rico Importing Company (2),** 40 St. Marks Pl. Kleine Filiale der Village-Kaffeerösterei, auch Ausschank.

50 [D19] **Ramen Setagaya,** 34 1/2 St. Marks Place. Eher japanischer Imbiss als Lokal, spezialisiert auf Nudeln bzw. Nudelsuppen.

› **Supreme** (s. S. 252), daneben **G-Star Raw** (270 Lafayette St., innovativ Kleidung, Schuhe und Accessoires im „Raw Denim"-Stil).

› **Wochenmarkt** (s. S. 254) am Tompkins Sq. (Ave. A–E 7th St.), ganzjährig So. 9–18 Uhr

Das Areal um das New Yorker Flatiron Building 28 ist als verkehrsberuhigte Zone mit Sitzplätzen ausgewiesen

Gramercy, Chelsea und Meatpacking District

071ny Abb.: mb

Downtown reicht bis zur 14th Street, während Midtown erst an der 34th beginnt – dazwischen liegt ein großer **Übergangsbereich**, dessen Entstehung auf das Jahr 1811 zurückgeht, als man begann, nach strengem Rasterprinzip weiter nordwärts zu bauen. Lediglich der Broadway, der die unterschiedlichsten New Yorker Viertel quer durchschneidet, unterbricht die Regelmäßigkeit. Die **14th Street** trennt das hippe Greenwich Village von Chelsea, dem Wohnviertel der weißen Mittelschicht, sowie das East Village vom noblen Gramercy. Die **5th Avenue** wiederum bildet die Grenzlinie zwischen Gramercy im Osten und Chelsea im Westen.

Gramercy galt zu Beginn des 19. Jh. als städteplanerisch wegweisendes Projekt mit vier Plätzen und exklusiven Häusern prominenter Bürger. Auch wenn im Lauf der Zeit v. a. das Areal südlich des Flatiron Building (28) vernachlässigt wurde, kehrte inzwischen etwas von dem Schick der Gründungszeit zurück. Teure Boutiquen und In-Cafés ließen den **Flatiron District** wieder zum Flanierviertel werden.

Der Abschnitt der 14th Street zwischen **6th Avenue** und **Union Square** gleicht dagegen einem lateinamerikanisch-orientalisch-amerikanischen Straßenbasar mit *sales, discount shops,* Kitsch und Ramsch, Elektronikgeschäften und Straßenhändlern, die nach dem Motto „take the money and run“ allerlei – wohl teilweise auch illegale Ware – auf die Schnelle an den Mann oder die Frau bringen.

Chelsea war wie Gramercy um 1750 usprünglich Farmland. Nach der Entstehung von Gramercy begann dann auch hier die Verstädterung in rechtwinklig geordneten Bahnen, allerdings stand von Anfang an der wirtschaftliche Aspekt im Vordergrund. So entstand an der 23rd Street die **Fashion Row** mit Läden, Varietés und Theatern und in den umliegenden Blöcken ein Mittelklasse-Wohnviertel. Dieses wandelte sich mit der Verlagerung der Geschäfte in Richtung Midtown zum Lagerhausbezirk; der Madison Square wurde zum zwielichtigen Zentrum. Erst der Bau des Kaufhauses Macy's 33 1902 sorgte für neuerlichen Aufschwung und das alte Viertel wurde wieder „in". Dass sich sein Name einprägte, lag auch an dem legendären Chelsea Hotel, einst bevorzugter Treff und Domizil bekannter Literaten und Musiker.

26 Union Square ★ [D18]

Zentraler Punkt von Gramercy und Chelsea und damit idealer Startpunkt eines Rundgangs ist der Union Square (www.unionsquarenyc.org). Der von einem **Reiterstandbild George Washingtons** dominierte Park fungiert als Treffpunkt der Bewohner und Besucher.

Das Reiterstandbild wurde von Henry Kirke Brown (1814–1886) im Jahr 1856 geschaffen. Es ist jedoch nicht das einzige Kunstwerk im Park: Auch **General Lafayette** – 1876 von Frédéric-Auguste Bartholdi, dem Schöpfer der Freiheitsstatue, angefertigt – und **Abraham Lincoln** (1870, ebenfalls von Brown) sind auf dem Platz verewigt. An der Südwestecke wurde zudem **Mahatma Gandhi** eine Statue gewidmet.

073ny Abb.: mb

Der Platz wurde 1839 eröffnet und gilt seither als beliebter **Demonstrationsort.** Während der Wirtschaftskrise in den 1930er-Jahren versammelten sich immer wieder demonstrierende Arbeiter, manchmal bis zu 35.000, denn hier befand sich das Zentrum der Textilindustrie, das sich mittlerweile weiter nordwärts verlagert hat. Bis Mitte der 1980er-Jahre war der Union Square als Drogenumschlagplatz verrufen. Nach erfolgreichen **Sanierungsmaßnahmen**, der Einrichtung eines *farmers' market*, inzwischen der Topmarkt der Stadt, und der Eröffnung neuer Lokale und Läden ringsum ist wieder etwas vom Glanz alter Zeiten zurückgekehrt. Hier residierte einmal die New Yorker Geschäftswelt und hier befanden sich die besten Restaurants, Theater, Kaufhäuser und Läden wie Steinway & Sons oder Lord & Taylor. Auf der **Ladies' Mile** (5th Ave./Broadway), zwischen Union und Madison Square, promenierten die Damen der Gesellschaft und um den Union Square unterhielten Künstler ihre Ateliers, so auch **Andy Warhol**, der in den 1960er-Jahren an der Nordwestecke des Platzes (33 Union Square W) in seiner „Factory" – einer von mehreren Werkstätten, die zugleich als Treffs dienten – arbeitete (s. S. 275) und dort ein 3 m hohes Denkmal von Rob Pruitt erhielt. Ein Zeitgenosse nannte den Platz einmal das „social center of knickerbocker society, first home of opera, theatrical Rialto, authentic Bohemia, platform of riots, rostrum of liberals and communists".

› Subway: Union Sq. – 14th St.

Der Union Square ist ein beliebter Treff, besonders rund um die Subway-Station

EXTRATIPP

Mekka für Leseratten

Nur wenige Schritte vom Union Square entfernt befindet sich mit **Strand Books** (s. S. 252) ein noch unabhängiger Buchladen, der 1927 gegründet wurde. Über mehrere Stockwerke finden sich prall gefüllte Bücherregale und vieles wird, v. a. vor dem Laden und im Untergeschoss, zu Sonderpreisen verkauft.

27 Gramercy ★ [E18]

Vom Union Square führt die E 14th Street in ein ethnisch sehr gemischtes Viertel mit Shops und Imbisslokalen bzw. Restaurants von karibisch bis chinesisch. Vorbei geht es an den **ConEdison Headquarters** (4 Irving Pl.) mit einem Uhrturm als Wahrzeichen. Das Ostende der Straße markieren die Hochhäuser der in den 1920er-Jahren entstandenen **Stuyvesant Town.** Diese Ansammlung von Wohnblöcken an der 14th Street ist als eine der wegweisenden und erfolgreichsten privaten Wohnanlagen der Nachkriegszeit in die Architekturbücher eingegangen. 1943 geplant, zogen die ersten Familien im Sommer 1947 ein. Benannt wurde der Wohnkomplex nach dem ersten Gouverneur von Neu-Amsterdam, Peter Stuyvesant, dessen Farm sich hier befand. **„Stuy Town"** erstreckt sich zwischen der 14th und 20th Street und umfasst an die 9000 Wohnungen in rund 90 Einzelgebäuden. Zusammen mit dem benachbarten, später entstandenen Peter Cooper Village (20th – 23rd St.) bietet der Komplex über 25.000 Menschen ein Zuhause. Zu den berühmtesten Bewohnern gehörte neben dem Schauspieler Karl Malden der Autor Frank McCourt.

Als moderne und begrünte Wohnanlage für New Yorker mittleren Einkommens wegweisend, ist „Stuy Town" noch heute eine Oase für Durchschnittsverdiener, wird allerdings zunehmend zum Spielball der Immobiliengiganten.

Markant ist in diesem Teil von Gramercy der **Stuyvesant Square,** einst Teil der Farm Stuyvesants, die dieser für $5 an die Stadt verkaufte. Die Statuen von Peter Stuyvesant und Gertrude Vanderbilt Whitney (s. S. 93) schmücken den hübschen, ruhigen Park, der durch die 2nd Avenue zweigeteilt wird. An der Westseite liegt das 1861 gebaute **Rutherford Meeting House,** das Zentrum der Quäker und Mennoniten, und daneben befindet sich die **St. George's Episcopal Church,** deren Gemeinde schon 1749 gegründet wurde. Am Nordostrand des Platzes befindet sich unübersehbar das **Beth Israel Medical Center** und daran anschließend der **Gashouse District,** benannt nach den einst hier im 19. Jh. befindlichen großen Gastanks.

Sehenswert ist der **„Block Beautiful"** (E 19th St.), ein in den 1920er-Jahren entstandenes Wohnensemble mit exquisiten architektonischen Details. Auf dem Weg dorthin passiert man eine legendäre Herberge: das **Hotel 17** (s. S. 337). Es gibt nur winzige Zimmer ohne viel Luxus, es ist laut, alles scheint etwas heruntergekommen und doch haftet dem Hotel ein besonderer Mythos an. Es war zu Beginn der 1990er-Jahre zum „coolsten" Haus der Szene avanciert. Models und angehende Schauspieler, Transsexuelle, Fotografen und Videoregisseure, Sternchen und Stars gingen ein und aus. Hier drehten, posierten oder wohnten David Bowie, Madonna, Woody Allen, Bob Dylan, Dennis Rodman, Lenny Kravitz, Alice Cooper und Courtney Love. Noch heute ist das Hotel 17 eine der beliebtesten Herbergen in Manhattan, allein schon wegen des besonderen Flairs, aber auch wegen der Preise: Man bekommt ein Zimmer (ohne eigenes Bad) schon für gute $ 100.

Am Irving Place steht **Pete's Tavern** (s. S. 88), die älteste erhaltene Gaststätte New Yorks, seit 1864 geöffnet. Hier konnten schon etliche Berühmtheiten als Gäste begrüßt werden, so O. Henry, der hier „Das Geschenk der Weisen" geschrieben haben soll.

Den **Gramercy Park,** einen um 1840 angelegten Stadtpark für die Oberschicht, würde man eher in London ansiedeln. Der Park ist als einziger Privatpark Manhattans nur für Anwohner und Gäste des noblen Hotels Gramercy Park zugänglich. Bei den schönen Bauten an der West- und Südseite des Parks sind fast alle im späten 19. Jh. beliebten Neostile vertreten und berühmte Architekten waren tätig: Sehenswert sind z. B. die Häuser Gramercy Park West Nr. 3 und 4. In Letzterem lebte der 1844 gewählte Bürgermeister James Harper.

An der Südseite des Platzes liegt der **National Arts Club** (15 Gramercy Park South). 1898 gegründet, verzeichnet er in seinen Annalen so berühmte Mitglieder wie Woodrow Wilson oder Theodore Roosevelt. Das Haus wurde von 1881 bis 1884 von C. Vaux als Wohnsitz für Samuel Tilden, den damaligen Gouverneur von New York State, erbaut. 1906 erwarb es der Arts Club für seine hochkarätige Kunstsammlung mit Werken vieler bedeutender amerikanischer Künstler des späten 19. und frühen 20. Jh. (Zugang für Mitglieder und Gäste bzw. nur zu besonderen Anlässen, www.nationalartsclub.

org). Sehenswert ist das Fassadenrelief mit Darstellungen großer Schriftsteller.

In Hausnummer 16 (Gramercy Park South) befindet sich mit **The Players** ein weiterer Klub nach englischem Vorbild, diesmal überwiegend von Schauspielern frequentiert, aber auch Mark Twain und Winston Churchill gehörten zu den Mitgliedern.

Nur wenige Schritte vom Park entfernt, steht **Theodore Roosevelts Geburtshaus** (s. S. 218), in dem eine Ausstellung zum Leben und Werk des 26. Präsidenten der USA untergebracht ist. 1858 erblickte Roosevelt das Licht der Welt und lebte bis seinem 14. Lebesjahr hier. 1916 abgerissen, wurde das Haus nach Roosevelts Tod 1919 originalgetreu als Museum nachgebaut.

Über den Broadway, vorbei an exklusiven Läden und Boutiquen, erreicht man den **Madison Square Park**, schon immer ein mondäner Ort mit Einrichtungen wie dem Fifth Avenue Hotel, dem Madison Square Theater oder dem alten Madison Square Garden. Zugleich handelte es sich um ein populäres Vergnügungsviertel. Hier wurde auch 1884 der Arm der Freiheitsstatue aufgestellt, damit sich die New Yorker eine Vorstellung von der Monumentalität der Statue of Liberty machen konnten. Am Schnittpunkt 5th Ave./Broadway befand sich bis 1860 der Privatpark der Roosevelts und anderer Reicher, der dann als Madison Square Park der Öffentlichkeit zugänglich gemacht wurde.

Viele Bauten rund um den Madison Square erzählen von seiner einstigen Bedeutung, so die **Metropolitan Life Insurance Company** (1 Madison Ave.) von 1909 mit ihrem gewaltigen, nachts beleuchteten Uhrturm. Der Bau der **Appellate Division of the Supreme Court of the State of New York** (E 25th St./Madison Ave.) wurde 1900 für Zivil- und Strafprozessverhandlungen über Berufungsfälle errichtet, das Gebäude der **New York Life Insurance Company** (45–55 Madison Ave.) stammt von 1928 von Cass Gilbert, dem Planer des Woolworth Building (s. S. 50). An der Ecke 26th St./Madison Ave. errichtete Stanford White 1879 bis 1889 den **ersten Madison Square Garden.** Es fanden v. a. Musicals und Veranstaltungen wie Zirkus oder auch Sport statt. 1925 entstand ein Neubau an der Ecke 49th St./8th Ave., der wiederum 1968 vom jetzigen Madison Square Garden 36 an der 33rd St./8th Ave. abgelöst wurde.

Das **Worth Monument** (5th Ave./Broadway), ein auf einer Verkehrsinsel stehender Obelisk, wurde 1857 über der Grabstätte von General William J. Worth, einem der Helden des mexikanischen Krieges, errichtet.

› Subway: Union Sq. - 14th St.

28 Flatiron Building ★★ [D17]

Die Hauptattraktion der Region steht an der Südwestecke des Madison Square, im Dreieck zwischen 5th Avenue, Broadway und 23rd Street: das Flatiron Building, nach dem die Region **Flatiron District** genannt wird. Es entstand nach Plänen des Chicagoer Architekten David Burnham, einem Schüler von Louis Sullivan. Letzterer hatte mit seiner neuen Stahlgerüstkonstruktion die moderne Hochhausarchitektur entscheidend vorangebracht.

Bei seiner Erbauung 1902 zählte das „Bügeleisen" zu den höchsten Gebäuden New Yorks und galt zudem als Meilenstein für den Wolkenkratzerbau. Spaßhaft nannten es die New Yorker auch „Burnham's Folly", hielten sie den Baumeister doch anfangs für ziemlich verrückt. Dass das Gebäude mit dem Flatiron Building in Atlanta (1896) sowie dem Gooderham Building in Toronto (1892) Vorgänger (und viele Nachfolger) hat, wissen die Wenigsten. Heute kann man, auf einem kleinen verkehrsberuhigten Platz am Broadway sitzend, das Hochhaus, das als Kulisse der „Spider-Man"-Filme diente, in Ruhe betrachten.

- **Flatiron Building,** 175 5th Ave., Subway: 23rd St.
- **Historic Flatiron District Walking Tour** (s. S. 331) und **Union Square Crossroads of New York Walking Tour,** ab Lincoln Statue, Union Square Park, E 16th St., www.unionsquarenyc.org, Sa. 14 Uhr. Gratis-Spaziergänge.
- **Big Apple BBQ Block Party,** Madison Square Park, http://bigapplebbq.org. Großes Grillfest im Juni.

Gastronomie um Union Square und in Gramercy

51 [C17] **Eisenberg's Sandwich Shop,** 174 5th Ave. Seit 1929 gibt es hier schon *Reuben,* Sandwiches mit *Pastrami, Liverwurst* oder auch *Bologna,* außerdem Hackbraten, Huhn, Burger und Salate wie den empfehlenswerten Eier- oder Thunfisch-Salat.

52 [D18] **Pete's Tavern,** 66 Irving Pl./E 18th St. Die älteste erhaltene Gaststätte New Yorks aus dem Jahr 1864 ist noch immer in Betrieb.

53 [D17] **Rolf's** $-$$$, 281 3rd Ave. Deutsch-elsässisches Restaurant, bekannt für seine Weihnachtsdeko, aber auch für diverse Schnitzelvarianten.

54 [D17] **Shake Shack,** Madison Square Park, Ecke Madison Ave./E 23rd St. Legendärer Burger-Stand von Danny Meyer.

EXTRATIPP

Sushi und Asiatisches

Bei Mira Sushi & Izakaya gibt es Gerichte, wie sie in japanischen Kneipen *(Izakaya)* serviert werden, asiatisches Streetfood und Sushi der Extraklasse – modern und kreativ und dazu erschwinglich. Dazu passen die genialen Cocktails mit japanischen Spezialitäten wie Shochu (japanischer Branntwein), Yamazaki Whiskey und Pflaumenwein.

55 [C17] **Mira Sushi & Izakaya** $-$$$, 46 W 22nd St. (5th–6th Ave.), Tel. 212 989 7889, www.mirasushi.com, Mo.–Sa. Lunch/Dinner, Sa. Brunch.

29 Chelsea ★ [B17]

Im weiteren Verlauf der 23rd Street erheben sich an der Nordseite große Apartmentkomplexe, im Süden finden sich hübsche ältere Reihenhäuser und etliche Läden und Lokale, wie der Supermarkt D'Agostino (341 3rd Ave.). Eine Ikone alter Zeiten, der berühmte Empire Diner an der 10th Ave. W (Ecke 22nd St.), 1929 im Art-déco-Stil entstanden und z. B. in Filmen von Woody Allen verewigt, wurde im Mai 2010 unerwartet geschlossen und seither haben diverse neue Betreiber kein Glück gehabt.

Vorbei am **General Theological Seminary** (9th Ave./20th–21st), einem Priesterseminar von 1817 mit der weltweit größten Bibelsammlung, hübschem Garten und Buchladen, geht es hinein in den **Chelsea Historic District** (9–10th

Gegenüber den Chelsea Piers: das IAC Headquarter Building von Frank Gehry

Ave./W 20th–21st St.) um den Chelsea Square. Ab den späten 1830er-Jahren wurden hier begehrte New Yorker Reihenhäuschen erbaut, z.B. die Cushman Row (406–418 W 20th St.) oder die Nummern 446–450 (W 20th St.) im Italianate-Stil.

In Chelsea überhaupt, speziell aber an der W 22nd Street haben sich zahlreiche Galerien und Künstlerateliers angesiedelt. Kontrastprogramm zu Galerien und schicken Shops bieten die Chelsea Piers (s. S. 111). Dieses **Areal um 23rd Street und Hudson River,** wo einst Müllverbrennungsanlage, Fleischmarkt, Schlachtereien und heruntergekommene Piers ein eher hässliches Bild boten, hat sich mittlerweile zum Positiven verändert. Die Veränderung begann in den 1990er-Jahren mit der Neugestaltung jener Piers, an denen im 19. Jh. die Luxusliner anlegten. Sie trug dazu bei, dass die Region um die alten Docks durch ein 12 ha großes „Sports Village" an **Pier 60** neues Leben eingehaucht bekam. Gegenüber den Chelsea Piers fällt das **IAC Headquarter Building** des Architekten Frank Gehry ins Auge.

Inzwischen ist an der Waterfront zwischen Battery Park City 4 und Midtown/Clinton (59th St.) ein Projekt namens **Hudson River Park** 30 realisiert worden. Durch die Begrünung verschiedener Piers und die Anlage einer Promenade wurde hier am Fluss für mehr Attraktivität gesorgt. Gleichzeitig finden Events wie Konzerte, Tanzveranstaltungen oder Kino im Sommer statt. Dazu zieht sich hier der **Manhattan Waterfront Greenway** (www.nyc.gov/html/edc/pdf/greenway_mapside.pdf), ein schmaler Grünstreifen mit Radweg entlang, der einmal ganz Manhattan umrunden soll.

150ny Abb.: mb

EXTRATIPP

Legendäre Absteige

Im **Chelsea Hotel** an der 23rd St. wohnten einst illustre Gäste wie Mark Twain, Janis Joplin, Andy Warhol, Ernest Hemingway, Vladimir Nabokov oder Jack Kerouac. 1884 war der Apartmentblock als New Yorks höchstes Gebäude (bis 1899) eröffnet worden, 1905 wurde er zum Hotel umfunktioniert. Anlässlich der 100-Jahr-Feier erklärte der damalige Bürgermeister Ed Koch den Ziegelbau zum „Historischen Denkmal". 1939 übernahm David Bard das Hotel und mit ihm begann der **„Mythos Chelsea Hotel"**, der in den 1960er-Jahren seinen Höhepunkt erlebte. Bob Dylan und Leonard Cohen verewigten das Hotel in Songs, Andy Warhol drehte die „Chelsea Girls" und Arthur Miller und Marilyn Monroe nächtigten hier. Bands wie Grateful Dead oder Jefferson Airplane demolierten das Mobiliar und Künstler zahlten ihre Miete mit Bildern, die in der Lobby des zunehmend maroden Hotels aufgehängt wurden. Nach mehrfachen Besitzerwechseln 2011 geschlossen, laufen derzeit (wieder) Renovierungen. 2017 soll die Herberge als Boutiquehotel neu eröffnen.

★**56** [C17] **Chelsea Hotel,** 222 W 23rd St., www.chelseahotels.com, Subway: 23rd St.

West Chelsea hat sich zu einem lebendigen Wohnviertel mit Apartments, Lofts und Brownstone-Häusern in beschaulichen Seitenstraßen, Lokalen, Cafés und Läden gemausert. Besuchenswert ist besonders der **Chelsea Market** (s. S. 255), eine „Gourmet Mall" unter Dach mit verschiedenen Läden und Lokalen im Industrieambiente einer alten Keksfabrik.

Während in der 14th Street zwischen der 9th und 8th Avenue hübsche Stadthäuser an bessere Zeiten erinnern, pulsiert im Abschnitt zwischen 8th und 7th Street das Leben, speziell wenn am Wochenende Straßenmärkte stattfinden. Wie die Kirche **Nuestra Señora de Guadalupe** (227 W 14th) und einige Restaurants andeuten, war dies einmal ein spanischsprachiges Viertel.

Das nahe gelegene **Rubin Museum of Art** (s. S. 217) lohnt für alle, die sich für tibetanische Kunst interessieren, einen Abstecher. Es handelt sich um eine ungewöhnliche Sammlung zur Kunst und Kultur des Himalayas mit Gemälden, Skulpturen, Textilien und Drucken.

› Subway-Stationen: 23rd und 14th St.

30 Hudson River Park ★ [A17]

Parks, Liege- und Spielwiesen, Skaterbahnen, Sportflächen, Restaurants und Bars, Kinderspielplätze und Bootsanleger gehören zum neu gestalteten Uferstreifen am Hudson River. Mit über 7 km Länge ist der (noch unvollendete) **Hudson River Park** der zweitgrößte Park Manhattans nach dem Central Park.

Pier 40 in Greenwich Village war eines der ersten und größten Projekte. Jetzt spielen hier u. a. die New York Knights Rugby. Ein Stück weiter nördlich lädt der **Christopher Street Pier** mit ausgedehnten Grünflächen zum Sonnenbaden ein.

Im Meatpacking District wird zurzeit an **Pier 55** (Bloomfield–14th St.) gebaut. Entstehen soll bis 2019 am Ende des Piers eine Plattform auf Pfeilern mit öffentlichem Park und Eventflächen. An der W 15th St. wächst auf **Pier 57** gerade der sogenannte „Super Pier" mit Markthalle von Spitzenkoch Anthony Bour-

dain („Asian Night Market"), Beach Club & Spa und „Underwater Rock Climbing Gym". Ein Rooftop-Park soll für das Tribeca Film Festival angelegt werden.

Die **Piers 59 bis 62** sind Sitz des Chelsea Piers Sports & Entertainment Complex mit Spielfeldern, Kegelbahn, Schießstand, Eislaufbahn, Climbing-Anlage, Sporthalle u. a. Fitnesseinrichtungen.

Zwischen 22nd und 25th Street lädt der **Chelsea Cove**, ein naturnah gestalteter Parkteil, zum Ausruhen ein. **Pier 64** hat Sportflächen, Rasen und im Sommer Wassersport zu bieten. Letzteres gilt auch für den anschließenden **Pier 66.**

An den **Piers 79, 81 und 83** legen Ausflugsboote und Fähren an und ab, nördlich von **Pier 86** mit dem Intrepid Sea, Air & Space Museum 42 befindet sich an den **Piers 88 bis 92** der New York Passenger Ship Terminal. **Pier 84** hat zwischen 1981 und 1988 als Konzertarena schon große Stars wie The Clash, Frank Zappa oder Hot Tuna erlebt. Heute bietet er von Fahrradverleih über Möglichkeiten zum Fischen, Bootsfahrten und Spiel- und Sportflächen auch ein Restaurant und einen Anleger von New York Water Taxi.

Ebenfalls mit Bootsanlegern und Kajaks sowie Bootshaus wartet **Pier 96** auf.

„JBL Live at Pier 97" heißt eine Musikserie im Freilichttheater auf **Pier 97.** Vor großer Kulisse treten Bands verschiedenster Musikrichtungen auf.

› **Infos:** www.hudsonriverpark.org, zu Events: www.hudsonriverpark.org/events, verschiedene Subwaystationen entlang dem Ufer

Die alten Piers am Hudson River wurden zum beliebten Freizeit- und Parkareal umgestaltet

31 Meatpacking District und High Line Park ★★ [B18]

Zwischen West Chelsea und Greenwich Village (12th–14th St.), Hudson Street und Hudson River liegt der **Meatpacking District.** Eine Handvoll noch betriebener Schlachtereien, Fleischlagerhallen und Kühlhäuser erinnert an die ursprüngliche Bestimmung des Areals, das zudem bis in die 1990er-Jahre als Rotlichtviertel verrufen war. Inzwischen gilt der Meatpacking District mit schicken Shops und Lokalen als eines der In-Viertel Manhattans. Hauptachse des Viertels ist die **Gansevoort Street,** dort befindet sich auch das schicke Hotel Gansevoort (s. S. 237). Das sichtbarste Zeichen des Wandels im Meatpacking District und im angrenzenden Chelsea ist neben dem Whitney Museum of American Art 32 der High Line Park.

411ny Abb.: mb

Die **High Line** ist eine zwischen 1929 und 1934 als Stahlviadukt erbaute Eisenbahn-Hochbahntrasse zwischen 34th St. (Javits Convention Center bzw. Hudson Yards) und Gansevoort Street im Meatpacking District. Nachdem die Bahntrasse seit den 1970er-Jahren nicht mehr genutzt wurde und verfiel, wurden die „Friends of the High Line" aktiv. In drei Phasen entstand eine begrünte Promenade, 2014 wurde das Projekt mit dem nördlichen Teil abgeschlossen.

Der **High Line Park** endet in unmittelbarer Nachbarschaft zum Messezentrum Javits Center (34th St.) an den ehemaligen **Hudson Yards,** einem aufgelassenen Güterbahnhof. Hier am Nordende der Linie eröffnete 2015 eine moderne U-Bahn-Station – „34th St/Hudson Yards" –, Endpunkt der Subway-Linie 7. Es ist die erste komplett neue Subway-Station der Stadt seit 26 Jahren.

Im Areal der Hudson Yards (http://hydc.org) wird derzeit gebaut, u. a. an 10 und 30 Hudson Yards (Kohn Pedersen Fox). Wohnungen, Büros, Shops und Restaurants, ein Hotel, der Hudson Park & Boulevard zwischen W33rd und 39th St. und eine neue Aussichtsplattform sind geplant.

Der **südliche Zugang** zum High Line Park liegt direkt neben dem Whitney Museum 32, weitere Aufgänge gibt es an jeder zweiten bis vierten Querstraße. Nach Plänen der Landschaftsarchitekten Field Operations in Zusammenarbeit mit dem Architekturbüro Diller Scofidio + Renfro ist auf dem Hochviadukt in 9 m Höhe auf rund 2,5 km Länge eine Promenade mit kleinen Platzanlagen, diversen Kunstinstallationen, Veranstaltungsflächen, Sonnendecks und Bänken sowie authentischer Bepflanzung entstanden. Auch tritt immer wieder die Geschichte zum Vorschein, denn man hat einen Teil der Gleisanlagen einbezogen.

Rings um den High Line Park tut sich in den letzten Jahren architektonisch ebenfalls viel: Beispielsweise entstanden der Apartmentturm **HL23 Tower** (515–517 W. 23rd St.) von Neil M. Denari, Frank Gehrys erster Bau in New York City, die **IAC Headquarters** (West Side Hwy./18th St.), oder das **Standard Hotel** (s. S. 337) direkt über der High Line.

› **High Line Park,** www.thehighline.org, südlicher Zugang: Gansevoort Plaza und etwa alle zwei Straßenblocks, geöffnet 7 bis mind. 19 Uhr, Events und Imbissstände, Details siehe: www.meatpacking-district.com
› Subway-Station: 14th St./8th Ave. bzw. 34th St./Hudson Yards

32 Whitney Museum of American Art ★★ [B18]

Im Frühjahr 2015 eröffnete im Meatpacking District das neue Whitney Museum of American Art, erbaut nach Plänen des italienischen Stararchitekten Renzo Piano. Mag der Bau äußerlich auch schlicht wirken, lohnen schon allein die verschiedenen **Aussichtsterrassen** des Museums, die einen einzigartigen Ausblick auf Manhattan, den Hudson River und die High Line bieten. Die Innenraumgestaltung ist funktional und schlicht mit verrückbaren Zwischenwänden und viel natürlichem Licht.

412ny Abb.: mb

Die Architektur des Whitney Museum ist ungewöhnlich, mit Terrassen, die einen grandiosen Ausblick bieten

Die High Line, eine Hochbahnlinie, wurde zur grünen Promenade

Die Sammlung widmet sich ausschließlich der **amerikanischen Kunst des 20. und 21. Jahrhunderts.** Sie geht auf den Whitney Studio Club in Greenwich Village zurück, der 1918 von **Gertrude Vanderbilt Whitney** (1875–1942), Enkelin des Eisenbahnmagnaten Commodore Cornelius Vanderbilt, ins Leben gerufen worden war. Whitney hatte Europa intensiv bereist, war Kunstmäzenin und -sammlerin und selbst Bildhauerin. Sie gab jungen amerikanischen Künstlern erstmals Gelegenheit, ihre Werke öffentlich zu präsentieren. 1931 gründete Whitney im Village (8 W 8th St., seit Kurzem wieder in Touren zu besichtigen) das (Historic) Whitney Studio, nachdem das Metropolitan Museum ihre Sammlung von mehr als 600 Kunstwerken abgelehnt hatte. 1954 kam es zu einer Expansion an der W 54th St. und 1966 bis 2015 befand sich das Museum an der Madison Ave.

Heute umfasst die Dauerausstellung rund 18.000 Gemälde, Skulpturen, Drucke, Fotos, Videos, neue Medien u.A. Zu den wechselweise gezeigten Beständen gehören bedeutende Kunstwerke, u.a. von Jackson Pollock, Jasper Johns, Franz Kline, Roy Lichtenstein, Andy Warhol, Georgia O'Keeffe, Edward Hopper oder Alexander Calder. Im Rahmen des Whitney Biennial werden alle zwei Jahre im Frühjahr junge Künstler eingeladen. Angesehen sind auch das „Film & Video Programm" des Museums und die Fotosammlung.

› **Whitney Museum of American Art,** 99 Gansevoort St., tgl. 10.30–18 Uhr, http://whitney.org, Subway-Station: 14th St./8th Ave., mit zwei Lokalen und Shop

Gastronomie und Shopping in Chelsea und im Meatpacking District

57 [B17] **El Quinto Pino,** 401 W 24th St. Tapas-Bar, in der es abends eng wird, tolle Sandwiches und Tapas, mit großer Bar.

58 [B18] **Old Homestead Steakhouse** $$$, 9th Ave./14th St. 1866 gegründet und damit das älteste, erhaltene Steakhouse New Yorks.

59 [B17] **192 Books,** 192 10th Ave. Unabhängiger, kleiner Buchladen mit Veranstaltungsprogramm.

60 [B18] **DVF – Diane von Furstenberg,** 874 Washington St. Teure Boutique der angesagten Modedesignerin.

61 [A17] **Printed Matter,** 231 11th Ave./W 26th St. Mischung aus Galerie und kleiner, unabhängiger Buchhandlung mit Werken verschiedener „Subkulturen", künstlerischen Druckwerken, Kunstausstellungen u. a.

62 [B18] **Scoop NYC,** 861 Washington St. Ausgefallene Designermode, nach Trend, Form und Farbe sortiert, daneben zwei weitere Scoop-Läden, auch einer für Männer (Nr. 873).

› Entlang den High-Line-Aufgängen, v. a. an der W 15th St., stehen den Sommer über **food trucks** oder **Imbissstände** wie Blue Bottle Coffee, La Newyorkina, Melt Bakery, The Taco Truck oder People's Pops.

Midtown

Der offiziellen Einteilung nach reicht Midtown **von der 34th bis zur 59th Street,** wobei die 5th Avenue das Areal in West und East Midtown unterteilt. Innerhalb von Midtown unterscheidet man **einzelne Viertel,** wie den berühmten Theater District, den Garment District, Murray Hill oder Hell's Kitchen – alles Teile von **Lower Midtown.** Der für den Besucher interessanteste Teil liegt um den Theater District und um die **5th Avenue,** hier befindet sich sozusagen das „Kerngehäuse" des Big Apple mit einer unübertroffenen Konzentration an Sehenswürdigkeiten, architektonischen Highlights, hochklassigen Museen, Shops und Boutiquen.

Im westlichen Teil von Lower Midtown, zwischen 33rd und 42nd Street, ist das jüngste Großbauprojekt auf der Fläche der ehemaligen **Hudson Yards** (www.hudsonyardsnewyork.com, www.hydc.org) im Bau. Auf dem Areal der alten Gleisanlagen an der 11th Avenue zwischen 30th und 33rd Street entstehen neue Wohn- und Büroflächen, eine Schule, ein Hotel und Parks. Die Linie 7 endet seit Kurzem an der neuen Station 34 St-Hudson Yards, angrenzend an High Line Park und Javits Convention Center. Es ist die erste komplett neue Subway-Station der Stadt seit 26 Jahren. Ringsum wird derzeit heftig gebaut und es entsteht z. B. „10 Hudson Yards“, ein neuer 52-stöckiger Bau von Kohn Pedersen Fox. In Bau bzw. Planung ist außerdem der Hudson Park & Boulevard zwischen W33rd und 39th St. Zudem ist ein Kulturkomplex nach Plänen von Diller Scofidio & Renfro and David Rockwell, genannt **Culture Shed**, vorgesehen.

Upper Midtown, grob gesagt der Bereich zwischen Rockefeller Center 50 und Central Park 70, ist das **Touristenzentrum New Yorks** schlechthin. Zwischen Park Avenue und Broadway liegen die meisten und besten Geschäfte, Restaurants, Cafés und Kneipen, Museen und Theater. Upper Midtown mit 5th und Park Avenue sowie dem Rockefeller Center steht synonym für den vornehmsten Teil von New York. Besonders die **5th Avenue** präsentiert sich auf diesem Abschnitt als exklusive „Luxusmeile“ und wird gern in einem Atemzug mit den Pariser Champs-Elysées, der römischen Via Veneto oder Chicagos Magnificent Mile genannt.

Immer schon residierten hier die „Reichen und Schönen“ und so hatte im späten 19. Jh. der schwerreiche William Henry Vanderbilt hier sein Domizil (5th Ave/51st St.) und andere Wohlhabende siedelten sich v. a. in Nähe des Central Park 70 an. Heute stehen von den alten Villen kaum noch welche, dafür aber mächtige, noble Apartmenthäuser, deren Äußeres kaum erahnen lässt, wie angenehm es sich im Inneren leben lässt. Eine brillante Beschreibung der Atmosphäre liefert Tom Wolfe in „Fegefeuer der Eitelkeiten“.

Die passenden Läden folgten Anfang des 20. Jh. 1917 erwarb Cartier günstig das Haus eines reichen Bankiers und eröffnete sein Geschäft, andere Luxusshops wie Tiffany's, Chanel, Bergdorf oder Rolex zogen nach. Dennoch besteht die 5th Avenue nicht nur aus „Nobelschuppen“, Glitzer und Glamour. Es existieren durchaus auch „normale“ Läden (teils Ketten) wie Uniqlo (Ecke 53rd St.), Buchhandlungen und renommierte kleine Fachgeschäfte.

078ny Abb.: mb

Die 42nd Street ist sichtbares Zeichen der gelungenen Wiederbelebung des Areals um den Times Square 39

33 Macy's/Herald Square ★ [C16]

Offiziell bildet die 34th Street die Grenze zwischen Chelsea/Gramercy und dem Garment District, doch in der Realität gehen die Viertel ineinander über. Im Zentrum der Region befindet sich der **Herald Square** (Subway-Station, Linien B, D, F, Q, N, R), dort wo sich die Avenue of the Americas (6th Ave.) und der Broadway kreuzen. Der Platz ist nach dem Büro der Zeitung New York Herald benannt, das sich zwischen 1894 und 1921 hier befand. Mehrere Straßenblocks am Herald Square entlang dem Broadway (35th–33rd St.) wurden wie am Times Square zur **Fußgängerzone** umgestaltet.

Gegen Ende des 19. Jh. war hier der **Tenderloin District,** ein übles Rotlichtviertel, entstanden, ihm wurde jedoch 1902 mit der Eröffnung des Kaufhauses Macy's der Garaus gemacht. Rund um Macy's und Broadway entstand die „Fashion Avenue", die von dem „Konsumtempel" dominiert wurde. Mit seiner sehenswerten Fassade an der 34th Street und markantem Eingang mit Stützfiguren, Uhr und Schriftzug nimmt er inzwischen einen ganzen Straßenblock ein.

Die **Anfänge des Kaufhauses** waren hingegen eher bescheiden: 1858 eröffnete der ehemaligen Walfänger-Kapitän Rowland Hussey Macy einen kleinen Laden an der W 14th Street. 1862 war „R. H. Macy Co." der einzige Laden mit einem Weihnachtsmann zur Vorweihnachtszeit und erstmals wurden Schaufenster festlich dekoriert. Als Macy 1877 starb, war das Unternehmen auf elf Gebäude angewachsen und seine ehemaligen Mitarbeiter, die Brüder Isidor – er kam 1912 beim Untergang der Titanic ums Leben – und Nathan Straus übernahmen den Betrieb. Sie expandierten weiter und ab 1902 entstand der heutige Gebäudekomplex am Herald Square.

In den 1920er- und 1930er-Jahren wurden erstmals Filialen in anderen Städten eröffnet – die Kaufhauskette war geboren. Mit der Fertigstellung des letzten Bauteils an der 7th Avenue im Jahr 1924 wurde Macy's zum „World's Largest Store" und im selben Jahr wurde auf Betreiben der Angestellten – vorwiegend Einwanderer aus Europa – erstmals eine große **Thanksgiving Parade** (s. S. 263) abgehalten. Diese Tradition lebt bis heute fort und immer Ende November zieht ein bunter Umzug mit figürlichen Riesenballonen von der 77th St./Central Park West über den Columbus Circle zu Macy's am Herald Square und läutet die Vorweihnachtszeit mit der Ankunft von Santa Claus ein.

Ähnlich berühmt sind die **Fourth of July Fireworks,** die das Kaufhaus seit 1976 ebenfalls finanziert. Etwa 40.000 Raketen werden am Abend des Nationalfeiertags von sechs verschiedenen Punkten aus über dem East oder Hudson River abgefeuert und bieten ein einmaliges Spektakel.

Überquert man den Herald Square, den die Uhr des Herald Buildings als Wahrzeichen überragt, gelangt man am gegenüberliegenden südlichen Kreuzungsdreieck von Broadway und Ave. of the Americas zum **Greeley Square,** einer Verkehrsinsel mit der Statue von Horace Greeley, dem Gründer der New York Tribune. Hier befindet sich auch die **Manhattan Mall** (s. S. 250), das einzige größere Einkaufszentrum in der Innenstadt.

› **Macy's,** Herald Sq., 151 W 34th St. (Broadway–7th Ave.), Subway: 34th St.

34 Empire State Building ★★★ [C16]

Das Empire State Building (ESB) wurde kurz nach seiner Eröffnung scherzhaft „Empty State Building“ genannt – kein Wunder, war es doch zwischen 1929 und 1931, mitten in der Weltwirtschaftskrise, erbaut worden und stand lange leer. Andere Beinamen wie „Achtes Weltwunder“ oder „Cathedral of the Skies“ beziehen sich auf die imposanten Ausmaße und die Eleganz des berühmten Wolkenkratzers.

Aufgrund seiner zentralen Lage bietet sich vom ESB ein herrlicher Ausblick über die Wolkenkratzerstadt. Vom offenen **Aussichtsplateau im 86th floor** (87. Stock) reicht der Blick nordwärts bis zur Bronx, im Süden zum Battery Park und nach Staten Island, im Westen nach New Jersey und im Osten nach Queens und Brooklyn, bei optimalen Bedingungen über 120 km weit. Anlässlich des 75. Geburtstags des Gebäudes wurde 2005 das zweite Observation Deck im 102nd *floor* wiedereröffnet.

Wer zum Aussichtsplateau möchte, braucht Zeit, denn das seit 1986 als *landmark* unter Denkmalschutz gestellte Wahrzeichen gehört zu den beliebtesten Punkten der Stadt. 73 Hochgeschwindigkeitsaufzüge verbinden die einzelnen Etagen, das Treppenhaus hingegen bzw. die gut 1500 Stufen von der Lobby zum ersten Aussichtsbereich auf 320 m Höhe nutzen einmal im Jahr, Anfang Februar, Langstreckenläufer anlässlich des legendären „Empire State Building Run-Up“.

Das Empire State Building entstand an dem Ort, an dem zunächst die John Thompson Farm und dann das Waldorf-Astoria-Hotel standen. Zwischen 1929

079ny Abb.: mb

„Kathedrale des Himmels“ wird das Empire State Building genannt und wer auf der Aussichtsplattform steht, weiß auch, warum

und 1931 wurde der Wolkenkratzer nach Plänen des New Yorker Architektenbüros Shreve, Lamb & Harmon Ass. in den turbulenten Zeiten von Börsenkrach und Wirtschaftskrise erbaut. Die Bauweise war revolutionär: Großteils kamen vorgefertigte Teile zum Einsatz, die um ein Stahlgerüst herum zusammengefügt wurden. Zur Verankerung dienten 200 unterirdische Stahl- und Betonpfeiler, insgesamt gibt es 6500 Fenster und es wurden 60.000 Tonnen Stahl verwendet.

„Cathedral of the Skies" nannte man das Gebäude wegen seiner **Höhe:** Von 1931 bis 1973 galt der 110-stöckige Bau mit 449 m (ohne Antennen 381 m) als höchstes Gebäude der Welt. Bis Ende April war es sogar das höchste Gebäude New Yorks und das dritthöchste in den USA (nach Willis und Trump Tower, beide in Chicago), dann wurde es vom 1 WTC überholt. Der Wolkenkratzer spielte in vielen Filmen eine Rolle, z. B. im berühmten Streifen „King Kong" von 1933. Die oberen 30 Stockwerke sind **jede Nacht beleuchtet,** und zwar an Feiertagen oder während Veranstaltungen in wechselnden Farben: z. B. Grün am St. Patrick's Day oder Schwarz-Rot-Gold am 3. Oktober, dem „German Reunification Day".

Erst 1963 wurde die **Marmor-Lobby** zugefügt. In ihr stehen die „Wonders of the World", Wandbilder der sieben klassischen Weltwunder und des Empire State Building als achtem, geschaffen von Roy Sparkia und Renee Nemorov. Vor ein paar Jahren wurde der Bau zum „klimafreundlichen Wolkenkratzer" und ökologisch saniert. Eine Senkung des Energieverbrauchs mittels neuer Fenster, besserer Isolation und Beleuchtung sowie neue Klimaanlagen haben ihm ein „LEED Gold"-Zertifikat eingebracht. Eine Ausstellung dazu befindet sich vor dem Zugang zu den Aufzügen.

› **Empire State Building,** 350 5th Ave./34th St., www.esbnyc.com, tgl. 8–2 Uhr (letzter Aufzug 1.15 Uhr), $ 32 (Aussichtsplateau 86th floor) bzw. $ 52 (Aussichtsplateaus 86th und 102nd floor), auch verschiedene Kombi-Tickets erhältlich. Im 80. Stock gibt es die interessante Ausstellung „Dare To Dream" zur Baugeschichte zu sehen. Ticket-Vorbestellung unter www.esbnyc.com/buy_tickets.asp, Eintritt auch im CityPass (86th floor) enthalten. Beleuchtungsplan: www.esbnyc.com/explore/tower-lights.

35 The Morgan Library & Museum/Murray Hill ★ [D16]

Murray Hill ist ein kleines Stadtviertel zwischen Gramercy und Lower Midtown. Hier befindet sich die **Church of the Incarnation** (205 Madison Ave.), eine 1864 erbaute Episkopalkirche, in der sich sehenswerte Glasfenster von Louis C. Tiffany, William Morris und Edward Burne-Jones befinden.

Ein Muss ist die **Morgan Library & Museum** (225 Madison Ave.). Diese Bibliothek fußt auf der umfassenden Privatsammlung des Bankiers J. Pierpont Morgan (1837–1913), bestehend aus seltenen Büchern und Manuskripten, Inkunabeln, Zeichnungen, Drucken und Gemälden.

1903 war nach Plänen von Charles McKim vom New Yorker Architekturbüro McKim, Mead & White angrenzend an die Morgan'sche Privatwohnung – ein Brownstone-Bau von 1880 – an der Kreuzung Madison Ave./36th St. ein Bibliotheksbau im Stil eines Renaissancepalastes errichtet worden. Er war auch innen üppig mit Fresken, Mosaiken und

Stuckreliefs dekoriert. Der Sohn des Bauherrn, J. P. „Jack" Morgan Jr. (1867–1943), machte die Bibliothek 1924 der Öffentlichkeit zugänglich und schon vier Jahre später wurde aus Platzgründen – die Sammlung war durch Spenden und Schenkungen erheblich gewachsen – ein „Annex" an der Ecke Madison Ave./36th St. gebaut und mit dem Ursprungsbau durch eine Galerie verbunden. Dabei wurde das alte Wohnhaus der Morgans abgerissen; die Familie war bereits 1905 in ein historisches Nachbargebäude (1852) umgezogen. 1988 wurde dieses in den Museums- und Bibliothekskomplex integriert und 1991 kam ein verbindender „Garden Court" dazu.

2005/2006 erfolgte nach Plänen des bekannten italienischen Architekten Renzo Piano eine neuerliche Vergrößerung der Ausstellungsfläche um über die Hälfte. Piano fügte einen dreiteiligen Stahl-Glas-Pavillon mit Eingangslobby und luftig-hellem Foyer („Gilbert Court") mit Café, Lokal, Shop, Veranstaltungs- und Lesesaal hinzu. Durch wenig aufdringliche moderne Architektur gelang ihm eine sehenswerte Symbiose mit den drei bestehenden historischen Gebäuden.

Zu den Museumsbeständen gehören Schriften ab dem 15. Jh., darunter drei Gutenberg-Bibeln, Manuskripte aus dem Mittelalter und der Renaissance, Zeichnungen und Drucke von Blake, Degas, Dürer, Rubens und Watteau. Literarische und historische Manuskripte – u.a. Charles Dickens' „Christmas Carol", Thomas Jeffersons Briefe an seine Tochter Martha, Briefe von Jane Austen, Albert

EXTRATIPP

Edward Curtis, der „Shadow Catcher"

Zu den Schätzen der Morgan Library (35) gehören die in den Jahren 1907 bis 1930 erschienen 20 Textbände und 20 Portfolios **„The North American Indian"**, ein fotografisches Meisterwerk, das sowohl historisch als auch wissenschaftlich ein wichtiges Dokument darstellt. Die eindrucksvollen Schwarzweißfotos nordamerikanischer Indianer stammen von **Edward Sheriff Curtis** (1868–1952), der um 1900 als Fotograf in Seattle damit begann, die Geschichte und Kultur von mehr als 80 Indianerstämmen zu dokumentieren.

Ohne die finanzielle Unterstützung von **J.P. Morgan,** damals reichster Mann der Welt, wäre dieses Unterfangen nicht möglich gewesen: $ 75.000 genehmigte Morgan, Curtis versprach dafür 500 Exemplare des mehrbändigen Werkes zu drucken und um $ 300 pro Ausgabe zu verkaufen. Am Ende hatten Morgan und sein Sohn etwa $ 400.000 investiert, doch von dem monumentalen Werk wurden nur 222 Exemplare verkauft. Selbst die Fürsprache von Curtis' einflussreichem Freund, US-Präsident „Teddy" Roosevelt, half wenig.

Curtis' Werk gilt heute in Wissenschaftskreisen als **Meilenstein der Dokumentation der ursprünglichen Lebens- und Denkweise der nordamerikanischen Indianer.** Ihm sind über 40.000 Fotos von über 80 indianischen Völkern, erste Dokumentarfilme über Indianer und Aufnahmen von Liedern und Geschichten der Völker in deren Sprache zu verdanken. Für viele Indianer gilt der „Shadow Catcher", wie ihre Vorfahren den Fotografen Curtis nannten, bis heute als einer von ihnen.

› Edward S. Curtis, „Die Indianer Nordamerikas. Die kompletten Portfolios", Taschen-Verlag 2016

Die Qual der Wahl – Sport im Big Apple

Was lässt das Adrenalin der Fans auf den höchsten Pegel steigen? Lokalderbys! Sie sind in jeder Sportart das Salz in der Suppe und unterliegen ihren eigenen Gesetzen. Gleichgültig, ob im Fußball die Bayern gegen die Sechziger antreten oder sich Düsseldorf und Köln im Eishockey gegenüberstehen - wenn Nachbarvereine um Tore oder Punkte kämpfen, ist für Action gesorgt. Und in New York gibt es in unterschiedlichen Sportarten gleich mehrere Major League Teams!

So buhlen drei Klubs in der ***Eishockey-Profiliga NHL*** *um Ruhm und Ehre (die New York Rangers, die New York Islanders und die New Jersey Devils) und zwei* ***Männer-Basketballklubs (NBA)*** *gehen auf Korbjagd: die New York Knicks und die Brooklyn Nets (s. S. 176). Die beiden* ***NFL-Footballteams*** *New York Giants und New York Jets spielen im gemeinsam finanzierten neuen Stadion in New Jersey. Den New York Giants gelang es im Februar 2012 zum vierten Mal, den Super Bowl - den Meisterpokal im Profi-Football - nach New York zu holen.*

Schließlich spalten zwei ***Baseballteams****, die New York Yankees und die New York Mets, die Baseballanhänger der Stadt in zwei Lager und auch im Fußball gibt es zwei Teams: New York Red Bulls (Newark) und FC New York City (Bronx).*

Theoretisch kann man sich als New Yorker seinen Lieblingsverein frei wählen, doch tatsächlich ist man nicht einfach Fan irgendeiner Mannschaft, sondern wird als Anhänger eines bestimmten Teams geboren: Gerahmt vom Hudson und East River ist da zum einen Manhattan, die Heimat der Rangers (NHL) und der Knicks (NBA).

413ny Abb.: mb

In letzter Zeit konkurriert auch ***Brooklyn*** *verstärkt mit Manhattan, denn erstmals seit 1957 gibt es dort mit den Nets (Basketball) und seit 2015 mit den Islanders (Eishockey) zwei Profivereine.*

Vor allem im ***Eishockey*** *ergreift die Rivalität die ganze Stadt: In Manhattan sind die legendären Rangers, einer der sechs „alten" NHL-Klubs, zu Hause, in Brooklyn die in den 1980er-Jahren so erfolgreichen Islanders und dann gibt es da noch die Devils, in Newark/New Jersey.*

Eishockey ist aber nur die Spitze des „Eisberges", denn auch im Basketball, Football und besonders im Baseball geht es turbulent zu: Wer in den USA schon einmal Profispiele besucht hat, dem wird die ***Andersartigkeit der New Yorker Fans*** *aufgefallen sein. Während in anderen Sportarenen die Zuschauer ins Stadion pilgern, als würden sie eine Oper besuchen und sich auch entsprechend benehmen, werden in New York gegnerische Teams wüst beschimpft, ausgebuht und ausgepfiffen. Ausschreitungen sind jedoch trotz aller schlechten Manieren selten, Unmutsäußerungen und Auseinandersetzungen spielen sich v. a. auf verbaler Ebene ab.*

Von einer anderen Seite erlebt man die New Yorker dagegen bei Spielen der ***New York Liberty.*** *Die Fanbasis der* ***Profi-Basketballerinnen*** *rekrutiert sich überwiegend aus Mädchen und jungen Frauen, die mit ihrer Begeisterung ganze Familien anstecken, auch viele afroamerikanische. Bei den Liberty-Spielen im Madison Square Garden sind die Tickets noch erschwinglich und es wird dennoch Spitzensport geboten.*

Einstein, Abraham Lincoln, John Steinbeck oder Voltaire – sind hier ebenso ausgestellt wie Notenblätter von vielen großen Komponisten und seltene Buchausgaben wie das 20-bändige „The North American Indian" des Fotografen Edward Curtis, die Morgan einst finanzierte (s. S. 99).

Besonders sehenswert ist der alte Teil des Museums, die prächtig ausgestatteten McKim Rooms von 1906, die Ende 2010 nach aufwendiger Renovierung neu eröffnet wurden. Sie umfassen Morgan's Library & Study, zwei Räume, die durch die Rotunde voneinander getrennt sind und die Lieblingskunstwerke des Gründers und außerdem ein Büro enthalten. Die Wände sind zu großen Teilen von Bücherregalen bedeckt und Wandgemälde zeigen historische Persönlichkeiten und Tierkreiszeichen.

Murray Hill stellt mit seinen kleineren Wohnhäusern und dem **Sniffen Court** (150–158 E 36th) eine Ruheoase im Großstadttrubel dar. Um einen schönen Innenhof herum gruppieren sich hier zehn Kutschenhäuser, die im neoromanischen Stil um 1850 von John Sniffen erbaut wurden.

› **The Morgan Library & Museum,** 225 Madison Ave., www.themorgan.org, Di.–Do. 10.30–17, Fr. 10.30–21, Sa. 10–18, So. 11–18 Uhr, $ 20 (Fr. 19–21 Uhr freier Eintritt, Di. 15–17, So. 16–18 Uhr McKim Rooms frei zugänglich), Subway: 33rd St.

[<] Die New York Islanders haben in Brooklyn eine neue Heimat gefunden

414ny Abb.: mb

36 Madison Square Garden ★★ [B16]

Gegenüber dem **Hotel Pennsylvania**, einem in den 1930er-Jahren durch Big-Band-Auftritte und illustre Gäste berühmt gewordenen Riesenhotel, steht der legendärste Sportpalast der Welt, der **Madison Square Garden** (MSG), durch den auch Touren angeboten werden. 1968 wurde die Halle, die aussieht wie ein verglaster Betonzylinder, über dem Bahnhof **Pennsylvania Station** errichtet. Der MSG ist bereits der vierte Bau dieses Namens in New York: 1879 war der erste „Garden" an der 26th St./Madison Ave. erbaut worden, er wurde 1890 vom MSG II an gleicher Stelle abgelöst, ehe 1925 das dritte Gebäude an der Penn Plaza (7th–8th Ave., 31st–33rd St.) entstand.

Der vierte Madison Square Garden, „World's Most Famous Arena", fasst heute 18.000 bis 20.000 Zuschauer und ist Heimat mehrerer **Profisportmannschaften:** der Rangers (Eishockey), der Knicks (Basketball) und der Liberty (Frauen-Basketball), doch finden hier auch große **Konzerte, Boxkämpfe, Zirkus** (Ringling Bros. und Barnum & Bailey Circus), **Eisshows** und sogar **Rodeos** statt. Kürzlich wurde der legendäre Sportpalast gründlich renoviert, die Zuschauertribünen erneuert und breitere Umgänge sowie neue Logen konstruiert, alles bei laufendem Spielbetrieb.

› **Madison Square Garden,** 33rd St./7th Ave., Tel. 212 4656000, www.thegarden.com, Touren tgl. 9.30–15 Uhr, $ 26,95 (online: $ 19,95, www.thegarden.com/allaccess tour), Tickets auch im MSG Tour Shop, Subway: 34th St./Penn Station

Wenn die Knicks Basketball spielen (oder die Rangers Eishockey), platzt der MSG aus allen Nähten

37 James A. Farley General Post Office ★ [B16]

Gegenüber der Sporthalle an der 8th Ave. erhebt sich der wuchtige Bau des James A. Farley General Post Office – benannt nach dem **obersten Postchef der 1930er-Jahre.** Das Gebäude steht auf dem National Register of Historic Places und damit unter Denkmalschutz und stammt wie das alte, abgerissene Penn-Station-Bahnhofsgebäude vom Reißbrett des New Yorker Architekturbüros McKim, Mead & White.

Das Postamt eröffnete 1912 im **Beaux-Arts-Stil** und wurde 1934 vergrößert. Ins Auge fällt eine lange Säulenkolonnade mit korinthischen Kapitellen und Freitreppe an der 8th Ave. Die 85 m lange Inschrift am Architrav würdigt die Verdienste der Post mit einem Spruch aus Herodots Historien (VIII, 98), der damit die Tapferkeit der Boten des persischen Königs Xerxes I. im 5. Jh. v. Chr. rühmte: „Neither snow nor rain nor heat nor gloom of night stays these couriers from the swift completion of their appointed rounds“. An beiden Schmalseiten stehen turmartige Pavillons.

Es sind Pläne im Gespräch, das alte Postamt mit der Penn Station, dem Bahnhof, zum „Empire Station Complex“ zu vereinen.

› **James A. Farley General Post Office,** 421 8th Ave., 24 Std., Subway: 34th St./Penn Station, Mo.–Fr. 7–22, Sa. 9–21, So. 11–19 Uhr

> KLEINE PAUSE
>
> **Ruheoase im Trubel**
>
> Nicht weit vom „Garden“ entfernt liegt am Rande des sogenannten Fur District, des Kürschnerviertels (W 27–30th St.), die **St. John the Baptist Church** (210 W 31st St.), eine 1840 gegründete katholische Kirche. Im zugehörigen Mönchskloster mit Meditationsgarten lässt sich der Trubel rund um den MSG vergessen.

38 Jacob K. Javits Convention Center ★ [A16]

Drei Blocks westlich vom Madison Square Garden 36 liegt direkt am Hudson River das Jacob K. Javits Convention Center, das zwischen 1979 und 1986 von James Ingo Freed von der renommierten Architektenfirma Pei Cobb Freed & Partners erbaute, größte **Messe-, Ausstellungs- und Kongresszentrum** Amerikas. Es umfasst fünf Straßenblocks zwischen 34th und 39th Street und 11th und 12th Avenue und soll noch erweitert werden.

Mehr als 85.000 Menschen können hier an Veranstaltungen und Messen teilnehmen. Den Kern bildet ein leicht wirkender Glasplattenbau, der sich formal in einzelne Bauteile untergliedert. Sehenswert ist die Lobby über 15 Stockwerke, die bezeichnenderweise „Kristallpalast“ genannt wird, und eine Ladenstraße namens „Galleria“.

An der Südostecke des Komplexes endet der High Line Park 31 und eröffnete die neue Subway-Station „34 St-Hudson Yards“. Die Westseite des Centers liegt auf Höhe der Piers 76–78. Vom ebenfalls nahen **Pier 79** (W 39th St.) legen Fähren in Richtung New Jersey, ebenso wie die Boote von New York Waterway und New York Water Taxi ab.

› **Jacob K. Javits Convention Center,** 655 W 34th St., www.javitscenter.com, Subway: 34th St./Hudson Yards

Gastronomie und Shopping im Garment District/Murray Hill

63 [E16] **Murray Hill Greenmarket,** 2nd Ave. E (32nd–E 33rd St.), Sa. 8–15 Uhr, Juli–Nov. Wochenmarkt, auf dem die Farmer der Region ihre Waren verkaufen.

64 [B16] **Skylight Diner,** 402 W 34th St./9th Ave. Fastfood der gehobenen Kategorie mit Suppen, Salaten, Burgers und Wraps, Sandwiches und vollen Gerichten.

39 Times Square und Theater District ★★★ [C15]

Als „Summe und Krönung aller Marktplätze und Tingeltangelstraßen in Amerika" beschrieb einmal Jack Kerouac, Schriftsteller und Mitbegründer der Beat Generation, den Times Square. Genau genommen handelt es sich um einen Doppel-Platz: Im Zwickel zwischen 7th Ave. und Broadway, zwischen 43rd und 47th Street, liegt eine lang gestreckte Platzanlage. Der Südteil heißt Times Square, der im Norden Duffy Square.

Mit etwa 35 Mio. Besuchern jährlich zählt der **Times Square** zu den meistbesuchten Attraktionen der Welt und ist rund um die Uhr belebt. Seinen Namen erhielt er 1904, als hier die New York Times ihr Büro eröffnete. Inzwischen ist die Tageszeitung in einen spektakulären, umwelt- und energiefreundlichen Neubau von Renzo Piano, das New York Times Building 40 an der Ecke 42nd Street/8th Avenue, umgezogen.

Der **Theater District** erstreckt sich als Teil von Midtown zwischen 7th und 8th Avenue, 41st und 53rd Street und im Zentrum zieht sich der Broadway schräg zum sonst regelmäßigen Straßenraster nach Norden. Das Herz des Theater District liegt am Broadway zwischen 42nd und 45th Street. Diese **„Crossroads of the World"** beschrieb Jack Kerouac in den 1960er- und 1970er-Jahren noch als das Viertel der Händler, Penner und Prostituierten. „Broadways" gibt es in beinahe jeder amerikanischen Kleinstadt, doch nur der New Yorker „Breite Weg" steht als Synonym für Glitzer und Glamour, Theater und Vergnügen. Zuge-

„Ten Feet Cops"

*Zwischen den Straßenschluchten Manhattans wirken die **berittenen Polizisten des New York Police Department (NYPD)** wie Relikte einer längst vergangenen Zeit. In der Tat ist die Mounted Unit des NYPD die älteste berittene Polizei Nordamerikas. Sie wurde **1871 gegründet,** somit zwei Jahre vor den legendären Mounties, der Royal Canadian Mounted Police. Bis heute üben etwa 50 Pferde und 80 reitende Polizisten in der Metropole New York regulären Polizeidienst aus.*

*Die New Yorker lieben ihre berittene Polizei und nennen sie **„Ten Feet Cops",** denn so hoch hinauf - etwa 3 m - ragt das Gespann aus Pferd und Reiter. Nicht nur die Pferde werden sorgfältig ausgewählt und ausgebildet, auch die Offiziere sind handverlesen. Von 300 Bewerbern werden nach einem langen und schwierigen Ausbildungsprogramm nur 20 übernommen, darunter immerhin knapp ein Drittel Frauen. Ruhig, gelassen und belastbar müssen die Pferde sein, die Reiter stets freundlich und sicher im Auftreten. „Pferd und Reiter müssen perfekt zusammenpassen", erklärt der erfahrene berittene Polizist Ronald Savarese. Jeder Reiter gibt sei-*

geben, der Glanz der „Welthauptstadt des Theaters“ ist etwas verblasst, die Einmaligkeit passé, doch für Theaterfans wird immer noch genug geboten.

Im 19. Jh. war das **Areal rund um den Times Square** als Rotlicht- und kriminelles Viertel berühmt-berüchtigt. Doch bereits die Eröffnung der alten Metropolitan Opera an der Ecke Broadway/40th Street im Jahr 1883 hatte die Entstehung eines Theater- und Vergnügungsviertels mit noblen Restaurants, Theatern und Nachtklubs zur Folge, und dies blieb auch während der Prohibition in den 1920er-Jahren das kulturelle Zentrum der Stadt.

Legendäre Einrichtungen sorgten für Amüsement, so „Hubert's Museum“, auch „Flea Circus“ genannt, eine Show

nem Pferd einen Spitznamen, denn offiziell werden die Vierbeiner nach Polizisten benannt, die im Dienst ums Leben kamen.

Zehn Dollar kostet ein Pferd die Stadt pro Tag - kein Wunder, dass man in Zeiten des Verkehrschaos und der hohen Benzinpreise vermehrt auf die „Ten Feet Cops“ setzt. Polizeichef Raymond Kelly hat inzwischen sogar die Ausweitung der Patrouillenritte angeordnet: „Ein berittener Polizist sieht weit mehr als zehn Kollegen zu Fuß“, erklärt Detective Richard De Pamphilis. „Wir erkennen Dinge über einige Blocks hinweg und können so schneller reagieren und Streifenwagen früher informieren. Zudem haben die Leute Respekt vor uns und unseren vierbeinigen Kollegen.“

In den Straßen New Yorks, nicht nur im Central Park, stößt man immer häufiger auf berittene Polizisten. Inzwischen erhielt die Mounted Unit ein neues ***Headquarter*** *im „Mercedes House“, einem neuen Luxuswohnblock in der Far West Side. Doch nicht nur als Streifengänger sind die „Ten Feet Cops“ nicht aus dem Stadtbild wegzudenken, sie sind inzwischen auch zu Wahrzeichen und Botschaftern der Metropole geworden.*

081ny Abb.: mb

Die berittene Polizei New Yorks ist die älteste in den USA und wird von den Einheimischen geschätzt und geliebt

415ny Abb.: NYC&Co@Marley White

menschlicher Abnormitäten, Vaudeville-Spektakel und die „Ziegfeld Follies" – Vorläufer von Kabarett und Musical. 1899 öffneten das Victoria und das Republic Theater, andere Bühnen folgten v.a. zwischen 1910 und 1930. Weiter kamen Restaurants und ab den 1920er-Jahren auch Kinos dazu. Die Theater boten vor der Erfindung des Tonfilmes in den späten 1920er-Jahren Livemusikdarbietungen, danach dominierten Varieté und Film. Etliche der Livebühnen wurden damals sogar zu Movie Theaters (Filmsälen) umgestaltet.

In jener Zeit kamen auch die überdimensionalen **Leuchtreklamen** auf, die dem Broadway den Beinamen **„The Great White Way"** einbrachten. Während des Zweiten Weltkriegs galt der Square, vor allem für die zahlreich in New York zusammenströmenden Soldaten, als das Symbol für den Glamour der Stadt. Als sich in der Nachkriegszeit zunehmend das Fernsehen durchsetzte, verblasste der Glanz, die 42nd Street fungierte in erster Linie als Hauptverkehrsachse und der Verfall des Areals um den Times Square nahm seinen Lauf, immer wieder von kurzzeitigen Revivals unterbrochen.

Mittlerweile ist das Theatersterben der 1980er-Jahren, das der Stadt großen Schaden zugefügt hat, überwunden. Heute werden bei knapp 40 neuen Shows pro Saison und Aufführungen auf 40 Broadway- und mehr als 300 weiteren Bühnen wieder Rekordumsätze und mehr als 13 Millionen Besucher verzeichnet. Große Firmen, Verlage und Sender wie MTV (W 45th St.), ABC (Broadway/W 44th St.), Bertelsmann (W 45th St.), Reuters (3 Times Sq.), Condé Nast (4 Times Sq.), die Computerbörse NASDAQ (4 Times Sq.) oder die New York Times (W 43rd St.) haben hier Quartier bezogen und Disney Store, m&m, Hershey's, Toys "R" Us, Forever 21 u.a. sind ebenfalls hier zu Hause. Walgreens hat ebenso wie Ricoh und viele andere mehr neue überdimensionale Billboards installiert. Ricohs Reklametafel misst sogar knapp 40 x 14 m und wird durch Wind- und Sonnenenergie betrieben. Höhepunkt des Revitalisierungsprogramms war im Sommer 2009 die Erklärung der Platzanlage zwischen Times und Duffy Square zur Fußgängerzone.

Times Square

Idealer Ausgangspunkt für einen **Rundgang** ist der **Times Square** im Zentrum des Theater District. Auf diesem Areal zwischen Broadway und 7th Avenue (zwischen 42nd und 47th St.), an dem eine große Subway-Station und das auffällige TKTS-Gebäude (Duffy Square) ins Auge stechen, pulsiert rund um die Uhr das Herz Manhattans, tummeln sich unzählige Menschen und versuchen einige Ausgeflippte, Aufmerksamkeit zu erregen. Einer davon ist der legendäre „Naked Cowboy", alias Robert Burck, den man am Schnittpunkt Broadway/45th St. um die Mittagszeit antreffen kann (www.nakedcowboy.com). Bereits Jack Kerouac sprach in „The Town and the City" (1950) vom „Ort, der die Stromer aus dem ganzen Land anzog", (die) „nach etwas suchten, auf etwas warteten, ewig in Bewegung".

Als 1904 das Zeitungs-Hochhaus entstand, wurde der vormalige „Longacre Square" in **Times Square** umbenannt. Bekannt ist der Platz wegen des seit 1928 als großes Display um das Times-Gebäude (1 Times Square) umlaufenden Nachrichtenbandes und wegen seiner illuminierten Silvester-Kugel. 1907 zum ersten Mal von einem Flaggenmast herabgelassen, wurde die Kugel immer mehr perfektioniert. Inzwischen handelt es sich um einen über fünf Tonnen schweren Ball mit rund 3,7 m Durchmesser. Er besteht aus 2688 einzelnen (Waterford-)Kristallen und enthält über 32.000 LED-Leuchtdioden, die per Computer gesteuert verschiedene Muster erzeugen. Pünktlich um Mitternacht „fällt" der Leuchtball gehalten von einem Drahtseil entlang einem Fahnenmast 43 m tief hinab herab und läutet so das neue Jahr ein. Die Glitzerkugel ist wetterfest und das ganze Jahr über auf dem Gebäude One Times Square zu sehen.

Der 2008 eröffnete **TKTS-Bau** (s. S. 242) am **Duffy Square**, dem Times Square gegenüberliegend, fällt v.a. durch seine knallrote Treppe aus Fiberglas auf, die tribünenartig zum Sitzen und Schauen anregt. Am Fußende der Treppe steht die Bronzestatue des Namensgeber des Platzes, Reverent Francis P. Duffy, ein Bürgerrechtskämpfer und katholischer Priester aus der Zeit des ersten Weltkriegs. Beide Plätze und Teile des Broadway sind inzwischen zu einer **Fußgängerzone** umgestaltet worden.

› Subway-Station: Times Sq./42nd St.

[<] *„The City that never sleeps" … zumindest nicht am Times Square*

084ny Abb.: mb

Die lebhafte „New 42nd Street" bietet Kinos, Shops und kuriose Museen

New 42nd Street

Die **„New 42nd Street"** bildet die zentrale Achse des wiederbelebten Areals um den Times Square, besonders im Bereich zwischen 7th und 8th Avenue. Bühnen wie das New Victory Theater (1995) mit Familien- und Kinderprogramm oder das New Amsterdam Theatre (1997, Disney) eröffneten neu.

Attraktionen wie die **New 42nd Street Studios** oder **The Duke on 42nd Street** kamen als kulturelle Institutionen genauso dazu wie Kinokomplexe. Zum **Regal E-Walk Stadium 13** gehören außer Kinosälen Läden, Restaurants und Imbisslokale wie B.B. King's Club & Grill, das Yankee Clubhouse, Lids oder Five Guys Burger & Fries. Ideal für Familien sind **Madame Tussauds Wachsfigurenkabinett** oder **Ripley's Believe It or Not!**.

Die 42nd St. führt nach Westen über den **Busbahnhof** (Port Authority Bus Terminal) und vorbei am Pershing Square Signature Center (480 W. 42nd St.) – einem Neubau von Frank Gehry für die Signature Theatre Company – und durch Hell's Kitchen 41 zum Hudson River, nach Osten zum Grand Central Terminal 45, zum Chrysler Building 46, zur UNO 48 und schließlich zum East River.

› Subway-Station: Times Sq./42nd St.

Theater District

Gerade um Times Square und 42nd Street zeigt sich die **Wiederbelebung des Theaterviertels:** So hat beispielsweise die Disney Corporation das New Amsterdam Theater (42nd St.), ein Jugendstilgebäude, in dem zwischen 1913 und 1918 die Revue „Ziegfeld Follies" mit großem Erfolg lief, für $34 Mio. restauriert, das Lyric und das Victory Theater erhielten in den 1990er-Jahren ein Facelift, ebenso wie das historische Embassy Theater (Broadway/46–47th St.), in dem sich lange das **Times Square Museum & Visitor Center** befand. Es steht inzwischen wieder leer. Zwischen 42nd und 45th Street und 6th bis 9th Avenue reiht sich ein Theater ans andere. Die 40 Broadway-Theater verfügen jeweils über mehr als 500 Sitze. Darüber hinaus gibt es auf die ganze Stadt verteilt, v.a. im Village, mehr als 40 „Off-Broadway-" und über 200 „Off-off-Broadway"-Bühnen. Sie sind Hauptorte des experimentellen Theaters und zeichnen sich besonders durch Innovationsgeist und Risikofreudigkeit aus. Der Begriff „off" bezieht sich dabei auf die Anzahl der Sitzplätze, nämlich weniger als 500 bzw. unter 100.

Berühmt ist die **Shubert Alley**, eine Gasse zwischen W 44th und W 45th Street. Hier befinden sich mehrere legendäre Bühnen: das Booth Theater (s. S. 243), erbaut 1913, und das namensgebende Shubert Theater (s. S. 244) ebenfalls von 1913, dessen Interieur besonders sehenswert ist – hier lief von 1975 bis 1990 „A Chorus Line". In der **W 45th Street** befinden sich z. B. das Minskoff Theatre (s. S. 243) mit 2100 Plätzen und im Geschoss darunter das PlayStation Theater, das Music Box (s. S. 243, erbaut 1920), das Bernard B. Jacobs Theater (s. S. 243, von 1927) und das John Golden Theatre (von 1927). Hier befindet sich aber auch das Nobelhotel Marriott Marquis mit The View Restaurant (s. S. 122) im drehbaren 48. Stock und dem Marquis Theatre.

Das **Morgan Stanley Building** (1585 Broadway/47th St.) ist dagegen ein moderner Bau, geplant 1989 von Gwathmey Siegel & Associates, die auch für den Guggenheim-Museumsanbau verantwortlich zeichnen. Das Bürogebäude ist für seine Außenhaut – „Curtain Wall" – aus verschiedenen Glasarten, Aluminium und poliertem Edelstahl und für die abgestufte Basis bekannt und überragt die Nordwestecke des Duffy Square. In seinem Schatten liegt das **Historic Biltmore** – heute **Samuel J. Friedman Theatre** (s. S. 244) –, das mit seinen 650 Plätzen für Aufführungen des Manhattan Theatre Clubs (MTC) zur Verfügung steht.

Etwas weiter Richtung Uptown fällt der Blick auf das **AXA Equitable Center** (787 7th Ave./50th–51th St.), interessant besonders wegen des riesigen Wandbilds von Roy Lichtenstein („Mural with Blue Brushstroke", 1984–1985). Schräg gegenüber liegt der **Winter Garden** (s. S. 244), eine Veranstaltungshalle, in der seit 1911 Revuen und Musicals gezeigt werden.

Östlich des Times Square, vorbei am **Bertelsmann Building** (1540 Broadway/45th St), gilt das **Lyceum Theatre** (s. S. 243) von 1903 als das älteste immer noch betriebene Theater New Yorks. Schräg gegenüber erhebt sich der **Feldman Tower 45** (120 W 45th St.). Er wurde 1976 bis 1988 vom selben Architekturbüro erbaut, das auch die Statue of Liberty restaurierte: Swanke Hayden Connell. Sehenswert ist der offene, 14 Etagen hohe Eingangsbereich, über dem sich der eigentliche „Turm" erhebt.

Das 1902 eröffnete **Algonquin Hotel** (59 W 44th St.) erstrahlt wieder im Glanz der 1920er-Jahre, als hier noch der „Round Table", der mittägliche Treff von Literaten und Mitarbeitern des New Yorker, stattfand. Heute ist der Treff ein Restaurant und der Oak Room, ein legendärer Supperclub mit Jazz und Kabarett, ist geschlossen. Dennoch lohnt ein Blick ins Innere des Hotels oder man geht auf einen Drink in der Blue Bar, immer noch beliebter Treffpunkt der Verlags- und Theaterleute. Auch im **New York Yacht Club** (37 W 44th St.) traf und trifft sich die Elite. Der Privatklub, geschmückt mit markanten Segelschiffhecks in den Erkerfenstern, hervorspringenden Delfinen und Wellen an den Fenstersimsen, wurde 1899 eröffnet. Er gilt als „Geburtsort" des „America's Cup", der bedeutendsten Trophäe des Hochsee-Segelsports.

40 New York Times Building ★ [B15]

Das New York Times Building, nur Schritte vom Times Square 39 entfernt und gegenüber dem geschäftigen Port Authority Bus Terminal gelegen, zählt zu den **ungewöhnlichen Neubauprojekten** der Stadt. Die Pläne für den 2007 eröffneten Bau stammen von dem italienischen Starar-

EXTRATIPP

Discovery Times Square Exposition

Diese Ausstellungshalle im ehemaligen New York Times Building am Times Square bietet interessante große Ausstellungen wie „Titanic“, „Tutankhamun“ oder „Star Wars“.

65 [C15] **Discovery Times Square,** 226 W 44th St., 7th–8th Ave., www.discoverytsx.com, So.–Di. 10–19, Mi./Do. 10–20, Fr./Sa. 10–21 Uhr. Preise je nach Ausstellung.

chitekten Renzo Piano, der in New York schon für die Erweiterung der Morgan Library 35 und den Neubau des Whitney Museum 32 zuständig war und von dem u.a. auch das Centre Pompidou in Paris oder der Potsdamer Platz in Berlin entworfen wurden. Die Zeitungsredaktion nutzt den Löwenanteil des Gebäudes (2.–28. Stock), der Immobilien-Tycoon Bruce Ratner belegt die oberen Stockwerke (29.–50. Stock). Das Dachgeschoss mit Dachgarten fungiert als Konferenzzentrum.

In Zusammenarbeit mit FXFOWLE Architects entstand ein rund 228 m hoher Wolkenkratzer mit sechsstöckigem Atrium, „Lobby Garden“ und „Lobby Auditorium“. Seine Besonderheit liegt aber in **umweltschutztechnischen Details** wie der Außenhaut: eine neuartige „Glass Curtain Wall“ mit keramischen Sonnenschutzelementen, die sich automatisch an Lichteinfallswinkel und Stärke der Sonneneinstrahlung anpassen und damit für energiesparende Klimatisierung und Beleuchtung sorgen. Ein eigenes Gaswerk liefert rund 40 % der benötigten Energie, es kommt eine neuartige Fußboden-Luftzirkulation zur Kühlung zum Einsatz, der meiste Stahl der Außenkonstruktion besteht aus recyceltem Material und es gibt keine Auto-, dafür aber Fahrradparkplätze.

› **New York Times Building,** 620 8th Ave., www.newyorktimesbuilding.com, Subway: 42nd St./Times Sq.

41 Hell's Kitchen ★ [A15]

West Midtown, speziell der Bereich westlich der 8th Avenue, ist für Besucher weniger interessant, da es dort kaum Attraktionen gibt. Dennoch ist Hell's Kitchen, die „Höllenküche“, ein lebendiges Viertel. Früher war es ein Zentrum der Iren (v.a. W 50–56th St.), der berüchtigten **„Westies“**, benannt nach dem übergeordneten Areal, der West Side, und berühmt geworden durch das Musical „West Side Story“. Heute ist auch in Hell's Kitchen ein Wandel zu bemerken: Neue Apartments entstehen und eine ganz andere Gesellschaftsschicht, meist Besserverdienende, hält Einzug und macht das alte Arbeiterviertel zu einer **properen Wohngegend** mit Gemeinschaftsgärten wie dem **Clinton Community Garden** an der W 48th St. (9th–10th Ave.).

Hell's Kitchen war berüchtigt für den **„Dschungel“**, das heruntergekommene Bahnareal unterhalb des Express Highway nahe den alten Kais, einst „Wohnsitz“ vieler Obdachloser. Heute sind hier am Hudson River sowie auf den stillgelegten Gleisanlagen neue Freizeit- und Grünanlagen entstanden. Dieser **Hudson River Park** 30 soll sich einmal durch-

Das nach der USS Intrepid benannte Sea, Air & Space Museum an Pier 86 hat einiges zu bieten

gehend von der **Battery Park City** ④ bis hinauf zur 60th Street ziehen. Viele Abschnitte davon, v.a. im Süden und um die Chelsea Piers, sind bereits fertiggestellt. Auf den alten Piers entstanden und entstehen Freizeit- und Sportanlagen, Parks, Strände, Bootsanleger und Lokale.

Die einzige bedeutende Attraktion der West Side befindet sich direkt am Hudson River: das Intrepid Sea, Air & Space Museum ㊷. Zwei Piers weiter südlich, an Pier 83 am Ende der W 42nd Street/12th Avenue bietet Circle Line Sightseeing (s. S. 332) Gelegenheit zu **Ausflugsfahrten** und nördlich davon, ab Höhe der 48th Street (Pier 88/90), trägt der neue Manhattan Cruise Terminal dem boomenden Kreuzfahrttourismus Rechnung.

› Subway-Station: 42nd St./Port Authority Bus Terminal

㊷ Intrepid Sea, Air & Space Museum ★ [A15]

An Pier 86 liegt ein mächtiger, 280 m langer Flugzeugträger der sogenannten Essex-Klasse aus dem Zweiten Weltkrieg vor Anker, die **USS Intrepid.** Das Schiff stand zwischen 1943 und 1974 in Diensten und wurde dank einer Privatinitiative vor der Verschrottung bewahrt. Unter Denkmalschutz gestellt, eröffnete es 1982 als Museum.

Im Bauch des Flugzeugträgers erhält man Informationen über den Zweiten Weltkrieg, das Schiff und seine Geschichte, über die Besatzung und die an Bord herrschenden Arbeits- und Lebensbedingungen. Auf dem Deck sind **Flugzeuge aller fünf Abteilungen des amerikanischen Militärs** – Army, Marine Corps, Navy, Air Force und Coast Guard – aufgestellt, dazu internationale Modelle.

085ny Abb.: mb

Außer dem Raketen-U-Boot **USS Growler** gibt es auch ein Exemplar des Überschallflugzeugs **Concorde** der British Airways zu sehen, das am 7. Februar 1996 in der Rekordzeit von nicht einmal drei Stunden den Atlantik überquert hat. Nach dem Absturz einer Maschine gleichen Typs der Air France im Juli 2000 wurde die Maschine 2003 aus dem Dienst genommen.

Das neueste Ausstellungsstück ist das **Space Shuttle Enterprise.** Im extra dafür errichteten Space Shuttle Pavilion geht es nicht nur um dieses wegweisende Raumschiff, sondern auch allgemein um die NASA und ihre Raumfahrtprogramme.

› **Intrepid Sea, Air & Space Museum,** Pier 86/W 46thSt./12th Ave., www.intrepidmuseum.org, tgl. 10–17, Apr.–Okt. Sa./So. bis 18 Uhr, $ 26, inkl. Space Shuttle Pavilion $ 33, verschiedene Touren ($ 20) und Flugsimulatoren, Subway: 42nd St. Veranstaltungsort der „Fleet Week" Ende Mai und im Sommer freitags Freiluftkino. Pier 86 kann durch das Welcome Center kostenlos betreten werden.

43 New York Public Library ★ [C15]

Der **Bryant Park,** an dessen östlichem Kopfende die New York Public Library steht, entstand an jener Stelle, an der anlässlich der Weltausstellung 1853 der legendäre Kristallpalast errichtet worden war. In den 1960er-Jahren erwarb sich der Park als Drogenumschlagplatz einen negativen Ruf, doch seit seiner Sanierung 1989 gehört er wieder den New Yorkern und ist im Sommer ein beliebter Treffpunkt.

Der den Platz überragende, tempelartige Repräsentationsbau, der Sitz der Zentrale der Stadtbibliothek, der **New York Public Library** ist, entstand 1911 als Beaux-Arts-Prachtbau nach Plänen des Architekturbüros Carrère & Hastings und soll damals schon rund neun Millionen Dollar gekostet haben. Seit 1965 steht das Gebäude unter Denkmalschutz. Es birgt über **50 Mio. Medien aller Art** (Bücher, CDs, Videos, Karten, Handschriften u. a.), darunter auch bedeutende Handschriften wie die von Thomas Jefferson verfasste Unabhängigkeitserklärung oder eine Ausgabe der Gutenberg-Bibel.

Die Wurzeln der Stadtbibliothek gehen auf die Sammlungen zweier bedeutender New Yorker zurück: der des deutschstämmigen Immigranten Johann Jacob Astor (1763–1848), der durch Pelzhandel und Immobilien reich geworden war, sowie jener des Philanthropen James Lenox (1800–1880), Gründer des Presbyterian Hospital. Heute unterhält die Bibliothek, die mit der Library of Congress in der US-Hauptstadt Washington, der Boston Public Library und den Universitätsbibliotheken von Havard und Yale zu **den fünf bedeutendsten Bibliotheken** der USA zählt, über 90 Filialen im ganzen Stadtgebiet und verzeichnet an die sieben Millionen Benutzer.

Der Eingang des tempelartigen Repräsentationsbaus befindet sich an der 5th Avenue, flankiert wird die breite Freitreppe von zwei **berühmen Löwenskulpturen,** die aus der Werkstatt von Edward Clark Parker stammen und 1911 aufgestellt wurden. Zunächst nannten sie die New Yorker – obwohl beide männlich sind –

› Ein Tempel für Bücher: die New York Public Library im Bryant Park

EXTRATIPP

Verschnaufen im Bryant Park

Der **Bryant Park** ist eine Ruheoase im umtriebigen Midtown, und das nicht nur für die Büroangestellten der umgebenden Wolkenkratzer. Unter Bäumen kann man hier gut sitzen (und dank WLAN-Hotspots seinen Laptop nutzen) oder sich auf der zentralen Wiese ausstrecken. Zwei Restaurantpavillons und vier Kioske im Beaux-Arts-Stil gehören dazu und in einen ist das Café 'wichcraft (42nd St./6th Ave.) eingezogen. Es gibt eine Großleinwand für Freiluftkino und eine kleine Bühne für Konzerte. Im Sommer finden zahlreiche kostenlose Veranstaltungen wie Lesungen, Theater- oder Tanzdarbietungen, auch Sport- und Spielwettbewerbe sowie Kurse für Jonglieren, Yoga und Tai Chi, statt, im Winter gibt es eine Eisfläche und einen besuchenswerten Weihnachts- und Kunsthandwerksmarkt. Kinder sind begeistert von dem historischen Karussell.

› **Bryant Park Summer Events:** www.bryantpark.org/plan-your-visit/calendar.html

086ny Abb.: NYC&Co@Gordon Gary

nach den Hauptsponsoren „Lady Astor" und „Lord Lenox". Später taufte sie Bürgermeister Fiorello La Guardia dann in „Patience" (Geduld, die südliche der Figuren) und „Fortitude" (Tapferkeit) um.

Über die Freitreppe gelangt man von der 5th Ave. ins Stephen A. Schwarzman Building und betritt die prächtige, für Empfänge genutzte **Astor Hall** mit Infostand und interessantem Library Shop. Mehrere Räume sind frei zugänglich, z. B. können im dritten Stock die **Special Collections** besichtigt werden und im gigantischen Lesesaal, dem **Rose Main Reading Room**, befindet sich eine große Zeitschriftenabteilung mit über 10.000 Zeitungen aus mehr als 100 Ländern und einer riesigen Datenbank. Ausstellungsräume sowie die Abteilungen „Prints- & Photographs" und „Art & Architecture" schließen sich an.

› **New York Public Library,** 5th Ave./42nd St./Bryant Park, www.nypl.org, Gratis-Führungen durch den Bau Mo.–Sa. 11/14 Uhr, auch Wechselausstellungen (frei zugänglich) und Filme, Lesungen, Kurse u.a. Events, Café und Gratis-WLAN im ganzen Gebäude, Subway: 42nd St.

Spaziergang 3: Midtown entdecken

Für Jack Kerouac war der ***Times Square*** **39** *die „Summe und Krönung aller Marktplätze und Tingeltangelstraßen in Amerika". Daran hat sich bis heute wenig geändert: Mit etwa 35 Mio. Besuchern jährlich zählt der Platz zu den meistbesuchten Attraktionen der Welt. Dank der hier eingerichteten Fußgängerzone ist das gesame Areal zwischen Times Square an der 42nd Street und seinem Pendant, dem Duffy Square an der 47th Street, bei Einheimischen und Besuchern gleichzeitig zur beliebten Ruheoase im pulsierenden Herz der Stadt geworden. Der Bereich um den Times Square – zwischen 40th und 48th St. sowie 6th und 8th Ave. – bildet als* ***Theater District*** *mit zahlreichen historischen Theatern das Zentrum der Unterhaltung und des Showbusiness.*

Zur neuen Shopping- und Vergnügungsmeile hat sich dagegen die 42nd Street entwickelt. Folgt man ihr ostwärts, tut es gut, im ***Bryant Park*** *[C15] wieder etwas zur Ruhe zu kommen. Obwohl er ringsum von Wolkenkratzern umgeben ist, kann man sich hier prima ausruhen oder unterhalten lassen. Zahlreiche Veranstaltungen – im Sommer Konzerte und Filme, Kurse und Wettbewerbe, im Winter ein Weihnachtsmarkt mit Eisbahn – finden hier statt. Das östliche Kopfende des Parks dominiert die* ***New York Public Library*** **43***, ein 1911 errichteter tempelartiger Repräsentationsbau. Von hier kann man nun einen Abstecher zu einem von New Yorks berühmtesten Gebäuden machen: Über die 5th Avenue erreicht man das* ***Empire State Building*** **34***, von dessen Aussichtsplattform sich ein grandioser Blick über die Stadt bietet.*

33 [C16] Macy's/ Herald Square S. 96
34 [C16] Empire State Building S. 97
35 [D16] The Morgan Library & Museum/ Murray Hill S. 98
39 [C15] Times Square und Theater District S. 104
40 [B15] New York Times Building S. 109
43 [C15] New York Public Library S. 112
44 [C15] Bank of America Tower S. 117
45 [D15] Grand Central Terminal S. 117
46 [D15] Chrysler Building S. 120
47 [E15] Tudor City S. 121
48 [E15] United Nations Complex S. 122
49 [C14] Radio City Music Hall S. 123
50 [C14] Rockefeller Center S. 125
51 [D14] St. Patrick's Cathedral S. 126
52 [C14] 5th Avenue S. 127
53 [C13] Plaza Hotel S. 128
54 [D14] Villard Houses S. 129
55 [D14] Waldorf=Astoria S. 129
56 [D14] Park Avenue und Umgebung S. 130
57 [C14] Museum of Modern Art (MoMA) S. 131
58 [C14] Carnegie Hall S. 132
59 [D13] Temple Emanu-El/ Lenox Hill Historic District S. 136
70 [C12] Central Park S. 146
71 [B13] Columbus Circle S. 150

Alle weiteren Karteneinträge s. S. 396.

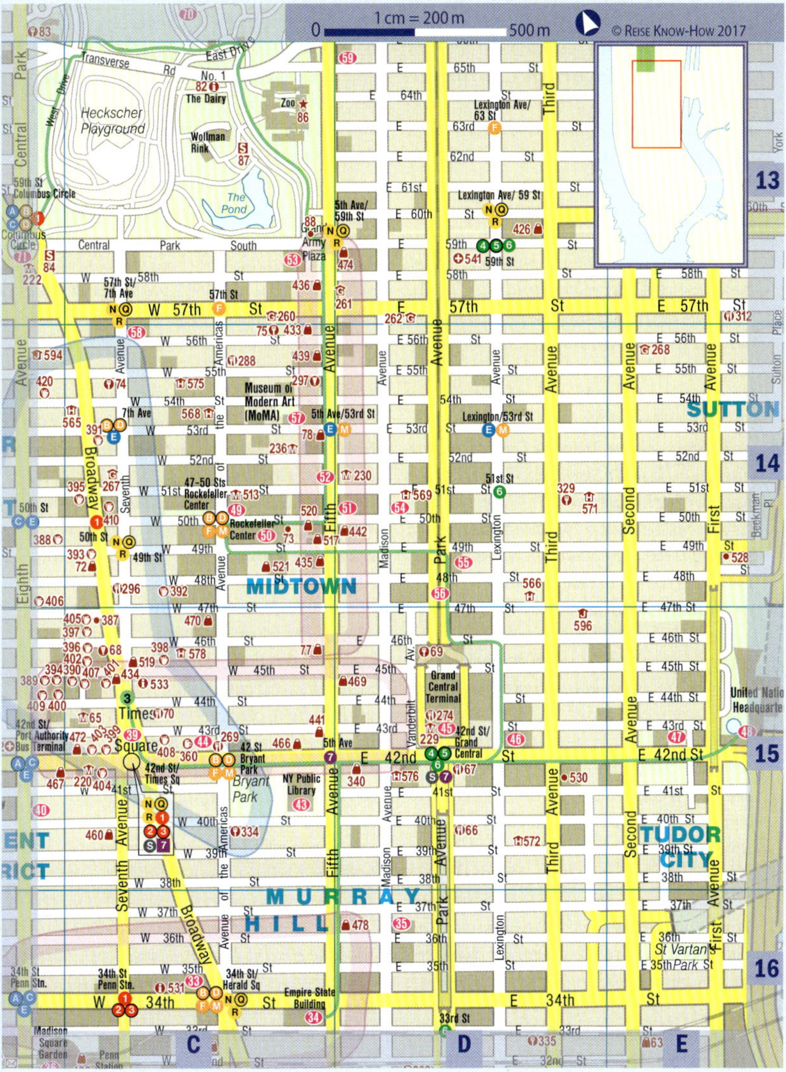
1 cm = 200 m
0
500 m
© Reise Know-How 2017
Heckscher Playground
Transverse Rd
East Drive
West Drive
No. 1
The Dairy
Zoo
Wollman Rink
The Pond
Central Park South
Grand Army Plaza
Columbus Circle
59th St Columbus Circle
Museum of Modern Art (MoMA)
47-50 Sts Rockefeller Center
Rockefeller Center
MIDTOWN
Times Square
42nd St/ Port Authority Bus Terminal
42nd St/ Times Sq
42 St Bryant Park
Bryant Park
NY Public Library
Grand Central Terminal
42nd St/ Grand Central
5th Ave/ 59th St
5th Ave/53rd St
Lexington Ave/ 63 St
Lexington Ave/ 59 St
Lexington/53rd St
51st St
57th St/ 7th Ave
57th St
7th Ave
50th St
49th St
34th St Penn Stn.
34th St/ Herald Sq
Empire State Building
33rd St
Madison Square Garden
Penn Station
MURRAY HILL
TUDOR CITY
SUTTON
United Nations Headquarters
St Vartan Park
Broadway
Seventh Avenue
Avenue of the Americas
Fifth Avenue
Madison Avenue
Park Avenue
Lexington Avenue
Third Avenue
Second Avenue
First Avenue
Eighth Avenue
W 57th St
E 57th St
E 42nd St
W 34th St
E 34th St
13
14
15
16
C
D
E

Zurück auf der 42nd Street fällt nur zwei Straßenblöcke östlich der New York Public Library ein weiterer prächtiger Bau ins Auge: der ***Grand Central Terminal*** *45. Der Bau wurde 1913 als wichtiger Überlandbahnhof errichtet. Auch wenn der prächtig renovierte Bahnhof heute nurmehr dem Nahverkehr dient, wimmelt es nicht nur aufgrund von Ladenstraße und Lokalen rund um die Uhr vor Besuchern. Neben dem Bahnhof erhebt sich das* ***Chrysler Building*** *46, das mit dem Empire State Building zu den sehenswerten Wolkenkratzern der Stadt gehört. Wer Zeit hat, kann der 42nd Street bis zum East River folgen und dort das Gelände der* ***United Nations*** *48 besichtigen, ansonsten geht es über die Lexington Avenue und die 46th Street nach Norden zur noblen* ***Park Avenue*** *56. Hier befindet sich neben bedeutenden architektonischen Schätzen wie dem Seagram Building (375 Park Ave./53rd St.) auch das weltberühmte* ***Waldorf=Astoria*** *55.*

Vom altehrwürdigen Nobelhotel sind es nur wenige Schritte zur ***5th Avenue*** *52, der berühmten Einkaufsstraße New Yorks. Auch wenn die meist hochpreisigen Geschäfte Besucher in den Bann ziehen, finden sich an und um die 5th Ave. einige weitere sehenswerte Attraktionen. Dazu gehört der Komplex des* ***Rockefeller Center*** *50. Neben der Besichtigung der Sunken Plaza oder der* ***Radio City Music Hall*** *49 lohnt ganz besonders die Fahrt hinauf zum* ***Top of the Rock*** *(s. S. 124). Von der Aussichtsplattform in etwa 260 m Höhe bietet sich ein atemberaubender Blick auf die Stadt.*

Gegenüber dem Rockefeller Center erhebt sich die ***St. Patrick's Cathedral*** *51. Sie wirkt mit ihren über 100 m hohen Türmen zwischen modernen Wolkenkratzern recht bescheiden und dennoch handelt es sich um eine der größten katholischen Kathedralen der USA, die 1879 geweiht werden konnte. Dahinter befinden sich die historischen* ***Villard Houses*** *54.*

Auch wenn das ***Museum of Modern Art*** *57 nicht direkt an der Fifth Avenue liegt, kommt am Besuch des Kunsttempels kein Spaziergänger vorbei. Immerhin handelt es sich beim MoMA um eines der bedeutendsten Kunstmuseen der Welt, das sich der Kunst von den 1880er-Jahren (Impressionismus) bis zur Gegenwart widmet.*

Zu den Highlights an der Fifth Avenue gehören auch weltberühmte Läden wie ***Tiffany & Co.*** *(727 5th Ave./57th Street) oder* ***Bergdorf Goodman*** *(s. S. 251), aber auch Bauten wie der golden strahlende* ***Trump Tower*** *(725 5th Ave./56th St.) oder das erwürdige* ***Plaza Hotel*** *53 an der Grand Army Plaza. Der Platz liegt direkt an der Südostecke des* ***Central Park*** *70, den man gemütlich erkunden kann. An der Südwestecke des Parks befindet sich mit dem* ***Columbus Circle*** *71 zuvor noch ein letztes Highlight. Architektonische Meilensteine an und um diesem verkehrsumtosten Platz sind der* ***Trump International Hotel & Tower*** *und die auffälligen Doppeltürme des* ***Time Warner Center*** *– ein Komplex mit Shops wie dem Bio-Supermarkt Whole Foods und der Konzerthalle Jazz at Lincoln Center – sowie der etwas weiter südlich, an der 8th Ave. (56th–57th St.), aufragende* ***Hearst Tower*** *oder das sich nördlich davon befindende* ***Lincoln Center*** *72. Kunstfreunde sollten den Rundgang mit einem Besuch des* ***Museum of Arts & Design*** *(s. S. 215) beenden.*

44 Bank of America Tower ★ [C15]

Der Bryant Park wird von von der pulsierenden 42nd Street mit ihren Geschäften und sehenswerter Hochhausarchitektur gerahmt. Herausragend sind das **Grace Building** (42nd St./5–6th Ave.) mit markant schräger Sockelzone, v.a. aber auch der nur wenige Schritte entfernte **Bank of America Tower** (42nd St./6th Ave.), ein Musterbeispiel für das Bauen im 21. Jahrhundert, für „grüne", ökologische Architektur, für Nachhaltigkeit, Umweltschutz, Energiesparen und Wirtschaftlichkeit. Der Plan für diesen bis dato flächenmäßig größten Bauplatz in Midtown stammt von Tobias Holler, Architekt vom New Yorker Architekturbüro Cook+Fox.

Der 2010 eröffnete Bank of America Tower schraubt sich mit seinen 288 m (366 m mit Antenne) als neues Wahrzeichen von Midtown in den Himmel und ist nach One World Trade Center (s. S. 25), Empire State Building 34 und 432 Park Avenue der **derzeit vierthöchste Bau der Stadt.** Öffentlich zugänglich ist der „Urban Garden Room" an der 43rd Street/6th Avenue, ein schön begrünter Innenraum.

Die Fassade des heutigen **Stephen Sondheim Theatre** (s. S. 244) von 1918, eines der Gebäude, die beim Bau des Bank of America Tower weichen mussten, wurde in die neue Front integriert und das Theater selbst als unterirdische Bühne wiedereröffnet. Zudem wurde ein neuer, gläserner Subway-Zugang geschaffen.

Trotz dekorativer Spitze und kristalliner Struktur mit viel Glas und strengen vertikalen Linien wirkt der sich nach oben verjüngende Bau architektonisch wenig originell. Dafür wurde darauf geachtet, dass den Ansprüchen **ökologischen Bauens** Genüge getan wurde. Wasserfilter auf dem Dach wandeln Regen- in Brauchwasser um, für die Stromerzeugung gibt es sogar ein eigenes kleines Gaskraftwerk, eine Boden-Klimaanlage reguliert individuell die Heizung und die Kühlung und Luftfilter sorgen für ein angenehmes Raumklima. Für die Fenster wurde ein neuartiges spezielles Isolierglas verwendet, das Infrarotstrahlen großteils filtert, aber dennoch viel Licht durchlässt.

Der Bau gilt als Art Vorreiter für „Grünes Bauen" und erhielt dafür das höchste LEED-(Leadership in Energy and Environmental Design-)Zertifikat in Platin. Diese Auszeichnung wurde 1994 von verschiedenen staatlichen Behörden, Wissenschaftlern, Architekten und Umweltgruppen als Richtlinienkompetenz für ökologisches Bauen ins Leben gerufen.

› **Bank of America Tower,** 1 Bryant Park (115 W 42nd St.), Bryant Park, Subway: 42nd St.

45 Grand Central Terminal ★★ [D15]

Auf der 42nd Street erreicht man in wenigen Schritten den Grand Central Terminal. Der Bau wurde 1913 als wichtiger Überlandbahnhof errichtet, heute dient er nur noch dem **Nahverkehr** und beherbergt eine Zweigstelle des **New York Transit Museum** (s. S. 217).

Er steht unter der Ägide der Metropolitan Transportation Authority, dem Zusammenschluss von Metro-North Railroad, Long Island Railroad, NYC Transit, Bridges and Tunnels sowie Long Island Bus. Der Betreiber des Schmuckstücks

Eine Kathedrale für die Eisenbahn

Wer sich im Inneren des Grand Central Terminal (45) aufhält, fühlt sich wie in einer Kathedrale. Der Saal mit Tonnengewölbe und drei 23 m hohen Bogenfenstern zieht den Blick nach oben zum ***künstlichen Sternenhimmel*** *mit Tierkreiszeichen und Himmelskonstellationen. Gerade die Decke, deren Sterne sogar funkeln, hat den Bahnhof berühmt gemacht und ist wie viele andere Details außergewöhnlich.*

Nicht nur Ästhetik war bei der Planung wichtig, sondern auch die ***Infrastruktur.*** *So wurden Fußgängerzugänge, Bahnverkehr und Pkw-Zufahrt auf verschiedene Ebenen verteilt und durch Treppen- und Rampensysteme verbunden. Die Gleise liegen „im Keller", die unterste Ebene okkupiert die Subway. Der* ***Außenbau*** *basiert auf einem Stahlgerippe mit Granit- und Marmorverkleidung und über dem Haupteingang (42nd St.) grüßt die kolossale* ***Skulpturengruppe*** *mit Merkur, Herkules und Minerva von Jules-Alexis Coutan.*

Von der Jahrhundertwende bis in die 1940er-Jahre war die ***Eisenbahn*** *als Transportmittel so wichtig, dass man* ***Bahnhöfe nicht nur als Zweckbauten*** *errichtete, sondern sie zu „Kathedralen" machte. In diesem Sinne plante man auch den Central Terminal, der 1913 eröffnet wurde, jedoch nicht der erste Bahnhof New Yorks war.Das Eisenbahnzeitalter hatte nämlich genau genommen schon 1831 mit der New York & Harlem Railroad begonnen, deren erster Bahnhof an der 4th Avenue/23rd Street lag. Mit der Zeit entstanden mehr und mehr Linien und mit ihnen auch Probleme: Lärm, Dreck und Unfälle sorgten dafür, dass ab 1858 Dampfloks südlich der 42nd Street verboten wurden und der Bau eines neuen Bahnhofs notwendig wurde.*

„Commodore" ***Cornelius Vanderbilt,*** *seit den 1860er-Jahren einer der großen Eisenbahnmagnaten und u. a. Besitzer der New York Central Railroad, erwarb daraufhin Grund und Boden zwischen 42nd und 48th Street, Lexington und Madison Avenue, um hier einen großen Bahnhof erbauen zu lassen. Der wurde im Oktober 1871 für drei verschiedene Linien – New York Central & Hudson Railroad, New York & Harlem Railroad sowie die New York, New Haven & Hartford Railroad – eröffnet. Obwohl der Bau über $ 6 Mio. gekostet hatte, war er von Anfang an zu klein und wenngleich die Glas- und Stahlkonstruktion neben dem Eiffelturm als eine der größten technischen Errungenschaften vor der Jahrhundertwende gefeiert wurde, musste ein Neubau her.*

1903 erhielten nach einer Ausschreibung Reed & Stem aus St. Paul sowie Warren & Wetmore (beide dank ihrer familiären Verbindungen zu Vanderbilt) den Zuschlag für einen großen Neubau. Beide vereinigten sich 1904 zu den ***„Associated Architects of the Grand Central Terminal"*** *und begannen noch während der Planungsphase zu bauen, ohne den Betrieb zu unterbrechen. Am 2. Februar 1913 wurde die* ***Eröffnung*** *des (noch unfertigen) Bahnhofs gefeiert. Im Umkreis entstanden Hotels, Apartments, Geschäfte, Restaurants und Lagerhallen und der Bahnhof fungierte als Kulturtreff mit Ausstellungen, Theater, Kino und Museum.*

Von hier verkehrten berühmte Überlandexpresszüge wie der berühmte „Twentieth Century Limited". Ein ***Nahverkehrszentrum*** *und ein* ***Güterumschlagplatz*** *waren entstanden und 1947, auf dem Höhepunkt des Eisenbahnzeitalters in den USA, frequentierten bereits über 65 Mio. Passagiere den Bahnhof. An einem einzigen Tag, dem 3. Juli 1947, wurde die Rekordzahl von 252.251 Besuchern gezählt. Mit seinen 44 Bahnsteigen galt der Grand Central Terminal damals als größter Passagierbahnhof der Welt.*

In den 1950er-Jahren verfiel mit dem Niedergang der Eisenbahn auch der Grand Central Terminal, sollte abgerissen und durch Büros ersetzt werden. Der hintere Teil war bereits dem PanAm Building (heute MetLife) gewichen, als die New Yorker den vollständigen Abbruch noch verhinderten. Nachdem bereits 1967 die alte Penn Station abgerissen worden war, gründete man nun die ***Landmark Preservation Commission*** *und Prominente, allen voran Jacqueline Kennedy Onassis, setzten sich vehement für eine Restaurierung ein und trugen dazu bei, dass der Bahnhof 1978 unter* ***Denkmalschutz*** *gestellt wurde.*

1983 übernahm Metro-North den Bau und nahm die nötigsten ***Renovierungen*** *vor, ehe 1988 zwei Architekturbüros mit einer grundlegenden Renovierung beauftragt wurden, die 1998 abgeschlossen war. Neueste Zufügung ist die renovierte* ***Vanderbilt Hall,*** *ein ehemaliger Wartesaal, in dem verschiedene Märkte stattfinden und wo in einem Teil die Great Northern Food Hall - ein skandinavischer Gourmetimbiss - zu finden ist.*

ist jedoch eine Abteilung von MTA, Metro-North Railroad, die täglich etwa eine halbe Million Pendler aus den Regionen nördlich der Stadt nach Manhattan bringt. Pendler, Subway-Nutzer und Passanten tragen dazu bei, dass im Bahnhof immer **hektisches Treiben** herrscht und man sich an die Blütezeit der Eisenbahn in den 1920er-/1930er-Jahren erinnert fühlt.

Direkt hinter dem Bahnhof rückt das **MetLife Building** (200 Park Ave.) ins Blickfeld. Bekannt wurde es als „PanAm Building", denn es diente von 1963 an der 1927 gegründeten Fluggesellschaft PanAm, die 1936 den transatlantischen Linienverkehr eingeführt hatte, als Zentrale. Auf dem Dach des Baus befand sich ein Helikopterlandeplatz für Passagiere vom/zum JFK Airport. Seit 1981 ist der Bau im Besitz der Metropolitan-Life-Versicherungsgesellschaft und 1991 ging PanAm in Konkurs. An der Planung des Wolkenkratzers beteiligt war der große Bauhaus-Architekt Walter Gropius (1883–1969). Seinem Engagement ist es zu verdanken, dass hier an der 200 Park Avenue ein Musterbeispiel für den „International Style" entstand.

Das nahe **Helmsley Building** (230 Park Ave.) wurde 1929 als Niederlassung der New York Central Railroad Company errichtet und ist im Besitz des Immobilienmagnaten Harry Helmsley, der eine typische „Tellerwäscherkarriere" absolvierte. Sehenswert ist der üppig dekorierte Eingangsbereich mit Schriftzug der Eisenbahngesellschaft, viel Gold und extravaganten Details wie die seitlich der Uhr sitzenden römischen Götterfiguren oder das goldverzierte Dach mit Laterne. Zwei große Torbögen im Sockel garantierten den Verkehrsfluss auf der Park Avenue.

Das **Fred French Building** (551 5th Ave.) ist dagegen ein kurioses und überwältigendes Stilgemisch aus antiken, ägyptischen, orientalischen und Art-déco-Elementen in verschiedenen Farben. 1927 wurde es als Hauptsitz der gleichnamigen Immobilienfirma errichtet. An der Ecke 42nd St./Vanderbilt Ave. entsteht derzeit **One Vanderbilt Place**, ein „Superwolkenkratzer“ mit 458 m Höhe, der bis 2020 eröffnet werden soll.

› **Grand Central Terminal,** 42nd St./Park Ave., Subway: Grand Central/42nd St. Filiale des NY Transit Museum, Ladenpassage, Grand Central Market, Great Northern Food Hall und Lokale wie Oyster Bar oder Campbell Apartment Cocktail Lounge. Audiotouren ($ 9, auch Deutsch) tgl. 9–18 Uhr an der Info im Main Concourse („GCT TOUR“-Schild), gebührenpflichtige App und Touren der Municipal Art Society (tgl. 12.30 Uhr, $ 25). Infos: www.grandcentralterminal.com/info/tours.

46 Chrysler Building ★★ [D15]

Das Chrysler Building wird als einer der schönsten Wolkenkratzer New Yorks gerühmt und ist mit seinem auffällig bogenförmig gestalteten Stahldach ein Musterbeispiel für den Art-déco-Stil. Bei genauerer Betrachtung fallen zahlreiche Details ins Auge, die mit Autos zu tun haben – kein Wunder, war doch der Auftraggeber kein Geringerer als Walter P. Chrysler (1875–1940). Er hatte 1928 William van Alen den Auftrag erteilt, ein Gebäude zu planen, das das **„Golden Age“ des Autos** symbolisieren sollte. Deshalb wurde der Turm aus dem gleichen rostfreien Stahl

Prächtig mit Skulpturen geschmückt: der Grand Central Terminal

Das Chrysler Building

wie ein Autokühler gebaut, die Mauervorsprünge als Kühlerhauben konzipiert und stilisierte Autos und Räder sowie Wasserspeier in Gestalt von Kühlerfiguren an den Wänden angebracht. Auch die Lobby hat Stil, mit Intarsien an den Aufzugstüren, Marmorverkleidung an den Wänden und Deckengemälden zum Transportwesen.

Bei der Eröffnung 1930 war das Chrysler Building mit seinen 76 Stockwerken und 319 m kurzzeitig das höchste Gebäude der Welt, ein Jahr später wurde es vom Empire State Building 34 überholt. Chrysler zog hier übrigens nie ein und auch der Architekt erhielt wegen Betrugsverdachts sein Honorar nie.

› **Chrysler Building,** 405 Lexington Ave., Subway: Grand Central/42nd St., Blick in die Lobby möglich

47 Tudor City ★ [E15]

Der Gebäudekomplex, der hufeisenförmig um die 42nd Street angelegt wurde, ist ein höchst ungewöhnlicher Bau. Mitte des 19. Jh. hieß dieses Viertel noch „Prospect Hill" oder „Corcoran's Roost", nach dem Schlafplatz eines der ersten Bewohner. In den 1920er-Jahren erwarb Immobilienmakler Fred F. French das heruntergekommene Areal und begann seine Vision von einer **„Musterstadt"** umzusetzen.

Tudor City – im damals beliebten historisierenden englischen Tudor-Stil entstanden – konnte bei seiner Eröffnung 1932 rund 4500 Bewohner aufnehmen. Auf zwölf Gebäude verteilten sich fast 3000 Wohnungen „vom Fließband" und sie wurden von Menschen der Mittelklasse bewohnt – ein damals revolutionärer Schritt. Der Komplex gilt als frühes **Beispiel für sozialen Wohnbau** und für Stadt-

317ny Abb.: mb

erneuerung in den 1920er-Jahren. Eine grüne Oase in der Betonwüste stellt der Tudor City Park dar. Er bietet Besuchern heute von einer erhöhten Terrasse einen Blick auf Queens und den East River.

› **Tudor City,** 42nd St./1st Ave., http://tudorcitygreens.org, Subway: Grand Central/42nd St.

48 United Nations Complex ★ [E15]

Der Komplex der Vereinten Nationen setzt sich aus mehreren Gebäuden, Straßen und Plätzen zusammen und ist eigentlich eine Stadt für sich, die formal nicht zu New York gehört, sondern sich **im Besitz der Staatengemeinschaft** befindet. Er bildet eine „internationale Zone" mit eigener Post und Feuerwehr, Briefmarken und Flagge und wird von rund 10.000 Beschäftigten frequentiert.

1945 war die UNO in San Francisco gegründet worden, vier Jahre später begannen hier am East River auf einem von John D. Rockefeller gestifteten Gelände unter Leitung der Architekten Oscar Niemeyer aus Brasilien und Le Corbusier aus der Schweiz die Bauarbeiten. Der 1951 fertiggestellte Komplex besteht aus **mehreren Teilen.** Größter und höchster Bau ist das **Sekrätariatsgebäude,** bei dem erstmals die „Curtain Wall"-Bauweise – eine Art Leichtbauweise mit viel Glas – zum Tragen kam. Das **Konferenzgebäude** beherbergt v. a. große Tagungssäle. Dann gibt es die **Dag Hammarskjöld Library** und schließlich das öffentlich zugängliche **General Assembly Building.** Dieser flache Betonbau mit trapezförmig geschwungenem Grundriss birgt einen riesigen Sitzungssaal. Er dient der **UNO-Vollversammlung** und ist Hauptanlaufpunkt für Besucher, mit Tourticket-Stand, Shop und Café. Entlang der westlichen Gebäudelängsseite sind die Flaggen der Mitgliedsstaaten aufgereiht, außerdem umgeben die Bauten mehrere Gartenanlagen, in denen, wie im Inneren, Kunstwerke aufgestellt sind (nur bei Touren zugänglich). Es handelt sich um Geschenke verschiedener Mitgliedsstaaten oder Stiftungen zum Thema Frieden und Völkervereinigung.

› **UNO – General Assembly Building,** 1st Ave./46th St., http://visit.un.org, Besucher müssen zunächst zum Visitors Check-in, 801 1st Ave./45th St., gegenüber dem General Assembly Building, für Besucher über 18 Jahren ist ein Ausweis nötig. Touren: Mo.–Fr. 9–16.30, Sa./So. ab 10 Uhr, Jan./Febr. am Wochenende geschlossen, $ 20, Online-Ticketerwerb empfohlen, in beschränkter Zahl auch Tickets vor Ort für die nächste Tour am selben Tag erhältlich. Genügend Zeit (ca. 1 Std. vor der Tour) einplanen!

› **Tipp:** Lunchbuffet im Delegates Dining Room, Mo.–Fr. 11.30–14.30 Uhr, $ 35 (keine Jeans, Shorts oder Turnschuhe!)

Gastronomie und Shopping um den Times Square

› **Grand Central Terminal Market,** www.grandcentralterminal.com/market. Gourmetstände im Grand Central Terminal 45 (ab Haupthalle) mit ausgezeichnetem Angebot, außerdem Great Northern Food Hall.

66 [D15] **Park Avenue Tavern** $\$\$$-$\$\$\$$, 99 Park Ave./39th St., Tel. 212 8674484, tgl. Lunch/Dinner, So. Brunch und Sa./So. American Bar and Restaurant mit Burgern, Salaten, Sandwiches, dazu Cocktails oder Bier.

67 [D15] **Pershing Square** $\$\$$-$\$\$\$$, 90 E 42nd St./Park Ave., Tel. 212 2869600. Gegenüber dem Haupteingang zum Grand Central Terminal gelegenes Lokal mit „Bistroatmosphäre". Ganztags geöffnet, an Wochenenden Brunch und gute Drinks an der Buzz Bar.

› **R Lounge at Two Times Square** (s. S. 232). Lounge-Bar und Lokal mit moderner amerikanischer Küche sowie Blick auf den Times Square.

68 [C15] **The View Restaurant & Lounge,** 1535 Broadway/48th St. Drehrestaurant/-bar im Hotel Marriott Marquis mit Blick auf den Times Square.

215ny Abb.: msg

69 [D15] **Urbanspace Vanderbilt,** 45th St./Vanderbilt Ave., im Helmsley Building, http://urbanspacenyc.com/urbanspace-vanderbilt, Mo.-Fr. 6.30-21, Sa./So. 9-17 Uhr. Gourmetimbiss- und Verkaufsstände.

70 [C15] **Virgil's Real BBQ** $$-$$$, 152 W 44th St./Broadway-6th Ave. BBQ-Rippchen, -Huhn, -Rind, Schinken, Würste u. a. mit vielerlei Beilagen, auch Sandwiches.

71 [B14] **Zora's Cafe,** 712 9th Ave., https://zorascafe.com, Di.-Fr. 16-24, Sa./So. 11-24 Uhr. Nettes Lokal in Hell's Kitchen mit gesundem Soulfood, z. B. Hühnchen, Macaroni & Cheese, auch Vegetarisches und Veganes.

72 [C14] **Hershey's,** 1593 Broadway/48th St. Der Himmel für Schokoladenliebhaber.

› Für Sportfans: **Mets Clubhouse** (s. S. 253) und **Yankees Clubhouse** (s. S. 253).

Die Weihnachtsrevue in der Radio City Music Hall hat die Rockettes weltberühmt gemacht

49 Radio City Music Hall ★ [C14]

An der Avenue of the Americas befindet sich ein berühmter Teil des Rockefeller Center: die Radio City Music Hall. Der Name rührt von den ersten Mietern her, der **Radio Corporation of America.** Neben John D. Rockefeller war Samuel Roxy Rothafel an der Realisierung wesentlich beteiligt – er hatte schon 1927 das Roxy Theatre ins Leben gerufen.

Die neue **Konzerthalle** eröffnete 1932 mit einer aufwendigen Show als größte Bühne der Welt mit fast 6000 Plätzen. Bereits ein Jahr später wurde sie mangels Zuspruch zum **Kino** umfunktioniert und bis zur Schließung 1979 als solches betrieben. Der **drohende Abriss** konnte gerade noch abgewandt werden und 1997 erwarb Cable TV das Gebäude und renovierte es bis 1999 aufwendig.

An der Fassade des ansonsten architektonisch eher unauffälligen Baus stechen drei Niken von Jim Dine ins Auge. Das **Innere des Gebäudes** ist hingegen weit spektakulärer und die angebotenen Touren lohnen unbedingt. Abgesehen von kunstvollen Art-déco-Details von Donald Deskey ist die „Mighty Wurlitzer" im Zuschauerraum sehenswert – sie gilt als größte Orgel in einem Kino.

Bei der **Bühne** von Peter Clark mit mehreren separat hydraulisch beweglichen Teilen, handelt es sich um die weltgrößte (20 x 44 m) und um eine der technisch vorbildlichsten Bühnen. Sie steht seit 2001 sogar unter Denkmalschutz. Ihr hydraulisches System ist voll funktionsfähig und war einst so revolutionär, dass es auch die technische Ausstattung von Flugzeugträgern beeinflusste. Ein in der unteren Lobby ausgestelltes, voll funktionierendes Modell war 1928 als Schaustück von Clark für Rockefeller angefertigt worden.

Besonders berühmt und sehr beliebt ist seit 1933 die **Weihnachtsrevue** „Radio City Christmas Spectacular" mit den Rockettes, einer 1925 von St. Louis hierher umgesiedelten, 80-köpfigen Tanztruppe, die zwischen Ende November und Anfang Januar rund 200 Shows absolviert. Legendär ist ihr „Slow Motion Fall" während der Show, die auch sonst in mehreren aufwendigen Aufzügen und mit Einsatz von 3D-Videoprojektion und GPS-Steuerung alle gängigen amerikanischen Weihnachtstraditionen abhakt. Während der Touren trifft man auch eine der Tänzerinnen. Das Jahr über finden hier verschiedene Veranstaltungen statt, v.a. Konzerte großer Stars, aber auch andere Shows und nichtmusikalische Events.

[>] Das Rockefeller Center ist ein mehrteiliger Baukomplex, der mit verschiedenen Kunstwerken ausgestattet ist

› **Radio City Music Hall,** 1260 Ave. of the Americas, Tel. 212 2474777, www.radiocity.com, Tourtickets im zugehörigen RC Avenue Store, tgl. 11–15 Uhr, $ 26,95 (online preiswerter), zur Weihnachtsshow: www.radiocitychristmas.com bzw. www.rockettes.com, Subway: Rockefeller Center

EXTRATIPP

Top of the Rock

Man glaubt sich auf das Deck eines Ozeandampfers versetzt. Doch statt auf die endlose Weite des Meeres blickt man über ein Meer von Wolkenkratzern – bis zu 130 km weit. Seit 2005 Top of the Rock, die in rund 260 m Höhe befindliche Aussichtsplattform auf dem General Electric Building wiedereröffnet wurde, ist New York um eine Attraktion reicher. Das offene Aussichtsdeck im 70th *floor* sorgte bereits bei der Eröffnung 1933 für Aufsehen, da es dem Oberdeck eines Kreuzfahrtschiffes im Art-déco-Stil nachempfunden war. Vom Mezzanine Level (mit Multimedia-Show über Bau/Geschichte des Rockefeller Center) fährt der Sky Shuttle, ein Hochgeschwindigkeitsaufzug mit transparentem Glasdach und Videoprojektion zum 67th floor, wo man hinter Glas im „Grand Viewing Room" die Aussicht genießt. Hier wie im 69th floor gibt es auch offene Aussichtsterrassen.

•73 [C14] **Top of the Rock,** Zugang: W 50th St., 5–6th Ave. (ausgeschildert), www.topoftherocknyc.com, tgl. 8–24 Uhr (letzter Aufzug: 23.15 Uhr), zeitgebundene Tickets $ 32, Kombitickets mit Rockefeller Center/MoMA (www.topoftherocknyc.com/special-offers/combo-tickets); im CityPass enthalten.

50 Rockefeller Center ★★ [C14]

Auf dem Gelände des Rockefeller Center befand sich bis in die 1920er-Jahre der botanische Garten der Columbia University. 1928 erwarb **John D. Rockefeller Jr.** den Garten und plante zunächst ein Opernhaus. Drei Jahre später begann man dann mit einem Vielzweck-Komplex nach Entwurf eines Architektenteams unter Raymond Hood. Es sollte der erste privat finanzierte *multipurpose complex* der Welt werden.

Während der Weltwirtschaftskrise ein wichtiges Arbeitsbeschaffungsprojekt, entstanden bis 1940 14 Einzelbauten, zwischen 1957 und 1973 fügte man sieben weitere hinzu. Die Hochhäuser beherbergen Ausstellungsflächen, Büros, Läden und Lokale – wie den **Rainbow Room.** Dieser legendäre *supper club* von 1934 mit drehendem Tanzboden und Big-Band-Auftritten wurde als „Bar Sixty Five" 2014 wiedereröffnet. Das gesamte Bauensemble wurde 1985 zum nationalen Kulturdenkmal erklärt. Seine Einzelbauten sind durch unterirdische Gänge miteinander verbunden und werden innen und außen von **Kunstwerken** geschmückt, darunter ein großes Mosaik über dem Eingangsbereich an der Ave. of the Americas (1250 6th Ave.) – „Intelligence Awakening Mankind" (1933) – oder ein Stahlrelief mit dem Titel „News" am Haupteingang des Associated Press Building (50 Rockefeller Center). Allein wegen seiner Größe von viereinhalb Metern sticht die 1937 geschaffene **Bronzestatue des Atlas**, der die Weltkugel stemmt, am Haupteingang zum International Buiding an der 5th Ave. ins Auge.

Am meisten frequentiert ist das Areal um die zentrale Rockefeller Plaza und

090ny Abb.: mb

deren Zentrum, die sogenannte **Sunken Plaza** mit **Eislaufplatz** *(ice rink)* im Winter bzw. Café im Sommer. Beherrscht wird der Platz von einer markanten goldenen Figur des jungen **Prometheus**, Teil eines Brunnens, den Paul Manship 1934 schuf. Hinter ihm wird zur Weihnachtszeit seit über 75 Jahren ein **über 20 m hoher Christbaum** mit 26.000 Glühbirnen aufgestellt. Hier verläuft auch eine Ladenpromenade zur 5th Avenue und hier befinden sich die **NBC Studios** (W 48th St., 5th–6th Ave.) mit dem berühmten „Schaufenster", dem „Window on the World". Am Morgen versammeln sich davor immer zahlreiche Besucher, um die TODAY Show (Mo.–Fr. 7–10 Uhr) mitzuerleben und möglichst selbst live auf dem Bildschirm zu erscheinen. Von Ende

EXTRATIPP

Diamond Row

Einen Block südlich des Rockefeller Center glitzert es in den Schaufenstern. Man befindet sich in der Diamond Row bzw. dem „Diamond & Jewelry Way" (W 47th St./5-6th Ave., www.diamonddistrict.org), **Zentrum des Diamantenhandels.**

In den 1930er-Jahren siedelten sich in dieser Straße zahlreiche Juden an und mit ihnen verlagerte sich das bisherige Diamantenzentrum von der südlichen Bowery nahe der Canal Street hierher.

Mai bis Anfang September finden freitagmorgens im Rahmen der NBC Today Show Concert Series kostenlose Livekonzerte auf der **Rockefeller Center Stage** (49th St./Rockefeller Center) statt. Außerdem gibt es die **ABC Good Morning America Summer Concert Series** auf dem Rumsey Playfield im Central Park.

Dominant und zugleich einer der ältesten Bauten ist das **General Electric Building** (30 Rockefeller Plaza). Hier kann man von der 1933 erbauten **Aussichtsplattform Top of the Rock** (s. S. 124) aus etwa 260 m Höhe den großartigen Ausblick genießen. Der Auskunftsstand in der Lobby des General Electric Building ist Anlaufpunkt für Besucher (Geländeplan erhältlich) und hier beginnen auch die **NBC-Studiotouren** (s. S. 247) und es gibt den **NBC Experience Shop.**

Architektonisch wegweisend sind die drei fast identischen Skyscraper Nr. 1211, 1221, 1251 an der Avenue of the Americas, genannt **„XYZ Buildings".**

› Rockefeller Center zwischen Avenue of the Americas (6th Ave.) und 5th Ave. sowie 48th und 51st St., Subway: Rockefeller Center

091ny Abb.: mb

51 St. Patrick's Cathedral ★★ [D14]

Gegenüber dem Rockefeller Center zwängt sich an der 5th Avenue die St. Patrick's Cathedral bescheiden zwischen moderne Wolkenkratzer und diese lassen sie kleiner erscheinen, als sie tatsächlich ist. Es handelt sich um die **größte katholische Kathedrale der USA** mit rund 2500 Sitzplätzen, 120 m Länge und 53 m Breite. 1850 hatte Erzbischof John Hughes James Renwick den Bauauftrag erteilt, die Kirche konnte jedoch aufgrund des Bürgerkriegs erst 1879 geweiht werden. Wesentlich später kamen dann die 101 m hohen Türme (1885–1888) mit 19 Glocken und die Lady Chapel (erster Gottesdienst 1906) dazu. Der Bau wurde **kostbar ausgestattet** mit einer Fassade aus weißem Marmor und einer im Durchmesser 8 m messenden Rosette von Charles Connick über dem Hauptzugang im Westen mit seinen massiven Bronzetüren. Eine Pietà von 1906 – dreimal so groß

092ny Abb.: mb

wie das Vorbild von Michelangelo – befindet sich in der Lady Chapel, ein Baldachin über dem Hochaltar aus Bronze und zwei der Altäre (St. Michael und St. Louis) stammen von Tiffany. Es gibt einen Schrein für die heilige Elizabeth Ann Seton (s. S. 38) und Kreuzwegstationen mit holländischen Reliefs. Eine Besonderheit ist auch die aus 7855 Pfeifen bestehende Orgel. Derzeit finden umfangreiche Renovierungen statt.

› **St. Patrick's Cathedral,** 5th Ave./50th St., Giftshop 51st St., tgl. 6.30–20.45 Uhr, www.saintpatrickscathedral.org, tgl. mehrere Gottesdienste, außerdem regelmäßig Konzerte (Programm in Internet) und Touren.

⌃ *Die 5th Ave. gilt als Treff der Reichen, aber auch der Apple-Fans*

‹ *St. Patrick's Cathedral duckt sich im Schatten des Olympic Tower*

52 5th Avenue ★★ [C14]

Upper Midtown, das Areal zwischen Rockefeller Center 50 und Central Park 70, ist das viel frequentierte Touristenzentrum der Stadt. Hier konzentrieren sich die meisten und exklusivsten Geschäfte, dazu Restaurants und Cafés. Gerade die 5th Avenue genießt seit Langem den Ruf, *die* **Luxusmeile** der Welt und *der* **Treffpunkt der Reichen und Schönen** zu sein. Schon Ende des 19. Jh. residierte hier der schwerreiche William Henry Vanderbilt und heute gehört beispielsweise Donald Trump zu den illustren Anwohnern.

In dem schlicht-modernen, verglasten **Olympic Tower** im International Style, in dem sich „St. Pat's" 51 fotogen spiegelt, befinden sich u. a. die Büros der NBA (National Basketball Association) und des Tochterunternehmens WNBA.

Ein bisschen an Chartres erinnert die 1909 bis 1914 errichtete neogotische

149ny Abb.: mb

St. Thomas' Church (1 W 53rd St.). Der Vorgängerbau war im vorigen Jahrhundert beliebt für Hochzeiten der New Yorker High Society: 1895 vermählte sich hier z.B. Consuela Vanderbilt, die Erbin des Eisenbahnmagnaten, mit dem Duke of Marlborough. Der heutige Bau fällt durch seinen asymmetrischen Einzelturm und das aufgrund der Grundstücksform seitlich verschobene Langschiff auf. Im Inneren sieht man schöne Holzschnitzereien.

Auf Höhe der St. Patrick's Cathedral 51 beginnt übrigens der luxuriöseste und meist gefilmte Abschnitt der 5th Avenue mit exklusiven Läden à la Gucci, Rodier, Saks Fifth Ave. (s. S. 251) oder **Tiffany & Co.** (727 5th Ave./57th Street). Letztgenannter Schmuckladen wurde 1837 gegründet und durch Truman Capotes „Frühstück bei Tiffany" weltberühmt. Der rund um die Uhr geöffnete, unterirdische Apple Store (s. S. 253) mit seinem gläsernen Zugangswürfel oder der **Trump Tower** (725 5th Ave./56th St.), eine exklusive Shoppingmall von 1983 rings um ein glitzerndes Atrium aus Marmor und Gold, verspiegelt und mit Wasserfall, sind allzu verlockend.

Hinter dem Trump Tower schließt sich **590 Madison Ave.** an, das frühere **IBM Building,** ebenfalls von 1983. Es weist die Form eines fünfseitigen Prismas aus graugrünem Glas und Granit auf. Die Wasserskulptur am Zugang Madison Ave. mit dem Titel „Levitated Mass" („Schwebende Masse"), eine Granitplatte im Edelstahltank, stammt von Michael Heizer. Im Atrium befindet sich – auch nett zum Ausruhen – der Sculpture & Bamboo Garden.

Zwischen der 55th und 56th Street fällt der Blick auf das **Sony Building** (550 Madison Ave.), das 1984 als „AT&T Building" von Philip Johnson erbaut wurde. Es ist damit älter als sein Lipstick Building (s. S. 130). Auch hier ist die Form ausgefallen bzw. der verwendete Chippendale-Giebel ungewöhnlich. Solche historischen Zitate sind typisch für den postmodernen Stil.

› Subway: 5th Ave.

53 Plaza Hotel ★ [C13]

An der **Grand Army Plaza**, wo die 5th Avenue auf den Central Park stößt, liegt das Plaza Hotel, die Grande Dame der New Yorker Herbergen (heute zur Fairmont-Kette gehörig). 2004 war das altehrwürdige Haus von einem israelitischen Milliardär gekauft und für $ 450 Mio. renoviert worden. Dabei wurde das **5-Sterne-Hotel** auf 282 Gästezimmer verkleinert und dafür ein Teil des Gebäudes zu *condominiums* (Eigentumswohnungen) umgebaut.

Hier spielte F. Scott Fitzgeralds „Der große Gatsby", Clint Eastwood und Morgan Freeman saßen gemeinsam an der Oak Bar. Sarah Jessica Parker feierte hier ihren 40. Geburtstag. **Oak Room und Bar** sowie **Palm Court** sind beliebte Relikte aus alten Zeiten und Letzterer wird noch immer als Restaurant betrieben.

In der Lobby befindet sich der **Rose Club**, wo schon Miles Davis, Duke Ellington oder Liza Minelli auftraten. Neu dazugekommen sind Champagne Bar und Todd English Food Hall: Letztere ist eine beliebte Gourmet-Imbisszone.

› **Plaza Hotel,** 768 5th Ave., www.fairmont.de/the-plaza-new-york, Subway: 59th St., Food Hall: tgl. 10–22 Uhr

54 Villard Houses ★ [D14]

An der Rückseite von St. Patrick's Cathedral 51 liegen die Villard Houses. Das Grundstück war von dem Herausgeber der New York Evening Post und Gründer der Northern Pacific Railroad, dem bayerischen Einwanderer **Henry Villard,** 1881 erworben und vom Architekturbüro McKim, Mead & White mit **sechs dreistöckigen Stadthäusern** bebaut worden, die einen Innenhof umschließen. Nach der Pleite Villards gelangte das Anwesen in unterschiedliche Hände, war konstant vom Verfall bedroht, bis es die **römisch-katholische Erzdiözese** übernahm und 1974 Harry Helmsley ein 51-stöckiges Hochhaus dahintersetzte und das Helmsley Hotel – heute **New York Palace** (s. S. 337) – eröffnete.

› **Villard Houses,** 457 Madison Ave., Subway: 5th Ave.

55 Waldorf=Astoria ★ [D14]

Ein Begriff ist jedem Besucher das berühmte Waldorf=Astoria. Der erste Hotelbau war an Stelle des heutigen Empire State Building 34 1893 unter der Ägide von **William Waldorf Astor** (1848–1919), Sohn des schwerreichen Johann Jacob Astor, eröffnet worden. Gleich daneben errichtete Williams Cousin **John Jacob Astor IV.** sein noch prunkvolleres Astoria Hotel. Beide Bauten wurden später durch einen Korridor – daher der **doppelte Bindestrich** im Namen – zu einem Hotelkomplex vereint, der 1929 jedoch wegen des Baus des Empire State Building abgerissen wurde. 1931 entstand das heute erhaltene 47 Stock hohe Art-déco-Juwel an der Park Avenue. Der doppelte Bindestrich im Namen war so berühmt geworden, dass er sogar in einem Lied vorkam und von den New Yorkern als Slogan benutzt wurde: „Meet Me at the Hyphen!", hieß „zwischen Waldorf und Astoria Hotel", in der einstmals legendären Peacock Alley, einer Einkaufspassage. Lange gehörte das **Hotel** mit seinen über 1400 Zimmern und den exklusiven Waldorf Towers zum Hilton-Konzern, dann gelangte es in chinesischen Besitz und wird **ab März 2017 für bis zu drei Jahre zu Renovierungen geschlossen.** Geplant ist die Einrichtung von Eigentumswohnungen und nur noch rund 300 Hotelzimmern.

› **Waldorf Astoria New York & Towers of Waldorf Astoria,** 301 Park Ave., www.waldorfnewyork.com, Subway: 5th Ave.

Luxuriös Shoppen auf der 5th Avenue kann man z. B. bei Cartier

56 Park Avenue und Umgebung ★ [D14]

An der **Park Avenue** reihen sich neben dem Waldorf=Astoria 55 noch weitere architektonische Schmuckstücke aneinander und den optischen Südabschluss bildet das MetLife Building (s. S. 119).

Die neben dem Hotel liegende **St. Bartholomew's Church** (109 E 50th St.) wurde 1919 in rotem Backstein mit romanischem Portal und byzantinischer Kuppel erbaut und ist heute wegen der Konzerte in dem golden-bunten Inneren bekannt. Nicht weit entfernt befindet sich das **Austrian Cultural Forum** (11 E 52nd St.), der Sitz des 1942 von Zuwanderern gegründeten österreichischen Kulturvereins. Das architektonische Meisterwerk des Linzer Architekten Raimund Abraham entstand auf einer nur 7,50 m breiten Baulücke und präsentiert sich als 24-stöckiges Gebäude mit sich nach oben verjüngender Glas-Alu-Fassade.

Als „Wegbereiter modernen Bauens" und „Markstein der Architekturgeschichte" gilt das sogenannte **Lipstick Building** (855 3rd Ave./53rd St.). Es reckt sich 133 m hoch wie ein überdimensionaler Lippenstift himmelwärts. 1987 planten John Burgee Architects und Philip Johnson – letzterer Begründer der postmodernen Architektur – dieses Bauwerk mit seiner rund-ovalen Fassade aus Glas und rotem Granit.

Einige Schritte weiter erhebt sich das **Citigroup Center** (153 E 53rd/601 Lexington Ave.), das von 1973 bis 1978 errichtet wurde. Es handelt sich dabei um ein schlicht-modernes, mit Aluminiumhaut im „Streifendesign" überzogenes, 300 m hohes Bürohochhaus von Hugh Stubbins. Auffällig sind die vier dünnen Pfeiler, auf denen der ganze Bau ruht und außerdem das weithin sichtbare **Schrägdach**, für das ursprünglich Sonnenkollektoren vorgesehen waren. Die kleine **St. Peter's Lutheran Church** wurde als eigenständiger Bau an der Nordwestecke integriert.

Größenmäßig fällt das Gebäude gegenüber mit seiner schlichten Fassade kaum auf, wären da nicht die Zwillingstürme mit Zwiebeldächern und andere „exotische" Details im neomaurischen Stil. Es handelt sich um die **Central Synagogue** (652 Lexington Ave./55th St.), die älteste kontinuierlich genutzte Synagoge der Stadt. 1846 war auf Initiative böhmischer Zuwanderer in der Lower East Side die Gemeinde entstanden, gebaut wurde ab 1870 nach Plänen von Henry Fernbach, einem schlesischen Einwanderer, und nach dem Vorbild der Dohány Synagoge in Budapest. Nach einem Brand 1998 wurde der Bau von Hardy Holzman Pfeiffer Associates in seinen ursprünglichen Zustand zurückversetzt und er erstrahlt heute wieder in alter Pracht.

Weitere sehenswerte Bauten an der Park Avenue sind das **Lever House** (390 Park Ave./54th St.), 1952 vom Architekturbüro SOM (Chicago) geplant und einst wegweisend für die moderne Baukunst (sehenswerte Kunstsammlung im Inneren), und das 1958 erbaute **Seagram Building** (375 Park Ave./53rd St.), ein Meilenstein des International Style, entworfen von Mies van der Rohe, der es zusammen mit seinem Schüler Philip Johnson im Auftrag des Spirituosenkonzerns plante.

› **Central Synagogue**, 652 Lexington Ave., www.centralsynagogue.org, Di./Mi. 12–14 Uhr, Gratistouren Mi. 12.45 Uhr, Subway: 51st St. bzw. Lexington Ave.

57 Museum of Modern Art (MoMA) ★★★ [C14]

Der japanische Architekt Yoshio Taniguchi stand vor keiner leichten Aufgabe, als er den Auftrag erhielt, einen Anbau für das MoMA zu konzipieren. Obwohl dieses sich der Kunst von den 1880er-Jahren (Impressionismus) bis zur Gegenwart widmet, handelt es sich nämlich um eine altehrwürdige Institution.

Während der Weltwirtschaftkrise 1929, zehn Tage nach dem Börsenkrach, veranstaltete das Museum die erste Ausstellung, zehn Jahre später zog die Sammlung in den Neubau im Internationalen Stil ein. 1953 erweiterte Philip Johnson das Gebäude und fügte den beliebten **Skulpturengarten** dazu, 1984 verdoppelte der Architekt Cesar Pelli die Ausstellungsfläche. Als im November 2004 Taniguchis Anbau aus tiefschwarzem Granit, Alu und Glas eröffnet wurde, fiel dieser weniger durch spektakuläre Architektur als vielmehr durch Zweckmäßigkeit und vornehme Zurückhaltung auf.

Durch die geräumige Lobby und das hohe Atrium wirkt das **David and Peggy Rockefeller Gallery Building** hell und luftig. Die Kunstwerke verteilen sich auf sechs Ebenen und werden in verschiedenen Abteilungen – „Malerei und Skulptur“, „Zeichnungen“, „Druckgrafik und Buchillustration“, „Architektur und Design“, „Fotografie“, „Moderne Medien“, „Film und Theater“ – präsentiert. Neben Werken Picassos gehören Klassiker der Moderne zum Bestand, so Vincent van Goghs „Sternennacht“, Claude Monets „Seerosen“ oder „Der Tanz“ von Henri Matisse, aber auch Werke von Henri Toulouse-Lautrec, kubistische Gemälde, Arbeiten der russischen Avantgarde (Malewitsch,

093ny Abb.: mb

Platzt bereits wieder aus allen Nähten und soll bald einen Anbau erhalten: das MoMA

EXTRATIPP

Museen für Liebhaber

In unmittelbarer Nachbarschaft zum MoMA liegt das interessante **Paley Center for Media** (s. S. 218), ehemals „Museum of Television & Radio" genannt, das sich seit 1991 in einem wegweisenden Bau von Philip Johnson befindet. Die Idee für das Museum geht auf das Jahr 1975 und den damaligen Direktor der Fernsehgesellschaft CBS, William Paley, zurück. Für „TV-Maniacs" ist dieses Museum ein Muss: Unter Einsatz verschiedenster Medien geht es um die Unterhaltungs- und Nachrichtenbranche von den Anfängen bis heute. Die Sammlung umfasst mehr als 100.000 archivierte Programme und im angeschlossenen 200-Plätze-Theater finden Vorträge und Veranstaltungen statt.

KLEINE PAUSE

Russian Tea Room

In der **57th Street** reihen sich zahlreiche traditionsreiche und angesagte Restaurants wie der Brooklyn Diner USA (212 W 57th St.) auf. Legendären Ruf genießt der **Russian Tea Room** (150 W 57th St.), in dem seit seiner Gründung durch Mitglieder des Russischen Ballets im Jahr 1926 Prominente ein- und ausgingen.

Zu Essen gibt es außer russischen Spezialitäten wie Kaviar, Borschtsch, Pelmeni und Blinis viele Salate, die Preise sind an Ruhm und Ruf angepasst. Das Haus passt ins Bild der Straße, in der sich mehrere kleine historische „Hochhäuser" befinden, z. B. gegenüber das Steinway & Sons Building.

Lissitzky), der Surrealisten (Dalí, Miro, Ernst) oder der Moderne (Bacon, Pollock, de Kooning, Johns, Rauschenberg, Lichtenstein, Warhol, Oldenburg oder Beuys).

2007 legte der Architekt Jean Nouvel einen Entwurf für eine (v. a. wegen der Höhe umstrittene) **Erweiterung des Museums** vor, den Tower Verre. Mittlerweile heißt er „53W53" und ist als Apartmentgebäude im Bau. Die Vergrößerung des Museums hingegen obliegt nun dem Büro Diller, Scofidio & Renfro. Geplant ist, die unteren Etagen des neuen Hochhauses zu nutzen und einen Glasbau auf dem Gelände des dafür abgerissenen American Folk Art Museum (45 W 53 St.) hinzuzufügen.

› **Museum of Modern Art (MoMA),** 11 W 53rd St., 5th–6th Ave., www.moma.org, tgl. 10.30–17.30, Fr. bis 20 Uhr, $ 25 (Fr. 16–20 Uhr beliebiger Eintritt), MoMA PS1 inbegriffen, auch Kombiticket „Rock MoMA" mit Top of the Rock (s. S. 124) für $ 45 (nur im Top of the Rock Box Office erhältlich)

58 Carnegie Hall ★ [C14]

Die Carnegie Hall wurde ab 1887 auf Anregung des Dirigenten **Walter Damrosch** gebaut, dessen Freund **Andrew Carnegie** das Geld zur Verfügung stellte. Damals sprach noch niemand von Theater District, das Viertel hieß schlicht „Goat Hill" (Ziegenhügel). Das sollte sich ändern, als die Carnegie Hall im Italian-Renaissance-Stil nach Plänen von William Burnet Tuthill 1891 fertiggestellt war. Die Premiere wurde mit einem Konzert von **Peter Tschaikowsky** (1840–1893) gefeiert und seither fanden Konzerte, u. a. von Liza Minelli, Luciano Pavarotti, Pete Seeger, Bob Dylan oder den Beatles, statt. Unvergessen bleibt der Auftritt Benny Goodmans mit seiner Big Band im Jahr 1938.

1964 unter Denkmalschutz gestellt, eröffnete 2003 die alte Hauptbühne als **Arthur Zankel Hall** (600 Plätze) neu. Für ihre Akkustik gepriesen ist das Stern Au-

433ny Abb.: NYC&CO

ditorium/Perelman Stage mit über 2800 Plätzen, die **Weill Recital Hall** (268) ist dagegen klein und intim. Im Obergeschoss befindet sich das **Rose Museum,** das über die Geschichte des Baus informiert und Theatermemorabilien zeigt.

1988 bis 1990 bauten Cesar Pelli & Associates den **Carnegie Hall Tower** (152 W 57th), einen postmodernen Anbau. Direkt an ihn grenzt der **Metropolitan Tower** (140 W 57th) an, ein Wohnturm von 217 m Höhe, dessen monolithische Form von einer Glashaut überspannt wird.

› **Carnegie Hall,** 154 W 57th/7th Ave., Tel. 212 2477800, www.carnegiehall.org, Touren Mo.–Fr. 11.30, 12.30, 14 und 15, Sa. 11.30 und 12.30, So. 12.30 Uhr, $ 17, Rose Museum: tgl. 11–16.30 Uhr, außer Juli–Sept., Eintritt frei

Die Carnegie Hall zählt zu New Yorks berühmtesten Konzertbühnen

Gastronomie und Shopping in Upper Midtown

74 [C14] **Carnegie Deli,** 854 7th Ave./55th St. Delikatessen-Restaurant mit guten, aber etwas teuren Gerichten.

75 [C14] **Fuku+,** 15 W 56th St., Tel. 212 7575878. Perfekt zum Lunch (11.30–15 Uhr) mit Spicy Chicken Sandwich oder Fuku Fingers. Neuestes Lokal von David Chang. Auch Happy Hour und Dinner am Abend.

76 [B14] **Island Burgers and Shakes,** 766 9th Ave., 51st–52nd St. Perfekt zum schnellen Mittagsimbiss mit Hamburgern, Sandwiches, Salaten. Riesenauswahl, gute Qualität, günstige Preise.

77 [C15] **Barnes & Noble (1),** 555 5th Ave./46th St. Filiale des Bücherriesen.

› **Rockefeller Center Greenmarket,** Mi./Do./Fr. 8–17 Uhr, Mitte Juli–Ende Aug. (s. S. 254)

78 [C14] **Uniqlo (1),** 666 5th Ave./53rd St. Japanisches Bekleidungshaus (s. S. 251).

Woody Allen, der Stadtneurotiker

Die Hauptfigur Isaac Davis in Woody Allens Film „Manhattan" spricht dem berühmten Filmemacher aus der Seele: „Es ist eine herrliche Stadt, ganz gleich, was die Leute sagen!"

Bei dem 1935 im Brooklyner Judenviertel Flatbush geborenen Allen – bürgerlich Alan Stewart Konigsberg – war es „Liebe auf den ersten Blick", ***Manhattan*** *wurde sein Leben. Das kleinbürgerliche Elternhaus in Brooklyn hatte Allen geprägt: Er war ein unauffälliger Schüler, ein Außenseiter und schüchterner Stubenhocker. Andererseits verdiente sich der Musik- und Comicfan schon mit 16 als „Woody Allen" mit Auftritten als Komiker und Entertainer nebenher Geld, er schrieb für $ 5 das Stück Gags für Zeitungen und Stand-up-Komiker und erwarb sich den Ruf als* ***„Wunderkind des Showbiz".***

Nach dem Schulabschluss 1953 soll Allen als Berufswunsch „Toilettenmann" angegeben haben – meldete sich da schon der Stadtneurotiker zu Wort? Zu diesem Zeitpunkt suchte er bereits regelmäßig einen ***Psychoanalytiker*** *auf. Ohne an Studium oder Ausbildung zu denken, begann er eine besser bezahlte Karriere als* ***Drehbuchautor*** *beim Sender NBC und heiratete mit 19 in Hollywood die 16-jährige Malerin Harlene Rosen, mit der er bis 1969 zusammenblieb.*

In den 1960er-Jahren versuchte sich der Workaholic als ***Stand-Up Comedian, Bühnenautor*** *und* ***Essayist.*** *Damals trat er v.a. im Duplex (s. S. 241) in Greenwich Village auf und zunehmend gelang es dem rothaarigen, nur 1,65 m kleinen Allen, sein linkisch-schüchternes Wesen zum Markenzeichen zu machen und bald auch über das Village hinaus bekannt zu werden.*

1965 begann mit der Komödie „What's new, Pussycat?" Allens ***Filmkarriere.*** *Er lieferte das Drehbuch und übernahm neben Peter Sellers, Romy Schneider u. a. selbst eine Rolle. Nach diesem Erfolg begann er, eigene Filme zu inszenieren, darunter „Alles, was Sie schon immer über Sex wissen wollten" nach einem Bestseller der frühen 1970er-Jahre. Zu seinem erfolgreichsten Film als Regisseur, Hauptdarsteller und Drehbuchautor sollte aber* ***„Der Stadtneurotiker"*** *(1977, Originaltitel „Annie Hall") werden. Die Geschichte von Alvy Singer, dem Komiker aus Brooklyn, und seiner Freundin Annie, gespielt von Allens damaliger Lebensgefährtin* ***Diane Keaton,*** *brachte nicht nur $ 25 Mio. ein, sondern war auch für vier Oscars gut.*

Sex, Beziehungsgeflechte und -komplikationen, Neurosen und der „alltägliche Wahnsinn" – das waren und sind ***Allens Themen.*** *Auf den „Stadtneurotiker" folgten z. B. „Manhattan" oder die „Sommernachtskomödie". In Letzterer spielte erstmals* ***Mia Farrow,*** *die lange mit Allen zusammenlebte, eine Hauptrolle. Beide traten gemeinsam in legendär gewordenen Filmen wie „Zelig" (1984), „Hannah und ihre Schwestern" (1986), „Radio Days" (1987) oder „Another Woman" (1989) auf. Mit „Husbands and Wives" („Ehemänner und Ehefrauen") endete 1992 Allens Filmserie mit Mia Farrow.*

Allen spielt - oder ist? - die Personifikation eines chauvinistischen New Yorkers, introvertiert und abweisend, gefühlskalt und hypochondrisch veranlagt. Nach zwei Ehen lebte er erst mit Diane Keaton in seiner 11-Zimmer-Traumwohnung an der 5th Avenue, in den 1980er-Jahren folgte Mia Farrow, die ihn zum Vater von acht Adoptivkindern und dem eigenen Sohn Satchel machte. Am 23. Dezember 1997 heiratete er in Venedig - wo sein Film „Everybody says I love you" spielt - seine Adoptivtochter ***Soon-Yi Previn.***

Auf das Musical „Everyone Says I Love You" (1996) mit Julia Roberts, Goldie Hawn und Drew Barrymore folgte 1998 die Gesellschaftskomödie „Celebrity" mit Leonardo DiCaprio. Nach vielen, aber nicht unbedingt viel beachteten Filmen in den folgenden Jahren gelang Allen Ende 2005 mit „Match Point" eine Art Revival und für „Vicky Cristina Barcelona" (2007) erhielt Nebendarstellerin Penélope Cruz einen Oscar.

Allens Ende 2009 erstmals in Deutschland gezeigte Produktion „Whatever works" ist eine romantische Filmkomödie und Reminiszenz an seine eigene Ehe, wohingegen im mit einem Oscar prämierten „Midnight in Paris" (2011) Carla Bruni, die Gattin des ehemaligen französischen Präsidenten Nicolas Sarkozy, eine Rolle bekam.

Woody Allen produziert mehr oder minder jedes Jahr einen neuen Film in dem ihm eigenen Stil, wobei es so gut wie immer um romantische Beziehungen und Verstrickungen geht.

Upper East Side

Die **Upper East Side** liegt zwischen 59th und 96th Street, im Süden begrenzt durch Midtown, im Norden durch East Harlem. Die Westgrenze bildet der Central Park 70, die Ostgrenze der East River. Die UES ist bereits seit der Jahrhundertwende das **Viertel der High Society**, speziell in den Nobel-Apartmenthäusern zwischen 5th und Park Avenue, idealerweise mit Blick auf den Central Park. Wo schon die Marx Brothers (179 E 93rd St.) und andere Prominente residierten, leben auch heute Leute mit „dicken Brieftaschen".

Dank der berühmten **„Museumsmeile"**, dem Abschnitt entlang der 5th Avenue mit unzähligen Museen und Kunsteinrichtungen nördlich des Metropolitan Museum 62, und der Häufung eleganter Shops und Galerien, speziell im Umkreis der Madison Avenue, ist auch für Besucher viel geboten. Vor allem im nördlichen Teil der Madison Avenue (75th–82nd St.) konzentrieren sich Kunstgalerien und Antiquitätenläden, während im Bereich zwischen 58th und 71st St. Designerboutiquen wie Ungaro, Versace oder Armani zu Hause sind. Sehenswert ist überdies das Rhinelander Building (72nd St./Madison Ave.), 1898 im Stil eines französischen Loireschlösschens errichtet, das von Ralph Lauren in den 1980er-Jahren zum Kaufhaus umgebaut wurde.

In der alleeartigen **Park Avenue**, deren breiter begrünter Mittelstreifen von den einst hier befindlichen Eisenbahngleisen herrührt, ist der Luxus weniger offensichtlich und versteckt sich eher hinter unscheinbaren Fassaden. Dafür ist das Straßenbild bunter und weniger elitär. Die **3rd Avenue** ist in Höhe der 70er-Straßen bekannt als **„Gourmetmeile"** mit

094ny Abb.: mb

Lokalen, Cafés und *delis*. Koreanische Gemüse- und Obsthändler verkaufen frische Ware und bunte Shops schieben sich zwischen altmodisch scheinende vier- bis fünfgeschossige Häuser.

Da die Upper East Side relativ groß ist, bietet es sich an, das Viertel in mehreren Teilen zu erkunden: einmal das Areal im Süden, das sich leicht mit Midtown kombinieren lässt, zum anderen die „Museumsmeile“, deren Besuch spielend einen ganzen Tag füllt. Eher zum Bummeln oder Essengehen bietet sich ein Rundgang durch Yorkville an, ein eigener Stadtteil, der aus German und Hungarian Yorkville sowie Little Bohemia – wo früher Deutsche, Ungarn und Tschechen siedelten – besteht.

In der Upper East Side lebt man wohlbehütet

EXTRATIPP

Shopping bei „Bloomies“

An der Ecke Lexington Ave./59th St. liegt das berühmte Kaufhaus **Bloomingdale's** (s. S. 250). „Bloomies“, 1872 gegründet, galt anfangs als Billig-Ramschladen, ist heute aber eines der bestsortierten Kaufhäuser mit perfektem Kundenservice.

59 Temple Emanu-El/ Lenox Hill Historic District ★ [D13]

Unter den gleichförmig-klotzigen Apartmenthäusern an der 5th Avenue ragt der **Temple Emanu-El** (1 E 65th St.) heraus, eine der weltgrößten Synagogen aus dem Jahr 1929 und Sitz der reichsten und ältesten reformjüdischen Gemeinde New Yorks. In der Synagoge haben 2500 Gläubige Platz. Dazu gehört das interessante Herbert & Eileen Bernard Museum mit religiösen und Alltagsgegenständen, außerdem finden hier immer wieder Kunstausstellungen statt.

Der Eintönigkeit der Wohnhochhäuser an der 5th Avenue entkommt man, wenn man weiter entlang der Madison Avenue durch den **Lenox Hill Historic District** läuft. Der „Hügel“ ist tatsächlich als solcher erkennbar und das Zentrum liegt etwa um die 70th St. zwischen Central Park und 3rd Ave. Im 18. Jh. standen hier zuhauf die Sommervillen der Wohlhabenden, heute ist das einzig original erhaltene Haus aus jenen Tagen die 1799 erbaute **Gracie Mansion** (s. S. 145). In den 1880er-Jahren „schluckte“ die sich ständig ausbreitende Stadt auch das ländliche Lenox Hill und sorgte für sein heutiges Aussehen.

Das Viertel wird von der **St. James' Church** (865 Madison Ave./E 71st St.)

EXTRATIPP

Ausflug nach Roosevelt Island

Nur wenige Schritte von Bloomingdale's entfernt, liegt neben der Queensborough Bridge an der Ecke 60th St./2nd Ave. die Endstation der **Seilbahn** „Roosevelt Island Aerial Tram". Die gut 3 km lange, aber nur ca. 250 m breite im East River gelegene Insel Roosevelt Island gelangte 1686 in den Besitz der Farmerfamilie Blackwell. Die Stadt New York kaufte das Land dann 1828 für $ 32.000 und errichtete zunächst ein Gefängnis und Krankenhäuser sowie Altenheime, weshalb man auch von **Welfare Island** („Wohlfahrtsinsel") sprach.

In den 1950er-Jahren wurden die meisten Einrichtungen aufgegeben und ab 1969 wurde die 1970 in Roosevelt Island umbenannte Insel zum „architektonischen Experimentierfeld" und „Musterobjekt". Philip Johnson und John Burgee legten einen Masterplan vor und 1975 eröffnete der erste Wohnkomplex, das Island House; weitere folgten. Ein Jahr später gab die Tramway ihr Debüt, 1990 eine Subway-Station.

Heute sollen rund 12.000 bis 14.000 Menschen auf der Insel wohnen. 2011 eröffnete der **Southpoint Park** und 2013 der **Roosevelt Park.** Im Süden der Insel entsteht derzeit ein neuer **Universitätscampus der Cornell Tech.**

Zu den Sehenswürdigkeiten nördlich der Brücke gehören das **Haus der Gründerfamilie Blackwell** von 1796, die **Main Street** und der **Octagon Tower** von 1839, Teil eines „berüchtigten" Krankenhauses, über das schon Charles Dickens lästerte.

Von der Südspitze mit dem **Southpoint Park** bietet sich ein grandioser Ausblick und eine **Promenade** führt rings um die Insel. Hier sind die **Renwick Ruins,** Reste des Pocken-Hospitals von 1856, zu sehen. Am äußersten südlichen Ende befindet sich der **Franklin D. Roosevelt Four Freedoms Park,** benannt nach einer legendären Rede des Präsidenten am 6. Januar 1941 über die „Vier Freiheiten".

› **Infos:** https://rioc.ny.gov
› **Roosevelt Island Tram,** https://rioc.ny.gov/tramtransportation.htm, So.-Do. 6-2, Fr./Sa. 6-3.30 Uhr, mind. alle 15 Min., $ 2,50 (MetroCard, s. S. 342, kann benutzt werden), außerdem Subway Line F „Roosevelt Island"

dominiert, die ursprünglich schon im Jahre 1810 als hölzerne „Sommerkirche" an der Ecke 69th St./Lexington Ave. errichtet worden war. Die heutige Kirche entstand 1885 und wurde in den 1920er-Jahren massiv umgebaut.

› **Temple Emanu-El & Museum,** 1 E 65th St., www.emanuelnyc.org, So.-Do. 10-16.30 Uhr, Eintritt frei, Subway: 68th St.

60 Frick Collection ★ [D12]

Eine gute Vorstellung davon, wie der New Yorker „Geldadel" einst gelebt hat, gibt die Frick Collection. Die hochkarätige Sammlung europäischer Kunst des 14. bis 19. Jahrhunderts wird im **Stadtpalais** des ursprünglichen Besitzers, des Stahlmagnaten Henry Clay Frick (1849–1919), ausgestellt. Die Kunstwerke befinden sich großteils in ihrem authentischen Ambiente, z. B. im Speisezimmer oder in der Bibliothek, und bilden mit Möbeln und anderer Ausstattung ein sehenswertes Gesamtkunstwerk.

Zu den Highlights der **hochkarätigen Sammlung** zählt europäische Malerei ab dem 15. Jh., darunter Werke berühmter Künstler wie Tizian, Turner, Constable, Holbein d. J., Rembrandt, Gainsborough,

096ny Abb.: mb

Vermeer, Ingres, Goya, Renoir oder El Greco. Französische Möbel, Limoges-Emaillearbeiten und Orientteppiche gehören dazu und im Ostflügel sind Werke von James Whistler, im Westflügel ist niederländische Kunst ausgestellt. In der Bibliothek und im Speisezimmer hängen englische Gemälde und der Salon widmet sich „alten Meistern" wie Tizian. Im Zentrum des Komplexes befindet sich ein schöner Innenhof mit Brunnen und Kolonnaden.

› **Frick Collection,** 1 E 70th St., www.frick.org, Di.–Sa. 10–18 Uhr, So. 11–17 Uhr, $ 20 (So. 11–13 Uhr Eintritt beliebig), Subway: 68th St.

Das Metropolitan Museum ist ein Kunsttempel der Extraklasse, dessen Sammlung im Kern schon Ende des 19. Jh. entstanden ist

61 The Met Breuer ★★ [D12]

Von 1966 bis 2015 befand sich das Whitney Museum of American Art 32 in diesem Bau, im März 2016 ist The Met Breuer, neben The Met Cloisters 85 eine weitere **Dependance des Metropolitan Museum** 62, eingezogen. Der zwischen 1963 und 1966 entstandene Bau stammt von dem berühmten Bauhaus-Architekten Marcel Breuer (1902–1981). Er sorgte bei seiner Eröffnung 1966 aus mehreren Gründen für Aufsehen: wegen der stufenartigen Vorsprünge der Granitfassade, die etwas an eine auf dem Kopf stehenden Pyramide erinnert, der assymmetrisch verteilten Fenster und der revolutionär modernen Beton-Bauweise.

Das Metropolitan Museum nutzt das **denkmalgeschützte, ikonenhafte Gebäude** jetzt für sein **modernes und zeitgenössisches Kunstprogramm,** für die Präsentation ebensolcher Kunst und für Veranstaltungen, Ausstellungen, Aufführungen, Performances, Installationen und Workshops, für „Artists in Residence" und Ähnliches. Der Bau ist dank seiner sehr flexiblen Raumgestaltung perfekt für das moderne Ausstellungsthema geeignet. Neben Wechselschauen gibt es thematische Zusammenstellungen aus eigenen Beständen, die jeweils mehrere Monate gezeigt werden.

› **The Met Breuer,** 945 Madison Ave., www.metmuseum.org/visit/the-met-breuer, Di./Mi./Sa./So. 10–17.30, Do./Fr. 10–21 Uhr, $ 25 (Ticket gültig für alle drei Met-Niederlassungen). Mit Café und Lokal. Subway-Station: 77th St.

Die David H. Koch Plaza vor dem Met Fifth Avenue

427ny Abb.: mb

62 Metropolitan Museum of Art (The Met Fifth Avenue) ★★★ [C11]

„The Met Fifth Avenue", wie es nun offiziell heißt, ist ein Museum der Superlativen, ein weltweit einzigartiger Musentempel. Streng symmetrisch gegliedert und mit ausladender Fassade beherbergt der Komplex, der als einziger innerhalb der Grenzen des Central Park steht, die größte Kunstsammlung der westlichen Welt.

1870 hatte eine Gruppe amerikanischer Geschäftsleute und Intellektueller die Sammlung aus der Taufe gehoben und ab 1880 entstand der zentrale Kernbau, geplant von dem angesehenen Architekten Richard Morris Hunt, mit großer Eingangshalle und prächtigen Beaux-Arts-Fassade. 1926 war der Gesamtkomplex fertig, im Laufe der Zeit wurde jedoch mehrfach um- und angebaut und renoviert.

Das Met quillt über von **Kunstwerken aller Genres, Zeiten und Provenienzen** und es ist nötig, bei einem Besuch Prioritäten zu setzen. Die Schätze verteilen sich auf insgesamt 185.000 m², auf drei Etagen und insgesamt 19 Abteilungen für Dauerausstellungen und eigene Galerien für Sonderschauen. Sogar ganze Bauten, wie der sehenswerte ägyptische **Tempel der Dendur** aus augusteischer Zeit, wurden hier komplett rekonstruiert. Die „19th Century European Paintings and Sculpture Galleries" und die „Galleries for Oceanic Art and Art of North America"sind sehenswerte Abteilungen, für europäische Besucher ist jedoch der **American Wing** besonders sehenswert, der in 26 Galerien einen exzellenten chronologischen Einblick in das Schaffen amerikanischer Künstler gibt. Die Sammlung ist zweigeteilt: dekorative Kunst sowie Malerei und Skulptur. Das American

Decorative Arts Department umfasst um die 12.000 Kunstwerke, während die American-Art-Sammlung aus über 1000 Gemälden, 600 Skulpturen und an die 2600 Zeichnungen besteht, darunter das berühmte Porträt George Washingtons von Gilbert Stuart oder Emanuel Leutzes' Gemälde „Washington Crossing the Delaware". Aber auch andere berühmte amerikanische Maler sind vertreten, z. B. Winslow Homer, John Singer Sargent oder James McNeill Whistler.

Den Zentralbereich des Museums nimmt die beliebte **„Arms & Armor"-Sammlung** mit etwa 15.000 Waffen und Rüstungen von der Antike über das späte Mittelalter bis ins Japan des 19. Jahrhunderts ein. Daneben gibt es umfangreiche Sammlungen asiatischer, europäischer, afrikanischer, ägyptischer, islamischer und japanischer Kunst. Berühmt und besonders sehenswert sind die **Sammlung griechischer und römischer Antiken** sowie die **Mittelalter-Abteilung.** Gerade die Antikensammlung mit etwa 35.000 griechischen und römischen Kunstschätzen gehört zu den besten der Welt. Nicht nur die Skulpturen, auch die umfangreiche Vasensammlung gilt als hochkarätig.

Natürlich fehlen auch große Abteilungen mit europäischer Kunst nicht. Herausragend ist schließlich auch der **Lila Acheson Wallace Wing,** der auf drei Ebenen hochkarätige Kunstwerke des 20. Jh. bietet. Doch das Met hat noch weit mehr zu bieten: Drucke, Fotos, Musikinstrumente, Möbel, Kostüme oder kuriose Stücke wie mehr als 200.000 Baseball-Sammelkarten gehören ebenfalls zu den Beständen.

Zum Metropolitan Museum gehören zwei „Dependancen": **The Met Cloisters** 85, ein nachgebautes mittelalterliches Kloster im Norden Manhattans, das die Abteilung für Mittelalterarchitektur beherbergt, und das **The Met Breuer** 61 für moderne und zeitgenössische Kunst.

Im Herbst 2014 eröffnete an der 5th Ave. die neue **David H. Koch Plaza** mit Brunnen und Beleuchtung, Begrünung und Sitzbereichen. Mehr als 100 Bäume wurden gepflanzt, die ebenso wie Sonnensegel Schatten spenden. 48 Düsen sorgen für verschiedene Wasserspiele.

› **Metropolitan Museum of Art,** 5th Ave./82nd, www.metmuseum.org, So.–Do. 10–17.30, Fr./Sa. 10–21 Uhr, $ 25 (inkl. The Met Breuer 61 und The Met Cloisters 85), auch im CityPass enthalten, Subway: 77th oder 86th St.

KLEINE PAUSE

Erfrischung zwischen Kunstwerken

Auf dem Cantor Roof Garden im Metropolitan Museum lohnen nicht nur die zeitgenössischen Skulpturen und Installationen sowie der Ausblick auf Park und Skyline, im **Roof Garden Café & Martini Bar** lässt sich im Sommer auch gut ein kühler Drink genießen. Eine andere Ruheoase ist der überdachte Innenhof im American Wing, in dem man sich umgeben von Kunstschätzen tgl. ab 10 Uhr im **American Wing Café** erholen kann.

› *Weder Architekt noch Bauherr erlebten die Eröffnung des Guggenheim Museum mit*

63 Solomon R. Guggenheim Museum ★★★ [D10]

Das Solomon R. Guggenheim Museum ist insofern ungewöhnlich, als es eine selten erreichte Einheit von Architektur und Kunst darstellt. 1943 hatte Frank L. Wright im Auftrag von Salomon R. Guggenheim mit der Planung des „Schneckenhauses“ begonnen, die Bauarbeiten selbst starteten jedoch erst 1956 und die Eröffnung im Jahr 1959 erlebte weder der Bauherr noch der berühmte Architekt mit. Den Kern des Gebäudes bildet eine Art Spirale, die man im Inneren über eine Rampe erkundet.

1937 war die „Solomon R. Guggenheim Foundation“ gegründet worden, wobei die Schätze des Millionärs und Privatsammlers erst in seinem Privatapartment im Plaza Hotel 53 und ab 1939 im „Museum of Non-Objective Painting“, einem Autohaus an der E 54th Street, ausgestellt worden waren. 1943 beauftragte Guggenheim mit Frank Lloyd Wright (1867–1959) den damals bedeutendsten amerikanischen Architekten mit einem Neubau und dieser schuf ein außergewöhnliches plastisches Gebilde aus Zikkurat (einem pyramidenartigen mesopotamischen Stufentempel) und auf dem Kopf stehendem Schneckenhaus. 1992 wurde dieser Bau durch Gwathmey Siegel & Ass. Architects nach Originalplänen Wrights um einen Turm erweitert. 2009 waren zum 50-jährigen Jubiläum aufwendige Renovierungen abgeschlossen.

Die exzellente **Sammlung moderner und zeitgenössischer Kunst** (19./20. Jh.) war ab den späten 1920er-Jahren von Salomon R. Guggenheim (1861–1949) zusammengetragen und im Laufe

097ny Abb.: mb

der Jahre durch Stiftungen und Ankäufe vergrößert worden. 1976 kamen z. B. mit der Stiftung des Münchner Kunsthändlers Justin K. Thannhauser viele Kunstwerke der Jahrhundertwende und von Picasso dazu und 1990 vergrößerten sich die Bestände des Museums durch den Neuerwerb der Sammlung Panza di Biumo – v.a. Werke amerikanischer Minimalisten und Konzeptualisten der 1960er-/1970er-Jahre – und 1992 legte eine Schenkung der Robert Mapplethorpe Foundation den Grundstock für die Fotosammlung. Die Museumsbestände werden aufgrund ihrer Menge in Rotation gezeigt und zusätzlich gibt es spektakuläre Wechselausstellungen. „Filialen" des Guggenheim Museum existieren in Venedig, Bilbao und in Abu Dhabi ist seit Längerem ein Gehry-Bau geplant.

› **Guggenheim Museum,** 1071 5th Ave./89th St., www.guggenheim.org, Fr./So.-Mi. 10-17.45, Sa. 10-19.45 Uhr, $ 25 (Sa. 17.45-19.45 Uhr Eintritt beliebig). Angeschlossen ist das Restaurant The Wright, in dem in schickem Ambiente moderne amerikanische Küche mit saisonalen und lokalen Zutaten serviert wird. Subway: 86th St.

64 Neue Galerie, Museum for German and Austrian Art ★★ [D10]

Die beiden weltberühmten „Kathedralen der Kunst", Metropolitan Museum of Art 62 und Guggenheim Museum 63, sind nur zwei Hauptpunkte auf einer langen Liste von Kulturinstitutionen, die sich entlang der 5th Avenue, an der Ostgrenze des Central Park, aneinanderreihen und die „**Museum Mile**" bilden. Erste Station im Süden ist die **Neue Galerie, Museum for German and Austrian Art.** Sie entstand auf Initiative des in Wien geborenen Kunsthändlers Serge Sabarsky und des amerikanischen Geschäftsmanns, Mäzens und Kunstsammlers Ronald S. Lauder in diesem denkmalgeschützten Beaux-Arts-Gebäude von 1914.

Das Erdgeschoss widmet sich dem **Wiener Kunstschaffen** um 1900, v.a. anhand von Beispielen bildender Kunst mit Werken von Malern wie Gustav Klimt, Egon Schiele oder Oskar Kokoschka. Vertreten sind auch die Wiener Werkstätten mit Josef Hoffmann und Koloman Moser sowie Architekten wie Otto Wagner, Joseph Urban und Adolf Loos. Im Obergeschoss geht es um die **deutsche Moderne** mit Strömungen wie dem Blauen Reiter (Wassily Kandinsky, Paul Klee, August Macke, Franz Marc), der Brücke (Ernst Ludwig Kirchner, Max Pechstein), dem Bauhaus (Lyonel Feininger, Paul Klee, Oskar Schlemmer) oder der Neuen Sachlichkeit (Otto Dix, George Grosz). Die angewandte Kunst vertreten Arbeiten des Werkbunds (Peter Behrens) und des Bauhaus (Marcel Breuer, Ludwig Mies van der Rohe). Wiener Kaffeehausatmosphäre bieten das Café Fledermaus und v.a. das Café Sabarsky.

› **Neue Galerie, Museum for German and Austrian Art,** 1048 5th Ave./86th St., www.neuegalerie.org, Do.-Mo. 11-18 Uhr, $ 20 (1. Fr. im Monat 18-20 Uhr freier Eintritt), Subway: 86th St.

65 National Academy Museum & School of Fine Arts ★ [D10]

Nächster Stopp an der Museumsmeile ist das National Academy Museum & School of Fine Arts, 1825 von renommierten Künstlern gegründet und mit einer **Sammlung von über 8000 Gemälden, Zeichnungen und Skulpturen.** Schwerpunkt ist die amerikanische Kunst vom 19. Jahrhundert bis zur Gegenwart. Diese älteste Kunstakademie in den USA zog 1940 in das geerbte Haus des Kunstmäzens und Philanthropen Archer Huntington ein und dies fungiert heute als Ausbildungsstätte und Museum in einem. Es finden Vorträge, Symposien, Touren und andere Veranstaltungen statt.

> **National Academy Museum & School of Fine Arts,** 1083 5th Ave./89th St., Subway: 86th St., Mi.-So. 11-18 Uhr, Eintritt nach eigenem Ermessen, www.nationalacademy.org

66 Cooper-Hewitt Smithsonian Design Museum ★ [D10]

Das Cooper-Hewitt Design Museum beschäftigt sich mit **grafischem und industriellem Design,** mit **Architektur** und **Designgeschichte** und bietet interessante Wechselausstellungen. Die Sammlung wurde 1897 als „Cooper Union Museum for the Arts of Decoration" von der Familie Hewitt gegründet. Vor allem die drei Hewitt-Schwestern trugen Kunstwerke zusammen, die zunächst in der Cooper Union (s. S. 80) in Lower Manhattan ausgestellt wurden.

1967 gelangte die Sammlung in die Obhut der Smithsonian Institution, die sie 1976 an ihren jetzigen Platz, in die **Andrew Carnegie Mansion** (5th Ave./91st St.) verlagerte. Der „alte" Palazzo von Andrew Carnegie wurde 1902 erbaut und galt damals wegen Zentralheizung, Klimaanlage und Aufzug als ungeheuer fortschrittlich. Zwei angrenzende *townhouses* an der 90th Street gehören zum Institut und beherbergen u.a. den schönen Museumsshop.

2015 eröffnete das Museum nach umfassender Renovierung neu. Moderne Medien, z. B. ein interaktiver „Stift", der beim Durchgang durch die Galerien das Sammeln und Abspeichern von Informationen und das Abrufen zu Hause am eigenen Computer erlaubt, kommen zum Einsatz. Außerdem stehen „Touchscreen Tables" zur Verfügung und unter dem Motto „Play Designer" kann jeder selbst aktiv werden und z. B. Tapetenmuster entwerfen.

> **Cooper-Hewitt Smithsonian Design Museum,** 2 E 91st St., http://cooperhewitt.org, Subway: 86th St., tgl. 10-18, Sa. bis 21 Uhr, $ 18 (online preiswerter), mit Café und schönem Shop sowie frei zugängl. Arthur Ross Terrace & Garden

67 Jewish Museum ★ [D10]

Diese **weltgrößte Sammlung von Judaika** reicht bis ins Jahr 1904 zurück, als der Richter Mayer Sulzberger der Bibliothek des Jewish Theological Seminary of America antiquarische Schriften und Manuskripte, aber auch kunsthandwerkliche und sakrale Gegenstände vermachte. Sie befindet sich in der ehemaligen Privatwohnung eines Bankiers, der gotisierenden **Warburg Mansion** aus dem Jahr 1907, die vor einigen Jahren um einen Anbau von Kevin Roche erweitert wurde.

Die Exponate – rituelle und sakrale Objekte wie Thora-Kronen, Leuchter, Teller oder Zeremoniensilber, aber auch profane Kunstwerke, archäologische Fundstücke, Fotos und Dokumente aller Art – decken einen Zeitraum von über 4000 Jahren ab und erläutern eindrucksvoll jüdische Sitten und Bräuche.

> **Jewish Museum,** 1109 5th Ave./92nd St., www.thejewishmuseum.org, Fr.-Di 11-17.45, Do. 11-20, $ 15 (Sa. frei), Subway: 86th oder 96th St.

68 Museum of the City of New York ★★ [D8]

Ein Glanzlicht an der Museum Mile ist das Museum of the City of New York. „See New York like a real New Yorker" ist das Motto dieses Stadtmuseums, in dem man anhand von Ausstellungsstücken und Dokumenten **fast vier Jahrhunderte Stadtgeschichte** kennenlernt. Es ergänzt ideal die Sammlung der New-York Historical Society (s. S. 154). Die Dauerausstellung wurde 1923 ins Leben gerufen und war bis 1932 in der Gracie Mansion (s. S. 145) untergebracht.

Sehenswert sind neben Wechselausstellungen über die Stadtgeschichte die zeitgenössisch (1690–1906) ausgestatteten **„Rockefeller Rooms"**. Weitere Säle beinhalten die **Painting & Sculpture Collection** mit Werken von Asher B. Durand oder Reginald Marsh sowie Porträts von New Yorkern, außerdem gibt es eine **Prints & Photographs Collection** mit Fotos von Berenice Abbott u. a., dazu handkolorierte Lithografien. Die **Decorative Arts Collection** versammelt z. B. Haushalts- und Zeremoniensilber sowie goldene Schiffsmodelle und Handelsware. Ebenfalls sehenswert sind die **Costume Collection** und die **Spielzeugsammlung.** Seit Kurzem steht auch das **South Street Seaport Museum** (s. S. 218) unter der Ägide des Stadtmuseums und dort geht es anhand von Fotos, Dokumenten und Objekten um den Hafen, den Handel, den Kommerz und die Seefahrt. Die **Broadway-Abteilung** stellt eine der weltgrößten Sammlungen zur Theatergeschichte mit Kostümen, Fotos, Zeichnungen und anderen Erinnerungsstücken dar. „Timescapes" heißt ein Film, der in 25 Minuten einen guten historischen Überblick über die Stadt von den Anfängen bis heute liefert, ergänzend gibt es Vorträge und andere Veranstaltungen.

› **Museum of the City of New York,**
1220 5th Ave./103rd St., www.mcny.org,
tgl. 10–18 Uhr, $ 14, mit Café,
Subway: 103rd St.

69 Museo del Barrio ★ [D8]

Letzte Station auf der Museum Mile, an der Grenze zu East Harlem, ist das Museo del Barrio, das **Museum für lateinamerikanische Kunst und Kultur.** Die 6500 Werke umfassende Sammlung, deren Schwerpunkt auf Kunst aus Puerto Rico, Lateinamerika und der Karibik liegt, wurde zum 40-jährigen Bestehen renoviert und umstrukturiert. Abgesehen von modernen, luftigen Ausstellungsflächen, geschmückt mit Wandbildern von Diego Rivera, Bildern von Frida Kahlo und Karikaturen von Miguel Covarrubias, wurde das Museum zum Central Park hin mittels Glas und einem Innenhof mit Zugang zu „El Cafe" geöffnet.

Neben **zeitgenössischen Werken** werden in Wechselausstellungen **historische Themen** aufgegriffen. Objekte aus der präkolumbianischen Frühzeit – Haushalts- und religiöse Objekte der Taíno-Kultur (Puerto Rico) – sind ebenso zu sehen wie moderne Kunstwerke. 900 profane und religiöse Ausstellungsstücke illustrieren in der Abteilung „Traditional Arts" verschiedene Aspekte des Lebens und stammen aus Chile, Brasilien, Peru, Haiti, Mexiko und Puerto Rico. Außergewöhnlich ist die Sammlung von holzgeschnitzten „Heiligenfiguren" für den Hausaltar, rund 360 „Santos de Palo" aus Puerto Rico, „Sculpture between Heaven and Earth" genannt.

New Yorks „Little Germany"

Die 86th Street stellt das Herz von Yorkville dar und ist auch ideal für einen Shoppingbummel. Anfang des Jahrhunderts nannte man dieses Areal Little Germany (Klein-Deutschland) und die 86th Street ***German Broadway,*** *was man schön bei Oskar Maria Graf nachlesen kann. Heute weisen nur noch rund 7000 Bewohner von Yorkville deutsche Wurzeln auf und man stößt nur noch punktuell auf alte Relikte: Das Restaurant Heidelberg oder die Metzgerei Schaller & Weber sind solche Hinweise, dass sich hier einmal das deutsche Zentrum der Stadt befand.*

Idealer Ausgangs- und Endpunkt für einen Rundgang ist die Subway-Station 86th Street, von der man auf der E 86th Street Richtung East River schlendern kann. Am Fluss stößt man auf den ***Henderson Historic District*** *mit 24 hübschen Ziegel-Reihenhäuschen aus dem späten 19. Jh., erbaut von dem Hutmacher John C. Henderson. Sie sind heute eine begehrte Adresse. Von der breiten Promenade über dem East River Drive bietet sich ein guter Ausblick auf Queensboro Bridge, Roosevelt und Ward's Island sowie Hell Gate, die Verbindung zwischen East River und Long Island Sound.*

Der nahe gelegene ***Carl Schurz Park*** *war 1891 auf Betreiben des gleichnamigen deutschen Immigranten und amerikanischen Innenministers von 1869 bis 1875 angelegt worden. Im Park befindet sich ein elegantes Landhaus, die* ***Gracie Mansion.*** *Sie war 1799 für den Kaufmann Gracie im Federal Style erbaut und später der Stadt übereignet worden. Erst diente sie als Sitz des Museum of the City of New York, seit 1942 ist sie offizieller Wohn- und Amtssitz des Bürgermeisters.*

098ny Abb.: mb

Tradition seit 1937: die Metzgerei Schaller & Weber im Herzen Yorkvilles

› *Im* ***Heidelberg*** *(1648 2nd Ave.) gibt es deutsches Bier und Schmankerl,* ***Schaller & Weber*** *(1654 2nd Ave.) bietet deutsche Wurstwaren und andere Lebensmittel, in* ***Schaller's Stube*** *gibt es einen deutschen Imbiss mit Würstchen und Sauerkraut.* ***Glaser's Bake Shop*** *(87th St./1st Ave.) ist eine 1902 gegründete Bäckerei mit deutschem Gebäck.*

› *Eine Liste deutsch geführter oder inspirierter Lokale, „delis" und Shops, aber auch von Veranstaltungen und Treffs bietet:* ***www.germanyinnyc.org***

★**79** *[E10]* ***Gracie Mansion,*** *East End Ave./88th St., www1.nyc.gov/office-of-the-mayor/gracie-mansion.page, Touren, Anmerkungen und Details unter dem Menüpunkt „Visit".*

› **Museo del Barrio,** 1230 5th Ave./104th St., www.elmuseo.org, Di.-Sa. 11-18, So. 12-17 Uhr, jeden 3. Sa. im Monat Eintritt frei, $ 9, Subway: 103rd St. Mit schönem Laden.

Gastronomie in der Upper East Side

80 [D11] **E.A.T.,** 1064 Madison Ave., E 80th-81st St., tgl. 7-22 Uhr. V. a. Backwaren und Frühstück sind legendär.

81 [E11] **Mei Jin Ramen** $$, 1574 2nd Ave., tgl. Lunch/Dinner. Japanisches Lokal mit vielerlei Nudelgerichten (Ramen), aber auch Reis, Salaten u.a.

› **Papaya King** (s. S. 235) – Hot Dogs und vor allem Säfte, nicht nur aus der Papaya.

70 Central Park ★★★ [C12]

Nicht nur an Sonntagen, wenn die meisten Straßen durch den Central Park gesperrt sind, fungiert diese Grünanlage als die „gute Stube“ der Stadt. Hier treibt man Sport, malt, musiziert, meditiert, trifft sich zum Picknick oder zum Konzert, liest oder genießt die Sonne. Im Sommer lockt der 340 ha große Stadtpark als kühle Oase im brodelnd-heißen Wolkenkratzerdschungel, im Winter, in weiße Schneepracht getaucht, fühlt man sich hier meilenweit von der hektischen Stadt entfernt.

Die Grünanlage breitet sich zwischen 59th Street (Central Park South) und 110th Street sowie zwischen 5th und 8th Avenue (Central Park West) aus, ist rund 4 km lang und 800 m breit. Sie bedeckt mit ihren rund 340 ha etwa 5 % der Fläche Manhattans und bietet rund 50 km

Auf dem See im Central Park trifft man sich sonntags zum Bootfahren

249ny Abb.: mb

an Fußwegen und Sportplätze aller Art. Wurde früher generell davon abgeraten, den Central Park zu besuchen, sorgt heute berittene Polizei für Sicherheit und lediglich abgelegene Parkabschnitte, v.a. zwischen 74th und 79th Street, sind zu meiden. Und natürlich ist der Park, wie alle Parks weltweit, bei Dunkelheit kein empfehlenswerter Aufenthaltsort.

Geschichte

Wer einen alten Stadtplan von New York betrachtet, wird feststellen, dass sich zu Beginn des 19. Jh. im mittleren Teil Manhattans noch kein grüner Fleck befand. 1844 hatte William Cullen Bryant, Herausgeber der New York Post, erstmals einen großen öffentlichen Park in Manhattan gefordert – sein Wunsch wurde jedoch zunächst ignoriert. Erst bei den Bürgermeisterwahlen 1850 wurde die Forderung thematisiert und sieben Jahre später ein Gremium ins Leben gerufen.

Frederick Law Olmsted wurde zum ersten „Superintendent of the Park" ernannt und begann seine Pläne umzusetzen. Das war jedoch nicht ganz einfach, denn auf dem vorgesehenen Gelände befand sich eine afroamerikanische Siedlung namens **Seneca Village**, die in der ersten Hälfte des 19. Jh. entstanden war. Über 250 Menschen, darunter auch zahlreiche Iren, sollen hier gelebt haben, es gab drei Kirchen, zwei Friedhöfe und zwei Schulen. Die Bewohner wurden – bis heute viel kritisiert – zwangsumgesiedelt und das Dorf 1858 dem Erdboden gleichgemacht. Spuren davon fand man bei Ausgrabungen im Central Park.

Olmsted und der hinzugezogene Architekt und Landschaftsplaner Calvert Vaux begannen mit der **Anlage des Parks**, stießen jedoch auf weitere Probleme. Das vorgesehene Grundstück war teils Sumpfland, teils Schweineweide und man arbeitete Tag und Nacht daran, eine naturnahe und doch „dekorative" Landschaft entstehen zu lassen. Erde wurde reichlich bewegt und Tonnen von Humus mussten aus New Jersey herangeschafft werden, um dem neugepflanzten Grün Nährboden zu geben. Auch hinter den Kulissen verlief die Umsetzung der Pläne nicht reibungslos, zweimal drohten die beiden Planer wegen politischer Querelen ihr Amt niederzulegen.

Die offizielle **Eröffnung** erfolgte 1873. Olmsted hatte sich mit seiner Idee von einem Park, der durch Schönheit bestechen und passiven Genuss bieten solle, durchgesetzt. Doch die New Yorker waren anderer Meinung und deshalb wurden kurz vor der offiziellen Eröffnung noch ein Zoo und Baseball-Felder hinzugefügt. Autos wurden ab 1899 ebenfalls zugelassen und überall entstanden weitere Sport- und Spielplätze.

Besichtigung

Jahr für Jahr tummeln sich über 40 Mio. Menschen – New Yorker und Besucher – im Park, wobei der Südabschnitt, etwa bis auf Höhe des Metropolitan Museum (88th St.) bzw. des Reservoirs, der meistbesuchte Teil ist. An der Grand Army Plaza mit Pulitzer Fountain im Süden (Künstler: Karl Bittner) und Bronzestatue von Unionsgeneral Sherman von Augustus Saint Gaudens geht es hinein in den Central Park. Erster Anlaufpunkt ist **The Dairy** (E 65th St.). Wo einst Milch an bedürftige Kinder verteilt wurde, gibt es heute Informationsmaterial für Interessierte. Eine nahe der Dairy gelegene Attraktion für Familien ist der **Central**

EXTRAINFO

Informationen zum Central Park

82 [C13] **The Dairy Visitor Info Center,** Central Park/Höhe 65th St., Tel. 212 7946564, tägl. 10–17 Uhr

83 [B12] **Tavern on the Green,** West Side/ 67th St., http://tavernonthegreen.com. 1934 eröffnetes, legendäres Lokal im Park mit Plätzen im Freien und attraktiver Bar.

› **Im Internet:** www.centralparknyc.org, www.centralpark.com

› Verschiedenste **Touren** per Fahrrad, zu Fuß oder in der Pferdekutsche, aber auch einen Fahrradverleih bietet Central Park Sightseeing unter www.centralparksightseeing.com. Naturführungen gibt es bei „Wildman" Steve Brill (s. S. 332). Für weitere Touren siehe www.centralparknyc.org/tours.

S84 [B13] **Bike and Roll Fahrradverleih,** 2 Columbus Circle/59th Broadway, oder am Loeb Boathouse im Park, East Dr./E 74th St., Apr.–Nov. 10–18 Uhr. Touren veranstaltet **Central Park Bike Tours,** 203 W 58th St./7th Ave., http://centralparkbiketours.com bzw. http://rentbikenyc.net

S85 [C12] **Bootsverleih,** Loeb Bootshaus, East Dr./74th St., Apr.–Nov. 10–18 Uhr, $ 15, www.thecentralparkboathouse.com/boats.php

★86 [C13] **Central Park Zoo,** 830 5th Ave./64th St., www.centralparkzoo.com, tgl. 10–mind. 16.30 Uhr, $ 18. Mit Abteilungen wie Polar Circle, Tropic Zone und Tisch Children's Zoo.

S87 [C13] **Eislaufen/Inlineskating,** im Winter bzw. im Sommer auf dem Wollman Rink an der Südostecke, Zugang: Central Park South/6th Ave., auch Verleih und Unterricht

•88 [C13] **Kutschfahrten,** ab Südostecke des Parks (nahe Plaza Hotel 53), außerdem Pedicab-Touren (Fahrradrikschas)

› **Veranstaltungen** im Central Park (s. S. 146)

› **Hallett Nature Sanctuary,** April–Juni Mo./Mi./Fr 14–17 Uhr, Juli/Aug. Mo.–Fr. 14–17, Mi. bis 19, So. 11–13 Uhr. Neu eröffneter Gartenteil. Eine Verlängerung der Zeiten ist geplant.

› **Subway-Stationen** entlang Central Park West, etwa alle 10 Straßenblocks (Linien A, B, C, D) oder an der Grand Army Plaza (Südostecke des Parks, Linien N, R)

Park Zoo (E 64th St.), berühmt geworden durch die Madagascar-Trickfilme.

Wer sich sportlich betätigen möchte, dem stehen der **Wollman Rink** – im Winter zum Schlittschuhlaufen, im Sommer zum Skaten – oder im Sommer der **Heckscher Playground** mit allerlei Spielfeldern zur Verfügung.

Eingefasst vom Pond in der Südostecke des Central Park versteckt sich nahe dem Woolman Rink ein besonderes Juwel: das **Hallett Nature Sanctuary.** Seit den 1930er-Jahren war das Sanctuary eine Art geheime, unzugängliche und wenig gepflegte Wildnis, von der man sagt, dass Park Comissioner Robert Moses sie als Vogelschutzgebiet vorgesehen hatte. Außerdem wurden hier seltene Bäume gepflanzt, allerdings keine, die Vögel anlockten, dazu erwiesen sich viele der Pflanzen als zu invasiv.

Als einer von drei Waldbereichen des Parks (neben Ramble und North Woods) war die „Promontory" (Landzunge) lange als Vogelschutzgebiet nicht zugänglich. Seit Mai 2016 darf man das vom Central Park Conservancy betreute **Naturareal** wieder besuchen – ein ideales Beispiel, wie die Insel Manhattan einst ausgesehen haben mag, und ein Beleg, dass auch Wildnis ohne menschliche Eingriffe im urbanen Umfeld denkbar ist.

Auch Grünflächen wie **Sheep Meadow** (W 65th St.) animieren dazu, sich Bälle, Frisbeescheiben oder Boomerangs zuzuwerfen. Zu den **Strawberry Fields** pilgern Tag für Tag Beatles-Fans um ihrem Idol John Lennon zu gedenken, der 1980 vor dem nahen Dakota Building 73 erschossen wurde.

Nördlich des „Lake", wo sich Freizeitkapitäne mit ferngesteuerten Bootsmodellen oder auch in Ruderbooten tummeln, kommen Kunstfreunde im **Delacorte Theater** (W 81st St.), im Shakespeare Garden oder auf dem nördlich anschließenden **Great Lawn** auf ihre Kosten. Hier und im weiter südlich gelegenen **Rumsey Playfield** und der **Naumberg Bandshell** (70th St.) finden in den Sommermonaten Freiluftkonzerte oder Theateraufführungen statt. Ebenfalls in diesem Teil befindet sich das viktorianische **Belvedere Castle** mit Aussichtsturm, Infozentrum und naturkundlichen Ausstellungen. Nördlich des Great Lawn schließt sich das große **Jacqueline Kennedy Onassis Reservoir** an, Teil der Wasserversorgung Manhattans. Weiter nordwärts folgen u.a. **The Great Hill** (W 106th St.) und das **Harlem Meer** (Nordostecke), das besonders den Bewohnern Harlems als „Gemeinschaftsgarten", Spielwiese und Erholungsoase dient. Lohnender Anlaufpunkt am Nordufer des Harlem Meer ist das **Charles A. Dana Discovery Center**, wo Sommerkonzerte stattfinden, und im Südosten der **Conservatory Garden** – drei symmetrisch angelegte Gärten, die man durch ein mächtiges Schmiedeeisentor betritt.

Upper West Side

Die Upper West Side (UWS), der Stadtteil zwischen 59th und 110th Street, im Westen des Central Park bis hin zum Hudson River, gilt als Wohngebiet der Künstler, Musiker und Literaten. Größen aus Oper, Theater und Film sind hier ebenso zu Hause wie berühmte Sportler. Aufgrund der späten Besiedelung existiert relativ viel alte Bausubstanz, die teilweise unter Denkmalschutz steht. Insgesamt präsentiert sich das Viertel als architektonischer Flickenteppich, als Stilgemisch, das gut zu der zusammengewürfelten Gesellschaft aus allen Schichten, Altersstufen, Klassen und Ethnien passt.

Die UWS ist allein schon wegen ihrer **Kultureinrichtungen**, der New-York Historical Society (s. S. 154), dem American Museum of Natural History 74 mit dem Hayden Planetarium und dem Lincoln Center 72 einen Besuch wert. Beliebt ist die UWS auch wegen ihrer **Restaurants und Shops.** Besonders das Areal zwischen Columbus Avenue und Broadway, 71st und 84th Street ist interessant für Leute, die nach Kleidung, Antiquitäten, Kunst oder Geschenkartikeln Ausschau halten, die Columbus Avenue ist dagegen als „Restaurant Row" bekannt.

Zum Wohnviertel entwickelte sich die UWS nach 1870 und der Eröffnung der 9th-Ave.-Hochbahn, die die Verbindung zu Midtown herstellte. Als Erstes großes Luxus-Apartmenthaus entstand in den frühen 1880er-Jahren das Dakota Building 73, ihm folgten entlang Broadway und Central Park West (= 8th Ave.) andere mächtige Gebäude. In den Seitenstraßen baute man hingegen hübsche braune Sandstein-Reihenhäuschen. Mit dem **U-Bahn-Bau** in den 1920er-Jahren erlebte das Viertel einen neuerlichen Aufschwung. Geplant war ursprünglich eine soziale Staffelung der Wohnungen je nach Einkommen vom Park zum River hin, allerdings siedelten sich nach dem Zweiten Weltkrieg zunehmend Puerto Ricaner und Afroamerikaner v.a. nördlich der 86th Street an und durchbrachen das System. Wohnsilos entstanden und die Verelendung drohte.

In den 1960er-Jahren entstand im Süden das Lincoln Center 72 und in den 1980er-Jahren entdeckten die Yuppies das Viertel – v.a. Columbus und Amsterdam Avenue – für sich und ließen die „Yupper West Side“ entstehen.

100ny Abb.: mb

71 Columbus Circle ★ [B13]

Den verkehrsumtosten **Columbus Circle**, wo die Wasserspiele der Brunnen rings um die Columbus-Statue den Lärm etwas übertönen, überragt an der Nordostecke ein hohler, versilberter Erdball und hinter diesem wiederum erhebt sich das **Trump International Hotel & Tower** von 1997. Auffällig ist auch der von dem Architekturbüro SOM geplante Doppel-Skyscraper **Time Warner Center** – ein Komplex mit **The Shops at Columbus Circle** (s.S. 250), Restaurants (z.B. die Sternelokale Masa und Per Se), dem Mandarin Oriental Hotel, Wohnungen, Büros und den Time Warner World Headquarters/CNN TV Studios. Jazz at Lincoln Center (s.S. 246) bespielt hier drei Bühnen: Rose Theater, Allen Room und die Bar Dizzy's Club Coca-Cola.

In einem auffälligen, von Allied Works Architecture komplett umgestalteten Bau am Columbus Circle/W 53rd St., auch „The Lollipop Building“ genannt, residiert das **Museum of Arts & Design** (s.S. 215) – kurz „MAD“. Auf einer Fläche von 5000 m² und sechs Etagen wird in heller, luftiger Atmosphäre die Verbindung von Handwerk, Kunst und Design höchst attraktiv und anschaulich thematisiert. Abgesehen von der Dauer- gibt es interessante Wechselausstellungen, außerdem Studios, ein Auditorium und ein Restaurant im obersten Geschoss mit schönem Ausblick.

Etwas zurückversetzt an der 8th Avenue (56th–57th St.) tritt ein von Sir Norman Foster 2006 vollendeter und 2008

☒ *Der Trump Tower am Columbus Circle mit der Erdkugel als Wahrzeichen* mit dem „International Highrise Award“ ausgezeichneter Wolkenkratzer aus auffälligen Kuben und weißen Verstrebungen ins Blickfeld: der **Hearst Tower.** Das Besondere an dem 182 m hohen Glas-Stahl-Bau ist die Tatsache, dass zum einen der alte Bau von 1928 als Sockel verwendet wurde und es sich zum anderen um das erste „grüne Gebäude“ in New York handelt. In nächster Nähe entstehen gerade mehrere, meist bleistiftschlanke Wolkenkratzer von bekannten Architekten, v. a. entlang der W 57th Street (Nr. 111, 157, 217, 220).

› Subway: 59th St.-Columbus Circle

72 Lincoln Center for the Performing Arts ★ [B13]

Im Lincoln Center for the Performing Arts residieren seit seiner Eröffnung 1966 rund ein Dutzend verschiedener Musik- und Kulturinstitutionen, unter ihnen die Metropolitan Opera und die New York Philharmonic. Die Anlage gruppiert sich um die Josie Robertson Plaza mit einem Brunnen, dem Revson Fountain, von Philip Johnson und der „Reclining Figure“ von Henry Moore. Am Kopfende befindet sich das **Metropolitan Opera House,** die berühmte Met, südlich grenzt der Damrosch Park an, wo die **Guggenheim Bandshell** während der regelmäßig veranstalteten Freiluftkonzerte Besucher anzieht. Den südlichen Flügel des Platzes nimmt das **David H. Koch Theater** ein, Heimat des New York City Ballet. Die 1962 erbaute **David Geffen Hall** (früher: Avery Fisher Hall) an der Nordflanke ist die Heimat der **New York Philharmonic,** 1842 gegründet und damit das älteste Orchester der USA. Den Zwischenraum zwischen beiden Gebäuden schließt das neue **Elinor Bunin Munroe Film Center,** Filmtheater und Veranstaltungsfläche in einem. An der Nordwestecke des Blocks, durch die New York Public Library for the Performing Arts verbunden mit der Met, folgt das **Lincoln Center Theater** mit Vivian Beaumont, Mitzi E. Newhouse und Claire Tow Theater.

Die Erweiterung der **Alice Tully Hall** (65th St./Broadway) wurde vor ein paar Jahren mit Plaza und Tribüne, dem „Credit Suisse Information Grandstand“, versehen. An sie schließen die **Juillard School** und das **Samuel B. & David Rose Building** (Headquarters) mit dem Walter Reade Theater an. **The David Rubenstein Atrium at Lincoln Center** ist ein Ticket-

101ny Abb.: mb

Die Alice Tully Hall

216ny Abb.: mb

und Besucherzentrum. Gegenüber dem Center befindet sich das **American Folk Art Museum** (s. S. 212).

Im Rahmen des **West 65th Street Project** wurden die Gebäude durch Grünanlagen und Wege verbunden um eine „Street of the Arts" zu schaffen. Entlang der Columbus Ave. entstand die Grand Promenade, eine Treppenanlage zur Robertson Plaza hin, außerdem kam u. a. der Barclay's Capital Grove mit Bänken unter Bäumen dazu (im Sommer für das Lincoln Center Out of Doors Festival genutzt).

› **Lincoln Center for the Performing Arts,** 70 Lincoln Center Plaza (Columbus-Amsterdam Ave./W 62nd–65th St.), Subway: 66th St.-Lincoln Center, www.lincolncenter.org, www.metopera.org

Das Dakota Building war einst der Wohnsitz von John Lennon

› **David Rubenstein Atrium,** 61 W 62 St. (Broadway zw. 62nd–63rd St.), http://atrium.lincolncenter.org, Mo.–Fr. 8–22, Sa./So. 9–22 Uhr. Beliebter Treff, Café, Gratis-WLAN, Ticketverkauf, Infostand, Campustouren und Gratisveranstaltungen, u. a. Do. 19.30 Uhr. Rabattierte **Tickets** für Veranstaltungen im Lincoln Center, New York City Center, 92nd Street Y, Merkin Concert Hall, Miller Theatre im Zucker Box Office (Di.–Fr. 14–19.45 Uhr, Sa. 12–14, 15–19.45 Uhr). Auch reguläre Tickets, außerdem direkt bei den Bühnen.

› **Veranstaltungen** (www.lincolncenter.org/calendar) wie Lincoln Center Out of Doors (www.lcoutofdoors.org) im Damrosch Park (Juli/Aug.), Lincoln Center Festival (Juli, http://lincolncenterfestival.org) oder Mostly Mozart Festival (Ende Juli/Aug., http://mostlymozart.org)

73 Dakota Building ★ [B12]

An der **Central Park West,** der den Park flankierenden Avenue, stehen die wohl legendärsten Apartmenthäuser der Stadt. Eines davon ist das **Dakota Building,** das als erster Luxus-Wohnblock 1884 in damals noch recht armseliger Umgebung erbaut worden war. Sehenswert an dem festungsartigen zehnstöckigen Bau mit großem Atriumhof ist v. a. der Eingang mit seinen Indianer-Reliefs, durch den schon Prominente wie Leonard Bernstein, Roberta Flack, Judy Garland oder Kim Basinger schritten, um in eine der ursprünglich 65 (heute 103) Luxussuiten zu gelangen. Bekanntester Mieter war wohl Beatle John Lennon, der am 8. Dezember 1980 vor dem Haus ermordet wurde. Seine Frau, Yoko Ono, lebt immer noch hier. Bekannt wurde der Bau zudem als Drehort von „Rosemaries Baby" (1968) von Roman Polanski. Auch in anderen Luxusresidenzen entlang der Central Park West waren bzw. sind Prominente zu Hause: z. B. James Dean (19 W 68th St.), Madonna (1 W 64th St.) und in 300 Central Park W, dem **Eldorado,** Marilyn Monroe.

Schön ist der Art-déco-Klassiker mit der Hausnummer 115, das **Majestic.** Das **San Remo** (Central Park W/74–75th St.), ein mächtiger Bau mit kathedralartigen Zwillingstürmen, wurde ein Jahr früher (1929–1931) errichtet. Die riesigen Wohnungen sind immer noch begehrt – Mieter ist z. B. der Sänger Paul Simon.

Am **Verdi Square** (72nd St./Broadway/Amsterdam Ave.) mit seiner altmodischen Subway-Station fallen z. B. das **Dorilton** (171 W 71st St.) von 1902 oder das **Alexandria Condominium** (35 W 70th St.) ins Auge, Letzteres 1927 als „Pythian Temple" (Freimaurerloge) mit ägyptisierendem Dekor erbaut. Sehenswert ist auch das **Ansonia Hotel** (2109 Broadway/73rd St.), 1899 vom Erben der Autofirma Dodge in Auftrag gegeben. Als es 1904 eröffnet wurde, soll es dem Dakota Konkurrenz gemacht haben: Es bot Mietapartments mit den Annehmlichkeiten eines Grand Hotels. Beliebt war und ist es wegen des Schallschutzes bei Musikern – Arturo Toscanini, Enrico Caruso und Igor Strawinsky wohnten hier.

› 1 W 72nd St., Subway: 72nd St.

KLEINE PAUSE

Zabar's Deli und andere Lokale

Eine Institution ist **Zabar's Deli,** bekannt geworden durch Woody Allens Filme. Im Obergeschoss gibt es Kochzubehör und Haushaltswaren und nebenan lockt Zabar's Café mit Spezialitäten. Wer dagegen Chutneys mag, muss bei **Hampton Chutney** vorbeischauen. Die parallel zum Broadway verlaufende **Amsterdam Avenue** wird v. a. zwischen 79th und 84th Street als „Fressmeile" bezeichnet.

- **89** [A11] **Artie's Deli,** 2290 Broadway. Typisch jüdischer Imbiss.
- **90** [B10] **Barney Greengrass,** 541 Amsterdam Ave. Bekannt für seine Fischspezialitäten, gut auf den hausgebackenen Bagels!
- **91** [B13] **Epicerie Boulud,** 1900 Broadway/W 64th St. Wurstwaren u.a. Gourmetkost, auch an der Bar.
- **92** [B11] **Hampton Chutney,** 464 Amsterdam Ave.
- **93** [B11] **Sarabeth,** 423 Amsterdam Ave., www.sarabeth.com. Seit 1981, bekannt geworden durch die Bäckerei und die Auswahl an Eingemachtem.
- **94** [A11] **Zabar's Deli,** Broadway/W 79th St.

74 American Museum of Natural History ★★★ [B11]

Das nicht zuletzt auch als Kulisse von Filmen wie z. B. „Night at the Museum" („Nachts im Museum", 1995) mit Ben Stiller bekannte American Museum of Natural History zählt zu den größten Naturkundemuseen weltweit und ist daher nicht nur ein Muss für Familien. In den vielen Ausstellungshallen, bei Filmen und Vorführungen wird so schnell niemandem langweilig.

Das Museum of Natural History am Rand des Central Parks ist ein von einer Grünanlage umgebener Komplex aus verschiedenen Bauteilen und rund 40 Ausstellungshallen auf vier Ebenen. 1869 gegründet, wurde der Kernbau mit seiner tempelartigen Fassade und neo-

EXTRATIPP

New-York Historical Society

Neben dem Museum of Natural History bietet das **Museum der New-York Historical Society** (s. S. 154) ein Kontrastprogramm. Die 1804 gegründete New-York Historical Society informiert im ältesten Museum der Stadt ausführlich über deren Geschichte. Historische Gegenstände unterschiedlichster Genres sowie Kunsthandwerk, Skulpturen und Gemälde amerikanischer Künstler aus verschiedenen Jahrhunderten sind ausgestellt. Besonders sehenswert ist das als Schaubereich angelegte Magazin im obersten Stock, das Henry Luce III. Center for the Study of American Culture, mit Alltagsgegenständen aller Art und dem neuen Center for the Study of Women's History. Zugehörig ist außerdem das Children's History Museum und im Eingangsbereich befinden sich das Caffè Storico und ein gut sortierter Buchladen.

gotischen Dekorelementen von Calvert Vaux, der auch an der Planung des Central Park beteiligt war, und J. Wrey Mould geplant und 1877 eröffnet. 1900 wurde ein Südflügel nach Plänen von J. Cleveland Cady im neoromanischen Stil hinzugefügt. 1936 stellte man vor der Hauptfassade eine überlebensgroße **Statue von Theodore Roosevelt** als „New York State Memorial" auf. Geschaffen hat sie der Künstler John Russell Pope. Hinter der Reiterstatue betritt man die **Hauptlobby** des Museums, die an eine römische Basilika erinnert und in der ein **Dinosaurierskelett** die Blicke auf sich zieht. Von den 1930er-Jahren an wurde nichts Grundlegendes an dem Komplex verändert und 2009 wurde eine mehrjährige, $37 Mio. teure Renovierung abgeschlossen. Dabei wurden unter anderem die Südfassade zwischen Columbus Avenue und Central Park West und das Eingangsfoyer neu gestaltet, aber auch Ausstellungsbereiche neu konzipiert und modernisiert.

Zu den Höhepunkten zählen die **Dioramen**, die in Originalgröße unterschied-

Das American Museum of Natural History hat weit mehr zu bieten als nur Dinosaurierskelette

103ny Abb.: mb

lichste Lebensbereiche in Afrika, Asien und Nordamerika mittels nachgestellter Szenen zeigen. Zahlreiche **Einzelmodelle** stehen in den Hallen, besonderes Aufsehen erregen natürlich die Rekonstruktionen von Dinosauriern oder Walen. Neuester „Eyecatcher" ist ein 2014 gefundener **Barosaurus** (Titanosaurus) aus Patagonien, einer der größten je entdeckten Dinosaurier. Wegen seiner Länge und Höhe streckt das Tier seinen Kopf in den Flur hinaus.

Aber auch Originale wie das Stück eines Meteoriten, der „Star of India", der größte Saphir der Welt, und ein kolossales Haida-Kanu sind interessant. Letzteres befindet sich direkt am Zugang zur hochinteressanten „Hall of Northwest Coast Indians", die schon 1888 eingerichtet wurde. In der „Bernard and Anne Spitzer Hall of Human Origins" ist die umfangreiche **anthropologische Sammlung** zur Geschichte der Menschen Asiens, des Pazifikraums, Afrikas und der Ureinwohner Amerikas ausgestellt.

Angeschlossen ist das **Hayden Planetarium** in einer beleuchteten Glaskugel als Teil des **Rose Center of Earth & Space.** Rund um die Planetariumskugel wird der Besucher im Rose Center über den „Heilbrun Cosmic Pathway" durch die verschiedenen Phasen der Entstehung und Ausbildung des Universums geführt, im „Big Bang Theater" gibt es die Space Show „Dark Universe" und im IMAX-3D-Theater naturwissenschaftliche Filme.

› **American Museum of Natural History,** Central Park W/79th St., www.amnh.org, tgl. 10–17.45 Uhr, mit Rose Center $ 22, mit IMAX und Space Show (10.30–16, am Wochenende 17 Uhr halbstündl.) $ 35, Subway: 81st St.-Mus. of Natural History

EXTRAINFO

„Neue" Straßennamen

Im Norden Manhattans ändern sich etliche **Straßennamen:** die Hauptachse Harlems, die 125th St. heißt Martin Luther King Jr. Blvd., die 6th Ave. heißt hier Lenox Ave. oder Malcolm X Blvd., die 7th Ave. wird zum Adam Clayton Powell Jr. Blvd., die 8th Ave. zum Frederick Douglas Blvd.

Upper Manhattan

Auch nördlich der 110th Street (Central Park North) gibt es noch so einiges zu sehen: Da wäre einmal **Harlem** 75, das in den letzten Jahren eine Wiedergeburt erlebt und für Besucher kein Tabu mehr sein sollte. Gerade das Areal um die 125th St., den Martin Luther King Boulevard 76, lohnt einen Besuch.

Im Osten der Halbinsel geht Harlem in **East Harlem** (nördlich Yorkville) – das noch Viertel der Hispanics – über. Im westlichen Teil, anschließend an die Upper West Side, liegen **Morningside Heights** mit der Columbia University 81 und der **St. Nicholas Historic District** um die 138/139th St.

Ganz im Norden der Insel befindet sich auch noch **The Met Cloisters** 85 im Fort Tryon Park – die Mittelalter-Filiale des Metropolitan Museum 62.

Der **West Harlem Piers Park** zwischen der 125th und 129th Street ist ebenso eine beliebte Erholungsregion in Uptown wie der Fort Washington Park mit dem Little Red Lighthouse (s. S. 11) unter der George Washington Bridge oder das nahe **Randall's Island.**

75 Harlem ★★ [C6]

Am Nordrand des Central Park offenbart sich noch immer ein gewisser Bruch, ethnisch, kulturell und wirtschaftlich. „Greater Harlem" erstreckt sich von Fluss zu Fluss, von der E 96th bzw. W 106th bis zur W 155th Street und das Herzstück heißt **Central Harlem** – der Korridor nördlich der 110th Street zwischen 5th Avenue und St. Nicholas Avenue. **East Harlem** (El Barrio oder Spanish Harlem) befindet sich zwischen Harlem River und Randall's Island, überdies existieren **West Harlem** mit Morningside Heights, Manhattanville und Hamilton Heights („Sugar Hill"). Nördlich davon liegen – nicht mehr Teil von Harlem – **Washington Heights und Inwood** im äußersten Nordzipfel von Manhattan.

Harlem darf längst nicht mehr als Getto, Schandfleck oder gar Slum bezeichnet werden und das Viertel nur bei einer der „klassischen" Bustouren im Schnelldurchlauf zu erkunden, wäre dumm. Sanierte Gebäude, Neubauten und Kulturprojekte verdrängen zunehmend Armut, Elend und Drogen. Die Kriminalitätsraten sind rückläufig und dieser *neighborhood* gibt sich vielgesichtig, bunt und hoffnungsvoll.

Der im Norden Manhattans gelegene Stadtteil war Jahrzehnte lang **Synonym für das afroamerikanische Amerika**, ist jedoch nach neuesten Erhebungen nicht mehr mehrheitlich „schwarz". Besonders im Kernbereich, Central Harlem, wuchs der weiße Bevölkerungsanteil, neben jenem der Hispanos, die konzentriert in East Harlem leben. Waren es 1990 noch 672 Weiße in Central Harlem, stieg der Anteil bis zum Jahr 2010 auf 10 %. 1910 waren 10 % der Harlemer Bevölkerung schwarz, 1930 mit der großen Migration aus dem Süden stieg der Anteil auf 70 % und 1950 waren es stolze 98 %. In Greater Harlem, dem gesamten Stadtteil, lebten 1950 341.000 Afroamerikaner, 1970 machten sie 64 % der Bevölkerung aus, 2012 waren es nur noch etwa 27 % und die Zahlen sinken weiter. Dafür steigt der Bevölkerungsanteil an weißen Non-Hispanics und Latinos stetig an.

Viele Schwarze sehen die Entwicklung als den **„Ausverkauf Harlems"**. Die Luxussanierungen werden mit Skepsis betrachtet, da alteingesessene Läden und Lokale neuen schicken Spots und Kettenbetrieben, Banken, Bürokomplexen und Einkaufszentren weichen müssen und für viele afroamerikanische Mieter ihre Wohnungen unerschwinglich werden und die Immobilienpreise ins Unermessliche steigen. Das schicke Aloft Hotel (2296 F. Douglass Blvd.) oder der Biosupermarkt Whole Foods (100 W 125th St.) sind Zeichen für die Gentrifizierung.

104ny Abb.: mb

Harlem wurde um 1658 von den Holländern gegründet. Im 19. Jh. entwickelte sich das ländliche Idyll zum **Ausflugsziel**, in dem besonders die deutschen Biergärten beliebt waren. Der Versuch von Spekulanten, aus dem Areal einen weißen Nobelvorort zu machen, scheiterte kläglich und so kam man auf die Idee, die Immobilien überteuert an schwarze Zuwanderer zu vermieten. In den 1920er-Jahren, während des **Harlem Rush**, waren unzählige Afroamerikaner aus dem landwirtschaftlich daniederliegenden Süden hierher gezogen. Um 1930 wohnte bereits eine Viertelmillion Menschen in Harlem und auch aus anderen großen Städten kamen Schwarze in den Big Apple. Doch schon damals hatte Harlem nicht nur eine Schokoladenseite, Korruption und Armut waren verbreitet: „Man kann Bewohner des Dschungels sein, ohne in Afrika zu leben", sagte dazu Howard „Stretch" Johnson, in den 1930er-Jahren Steptänzer im Cotton Club.

Neben der Kirche entwickelte sich in den 1920er-Jahren der **Jazz** zum Sprachrohr dieser Gettokultur. Auch wenn die Weißen die Fäden zogen und in den Topklubs nur weißes Publikum zugelassen war, wurde Harlem enorm wichtig für das Selbstbewusstsein der Afroamerikaner. Viele träumen noch von dieser Blütezeit, vom **Harlem der 1920er-Jahre**, als der Stadtteil die „Black Capital of the Western World" war. Damals prägten schwarze Musiker den Spitznamen „Big Apple",

An der 125th Street reihen sich die Straßenstände auf - hier ein Parfümverkäufer

EXTRATIPP

Im Zeichen des Jazz

Aktiv in Sachen Jazz ist seit Langem das **Jazzmobile** (www.jazzmobile.org), eine Institution, die an verschiedenen Orten (auch im Freien) Jazzkonzerte, aber auch Veranstaltungen und andere Programme sponsert. Es gibt kostenlose **Summerfest Concerts** und im Mai findet das **Harlem Jazz Shrines Festival** statt (http://harlemjazzshrines.org). Ebenfalls lohnend: die Harlem Week im August (s. S. 262).

Harlem galt als das „gelobte Land" der Afroamerikaner. Die Harlem Renaissance (s. S. 278) beherrschte die Kulturszene, Jazz, Ballett, Theater und Literatur blühten auf und das Bild des selbstbewussten „New Negro" wurde geprägt.

Die Hauptachsen des Viertels während der „Roaring Twenties" waren die 7th Avenue mit all ihren Läden und natürlich die 125th Street, in der das Amüsiergewerbe – Wetten, Glücksspiel und Prostitution – Hochkonjunktur hatte. Wie von Duke Ellington in „Take the A-Train" angedeutet, war die 125th Street gleichbedeutend mit Exotik, Erotik, Sex, Alkohol und Vergnügen. Hier steht das berühmte und heute noch attraktive **Apollo Theater** 76, in dem Louis Armstrong, Count Basie, Duke Ellington, Josephine Baker, und Billie Holiday auftraten, und hier befindet sich der **Cotton Club** (s. S. 240) der damals bezeichnenderweise schwarzen Zuschauern den Zutritt verweigerte.

Während des Zweiten Weltkriegs kam hier der **Bebop** auf und Musiker wie Dizzie Gillespie, Charlie Parker, Miles Davis, Ella Fitzgerald und Thelonious Monk feierten in den 1950er-Jah-

Project Harmony – Kampf um ein „grünes" Harlem

Man traut seinen Augen kaum: Mitten in Harlem, eingeklemmt zwischen Brownstone-Häusern und Apartmentblöcken, verbirgt sich hinter einem kunstvoll geschmiedeten Zaun ein kleiner „Garten Eden". Und doch ist der ***Joseph Daniel Wilson Memorial Garden*** *in der 219 W 122nd St. Realität: Maulbeer-, Kirsch-, Apfelbäume, Pappeln, Kletterrosen, Wein, Gemüsepflanzen und eine Unmenge von Blumen entlang geschwungener Pfade, romantische Bänke und Picknicktische bilden ein Stück Naturidyll mitten in der hektischen Großstadt.*

Die Idee eines solchen „community garden" reicht bis ins Jahr 1985 und auf ***Cynthia Nibbelink Worley*** *und ihren betagten Nachbarn* ***Joseph Daniel Wilson*** *zurück. Cynthia und ihr Ehemann, der Gospelsänger und Laienprediger Haja, hatten die Nase voll von Müll, Drogen und Prostituierten vor ihrer Haustür, von der Ignoranz der Polizei und der Untätigkeit der Anwohner.* ***„Project Harmony"*** *war geboren und brachte einen Stein ins Rollen: Die Bürger sorgen in Kooperation mit der nahe gelegenen Polizeistation für Sicherheit und Sauberkeit. Dabei sollen die Gärten nicht nur zur Verschönerung beitragen, sondern den Kindern in Harlem, die weltweit am meisten asthmagefährdet sind, helfen.*

Haja ist ***Vollzeit-Aktivist,*** *bekleidet mehrere Posten und fungiert als Triebfeder der Organisation. Er ist der Praktiker, Umweltschützer und Pädagoge in einem, führt die Nachbarskinder in den organischen Gartenbau ein und lehrt sie, für ihren Planeten Sorge zu tragen. Es gibt Sommerprogramme, Workshops, Recyclingkurse und Reinigungsaktionen, Museumsbesichtigungen und Vorträge, „community meetings", Pflanzaktionen, Konzerte und nicht zuletzt „The Doers" – eine Gruppe von Frauen, die Gartenprodukte in Eingemachtes und Blüten in Duftpotpourris verwandeln, Essig und Wein produzieren, Karten gestalten, Geschenke basteln und alles unter dem Label „Harlem Harvests" verkaufen. Cynthia und Haja wohnen seit ihrer Heirat 1991 gegenüber dem Garten und vermieten zwei Apartments im Haus an Gäste (s. S. 339). In den letzten Jahre konnten weitere brachliegende Flächen in Community Gardens umgewandelt werden – wie Papo's Garden (E 119 St., 2nd–3rd Ave., East Harlem) – und die Grünflächen sind nun auch den Politikern kein Dorn mehr im Auge.*

- **95** *[C6]* ***Project Harmony, Inc.,*** *216 W 122nd St., Tel. 212 6622878, www.projectharmonynyc.org. Hier können auch die Produkte von „The Doers" gekauft werden. Ebenfalls interessant: www.greenthumbnyc.org.*

434ny Abb.: mb

EXTRAINFO

Percy Ellis Sutton

Percy Ellis Sutton (1920–2009) war der „Renaissance Man" in Harlem. **„Mr. Apollo"** war nicht nur im Entertainment tätig – ihm gehörte quasi die 125th Street –, sondern er hatte auch etliche politische Ämter inne, war Mitglied der NAACP und bekannt mit Sugar Ray Robinson, Malcolm X und Fidel Castro. Seine Verdienste sind u. a. das **Revival der 125th St.** mit Erwerb des Apollo Theaters in den frühen 1980er-Jahren und die Förderung von Studio Museum und Dance Theater of Harlem.

ren z. B. in **Minton's Playhouse** Erfolge. In den 1960er-Jahren dominierten dann Ray Charles, James Brown, Aretha Franklin und Sam Cooke die Bühnen und entwickelten den altbekannten Blues weiter zum **Soul.** Anfang der 1980er-Jahre erlebten das Viertel und seine legendäre Musikszene einen Niedergang – bis **Rap** und **Hip Hop** begannen, die Lebensumstände im Getto anzuprangern und sich mit dem neuen Genre Gehör zu verschaffen. Seit Bill Clinton und den 1990er-Jahren setzte ein neuer Aufschwung des Viertels ein, das nun allerdings wegen gestiegener Immobilienpreise und Glamour-Faktor immer mehr den Afroamerikanern entrissen wird.

426ny Abb.: mb

Nicht sehr auffällig, aber legendär: das Apollo Theater an der umtriebigen 125th Street in Harlem

Blick in einen von Harlems Community Gardens

76 Martin Luther King Boulevard/ Apollo Theater ★ [C6]

Die 125th Street, der **Martin Luther King Boulevard**, ist die Hauptachse von Harlem. Shops und Imbissbuden sowie eine wachsende Zahl an Filialen großer Fastfoodketten säumen diese Straße, die Besucher in eine andere Welt entführt. Vieles ist typisch amerikanisch, vieles ein bisschen afrikanisch. Gerade die 116th Street zwischen A. C. Powell Jr. und Malcolm X Blvd. gilt als „Little Africa" mit afrikanischen Shops und Straßenständen, die Sheabutter, Palmöl, Parfüms, Stoffe und Modeschmuck verkaufen. Im Malcolm Shabazz Harlem Market (52 W 116th St.) gibt es afrikanisches Kunsthandwerk, Textilien, Kosmetikprodukte u. a. zu kaufen.

Man muss aufpassen, in all dem Trubel das berühmte, jedoch äußerlich eher unscheinbare **Apollo Theater** nicht zu übersehen. Das 1914 eröffnete Theater entwickelte sich in den 1920er-/1930er-Jahren zu Harlems Top-Showbühne, auf der legendäre schwarze Künstler wie Bessie Smith, Duke Ellington und Billy Holliday auftraten, nach dem Zweiten Weltkrieg abgelöst von Charlie Parker, Dizzy Gillespie oder Aretha Franklin. James Brown und Gladys Knight begannen ihre Karrieren ebenfalls während der jeden Mittwoch hier stattfindenden Amateurabende. Nach einer Krise in den 1960er- und 1970er-Jahren, erwarb 1991 der Staat New York das Theater und initiierte eine umfassende Renovierung, die es wieder in altem Glanz erstrahlen ließ.

Gegenüber dem Apollo liegt das ehemals jüdische Kaufhaus **Blumstein**, 1898 von einem Deutschen gegründet. Innen befinden sich heute einzelne Läden. Wenige Schritte entfernt steht der moderne Komplex mit dem **Magic (Johnson) Theatre** (Kinos) und Shops, wie Modell's.

Das **Studio Museum of Harlem** (s. S. 218) präsentiert zeitgenössische afroamerikanische Kunst aus dem Dau-

EXTRATIPP

Harlem kulinarisch

In letzter Zeit schlossen mehr und mehr Soulfood-Legenden ihre Pforten – die altgedienten Lokale mit ihren kalorienhaltigen Hausmachergerichten aus den Südstaaten sind etwas aus der Mode gekommen. Einige sind geblieben, interessante neue Lokale sind dazugekommen:

- 96 [C7] **Amy Ruth's Restaurant** $$, 113 W 116th St. 1998 gegründetes Lokal mit leckeren Südstaatenspezialitäten wie *Fried Chicken, Dumplings, Pork Chops* oder *Oxtail Stew*.
- 97 [B3] **Charles' Country Pan Fried Chicken** $-$$, 2839 Frederick Douglass Blvd. Hühnchengerichte, ganz altmodisch und wie es sein soll.
- 98 [A6] **Dinosaur Bar-B-Que** $$-$$$, 700 W. 125 th St./12th Ave. *Pulled pork* und *ribs*, gemütlich und rustikal mit vielen Bieren.
- › **Harlem Tavern** (s. S. 229). Bierlokal mit Biergarten.
- 99 [B7] **Lee Lee's Baked Goods**, 283 W 118th St. Bekannt für *Rugelach*, ein typisch jiddisches süßes Gebäck (Hörnchen mit Füllung).
- › **Red Rooster Harlem** (s. S. 240). Soulfood und Musik. Im UG: Ginny's Supper Club.
- 100 [C7] **Settepani** $$, 196 Lenox Ave., Tel. 917 4924806. Frühstück/Lunch/Dinner bzw. an Wochenenden Brunch. Mediterrane Küche, auch Plätze im Freien.
- › **SHRINE Bar und Restaurant** (s. S. 240). Abendlich mehrere Konzerte.
- 101 [C6] **Sylvia's** $$$, 328 Lenox Ave./W 126th St., Tel. 212 9960660. *Das* legendäre Soulfood-Restaurant, eher gehobene Kategorie. Es gibt auch Happy Hour und Daily Specials!
- 102 [B4] **The Grange Bar & Eatery** $$-$$$, 1635 Amsterdam Ave. Gemütliches Lokal mit schmackhaften und kreativen Gerichten aus regionalen Produkten.
- 103 [C5] **Yatenga** $$, 2269 Adam Clayton Powell Jr. Blvd. Klein und stets voll (mit Freiplätzen), ausgezeichnete, französisch-mediterran-afrikanisch beeinflusste Gerichte. Nebenan: Musikklub SHRINE.

erbestand und dazu Wechselausstellungen und beherbergt außerdem riesige Fotoarchive mit alten Harlem-Aufnahmen. Ein kleiner Skulpturengarten grenzt an. Letzter Blickfang an der 125th Street ist ein hohes Bürohaus, das **Adam Clayton Powell Jr. State Office Building** (125th St./Adam Clayton Powell Jr. Blvd.), in dem während der Harlem Week Veranstaltungen und von Juni bis November Di. (10–19 Uhr) regelmäßig ein Wochenmarkt (www.125thstreetfarmersmarket.com) stattfinden.

Neueste Attraktion ist das **National Jazz Museum Harlem** (s. S. 217), nur ein paar Schritte vom legendären Lokal Sylvia's gelegen und dem Jazz in New York und Harlem gewidmet.

EXTRATIPP

Mount Morris Historical District

Von der 125th Street Mall, dem Hauptabschnitt der 125th Street mit Geschäften etc., lohnt ein Abstecher zum **Mount Morris Historical District** (W 119th–124th St.), ein denkmalgeschütztes Viertel, das ein ganz anderes Harlembild vermittelt. Im Zentrum des kleinen Areals befinden sich großteils renovierte viktorianische Reihenhäuser aus dem späten 19. Jh., die einstmals von deutschen Juden bewohnt wurden. Harlem-typisch ist, dass fast jeder Häuserblock über eine eigene Kirche oder einen Gemeindesaal verfügt.

Angrenzend an Mount Morris erstreckt sich der **Marcus Garvey Park** (120–124th St.), benannt nach einer wichtigen Figur der Schwarzenbewegung, dem Führer der Universal Negro Improvement Agency. Im Park befindet sich der einzige erhaltene Feuerwachturm New Yorks von 1856, eine Stahlkonstruktion mit Wendeltreppe und Alarmglocke.

› **Apollo Theater,** 253 W 125th St., Tel. 212 5315300, www.apollotheater.org, Mi. 19.30 Uhr „Amateur Night at the Apollo", außerdem Konzerte im Apollo Music Cafe, Salon Series und andere Veranstaltungen, Theatertouren nach Anm. unter www.apollotheater.org/event/historic-tours, Subway: 125th St.

77 Schomburg Center for Research in Black Culture ★ [C5]

Das Schomburg Center for Research in Black Culture ging 1926 aufgrund einer **Stiftung von Arthur A. Schomburg** aus der „Division of Negro Literature, History and Prints" der 135th-Street-Filiale der New York Public Library hervor. Schomburg selbst war zwischen 1932 und 1938 Kurator des Zentrums, das auch Stipendien vergibt.

Es gilt als **größtes Forschungszentrum für afroamerikanische und afrikanische Kultur in den USA** und war schon in den 1930er-Jahren Zentrum der Harlem Renaissance (s. S. 278). Neben Sälen für Wechselausstellungen befindet sich im Schomburg Center ein Archiv, das 3500 seltene Bücher und Dokumente, 500 Manuskripte, Notenblätter, Fotos und Drucke, Tonbandaufzeichnungen, Musikaufnahmen und Videos umfasst. Dazu kommt eine Bibliothek mit über 125.000 Bänden und im Sommer findet die Harlem Book Fair (www.harlembookfair.com) statt.

› **Schomburg Center for Research in Black Culture,** 515 Lenox Ave./135th St., www.nypl.org/locations/schomburg, in der Regel Mo.–Sa. 10–18 Uhr geöffnet, Eintritt frei, Subway (2/3): 135th St.

78 St. Nicholas Historic District ★ [B5]

Im **St. Nicholas Historic District** (zwischen W 138th–139th St. und 7th–8th Ave.), aber auch in den umliegenden Straßen wie der 137th St. dominieren hübsche Musterreihenhäuschen von 1891. Die „King Model Houses" im Nordteil wurden im Italianate, die im Süden im Georgian Style erbaut. Wegen der hier ansässigen erfolgreichen Geschäftsleute nannte man das Viertel auch Strivers' Row („Strebergässchen").

Hier befindet sich auch die **Abyssinian Baptist Church**, die älteste „schwarze" Kirche New Yorks, 1908 im neogotischen Stil erbaut. Berühmt war Pastor Adam Clayton Powell Jr. (1908–1972), ein aktiver Bürgerrechtler, nach dem die 7th Avenue in Harlem benannt ist. Heute werden die Sonntagsgottesdienste nicht nur gern von der schwarzen Mittel- und Oberschicht besucht, sondern die Gospelmessen ziehen zunehmend auch Fremde an. Im ersten Stock erinnert eine Ausstellung an **Adam Clayton Powell Jr.**, der sich neben Martin Luther King in den 1960er-Jahren aktiv für die Gleichbehandlung der Schwarzen einsetzte und als erster dunkelhäutiger Kongressabgeordneter fungierte.

› **Abyssinian Baptist Church**, 132 W 138th St., www.abyssinian.org. Berühmt für Chormusik, auch Ausstellungen und Veranstaltungen. Zu Besucherregeln s. http://abyssinian.org/contact-us/visitors
› Subway-Station: 135th St.

Durch den Shepard Archway geht es auf den Campus des City College of New York

EXTRATIPP

Easyliving Harlem

Easyliving Harlem (s. S. 339) ist eine ungewöhnliche **„Pension"**. Die schon lange in New York lebende Berlinerin Heidi und ihr Eheman Tom, ein waschechter „Harlemite", bieten nicht nur „Familienanschluss", sondern auch vier geräumige und helle Gästezimmer in einem historischen, neu renovierten **Brownstone House.** Man trifft sich morgens oder abends in der Gemeinschaftsküche, die jeder benutzen darf, oder im kleinen Garten und Heidi und Tom geben gerne ihre Liebe zu und ihre Kenntnis über Harlem (und den Rest New Yorks) weiter.

79 Hamilton Heights Historic District ★ [B4]

Dieses historische Viertel zwischen W 141st und 145th Street, „Harlem Heights" oder „Sugar Hill" genannt, entwickelte sich erst nach dem Anschluss an die Hochbahn um 1880 zum beliebten Wohnviertel. Angesehene Afroamerikaner wie die Jazzmusiker Count Basie und Duke Ellington oder der Boxer Sugar Ray Robinson wohnten in den hübschen Reihenhäuschen verschiedenster Stile oder traten in Nick's Jazz Pub (geschlossen) auf.

Heute kann man einige der Häuser des **Hamilton Heights Historic District** während einer „Home & Garden Tour" im Frühjahr sogar innen besichtigen (Infos s. Link). Neu am Nordostrand des Viertels ist das **Sugar Hill Children's Museum of Art & Storytelling** (898 St. Nicholas Ave./155th St.) in moderner Architektur. Etliche Häuser werden heute vom

City College of New York (W 138th St./ Convent Ave.) genutzt. Der Campus der 1847 gegründeten „Free Academy of the City of New York" liegt idyllisch auf einem Hügel, dessen neogotische Gebäude (1903–1906) sich um einen Innenhof gruppieren.

> Subway: 137th St.
> http://hamiltonheightshomeowners.org

80 Hamilton Grange National Memorial ★ [B4]

Im angrenzenden **Saint Nicholas Park** befindet sich das Hamilton Grange National Memorial. Es handelt sich um das **Landhaus von Alexander Hamilton** (1755–1804), einem der **Gründerväter der USA.** Wegweisend war seine Finanzpolitik, die die Industrialisierung der USA in die Wege leitete. Zudem gründete er die amerikanische Nationalbank und ist deshalb auf 10-Dollar-Scheinen abgebildet.

Hamilton war eine schillernde Persönlichkeit: ehrgeizig, starrköpfig und aufbrausend. 1800 hatte er sich aus der Politik zurückgezogen und ein Grundstück im Norden Manhattans erworben. Das Wohnhaus war 1802 fertig, geplant von dem angesehenen Architekten John McComb (City Hall). Hamilton nannte es „Grange", nach dem alten schottischen Gut seines Vaters, und genoss in den zwei Jahren, die er hier lebte, v. a. seinen Garten: „A garden is a very usual refuge of a disappointed politician", meinte er zu einem Freund.

Wie er gelebt hatte, so starb Hamilton auch: In einem **Duell** 1804 gegen seinen Erzrivalen Aaron Burr. Seine Frau Elizabeth bewohnte mit ihren vier Kindern nach seinem Tod das Haus noch bis 1834.

Nach einigen Besitzerwechseln wurde das Haus 1933 der Öffentlichkeit zugänglich gemacht und ist seit 1962 Teil des National Park Service.

Der vormals das Haus umgebende Park fiel leider 1912 der Entstehung des Wohnviertels zum Opfer. Damals wurden auch die 13 Gummibäume gefällt, die Hamilton einst von Präsident George Washington als Geschenk erhalten hatte und die die 13 ersten US-Staaten verkörperten. Inzwischen wurde der Bau in den St. Nicholas Park umgesetzt, wo er frei im Park stehend besser zur Geltung kommt.

› **Hamilton Grange National Memorial,** 414 W 141st St./Convent Ave., www.nps.gov/hagr, Visitor Center Mi.-So. 9-17 Uhr, Ranger-Touren meist stündlich, Eintritt frei, Subway: 137th St.

81 Columbia University/ Morningside Heights ★ [A7]

Im Zentrum von Morningside Heights liegt die berühmte Columbia University. Um die Mitte des 17. Jh. waren in dieser Gegend vereinzelt Farmen und Landhäuser entstanden, doch die Besiedelung nahm insgesamt nur sehr langsam zu. 1870 entstand der Riverside Drive und Park von Frederick Law Olmsted, 1882 ein Altersheim (Amsterdam Nursing Home) und 1887 der Morningside Park, ebenfalls von Olmsted. Doch erst der Beginn der Bauarbeiten an der Cathedral of St. John the Divine 82 (1892) und an der Columbia University ab 1897 bedeuteten einen wichtigen Schritt in Richtung **Verstädterung.** In der Folge schossen Colleges und Kirchen und natürlich Wohnhäuser für Lehrer und Studenten wie Pilze aus dem Boden.

Die **Columbia University** ist eine der ältesten und angesehensten Universitäten Amerikas. Die Hochschule, die 1754 als „Kings College" vom englischen König George II. gegründet worden war und damit die älteste städtische Institution ist, befand sich zu Anfang in der Nähe des ehemaligen World Trade Center. Erst 1897 begannen die Bauarbeiten in Upper Manhattan unter dem Architekten Charles McKim. Über 30.000 Studenten und über 7000 Dozenten gehen heute in den mehr als ein Dutzend *schools* (Fakultäten) ein und aus. Besonders jene für Jura, Medizin und Journalismus genießen einen guten Ruf. Zu den herausragenden Absolventen gehören Franklin D. Roosevelt, Isaac Asimov und J.D. Salinger.

Im Zentrum des mehrteiligen Gebäudekomplexes in bunt gemischten Revival-Stilen an der Nordseite des Hauptplatzes, des Central Quadrangle, steht die **Low Library** (mit Visitor Center). Sie wurde 1895 bis 1897 von McKim, Mead & White mit tempelartiger Fassade und hoher Kuppel erbaut. Ihre Freitreppe ziert eine Bronzesitzfigur der Alma Mater von 1903, mit einer Eule, die unter ihrem Rock hervorlugt. Gegenüber erhebt sich die **Butler Library,** die Hauptbibliothek der Universität und mit über 6,6 Mio. Bänden eine der größten Bibliotheken der USA.

Schon 1912 entstand an der Nordwestecke des Platzes die **School of Journalism.** Begründet von Verleger Joseph Pulitzer, wird hier jährlich der nach ihm benannte Literaturpreis vergeben. Der in Ungarn geborene Pulitzer kam 1864 in die USA und gründete knapp 20 Jahre später die New York World, eine „Zeitung fürs Volk", die neue Auflagenrekorde erreichte und spektakuläre Spendenaktionen durchführte.

Eher bescheiden nimmt sich an der Nordostecke des Platzes die **St. Paul's Chapel** aus, Anfang des 20. Jh. in einem kuriosen Mischstil aus Neorenaissance, Neogotik und byzantinischen Elementen erbaut, mit schönen Schnitzarbeiten im Inneren und einem Backsteingewölbe, das für gute Akustik bei Konzerten sorgt (Gratis-Konzerte Di. 18 Uhr).

90 % der Studenten, die pro Studienjahr rund $ 50.000 aufbringen müssen, leben auf bzw. um den Campus. Das Studentenviertel ist schick geworden. Eine Erweiterung der Uni ist in West Harlem zwischen Broadway und 12th Avenue bzw. von der 125th bis zur 133rd Street im Gange. Zum neuen „**Campus Manhattanville**" gehören umweltschutztechnisch und architektonisch wegweisende Bauten wie das Jerome L. Greene Science Center oder das Lenfest Center for the Arts, alle von berühmten Architekten geplant und teilweise kurz vor der Fertigstellung.

› **Columbia University**, W 116th St., www.columbia.edu, Visitor Center Low Memorial Library (Room 213, Mo.-Fr. 9-17 Uhr), Subway: 116th St.-Columbia Uni
› **Infos zu Morningside Heights:** www.morningside-heights.net

Eine der renommiertesten Hochschulen Amerikas: die Columbia University

108ny Abb.: mb

82 Cathedral of St. John the Divine ★★ [B7]

Diese Kirche zählt zweifellos zu den ungewöhnlichsten Baudenkmälern New Yorks. 1892 war nach einem Architekturwettbewerb (gewonnen von Heins & LaFarge) der Grundstein gelegt worden und **seither wird gebaut.** Der Sitz des Erzbischofs und die Mutterkirche der Diözese „House of Worship for all Peoples" wurde ursprünglich im romanischen Stil geplant und begonnen (Chor), doch dann entschied man sich für den gotischen Stil als geeigneter für die Megakirche.

Zwischen 1941 und 1978 mussten die Bauarbeiten aus Geldmangel eingestellt werden und bis heute ist man ausschließlich auf private Spenden angewiesen. Heute fehlen an der Fassade noch Teile des Südturms und der Nordturm, der Vierungsturm und das Querschiff, doch man schätzt, dass der Bau in **rund 50 Jahren fertig sein könnte,** vorausgesetzt, die dafür nötigen Millionen kommen zusammen. St. John soll einmal die größte Kathedrale der Welt – mit rund 200 m Länge und 42 m Innenhöhe – werden. Selbst die Statue of Liberty würde hineinpassen! Das Gebäude bietet schon jetzt 10.000 Besuchern Platz.

Die lange Bauzeit erklärt sich teilweise durch die eingesetzten **mittelalterlichen Konstruktionsmethoden.** Aus verschiedenen Ländern wurden dafür Fachleute herangezogen, die die alten Techniken noch beherrschen. Auch eine gotische Kathedrale wurde schließlich nicht in einem Menschenalter fertiggestellt, man denke nur an den Kölner Dom.

Man sollte sich aber nicht zu sehr vom typisch amerikanischen Gigantismus ablenken lassen, sondern sich vielmehr den

219ny Abb.: mb

kunstvollen, ungewöhnlichen **Details** zuwenden: die 1933 fertiggestellte Fensterrosette, die Nachbildungen mittelalterlicher Skulpturen am Westportal oder kuriose moderne Einzelheiten, wie die New Yorker Skyline an einem Kapitell im Mittelschiff. Auch sind im Kirchenraum zahlreiche gespendete Kunstwerke aufgestellt bzw. finden Kunstausstellungen statt. Sehenswert sind zudem die St. Ambrose Chapel mit Renaissance-Schmiedearbeiten, die Kopie des Bischofsstuhls aus der Westminster Abbey für Henry VII. (im Chor), das gotische Taufbecken oder die acht gigantischen, den Altar umgebenden Granitsäulen. Mit den **Chapels of Tongues** erinnert man an zugewanderte Immigrantengruppen – Skandinavier, Deutsche, Briten und Iren, Osteuropäer, Franzosen, Italiener und Spanier – sowie an fünf Jahrhunderte Architekturgeschichte. Die 150 Buntglasfenster befassen sich mit verschiedensten Themen, von der Schaffung Davids durch Michelangelo bis hin zur Unterzeichnung der „Declaration of Independence". Die großen Bronzetüren, das „Portal of Paradise", schließlich entstammen derselben Werkstatt wie die Statue of Liberty.

Im **Kirchenraum** sind zahlreiche gespendete Kunstwerke aufgestellt und es finden regelmäßig Kunstausstellungen u.a. Events statt. Im American Poets Corner an der Nordseite des Hauptschiffs haben sich auf Steintafeln viele Dichter, Schriftsteller und Theaterleute verewigt.

Die Kirche ist von **Grünanlagen** umgeben, unter anderem von einem Skulpturengarten mit Friedensbrunnen und einem Bibelgarten für Kinder.

Ein Kuriosum am Schluss: Wer am 4. Oktober, dem **St. Francis Day**, in die Kirche kommt, kann dort eine Tiermesse miterleben, während der Hunde, Katzen und andere Haustiere gesegnet werden.

› **Cathedral of St. John the Divine,** 1047 Amsterdam Ave./110–112th St., www.stjohndivine.org, tgl. 7.30–18, Visitor Center und Shop 9–17 Uhr, $ 10 Spende, tgl. verschiedene Touren (www.stjohndivine.org/visit/daily-tours) und regelmäßig Chor- sowie Orgelkonzerte (www.stjohndivine.org/programs), Subway: Cathedral Parkway–110th St.

EXTRATIPP

Riverside Church

Die **Riverside Church** nahe dem Hudson River ist eine Stiftung von John D. Rockefeller. Die Kirche von 1927 mit gotischer Fassade erinnert im Stil an die Kathedrale von Chartres. Sehenswert sind die Glasfenster und mehrere Statuen und Tafelbilder zu Ehren von Sokrates, Michelangelo, Florence Nightingale oder Booker T. Washington. Die Hauptattraktion ist das riesige Glockenspiel mit 74 Bronzeglocken unterschiedlicher Größe, das Rockefeller zu Ehren seiner Mutter einbauen ließ. Das technische Meisterwerk wird vor/nach den Gottesdiensten (So. 10.30, 12.30, 15 Uhr) und zu besonderen Anlässen von einem Menschen gespielt, sonst ertönt, automatisch betrieben, ein Ausschnitt aus Wagners Parsifal.

★**104** [A6] **Riverside Church,** 490 Riverside Dr./122nd St., www.trcnyc.org (mit Details zu Touren und Konzerten)

83 General Grant National Monument ★ [A6]

Ein markanter Punkt im Riverside Park, direkt am Hudson River, ist das General Grant National Monument, besser bekannt als **Grant's Tomb.** Das prächtige marmorne Mausoleum wurde für den Bürgerkriegsgeneral und 18. Präsidenten **Ulysses S. Grant** (1822–1885) zwölf Jahre nach seinem Tod über seinem Grab errichtet. An den Trauerfeierlichkeiten 1885 hatte eine Million New Yorker, darunter US-Präsident Grover Cleveland und der gesamte Senat, teilgenommen. Der Architekt des Denkmals, John Duncan, orientierte sich an antiken Vorbildern wie dem Mausolos-Grabmal in Halikarnassos (Türkei) oder dem des römischen Kaisers Hadrian, die Engelsburg in Rom. Am **27. April 1897**, in Erinnerung an Grants 75. Geburtstag, wurde das Monument mit einer siebenstündigen Parade eröffnet. In der Krypta, in der die Särge des Grants und seiner Frau aufgestellt sind, befinden sich

‹ Eine ungewöhnliche Megakirche: die Cathedral of St. John the Divine

seit 1938 auch Bronzebüsten seiner besten Offiziere. Eine Ausstellung informiert über Grant, seine Schlachten und Taten, ein Film im Media Room gibt Auskünfte zum Bau des Mausoleums.

Seit 1958 gehört das Monument dem amerikanischen Volk und wird vom National Park Service verwaltet. Umgeben ist es von farbenfrohen, von dem katalanischen Künstler Gaudí inspirierten Mosaikbänken, die in den frühen 1970er-Jahren von einem chilenischen Künstler entworfen wurden und einen interessanten Kontrast zum eher sterilen Grabbau bilden.

› **General Grant National Monument,** W 122nd St./Riverside Dr., www.nps.gov/gegr, Visitor Center tgl. 9–17 Uhr, Memorial: Mi.–So. 10–11, 12–13, 14–15, 16–17 Uhr, Eintritt frei, Subway: 116th St.–Columbia Uni

84 Washington Heights ★ [A1]

Im äußersten Norden Manhattans – leicht mit der Subway-Line A erreichbar – liegen die Viertel **Washington Heights** (151st St.–195), **Fort George** (188th St.–Dyckman St.) und das nördlich angrenzende **Inwood**, nur durch den Harlem River von der Bronx getrennt. Hierher kommt man, um echte dominikanische Gerichte zu essen.

Der Nordteil von Upper Manhattan war lange kaum besiedeltes Farmland und hat sich bis heute seinen dörflichen Charakter bewahrt. Bekannt wurde **Washington Heights** besonders als Endstation des von Duke Ellington besungenen „A-Train".

In den 1940er-Jahren war diese Region fest in deutscher Hand. Zahlreiche – zumeist jüdische – Immigranten hatten sich hier im „Vierten Reich" angesiedelt, unter ihnen der Schriftsteller Oskar Maria Graf mit seiner jüdischen Frau Mirjam. Längst sind die Deutschen weggezogen und nur wenig erinnert noch an sie.

Neben der **Sylvan Terrace**, einer Reihe von Holzhäusern von 1882/83, ist die gegenüberliegende **Morris-Jumel Mansion** sehenswert. 1765 erbaut, diente der an eine Südstaatenvilla erinnernde Bau zunächst als Sommerresidenz und während des Unabhängigkeitskriegs dann kurzzeitig als Hauptquartier George Washingtons. 1810 wurde das Haus in den heutigen Zustand umgebaut.

› **Morris-Jumel Mansion,** 1765 Jumel Terrace (W 160th–W 162nd St.), www.morrisjumel.org, Subway: 168th St.–Washington Hts., Di.–So. 10–16 Uhr, $ 10

220ny Abb.: mb

› *The Met Cloisters ist auf Mittelalterkunst spezialisiert*

85 The Met Cloisters ★★ [ad]

Ein absolutes Muss im Norden Manhattans ist The Cloisters im **Fort Tryon Park** (mit historischem Cottage und Heather Garden), eine **Zweigstelle des Metropolitan Museum of Art** 62, genauer gesagt, die Abteilung für europäische Mittelalterkunst und v. a. Architektur vom 9. bis 15. Jahrhundert. Die beeindruckende „Filiale" befindet sich in einem Gebäude, das in den 1930er-Jahren aus verschiedenen mittelalterlichen Bauteilen errichtet wurde, nachdem John D. Rockefeller dem Museum die nötigen Mittel gewährt und Grund und Boden gestiftet hatte. Originalteile sind geschickt mit Rekonstruktionen kombiniert, Inhalt und Form verschmelzen und so entsteht der Eindruck, man befände sich in einem echten **mittelalterlichen Kloster.**

In den verschiedenen Räumen, Sälen und Kapellen sind Exponate verschiedener Genres aus romanischer und gotischer Zeit ausgestellt. Zu sehen sind z. B. Kirchenglasfenster aus dem rheinischen Boppard, Fresken, Triptychen, Figuren und architektonische Details verschiedener sakraler Bauten aus Europa (v. a. Spanien und Frankreich), Handschriften und Metallarbeiten. Zu den Schätzen gehören auch Gobelins aus Brüssel, darunter eine Serie mit dem Titel „Jagd nach dem Einhorn" (um 1500). In der Schatzkammer werden gotische Stundenbücher, Kartenspiele und mittelalterliche Gerätschaften dargeboten.

Die beiden Innenhöfe und der Blumen- und Kräutergarten sind grüne Oasen der Ruhe und Meditation. Von der West Terrace an der Nordostecke bietet sich ein guter Blick über den Hudson River und auf die **George Washington Bridge** (175th St.). Schon Le Corbusier lobte die von Othmar Ammann und Cass Gilbert 1927 geplante und vier Jahre später eröffnete Brücke für ihre Ästhetik – und bis heute gilt die 2,6 km lange Brücke mit ihren 14 Fahrspuren auf zwei Ebenen als technisches Meisterwerk. Ein ungewöhnlicher Fotospot ist das unter der Brücke befindliche **Little Red (Jeffrey's Hook) Lighthouse** (s. S. 11). 1921 hier aufgestellt, kennt es Dank eines Kinderbuchs jeder New Yorker.

- **The Met Cloisters,** 99 Margaret Corbin Dr., Fort Tryon Park, Subway: 190th St. oder Bus M4, www.metmuseum.org/visit/met-cloisters, tgl. 10–16.45 bzw. im Sommer bis 17.15 Uhr, $ 25 (inkl. Met Fifth Ave. 62 und Met Breuer 61), mit Café
- **Medieval Festival** at Fort Tryon Park & The Met Cloisters, www.whidc.org/festival/home.html. An einem Sonntag Mitte Sept. stattfindendes Gratis-Event mit mittelalterlichem Dorf, Vorführungen und Buden.
- **Little Red Lighthouse.** Infos zu Touren u. a. Wissenswertes unter http://historichousetrust.org/house/little-red-lighthouse.

EXTRATIPP

Drink mit Ausblick

Allein schon wegen der malerischen Lage am Hudson River mit Blick auf die Washington Bridge war die Dyckman Marina unterhalb von The Cloisters schon immer ein beliebtes Ausflugsziel. Nun hat mit La Marina ein Restaurant eröffnet, das mit seinem Aussichtsdeck und der Bar zu einem Drink oder zu „Chicken Lollipops" einlädt. Livemusik an Wochenenden und andere Specials und Events.

105 [ad] **La Marina,** 348 Dyckman St., ca. 15 Min. Fußweg von der Subway: Dyckman St. (Line A)

112ny Abb.: mb

Brooklyn

Brooklyn ist „hip", Brooklyn ist „hot" – so lautet heute der Slogan, mit dem Brooklyn aus dem Schatten Manhattans heraustritt. Auch wenn Manhattan allein für ein volles Besichtigungsprogramm sorgt, wäre eine New-York-Reise ohne den einen oder anderen Abstecher in die anderen „boroughs" unvollständig. Als erste Entdeckung außerhalb Manhattans bietet sich wegen der guten Verkehrsanbindung das angesagte, aber weitläufige Brooklyn an.

Die Brooklyn Bridge 16 *führt von Manhattan nach Brooklyn hinüber*

Brooklyn war schon immer ein Sammelbecken verschiedener Kulturen, Ethnien und Gesellschaftsgruppen – und ist es heute noch. Es prägte den New Yorker Dialekt und war bzw. ist Heimat bekannter Persönlichkeiten wie Truman Capote, Walt Whitman, Woody Allen, Norman Mailer, George Gershwin, Henry Miller, Barbra Streisand, Spike Lee oder Paul Auster. Da viele der über 80 Stadtviertel ihren eigenen Charakter bewahrt haben, eine lange Geschichte vorweisen können und oft auf Dörfer unterschiedlicher Zuwanderergruppen aus dem 19. Jh. zurückgehen, nennt man Brooklyn auch **„Borough of Neighborhoods"**. Ein weiterer Spitzname hängt ebenfalls mit der ethnischen Vielfalt zusammen: Jede

Walt Whitman, der „Goethe Amerikas"

In South Huntington im ländlichen Long Island geboren, war Walt Whitman in Brooklyn zu Hause. Der eigenwillige Poet wurde 1819 als drittes von acht Kindern eines Architekten geboren. Zunächst lernte Whitman das ***Druckerhandwerk****, arbeitete aber auch als Lehrer,* ***Journalist*** *und* ***Zeitschriften-Herausgeber*** *sowie als* ***Handwerker.*** *Viel in den damaligen USA unterwegs, erlangte er mit seinem 1855 erschienenen Gedichtband* ***„Leaves of Grass"*** *(Grashalme), in dem er nicht nur seine Eindrücke, sondern auch politische Vorstellungen und menschliche Gefühle grandios festgehalten hat, Berühmtheit.*

Im Laufe der Jahre erweiterte er den Band ständig, räsonierte über den Bürgerkrieg, während dem er in einem Lazarett gearbeitet hatte, oder über die Ermordung Abraham Lincolns. Die 10. und letzte Auflage erschien im Jahr 1897, fünf Jahre nach seinem Tod. Bis heute strahlen seine ***Gedichte*** *eine ungeheure Kraft aus, feiern die Demokratie und die Schönheit des nordamerikanischen Kontinents und beeinflussten Schriftsteller und Dichter aus aller Welt, darunter Thomas Mann: „… wie ich auch sehe, dass es mit Goethe allein denn noch nicht getan sein wird, sondern dass ein Schuss Whitman dazu gehört …"*

Gruppe gründete ihre eigene Kirchengemeinde und errichtete eine Kirche, sodass Brooklyn auch als **„Borough of Churches"** bezeichnet wird.

Der Zusammenschluss mit New York im Jahr 1898 gilt bis heute als „big mistake", war doch damit der Niedergang vorprogrammiert und der vormals eigenständige Charakter der Stadt verlorengegangen. Brooklyn war bereits damals nach Manhattan, Philadelphia und Chicago die viertgrößte Metropole der USA gewesen und ist es heute noch. Mit über 2,6 Mio. Einwohner auf 183 km² Fläche machen die „Brooklynites" über 30 % der New Yorker aus. Brooklyn ist damit bevölkerungsreicher als San Francisco, Boston, Atlanta und St. Louis zusammen und wäre nach New York, Los Angeles und Chicago immer noch die viertgrößte US-Stadt.

Brooklyn, das mit Queens den Westteil von Long Island ausmacht, wurzelt in dem 1646 von Holländern gegründeten Ort **„Breuckelen"**. Aus dem Dorf entwickelte sich im Laufe der Jahrhunderte ein Industriestandort, der nach dem Zweiten Weltkrieg Immigranten anzog, gleichzeitig aber wirtschaftlich und sozial verfiel. 1964 hatte Hubert Shelby in seinem Roman „Last Exit to Brooklyn" dem Stadtviertel einen zweifelhaften Ruf nachgesagt und es als „Schlund von New York" bezeichnet. Der Zustand war trist und als in den 1960er-Jahren auch noch der Containerhafen nach New Jersey verlagert wurde, ging es weiter bergab. Erst als 1965 Brooklyn Heights zu New Yorks erstem *historic district* erklärt wurde, setzte eine langsame Renaissance ein. Man begann, alte Bauten zu restaurieren und mittlerweile blühen ganze Straßenzüge und Viertel wieder auf.

In den späten 1990er-Jahren wurde Brooklyn von einer rasanten **Aufbruchsstimmung** erfasst, die den „Hin-

EXTRATIPP

Brooklyn Infos

- 106 [G23] **Brooklyn Tourism Visitors Center & Shop,** 209 Joralemon St., in der Historic Brooklyn Borough Hall, http://explorebk.com, Mo.–Fr. 10–18 Uhr, Subway: Borough Hall
- Historisch interessant ist www.brooklynhistory.org. Außerdem erscheint Do. der kostenlose „Brooklyn Eagle“ (www.brooklyneagle.com).
- **Events:** West Indies Labor Day Parade (www.labordaycarnival.com) und Brooklyn Book Festival (www.brooklynbookfestival.org) im Sept., weitere Termine siehe: http://explorebk.com/events
- **Gratis-Sommerkonzerte,** u. a. Seaside Summer Concert Series (Coney Island), M.L. King Concert Series (Lefferts Garden), www.brooklynconcerts.com
- **Celebrate Brooklyn!,** Konzerte im Prospect Park, http://bricartsmedia.org/events-performances/bric-celebrate-brooklyn-festival, Juni–August

terhof New Yorks“ zur trendigen Adresse werden ließ und den „Brooklynites“ zu neuem Selbstbewusstsein verhalf. Ein blühendes Kulturleben und damit die perfekte Eignung als Zufluchtsort für Künstler und Intellektuelle ließen die Nachfrage nach Immobilien wachsen.

Heute heißt es „Brooklyn's back“ und auch kulinarisch hat man dort mächtig aufgeholt, veranstaltet eine eigene *restaurant week* – „Dine in Brooklyn“ – und ist berühmt für sein reges Nachtleben: So trifft man sich neuerdings gern in Brooklyn zu Konzerten angesagter Bands wie MGMT, Grizzly Bear, The Drums oder TV on the Radio. Mit dem Slogan **„Meet Me In Brooklyn“** versucht man Leute in einen Stadtteil zu locken, der Kontrastprogramm zu Manhattan bietet.

Zeichen des Aufschwungs sind z. B. der Hafen in **Red Hook** – hier legen inzwischen wieder Kreuzfahrtschiffe an – oder die Umgestaltung der alten East-River-Piers zu Grün- und Sport anlagen. **Williamsburg** gilt als Hip-Viertel der Stadt. **Fort Greene** und **Greenpoint** sind ebenfalls schick geworden und die Atlantic Avenue lohnt zum Bummel. **Bushwick** gilt als *die* neue Künstleroase, **Sheapshead Bay** strahlt maritimes Flair aus und dank der Steiner Studios in der einstigen Schiffswerft Brooklyn Navy Yard 91 (am East River) ist Brooklyn auf dem besten Weg, zum **„zweiten Hollywood“** zu werden. Immerhin hat man Filmtradition: „Saturday Night Fever“, „The French Connection“, „Scent of a Woman“, „Requiem For A Dream“ und „Annie Hall“ wurden hier schon gedreht. Außerdem entstehen hier mehr und mehr kreative Kleinunternehmen. Für Brooklyn gibt es ein **Pflichtprogramm** – der Sonnenuntergang an der Brooklyn Heights Promenade 86, ein Spaziergang über die Brooklyn Bridge 16 und durch den Brooklyn Bridge Park 87, das Brooklyn Museum of Art 95 und ein Ausflug nach Coney Island 97 gehören dazu –, doch als „Kür“ sollte man auch einige der nachfolgend besprochenen Viertel erkunden. Die meisten davon sind leicht mit dem *train* (Subway) zu erreichen.

Nicht nur bei Sonnenuntergang lohnend: die Brooklyn Heights Promenade

114ny Abb.: mb

86 Brooklyn Heights Promenade und Brooklyn Heights ★★★ [F23]

Ein Muss für jeden New-York-Besucher ist der Sonnenuntergang an der Brooklyn Heights Promenade und ein Spaziergang über die Brooklyn Bridge 16. Auf der Promenade rückt am anderen Ufer die Hochhauskulisse Lower Manhattans höchst fotogen ins Blickfeld, am beeindruckendsten bei Sonnenuntergang, wenn die Sonne hinter der Statue of Liberty verschwindet und langsam die Lichter der Metropole aufleuchten.

Walt Whitman (s. S. 171) nannte einen Spaziergang über die Brooklyn Bridge „die beste und wirkungsvollste Medizin, die meine Seele bisher genossen hat". Dem ist nichts hinzuzufügen – doch sollte man sich nicht mit einem Gang über die Brücke begnügen. Zwischen Columbia Heights und Fulton/Clinton St. sowie Joralemon St. und Brooklyn Bridge erstreckt sich der **Brooklyn Heights Historic District**, der Wohnort der gehobenen Mittelklasse. Hier leben und lebten etliche **Schriftsteller** wie Henry Miller, Thomas Wolfe, Arthur Miller, Norman Mailer, Golo Mann, Truman Capote und Paul Auster.

Ab 1814 ermöglichte erst die Fulton Ferry, dann ab 1883 die Brooklyn Bridge das mühelose Überqueren des East River und forcierte die Besiedelung. Oberhalb der Lagerhallen an den Piers legte man Vorgärten für die Villen der reichen Unternehmer an. In den Straßen dahinter entstanden jene **Reihenhäuser**, die ebenso typisch für New York sind wie die Wolkenkratzer. Ihr Name – **brownstones** – geht auf das anfangs rosafarbene, sich im Laufe der Zeit aber braun verfärbende Baumaterial, den lokalen Sandstein, zurück.

Mit dem Niedergang Brooklyns in den 1950er- und 1960er-Jahren verfielen allmählich auch diese Häuser. Da aber Geld für Renovierungen und Umbauten fehlte, blieben ganze Straßenzüge unverändert erhalten. Als Immobilienspekulanten die Häuser abreißen wollten, trat die Brooklyn Heights Association erfolgreich in Aktion und das Viertel mit zahlreichen Bauten aus der Vor-Bürgerkriegszeit wurde 1965 unter **Denkmalschutz** gestellt.

Die Brooklyn Bridge (16) führt direkt zur **Cadman Plaza,** einem lang gestreckten Park, bereits im Herzen von Downtown Brooklyn, an dessen Südende sich das Theodore Roosevelt U.S. Courthouse, der Supreme Court und der Verwaltungssitz, die **Borough Hall** (1835–1849), befinden.

Neben der **Clark Street** führt die **Montague Street**, die Einkaufs- und Restaurantstraße von Brooklyn Heights, direkt auf die **Brooklyn Heights Promenade** zu, von wo aus man kostenlos einen kaum zu steigernden Blick auf die Hochhauskulisse Manhattans erhält. Wer möchte, kann über die **Squibb Pedestrian Bridge** (Fußgängerbrücke) anschließend zu Pier 1 und zum Brooklyn Bridge Park hinabsteigen und mit der Fähre zurück nach Manhattan fahren.

› Subway: High St. bzw. Clark St.

416ny Abb.: mb

(87) Brooklyn Bridge Park/ DUMBO ★★ [F22]

Ein attraktives, großteils abgeschlossenes Parkprojekt verläuft an der Hafenfront am East River: der **Brooklyn Bridge Park.** Die alten Piers wurden bzw. werden zu Grünanlagen, Veranstaltungsflächen, Sportanlagen, Spielplätzen und Naturarealen umgestaltet. Ein schwimmender Pool mit gefiltertem Flusswasser, renaturiertes Marschland, Angelpiers und Picknickplätze gehören ebenfalls dazu. Der Streifen, der gut 2 km von der Manhattan Bridge bis zur Atlantic Avenue reicht, ist durch eine Fußgänger- und Fahrrad-Promenade erschlossen, den **Greenway.**

Pier 1, der sich zu Füßen der Brooklyn Bridge befindet, mit **Fulton Ferry Landing** und einem alten Lastkahn, der als klassische Konzertbühne (www.bargemusic.org) dient, war 2010 der erste fertiggestellte Teil des Projekts. Pier 1 ist nicht nur Anlegestelle für Fähren, hier befindet sich auch das größte Stück Grün im Brooklyn Bridge Park mit renaturierter Landschaft, Hügeln und Rasen. Landeinwärts führt ein Fußweg auf der **Squibb Bridge** über die Stadtautobahn, den Brooklyn-Queens Expressway, zum **Squibb Park** und von dort hinauf nach Brooklyn Heights (86).

Nordöstlich der Brücke, in **DUMBO,** wurde der **Empire Fulton Ferry Park** in das Gesamtkonzept einbezogen und hier befindet sich auch ein historisches Karussell, das **Jane's Carousel** von 1922. Um die Manhattan Bridge sind mit dem **Main Street Park** und dem **John Street Park** zwei neue Grünanlagen angelegt worden, dazu gehören das Environmental Education Center und Pebble Beach.

DUMBO (kurz für „Down Under the Manhattan Bridge Overpass"), das ehemaligen Hafenviertel um die Manhattan Bridge, ist inzwischen eine Topadresse für Kreative geworden. Man findet ausgefallene Shops, Boutiquen, Galerien sowie ungewöhnliche Lokale, Cafés und Bars. In den alten Lagerhallen zwischen Front Street, Pearl Street und Park sind Ateliers und teure Lofts entstanden, dazu kamen Shops und Lokale.

Pier 2 widmet sich dem Freizeitsport. Hier kann man vor der Skyline Manhattans auf einer Eis- oder Skaterbahn Runden drehen, im Pool schwimmen oder sich auf den Basketballspielfeldern austoben. **Pier 3** mit der Greenway Terrace und der kleine **Pier 4** mit Strand dienen v.a. im Sommer der Erholung, während **Pier 5** neben einem großen Picknickareal über ein Fußballfeld verfügt. **Pier 6**, der letzte Teil am Fuß der Atlantic Avenue, verfügt über einen Fähranleger (Governors Island Ferry, s. S. 37), Beachvolleyballfelder, Spielplätze und ein Lokal.

An Teilen wie einem Jachthafen, einer Aussichtsplattform (Pier 6), an den sogenannten **Uplands** von Pier 5 und an der Neugestaltung der **Brooklyn Bridge Plaza** wird noch gearbeitet. Im Umkreis von Pier 1 und 6 entstehen zurzeit viele Neubauten, vor allem Apartments, aber auch ein Hotel ist darunter. Die historischen Lagerhallen für Kaffee – die **Empire Stores** – wurden renoviert. Hier möchte bald die Brooklyn Historical Society Ausstellungen zeigen.

› **Infos:** www.brooklynbridgepark.org, vielerlei Veranstaltungen („Events")
› **Subway:** High St. bzw. Clark St., außerdem Fähren von East River Ferry und Watertaxis (Brooklyn Bridge Park, Pier 1).

Gastronomie und Shopping in Brooklyn Heights und DUMBO

107 [F22] **Ignazio's,** 4 Water St. Hier gibt es keine Warteschlangen, die sizilianischen Pizzas sind aber ebenfalls ausgezeichnet.

108 [F22] **Juliana,** 19 Old Fulton St. Feine Pizzen von Patsy Grimaldi im Holzofen unterhalb der Brooklyn Bridge zubereitet, dafür steht man gerne an. In nächster Nähe (1 Front St.): **Grimaldi's Pizzeria,** die nicht mehr in Familienbesitz ist

109 [F22] **Brooklyn Ice Cream Factory,** Old Fulton/Water St. „Handgemachtes" Eis.

110 [F22] **Brooklyn Roasting Co.,** 25 Jay St. Ein ehemaliges Gründungsmitglied der Brooklyn Brewery röstet hier ausgezeichneten Bio-Kaffee. Mit zugehörigem gemütlichem Café. Man kann den Kaffee auch verpackt kaufen.

111 [F22] **Jacques Torres Chocolate,** 66 Water St. Schokolade und Eis der Spitzenklasse.

112 [F22] **Neighborhoodies,** 26 Jay St. Ausgefallene T-Shirts, Beflockung auch nach eigenen Vorlagen möglich.

› **Läden an der Front St.:** in der „Mall" The Shops (Nr. 145) finden sich ausgefallene kleine Läden, darunter Reinspire Brooklyn, das Geschäft von Künstler Craig Anthony Miller (http://reinspirebrooklyn.tumblr.com).
› **Smorgasburg** (s. S. 254). Wochenmarkt außerdem Cadman Plaza, vor der Borough Hall, Di./Do. und Sa. 8–17 Uhr.
› **Etsy:** Matthew Stinchcomb hat in einem ehemaligen Lagerhaus eine Internet-Handelsplattform gegründet. Bei diesem „Ebay für Bastler" kann man Selbstgemachtes und „Vintage"-Objekte verkaufen oder kaufen (www.etsy.com, auch deutsch).

◁ Die Spiel- und Sportfelder auf Pier 2 sind für jedermann zugänglich

Endlich wieder erstklassig!

Seit 1957, als die heiß geliebte Baseballmannschaft Dodgers nach Los Angeles umzog, warten die Brooklynites auf ein eigenes Profisportteam. Und nun haben sie gleich zwei: die ***Brooklyn Nets*** *(NBA, Basketball) und* ***New York Islanders*** *(NHL, Eishockey). Der 1967 gegründete Basketballverein hat nach Jahren der Wanderschaft zwischen New York und New Jersey im Herbst 2012 endlich eine echte Heimat gefunden. In Brooklyn spielt Basketball eine ganz wichtige Rolle, was man täglich auf den „playgrounds" wie dem legendären Foster Park beobachten kann. Auch der 1972 gegründete Eishockeyklub - zwischen 1980 und 1984 wurden die Islanders viermal NHL-Meister - zog 2015 nach Brooklyn, nachdem ein Neubau an alter Stelle (Long Island) scheiterte.*

Voraussetzung für die Rückkehr des Profisports nach Brooklyn war der Bau des ***Barclays Center*** *Anfang Oktober 2012 mit etwa 18.000 Plätzen für Basketball und 15.000 für Eishockey. Der futuristisch anmutende Bau aus Glas und Stahl wurde direkt neben dem Atlantic Terminal errichtet, einem Einkaufszentrum und Nahverkehrsknotenpunkt im Herzen Brooklyns, wo elf Subway-Linien zusammentreffen und die Nahverkehrszüge der LIRR (Long Island Railroad) in die Vororte fahren.*

88 Downtown Brooklyn und Fort Greene ★ [H23]

Das Herzstück von **Downtown Brooklyn** ist die **Fulton Street Mall**, eine Einkaufsmeile mit Imbisslokalen, Shops (darunter Outlets von Express, Gap, Nordstrom Rack und große Kaufhäuser) und unzähligen Restaurants. Sie erstreckt sich von der Borough Hall (s. S. 174) bis zur Kreuzung mit der Flatbush Avenue.

Als 1929 der Williamsburgh Savings Bank Tower entstand, gab es architektonisch kaum Konkurrenz. Mit 156 m Höhe war er lange der höchste Bau in Downtown Brooklyn. Zuletzt ging es Schlag auf Schlag und mit MetroTech Center (2005), The Brooklyner (2009, 157 m), mit AVA DoBro (100 Willoughby St., 2016, 182 m) – und The Hub (333 Schermerhorn St., 2016, 190 m) hat Brooklyn eine eigene, imposante **Skyline** bekommen.

Nur wenige Schritte abseits von Fulton Street und Borough Hall lohnt das **New York Transit Museum** (s. S. 219) einen Abstecher. In einer aufgelassenen Subway-Station aus den 1930er-Jahren erfährt man Wissenswertes über Planung, Technik, Bau, Arbeitsbedingungen und die verschiedenen Unternehmen, die sich zur heutigen New Yorker Subway zusammengeschlossen haben.

Nur wenige Schritte südlich des Museums liegt die breite **Atlantic Avenue.** Dem Barclays Center an der dortigen Kreuzung mit der Flatbush Ave. ist es zu verdanken, dass sich das ehemalige orientalische, etwas schäbige Viertel zur neuen **Einkaufs- und Kneipenmeile** in Downtown Brooklyn gemausert hat. Der Nahverkehrsbahnhof **Atlantic Terminal** (Subway/LIRR) und das sich anschließende **Atlantic Center**, eine moderne Shopping Mall, haben zur Attraktivität beigetragen.

Östlich der Flatbush Avenue beginnt **Fort Greene,** das sich um den gleichnamigen Park mit den Hauptachsen Fulton Street, Lafayette Avenue und DeKalb Avenue erstreckt.

An der Fulton Street (Subway-Station Lafayette Ave., Linie C) hat sich einer der innovativen **Mode- und Szenetreffs** der Stadt herausgebildet. Hier sind die wirklich ausgeflippten, v.a. afroamerikanischen Modeschöpfer zu Hause, aber auch afroamerikanisches Kunsthandwerk, Design sowie afrikanische Restaurants sind zu finden.

In Fort Greene schlägt zugleich das kulturelle Herz Brooklyns, dank der **BAM,** der **Brooklyn Academy of Music** (s.S. 246). Die BAM ist nicht nur Sitz der Brooklyn Philharmonic (gegründet 1858) sondern v.a. berühmt für ihre Experimentierfreude und für zeitgenössische Veranstaltungen junger Performance-Künstler, Tänzer, Musiker und Schauspieler. Hier ist die Theater-Avantgarde zu sehen, es gibt Programmkino, Musikreihen – allen voran das „Next Wave Festival" – und Literaturveranstaltungen.

Der klassizistische Kernbau der Academy stammt von 1908. Er wurde mit einer Aufführung von Goethes „Faust" und einem Auftritt von Enrico Caruso im Howard Gilman Opera House eingeweiht. Heute gehören zum BAM außerdem das Harvey Theater, die Rose Cinemas und das BAMcafé. Im Herbst 2012 wurde BAM Fisher (321 Ashland Pl.) eröffnet, ein grandios restaurierter historischer Heilsarmeebau neben dem Hauptgebäude. Hier findet u.a. das BAM Next Wave Festival statt. – und eine schicke Dachterrasse. Inzwischen spricht man vom **Brooklyn Cultural District** (Ashland Place–Flatbush–Lafayette Ave.) und in das historische Strand Theatre (647 Fulton St.) ist BRIC Arts/Media & Urban Glass eingezogen. BRIC ist der Veranstalter von „Celebrate Brooklyn" und Sitz von über 40 Kunst- und Kulturorganisationen. Auch das Theatre for a New Audience (Shakespeare-Bühne) ist hierher umgesiedelt. Südöstlich vom BAM, direkt neben dem wichtigen Subway- und LIRR-Bahnhof an der Atlantic Avenue (mit Shops wie Target), wurde 2012 das **Barclays Center,** Konzerthalle und Heimat des Basketballvereins Brooklyn Nets und des Eishockeyvereins **New York Islanders** gebaut.

- **Infos:** http://downtownbrooklyn.com, www.barclayscenter.com, www.atlanticavebid.org
- **R&B Festival (BAM),** MetroTech Commons, Downtown Brooklyn. Gratiskonzerte von Anfang Juni bis Anfang August, www.bam.org/metrotech.
- **Downtown Brooklyn,** Subway (A,C, F): Borough Hall
- **BAM & Barclays Center,** Subway (D. M, N, R, B, Q, 2, 3, 4, 5): Atlantic Ave.

Gastronomie und Shopping in Downtown (Atlantic Ave.) und Fort Greene

Zu den orientalischen Läden an und um die Atlantic Ave. und den Antiquitätengeschäften haben sich kreative Läden und Lokale gesellt (Subway: Hoyt-Schermerhorn). Siehe auch BoCoCa 89.

113 [I24] **BAMcafé,** 30 Lafayette Ave. Beliebter Treffpunkt zu, vor und nach Veranstaltungen, Fr./Sa. auch Gratiskonzerte, Lesungen u. a. Events.

114 [H24] **Betty Bakery,** 448 Atlantic Ave. Patisserie mit feinem Gebäck und heißer Schokolade. Mo. geschlossen.

115 [I22] **Farmer in the Deli,** 357 Myrtle Ave. Shop mit tollen Sandwiches, *Tuna* oder *„Turkey on a roll"* sind empfehlen und preiswert!

KLEINE PAUSE

Asiatischer Dach-Biergarten

Der Ausblick von der Dachterrasse im 24. Stock des ALoft-Hotels auf Downtown Brooklyn ist grandios. Das sich hier befindliche modern-minimalistisch eingerichtete Restaurant Kimoto mit Freiterrasse nennt sich „New York City's erster asiatischer Dach-Biergarten". Chefkoch Brian Tsao hat sich auf kreative Abwandlungen amerikanischer Klassiker spezialisiert und in der Küche fließen amerikanische, chinesische, koreanische, japanische u. a. asiatische Einflüsse einfallsreich zusammen: Peanutbutter-Jelly-Sandwiches, Hot Dogs oder Tacos werden hier zu neuen Geschmackserlebnissen. Bei Kimoto sucht man vergeblich nach einer Weinkarte, hier dreht sich alles ums Bier, asiatisches und lokales.

116 [G23] **Kimoto Rooftop Beer Garden** $$$, 216 Duffield St., Tel. 718 8588940, www.kimotorooftop.com

417ny Abb.: ch

117 [G24] **Floyd NY,** 131 Atlantic Ave. Bar mit Flatscreen-TVs und Selbstbedienungstheke für *fish and chips* vom Imbiss nebenan.

118 [H24] **M.O.B. (Maimonides of Brooklyn),** 525 Atlantic Ave. Ungewöhnliches Lokal mit Schwerpunkt auf vegetarischer/veganer Küche. Empfehlenswerte Sandwiches.

EXTRATIPP

Für Musikfans

119 [F26] **Jalopy Theatre and School of Music,** 315 Columbia St., www.jalopy.biz, Mo geschl., Subway (F/G): Carroll St. Musikladen mit Jam-Sessions unterschiedlichster Bands (bis 2 Uhr) und Instrumentalunterricht.

120 [G24] **Sahadi's,** 187–189 Atlantic Ave. Syrisch-libanesisch-orientalischer *deli* und *gourmet food store* mit großer Auswahl an raren und erlesenen Produkten.

121 [I24] **Atlantic Center,** Flatbush/Atlantic Ave. Einkaufszentrum zwischen Atlantic Terminal und Barlays Center, u. a. Filialen von Uniqlo, Pandora, Old Navy.

122 [H24] **City Foundry,** 365 Atlantic Ave. Möbel und Haushaltswaren, Antiquitäten und andere Fundstücke.

123 [H24] **Council,** 360 Atlantic Ave. Designermode und Accessoires, Retrolook und Prominentes, Schmuck und selbst aufgemotzte Designerstücke.

124 [I23] **Greenlight Bookstore,** 686 Fulton St. Netter kleiner Buchladen mit Spezialabteilung für Piratenliteratur.

125 [F24] **Holler and Squall,** 71 Atlantic Ave. Schmuck der ungewöhnlichen Art, Accessoires für Männer und Selbstgemachtes.

126 [I24] **Modell's,** 140 Flatbush Ave. Gegenüber dem Barclays Center gelegener großer Laden für Sportfans.

127 [H24] **Nunu Chocolates,** 529 Atlantic Ave. Kleine Schokoladenmanufaktur, höchste Qualität!

128 [H24] **Upper 90,** 359 Atlantic Ave. *Der* Fußballladen der Stadt, Filiale in der Upper West Side (697 Amsterdam Ave).

89 BoCoCa ★ [G25]

Als Paradies für Bummler, Shopper und Feinschmecker sieht sich **BoCoCa.** Hinter diesem Kürzel verbergen sich die Viertel **Boerum Hill, Cobble Hill** und **Carroll Gardens.** Gemeint ist die Region südlich von Downtown zwischen Atlantic Avenue und Carroll Street sowie 4th Avenue und Smith Street, leicht erreichbar mit der Subway-Linie F. Einige der besten Lokale Brooklyns sind in der **Smith Street** in Carroll Gardens zu finden, darunter viele Italiener. Die Smith Street mit Shops und Cafés und Kneipen ist ebenso eine Lebensader des Viertels wie die parallel verlaufende Court Street.

› Zentrum **BoCoCa** um die Atlantic Ave. und um die Smith St. zwischen Bergen (Subway: Bergen St., Linie F, G) und Carroll St. (Subway: Carroll St., Linie F, G)

Gastronomie in BoCoCa

- 129 [G25] **Brooklyn Farmacy & Soda Fountain,** 513 Henry St. „Erfrischungsdeli" im Retrostil in einer historischen Apotheke.
- 130 [H24] **Building on Bond** $-$$, 112 Bond St. Restaurant aus recyceltem Material mit gutem Brunch zu günstigen Preisen.
- 131 [G25] **Lucali** $, 575 Henry St., nur Dinner. Pizzabäcker Mark Lacono ist bekannt für seine dünnen, krossen Steinofenpizzen. Preiswert, bei Familien beliebt.
- 132 [H24] **Mile End Deli,** 97A Hoyd St. Nachbarschaftbistro mit leckeren Bio-Gerichten.
- 133 [G25] **Nightingale 9** $$, 329 Smith St. Vietnamesisches Lokal, nach einer alten Telefonzentrale (NI9) benannt. Rob Newton kombiniert seine Südstaaten-Wurzeln mit der Leidenschaft für vietnamesische Küche. Nur abends, außer Mo.
- 134 [G25] **The Grocery** $, 288 Smith St., Tel. 718 5963335 (Reservierung). Günstiges, kleines Lokal, hervorragende Küche und beste lokale Zutaten, im Sommer Gartenbetrieb.

90 Red Hook ★ [F27]

DUMBO 87 und Williamsburg 92 kennen inzwischen viele als trendige Viertel, Red Hook hingegen verbinden selbst viele Brooklynites nur mit der IKEA-Filiale. Das ehemalige Hafenviertel liegt südlich von BoCoCa und über die Bedeutung des Hafens informiert das **Waterfront Museum** (s. S. 219), das sich in einer historischen Barkasse befindet. 2006 wurde ein neuer Hafen für Kreuzfahrtschiffe, der **Brooklyn Cruise Terminal** (www.nycruise.com/brooklyn-terminal), eröffnet.

Bis in die 1990er-Jahre als „Crack Capital" der USA verrufen, erlebte Red Hook 2008 mit der Eröffnung von **IKEA** einen Aufschwung, zumal um den Laden herum eine **Parkanlage** entstand und eine **Fährverbindung** nach Manhattan eingerichtet wurde. Über die hässlichen grauen Wohnblöcke lässt sich aber nicht hinwegsehen, befindet sich hier doch eine der größten **Sozialsiedlungen** New Yorks.

Red Hook ist heute ein typisches Brooklyner Viertel, ein „work in progress". Viele mutige Leute haben hier Werkstätten, Läden und Lokale eröffnet. Künstler, Intellektuelle und Aussteiger sind hergezogen, entweder in **historische Lagerhäuser** wie das Liberty Warehouse an Pier 41 oder in **historische kleine Reihenhäuser** entlang und um die Hauptachse des Viertels, die **Van Brunt Street.** Grandios ist der Ausblick von den Piers (z. B. 44 oder 41) auf Freiheitsstatue, Staten Island, Verrazano Bridge, Manhattans Skyline oder das zum Greifen nahe Governors Island jenseits des „Buttermilk Channel". Selbst die Verwüstungen während des Hurricane Sandy haben den Boom nur kurzzeitig unterbrochen.

Östlich von Red Hook liegt der **Gowanus Canal.** Einst als stinkende Kloake verrufen, versucht man, den einstigen Hafenkanal zu säubern, und auch das umliegende Viertel **Gowanus** beginnt, attraktiver zu werden.

› **Anfahrt:** Bus B61 (ab Brooklyn Borough Hall, Boerum Place) oder IKEA Express Shuttle (Fähre, www.nywatertaxi.com/ikea)

Gastronomie und Shopping in Red Hook

135 [F27] **Fort Defiance** $$, 365 Van Brunt St. Berühmt für regionale Gerichte aus lokalen Produkten.

136 [F27] **Hope & Anchor** $-$$, 347 Van Brunt St. *Der* Treff des Viertels. Frühstück, Snacks, aber auch Events (Jazz etc.).

137 [F26] **Red Hook Lobster Pound** $$, 284 Van Brunt St., tägl. außer Mo. 11.30–mind. 21 Uhr. Hier gibt es die besten Hummergerichte, frisch und zu günstigen Preisen.

138 [E27] **Steve's Authentic Key Lime Pies,** Liberty Warehouse, Pier 41, 185 Van Dyke St. Limonen-Pies zum Kaufen und „Swingles" als Wegzehrung.

139 [F27] **The Good Fork** $$-$$$, 391 Van Brunt St. Gemütliches Lokal mit Bar, sehr gute Gerichte aus lokalen Bioprodukten. Nur abends, Sa./So. Brunch, Mo. geschl.

140 [E27] **Cacao Pietro,** 218 Conover St., Di.-Fr. 11-18, Sa./So. 11-19 Uhr. „Beans to Bar" – reinsortige Schokoladen, aber auch Rum und Whiskey werden hier hergestellt.

141 [F27] **Dry Dock,** 424 Van Brunt St. Ausgezeichnete Auswahl an lokalen Weinen und Spirituosen, auch Veranstaltungen.

142 [F27] **Fairway Market,** Pier 45, Van Brunt St. Riesiger, gut sortierter Supermarkt mit vielen Bio- und lokalen Produkten.

EXTRATIPP

Made in Brooklyn

Dom Gervasi (s. S. 331) stellt in zweistündigen Walkingtouren Williamsburg und andere Brooklyner Viertel vor. Der Fokus liegt auf dem **wirtschaftlichen Aufschwung und Unternehmergeist.** Es werden Firmen und Personen vorgestellt, die in Brooklyn Waren verschiedenster Art erfunden haben bzw. herstellen, z. B. Firmen wie Sorel, wo „Jack from Brooklyn" einen karibischen „Alko-Drink" produziert, die Sixpoint Brewery, Flickinger Glassworks, Cocoa Prieto, die kleine Key-Lime-Pie-Bäckerei oder die Red Hook Winery. Es geht um große Fabrikantendynastien, industrielle Wegbereiter und innovative Existenzgründer. Dazu gibt es viel wirtschaftliche, historische und kulturelle Backgroundinfos und Kostproben.

91 Brooklyn Navy Yard ★ [H22]

Zwischen 1806 und 1966 wurden im **Brooklyn Navy Yard** Amerikas wichtige Schlachtschiffe gebaut. Die Werft im Norden von Downtown Brooklyn spielte insbesondere im Zweiten Weltkrieg eine wichtige Rolle. Damals arbeiteten hier 70.000 Menschen. Dann lag das Gelände bis in die 1980er-Jahre brach, ehe man dem Verfall Einhalt gebot.

Inzwischen stellt das Areal ein Musterbeispiel für den umweltbewussten Wandel eines Industrieparks in ein Areal mit Produktionsstätten und Büros unterschiedlichster Größe und Ausrichtung – z. B. gibt es eine Kaffeerösterei, eine Destillerie, eine Brauerei, ein Designstudio – sowie den berühmten **Steiner-Filmstudios** dar. Recycling, alternative Energien, grüne Infrastruktur, ressourcensparende Maßnahmen und ähnliche Faktoren spielen eine dominante Rolle. Da das Gelände bis auf wenige Gebäude (Kings County Distillery, Bldg. 3/Rooftop Garden und Bldg. 92) für Besucher geschlossen ist, empfiehlt es sich, sich einer Tour anzuschließen.

Anlaufpunkt für interessierte Besucher ist **Building 92 (Brooklyn Navy Yard Center).** In dem energiesparenden und architektonisch sehenswerten Bau (ehem. Kommandatur mit Neubau) befindet sich ein sehenswertes (und dazu kostenloses) Museum zur Geschichte des Hafens in verschiedenen Abteilungen und mit kleinem Shop. Hier beginnen auch die Touren.

› **Brooklyn Navy Yard Center at Bldg. 92,** 63 Flushing Ave., Mi.-So. 12-18 Uhr, Eintritt frei, http://bldg92.org
› Subway (F) bis „York St.", dann Spaziergang durch das historische Viertel Vinegar Hill
› **Turnstile Tours,** Tel. 347 9038687, http://turnstiletours.com. Verschiedene Navy-Yard-Touren, samstag- und sonntagnachmittags z. B. die Brooklyn Navy Yard „Past, Present & Future Tour".

Brooklyn Brewery

Der 1988 gegründeten Brooklyn Brewery ist es zu verdanken, dass Brooklyn als Brauereizentrum ein Revival erlebt. Um 1880 gab es 50 Brauereien, 70 waren es in ganz New York! 1976 schloss mit Schaefer die letzte, doch seit ein paar Jahren wird in Williamsburg und Red Hook wieder erstklassiges Bier gebraut. Die mehrfach ausgezeichnete Kleinbrauerei Brooklyn Brewery liegt an der 11th Street, der alten „Brewer's Row", die einst zwölf Brauereien säumten. Seit der Gründung hat Garrett Oliver als Braumeister dafür gesorgt, dass die ausgezeichneten Biere weit über New York hinaus einen herausragenden Ruf haben.

143 *[H18]* ***Brooklyn Brewery,*** *79 N 11th St., Williamsburg, http://brooklynbrewery.com, Tour und Tasting auf Anmeldung: Mo.-Do. 17 Uhr, $ 15; Fr. 18-23 Uhr Tastingroom geöffnet, $ 5 pro Pint (0,47 l); Sa. 12-20 Uhr, 13-17 Uhr halbstündl. Gratistouren und Barbetrieb; So. 12-18 Uhr, Touren 13-16 Uhr; Laden tgl. geöffnet, ab 2017 auch im Brooklyn Navy Yard*

92 Williamsburg [H18]/ Greenpoint [H17] ★★

Williamsburg und das sich nördlich anschließende Greenpoint zählen zu den angesagten Vierteln Brooklyns und sind bekannt für ihre **lebhafte Künstlerszene** und ihre **ethnische Vielfalt.** Als 1903 die Williamsburg Bridge eröffnet wurde, zogen die hierher, die es sich leisten konnten, den beengten Wohnverhältnissen in der Lower East Side zu entfliehen. So entstand ein quirliges Stadtviertel, das besonders bei den streng-orthodoxen Juden beliebt war. Heute ist **„Brooklyn's East Village"** trotz der rund 30.000 bevorzugt in South Williamsburg lebenden Chassidim, ein buntes, multiethnisches **Viertel** mit regem Nachtleben und den angesagtesten Klubs.

Die Grand Street trennt **Williamsburg** in zwei Teile: die North und die South Side. Der Süden ist weniger „hip" und noch ein Stück ursprüngliches Brooklyn, geprägt von seiner orthodox-jüdischen und lateinamerikanischen Bevölkerung. Es ist vor allem die North Side, die sich zum In-Viertel mit neuen Apartmentbauten – selbst die alte Zuckerfabrik Domino wird derzeit zur Nobelwohnanlage umgebaut – mausert. Beide Teile werden durch die Union Street von East Williamsburg abtrennt, ein noch stärker jüdisch geprägtes Viertel.

Das Zentrum der **North Side** bildet die **Bedford Avenue** (Subway: Bedford Ave.). An ihr dominieren polnische und osteuropäische Läden und Restaurants, aber auch zahlreiche Cafés. Zwischen **Metropolitan Avenue** und N 8th St. sowie um die **Wythe Avenue** reihen sich im Umfeld der Bedford Avenue hippe Boutiquen, Cafés und Feinkostshops sowie Lokale aneinander. Auch etliche schicke Boutiquehotels wie das Wythe oder das McCarren Hotel (s.S. 340) sind hier entstanden. Zudem bietet sich vom nur wenige Schritte entfernten Ufer des East River ein fantastischer Blick auf Manhattan. Im East River State Park (Kent Ave./N 8th St.) findet im Sommer immer samstags der attraktive **Smorgasburg Market** (s.S. 254) statt, es gibt eine Fähranlegestelle und wie die vielen neuen Apartmenthäuser und Baustellen zeigen, ist das Viertel zur beliebten Wohnadresse geworden.

Im Übergangsbereich zwischen North und South Side liegt der **Grand Ferry Park.** Der hierher versetzte Schornstein der Molasse-Fabrik Pfizer & Erhart (später als Hersteller von Viagra bekannt geworden) und die sich daneben befindlichen Reste der Crystal Domino Sugar Factory erinnern an jene Tage, als Brooklyn „Zuckerhauptstadt" war; immerhin kamen einst 70% des amerikanischen Zuckers hierher! Neben der Bedford Ave. und dem Broadway gilt besonders die Myrtle Ave. als Hauptachse der **South Side.** Auch an ihr ist ein Wandel spürbar: Es eröffnen zunehmend schicke Lokale und Läden.

Greenpoint, am nördlichen Zipfel Brooklyns, am East River gelegen, hat sich viel von seinem ursprünglich polnischen „Alte-Welt-Charme" erhalten. Hier im ehemaligen „Klein-Polen" reihen sich heute Boutiquen und Lokale auf. Ein Unikum nahe dem Wasser ist die **Eagle Street Rooftop Farm** auf dem Dach eines Filmproduzenten (Eagle St.), wo Gemüse angebaut wird (während der Saison am Sonntag kleiner Markt, traumhafter Blick auf die Skyline, siehe http://rooftopfarms.org). Ein Stück südlich trifft man dann auf den **WNYC Transmitter Park** an der Greenpoint Avenue mit Pier (Fährstation!), Grünfläche, Spielplatz u.a. Einrichtungen.

Der **aktuellste** Trendsetter ist **Bushwick,** östlich von Williamsburg. Um die Hauptachsen Bushwick (v.a. östlich) und Flushing Avenue bis zu Cypress Avenue sowie um den Bushwick Park und die beiden U-Bahn-Stationen Morgan Ave. und Jefferson St. entstanden zahlreiche neue Studios, Galerien und Shops. Außerdem gilt Bushwick als Zentrum der Street Art und der Graffiti.

› **Infos:** www.freewilliamsburg.com
› **Williamsburg;** Subway (L): Bedford Ave., East River Ferry („North Williamsburg")
› **Greenpoint;** Subway (G): Nassau oder Greenpoint Ave.
› **Bushwick;** Subway (L): Morgan Ave. oder Jefferson St.

Gastronomie und Shopping in Williamsburg/Greenpoint/Bushwick

144 [H19] **Bedford Cheese Shop,** 229 Bedford Ave./N 4th St. Gourmet Shop, in dem es u.a. eine „cheese plate of the day" und ein „sandwich of the day" gibt.

145 [H19] **BOE,** 209 Wythe Ave., www.brooklynoenology.com. Verkostung/Verkauf von auf Long Island gekeltertem Wein/Getränken lokaler Destillerien, auch Snacks und Events.

146 [H18] **Brooklyn Bowl,** 61 Wythe Ave., www.brooklynbowl.com. Kegelbahnen mit Restaurantbetrieb in historischem Fabrikgebäude, an Wochenenden Konzerte.

147 [J22] **Brooklyn Tap House,** 590 Myrtle Ave. (South Williamsburg). Ausgezeichnete Bierauswahl, gute Stimmung und schmackhafte Snacks.

148 [H20] **Diner,** 85 Broadway (South Williamsburg). Im restaurierten, über 80 Jahre alten Diner gibt es leckere Burger, Fritten und Martinis, leicht französisch angehaucht.

149 [H18] **D.O.C. Wine Bar,** 83 N 7th St. Rustikale Enothek mit Käse, Weinen und Paninis nahe dem Flussufer.

150 [ci] **Faro** $$-$$$, 436 Jefferson St., Bushwick, Tel. 718 3818201, www.farobk.com. Kleines Lokal. Gerichte aus regionalen Bioprodukten und viel hausgemachte Pasta.

151 [I19] **Fette Sau** $$$, 354 Metropolitan Ave./N 4th St. (nahe Bedford Ave.). Coole „Kneipe“ in einer ehemaligen Autowerkstatt in Williamsburg, die für ihr BBQ berühmt ist.

152 [H18] **My Moon** $$, 184 N 10th St./Bedford Ave. Mediterrane Küche, auch im Garten serviert, dazu gibt es Kunstausstellungen.

153 [H19] **Odd Fellows Ice Cream,** 175 Kent Ave. Beliebte Eisbar mit ungewöhnlichen Kreationen.

154 [H20] **Peter Luger Steak House** $$$$, 178 Broadway, Brooklyn, Tel. 516 3877400, Subway: Marcy Ave. Reservierung nötig, nur Barzahlung. Hier gibt es die besten Steaks.

155 [H17] **Peter Pan Donut and Pastry Shop,** 727 Manhattan Ave. (Greenpoint). Eine Institution mit Kaffee, *egg cream* (Milchmischgetränk) oder *Donuts* zu Spottpreisen.

327ny Abb.: mb

Im Bagel Store gibt es die vielleicht besten Bagels in New York

156 [H19] **Pudge Knuckles,** 184 Kent Ave. Gemütliches Café in der North Side mit eigener Rösterei.

157 [H19] **Radegast Hall & Biergarten,** 113 N 3rd/Berry St, www.radegasthall.com. Berühmtes deutsches Lokal mit Biergarten und bayerischer Kost. Tgl. Livemusic und Events.

158 [ci] **Roberta's** $$, 261 Moore St., Bushwick, www.robertaspizza.com. Die angeblich beste Pizza in NYC.

159 [I19] **Roebling Tea Room,** 143 Roebling St. (Zugang: Metropolitan Ave.). Bar mit Sofas zum Relaxen.

160 [H19] **The Bagel Store,** 349 Bedford Ave. (South Williamsburg). Bagels sind ein Muss in New York und hier gibt es die vielleicht besten, mit Liebe handgemacht und preiswert.

161 [H18] **Toby's Estate Coffee,** 125 N 6th St. Kleines Kaffeehaus mit eigener Röstung und gutem Frühstück.

162 [H18] **Wild Ginger,** 182 N 10th St. Kleines Café und Restaurant mit vegetarisch-asiatischen Spezialitäten, preiswert und lecker.

163 [bi] **Brooklyn Art Library,** 28 Frost St., Di–So 12–18 Uhr. Sitz eines Kunstprojekts: Jeder kann ein Sketchbook erwerben ($ 60), gestalten und nach einem Jahr zurückschicken. Die Skizzenbücher werden seit 2010 in einer eigenen Library ausgestellt (auch digitalisiert im Internet: www.sketchbookproject.com/library).

164 [H18] **Brooklyn Harvest Market,** 25 N 5th St. Großer Supermarkt in der North Side mit breiter Auswahl auch an Bioprodukten.

165 [H18] **Brooklyn Industries,** 162 Bedford Ave. Ausgefallene Mode und Accessoires.

166 [H19] **Mast Brothers,** 111 N. 3rd St., http://mastbrothers.com. Eine der besten Schoko-Manufakturen weltweit.

167 [H19] **Mini Mall,** 240 Kent Ave. Ladenpassage mit ausgefallenen Shops wie CeleBritAy (Kosmetik) oder Oat (Hüte).

› **Smorgasburg** (s. S. 254)/**Brooklyn Flea** (s. S. 255). Sa. lokale Leckerbissen, So. Flohmarkt.

168 [H19] **Spoonbill & Sugartown,** 218 Bedford Ave. Ausgefallene Literatur und *used books,* daneben: **Earwax,** ein Eldorado für LP-Fans.

EXTRATIPP

Touren durch Crown Heights

› **Chassidic Discovery Walking Tours,** Tel. 212 2093370, www.jewishtours.com, So.–Fr. 10–13 Uhr Touren durch Brooklyns jüdisches Viertel Crown Heights inkl. koscherem Lunch, $ 50, ab Chassidic Discovery Welcome Center (305 Kingston Ave., Subway 3: Kingston Av., dort auch Jewish Children's Museum, www.jcm.museum).

93 Crown Heights und Bedford-Stuyvesant ★ [cj]

Wer einmal eine andere Welt erleben möchte, für den sind die beiden östlichen Brooklyner Viertel Crown Heights und Bedford-Stuyvesant hochinteressant. In **Crown Heights** lebt v. a. die jüdisch-orthodoxe Gruppe der Chabad-Lubawitch, die bekannteste chassidische Gemeinschaft, bei der die Männer durch lange schwarze Mäntel *(Abaya)* und breitkrempige Fellhüte *(Stremel)* im Straßenbild auffallen. Die Glaubensgemeinschaft entstand im 18. Jh. in Russland unter Rabbi Schneor Salman von Ljadi (1745–1812) als Ableger des Chassidismus. Das westrussische Lubawitsch entwickelte sich zu einem Zentrum, ehe Immigranten ihren Glauben mit nach New York brachten.

Außerhalb Israels hat New York inzwischen den größten jüdischen Bevölkerungsanteil weltweit. Die Meisten – rund 380.000 – leben im Brooklyner Wohnviertel Williamsburg und in Crown Heights. Wer sich für einen Blick hinter die Kulissen interessiert, sollte sich einer **Tour durch Crown Heights** anschließen und hinterher bei Gombo's Heimishe Bakery (328 Kingston Ave.) Gebäck einkaufen.

Direkt an Crown Heights grenzen die südlichen Ausläufer von **Bedford-Stuyvesant** – kurz „Bed-Stuy“ – an, die größte afroamerikanische Gemeinde in Brooklyn, deren ältester Teil als **Stuyvesant Heights Historic District** unter Denkmalschutz steht. Der Verwalter von Neu-Amsterdam, Peter Stuyvesant, hatte 1640 das Dorf gegründet. Eine Attraktion ist hier das **Brooklyn Children's Museum** (s. S. 218), das erste und älteste Kindermuseum der Welt. 1977 war zur Vergrößerung des gründerzeitlichen Ursprungsbaus von 1899 ein ungewöhnlicher Bau von Hardy Holzmann Pfeiffer Associates entstanden, 12 m unter dem Bodenniveau. Ein Eisenbahnkiosk von der Queensboro Bridge von 1907 dient als Eingangspavillon. 2008 expandierte das Museum nach Plänen von Rafael Viñoly Architects erneut und ein Flachbau mit bunten Keramikfliesen – das erste LEED-zertifizierte Museum New Yorks – war entstanden.

› Subway: Nostrand Ave. (A), Kingston Ave. (3) oder Classon Ave. (G) zum Shopping entlang Franklin oder Fulton St.; Bushwick, Subway: Morgan Ave. (L)

116ny Abb.: NYC&Co@Bami Adedoyin

94 Prospect Park [ck] und Park Slope [J26] ★

Wie der Central Park 70 wurde auch Brooklyns „Hauspark" – der **Prospect Park** – von den Olmsted-Brüdern, in Zusammenarbeit mit Calvert Vaux, entworfen und bildet Brooklyns **grüne Lunge.** Auf den Rasenflächen toben sich Mensch und Tier aus – es gibt sogar einen eigenen Hunde-Pool –, man erholt sich, nimmt an Veranstaltungen teil oder man lauscht im Sommer Gratiskonzerten in der Prospect Park Bandshell, z. B. im Rahmen der Veranstaltungsreihe „Celebrate Brooklyn" (www.prospectpark.org).

Das Boathouse Café, ein Karussell, das historische Farmhaus **Lefferts Homestead, The Wollman Center** (Bootsverleih und Eislaufbahn), das **Le-Frak Center at Lakeside** (Skating Pavilion, Aussichtsterrasse und Café) und der **Prospect Park Zoo** (http://prospectparkzoo.com) locken v. a. an Wochenenden Ausflügler an. Der Hauptzugang befindet sich an der **Grand Army Plaza** (Plaza St./Flatbush Ave.), den ein mächtiger Bogen, der „Soldiers' and Sailors' Arch" von 1870, moderne Skulpturen und eine Büste John F. Kennedys schmücken. Ganzjährig findet hier immer samstags von 8 bis 16 Uhr ein Wochenmarkt statt. Abgesehen vom **Brooklyn Botanic Garden** ist der Besuch des **Brooklyn Museum** 95 unbedingt lohnend.

Park Slope schließt sich nordwestlich an den Prospect Park an. Die Hauptlebensadern sind die **5th Avenue** mit ausgefallenen Läden und Lokalen und deutlicher „Latino-Prägung" und die beinahe „ausgeflipptere" **7th Avenue** mit Shops und Lokalen aller Art (Subway: 7th Ave.). Das direkt angrenzende **Prospect Heights**, durch die Flatbush Avenue von Park Slope getrennt, entwickelt sich mehr und mehr zur beliebten Wohnadresse.

Park Slope ist mit seinen Brownstone-Reihenhäuschen eine begehrte Adresse in Brooklyn

Im Südwesten des Parks erstreckt sich das riesige Friedhofsgelände des **Green-Wood Cemetery.** Überragendes Symbol ist eine 3 m hohe, bronzene **Minerva-Statue**, die quasi Auge in Auge mit der Statue of Liberty steht und den **Battle Hill** auf dem Friedhof dominiert. Sie hebt die linke Hand zum Gruß Richtung Hafen. Der 1920 geweihte „Altar to Liberty on Battle Hill" erinnert an den Revolutionskrieg auf Long Island: Hier lieferten sich britische Truppen und George Washingtons Armee erbitterte Kämpfe. Auf dem Friedhof begraben liegen viele berühmte New Yorker wie Louis Comford Tiffany, Leonard Bernstein, George Catlin oder Horace Greeley, aber auch international bekannte Stars wie Lola Montez.

› Subway: Grand Army Plaza (2, 3) oder Prospect Park (B, Q)
› **Green-Wood Cemetery,** www.green-wood.com, Mi. 13 Uhr, ab und zu auch So., Trolleytouren, $ 15, Subway (D, M, N, R): 25th St.

Gastronomie in Park Slope

169 [J24] **Franny's,** 348 Flatbush Ave. Hier gibt es tolle Pizza, dafür steht man gern an.
170 [I25] **Rose Water** $, 787 Union St. Exzentrische Mischung aus nordafrikanischer, mediterraner und amerikanischer Küche, tolle Vorspeisenplatte und *pork chops*.

95 Brooklyn Museum ★★ [ck]

Das Brooklyn Museum ist nicht nur das **zweitgrößte Kunstmuseum New Yorks,** sondern bietet auch ein **ungewöhnlich breites Spektrum** von ägyptischer bis zeitgenössischer Kunst und dazu ethnologische, naturkundliche und wissenschaftliche Ausstellungsstücke.

1897 wurde das Museum nach Plänen des bekannten Architekturbüros McKim, Mead & White eröffnet. Die tempelartige Eingangsfront des Gebäudes und der an das römische Pantheon erinnernde Zentralbereich wird von zwei mächtigen Seitentrakten gerahmt. Für Schlagzeilen sorgten zuletzt im April 2004 ein viel diskutierter Glaspavillon als Zugangslobby und ein neu gestalteter Vorplatz mit Brunnen und Fontänen. Zugleich wurde das Luce Center for American Art eröffnet, das nicht nur als Forschungszentrum dient, sondern ein öffentlich zugängliches Magazin ist, das Einblick in die sonst verschlossenen Schätze der Sammlung gewährt. 2007 kam das Elizabeth A. Sackler Center for Feminist Art dazu. Es ist ebenso sehenswert wie die Ausstellung American Identities in der 5. Etage, die einen Überblick über die amerikanische Kunst gibt. Neu und sehenswert ist auch der **Beaux-Arts Court.**

Für Naturfreunde bietet sich gleich nebenan noch ein Besuch des **Brooklyn Botanic Garden** an, der 1910 von den Olmsted-Brüdern angelegt wurde. Die Vielfalt an verschiedenen Gartenteilen – z. B. Rosen-, Stein-, Flieder-, Japanischer oder Shakespeare-Garten – lassen das Herz jedes Hobbygärtners höherschlagen, ebenso das Steinhardt Conservatory, ein tropisches Gewächshaus. Auf dem Celebrity Path wurden Brooklyns Persönlichkeiten verewigt und vor allem im Frühjahr, zur Kirschbaumblüte, bietet sich die Cherry Esplanade zum Spaziergang an. Ein modernes Visitor Center am Eingang an der Washington Ave. hilft beim Überblick und es gibt einen Shop und ein Café.

› **Brooklyn Museum,** 200 Eastern Parkway, www.brooklynmuseum.org, Mi.–So. 11–18, Do. bis 22 Uhr, $ 16 (1. Sa. im Monat 11–23 Uhr, Eintritt frei), Kombiticket mit Botanic Garden: $ 23

- **Brooklyn Botanic Garden,** 990 Washington Ave. und 150 Eastern Parkway (neben Museum und nahe Subway-Station), www.bbg.org, Di.-Fr. 8-18, Sa./So. 10-18 Uhr, im Winter verkürzt, $ 12 (Di. ganztags, Sa. 10-12 Uhr frei), zahlreiche Festivals u. a. Veranstaltungen
- Subway (2, 3): Eastern Pkwy.-Brooklyn Museum

96 Central Brooklyn ★

Südlich des Prospect Park 94 dehnt sich **Flatbush** (Subway B, Q) aus. Zwischen 1898 und 1910 entstanden, war es von Anfang an als Wohnviertel für besser verdienende (großteils jüdische) New Yorker konzipiert. Deshalb findet man hier in parkartigem Ambiente für New York untypische große Häuser in ruhigen Alleen, in viktorianischen Architekturstilen und mit umlaufenden Veranden und Gärten, daneben aber auch *brownstones*.

Ein neues Juwel im Viertel ist das **Kings Theatre** (1027 Flatbush Ave.) von 1929. 40 Jahre stand es als eins von „Loew's Wonder Theatres" leer, jetzt gibt es Filme, Aufführungen und Vaudeville für 3000 Zuschauer (www.kingstheatre.com).

Das ruhige und grüne **Midwood** ist Teil von Flatbush und gilt als „kosher yuppie land", was man besonders entlang der J und M Avenue an den vielen koscheren Shops und Restaurants merkt. Gerade der Teil des Viertels südlich der Foster Avenue (Subway: Newkirk Ave.) erinnert mit seinen prächtigen, großen Wohnhäusern aus den 1920er-Jahren und den grünen Alleen eher an ein Städtchen in Neuengland. Er wurde unlängst zum *historic district* erklärt.

An der Flatbush Avenue herrschen karibische Züge vor, während sich die Lebensader **Coney Island Avenue** ethnisch vielgesichtig präsentiert. Noch älter als Flatbush ist das sich westlich anschließende **Sunset Park.** Vor über 150 Jahren entstanden, gilt das Viertel als das größte Denkmalschutzgebiet der USA. An der **8th Avenue**, v.a. zwischen 58. und 61. Straße, schlägt das Herz des Viertels. Restaurants und Läden zeigen, dass hier Iren, Polen, Skandinavier, Hispanos, Immigranten aus dem Mittleren Osten und neuerdings besonders aus China einträchtig nebeneinander leben. Hier hatten sich viele Zuwandererfamilien niedergelassen, die Männer arbeiteten in den nahen Hafendocks. Heute gilt das Viertel einerseits als „Brooklyn's Little Latin America", andererseits breitet sich um die 8th Avenue (42nd-68th St., Subway: 8th Ave., Linie N) eines der größten Chinesenviertel der Stadt aus. Nicht zuletzt gilt es als eines der zukünftigen In-Viertel Brooklyns.

Die **Verrazano-Narrows Bridge**, eine 4 km lange Hängebrücke, überspannt eine Meerenge und verbindet seit 1964 Brooklyn und Staten Island miteinander. „The Narrows" wurden einst von Fort Wadsworth – auf Staten Island gelegen – überwacht; die Festung war bereits im 18. Jh. an der strategisch wichtigen Stelle erbaut worden. Gegenüber, auf Brooklyner Boden, liegt Fort Hamilton, 1825 bis 1831 erbaut. Dort erinnert das **Harbor Defense Museum** an die alten Tage der Hafenverteidigung.

Nördlich der Verrazano-Narrows Bridge breitet sich das Viertel **Bay Ridge** aus (Subway: 86th St./4th Ave.). Es ist ein „Füllhorn" an verschiedenen Ethnien, weniger Zuwanderer als ursprüngliche Siedler, v.a. Norweger, Iren, Italiener und Griechen, dazu ein großer Anteil an Arabern. Dementsprechend ist auch die

Infrastruktur im Areal um 86th St./3rd–4th Ave.: bunt und vielseitig.

Südlich davon liegt **Bensonhurst**, das alte Italienerviertel, in dem sich mittlerweile die Ethnien und Kulturen stärker vermischt haben und vermehrt Chinesen und Mexikaner zugezogen sind. Dennoch lässt sich auf dem Weg nach Coney Island 97 dort gut ein Zwischenstopp einlegen, um „Little Italy" bzw. zumindest dessen Hauptachse 18th Avenue (Cristoforo Colombo Blvd.) zwischen 64th und 86th Street kennenzulernen (Subway: 18th Ave., Linie N). In der Vorweihnachtszeit lohnt ein Abstecher nach **Dyker Heights** (83rd–86th St., 11th–13th Ave.), da hier die Dekoration einfach umwerfend ist. A Slice of Brooklyn (s. S. 332) bietet dazu spezielle Touren an.

In das „Fischerdorf" **Sheepshead Bay** (Subway: Sheepshead Bay, Linie B, Q) kommen die Einheimischen, um frischen Fisch zu kaufen bzw. zu essen. Im kleinen Hafen liegen die Boote der New Yorker Freizeitkapitäne und rund um die gleichnamige Bucht reihen sich an der Emmons Avenue Fischrestaurants auf. Von den Piers stechen Ausflugs- und Fischerboote in See.

Westlich an Sheepshead Bay schließt sich mit **Gravesend** eines der ältesten Viertel Brooklyns an – ein Musterbeispiel für den multiethnischen Charakter der Stadt.

Gastronomie in Bensonhurst, Bay Ridge und Sheepshead Bay

› **In Bay Ridge** reihen sich an der 3rd Ave. Lokale wie Tanoreen (nahöstlich), Sanchos (spanisch), Mezcal's D'Os (mexikanisch), Polonica (polnisch) oder Bangkok Thai bzw. in der gehobeneren Kategorie The Pearl Room oder Greenhouse Cafe auf. Auch Lock Yard (9221 5th Ave.) in altem Hardware-Store mit Hot Dogs und Burgern, Biergarten und Bar lohnt einen Besuch.

171 **Il Colosseo** $$, 7704 18th Ave. (Bensonhurst). In diesem Lokal sind die Pizzas zu empfehlen, besonders die „Speciale".

172 **Il Fornaretto,** 7616 17th Ave. (Bensonhurst). Winzige italienische Bäckerei.

173 **Jordan's Lobster Dock,** 3165 Harkness Ave. (Sheepshead Bay). Ein bekannter „fish shack", in dem die New Yorker vor allem Lobster – gern auch gekocht – mitnehmen.

174 **Lioni Italian Heroes,** 7803 15th Ave. (Bensonhurst). Ursprünglich ein Mozzarella-Geschäft, heute berühmt für Sandwiches, besonders die riesigen „Italian Heroes".

175 **Panino Rustico,** 8222 17th Ave. (Bensonhurst). Italienischer Imbiss mit ausgezeichneten Panini, Salaten und Suppen.

176 **Pastosa Ravioli,** 7425 New Utrecht Ave. (Bensonhurst). Mischung aus italienischem Alimentari und New Yorker Deli. Berühmt sind die hausgemachte Pasta und die Soßen.

177 **Randazzo's Clam Bar** $$, 2017 Emmons Ave. Eine Legende in Sheepheads Bay, die man wegen der frischen Meeresfrüchte oder auch wegen der Sandwiches besucht.

178 **Roll-N-Roaster** $, 2901 Emmons Ave. (Sheepshead Bay). Preiswerte Sandwiches und andere typisch amerikanische Gerichte.

179 **Silver Star Chinese Restaurant** $$, 6221 18th Ave. (Bensonhurst). Ungewöhnliches chinesisches Lokal im Italienerviertel mit guter Küche. Im Innern man fühlt sich in die 1960er-Jahre zurückversetzt.

180 **Villabate Alba,** 7001 18th Ave. (Bensonhurst). Italienische Konditorei mit Leckereien wie Cannoli.

181 **Villa Fiorita Restaurant** $$, 7720 18th Ave. (Bensonhurst). Lokal, bei dem Gerichte der süditalienischen Küche auf der Karte stehen.

118ny Abb.: mb

97 Coney Island ★★★

New Yorks „Sommerfrische" Coney Island, eine Halbinsel am Südzipfel Brooklyns, befindet sich nach Jahrzehnten des Verfalls und der Querelen wieder im Aufschwung. Strand und Boardwalk sind sauber und ordentlich und viele der altehrwürdigen Attraktionen beliebter denn je.

Die moderne **Subway-Endstation** an der Stillwell Avenue mit Laden- und Büroflächen – ist angeblich die flächenmäßig größte U-Bahn-Station der Welt. Der luftighelle Glasbau ersetzte das alte Gebäude von 1919 und zeichnet sich durch höchste technische Standards aus. Schräg gegenüber, bei **Nathan's** (s. S. 190), soll 1900 der Hotdog – das amerikanische Nationalgericht – „erfunden" worden sein. Vorbei am **MCU Park**, einem kleinen, attraktiven Baseballstadion, in dem die die **Brooklyn Cyclones**, das *farm team* (die Nachwuchsmannschaft) der Mets, zu Hause sind, geht es zum Strand.

Das Meiste spielt sich entlang dem legendären **Riegelmann Boardwalk** ab, einer hölzernen Strandpromenade, auf der Einheimische und Besucher flanieren und wo offensichtlich wird, dass New York traditionell ein Badeort ist. Im frühen 20. Jh. war **Coney Island** noch als „Sodom by the Sea" verrufen, heute fungiert es nicht nur als Tummelplatz und Strand, sondern zugleich als leicht erreichbarer **Erholungsort in traumhafter Lage** am Atlantik.

Am Coney Island Boardwalk ist für reichlich Unterhaltung gesorgt

Von den 1920er-Jahren an machte es die Subway möglich, dass alle New Yorker unkompliziert an den Strand gelangten. Mit steigender Beliebtheit machte das von den Niederländern als „Koenen Eyland" bezeichnete Stück Land eine ungeahnte Entwicklung durch: Es entstand ein riesiger **Freizeit- und Vergnügungspark**, eine Art Vorläufer von Disneyworld mit Nachbauten von Canal Grande und Pompeji, mit Astronautenshows und (wie es damals hieß) „Liliputanerstadt", mit riesigen Fantasiebauten wie dem Beacon Tower und mehreren *roller coasters* (Achterbahnen). An Wochenende sollen die Lichter die ganze Nacht nicht ausgegangen sein.

In den letzten Jahrzehnten kam Coney Island als Vergnügungsort und Badestrand aus der Mode und der legendäre Erholungsort war vom Untergang bedroht. Der Astroland-Vergnügungspark warf das Handtuch, aber immerhin überlebten als Teil davon der legendäre **Cyclone**, eine Holzachterbahn von 1927, und auch **Deno's Wonder Wheel Amusement Park** mit Riesenrad. Darunter befindet sich eine Ausstellung des **Coney Island History Project** zu wechselnden Themen (www.coneyislandhistory.

Hotdogs, das amerikanische Nationalgericht

20 Milliarden Hotdogs - 60 Stück pro Einwohner - sollen die Amerikaner jährlich verdrücken, rund 26 Millionen davon allein in den Baseballstadien. ***Essen und Sport*** *- genauer, Baseball - sind untrennbar miteinander verbunden und so wie der* ***Ursprung des Baseballs umstritten*** *ist, gibt es auch mehrere Versionen darüber, wo erstmals Hotdogs - auch „Franks" für Frankfurter Würstchen mit Brötchen genannt - verkauft wurden. Der erste Hotdog soll nach einer Version 1904 bei der Weltausstellung in St. Louis serviert worden sein. Nach einer anderen war es Chris von der Ahe, Besitzer eines Baseball-Profiteams, der um 1900 Hotdogs als „Beilage" zum Bier im Stadion servierte.*

Die New Yorker führen dagegen gleich zwei „Erfinder" an: Harry M. Stevens soll 1901 seine „Red hot dachshunds" für 10 Cents im Polo Ground, dem Vorläufer des Yankee Stadium, angeboten haben. Da im Trubel des Sportgeschehens der Name „dachshund" kaum zum Verkaufsschlager werden konnte, soll Stevens auf die Idee gekommen sein, seine Spezialität kurz und bündig mit dem Ruf „Hot dogs!" unter die Baseballfans zu bringen. Man erzählt sich von Baseball-Legende Babe Ruth, dass er in Spielpausen schnell mal ein Dutzend „dogs" verdrückt haben soll.

Bei Nathan's auf Coney Island schließlich ist man der festen Meinung, Nathan Handwerker habe die „grilled franks on a split roll" 1916 erfunden. Wie dem auch sei: Seither gehört das heiße Würstchen zum amerikanischen Baseball und damit zum Alltag, wie Bier zum Biergarten oder Pommes zum Schnitzel. Hotdogs symbolisieren die USA wie Coca Cola oder Jazz, sie sind ***Teil der amerikanischen Kultur.***

› ***Nathan's,*** *Stillwell Ave./Surf Ave. sowie Stand am Boardwalk und Filialen in Manhattan*

org). Der 82 m hohe **Parachute Jump** („Fallschirmturm") der Weltausstellung 1940 ist ebenfalls ein Relikt alter Zeiten und zum Wahrzeichen Coney Islands geworden.

Eine Errungenschaft neueren Datums ist der **Luna Park** mit um die 30 Fahrgeschäften, darunter mehrer Achterbahnen, ein Flugsimulator, das „Air Race" und der „Wild River" sowie die „Scream Zone". Der originale Luna Park war 1944 abgebrannt.

Entlang der Strandpromenade, vorbei an Bade-Einrichtungen, Spielfeldern, Imbiss- und Souvenirbuden, Fahrgeschäften und Spielearkaden, geht es zur einzigen größeren Attraktion, dem **New York Aquarium**, das in den 1950er-Jahren hierherzog. Neueste Zufügung ist eine spektakuläre Abteilung namens „Ocean Wonders: Sharks!" zu Haien aus aller Welt.

Von dort ist es nur ein Katzensprung nach **Brighton Beach**, am östlichen Strandende gelegen. „Little Odessa By The Sea" verkörpert eine völlig andere Welt: Seit den 1970er-Jahren ist hier die russisch-ukrainische Gemeinde New Yorks zu Hause und entlang der Hauptachse des Viertels, der Brighton Beach Avenue, oberhalb der die Subway auf einer Hochbahntrasse fährt, reihen sich Shops aller Art bunt nebeneinander: russische und ukrainische Lebensmittel- und Gemüseläden, Bäckereien und Imbissbuden, in denen vielfach kein Englisch gesprochen wird und die Schilder in Kyrillisch geschrieben sind. Viele New Yorker kommen hierher, um günstig Kaviar, Wodka oder andere Spezialitäten, z. B. bei Ocean Wine & Liquor (Nr. 514) oder im Brighton Bazaar Market (Nr. 1007), zu kaufen.

EXTRAINFO

Coney Island Events

An **Events** ist an New Yorks Strand einiges geboten, von Zirkus über Sportevents bis hin zu Feuerwerk (Mitte Juni–Anfang Sept. Fr. 21.30 Uhr). Jährlich stattfindende Veranstaltungen sind z. B.:

- Mitte Juni: Die **Mermaid Parade** findet entlang der Surf Avenue (W 10th–15th St.) und dem Boardwalk statt (www.coneyisland.com/programs/mermaid-parade).
- 4. Juli.: **Nathan's Hot Dog Eating Contest,** Surf Ave./Stillwell Ave. (www.nathansfamous.com)
- Mitte August: **Sand Sculpting Contest,** Sandskulpturen-Wettbewerb mit beeindruckenden, wenn auch vergänglichen Kunstwerken (http://lunaparknyc.com/events/26th-annual-coney-island-sand-sculpting-contest)
- Anfang Juli–Ende August: **Seaside Summer Concert Series** (W 21st St./Surf Ave.). Konzerte verschiedenster Musikrichtungen an Donnerstagabenden (Infos: http://brooklynconcerts.com/seaside.html)
- **Brooklyn Cyclones,** MCU Park, Surf Ave./Boardwalk (www.brooklyncyclones.com). Das Baseball-Nachwuchsteam der Mets spielt Juli bis Sept. im traumhaft gelegenen Stadion am Strand, im Sommer hinterher mit Feuerwerk.
- **Ampitheater at Coney Island Boardwalk,** 2113 W 21st St. Auf dieser neuen Openair-Bühne mit 5000 Plätzen finden regelmäßig große Konzerte statt (http://coneyislandlive.com).
- **Veranstaltungskalender:** http://coneyislandfunguide.com

418ny Abb.: mb

- **Anfahrt:** Subway (D, F, N, Q): Coney Island/ Stillwell Ave. oder Subway (B, Q): Brighton Beach
- **Infos:** www.coneyisland.com und http://coneyislandfunguide.com

★**182 New York Aquarium,** W 8th St./Surf Ave., Boardwalk Coney Island, Subway: W 8th St.-NYAquarium, www.nyaquarium.com, tgl. 10 bis mind. 16.30 Uhr, $ 11,95 (4D-Theater extra).

- **Coney Island Museum** (s. S. 218), kleines Museum zur Geschichte des Vergnügungsviertels

Gastronomie in Brighton Beach

183 Café Glechik $$, 3159 Coney Island Ave., Tel. 718 6160766, Filiale: 1655 Sheepshead Bay Rd. Osteuropäische Spezialitäten wie *Borscht, Pelmeni* oder *Vareniki.* Die Besitzerfamilie Tesler war schon in Odessa im Restaurantbereich tätig und bedient seit 1998 die Brooklynites.

184 Tatiana Restaurant & Nightclub $$-$$$, 3152 Brighton Beach Ave./6th St. V. a. günstiger 4-Gänge-Lunch.

Queens

Queens – das Schlafzimmer Manhattans – dürfte für die meisten New-York-Besucher ein unbeschriebenes Blatt sein, obwohl viele aufgrund des hier befindlichen JFK Airports in diesem flächenmäßig größten der fünf „boroughs" erstmals mit New York Bekanntschaft machen. Auch Tennisfans, die Jahr für Jahr die „US Open" verfolgen, sollten wissen, dass dieses Event in Queens stattfindet.

Queens liegt wie Brooklyn auf der Atlantikinsel **Long Island** und auch hier siedelten sich mit Eröffnung der Queensboro Bridge 1909 nach und nach besser situierte New Yorker an, darunter viele Afroamerikaner. Louis Armstrong, Count Basie oder Ella Fitzgerald gehörten dazu. Der flächenmäßig größte ist zugleich der ethnisch wohl vielseitigste Stadtteil. Bei den rund 2,3 Millionen Einwohnern liegt der Anteil der Weißen inklusive weißer *Hispanics* unter 50 %, Afroamerikaner und *Hispanics* mit 21 bzw. 28 % sowie Asiaten (26 %) und andere Ethnien bilden die Mehrheit. Rund 120 verschiedene Sprachen werden hier gesprochen. Insgesamt gibt es in Queens 100 verschiedene Viertel, doch nicht alle haben einen ausgeprägt eigenständigen Charakter, vielfach handelt es sich nur um eine Straße, die ganz spezifische Züge aufweist.

98 Long Island City ★ [G13]

Lediglich eine Subway-Station von Manhattan entfernt liegt **Long Island City (LIC).** Im Jahr 2000 wurde in einem Schulhaus von 1894 das **MoMA P.S.1** (s. S. 219), ein Museum für zeitgenössische Kunst, eröffnet. Das *think tank* und „Experimentierfeld" der aktuellen Kunstszene und der verschiedensten modernen Genres ist dem MoMA 57 als „Contemporary Art Center" angeschlossen. Es zählt wohl zu den „hipsten Museen der Welt", und dass nicht nur wegen der wechselnden Ausstellungen zur zeitgenössischen Kunst, sondern auch wegen der Happenings, Performances und Events.

Im nahen **Sculpture Center** in einer ehemaligen Trolley-Reparaturwerkstatt (44–19 Purves St., www.sculpture-center.org) geht es ebenfalls um unkonventionelle, zeitgenössische Kunst, diesmal um Skulpturen.

Beide Museen befinden sich in **Hunter's Point** im Süden von Long Island City. Nur einige Schritte vom P.S.1 befindet sich in der 45th Ave. (21st–22nd St.) der **Hunter's Point Historic District** mit einer Reihe von historischen Townhouses, die zwischen 1871 und 1890 erbaut wurden.

◁ *Von 1936: das Pepsi-Cola-Neonschild im Gantry Plaza State Park*

EXTRATIPP

Besuch bei Satchmo

Seit einigen Jahren kann das **Haus von Louis Armstrong** (s. S. 219) besichtigt werden. Zunächst hielt Armstrong es für einen Scherz, was seine Frau Lucille, Tänzerin im Cotton Club, ihm da 1943 als Wohnung präsentierte: Gold und Silber, Spiegel und Blumen – „wie ein Bordell an einem Weihnachtsmorgen". Doch ihm gefiel dieses ansonsten bescheidene Haus dann doch. 1971, kurz nach seinem 71. Geburtstag, starb er hier.

Long Island City ist „up and coming", beliebt geworden vor allem wegen seiner Lokale, Läden, Klubs und Bars um Vernon Boulevard und Jackson Ave. Vom Subway-Stopp „Vernon Blvd.-Jackson Av." sind es rund zehn Gehminuten nach Westen zum East River und dem **Gantry Plaza State Park** (www.gantrypark.com). Im Südteil befinden sich vier Piers, die darauf hinweisen, dass sich hier einmal die Hafendocks befanden. 1925 waren auf Schienen installierte **Brückenkräne** zum Be- und Entladen von Eisenbahnwagons genutzt worden. Sie sind heute als Industriedenkmäler restauriert. Im Norden aufgestellt ist ein altes **Pepsi-Cola-Schild** mit einem roten Neonschriftzug von 1936 von Artkraft Strauss. Mit 37 m Länge und 18 m Höhe ist es eines der wenigen noch erhaltenen derartigen Werbeschilder.

In den letzten Jahren sind hier Apartmenttürme wie Pilze aus dem Boden geschossen. Südlich des Parks befindet sich eine Anlegestelle der East River Ferry (Hunters Point S.).

› Subway: Court Square/23rd St. (E/M/7) oder Hunters Point Ave. (7)

99 Astoria ★ [H10]

Eine der bekanntesten Enklaven in Queens ist **Astoria**, das alte Griechenviertel (erreichbar mit den Subway-Linien N und W). Zuwanderer aus Bangladesch, den Philippinen, Irland, Kolumbien, Indien, China, der Dominikanischen Republik, Pakistan oder Ägypten haben mittlerweile ein **multikulturelles Viertel** entstehen lassen, in dem man heute nach typisch Griechischem suchen muss. Am ehesten findet man an Steinway Street und 30th Avenue noch griechische Cafés, Restaurants und Läden. Das Omonia Café (32–20 Broadway) wurde berühmt als Drehort im Film „My Big Fat Greek Wedding".

Kurioserweise kann Astoria auch auf eine deutsch-tschechische Vergangenheit zurückblicken, besaß das Viertel – genauer North Beach, das Strandareal mit Vergnügungspark – doch einmal über 500 Biergärten. Daran erinnert heute nurmehr die historische **Bohemian Hall & Beer Garden.** Der 1910 von tschechischen Immigranten eröffnete Biergarten war typisch für Astoria und erfreut sich noch heute großer Beliebtheit. Gemanagt wird dieses Relikt alter Zeiten seit über 90 Jahren von der Bohemian Citizens Benevolent Society.

Begrenzt wird Astoria durch die 34th Avenue, die 49th Street, den East River und die Bowery Bay. Etwa 250.000 Menschen leben hier und bilden aufgrund ihrer weitreichenden Wurzeln ein Viertel mit großer Diversität. Die **Subway-Station Steinway Street** erhielt ihren Namen von dem berühmten Klavierhersteller, der 1870 in Long Island City seine Fabrik und ein Werksdorf errichtete (www.steinway.com, auch Touren). In nächster Nähe, an der 35th Avenue, befinden sich die Kaufman Astoria Studios und das sehenswerte **Museum of the Moving Image** (s. S. 219). Das moderne Museum inklusive Ausstellungsräumen, Lobby, Theater und *screening room* ist nicht nur für Filmfans ein Muss. Zu sehen sind Dauer- und Wechselausstellungen wie „Behind the Screen", eine Multimedia-Ausstellung über alle Aspekte von Film und TV – Ton und Bild, Animation, Schnitt und Technik, Kameras und Geräte, Kostüme, Masken und Stars –, die sich über zwei Stockwerke zieht. Zudem gibt es Filmvorführungen und andere Events.

Die nebenan befindlichen **Kaufman Astoria Studios** waren 1920 von Paramount Pictures eröffnet worden. Nach der Abwanderung der Filmindustrie nach Hollywood diente es erst der Herstellung von Armee-Lehrfilmen und stand danach lange leer. 1977 kehrte wieder Leben ein als „The Wiz" (basierend auf dem Buch „Der Zauberer von Oz") gedreht wurde. 1980 kaufte George S. Kaufman das Areal und wandelte es in einen vielseitigen Studiokomplex mit mehreren Bühnen um. In den „KAS" werden heute vor allem Serien, aber auch Independent-Filme, TV-Shows und Werbefilme produziert.

Das **Isamu Noguchi Museum** (s. S. 219) ist dem japanischen Bildhauer Isamu Noguchi (1904–1988) gewidmet, der 1975 sein Atelier auf dieses alte Fabrikgelände verlegt hatte, um den hier ansässigen Steinlieferanten näher zu sein. Noch zu Lebzeiten wurde das Atelier in ein Museum umgewandelt, in dem über 250 der Skulpturen Noguchis ausgestellt sind.

Gegenüber liegt der **Rainey Park** mit Blick auf Manhattan, ein Block nördlich der **Socrates Sculpture Park** und, noch

243ny Abb.: mb

etwas weiter, die **Queens Promenade**, von der sich ebenfalls ein toller Blick auf Roosevelt Island und die Skyline von Upper Manhattan bietet.

Der **LIC Art Bus** pendelt von Mai bis September an Wochenenden von 13 bis 18 Uhr zwischen Socrates Sculpture Park, Noguchi Museum, Sculpture Center und MoMA P.S.1 und kann von Besuchern gratis benutzt werden.

› Subway (N): Broadway und Astoria Blvd.

100 Citi Field ★

Seit April 2009 spielen die **New York Mets** in dem knapp 42.000 Zuschauer fassenden Baseballstadion Citi Field. Es wurde im „Retro-Stil“ erbaut und ruft wie das Yankee Stadium 104 Erinnerungen an ein historisches New Yorker Baseballstadion wach: Die Fassade aus Ziegeln und das dunkle Stahlgerüst erinnern an das legendäre **Ebbets Field** in Brooklyn. Dort spielten zwischen 1913 und 1957 die Dodgers, die heute in Los Angeles zu Hause sind. Mit dieser Anspielung wollen sich die Mets als Nachfolger dieser unvergessenen Mannschaft präsentieren.

Das Citi Field wurde nicht nur von dem gleichen Architekturbüro wie das Yankee Stadium erbaut – HOK aus Kansas City –, sondern ist wie dieses großteils vom Verein selbst finanziert. Neben dem „Fanwalk“ vor dem Hauptzugang – der mit namentlich gekennzeichneten Ziegeln der Sponsoren gepflastert ist – und einer „Fan Fest Family Entertainment Area“ gibt es Restaurant, Souvenirläden und Imbissbuden. Die große Eingangshalle, die **Jackie Robinson Rotunda**, erinnert ebenfalls an alte Zeiten, genauer, an einen legendären Dodgers-Spieler: Jackie Robinson (1919–1972). Er war 1947 als erster Afroamerikaner

⌃ *Die Heimat der Baseballer New York Mets in Queens*

Auf Weltreise mit der Subway

Wie keine andere Subway-Linie New Yorks bietet der ***„7 Train"*** *ein besonderes Erlebnis: Sobald die Linie den Manhattan-Tunnel verlassen hat, verkehrt die U-Bahn als EL-Train („elevated train"/Hochbahn) durch eine der ethnisch buntesten Stadtregionen der Welt.*

Nach dem Zusammenschluss der fünf „boroughs" zum heutigen New York im Jahr 1898 wurde als erste Verbindung in das damals sehr ländliche Queens die Subway-Line 7 gebaut – so benannt, weil die Gesamtfahrtstrecke genau sieben Meilen beträgt. Zahlreiche Immigranten zogen nun aus den überfüllten Vierteln wie der Lower East Side nach Queens, wo sie bessere Wohnbedingungen vorfanden.

Heute wird der „7 Train" als ***„Living Heritage Trail"*** *betrachtet und steht quasi unter Denkmalschutz. Für die* ***„Weltreise"*** *mit dem „International" oder „Immigration Express" bieten sich mehrere Stopps in Queens zwischen der 33rd Street und dem Endpunkt in Flushing (Main St.) an, die alle in ganz unterschiedliche ethnische Enklaven führen.*

„46th St./Queens Blvd." *– Sunnyside – ist vielseitig: Neben lateinamerikanischen Shops und Kneipen (peruanisch, kolumbianisch, puertorikanisch) gibt es Orientalisches aller Art.* ***„52nd St./Roosevelt Ave."*** *und* ***„Woodside/61st St."*** *sind hingegen vor allem lateinamerikanische Enklaven.*

Als „South Asian Strip" gilt die 74th Street zwischen Roosevelt und 37th Avenue ***(„74th St./Broadway").*** *Sie wird von Indern, Pakistanis und Bangladeschern geprägt. Dieses „Little India" wird schon zu Jackson Heights gerechnet und hat in Sachen Stoffe und Saris, Schmuck und Bollywood-Filme, Duftwässer und Open-air-Märkte, aber auch kulinarisch mit seinen Curry-Lokalen viel zu bieten.*

Um den Stopp ***„82nd St./Jackson Heights"*** *liegt „Little Columbia" und entlang der Roosevelt Avenue tönen Salsa und Cumbia-Musik oder auch Fußballübertragungen aus den Lokalen. Mexikanische, ecuadorianische und kolumbianische Bevölkerung und Küche herrschen vor.*

An der Haltestelle ***„90th St./Elmhurst Ave."*** *wird es wieder bunt, denn das südlich gelegene Viertel Elmhurst ist ein Musterbeispiel für Multikulti. Im Bereich um den Broadway, etwa zwischen 81st St. und Cornish Ave., hat sich überdies ein weiteres Chinatown – zu dem älteren in Flushing – entwickelt.*

Nahe ***„103rd St./Corona Plaza"*** *– wieder eher lateinamerikanisch geprägt – befindet sich das Louis Armstrong House (s. S. 219). Italienisches Flair, v. a. rund um den „Spaghetti Park" (Moore Park), bietet ein Spaziergang um den Stopp* ***„111st St./Roosevelt Ave."*** *.*

An der Haltestelle ***„Mets-Willets Point"*** *befinden sich u. a. die New York Hall of Science (s. S. 219), das Queens Museum 101, das Citi Field 100 sowie das US Open Tennis Center.*

Die Endstation „Flushing-Main Street" gilt als „Ferner Osten" mit Chinatown, indischem und koreanischem Gepräge sowie dem Queens Botanic Garden.

im Berufsbaseball im Trikot der Dodgers eingelaufen und hatte maßgeblichen Anteil am Erfolg der Dodgers und an ihrer Meisterschaft von 1955.

Obwohl die New York Mets erst 1962 ihre erste Saison absolvierten, ist ihre Anhängerschaft nicht weniger groß oder treu als die des großen Konkurrenten aus der Bronx, den Yankees. Selbst die Erfolglosigkeit in den ersten Jahren tat der Beliebtheit der Mets keinen Abbruch – entscheidend war jedoch der sensationelle Meisterschaftsgewinn 1969. Noch heute leuchten die Augen von Fans, wenn sie sich an jene „Amazin' Mets" erinnern.

Seit 1986 und einem weiteren Meistertitel versucht das Team, an diese zwei unvergessenen Jahre anzuknüpfen. Erfolgserlebnisse waren zuletzt die Vizemeisterschaften 2000 (Niederlage in den „Subway Series" gegen die NY Yankees) und 2015 (Niederlage gegen die Kansas City Royals).

› **Citi Field,** Flushing Meadows Corona Park, Willets Point Blvd., Subway (7): Mets-Willets Point, Infos: www.mets.com, Touren $ 13 (Daten variabel)

101 Queens Museum ★

Das Museum ist allein schon wegen des angeblich **größten Architekturmodells der Welt**, des „Panorama of the City of New York", sehenswert. 1964 zur Weltausstellung entstanden, wurde die Miniaturnachbildung mit rund 900.000 Einzelteilen 1972 hierhergebracht und seither mehrmals aktualisiert und modernisiert Glasstege führen über die knapp 900 m² große Anlage, dazu gibt es Ausstellungen, u.a. über den Schöpfer Robert Moses und die Wasserversorgung New Yorks sowie über Tiffany-Glas.

EXTRATIPP

Flushing Meadows Corona Park

Das Gelände, auf dem 1939 und 1964 **Weltausstellungen** stattfanden, war ursprünglich Sumpfland. Markantes Überbleibsel der letzten Show ist die **Unisphere,** ein hohler Stahlball als Modell der Erdkugel, aufgestellt in einem parkartigen Areal mit zwei Seen. Bekannt ist der Park wegen der **US Open,** dem nach Wimbledon berühmtesten Tennisturnier der Welt, das im hier befindlichen USTA Billie Jean King National Tennis Center stattfindet, und wegen des Baseballstadions. Beliebt ist er wegen des **Freizeitangebots:** Der Queens Zoo gehört ebenso dazu wie die New York Hall of Science und das das Queens Theatre in the Park.

The New York City Building wurde in den 1930er-Jahren als Pavillon der Stadt zur Weltausstellung im klassizistischen Stil erbaut und dann mehrfach umfunktioniert. 1994 wurde es nach Plänen Rafael Viñolys erstmals renoviert, 2013 folgte eine attraktive Umgestaltung und Vergrößerung (neues Atrium, Westfassade).

› **Queens Museum,** New York City Building, Flushing Meadows Corona Park, 111th St./47th Ave., Subway (7): Mets-Willets Pt., www.queensmuseum.org, Mi.-So. 11-17 Uhr, $ 8

102 Rockaway Beach ★

Im Süden von Queens, umschlossen von Rockaway Beach, einer schmalen Halbinsel am Atlantik, liegt das Naturschutzgebiet **Jamaica Bay Wildlife Refuge** (Subway: Broad Channel), Teil der Gateway National Recreation Area. Die Marschen,

329ny Abb.: mb

ein Vogelrefugium, sind so groß wie Manhattan und lohnen besonders im Frühjahr und Herbst einen Besuch, wenn die Zugvögel hier Station machen (Park-Ranger-Touren an Wochenenden).

Vom **Jamaica Bay Wildlife Refuge's Visitor Center** führt ein 2 km langer Trail durch die Natur, den auch Familien mühelos ablaufen können. Am anderen Inselende liegt das Dorf **Broad Channel** mit seinen 3000 Einwohnern (Subway: Broad Channel).

Während des Hurricane Sandy 2012 wurde das Areal in Sichtweite des JFK Airport schwer beschädigt, doch heute kann man wieder auf der Promenade spazieren, am Strand liegen oder Vögel beobachten.

› **Jamaica Bay Wildlife Refuge:** www.nps.gov/gate/index.htm, www.nycaudubon.org/queens-birding/jamaica-bay-wildlife-refuge; mit Visitor Center und Trails

› Subway: Broad Channel (A), Rockaway Park-Beach 116th St. (S, A)

Gastronomie und Shopping in Queens

185 [H9] **Bohemian Hall,** 29–19 24th Ave., www.bohemianhall.com, Subway: Astoria Blvd. Hort der deutsch-tschechischen Vergangenheit: deftige Kost, hervorragende Bierauswahl und Biergarten.

186 [bg] **Cavo Cafe Lounge** $$-$$$, 4218 3rd Ave. (Astoria). Moderne griechische Küche mit *Mezedes* (Vorspeisen, kalt und heiß) sowie Hauptgerichten, vor allem beliebt ist aber der zugehörige moderne Nightclub für jüngeres Publikum.

187 [G14] **Court Square Diner,** 45–30 23rd St., Long Island City, nahe P.S.1/Subway 7. 24 Std. geöffneter Diner mit amerikanischen Klassikern.

188 [cg] **Jahn's Ice Cream Parlor,** 8104 37th Ave. (Jackson Heights). Seit über 100 Jahren berühmt für Eis, auch Imbiss und Frühstück.

189 [cf] **Singlecut Beersmith,** 19–33 37th St., Astoria (N/Q bis Astoria Ditmars), www.singlecutbeer.com. Brauerei mit Brewpub, Gratistouren Fr. 19, Sa./So. 16 Uhr.

190 [cg] **Tangra Masala** $, 87–09 Grand Ave./Queens Blvd. (Elmhurst). Chinesisch-indische Speisekarte, v. a. die Hühnergerichte sind empfehlenswert.

191 **Tortilleria Nixtamal,** 104–105 47th St. (Corona) www.tortillerianixtamal.com, tgl. ab 11–mind. 19, an Wochenenden bis 21/23 Uhr. Tortillas, Tacos oder Tamales wie in Mexiko, auch vegetarische Varianten.

192 [bg] **Zenon Taverna** $, 34–103 1st Ave. (Astoria). Zypriotische Küche, gute *Mezedes* (Vorspeisen), preiswert und vielseitig.

Im Arthur Avenue Market (s. S. 203) gibt es italienische Spezialitäten und mehr

The Bronx

Die Bronx, nördlich des Harlem River gelegen, ist der einzige der fünf New Yorker „boroughs" auf dem Festland. Lange verrufen, mausert sich auch dieses Viertel und bietet – trotz aller Weitläufigkeit – einige empfehlenswerte Attraktionen.

Der Name Bronx geht auf den Dänen Jonas Bronck zurück, der 1641 das Gebiet für die Dutch West India Company in Besitz nahm. Von dem ländlichen Idyll des 19. Jh. ist kaum etwas geblieben, schon nach Fertigstellung **der Hochbahn** (heute Subway 4) begann der Stadtteil in den 1920er-Jahren wild zu wachsen. Verschiedenste Ethnien – Iren, Deutsche, Juden, Polen und Italiener – siedelten sich an, das **Yankee Stadium** wurde gebaut und der **Grand Concourse** sollte zur New Yorker Champs-Elysées werden. Nach dem Zweiten Weltkrieg zogen v.a. ethnische Minoritäten her, die sich ein Leben in Manhattan nicht leisten konnten. Uniforme Wohnblöcke entstanden und Verfall, Anarchie und Kriminalität beherrschten in den 1960er-Jahren die Straßen, v.a. im Südteil. Die Bronx wurde zum Synonym für eine untergehende Stadt, aber zugleich erwachte ein kreatives Potenzial: **Hip Hop und Breakdance** wurde zum neuen künstlerischen Ausdruck der Afroamerikaner, die die Misere besonders betraf.

Mittlerweile wurden viele **soziale Brennpunkte** entschärft und Problemlösung betrieben, sodass nach Brooklyn und Queens auch die Bronx „salonfähig" geworden ist. Neue Wohnviertel entstehen, Bauten werden renoviert und Grünanlagen angelegt. Bald wird man vielleicht sogar wieder stolz sagen können: „You can take a person out of the Bronx, but you can't take the Bronx out of a person!"

EXTRATIPP

Die Bronx entdecken

Das Tourismusbüro der Bronx bietet im Sommer eine Reihe kostenloser **Trolley-Touren** an, z. B. Arts & Culture Tour (1. Mi. im Monat) und Seaside Tour (am 1. Fr.). Interessant sind zudem die „Urban Farms Trolley Tours" mit wechselndem Fokus.

› **Infos:** www.ilovethebronx.com/index.php/tours, Start ist meist in Manhattan

Eine weitere Möglichkeit, die Bronx besser kennenzulernen, bieten **Veranstaltungen.** So findet Anfang Mai die Bronx Week mit zahlreichen Events und einem Festival mit Parade auf der Mosholu Ave. statt. Beliebt ist auch die Tour de Bronx (Ende Okt.), eine Radrundfahrt für Jedermann/-frau durch den Stadtbezirk.

› **Infos** (Bronx Tourism Council): www.ilovethebronx.com

› **Tour de Bronx:** www.bikenyc.org/tourdebronx

103 South Bronx (SoBro) ★ [D3]

Inzwischen finden mehr und mehr Besucher den Weg in die Bronx mit ihren derzeit gut 1,4 Mio. Einwohnern. Hauptanziehungspunkte sind die „Big 3": Bronx Zoo, New York Botanical Garden und Yankee Stadium.

In Verbindung mit dem Neubau des Yankee Stadium 104 hat sich die **South Bronx** zum Trendviertel **SoBro** mit Lokalen, Bars und dem Opera House – einem Boutiquehotel in der ehemaligen Bronx Opera – entwickelt und wird durch einen neuen Waterfront-Park, eine Promenade am Harlem River sowie die Renovierung des **Bronx Terminal Markets** neue Attraktivität erhalten. Nicht weit vom Yankee

328ny Abb.: mb

Stadium entfernt befindet sich am Grand Concours, der sich von der SoBro bis hinauf in den im Norden gelegenen Van Cortland Park zieht, das **Bronx Museum of the Arts** (s. S. 218). 1971 als Sammlung gegründet, befindet es sich seit 1982 in einer ehemaligen Synagoge mit modernem Anbau. Permanent gezeigt wird eine ungewöhnliche Zusammenstellung zeitgenössischer Kunst aus Afrika, Asien und Lateinamerika, aber auch aus der Bronx. Eine erhebliche Vergrößerung der Ausstellungsfläche soll bis 2020 abgeschlossen sein. In nächster Nähe befindet sich das Andrew Freedman Home, ein ehemaliges Luxusaltersheim mit zehn Zimmern und Kulturzentrum.

Auch der **Grand Concourse** ist mit seinen Grünanlagen und dem Arboretum – einer Pflanzung unterschiedlicher Bäume und Sträucher aus aller Welt entlang der Allee – wieder attraktiver geworden und erinnert an die pulsierenden 1920er-Jahre. Hier befindet sich auch das 1812 erbaute **Edgar Allen Poe Cottage**, in dem der Autor die letzten Jahre seines Lebens verbrachte. 1844 war er mit seiner Frau Virginia hierher gezogen, er starb 1849 unter bis heute ungeklärten Umständen auf einer Reise nach Baltimore.

★193 **Edgar Allen Poe Cottage,** Poe Park, 2640 Grand Concourse, Do./Fr. 10–15, Sa. 10–16, So. 13–17 Uhr, $5, http://bronxhistoricalsociety.org/poe-cottage

Tipps für SoBro

194 [bf] **Ceetay,** 129 Alexander Ave. „Asian-fusion cuisine".

195 [bf] **Charlie's Bar & Kitchen,** 112 Lincoln Ave./Bruckner Blvd. Nicht nur wegen der Bar, sondern auch wegen der Küche (saisonal mit Südstaaten-Touch) beliebt.

196 [D2] **Court Deli,** 96 E 161st St. (Yankee Stadium). Berühmt für Pastrami-Sandwiches. Typischer New Yorker Deli, beliebt zum Frühstück oder für Zwischendurch.

197 [be] **Casa Amadeo,** 786 Prospect Ave. Legendärer Musikladen in SoBro. Besitzer Mike Amadeo ist Spezialist für Latin Music.

104 Yankee Stadium ★★ [C2]

Ein idealer Anlass, um das **Yankee Stadium** zu besuchen, ist natürlich ein Spiel der New York Yankees, der berühmtesten Baseballmannschaft der Welt, allerdings ist es nicht leicht, an Tickets zu kommen. Eine Alternative ist, sich einer Besichtigungstour durch das Stadion anzuschließen.

Seit Anfang April 2009 ersetzt das neue Yankee Stadium den 1923 eröffneten alten *ballpark,* in dem die legendären **Bronx Bombers** und deren Stars – Babe Ruth, Lou Gehrig, Joe DiMaggio, Yogi Berra, Reggie Jackson oder Joe Torre – Baseballgeschichte schrieben. Das Stadium präsentiert sich – wie das ebenfalls neue **Citi Field** (100) des Lokalrivalen Mets – im beliebten Retro- oder **postmodernen Stil.** Erinnert die Ziegelfassade des Citi Field an das legendäre Ebbets Field, greift die schlichte, von mächtigen Pfeilern gegliederte Fassade des Yankee Stadium Elemente seines historischen Vorgängers auf. Der Hauptzugang des Yankee Stadium an der Babe Ruth Plaza führt in einen lichten und geräumigen Umgang zwischen Fassade und eigentlichem Stadion, die sogenannte **Great Hall.** Hier finden sich nicht nur Imbissbuden, WCs und Treppenaufgänge, sondern auch Fahnen mit den Abbildungen legendärer Yankee-Spieler.

Etwa 53.000 Fans, einige Tausend davon stehend, fasst das Stadion. Den Löwenanteil der Kosten von etwa $ 1,3 Mrd. trug der Verein, „nur" 220 Mio. steuerte die Stadt bei. Stärker als in anderen Stadien wird im Yankee Stadium die Geschichte des Vereins und des Sports lebendig. Nicht nur in der Great Hall wird an die legendären Stars und die bislang 27(!) Meistermannschaften erinnert – zuletzt wurden die Yankees 2009 Meister – es gibt auch eine Art Kunstsammlung mit Werken zu den Yankees, einen *memorabilia store* und ein eigenes **Yankee Museum.** Dort sind Erinnerungsstücke an Meistermannschaften und legendäre Stars der Yankees wie den „Sultan of Swat", den deutschstämmigen George Herman „Babe" Ruth, ausgestellt.

Ein Pilgerort für Fans ist der **Monument Park** im *center field* des Stadions. Dort befinden sich in einem abgezäunten kleinen Park direkt am Spielfeldrand Erinnerungsplaketten mit den Namen und Portäts legendärer Funktionäre, Trainer und Spieler. Wer die Tour durchs Stadion mitmacht, darf am Ende sogar noch zum Fotoshooting in den **Yankees Dugout,** die Spielerbank.

Noch spielt der **NYC FC** (Fußball) ebenfalls im Stadion, doch ist in der Nähe eine neue Arena geplant.

Nahe University Ave./170th St., ein Stückchen nördlich des Stadions, stellt die **High Bridge** (www.nycgovparks.org/park-features/highbridge-park/planyc) seit Sommer 2015 wieder die Verbindung nach Washington Heights in Manhattan her. Von der Fußgängerbrücke bietet sich zudem ein guter Ausblick.

› **Yankee Stadium,** E 161st St./River Ave., Subway (4, B und D): 161st St.-Yankee Stadium, http://newyork.yankees.mlb.com; Touren (vorab reservieren!) tgl. mind. 11–13.40 Uhr, $ 20, großer Souvenirshop

198 [D2] **Yankee Tavern,** 72 E 161 St. Direkt am Stadion gelegen und seit 1928 der Treff der Yankee-Fans.

EXTRAINFO

New York Yankees

Gegründet: 1901 (in Baltimore), seit 1903 in New York

Meistertitel: 1923, 1927, 1928, 1932, 1936, 1937, 1938, 1939, 1941, 1943, 1947, 1949, 1950, 1951, 1952, 1953, 1956, 1958, 1961, 1962, 1977, 1978, 1996, 1998, 1999, 2000, 2009

Das Yankee Stadium beinhaltet ein eigenes Museum

123ny Abb.: mb

105 Bronx Zoo ★★ [bd]

Für einen Ausflug in den Bronx Park sollte man mindestens einen halben Tag einplanen – je nachdem wie sehr man sich für Tiere und/oder Pflanzen interessiert. Das **Wildlife Conservation Center**, dessen Hauptteil der **Bronx Zoo** ist, umfasst den südlichen Teil des Bronx Park. 1899 wurde dieser größte Tiergarten der Welt innerhalb eines Stadtgebiets gegründet. Mehr als 4300 Tiere, darunter zahlreiche gefährdete Arten, leben auf über 100 ha Fläche. Besonders der Congo Gorilla Forest, Jungle World, Tiger Mountain und Himalayan Highlands sind sehenswerte Abteilungen.

› **Bronx Zoo**, 2300 Southern Blvd., Subway (2, 5): Pelham Parkway, www.bronxzoo.com, mind. 10–16.30 Uhr, $ 19,95 (Mi. beliebiger Eintritt), auch Kombitickets, Parken $ 16

Die Arthur Avenue gilt als „Little Italy in the Bronx" und lohnt einen Bummel

106 New York Botanical Garden ★★

Im nördlichen Parkteil befindet sich der **New York Botanical Garden.** Der Park, der zum *landmark* erklärt wurde, gilt als einer der ältesten und größten der USA. Er wurde 1891 westlich des Bronx River nach Plänen von Calvert Vaux, der auch am Central-Park-Plan beteiligt war, eröffnet und beherbergt das **Enid A. Haupt Conservatory**, das größte viktorianische Glashaus der USA von 1902, mit einer etwa 27 m hohen Kuppel. Außerdem gibt es mehrere „Themengärten" wie z. B. den Rock Garden, einen Tropical Pool, den Rose Garden, einen Palmengarten, einen Farnwald und ein Wüstengebiet.

› **New York Botanical Garden**, 2900 Southern Blvd., Subway (2, 5): Pelham Parkway, www.nybg.org, Di.–So. 10–18 Uhr, $ 20 bzw. $ 25 an Wochenenden für Gesamtanlage (Mi. ganztags und Sa. 10–11 Uhr Eintritt auf das Gelände frei)

107 Little Italy in the Bronx ★ [bd]

Durch den Bronx Park führt die **East Fordham Road**, die längste Einkaufsstraße in der Bronx. An die 300 Läden aller Art und (meist preiswerte) Lokale sind hier versammelt. Nördlich der East Fordham Road breitet sich mitten im Grünen der alte Campus der **Fordham University** aus. Diese private katholische (Jesuiten-)Universität wurde 1841 als St. John's College gegründet und umfasst heute drei Campus und rund 15.000 Studenten.

An der Fordham Road beginnt auf Höhe der Fordham University die **Arthur Avenue**, die Hauptachse von **Little Italy in the Bronx.** Anders als in Lower Manhattan, wo das italienische Viertel längst von Chinatown 17 „geschluckt" wurde und nurmehr einige Läden und Lokale für Touristen übrig geblieben sind, prägen hier in der Bronx noch die italienisch-stämmigen New Yorker das Bild. Daher heißt das Viertel auch „Real Little Italy“ und entlang der Arthur Avenue reihen sich italienische Cafés, Konditoreien, Lebensmittelgeschäfte, Bäckereien und Restaurants. Im Mittelpunkt steht der gut sortierte **Arthur Avenue Market** mit seinen Ständen mit italienischen Spezialitäten. Allein schon der Duft von Schinken und Salami, Käse und Kaffee ist wirklich umwerfend. Eine besonders gute Gelegenheit für einen Besuch ist der Sonntag nach dem Labor Day im September, denn dann wird hier „Ferragosto on Arthur Avenue“ gefeiert.

› **Little Italy in the Bronx,** Arthur Ave., E 181st–188th St., www.arthuravenuebronx.com, Subway (B, D): Fordham Rd.

Gastronomie und Shopping in Little Italy in the Bronx

199 [bd] **Artuso Pastry,** 670 E 187St. St. Alteingesessene Konditorei-Bäckerei, bekannt für Biscotti, Cannoli und Festtagsgebäck.

200 [bd] **Dominick's,** 2335 Arthur Ave. Eine Institution in Little Italy, gemütlich und ohne Speisekarte, nur Barzahlung.

201 [bd] **Emilia's** $, 2331 Arthur Ave. Süditalienische Küche und günstige *lunch specials* wie *Ossobuco*.

202 [bd] **Restaurante Pasquale's Rigoletto** $$, 2311 Arthur Ave. Gehört zu den besten italienischen Lokalen der Bronx, breite Palette an italienisch-regionalen Spezialitäten.

203 [bd] **Trattoria Zero Otto Nove** $, 2357 Arthur Ave. Hier gibt es wohl die beste Holzofenpizza der Bronx!

204 [bd] **Arthur Avenue Market,** 2344 Arthur Ave., www.arthuravenue.com, geöffnet: Mo–Sa 6–19 Uhr. Überdachter Markt mit verschiedenen Bäckereien, Lebensmittelläden wie **Mike's Deli** und der Bronx Beer Hall (Biere lokaler Kleinbrauereien).

108 Van Cortlandt Park ★

Der Mosholu Parkway verbindet den Bronx Park mit dem Nordende des Grand Concourse und dem Van Cortlandt Park. Der Park nimmt über 4,6 km² im Norden der Bronx ein. Er ist noch naturbelassener als der Central Park 70 und Bootsfahren, Reiten, Wandern, Picknicken oder andere Freizeitbeschäftigungen sind hier möglich. Hier ist auch der älteste öffentliche Golfplatz der USA beheimatet, der **Van Cortlandt Golf Club** (Van Cortlandt Park South/Bailey Ave.), der im Jahr 1855 gegründet wurde.

Um die US-Geschichte vor der Revolution und Frederick Van Cortlandt, den Erbauer des **Van Cortlandt House** (s. S. 218), geht es im gleichnamigen **Museum.** Der Bau selbst, im georgianischen Kolonialstil, stammt von 1748, mit Möbeln aus dem 18. und 19. Jh.

Der riesige **Woodlawn Cemetery** am Ostrand des Parks beherbergt seit 1863 in idyllischem Ambiente Grabmäler prominenter New Yorker, z. B. das Mausoleum von F. W. Woolworth oder die Grablegen des Schriftstellers Herman Melville, der Jazzmusiker Duke Ellington und Lionel Hampton, des Ex-Bürgermeisters La Guardia oder des Kaufhausbegründers Macy.

› **Subway:** Van Cortlandt Park (1) oder Woodlawn (4)

› **Woodlawn Cemetery,** Jerome/Bainbridge Ave., www.thewoodlawncemetery.org, tgl. 8.30–16.30 Uhr. Die letzte Ruhestätte vieler bekannter Persönlichkeiten.

EXTRATIPP

Strandausflug

Was Coney Island für Brooklyn ist, ist **Orchard Beach** für die Bronx. Der einst künstlich von dem New Yorker Stadtplaner Robert Moses (1888–1981) geschaffene Sandstrand im **Pelham Bay Park** am Long Island Sound im Osten der Bronx ist im Sommer eines der beliebtesten Ausflugsziele der Gegend. Im Pelham Bay Park steht das Historic Bartow-Pell Mansion Museum mit historischem Bestand, das einst im Besitz des Arztes Thomas Pell (1608–1669) war.

Vor Strand und Park liegt die über eine Brücke erreichbare **City Island.** Auf der etwa 2,5 km langen und 1 km breiten Insel in der westlichen Ecke des Long Island Sound herrscht die Atmosphäre eines neuenglischen Fischerdorfs. Segelboote und Kajaks bestimmen das Bild und zahlreiche Lokale locken mit Fischgerichten. Die Insel war einst in Privatbesitz, wurde 1819 dann Teil von Pelham Westchester County und 1895 New York zugeschlagen. Einst lebte man von Bootsbau und Austernzucht, heute ist der Tourismus bestimmend. Wer im Sommer einmal einen Tag dem Trubel der Stadt entfliehen möchte, ist hier genau richtig aufgehoben.

★**205 Pelham Bay Park/Orchard Beach** mit **Bartow-Pell Mansion Museum** (Mi./Sa./So. 12–16, $5), Subway-Endstation Pelham Bay Park (6), dann Bus Bx12, an Sommerwochenenden auch Bx5

★**206 City Island,** 610 City Island Ave., Subway-Endstation Pelham Bay Park (6), dann Bus Bx29

› **Kulinarische Tipps:** Fischgerichte aller Art, aber auch andere Gerichte gibt es an der City Island Ave. bei **Crab Shanty** (Nr. 361), in der **Lobster Box** (Nr. 34) oder bei **Sammy's Fish Box** (Nr. 41). Auch das **Sea Shore Restaurant** (Nr. 591), nahe der Inselzufahrt an einem kleinem Jachthafen gelegen, ist für seine Fischgerichte bekannt, während **Portofino's** (Nr. 555) auch italienische Spezialitäten anbietet.

109 Wave Hill ★

Zwischen dem Van Courtland Park und dem Hudson River breitet sich **Riverdale** aus, wo sich neben dem Nobelwohnviertel Fieldston und dem Manhattan College auch **Wave Hill** befindet. Direkt am Hudson River lohnt sich allein schon wegen der prächtigen Gärten ein Abstecher nach Wave Hill, einem eleganten Landgut von 1844 im feinen Stadtteil Riverdale, in dem schon Theodore Roosevelts Familie, Mark Twain und Arturo Toscanini residiert haben. Gärten, Terrassen und Nebengebäude wie das z.B. Glyndor House wurden nach 1903 zugefügt. Besonders schön ist der Blick auf die sogenannten **Palisades:** So nennt man die malerischen Kliffe am gegenüberliegenden Westufer des Hudson River.

Seit 1960 ist das Areal in städtischem Besitz und fungiert vor allem als Botanischer Garten mit Gewächshäusern und Themengärten, aber auch als „Kulturtreff", in dem Workshops und Kurse, Kunst- und Kulturveranstaltungen angeboten werden.

› **Wave Hill,** 675 W 252nd St., www.wavehill.org (mit detaillierter Anfahrtsbeschreibung), Di.–So. 9–16.30 Uhr, $8, Parken $8, Shuttlebusse, zahlreiche Veranstaltungen!

› *Staten Island ist leicht und kostenlos per Fähre erreichbar*

Ausflüge

Staten Island, der fünfte Stadtbezirk, repräsentiert New Yorks ländliche Seite mit kleinen Wohnhäusern und viel Grün. Für Besucher, die sich länger in New York aufhalten, ist diese Insel, die zweimal so groß ist wie Manhattan, ein lohnendes Ausflugsziel. Auch Long Island, die Insel, die durch den Long Island Sound vom Festland abgeschnitten ist, lohnt einen Abstecher. Während die beiden New Yorker „boroughs" Brooklyn und Queens die äußerste Westspitze Long Islands ausmachen, breitet sich jenseits der Stadtgrenze New York State mit den „Schlafstädten" der Besserverdienenden aus. Je weiter man nach Osten kommt, umso ländlicher wird jedoch das Bild, umso mehr treten Landwirtschaft und Fischfang, endlose Strände und sogar Weinbau in den Vordergrund.

110 Staten Island ★

Die Staten Island Ferry (s.S. 37) bringt Besucher kostenlos und mit traumhaftem Blick auf die Skyline von Manhattan hinüber nach Staten Island, wo sich inmitten der Wohnidylle des Mittelstandes verschiedene Sehenswürdigkeiten befinden und wo nahe des Fährhafens 2017 das größte Riesenrad der Welt eröffnet werden soll.

Seit 1964 die Verrazano Narrows Bridge eröffnete, die die Insel direkt mit Brooklyn verbindet, setzte ein steter Zuwanderstrom ein: Jeder, der die Großstadt satt hatte, kam – und kommt auch heute noch – hierher, um das „Landleben" zu genießen. Die Insel ist mit ihren Hügeln, Wiesen und Seen überraschend andersartig und bietet immer wieder ei-

125ny Abb.: mb

nen schönen Ausblick auf Hafen und Meer sowie zahlreiche gut erhaltene Bauten aus der Zeit der frühen Besiedelung.

Das **Snug Harbor Cultural Center** (s.S. 219), etwa 3 km westlich des Fährhafens, war einst eine Seefahrerherberge und fungiert heute als Kultur- und Veranstaltungszentrum. Der Komplex besteht aus verschiedenen, teils historischen Gebäuden, in denen mehrere Institutionen und Museen zu Hause sind und Konzerte, Ausstellungen und Kurse stattfinden. Dazu gehören ein Visitor Center (Building C), das Newhouse Center for Contemporary Art (Building G), das Staten Island Children's Museum (Building M), das Staten Island Museum (Building H), ein kleines, aber sehenswertes 9/11 Tribute Center (Building N) der lokalen Feuerwehr und der Staten Island Botanical Garden mit einem sehenswerten chinesischen Garten (Chinese Scholar's Garden). Neben dem botanischen Garten ist die **Noble Maritime Collection** (Building D) ein Highlight. Sie widmet sich nicht nur mit Modellen und Kunstwerken der Schifffahrt im New Yorker Hafen, sondern besonders dem Maler John A. Noble (1913-1983). Er lebte zeitweise auf einem umgebauten

Hafenschlepper, der nun im Mittelpunkt der Sammlung steht, und hielt den Trubel im Hafen und den alten „Schiffsfriedhof“ vor Staten Island, dem größten „Friedhof“ der Welt für Segelschiffe, auf seinen zahllosen Bildern fest.

Direkt neben dem Fährhafen – und daher mit Ausblick – befindet sich der **Richmond County Bank Ballpark at St. George**, wo die **Staten Island Yankees**, eine Nachwuchsmannschaft der Yankees, die Fans begeistern. Daneben entsteht das **New York Wheel** (http://newyorkwheel.com), das im Frühjahr 2018 fertig und zum neuen New Yorker Wahrzeichen werden soll. Es ist über 190 m hoch (die Statue of Liberty misst 93 m!) und stammt von der gleichen Firma, die das London Eye am Ufer der Themse erbaut hat. Das New Yorker Fahrgeschäft wird über 36 Passagiergondeln, in denen jeweils 40 Besucher Platz haben, verfügen. 1440 Menschen können damit gleichzeitig eine Runde von etwa 40 Minuten Dauer drehen. Ringsum entstehen ein Vergnügungsareal und ein neues Einkaufszentrum, die Empire Outlets.

Das **National Lighthouse Museum** (200 The Promenade at Lighthouse Point, neben dem Ferry Terminal, http://lighthousemuseum.org) ist ebenfalls neu und widmet sich der Geschichte der Leuchttürme.

Ein paar Schritte entfernt erfreut sich das 1928 eröffnete **St. George Theatre** (35 Hyatt St., www.stgeorgetheatre.com), neben der Borough Hall (Rathaus) gelegen, immer noch ungebrochener Beliebtheit. Den St. George/New Brighton Historic District (Bus S52 ab Ferry Terminal) westlich des Baseballstadions überragt die 1900–1903 im neoromanischen Stil erbaute St. Peter's Roman Catholic Church (49 St. Mark's Pl.) mit ihren sehenswerten Glasfenstern aus München.

Beim **Alice Austen House** (s. S. 219), rund 3 km südlich des Fährhafens, handelt es sich um ein 1710 erbautes viktorianisches Cottage mit Veranda, von Rasenflächen umgeben und mit traumhaftem Skyline- und Hafenblick. In den 1920er-Jahren wohnte in „Clear Comfort“, wie die Familie ihr Wohnhaus nannte, die Fotografin Alice Austen, die 1929 beim Börsenkrach alles verlor und in Armut lebte, bis sie vom Magazin Life entdeckt wurde. Im Haus befindet sich eine Ausstellung ihrer Fotos.

Wer einen ungewöhnlichen Ausblick auf New Yorks Skyline und Hafen sucht, der sollte **Fort Wadsworth** und **Fort Tompkins**, Teile der **Gateway National Recreation Area** und unterhalb der **Verrazano-Narrows Bridge** gelegen, besuchen. Das Militärgelände liegt nur zwei Busstationen südöstlich vom Austen House am Ende der Bay Street. Vom Scenic Overlook hat man einen tollen Blick auf die Brücke, die beiden historischen Forts, die Hafeneinfahrt und die Skyline in der Ferne.

› **Gateway NRA**, ganzjährig geöffnet mit Visitor Center, 210 New York Ave./Bay St., Sa./So. 9–17 Uhr, www.nps.gov/gate, Bus S51 ab Ferry Terminal

Südlich der Verrazano-Narrows Bridge erstrecken sich die **South und Midland Beaches.** Besonders der **South Beach Boardwalk** (Bus S51 ab Ferry Terminal), vergleichbar dem auf Coney Island, mit

Riesenrad, Vergnügungsareal und Einkaufszentrum vereint: New York Wheel und Empire Outlets

419ny Abb.: S9

dem Ocean Breeze Fishing Pier und Veranstaltungen am Wochenende gehört zu den beliebtesten Freizeitarealen von Staten Island.

Hauptachse des nördlichen Staten Island ist neben der Bay Street, die vom Ferry Terminal ostwärt verläuft, die **Forest Avenue** mit Läden und Lokalen (Bus S48 ab Ferry Terminal). Ein Highlight für Musiker ist hier der äußerlich unscheinbare Shop der **Mandolin Brothers** (629 Forest Ave., www.mandoweb.com), der jedoch eine einzigartige Auswahl an Gitarren und Mandolinen bietet.

An die beschauliche Vergangenheit der Insel erinnert **Historic Richmond Town** (s. S. 219), etwa 12 km im Südwesten des Fährhafens gelegen. In diesem Freilichtmuseum werden den Besuchern drei Jahrhunderte Geschichte und Kultur der Insel vor Augen geführt. Es handelt sich um ein sogenanntes *living history museum,* d. h., ein ganzes Dorf wurde zu neuem Leben erweckt. Bis zum Unabhängigkeitskrieg hieß es Cocclestown und wurde danach in Richmondtown umbenannt. Mehr als 30 originale Häuser stehen zur Besichtigung offen, darunter das Voorlezer House von 1696, der Stephens General Store, ein Wagenschuppen, ein Herrenhaus von 1837, eine Reihe von Bürgerhäusern, Läden, ein Saloon oder die St. Andrew's Church (1708).

Die größte Sammlung tibetanischer Kunst außerhalb Tibets beherbergt das **Jacques Marchais Center of Tibetan Art** (s. S. 219), dessen Hauptgebäude in Form eines Tempels gebaut wurde. 1947 gründete Mrs. Klauber alias Jacques Marchais, eine Kunsthändlerin, die Sammlung, die 1991 sogar vom Dalai Lama besucht wurde. In der Nähe soll über die nächsten Jahre eine ehemalige Müllhalde zum **Freshkills Park** – dreimal so groß wie der Central Park – umgestaltet werden.

Zu den ungewöhnlichen Attraktionen von Staten Island gehört das **Sandy Ground Historical Society Museum** (1538

Woodrow Rd., http://sandygroundmuseum.org, Bus S74 ab Ferry Terminal). Es befindet sich ein einem der wenigen erhaltenen historischen Häuser der ältesten, immer noch bewohnten afroamerikanischen Gemeinde New Yorks. 1828 hatten sich hier freie Schwarze niedergelassen. Über ihre Geschichte, ihre Bedeutung als Erdbeerfarmer und Austernfischer sowie die „Underground Railroad" (Netzwerk im frühen 19. Jh., das Sklaven aus dem Süden zur Flucht in die Freiheit verhalf) informiert das kleine, sehenswerte Museum. Im Sommer finden im Garten Veranstaltungen statt.

Von besonderer historischer Bedeutung ist schließlich das **Conference House** (298 Satterlee St., Bus S78 ab Ferry Terminal oder Staten-Island-Railway-Endstation Tottenville, Apr.–Mitte Dez. Fr.–So. 13–16 Uhr Touren, Eintritt frei, www.conferencehouse.org) ganz an der Südwestspitze der Insel gelegen. Vor 1680 von einem britischen Marineoffizier erbaut, diente das Wohnhaus im September 1776 den Friedensverhandlung zwischen dem britischen Lord Richard Howe und Benjamin Franklin, John Adams sowie Edward Rutledge als Vertreter der nach Unabhängigkeit strebenden Kolonien. Bekanntlich brachten die Gespräche kein Ergebnis und der Unabhängigkeitskrieg wurde fortgesetzt. Heute steht das einzig erhaltene New Yorker Haus aus der Zeit vor der Unabhängigkeit unter Denkmalschutz.

› **Anfahrt:** Staten Island Ferry (s. S. 37)
› **Nahverkehr:** neben Bussen verkehrt die Staten Island Railway zwischen Fährhafen und Südspitze (Tottenville), www.mta.info
› **Touren:** Carreta Tours bietet verschiedene Touren auf Anmeldung. Georgia Trivizas, Tel. 917 6997004, http://carretatours.com

111 Long Island ★

Spricht man von „The Island", meint man zwar Long Island, denkt aber in erster Linie an die **Hamptons**, die **Nobelvororte** auf der etwa 190 km langen Atlantikinsel östlich von Manhattan. Anschließend liegt im Osten der besuchenswerteste Teil, **East End**, wo die beiden „Finger" der Insel, **South und North Fork**, in den Atlantik hineinragen. Gerade diese Region (v. a. der Nordteil) ist für seine **Farmprodukte** – die auch auf den *greenmarkets* (s. S. 254) in New York verkauft werden – bekannt, dazu sorgen die **Weine** der Gegend für Aufsehen. Long Island wird von vielen als das **„Napa Valley des Ostens"** bezeichnet. New York State liegt was die Traubenproduktion angeht nach Kalifornien und Washington State an dritter Stelle. Auf Long Island liegen die meisten der über 40 *wineries* auf der North Fork, zwischen Riverhead und Greenport.

Waren einst v. a. der Norden und seine Buchten beliebt, zieht es inzwischen mehr Besucher an die **Sandstrände** und **Dünenlandschaften** am Atlantik im Süden. Auf der South Fork befinden sich beliebte kleine Ferienorte wie die Hamptons, Sag Harbor oder Montauk, aber auch die exklusiven und sorgfältig abgeschotteten Wochenend- und Ferienhäuser der Prominenz. Die Sandstrände sind hier daher oft nicht öffentlich zugänglich.

Leicht per Bahn erreichbar ist eines der ersten Erholungsgebiete der Betuchten, der **Jones Beach State Park** (Long Island Rail Road/LIRR, Penn Station–Jones Beach) – das 1929 angelegte „feinere" Gegenstück zu Coney Island 97. Dank seiner Stadtnähe zählt er noch immer zu den beliebtesten Wochenendaus-

124ny Abb.: mb

flugszielen. In der Nähe liegt der **Robert Moses State Park** auf **Fire Island**, ein großes Naturschutzgebiet, das, streng genommen, die gesamte Long Island vorgelagerte schmale Inselkette umfasst.

Als *das* Rückzuggebiet der „rich and famous" gelten die am Ostzipfel von Long Island, etwa 100 km östlich von Manhattan gelegenen **Hamptons** (LIRR-Stop) – ein Sammelbegriff für mehrere malerische, etwas verschlafen wirkende Orte auf der South Fork: **Bridgehampton** ist berühmt für seine alljährliche Pferdeshow, **East Hampton** oder **Southampton** sind die bekanntesten. Nachdem 1872 die Insel per Eisenbahn erschlossen worden war, entstanden hier die Sommerfrischen der Schönen und Reichen, die von der Abgeschiedenheit und – wie viele Maler (z. B. Thomas Moran oder de Kooning) oder Schriftsteller (wie Truman Capote oder John Steinbeck) – der Landschaft am Atlantik angezogen wurden.

Southampton, schon 350 Jahre alt, ist der elitäre Wohnort der Industriellen und Reichen. Im dortigen Meadow Club finden sich mehr Rasen-Tennisplätze als in Wimbledon. Hauptattraktion ist das **Southampton Historical Museum** (s. S. 220), ein *living history museum*. Im Haus eines ehemaligen Walfänger-Kapitäns von 1843 wird die Geschichte der Region erzählt, auf dem zugehörigen Gelände stehen ältere, vor dem Abbruch gerettete Häuser aus der Region. Zum Bummeln bietet sich die nette **Main Street** an.

Im Städtchen Sag Harbor auf Long Island geht es noch beschaulich zu

Das nahe gelegene **East Hampton** wird gern als „schönstes Dorf Amerikas" bezeichnet und auch **Amagansett**, wo u.a. Billy Joel oder Kathleen Turner residieren sollen, hat seine Reize. Am östlichen Ende der Insel liegt **Montauk**, Ort der Fischer, Einsiedler und Dichter – von Max Frisch in „Montauk" treffend beschrieben. Beliebt ist das alte Hafenstädtchen wegen seiner Strände und des sehenswerten **Montauk Point Lighthouse Museum** (s.S. 220), dem ältesten Leuchtturm von New York. Von Präsident Washington in Auftrag gegeben, wurde er 1796 errichtet.

Sag Harbor, mit einer großen wohlhabenden afroamerikanischen Gemeinde, ist ein alter Walhafen und zugleich einer der ältesten Orte auf Long Island. Nach dem Niedergang des Walfangs wurde aus Sag Harbor eine Arbeiterstadt (vor allem Konservenfabriken), ehe sich der Ort schließlich ganz dem Tourismus verschrieb. Die geschäftige Main Street mit ihren schönen Shops, Restaurants und Cafés, wie Spinnakers oder Serafina, laden zu einem Bummel ein, sehenswert ist jedoch vor allem auch die hiesige Architektur, denn 95% der hier befindlichen Häuser stehen unter Denkmalschutz.

Die Hauptattraktionen sind das **Sag Harbor Whaling & Historical Museum** (s.S. 220), das **Customs House** (s.S. 220) sowie die **Old Whalers Church** (First Presbyterian Church, Union St.). Nahe dem malerischen Jachthafen führt die Straße über eine Brücke zur Fähranlegestelle, von der aus man mit zwei Autofähren über Shelter Island zum North Fork gelangen kann – ein Erlebnis, das man sich auf keinen Fall entgehen lassen sollte.

› **Anfahrt:** Von der Penn Station (Manhattan), ab Flatbush Ave. (Brooklyn) und Long Island City (Queens) verkehren Nahverkehrszüge der **Long Island Rail Road (LIRR**, Teil der MTA, Infos: www.mta.info/lirr). Ihre drei Hauptlinien (nach Port Jefferson im Nordosten, Greenport an der Nordost-Spitze und Montauk an der Ost-Spitze) und – eingeschränkt – öffentliche Busse erlauben einen Ausflug auf die Insel auch ohne Mietwagen. Wer Long Island jedoch näher und länger erkunden möchte, ist auf ein Auto angewiesen.
› **Infos:** www.discoverlongisland.com; **Infos zum Wein:** www.liwines.com

Gastronomie und Hotels auf Long Island

207 Baron's Cove Sag Harbor $$-$$$, 31 W Water St., Sag Harbor, Tel. 1 844 2276672, www.baronscove.com. Hervorragend ausgestattetes Hotel direkt am Jachthafen. 67 unterschiedlich große Zimmer, die mit Hafenblick sind am schönsten. Frühstück, Kochnischen, Balkone, TV und Telefon inklusive.

208 Harbor Market & Kitchen $$-$$$, 184 Division St., Sag Harbor, Tel. 631 7254433, So.–Do. 7–19, Fr./Sa bis 21 Uhr. Bekannt für farmfrische, regionale Produkte und gesunde Küche. Beliebt zum Frühstück, außerdem vielerlei Sandwiches.

209 Southampton Inn $$$, 91 Hill St., Tel. 631 2836500, www.southamptoninn.com. Kleines, aber feines Hotel, schön gelegen und modern, geschmackvoll ausgestattete Zimmer.

210 Southampton Publick House, 62 Jobs Lane, www.publick.com. 1996 als erster Brewpub in Southampton von drei Brüdern gegründet. Inzwischen werden die Biere auf Long Island und in New York City in ausgesuchten Restaurants und Kneipen ausgeschenkt. Das Essen ist frisch, einfallsreich, großproportioniert und preiswert.

NEW YORK ERLEBEN

002ny Abb.: NYC&Co@Julienne Schaer

New York für Kunst- und Museumsfreunde

In New York gibt es mehr als 150 Museen und Kulturinstitutionen, vier botanische Gärten und sechs Zoos, über 100 „historic districts" und mehr als 1000 „landmark buildings" – wer das alles sehen möchte, wäre Jahre beschäftigt. Den Ruf als Kunstmetropole verdankt New York seinen weltbekannten Museen wie dem Metropolitan, das mit über 6 Mio. Besuchern an der Spitze der Attraktionen steht, dem Guggenheim oder dem Natural History Museum. Allerdings lohnen die kleineren, oft stärker spezialisierten Museen mindestens ebenso.

Während des **Museum Mile Festival** Anfang/Mitte Juni wird für einen Abend die 5th Avenue zwischen 82nd und 105th Street für den Verkehr gesperrt und es finden Konzerte und andere Aktivitäten statt. Dazu ist der Eintritt in die Museen zwischen 18 und 21 Uhr frei (http://museummilefestival.org).

Im Oktober können bei **OHNY (Open House New York)** rund 200 Sehenswürdigkeiten, die normalerweise nicht zugänglich sind, kostenlos besichtigt werden (www.ohny.org).

Unter **www.nyc-arts.org** erhält man aktuelle Infos zu Kulturveranstaltungen und Museen, ebenfalls interessant ist **www.publicartfund.org** zu Kunstprojekten und -Events im öffentlichen Raum.

Museen

Museen in Manhattan

212 [D22] **9/11 Tribute Center,** 120 Liberty St., www.tributewtc.org, Mo.-Sa. 10-18, So. 10-17 Uhr, $ 15 (mit Tour $ 25). Tickets für die angebotenen Touren (tgl. 11-15 Uhr) gibt es hier im Center. Ausstellung zu den Anschlägen auf das World Trade Center, zu den Hilfs- und Rettungskräften und zu den Opfern, dazu Wechselausstellungen und Touren.

213 [D21] **African Burial Ground National Monument,** Foley Sq./Duane St., www.nps.gov/afbg, Monument: Di.-Sa. 10-17 Uhr, Visitor Center Di.-Sa. 10-16 Uhr, Eintritt frei, Subway: City Hall. Erinnert an den ältesten Friedhof der New Yorker Afroamerikaner.

214 [B13] **American Folk Art Museum,** 2 Lincoln Sq, Columbus Ave./66th St., www.folkartmuseum.org, Di.-Do./Sa. 11.30-19, Fr. 12-19.30, So. 12-18 Uhr, Eintritt frei. Volkskunst und Kunsthandwerk ab dem 18. Jh. Shop, Mi. 14 Uhr Livekonzerte.

74 [B11] **American Museum of Natural History.** Eines der weltgrößten Naturwissenschaftsmuseen, mit IMAX-Kino, Hayden Planetarium, Rose Center for Earth and Space, mehreren Restaurants und Museumsläden.

5 [D23] **Castle Clinton National Monument.** Ausstellung zur Stadtgeschichte im alten Fort. Bookstore und Infostand zu den National-

Vorseite: Die Brooklyn Bridge **16** *ist auch bei nächtlicher Beleuchtung eine Augenweide*

Neu renoviert und höchst attraktiv: das Cooper Hewitt National Design Museum **66**

parks in New York, Ticketverkauf für die Fähren zur Statue of Liberty und nach Ellis Island.

215 [D19] **Center for Architecture,** 536 La Guardia Pl., http://cfa.aiany.org, Mo.–Fr. 9–20 Uhr, Sa. 11–17 Uhr, Eintritt frei. Interessante Wechselausstellungen zur Architektur, Vorträge und Lesungen.

216 [B11] **Children's Museum of Manhattan,** 212 W 83rd St., www.cmom.org, Tel. 212 7211245, Di.–Fr., So. 10–17, Sa. bis 19 Uhr, $ 12, 1. Fr. im Monat 17–20 Uhr freier Eintritt. Beliebtes Kindermuseum mit Wechselausstellungen, „hands-on exhibits" und großem Laden.

66 [D10] **Cooper-Hewitt Smithsonian Design Museum.** Wechselausstellungen zu wegweisenden Designern und Entwürfen. Veranstaltungen und gut sortierter Laden.

217 [E21] **Eldridge Street Synagogue/ Museum,** 12 Eldridge (LES), www.eldridge

EXTRAINFO

Öffnungszeiten und Tickets

- **Jüdische Museen** haben während der jüdischen Feiertage und freitagnachmittags sowie samstags geschlossen.
- **Tipp:** Es empfiehlt sich, für die großen Museen wie Metropolitan oder MoMA Tickets bereits im Vorfeld im Internet zu besorgen.

Museen, die mit einer magentafarbenen Nummer (74) als Hauptsehenswürdigkeit ausgewiesen sind, werden im Kapitel „New York entdecken" ausführlich beschrieben. Dort finden sich auch alle praktischen Informationen wie Adresse, Öffnungszeiten usw.

420ny Abb.: mb

⌂ *Ein Kunsttempel der Extraklasse: das Metropolitan Museum of Art* 62

street.org, So.–Do. 10–17, Fr. 10–15 Uhr, stündl. Touren, $ 14 (Mo. 10–17 Uhr beliebiger Eintritt). Ausstellungen in einer der bedeutenden Synagogen der Stadt.

7 [B25] **Ellis Island (Immigration Museum).** Multimedialer Rundgang durch die 1892 bis 1954 betriebene Einwanderungsstation.

M 218 [D23] **Fraunces Tavern Museum,** 54 Pearl St., www.frauncestavernmuseum.org, Mo.–Fr. 12–17, Sa./So. 11–17 Uhr, $ 7. Sammlung zur Frühgeschichte New Yorks sowie Wechselausstellungen.

60 [D12] **Frick Collection.** Hochkarätige europäische Kunst des 14. bis 19. Jh. in edlem historischen Villenambiente.

63 [D10] **(Solomon R.) Guggenheim Museum.** Sammlung moderner und zeitgenössischer Kunst in sehenswertem Bau. Restaurant The Wright sowie Laden, Veranstaltungen, Konzerte und sehenswerte Sonderausstellungen.

M 219 [D20] **International Center of Photography (ICP),** 250 Bowery, www.icp.org, Di.–Do. und Sa./So. 10–18, Fr. 10–20 Uhr, $ 14. Fotomuseum mit Veranstaltungen, Ausstellungen, Bibliothek und Archiv sowie Buchladen.

42 [A15] **Intrepid Sea, Air, Space Museum.** Eines der größten See- und Luftfahrtmuseen auf und um einen alten Flugzeugträger.

67 [D10] **Jewish Museum.** Weltgrößte Sammlung von Judaika zu Alltagsleben, Kunst und Kultur. Laden mit großer Bücherauswahl, Café Weissman sowie verschiedenste Veranstaltungen.

18 [E20] **Lower East Side Tenement Museum.** Touren durch die Wohnungen von europäischen Einwanderern aus dem späten 19. Jh. und durchs Viertel.

M 220 [C15] **Madame Tussaud's New York,** 234 W 42nd St./Times Sq., www.madame tussauds.com/NewYork, So.–Do. 10–20, Fr./Sa. bis 22 Uhr, $ 25,75 (Onlinerabatt!). Persönlichkeiten und historische Szenen aus Wachs.

62 [C11] **Metropolitan Museum of Art (The Met Fifth Avenue).** Riesiger „Kulturtempel" mit den verschiedensten Abteilungen. Mehrere Restaurants und Cafés, Shops (Great Hall), Konzerte und Lesungen, eigene Bibliothek, Archive und Magazine. Filialen: The Met Breuer 61 und The Met Cloisters 85.

(69) [D8] **Museo del Barrio.** Ausstellung lateinamerikanischer, puertorikanischer und karibischer Kunst und Kultur, mit Restaurant und Shop.

M221 [D23] **Museum of American Finance,** 48 Wall St., www.moaf.org, Di.–Sa. 10–16 Uhr, $ 8. Multimediales „Finanzmuseum" im Gebäude der Bank of New York von 1927, mit Shop (Souvenirs der NY Stock Exchange) und Tourangebot (Financial District).

M222 [B13] **Museum of Arts & Design,** 2 Columbus Circle, www.madmuseum.org, Di.–So. 10–18, Do./Fr. bis 21 Uhr, $ 16 (Do./Fr. 18–21 Uhr beliebiger Eintritt). Sammlung zum Kunsthandwerk und zur Kunst des 20. Jh., mit Laden und Restaurant Robert im *9th floor* (Sa./So Brunch!).

M223 [C23] **Museum of Jewish Heritage – A Living Memorial to the Holocaust,** Edmond J. Safra Plaza/36 Battery Pl., Subway: Bowling Green, www.mjhnyc.org, So.–Di./Do. 10–17.45, Mi. 10–20 Uhr, Fr. 10–15 bzw. März–Nov. bis 17 Uhr, vor jüdischen Feiertagen nur bis 15 Uhr, $ 12 (Mi. 16–20 Uhr Eintritt frei), mit Shop und jüdischem Deli LOX. Multimediales Museum zur Kultur der Juden und zur Geschichte ihrer Verfolgung, angrenzend ist der Garden of Stones.

(57) [C14] **Museum of Modern Art (MoMA).** Bedeutendes Museum mit Klassikern der Kunstgeschichte, aber auch zeitgenössischer Kunst und Skulpturengarten, Lokal und gut sortierten Shops.

M224 [D17] **Museum of Sex,** 233 5th Ave./27th St. (Gramercy), So.–Do. 10–20, Fr./Sa 10–21 Uhr, $ 21, www.museumofsex.com. Dauer- und Wechselausstellungen in einem ungewöhnlichen, etwas teuren Museum, mit Cocktailbar und Shop.

M225 [E19] **Museum of the American Gangster (MAOG),** 80 St. Marks Place, tgl. 13–18 Uhr, $ 20, www.museumoftheamerican gangster.org. In seiner Art einzigartiges Mu-

Für Museumsfreunde

- Der **CityPass** umfasst aktuell freien Eintritt in folgende Attraktionen: Empire State Building, American Museum of Natural History, Metropolitan Museum, Top of the Rock oder Guggenheim Museum, Freiheitsstatue und Ellis Island oder Bootsrundfahrt mit Circle Line, 9/11 Memorial & Museum oder Intrepid Sea, Air & Space Museum. Der Pass ist ab der ersten Nutzung für neun aufeinanderfolgende Tage gültig und Schlangenstehen an den Ticketständen entfällt damit. Er kostet für Erwachsene $ 116, für Kinder (6–17 J.) $ 92. Infos: http://de.citypass.com/new-york.
- Mit dem **Explorer Pass** gibt es ab $ 79,99 bzw. $ 57,99 (3–12 Jahre) kostenlosen Zutritt in 3, 5, 7 oder 10 Attraktionen/Touren/Museen aus einer langen Liste durch den VIP-Eingang (www.smartdestinations.com). 30 Tage gültig, unterschiedliche Ersparnis, meist Einlass ohne Warteschlangen. Außerdem „Go Select Pass" (Ermäßigung auf Smartphone-Tickets).
- Der **New York Pass** (www.newyorkpass.com) ist gut für kostenlosen Eintritt in über 30 Attraktionen/Museen wie Bronx Zoo, Brooklyn Museum, Empire State Bldg. Observation Deck, MoMA, Guggenheim, Whitney Museum, außerdem Gratistouren (u. a. UN, NBC Studio, Radio City Music Hall, Rockefeller Center) und eine Bootstour, Rabatte in Restaurants, Shops und auf Show-/Veranstaltungstickets. Er gilt 1, 2, 3 oder 7 Tage (ab $ 85), lohnt sich aber erst ab 3 Tagen.
- **Downtown Culture Pass,** Zugang zu 12 Attraktionen/Museen in Lower Manhattan für drei Tage, $ 25. Infos: www.down townculturepass.org.

EXTRATIPP

Preiswert ins Museum

Etliche Museen wie das American Folk Art Museum (s. S. 212), das General Grant NM 83 oder das National Museum of the American Indian 10 sind gratis zugänglich. Bei vielen der großen Museen wie Met 62 oder American Natural History Museum 74 handelt es sich um eine „suggested admission", also um einen Preisvorschlag, der theoretisch freiwillig ist. Andere Museen bieten an bestimmten Tagen/zu bestimmten Zeiten freien Eintritt oder „Pay what you wish" (nach eigenem Ermessen), z.B.:

Montag

› Eldridge Street Synagogue/Museum (s. S. 213): 10–12 Uhr

Dienstag

1 9/11 Memorial & Museum: 17–18 Uhr (Tickets ab 16 Uhr erhältlich)
› The Brooklyn Botanic Garden (s. S. 187): ganztags Gelände frei
35 Morgan Library and Museum (nur McKim Rooms): 15–17 Uhr
109 Wave Hil: 9–12 Uhr

Mittwoch

105 Bronx Zoo: Gelände ganztägig frei
› Museum of Jewish Heritage (s. S. 215): 16–20 Uhr
106 New York Botanical Garden: Gelände frei

Donnerstag

› Brooklyn Children's Museum (s. S. 218): 14–18 Uhr
› Museum of Arts & Design (s. S. 215): 18–21 Uhr
19 New Museum: 18–21 Uhr
21 Museum of Chinese in America: 1. Do. im Monat ganztägig frei
67 The Jewish Museum: 17–20 Uhr frei

Freitag

35 Morgan Library and Museum: 19–21 Uhr
57 Museum of Modern Art (MoMA): 16–20 Uhr
› New York Aquarium (s. S. 192): 15 Uhr bis Schließung
› The New-York Historical Society (s. S. 217): 18–20 Uhr
› Rubin Museum of Art (s. S. 217): 18–22 Uhr zu K2 Friday Nights mit Event
64 Neue Galerie: 1. Fr. im Monat 18–20 Uhr

Samstag

› The Brooklyn Botanic Garden (s. S. 187): 10–12 Uhr
106 New York Botanical Garden: 9–10 Uhr Gelände frei zugänglich
63 (Solomon R.) Guggenheim Museum: 17.45–19.45 Uhr
109 Wave Hill: 9–12 Uhr
67 The Jewish Museum: ganztägig frei
95 Brooklyn Museum: 3. Sa. im Monat ganztägig frei

Sonntag

60 Frick Collection: 11–13 Uhr
35 The Morgan Library and Museum (nur McKim Rooms): 16–18 Uhr

030ny Abb.: NYC&Co@Alex Lopez

seum mit Ausstellung und Film zu berühmten Gangstern und zur Prohibition und ihren Folgen. Im Untergeschoss befinden sich ein Theater und ein „Speakeasy" (eine versteckte Bar, wie zu Zeiten der Prohibition üblich) und berühmte Gangster wie „Lucky" Luciano oder der Bayer Frank Hoffmann werden vorgestellt.

21 [D20] **Museum of Chinese in America (MOCA).** Museum zu Kultur, Geschichte und Leben der chinesischen Einwanderer in sehenswerter Architektur.

68 [D8] **Museum of the City of New York.** Lohnendes Museum zur Stadtgeschichte, neben der eigenen Sammlung auch sehenswerte Wechselausstellungen. Mit interessantem Museumsladen.

65 [D10] **National Academy Museum.** Sammlung der ältesten Kunstakademie der USA.

226 [C6] **National Jazz Museum Harlem,** 58 W 129th St., Mo.-Fr. 11-17 Uhr, $ 10, Subway: 125th St. Zur Smithonian Institution gehöriges Jazzmuseum mit Hörproben und Ausstellungsstücken sowie Veranstaltungen und Konzerten.

227 [D17] **National Museum of Mathematics (MOMATH),** 11 E 26th St., http://momath.org, tgl. 10-17 Uhr, $ 15 (Kinder $ 9). Museum mit interaktiven Ausstellungsstücken und Zahlenspielereien für alle Altersstufen.

10 [D23] **National Museum of the American Indian (NMAI).** Filiale der Smithsonian Institution (Washington). Interessante Wechselausstellungen über und von Indianern.

Im MoMA 57 lohnen besonders die zeitgenössische Kunst und der Skulpturengarten

64 [D10] **Neue Galerie, Museum for German and Austrian Art.** Ausstellung zur Kunst und zum Design des frühen 20. Jh. aus Deutschland und Österreich, präsentiert in einem edlen Villenambiente, mit Shop und Café.

19 [E20] **New Museum.** Wegweisendes Museum für zeitgenössische Kunst in der Bowery. Café und Laden sowie Dachterrasse (an Wochenenden).

228 [B11] **New-York Historical Society,** 170 Central Park W (76th-77th St.), Di.-Sa. 10-18, Fr. 10-20, So. 11-17 Uhr, $ 20, www.nyhistory.org. Interessante Ausstellungen zur Geschichte New Yorks. Mit Bibliothek, Veranstaltungen und dem Caffè Storico.

229 [D15] **New York Transit Museum Gallery Annex,** im Grand Central Terminal, 87 E 42nd St., Mo.-Fr. 8-20, Sa./So. 10-18 Uhr, http://web.mta.info/mta/museum, Eintritt frei. Wechselausstellungen zum Nahverkehr, mit Shop.

230 [D14] **Onassis Cultural Center,** Olympic Tower, 645 5th Ave., Eingänge 51st/52nd St., www.onassisusa.org. Veranstaltungsprogramm, gelegentlich Ausstellungen.

231 [C18] **Rubin Museum of Art,** 150 W 17th St./7th Ave. (Chelsea), www.rmanyc.org, Mo./Do. 11-17 Uhr, Mi. 11-21 Uhr, Fr. 11-22 Uhr, Sa./So. 11-18 Uhr, $ 15. Museum zur Kunst und Kultur des Himalaya, Sammlung von Gemälden, Skulpturen, Textilien und Drucken vom 2. bis 19. Jh.

77 [C5] **Schomburg Center for Research in Black Culture.** Afroamerikanische Kultur und Leben in ihren verschiedensten Aspekten.

232 [C23] **Skyscraper Museum,** 39 Battery Place, www.skyscraper.org, Mi.-So. 12-18 Uhr, $ 5. Architekturmuseum, in dem interessante Wechselausstellungen zu aktuellen Architekturthemen weltweit gezeigt werden.

233 [E22] **South Street Seaport Museum,** 12 Fulton St., http://southstreetseaportmuseum.org, Mi.-So. 11-17 Uhr, $ 5. Maritime Relikte von Bootsmodellen über Gemälde bis hin zu Galionsfiguren. Derzeit ist nur das EG zu Ausstellungen geöffnet, ab Anfang 2017 soll das Museum wieder komplett zugänglich sein.

6 [B27] **Statue of Liberty (Museum).** Das legendäre Wahrzeichen der Stadt bietet im Sockel ein Museum zur Statue.

234 [C6] **Studio Museum of Harlem,** 144 W 125th, www.studiomuseum.org, Do.-Fr. 12-21, Sa. 10-18, So. 12-18 Uhr, $ 7 (So. Eintritt frei). Wechselausstellungen zu afroamerikanischer Geschichte, Kultur und Kunst, Laden, Café und Official-NYC-Informationsstand.

61 [D12] **The Met Breuer.** Die neue Filiale des Metropolitan Museum befindet sich in dem denkmalgeschützte Gebäude, in dem vorher das Whitney Museum of American Art 32 seinen Sitz hatte. Gezeigt wird ein modernes, zeitgenössisches Programm, es gibt unter anderem Veranstaltungen, Installationen, Performances und Wechselausstellungen.

85 [ad] **The Met Cloisters.** Sehenswerte Filiale des Metropolitan Museum in Gestalt eines Klosters. Ausstellungen zu Kunst und Architektur des Mittelalters.

35 [D16] **The Morgan Library & Museum.** Palazzo des Finanziers Pierpont Morgan von 1906 mit modernem Anbau. Einmalige Sammlung seltener Bücher und alter Manuskripte, Gemälde und Zeichnungen. Mit Theater und Café.

235 [D17] **Theodore Roosevelt Birthplace,** 28 E 20th St., www.nps.gov/thrb, Di.-Sa. 9-17 Uhr, Eintritt frei. Von 10 bis 16 Uhr gibt es stündlich Touren durch das Geburtshaus des einzigen aus New York stammenden Präsidenten der USA.

236 [C14] **The Paley Center for Media (Museum of Television & Radio),** 25 W 52nd St., www.paleycenter.org, Mi.-So. 12-18 Uhr, Do. bis 20 Uhr, $ 10. 100 Jahre Radio- und TV-Geschichte mit über 100.000 archivierten Programmen. Mit Shop.

32 [D12] **Whitney Museum of American Art.** Zentrum für moderne Kunst in Neubau in prominenter Lage, alle zwei Jahre große zeitgenössische Kunstschau „Whitney Biennial". Mit Restaurants und Laden.

Museen in der Bronx

237 [D2] **Bronx Museum of the Arts (BxMA),** 1040 Grand Concourse/165th St., Subway (4): 167th St., www.bronxmuseum.org, Mi.-So. 11-18 Uhr, Fr. bis 20 Uhr, Eintritt frei. Interessante Wechselausstellungen zeitgenössischer, meist lokaler Künstler.

238 **Van Cortlandt House Museum,** Broadway/W 246th St., im Cortlandt Park, Subway-Endstation Linien 1 und 9, www.vchm.org, Di.-Fr. 10-16, Sa./So. 11-16 Uhr, $ 5 (Mi. frei). Villa von 1748, mit Möblierung des 18./19. Jh. und Ausstellung zur frühen Geschichte New Yorks.

Museen in Brooklyn

239 [cj] **Brooklyn Children's Museum,** 145 Brooklyn/St. Mark's Ave., Subway (A/C): Kingston Ave., www.brooklynkids.org, Di.-So. 10-17, Do bis 18 Uhr, $ 11. Ältestes Kindermuseum der Welt mit vielen multimedialen Ausstellungsstücken zum Ausprobieren.

240 [F23] **Brooklyn Historical Society,** 128 Pierrepont/Clinton St., Subway: Borough Hall, www.brooklynhistory.org, Mi.-So. 12-17, $ 10. Kleines Stadtmuseum zur Geschichte Brooklyns.

95 [ck] **Brooklyn Museum.** Zweitgrößtes und eines der besten Kunstmuseen der Stadt, mit Café und Shop.

241 **Coney Island Museum,** 1208 Surf Ave./W 12th St., Subway: Coney Island-Still-

well Ave., www.coneyisland.com/programs/coney-island-museum, im Sommer Mi.-Sa. 12-18, So. 14-18 Uhr, sonst nur an Wochenenden, $ 5. Kleines Privatmuseum mit Memorabilien, Fotos und Kuriositäten zum „wilden Strandleben" von einst, auch Shows.

242 [G24] **New York Transit Museum,** 130 Livingston St., Boerum Pl.-Schemerhorn St., Subway: Hoyt-Schemerhorn St. oder Borough Hall, www.mta.info/museum, Di.-Fr. 10-16 Uhr, Sa./So. 11-17 Uhr, $ 7. Informatives zur Entwicklung der U-Bahn in einer stillgelegten Subway-Station von 1930. Filiale in Grand Central Terminal 45.

243 [E27] **Waterfront Museum,** 290 Conover St./Pier 44, Do. 16-20, Sa. 13-17 Uhr, frei, http://waterfrontmuseum.org, Bus B 61 ab Borough Hall. Historischer Schlepper mit Infos über den Hafen, im Sommer auch Hafenrundfahrten.

Museen in Queens

244 [G11] **Isamu Noguchi Museum,** Vernon Blvd., 10th St.-33rd Rd., Subway (N): Broadway (So. Shuttle ab Park Ave./70th St.), www.noguchi.org, Mi.-Fr. 10-17, Sa./So. 11-18 Uhr, $ 10 (1. Fr. im Monat Eintritt frei). Studio und Museum des bekannten japanischen Künstlers.

245 **Louis Armstrong House,** 34-56 107th St., Corona, Subway (7): 103rd St.-Corona Plaza, www.louisarmstronghouse.org, Di.-Fr. 10-17, Sa./So. 12-17 Uhr, $ 10, stündlich Führungen (die letzte Führung um 16 Uhr) durch das ehemalige Wohnhaus des berühmten Jazzmusikers.

246 [G14] **MoMA P.S.1,** 22-25 Jackson St./46th Ave., Subway: 23rd St.-Ely Ave., http://momaps1.org, Do.-Mo. 12-18 Uhr, $ 10. Zweigstelle des MoMA 57 für zeitgenössische Kunst in einem alten Schulhaus, mit Café, Shops und hippen Veranstaltungen.

247 [bg] **Museum of the Moving Image,** 35th Ave./37th St., Subway: 36th St. (N) oder Steinway St. (R/V), Mi./Do. 10.30-17, Fr. bis 20, Sa./So. 11.30-19 Uhr, $ 15, www.movingimage.us. Alles über die Geschichte von Film und TV, mehrere Filmvorführräume, Ausstellungen, Café und Shop.

248 **New York Hall of Science,** Flushing Meadows Corona Park, 47-01 111th St., Subway (7): 111th St., www.nysci.org, Mo.-Fr. 9.30-17, Sa./So. 10-18 Uhr, $ 15, Spielplatz, Minigolf und 3D-Filme kosten extra (Kombticket $ 29). Die New York Hall of Science ist ein Wissenschaftsmuseum für die ganze Familie mit Minigolf und Spielplatz.

101 **Queens Museum.** Kunstmuseum mit dem Stadtmodell, das als weltgrößtes Architekturmodell gilt.

Museen auf Staten Island

249 **Alice Austen House Museum & Garden,** 2 Hylan Blvd./Bay St., Bus S51 ab Fährhafen bis Hylan Blvd., www.aliceausten.org, Di.-So. 11-17 Uhr (außer Jan./Feb.), $ 3. Sehenswertes historisches Haus von 1690, in dem die Fotografin Austen lebte und arbeitete.

250 **Historic Richmond Town,** 441 Clark Ave., Bus S74 ab Fährhafen bis Richmond Rd. bzw. St. Patrick's Pl., Mi.-So. 13-17 Uhr, $ 8 (Fr. 13-17 Uhr frei), www.historicrichmondtown.org, Führungen Mi.-Fr. 14.30, Sa./So. 14 und 15.30 Uhr. Ein historisches Museumsdorf

251 **Jacques Marchais Museum of Tibetan Art,** 338 Lighthouse Ave., Bus S74 ab Fährhafen bis Lighthouse Ave., www.tibetanmuseum.org, Mi.-So. 13-17 Uhr, $ 6. Die größte Sammlung tibetanischer Kunst außerhalb Tibets, schöner Garten!

252 **Snug Harbor Cultural Center & Botanical Garden,** 1000 Richmond Terrace/

246ny Abb.: mb

Tysen St.-Snug Harbor Rd., Bus S40 ab Fährhafen zum Snug Harbor Gate, http://snug-harbor.org, Di.-So. 10-17 Uhr. Kulturzentrum, u. a. bestehend aus Botanical Garden (Eintritt frei), Newhouse Center for Contemporary Art (Bldg. G, $ 5), Noble Maritime Collection (Bldg. D, $ 5) und Chinese Scholar's Garden ($ 5), Kombiticket $ 8. In Bldg. M: Staten Island Children's Museum.

Museen auf Long Island

Zu den folgenden Museen auf Long Island kommt man nicht mit der Subway, sondern man muss auf den Regionalverkehr ausweichen (s. S. 345).

253 Custom House, Main/Garden St., Sag Harbor, http://splia.org/custom-house, Mai-Okt. Sa./So., Juli/Aug. tgl. 10-17 Uhr, $ 6. Führungen durch ein historisches Siedlerhaus.

254 Montauk Point Lighthouse Museum, 2000 Montauk Hwy., Montauk, https://montauklighthouse.com, Mai-Sept. tgl. 10.30 bis mind. 16.30 Uhr, im Winter nur am Wochenende, $ 10. New Yorks ältester Leuchtturm mit Besucherzentrum.

255 Sag Harbor Whaling & Historical Museum, 200 Main St., Sag Harbor, Mai-Okt. Fr.-Mo. 10-17 Uhr, $ 6, www.sagharborwhalingmuseum.org. Interessante Ausstellung zur Geschichte Long Islands und zum Walfang.

256 Southampton Historical Museum, 17 Meeting House Lane, Southampton, www.southamptonhistoricalmuseum.org, Mi.-Sa. 11-16 Uhr (außer Jan./Febr.), $ 5. Hauptteil ist die Rogers Mansion, die Villa eines Walfangkapitäns von 1843. Weitere Bauten im Umkreis erläutern die frühe Geschichte der Ortschaft.

Kunstgalerien

In New York gibt es mehr als 400 Galerien, die sich in bestimmten Stadtteilen konzentrieren. Im Mai und November finden außerdem die **Großauktionen bei Sotheby's** (1334 York Ave./72nd St.) und **Christie's** (502 Park Ave./59th St.) statt und auch „Art Shows", Festivals oder Kunstmärkte ziehen Kunstliebhaber an.

› Unter **http://art-collecting.com/galleries_ny.htm** finden sich Listen von New Yorker Galerien, nachfolgend eine Auswahl:

Upper East Side

257 [D11] **Acquavella Galleries,** 18 E 79th St., www.acquavellagalleries.com/gallery. Kunst des 19./20. Jh.

258 [D11] **Gagosian Gallery,** 980 Madison Ave. Filiale: 555 W 24th St. (Chelsea), www.gagosian.com. Moderne, v. a. amerikanische Kunst.

259 [D11] **Leo Castelli Gallery,** 4 E 77th St., www.castelligallery.com. Entdeckte u. a. Jasper Johns oder Roy Lichtenstein.

260 [C13] **Marian Goodman Gallery,** 24 W 57th St., www.mariangoodman.com. Werke bedeutender Künstler wie

Lichtenstein, Oldenburg, Warhol, Beuys oder Richter.

261 [D13] **Mary Boone Gallery,** 745 5th Ave., www.maryboonegallery.com. Verhalf Julian Schnabel, Eric Fischer u. a. zum Durchbruch.

262 [D13] **Pace Gallery,** 32 E 57th St., www.pacegallery.com/newyork. Schwerpunkt Drucke. Filiale: 510 W 25th St.

Lower East Side, Chelsea

Hier findet man vor allem die Werke junger, progressiver Künstler:

263 [A17] **Gladstone Gallery,** 515 W 24th St./10th Ave., Di.-Sa. 10-18 Uhr, www.gladstonegallery.com. Zeitgenössische Kunst, auch Installationen und Skulpturen.

264 [A17] **Joshua Liner Gallery,** 540 W 28th St., 10-11th Ave., www.joshualinergallery.com. Jung-dynamische Galerie in Chelsea.

265 [A17] **Paula Cooper Gallery,** 534 W 21st St., 10th-11th Ave., www.paulacoopergallery.com Schwerpunkt zeitgenössische, v. a. konzeptuelle und minimalistische Kunst.

266 [A17] **Prince Street Gallery,** 530 West 25th St., www.princestreetgallery.com. Zeitgenössische figürliche und abstrakte Kunst.

Kunstkaufhäuser

267 [C14] **An American Craftsman,** 790 7th Ave./52nd St., www.anamericancraftsman.com. Antiquitäten, Kunsthandwerk aller Art.

268 [E14] **The Manhattan Art & Antiques Center,** 1050 2nd Ave./55th St., https://the-maac.com. Kunst aus aller Welt.

Open-Air-Galerie New York - hier ein Wandbild aus Long Island City 98

New York für Architekturinteressierte

„Diejenigen, die New York hässlich finden, sind lediglich Opfer einer Wahrnehmungstäuschung ...", schrieb Claude Lévi-Strauss in „Traurige Tropen". New York ist die wahre Architekturmetropole des 20. und 21. Jahrhunderts, eine hypermoderne Großstadt mit altmodischen Seiten und voller Kontraste, eine Stadt, in der Alt und Neu direkt nebeneinander existieren und zu einem grandiosen Stadtbild verschmelzen. Philip Johnson „der" New Yorker Architekt schlechthin, fasste es einmal so zusammen: „Wir bauen nicht, um der Ehre Gottes willen, sondern um Geld zu machen."

Schon 1625 hatte die Dutch West India Company erste detaillierte Pläne für „Nieuw Amsterdam" vorliegen, doch abgesehen von einem kleinen Fort entwickelte sich die Stadt weitgehend planlos. Straßen entstanden nach Bedarf - Broadway und Bowerie als Hauptachsen - und **holländische Baustile** prägten das Bild.

Die Engländer machten sich rund 40 Jahre später daran, eine Stadt nach ihren Vorstellungen zu formen, und mit der amerikanischen Unabhängigkeit kam es auch in der Architektur zu einem Neuanfang: Unter Präsident Thomas Jefferson erlebte der **Klassizismus** v.a. im öffentlichen Bereich in der jungen Nation eine Blüte. Einschneidend war für New York das Jahr 1811: Damals legte Stadtbaumeister John Randall einen neuen **Stadtplan nach einem Rastersystem** vor. Die Straßen nördlich der Houston Street wurden durchnummeriert und bildeten einzelne Planquadrate. Nur der Broadway durchschnitt als „Fremdkörper" das re-

033ny Abb.: mb

gelmäßige Gitternetz der Avenues und Streets.

Es entstanden mehr und mehr Stadthäuser aus dunkelrotem Backstein – deswegen auch **Brownstones** genannt – im Colonial bzw. Federal Style, z. B. in Greenwich Village. Doch das architektonische Bild war weniger einheitlich als vielmehr **eklektizistisch:** Alle möglichen Baustile wurden nachgeahmt und zu einem neuen Ganzen zusammengetragen. So entstanden in den ersten Jahrzehnten des 19. Jh. viele repräsentative Bauten im Greek-Revival-Stil – z. B. 1811 die City Hall 15 – und bei Kirchen wie Trinity Church 11 oder St. Patrick's 51 wurde der neogotische Stil bevorzugt.

Mitte des 19. Jh. kam erstmals **Gusseisen** zum Einsatz, das später das unbegrenzte Bauen in die Höhe ermöglichen sollte. Als Vorläufer gilt das Cooper Union Building am Cooper Square (1859). Mit der Vereinigung der fünf Stadtteile 1898 kam die **„City-Beautiful"-Bewegung** auf und die New York City Improvement Commission (1904–1907) forcierte eine Neugestaltung der Stadt mit repräsentativen Baukomplexen im klassizistischen Stil, den beispielsweise die Columbia University 81 (1893–1913), die Penn Station (1910, McKim, Mead & White) oder die Public Library 43 (1911, Carrère & Hastings) demonstrieren.

Ebenfalls Ende des 19. Jh. entstand das erste Hochhaus, das die Trinity Church überragte: das 1955 abgerissene Pulitzer Building. Der Einsatz von Gusseisenträ-

Ein Meilenstein der modernen Architektur: das Lipstick Building (53rd St./3rd Ave.) von Philip Johnson und John Burgee

gern – William Le Baron Jenney hatte damit in Chicago 1884 das erste Hochhaus erbaut – ermöglichte einerseits die **Cast Iron Buildings** in SoHo, andererseits immer höheres Bauen: 1902 entstand **das erste Hochhaus** mit 22 Stockwerken, das aufsehenerregende Flatiron Building 28 von Daniel H. Burnham aus Chicago, oder 1905 bis 1908 das Singer Building (561–563 Broadway), das als erster „echter" Wolkenkratzer galt. Das Woolworth Building (s. S. 50), 1910 bis 1913 von Cass & Gilbert erbaut, ist ein Beispiel für das herrschende bunte Stilkonglomerat aus Klassizismus, Renaissance- und Barock-Revivalstilen, zu einer Zeit, als in Europa der Jugendstil dominierte.

In den 1920er-Jahren brach das **Zeitalter der Wolkenkratzer** mit aller Gewalt an. Doch das Höhenwachstum war nicht unbegrenzt: Das 1915 fertiggestellte Equitable Building hatte im Folgejahr *zoning laws* zur Folge, die u. a. terrassenförmige Bauweise mit Rücksprüngen vorschrieben und den „Wildwuchs" in die Höhe eindämmten. Ende der 1920er-Jahre begann dann der Wettlauf um Höhenmeter zwischen Empire State Building 34 und Chrysler Building 46. Besonders Letzteres ist ein Musterbeispiel für den Stil, der das Stadtbild New Yorks beeinflussen sollte: **Art déco.** Dass Wolkenkratzer wie das Empire State überhaupt entstehen konnten, ist in erster Linie Indianern, speziell den **Mohawk** (Irokesen), zu verdanken. Die Mohawk Iron Workers wurden durch eine Fotoserie von Lewis Hine berühmt. Sie kennen angeblich keine Höhenangst und stellen noch heute die meisten Stahlbaumonteure im Baugewerbe.

Das 1932 anschließend an eine Ausstellung im Museum of Modern Art erschienene Manifest **„The International Style"** von Hitchcock & Johnson und während des Nationalsozialismus in die USA geflohene Bauhaus-Architekten wie Walter Gropius, Le Corbusier, Ludwig Mies van der Rohe oder Marcel Breuer sorgten dafür, dass nach all den Revival-Stilen des 19. Jh. der erste eigenständige Stil in den USA der Nachkriegszeit seinen Siegeszug antrat. Besonders Philip Johnson stieg mit dem Seagram Building (375 Park Ave./53rd St., 1958 in

152ny Abb.: mb

Um den Times Square 39 entstand wegweisende Architektur

Kooperation mit Mies van der Rohe erbaut) zur Zentralfigur auf. Er predigte die **Nützlichkeit der Architektur** und den Vorrang der Funktion vor der architektonischen Form („Form follows function"). SOM (Lever House, 1952, s. S. 130), Eero Saarinen (TWA Building/JFK Airport, 1962; CBS Building, 1965) sowie Le Corbusier (UNO-Hauptquartier, 1952) und Gropius (Pan Am Building/heute MetLife Building, 1963) trugen zur Verbreitung des neuen Stils bei. Gleichzeitig entstanden Kultureinrichtungen wie Lincoln Center 72, Museum of Modern Art (MoMA) 57 oder das spektakuläre Guggenheim Museum 63 (1943–1959) von Frank Lloyd Wright.

Entlang der Park Avenue und der Wall Street, vor allem aber entlang der 6th Avenue entstanden in den 1950er- und 1960er-Jahren schlicht-funktionale, **monotone Hochhauskästen** über unbelebten Plätzen, die Norman Mailer einmal „leere Landschaft der Psychose" nannte. Erst der „Midtown Zoning Code" von 1961 legte Gebäudehöhe, Rücksprünge, Kontinuität der Straßenzüge und **Integration öffentlicher Plätze** verbindlich fest. Ein 1967 ins Leben gerufenes Programm „Sculpture in Environment" sorgte für die Aufstellung von Großplastiken zeitgenössischer Künstler auf Freiplätzen und allmählich wurden auch öffentliche Räume wie Foyers mit Kunst geschmückt.

In den 1980er-Jahren entstanden **„spätmoderne" Bauten** ohne Zierrat, wie das Javits Convention Center 38 (Pei), das World Financial Center 3 (Pelli), das Metropolitan Museum of Art 62, der Carnegie Hall Tower (s. S. 133), J. P. Morgan Headquarters, UN Plaza I und II von Roche, Dinkeloo & Ass. sowie das Citigroup Center (s. S. 130) von Stubbins Associates.

Gleichzeitig setzte Robert Venturi in mehreren Traktaten wie „Learning from Las Vegas" (1972) zur Kritik an. Er begann einen Feldzug gegen die kommerzielle Architektur, wetterte gegen den Funktionalismus, bezeichnete die „Absichten der Moderne als gescheitert" und erklärte „Alles ist erlaubt". Der ornamentlosen, minimalistischen Architektur ohne historische Zitate setzten Venturi und die „New York Five" – Peter Eisenman, Michael Graves, John Hejdrik, Richard Meier, Charles Gwathmey – einen **zitathaften Eklektizismus** – die freie Auswahl aus einem historischen Architekturrepertoire – entgegen. Charles Jencks

421ny Abb.: mb

◁ *Moderne Architekturikonen: das Grace Building (Vordergrund, 42nd St./5–6th Ave.) und der Bank of America Tower 44 (hinten)*

zog mit „The Language of Post-Modern Architecture“ nach und Architekten wie Michael Graves oder Charles Moore, später sogar Phillip Johnson selbst, nahmen die Gedanken auf, integrierten historische Details und prägten so den **postmodernen Stil**, auch „Pop Architecture“ genannt. Als erster postmoderner Bau der Welt entstand das AT&T (heute SONY) Building (1984, Johnson, s. S. 128), gefolgt vom Lipstick Building (1987, Burgee und Johnson, s. S. 130).

Wegweisende architektonische **Projekte** sind die Battery Park City 4 (Pelli, 1989) mit dem World Financial Center 3 und das Areal um den Times Square 39 mit Renzo Pianos New York Times Building 40. Derselbe berühmte Architekt hatte bereits vor einigen Jahren die Morgan Library 35 spektakulär erweitert und kürzlich das Whitney Museum 32 geplant.

Ein seit 2001 andauerndes Kapitel der Architekturgeschichte wird auf der **World Trade Center Site** 2 geschrieben. Dort, wo einst das Wahrzeichen New Yorks stand, befindet sich derzeit das wohl größte und meistdiskutierte Bauprojekt der Stadt. Große Architekten aus aller Welt sind involviert – Santiago Calatrava, David Childs, Norman Foster oder Frank Gehry.

Neue bemerkenswerte **Einzelbauten aus jüngster Zeit** sind beispielsweise Frank Gehrys IAC/InterActiveCorp am West Side Highway (555 W 18th St.), sein erster Bau in New York City, oder sein Pershing Square Signature Center mit dem Signature Theatre (s. S. 245) von 2012. Bernard Tschumis Blue Building (105 Norfolk St.) in der Lower East Side fällt auf und Jean Nouvel sorgte mit einem Luxuswohnblock in SoHo (40 Mercer St.) für Aufsehen. Sehenswert sind auch der HL23 Tower (515–517 W 23rd St.) in Chelsea von Neil Denari, ein luxuriöser Apartmentkomplex nahe der High Line, entlang der überhaupt viel beachtliche Architektur entstanden ist und noch entsteht, ebenso an den Hudson Yards mit neuem Subway-Bahnhof und 10 Hudson Yards von Kohn Pedersen Fox sowie Neubauten wie der New York by Gehry (8 Bruce St.) von Frank Gehry nahe der Brooklyn Bridge und der City Hall. 41 Cooper Square ist ein Anbau der Cooper-Union-Schule von Thom Mayne/Morphosis (2009). Ebenfalls in letzter Zeit entstanden sind ein Wohnturm von Herzog & de Meuron in TriBeCa (56 Leonard St.) oder Mercedes-Benz Manhattan (555 W 53rd St.).

In den letzten Jahren wird besonders eifrig an der **Central Park Skyline** gebaut, schwerpunktmäßig an der 57th Street. Dort entstanden bzw. entstehen mehrere bleistiftschlanke, sehr hohe, aber insgesamt architektonisch wenig auffällige Hochhäuser.

One57 (157 W 57th St.) ist das höchste in Stahlbetonbauweise errichtete Gebäude der Stadt und stammt von dem französischen Architekturbüro Christian de Portzamparc. The Billionaire Building, wie es genannt wird, mit Hotel und 92 Wohnungen ist 75 Stockwerke bzw. 306 m hoch.

Ein Stück östlich steht mit dem nach Plänen von Rafael Viñoly erbauten **432 Park Avenue** (www.432parkavenue.com) das mit 426 m höchste Wohngebäude in der westlichen Hemisphäre. Noch im Bau sind **220 Central Park South**, entworfen von Robert A. M. Stern, und **111 W 57th St.** (Steinway Tower) von SHoP Architects.

New York für Genießer

Als Erstes sollte man seine Vorurteile gegenüber der amerikanischen Küche ablegen. Im „Vielvölkerzentrum“ New York ist die ganze Welt zu Hause und regionale Spezialitäten finden sich an jeder Straßenecke, und zwar vom einfachen Imbiss bis hin zum Sternerestaurant.

Für Sparsamere und für den kleinen Hunger ist in New York v.a. dank der zahlreichen Imbissstände an den Straßen, den sogenannten **pushcarts**, und den **gourmet food trucks** gesorgt. Alternativen sind **Delis** (kalte und/oder warme Theken), **Imbisslokale, Schnellrestaurants** und **Garküchen** (z.B. chinesisch, arabisch, italienisch), **Märkte** wie Chelsea Market oder Essex Street Market (beide s.S.255) oder **Supermärkte** mit Imbissabteilungen wie Whole Foods (s.S.256).

Es gibt zahlreiche **weltberühmte Köche** in New York – z.B. Alain Ducasse, Jean-Georges Vongerichten, Thomas Keller, David Bouley, Daniel Boulud, Nobu Matsuhisa, Mario Batali, Anne Burrell oder Wylie Dufresne – und viele Toplokale. Mit insgesamt **über 70 Sternerestaurants** steht New York in der Rangliste ganz oben. Die sechs, 2016 vom Michelin Guide gekürten, Dreisternlokale heißen Jean-Georges, Masa, Le Bernadin, Per Se, Eleven Madison Park und Chef's Table (Brooklyn). Für viele dieser Luxustempel ist eine mehrmonatige Reservierung im Voraus erforderlich. Ihnen folgen zehn Zweisterne- und 59 Lokale mit einem Stern. Es soll derzeit geschätzte **25.000 Restaurants** geben, wobei die **Preise** in den besseren Restaurants gehoben sind. Dafür sind Service und Qualität des Essens auf höchstem Niveau. Der durchschnittliche Preis pro Menü liegt bei über $40, wobei zum Preis auf der Speisekarte in New York insgesamt noch rund 25 bis 30% für *tax* (Mehrwehrtsteuer) und *tipp* (Trinkgeld) dazuaddiert werden müssen.

Gastro- und Nightlife-Areale

Bläulich hervorgehobene Bereiche in den Karten kennzeichnen Gebiete mit einem dichten Angebot an Restaurants, Bars, Klubs, Discos etc.

Hinweise zum Essengehen

- **Essenszeiten:** Mittagessen *(lunch)* wird meist zwischen 12 und 14 Uhr, Abendessen *(dinner)* von ca. 18 bis 22 Uhr serviert. Die Speisen von der Lunch-Karte sind meist günstiger als die Dinner-Gerichte.
- **Reservierung:** Abends/an Wochenenden sollte man in besseren bzw. beliebten Restaurants reservieren, ansonsten muss man Schlangen und Wartezeiten in Kauf nehmen.
- **„Wait to be seated“:** Am Eingang wird einem ein eigener Tisch zugewiesen, die Bedienung *(server/waiter)* stellt sich vor und der *busboy* (Hilfskellner) schenkt Wasser ein.
- Die **Menüzusammensetzung** ist flexibel und es gibt mehrere Beilagen, Salatdressings und Zubereitungsarten, oft stehen auch Portionsgrößen und Kombinationsmöglichkeiten zur Wahl. Auf den *appetizer* (Vorspeise) folgen das *entrée* (Hauptgericht) und das *dessert* (Nachtisch) oder/und Kaffee. Anschließend kommt unaufgefordert die Rechnung.
- **Einpacken von Essensresten** *for to go* in ein *doggy bag* ist selbst in einem Feinschmeckerrestaurant üblich.
- **Trinkgelder** (*tipp* oder *gratuity*) sind in den USA nicht im Preis für das Essen inklusive. Angesichts der geringen Löhne der Be-

schäftigten im Dienstleistungsgewerbe ist es üblich, in Restaurants, Klubs, Bars etc. ca. 20 % vom Rechnungsbetrag zu der Gesamtsumme zu addieren.

- Während der **Winter** bzw. **Summer Restaurant Week** bieten ausgewählte Restaurants Menüs zu festen Preisen an (www.nycgo.com/restaurant-week).
- Ein guter Tipp für Unentschlossene ist das **Areal rund um St. Mark's Place** [D/E 19] mit vielen unterschiedlichen Lokalen.
- **Angesagte Stadtviertel** mit hoher Konzentration an Lokalen sind abgesehen von der LES mit dem angrenzenden Chinatown vor allem West und East Village (mit Alphabet City), Midtown/23rd St. oder NoHo (Lafayette St.).

Folgende Webseiten helfen bei der **Suche nach bestimmten Lokalen:**

- **http://nymag.com/restaurants** – wöchentlich aktualisierter „Führer" durch New Yorks Restaurantszene, mit Menüs, Infos zu Neueröffnungen und Artikeln
- **http://newyork.citysearch.com/guide/newyork-ny-metro/restaurants.html** – umfassende Listen zur kulinarischen Szene, gegliedert nach Küche, Art des Lokals, Preis und Besonderheiten
- **www.timeout.com/newyork/restaurants** – hilfreiche Listen, gegliedert nach Küchen, Vierteln, Preisen und sonstigen Besonderheiten, Neueröffnungen und Tipps. Auch als Printausgabe verfügbar.
- **www.chowhound.com/tag/manhattan** – Messageboards mit Tipps in NYC, außerdem Blogs, News und Rezepte; tägliches Update
- **http://ny.eater.com** – News zur Restaurantszene, Neueröffnungen, Schließungen etc.

Preiskategorien

Annäherungswert für ein Hauptgericht ohne Getränk, Tax und Trinkgeld. Günstiger ist oft „Prix Fixe Lunch" oder „Dinner".

$	unter $ 15
$$	$ 15–25
$$$	über $ 25
$$$$	über $ 50

Ausgewählte Restaurants

Im Folgenden einige Empfehlungen aus dem Überangebot an Lokalen in New York, wobei Veränderungen – Schließungen, Neueröffnungen, Besitzerwechsel – an der Tagesordnung stehen. Wo eine **Reservierung** u. U. sinnvoll ist, wurde eine Telefonnummer angegeben. Es wird nachfolgend nach **Küchen** (amerikanisch, italienisch, griechisch ...) unterschieden, dazu kommen einige Sonderkategorien (Café, *deli*). Ergänzend dazu gibt es im Kapitel „New York entdecken" am Ende jedes beschriebenen Stadtviertels ebenfalls Tipps, v. a. solche, die für einen schnellen Imbiss oder Lunch günstig am Weg liegen.

422ny Abb.: lh

▷ *Von der Bar des Timna (s. S. 234) kommen die tollen Drinks zum mediterranen Essen*

Amerikanische Küche

269 [C15] **Aureole** $$$$, One Bryant Park, 135 W 42nd St., Bank of America Tower, Tel. 212 3191660. Gehobenes Lokal mit elegantem Dining und relaxtem Bar Room. Günstigeres Dreigangmenü mittags, ausgezeichnete Weinauswahl.

270 [B11] **Barley & Grain** $$, 421 Amsterdam Ave./80th St., Tel. 646 3603231, www.barley-grain.com, tgl. Dinner, Sa/So. 10–16 Uhr Brunch. Gemütliches Ecklokal in der Upper West Side mit hervorragend sortierter Bar. Kategorien: „Quick & Easy", „Greens & Grains" und „Land & Sea" – Vorspeisen/kleine Gerichte, Vegetarisches und Hauptgerichte – alles kreativ und schmackhaft.

271 [D19] **DBGB** $$$, 299 Bowery, Houston–1st St., Tel. 212 9335300. Chef Daniel Boulud eröffnete hier ein auch preislich ziemlich „normales" Lokal, eine Mischung aus französischer Brasserie und amerikanischer Taverne. Sehenswerte Einrichtung mit Regalen ringsum und offener Küche, günstiger Friday Lunch und So.–Do. 17–19 Uhr Happy Hour. Bekannt für die Würste, „Piggie Burger" und Muscheln.

272 [E20] **Freemans** $$$, 191 Chrystie St., Tel. 212 4200012. Traditionelle und rustika-

Typisch New York – Reuben, Hotdog, Knish und Bagel

Delis sind etwas ganz Typisches für die Stadt: Sie gelangten Anfang des 20. Jh. mit den jüdischen Immigranten nach New York. Es gibt dort heiße und kalte Theken zur Selbstbedienung mit Fertiggerichten aller Art. Hier werden Sandwiches oder Bagels nach Wunsch belegt, heiße Suppen, Salate, Brathähnchen oder Pasta, Kaffee und Getränke und andere Lebensmittel stehen zum Verkauf.

Zweite Besonderheit der Stadt sind die ***pushcarts,*** *die „Fresswägelchen", die von einfachen Bagels, Muffins oder Donuts und Kaffee oder einem kompletten Frühstück über Säfte, Salate und Obst bis hin zu Hotdogs und „Knishes", „Prezels", Pizza oder Tortillas, „Kabob" (Kebab) – Spezialitäten aus aller Welt – anbieten.*

Der ***jüdische Einfluss*** *auf Sprache und Musik, Literatur und v. a. das Essen ist in New York bis heute groß. Speziell in der Lower East Side, aber gehäuft in Brooklyn, lassen sich* ***jüdische Spezialitäten*** *finden. Typisch jüdische Gerichte sind neben „Knishes" – die es an vielen Straßenecken in der „Industrieversion" gibt –, „Gefilte Fish", „Blintzes" (Omelette), „Latkes" (Kartoffelpuffer), „Matzo Balls" (Matzeknödel, Matzo = Cracker), „Pastrami" (Rindfleisch), Hering und „Pickles" (Sauereingelegtes, v. a. Essiggurken), gehackte Leber oder „Kreplach" (Teigtaschen mit Fleisch in Brühe), „Kosher Franks" oder „Knockwurst" (Wiener oder Frankfurter). An delikatem Backwerk gibt es die überall bekannten Bagels, „Bialy" (Hefebrötchen mit Zwiebel oder Knoblauch), „Rugelach" (süß gefülltes Gebäck), „Challah" (Hefezopf), verschiedene Strudel sowie „Halvah".*

Ein neuerer Trend sind ***Gourmetkaffees*** *(z. B. La Colombe, s. S. 71) und* ***Cupcakes*** *(Rührteig-Muffins mit Creme), wie man sie an Straßenständen, „gourmet food trucks" – eine ebenfalls neue Entwicklung in New Yorks Straßen –*

le amerikanische Küche in heimeligem Ambiente, auch gute Cocktails.

273 [D17] **Gramercy Tavern** $$$$, 42 E 20th St./Broadway-Park Ave. S, Tel. 212 4770777. Amerikanische Küche vom Feinsten mit exotischem Touch, ausgezeichnete Weinliste.

274 [D15] **Grand Central Oyster Bar & Restaurant** $$$-$$$$, 42nd St., Tel. 212 4906650. Das historische Seafood-Restaurant im Grand Central Terminal bietet neben einer einzigartigen Auswahl an Austern auch hervorragende Weine und preiswerte Sandwiches.

275 [H19] **Grand Ferry Tavern** $$, 229 Kent Ave. (Williamsburg), Tel. 718 7828500, Mo.-Do. ab 16 Uhr, Sa./So. ab 14 Uhr, tgl. Oyster Happy Hour. Amerikanisch-maritime Klassiker wie „The Peacemaker" (ein Sandwich), New York City Beefsteak, Clam Chowder, Rib-eye-Steak oder Grand Ferry Burger, dazu gute Cocktails wie New York Sour oder Barrel 69 Old Fashioned in gemütlicher, altmodisch-charmanter Atmosphäre.

276 [B7] **Harlem Tavern** $$, 2153 F. Douglas Blvd./116th St., Tel. 212 8664500, Subway: 116th St. Im Freien gibt es einen großen Biergarten, im Inneren ist das

und in Cafés wie Baked by Melissa (529 Broadway u. a. Filialen) oder im Little Cupcake Bakeshop (30 Prince St.) in vielerlei Variationen bekommt. Robicelli's Cupcakes (versch. Locations) ist ebenfalls ein heißer Tipp.

Kulinarisches Glossar:

- ***Hero*** *- Baguette mit Spaghettisoße und Fleischbällchen*
- ***Frank(furter)*** *- gekochtes Rindfleischwürstchen („wiener"), oft „kosher" und meist als Hotdog in einer weichen länglichen Semmel („roll") serviert*
- ***Knish*** *- mit Teig umwickelter frittierter Kartoffel(brei)kloß, auch mit Füllung, wird mit Senf, Ketchup und/oder Honig (!) gegessen.*
- ***Pretzel*** *- groß proportionierte, weiche Brezel, die warmgehalten und gerne mit Senf bestrichen wird*
- ***Corned-Beef- oder Pastrami-Sandwich,*** *speziell mariniertes und geräuchertes, dünn aufgeschnittenes Rindfleisch „on rye" (Roggen-), „on wheat" (Weizentoast) oder „on club" (Brötchen). Berühmt dafür ist z. B. Katz's (s. S. 235).*
- ***Reuben*** *- Sandwich mit Sauerkraut, Remoulade, dünnen Corned-Beef-Scheiben und mit Emmentaler („swiss cheese") überbacken*
- ***New York Cheesecake*** *- Käsekuchen aus knusprigem Mürbeteigboden („pie") und cremigem Belag aus Frischkäse, Eiern und Crème fraîche, Vanille, Zitrone und Zucker*
- ***Waldorf Salad*** *- aus geraspelten Äpfeln, Nüssen, Sellerie und Mayonnaise*
- ***Bagel*** *- Was anfangs ein schlichtes jüdisches Backwerk war, gehört heute zum täglichen Frühstück vieler New Yorker: Bagels, runde Hefeteigringe, die kurz in sprudelndes Wasser kommen, ehe sie gebacken werden. Es gibt sie natur („plain"), mit Mohn, Sesam, Rosinen, in der Vollkornversion, mit Zwiebelgeschmack etc. Aufgeschnitten werden sie mit „cream cheese" bestrichen, luxuriöser kommt noch Lachs („lox") dazu.*

EXTRATIPP

Gourmet food trucks

Gourmet food trucks sind der Renner und bieten von Crêpes und „organic sandwiches" über venezuelanische Spezialitäten bis zu Schnitzel, Falafel, „dumplings", Toasts und Kaffee einfach alles. Teils mit Tischen und Sitzplätzen ausgestattet, stehen die **Kleinlaster**, in denen das Essen meist frisch zubereitet wird, bevorzugt in Parknähe.

- **Tourtipp:** Turnstile Food Cart Tours, http://turnstiletours.com/category/tour-pages/food-cart-tours
- **Lesetipp:** T. Vandenberghe, J. Gossens, L. Thys, „New York Street Food", Walter Hädecke Verlag 2013. Kulinarische Reiseskizzen mit mehr als 60 Rezepten.
- http://streetvendor.org, im Sept. Vergabe der Vendy Awards auf Governors Island: www.vendyawards.streetvendor.org
- http://nyctruckfood.com
- www.findnycfoodtrucks.com

423ny Abb.: mb

„Food trucks" gibt es in den unterschiedlichsten Ausführungen

Harlem Tavern ein gemütliches Bierlokal mit amerikanischer Küche und einer großen internationalen Bierauswahl. Relativ preiswert.

277 [D23] **Harry's Café & Steak** $$$, 1 Hanover Sq., Tel. 212 7859200. Alteingesessene Institution in Wall-Street-Nähe, im historischen India House, in dem schon George Washington residierte, tolle Weinkarte und gute Steaks.

278 [C19] **Market Table** $$-$$$, 54 Carmine St., Tel. 212 2552100. 32 Plätze zwischen Ladenregalen, kreative kleine Gerichte von der Speisekarte auf der Schiefertafel.

279 [C19] **Pearl Oyster Bar** $$, 18 Cornelia St., Bleecker-W 4th St., Tel. 212 6918211. Seafood-Klassiker im Village, klein, eng und immer voll, bekannt für Austern, *Chowder* (Muscheleintopf) und *Lobster Rolls*.

280 [E18] **S'mac – Sarita's Macaroni & Cheese** $, 345 E 12th St. Überbackene Nudeln in allen Varianten (Soßen/Käse/Beigaben) und Portionsgrößen. Empfehlenswert ist der „S'Mac Sampler" – ideal für Familien.

Französische Küche

281 [C21] **Bouley** $$$$, 17 Harrison St., Tel. 212 9642525. An neuer Adresse und in intimem Wohnzimmerambiente kocht der Starkoch David Bouley.

282 [C19] **Cornelia Street Café** $$-$$$, 29 Cornelia St., Tel. 212 9899319. Ländlich-französische Küche zu guten Preisen, dazu Lesungen, Livemusik oder auch Kabarett, Sa./So. Brunch.

283 [D18] **Tocqueville** $$$, 1 E 15th St., Tel. 212 6471515. Elegantes Lokal nahe dem Union Square. Hier gibt es französisch-amerikanische Kreationen mit saisonal wechselnden frischen Zutaten vom nahen Markt. Viel Fisch und gute Weinkarte!

Italienisch-mediterrane Küche

Angeblich soll New York maßgeblich an der Verbreitung der Pizza beteiligt gewesen sein. Restaurants wie Lombardi's (s. S. 68) und in Brooklyn Juliana (s. S. 175), Grimaldi's, L&B Spumoni Gardens oder Ignazio's sind legendär.

284 [C19] **Babbo Ristorante** $$$-$$$$, 110 Waverly Place, Tel. 212 7770303. Gehobene italienische Küche mit amerikanischem Einschlag am Washington Square Park. Besitzer und Küchenchef ist der als „Iron Chef America" im TV bekannt gewordene Mario Batali.

285 [A6] **Bettolona** $$-$$$, 3134 Broadway, La Salle–125th St/Tiemann Place (Morningside Heights), Tel. 212 7491125, tgl. Lunch/Dinner. „Real italian", Pasta und Holzofenpizza, aber auch Fleisch- und Fischgerichte. Mit gemütlich-rustikalem Ambiente und langer Bar.

286 [B8] **Isola on Columbus** $-$$, 994 Columbus Ave./190th St., Tel. 212 6652970, tgl. Lunch und Dinner. Luftig-geräumiges Restaurant mit Bar. Bekannt für dünne Pizzen und Panini mit unterschiedlichen Belägen aus dem Holzofen. Auch viele Pasta-Gerichte werden dadurch besonders lecker, dass sie im Holzofen überbacken werden!

287 [C20] **Piccola Cucina Enoteca** $$, 184 Prince St., Tel. 212 6253200. Weinbar mit netten kleinen Gerichten wie Panini, Bruschetta, Käse- oder Wurstplatten und Pasta; günstiges 3-Gang-Menü.

288 [C14] **PizzArte** $$-$$$, 69 W 55th St., 5th–6th Ave., Tel. 212 2473936. Lokal auf zwei Ebenen, in dem klassische neapolitanische Küche und zeitgenössische italienische Kunst miteinander verschmelzen. Mit großer Bar und Holzofen im EG und Gastraum im OG, geschmackvoll-schlicht möbliert, mit Kunstwerken und großem Gemeinschaftstisch am Fenster. Neapolitanische Pizza (10 verschiedene), besonders gut ist die „weiße Tartufata". Außerdem empfehlenswerte *stuzzicherie* (Vorspeisen) und hausgemachte Nudelgerichte. 16–19 Uhr Happy Hour.

289 [B11] **The Tangled Vine** $$, 434 Amsterdam Ave./81st St., Tel. 646 8633896, tgl. Dinner, Sa./So. auch Lunch. Weinbar mit über 160 Weinen, v. a. Bioweine, dazu spanisch angehauchte Küche mit frischen, saisonalen Zutaten. Spektakuläre Weinkarte und Mo.–Fr. zwischen 16.30 und 19 bzw. Sa. 15–18 Uhr Uhr empfehlenswerte Happy Hour mit günstigen kleinen Gerichten.

Griechische Küche

290 [C17] **Periyali** $$$, 35 W 20th St., Tel. 212 4637890. Feine griechische Küche, bekannt für Oktopus vom Holzkohlegrill und die tollen Lammgerichte.

291 [E19] **Pylos** $$-$$$, 128 E 7th St., Tel. 212 4730220, tgl. Dinner, Mi.–So. auch Lunch. Eher rustikale griechische Küche zu anständigen Preisen, serviert in typisch griechischem Ambiente mit langen Tischen und Amphoren unter der Decke.

292 [E20] **Souvlaki GR** $-$$, 116 Stanton St. Das typisch griechische Fastfood Souvlaki ist hier genauso perfekt wie das Ambiente. Natürlich gibt es auch die richtigen Beilagen, Salate, andere Gerichte und griechischen Wein.

Asiatische Küche

293 [D18] **15 EAST** $$$-$$$$, 15 E 15th St./Union Sq., Tel. 212 6470015, http://15eastrestaurant.com, tgl. Lunch und Dinner, So. geschlossen. Japanische Küche der Extraklasse.

294 [E20] **An Choi** $-$$, 85 Orchard St., tgl. 12–mind. 22, Mo. ab 18 Uhr. Banh Mi (vietnamesische Sandwiches) ab $ 8,50 und Pho-Nudelsuppen, dazu interessante Biere.

295 [C19] **Galanga** $, 149 W 4th St., Tel. 212 2284267. Kleines thailändisches Restau-

EXTRATIPPS

Lokale mit Aussicht

› **Hudson Eats @ Brookfield Place,** Food Court im früheren World Financial Center 3 mit Ausblick auf den Hudson River.

296 [C14] **R Lounge at Two Times Square Restaurant & Lounge** $$$, 714 7th Ave., Tel. 212 2615200. Moderne amerikanische Küche im Restaurant des Renaissance NY Hotel mit Blick auf den Times Square, Lounge Bar, gute Cocktails und Weine.

› **Robert** $$$-$$$$, Tel. 212 2997730. Ausblick auf Columbus Circle und Central Park vom obersten Geschoss des Museum of Arts & Design (s. S. 215), dazu Haute Cuisine.

297 [C14] **Salon de Ning,** 700 5th Ave. Bar auf dem Dach des Hotel Peninsula, zudem Lounge; schon wegen des Ausblicks schön, gute Drinks.

298 [F22] **The River Café** $$$$, 1 Water St., Tel. 718 5225200, www.rivercafe.com. Gutes Essen, tolle Bar und dazu gratis Ausblick.

299 [E16] **Water Club,** 29th-32nd St., Tel. 212 6833333. Pendant zum River Café auf der Manhattan-Seite auf einem Schiff im East River.

Dinner for One

300 [E19] **Cafe Orlin** $-$$, 41 St. Mark's Pl. Salate, Burger, Falafel, Kaffee und Kuchen sowie Plätze im Freien

301 [D20] **Fanelli's Cafe** $-$$, 94 Prince St./ Mercer. Singles sitzen gut an der langen Bar dieses historischen Restaurants von 1847.

› Die **Plaza (Todd English) Food Hall,** Gourmetstände im UG des berühmten Plaza Hotel 53, und das **Eataly** (s. S. 255) sind hervorragend geeignet, um als Single essen zu gehen.

› Unter **http://nymag.com** findet man unter „Restaurants" in der „Restaurant Search" unter „Features" die Rubrik „Singles Scene" und dort Lokale aller Richtungen und in allen Vierteln für Einzelreisende.

Für den späten Hunger

Viele Lokale haben bis Mitternacht oder 1 Uhr geöffnet – vor allem an Wochenenden. In Midtown, um Times Square und Broadway, findet man *delis,* Läden, Lokale und Bars, die rund um die Uhr Essen servieren.

302 [C19] **Buvette** $$, 42 Grove St., Bleecker-Bedford St. Tgl. von 8 bis 2 Uhr geöffnetes französisches Bistro, immer voll, v. a. wegen der gut sortierten Bar.

303 [E19] **Cooper's Craft & Kitchen** $, 87 2nd Ave./E 5th St., tgl. 11–2/3 Uhr. Rustikale Bar, gute Bierauswahl und handfestes Essen, auch Brunch.

› **Dudleys** (s. S. 234), Mo./Di. 9–2, Mi./Do. bis 3, Sa./So. bis 4, Frühstück bis 16 Uhr.

304 [A7] **Tom's Restaurant** $, 2880 Broadway, So.–Mi. 6–1.30 Uhr, Do.–Sa. 24 Std. Von Suzanne Vega besungen und Drehort der TV-Serie „Seinfeld".

„Imbisshallen" – Food Courts

Gourmetmärkte, große Räumlichkeiten mit Imbissstationen, werden immer beliebter. Abgesehen von der **Todd English Food Hall** im Plaza Hotel 53 und dem **Grand Central Dining Concourse,** eröffnete ebenfalls im Grand Central Terminal 45 (Vanderbilt Hall) kürzlich die **Great Northern Food Hall** und im nahen historischen Helmsley Building (45th St./Vanderbilt Ave.) **Urbanspace Vanderbilt.**

Hudson Eats und **Le District** sind im Brookfield Place 3 zu finden, **Turnstyle Columbus Circle** (Subway-Station „Columbus Circle") und **The Pennsy** (Penn Station, [C16]) kamen ebenfalls neu dazu. **Geplant** sind der Bourdain Market an Pier 57 und der Marketplace at Empire Outlets auf Staten Island 110.

rant im West Village mit günstigen Preisen und freundlichem Service. Empfehlenswert sind „Crispy Duck Salad“ und „Chiang Mai curry noodles“, preiswertes Mittagsmenü.

305 [D18] **Ippudo** $$, 65 4th Ave, 9th–10th St, Tel. 212 3880088. Schickes und immer volles Lokal im East Village mit offener Küche, in der die Nudeln gemacht werden. Bekannt für Ramen (Nudelsuppen) in allen Variationen. Mo.–Sa. 11–15.30 und 17 bis mind. 23.30, So. 11–17 Uhr.

306 [E21] **Joe's Shanghai** $, 9 Pell St. Chinaimbiss, bekannt geworden durch gefüllte Teigtaschen *(dumplings)*, vielerlei asiatische Fleischgerichte, v. a. *sliced beef*, fast alles unter $ 10. Filiale in Midtown (24 W 56 St.).

307 [E18] **Momofuku Ssäm Bar** $$-$$$, 207 2nd Ave./13th St., Tel. 212 7777773. Asiatisches vermischt mit Amerikanischem, fleischbetont, aber auch „Raw Bar“ (rohe Schalentiere) und Wochenend-Brunch. Beliebt und oft voll.

308 [C21] **Nobu New York** und **Next Door Nobu** $$$-$$$$, 105 Hudson St., Tel. 212 2190500 bzw. 3344445. Sushi Bar und kreative amerikanische Küche, hier gehen Prominente ein und aus. Weitere Filiale: Nobu 57, 40 W 57th St., Tel. 212 7576330.

309 [D20] **Red Egg** $$, 202 Centre St., Grand-Hester St., Tel. 212 9661123. Schickes Lokal im Stil eines chinesischen Teehauses mit gut sortierter Bar, kreativer Weltküche und Dim Sum sowie günstigen Mittagsmenüs.

Lateinamerikanische Küche

310 [E19] **Caracas Arepa Bar** $-$$, 931/2 E 7th St. Kleines Lokal, das für traditionelle venezolanische *Areperas* (gefüllte Maisfladen) bekannt ist – unkompliziert und preiswert.

311 [D19] **Hecho en Dumbo** $$, 354 Bowery, Tel. 212 9374245, tgl. Dinner, Sa./So. auch Brunch. Chefkoch Danny Mena verleiht in gemütlicher Atmosphäre mexikanischen Klassiker wie Tacos einen neuen kreativen Touch. Backwaren, Salsas und Käse sind hausgemacht, dazu passen die Margaritas, Biere und Cocktails.

312 [E13] **Sofrito** $$, 400 E 57th/1st Ave., Tel. 212 7545999, tgl. Dinner, Sa./So. Brunch. Puertorikanische Küche zu günstigen Preisen und in großen Portionen, dennoch eher elegant. Mit Bar und Liveunterhaltung am Abend.

Weitere Küchen/Weltküche

313 [D21] **Blaue Gans** $$-$$$, 139 Duane St., Tel. 212 5718880, tgl. Lunch/Dinner, Sa./So. auch Brunch. Kurt Gutenbrunner serviert in der Blauen Gans deutsch-österreichisch-amerikanische Küche in Kaffeehausatmosphäre. Gutenbrunner betreibt u.a. auch das Café Sabarsky in der Neuen Galerie 64.

314 [E19] **Café Mogador** $$, 101 St. Marks Pl. Sunday Brunch sowie leckere marokkanisch-mediterrane Gerichte wie Couscous, *Tagines* und *Bastilla*. Eigene Kaffeerösterei. Filiale in Williamsburg, 133 Wythe St.

428ny Abb.: mt

Ein „Slider“ mit „Fries“ bei Hecho en Dumbo

315 [C19] **Piora** $$$$, 430 Hudson St., Tel. 212 9603801, www.pioranyc.com, tgl. Dinner ab 17.30 Uhr, Reservierung sinnvoll. In der Küche verschmelzen koreanische und italienische Aromen und Zutaten. Saisonal wechselndes 3-Gänge-Menü zum Festpreis, tolle Bar mit japanisch inspirierten Cocktails.

316 [D16] **Resto** $, 111 E 29th St., Tel. 212 6855585. Belgisches Lokal mit entsprechenden Spezialitäten und großer Bierauswahl, v. a. die selbstgemachte Wurst probieren!

317 [C18] **Salam Café** $$-$$$, 104 W 13th St./Ave. of the Americas, Tel. 212 7410277. Ungewöhnliche syrisch-marokkanische Küche, allein die kreativen Vorspeisen lohnen, aber auch Hauptgerichte wie „Chicken Ouzi".

318 [E19] **Timna** $$$, 109 St. Marks Place, Tel. 646 9645181, www.timna.nyc, Dinner tgl. außer Mo., Sa./So. Brunch. Nahost-Küche der Extraklasse und gut sortierte Bar.

319 [E19] **Veselka** $$,144 2nd Ave. (East Village), Tel. 212 2289682. Lokal mit langer Tradition: Es gibt Spezialitäten wie *Blintzes, Piroggen, Borschtsch …*

Vegetarische Restaurants

In New York bzw. in den USA bietet jedes Restaurant eine mehr oder weniger breite Palette an fleischlosen Gerichten, daher ist man nicht auf rein vegetarische Lokale angewiesen. Hier dennoch ein paar Empfehlungen:

320 [B15] **Blossom du Jour** $$-$$$, 617 9th Ave., http://blossomdujour.com. Kreative vegane Curry- und Satay-Gerichte, Salate etc. Filialen: Chelsea, Union Square, Upper West Side und Columbus Circle.

321 [E21] **Buddha Bodai** $, 5 Mott St., Tel. 212 5668388. Vegetarisch-koschere asiatische Küche mit vielerlei Dim Sum und günstigem Mittagsmenü.

322 [D16] **Hangawi** $$-$$$, 12 E 32nd St., Tel. 212 2130077. Gesunde koreanische vegetarische Küche in spirituell-asiatischem Ambiente, auch „Emperor's Tasting Menu" zum Festpreis. Sehr edel und ausgezeichnet.

323 [E11] **V-Note** $$-$$$, 1522 1st Ave. Ein „Ableger" von Blossom. „Organic wine bar & vegan bistro" in der Upper East Side.

EXTRAINFO

WLAN

Die meisten **Cafés** in New York bieten (zumindest auf Nachfrage) kostenloses WLAN. Eine Liste der **WLAN-Hotspots** findet man unter:

› http://manhattan.about.com/od/citylife1/a/freewifihotspot_2.htm

Derzeit im Ausbau ist **LinkNYC,** Kioske mit WLAN, Telefon und Tablets, die für flächendeckendes Gratisinternet in ganz Manhattan sorgen sollen.

Delis, Diners und Cafés

324 [H19] **Blue Bottle Coffee,** 160 Berry St., Brooklyn. Exzellente Kaffeerösterei mit Café, mehrere Filialen in NYC.

325 [F19] **Clinton Street Baking Company & Restaurant,** 4 Clinton St. Bekannt für *Biscuits, Brownies, Cookies, Muffins* und *Scones* (besonders empfehlenswert um 8 Uhr morgens), aber auch lohnend zu Brunch oder Lunch. Dinner gibt es im Restaurant.

326 [C20] **Dominique Ansel Bakery,** 189 Spring St. Konditorei, die für ihre „Cronuts" (Kombination aus Croissant und Donut) berühmt wurde. Allerdings lohnen Breakfast Croissants, Tarts und Cakes (unter $ 6) mindestens ebenso.

327 [E20] **Dudley's,** 85 Orchard St, tgl. 9–mind. 2 Uhr. Ideal für das Frühstück (bis 16 Uhr) oder Snacks und einen Drink (Cocktails). Günstige Salate, Crostini, Burger und Pastagerichte.

328 [D20] **Eight Turn Crêpe,** 55 Spring St. Japanische Reis-Crêpes in Eiswaffelform, mit verschiedensten Füllungen, würzig (u. a. Shrimp, Huhn, Salat, Schwein) oder süß (Früchte, Joghurt) – appetitlich und leicht.

329 [D14] **Ess-a-Bagel,** 831 3rd Ave, E 50th–51st St. 1976 von Österreichern gegründet. Außer Bagels gibt es auch *Knishes,* Suppen, Sandwiches und Salate, Frühstück und Gebäck zu günstigen Preisen. Filiale: 359 1st Ave.

330 [D20] **Ferrara Bakery & Café,** 195 Grand St. Historisches Café von 1892 in Little Italy mit italienischen Spezialitäten wie *Cannoli* (mit Ricotta gefüllte Teigröllchen).

331 [E19] **Katz's Delicatessen,** 205 E Houston St. Seit 1888 existierender *deli,* berühmt durch „Harry and Sally", mit eigener Metzgerei und Versand. Empfehlenswert sind v. a. die Pastrami-Sandwiches und die Hotdogs.

332 [D18] **Num Pang Vietnamese Sandwich Shop,** 28 E 12th St. Kambodschanische Sandwiches (Baguettes mit frischen Belägen und verschiedenen Beilagen) zum Sattessen unter $ 10.

333 [D10] **Papaya King,** 179 E 86th St./3rd Ave. Bekannt für seine *franks* („Würstchen") und diversen Säfte.

334 [C15] **Pax Wholesome Foods,** Bryant Park (80 W 40th St./6th Ave.). „Biodeli" mit heißen und kalten Theken und anderen Filialen, z. B. am Herald Sq. (966 6th Ave.).

335 [D16] **Second Avenue Deli,** 162 E 33rd St./3rd Ave. *Deli,* der für Corned Beef, *Pastrami,* „Kugel" (Nudelauflauf) und gehackte Leber bekannt ist.

336 [D19] **Spot Dessert Bar,** 13 St. Marks Place. Winziges Café mit kunstvoll angerichteten, japanisch inspirierten Desserts und *Bubble Tea.*

337 [C16] **Stumptown Coffee Roasters,** 18 W 29th St., tgl. 7–20 Uhr. Coffeeshop in der Lobby des The Ace Hotel, Filiale: 30 W 8th St. (Greenwich Village).

Smoker's Guide

Raucher haben in New York einen schweren Stand. Schon seit 1995 müssen Besucher in New Yorker Bars und Restaurants zum Rauchen vor die Tür und seit 2003 ist der Zigarettengenuss auch in Discos, öffentlichen Verkehrsmitteln und Taxis, am Arbeitsplatz, auf Bahnhöfen und anderen öffentlichen Gebäuden ***strikt verboten.*** *In Stadien (d.h. Open-Air) gibt es kleine ausgewiesene Raucherzonen.*

Auch in Parks, Gärten und Fußgängerzonen wie am Times und Herald Square, an Stränden und auf öffentlichen Plätzen herrscht ***Rauchverbot.*** *Lediglich in sogenannten* ***Tobacco*** *oder* ***Cigar Bars,*** *in* ***Tabakgesschäften*** *sowie in einigen* ***privaten Klubs*** *ist das Rauchen noch gestattet.*

338 *[C20]* ***SOHO Cigar Bar,*** *32 Watts St., Thompson St.-6th Ave. Eine Midtown-Raucherbar mit Getränken, Speisen und Tabakwaren.*

339 *[D20]* ***Mulberry Street Cigars,*** *140 Mulberry St. Ein sehr gut sortierter Tabakladen.*

340 *[D15]* ***Nat Sherman Townhouse,*** *12 E 42nd St./5th Ave., Mo.-Sa. 10–19, So. 11–18 Uhr, http://natsherman.com. Alteingesessener Tabakladen mit Museumscharakter, in dem man ungestört rauchen darf.*

444ny Abb.: fo©Sergey Borisov

New York am Abend

Das New Yorker Nachtleben ist ebenso legendär wie veränderlich. Nachtklubs, Discos und Livemusikbühnen, dazu eine Vielzahl von Bars und Pubs – die Palette ist riesig. Besonders im Village kann man mühelos mehrere Nächte mit „bar-hopping" verbringen. Ähnlich riesig ist das Angebot an Theatern – über 300 – und Konzerten, die in den Sommermonaten vielfach als Open Air stattfinden.

Nachtleben

Gewisse Viertel sind für bestimmte Richtungen bekannt, z.B. dominieren in der **Lower East Side** Klubs und Discos, die sich auf Rock oder Grunge, daneben Folk und Jazz spezialisiert haben. Im **East Village** ist es mehr Folk, im **Greenwich Village** Jazz gefolgt von Folk, Rock und Blues, in **Chelsea** und **TriBeCa** sind v.a. Avantgarde Jazz und Rock und in **Harlem** Gospel und Jazz zu hören. Neuere, schicke *nightspots* befinden sich in **Chelsea** (W 27th St., 10th–11th Ave.) und im **Meatpacking District** sowie in der Region zwischen **Bowery** und **East Village**, um Houston Street und Lafayette Avenue sowie um Tompkins Square und 6th Street.

Cool und angesagt sind **Cocktailbars**, meist mit Türstehern oder getarnt als *speakeasys* (ursprünglich Bars mit versteckten Eingängen, die während der Prohibition aufgesucht wurden), die sich der „Mixology" verschrieben haben und mehrseitige Cocktailkarten bieten (ca. $ 15–20 pro Drink). Außerdem beliebt sind elegante Cocktailbars auf den Dächern von Wolkenkratzern. Es soll über 40 solcher **Dachbars** in der Stadt geben, vom gemütlichen Biergarten wie Berry Park in Williamsburg (4 Berry St., www.berryparkbk.com) über entspannte **After-Work- und Studenten-Bars** wie die Bar 13 (35 E 13th St./University Place, www.bar13.com) oder The Heights Bar & Grill (2867 Broadway, www.theheightsnyc.com) bis zum Roof-Garden-Café auf dem Dach des Met 62.

(Rooftop-)Cocktailbars sind auch ein Muss für die schicken neuen **Boutiquehotels.** Ganz heiß gehandelt wird der Boom Boom Room hoch oben im Standard Hotel (s. S. 337). Die Press Lounge im Hotel Ink48 (653 11th Ave., www.ink48.com), das Zerzura at Plunge im Hotel Gansevoort (www.hotelgansevoort.com, 18 9th Ave.), die Bars im Bowery Hotel (335 Bowery, www.theboweryhotel.com), Ace Hotel (s. S. 338), Gramercy Park Hotel (www.gramercyparkhotel.com, 2 Lexington Ave.), Cooper Square Hotel (http://standardhotels.com/new-york/properties/east-village, 25 Cooper Sq.) oder das Restaurant im Kimberly Hotel (145 E 50th St., www.kimberlyhotel.com) sind ebenfalls beliebte Treffs.

Mehr und mehr entdecken „Nachteulen" **Brooklyn** und dort besonders Williamsburg (Bedford Ave.) und Greenpoint. Im Sommer sind die *pool parties* im McCarren Park (www.mccarrenpark.com) angesagt. In **Queens** lädt das PS1 (http://momaps1.org) samstagnachmittags zum *warm up.*

New York ist bunt – auch am Abend

EXTRATIPP

Infos zum New Yorker Nightlife

In Klubs ist ein Gedeckpreis *(cover)* und ein Getränkeminimum üblich, Alkohol wird erst ab 21 Jahren (Ausweiskontrolle!) ausgeschenkt, eingelassen wird man aber oft schon ab 18 Jahren.

Manche Klubs öffnen nicht täglich, sondern nur an Wochenenden und zu Konzerten. Ein Hinweis: In den USA verfügt jedes bessere Lokal (oder Hotel) über eine **Bar** mit großer Getränkeauswahl, v. a. Cocktails.

› **Infos zum Nightlife:** www.joonbug.com, www.clubplanet.com, www.nycgo.com/things-to-do/nightlife

Discos und Klubs

341 [B18] **1 OAK,** 453 W 17th St., Tel. 212 242111, http://1oaknyc.com. „Fancy Avantgarde-Klub" der Oberklasse, verschiedene „Abteilungen", große Bar, *smoking lounge,* viel Kunst und Goldglimmer.

342 [B18] **Avenue Lounge,** 116 10th Ave., Tel. 212 3370054, http://avenue-newyork.com. „Gastro Lounge" mit großer Bar und Lichteffekten, eher zur Konversation als zum Tanzen. DJs legen auf.

343 [B18] **Provocateur,** 18 9th Ave., www.provocateurny.com. Exklusiver Nightclub im „up & coming" Meatpacking District. Di./Do.-Sa. Klub & Café.

Bars

344 [C20] **City Winery,** 155 Varick St., Spring-Vandam St., www.citywinery.com. Mix aus Winery, Restaurant Barrel Room, Weinbar und Konzertbühne mit fast täglichen Auftritten, v. a. Folk und Country.

345 [D19] **Continental,** 25 3rd Ave./St. Marks Pl.-9th St. (East Village). Ehemaliger Rockklub der zur preiswerten (Sports-)Bar mutiert ist. Viele *drink specials.*

346 [E19] **Crif Dogs Bar/PDT,** 113 St. Marks Pl. Hotdog-Imbiss mit versteckter „speak-easy bar" namens „Please Don't Tell" (PDT). Zutritt durch die Telefonzelle links.

347 [E19] **d.b.a. 41,** 41 1st. Ave. Bar mit unglaublicher Auswahl an Bieren und Whiskeys und kleinem Biergarten.

348 [D23] **Dead Rabbit Grocery and Grog,** 30 Water St, www.deadrabbitnyc.com. Cocktail-Bar im gemütlichen (irisch-britischen) „old world style". Werktags 17-19 Uhr Happy Hour im Taproom. Hausgemachter Punch, Highballs und Cocktails. Oben schickerer Salon mit mehr Cocktails, weniger Bieren. Im Taproom tgl. Lunch, außerdem *small plates.*

349 [E19] **Death & Company,** 433 E 6th St./Ave A, www.deathandcompany.com. Viele meinen, hier gibt es die besten Cocktails der Stadt. Meist ist es brechend voll und der Türsteher weist Leute ab - Geduld ist nötig. Der *doorman* verständigt aber auch per Mobiltelefon, sobald Platz ist.

350 [B19] **Employees Only,** 510 Hudson St., www.employeesonlynyc.com. Hier dreht sich fast alles um Cocktails und man betreibt ein Ausbildungsprogramm für junge „Mixologists". Schicke Bar, aber auch gutes Essen.

351 [A4] **Harlem Public,** 3612 Broadway/W. 149th St. Bar mit guter Bierauswahl, gemütlicher *neighborhood hangout.*

352 [E19] **Mayahuel,** 304 E 6th St./1st Ave. Schicke Tequilabar im East Village, immer voll und laut.

353 [D20] **Pegu Club,** 77 W Houston St. Hüter der klassischen Cocktailkultur in SoHo, täglich wird hier von 17 bis mind. 2 Uhr „Mixology" der Extraklasse betrieben.

354 [C18] **Raines Law Room,** 48 W 17th St. Gemütlich-rustikaler enger Schlauch im Untergeschoss, eher versteckt und mit Türglocke. Klassische Cocktails, in *booths* („Separees") serviert, im Sommer auch Plätze im Hinterhof.

› **Salon de Ning** (s. S. 232). Cocktailbar mit hollywoodreifem Ambiente im Peninsula Hotel.

355 [E20] **Schiller's Liquor Bar,** 131 Rivington St. Schicke Bar in der Lower East Side. Hier gibt es alles, von Frühstück bis *late supper* (bis mind. 1 Uhr, an Wochenenden länger), außerdem exzellente Weinliste und Cocktails.

356 [E20] **Ten Bells,** 247 Broome St. Eine gemütliche kleine *organic wine bar* in der LES mit guter Weinauswahl (auch nicht zu teuer), Oyster Happy Hour und kleinen Gerichten sowie guter Käseauswahl!

357 [D23] **Vintry Whiskey & Wine,** 57 Stone St. Cocktail- und Weinbar im Financial District. Tolle Whiskeys und Weine meist kleiner Produzenten.

358 [E20] **Whiskey Ward,** 121 Essex/Rivington St., www.thewhiskeyward.com. Whiskey-Bar mit Riesenauswahl an allen möglichen Whisk(e)ys, auch in Probiergrößen, außerdem Cocktails und Bier.

Brewpubs, Sportsbars und Kultkneipen

359 [B7] **Bier international,** 2099 Douglass Blvd./W 113th St. Harlems erster Biergarten mit Riesenauswahl an Bieren (auch deutschen) vom Fass und kleinen Gerichten, u. a. Currywurst, im Herbst: OKTOBIERFEST, an Wochenenden 11.30-16 Uhr Beer Brunch.

360 [C15] **Heartland Brewery,** 127 W 43rd St./Times Sq. Kleinbrauerei und beliebter Treff mit Bar und Restaurant. Weitere Filialen im Empire State Building 34 sowie 625 8th Ave./41st St.

361 [E22] **Jeremy's Ale House,** 228 Front St. Gemütliche Bierkneipe mit Happy Hour von 8-10 und 16-18 Uhr.

026ny Abb.: mb

362 [D19] **McSorley's Old Ale House,** 15 E 7th St. Irischer Pub mit Tradition. Es gibt Bier vom Fass und Sandwiches.

363 [D18] **Old Town Bar,** 45 E 18th St. Seit 1892 eine Legende und kaum verändert, preiswerter Imbiss (Burger, Sandwiches u. a.) und gutes Bier.

364 [B19] **White Horse Tavern,** 567 Hudson St. Legendäre Bar, in der schon Dylan Thomas Stammgast war.

Jazzklubs

365 [C19] **55 Bar,** 55 Christopher St./7th Ave., Tel. 212 9299883, www.55bar.com. Täglich Liveblues und -jazz im Village, existiert schon seit 1919 (auch während der Prohibition).

Schiller's Liquor Bar (s. S. 238) in der Lower East Side ist schick und angesagt

366 [C19] **Arthur's Tavern,** 57 Grove St., Tel. 212 6756879, www.arthurstavernnyc.com. Gemütliche Village-Kneipe mit toller Stimmung und tgl. Livejazz oder -blues.

367 [B15] **Birdland,** 315 W 44thSt./8th Ave., www.birdlandjazz.com, Tel. 212 5813080. Progressiver Jazz und südamerikanische Küche, Minimumverzehr $ 10, Konzerte meist 20.30/23 Uhr, Tickets um die $ 30. Restaurant mit lateinamerikanischen Spezialitäten, benannt nach Charlie „Bird" Parker, in dessen Fußstapfen andere Jazzgrößen traten.

368 [C19] **Blue Note,** 131 W 3rd St., Tel. 212 4758592, www.bluenote.net. Zwei Jazz-Sets jeden Abend (20/22.30 Uhr) sowie „Sunday Brunch". Legendärer Jazzklub, in dem u. a. Dizzy Gillespie, Ray Charles, B. B. King, Oscar Peterson und Lionel Hampton aufgetreten sind; dazu u. a. R&B, Soul, Pop, Latin.

369 [A6] **Cotton Club,** 656 W 125th (Harlem), www.cottonclub-newyork.com, Tel. 212 6637980. Jazz-Show mit *buffet dinner,* aber auch Blues und Swing. Hier begannen Lena Horne, Duke Ellington u. a. ihre Karrieren.

370 [B13] **Dizzy's Club Coca Cola,** 33 W 60 St./Broadway, Tel. 212 2589800, www.jazz.org/dizzys. Teil von Jazz at Lincoln Center (s. S. 246), perfekt zum Cocktail und bekannt für guten Livejazz (ab $ 35 Cover Charge).

371 [C19] **Fat Cat,** 75 Christopher St./7th Ave., www.fatcatmusic.org, tägl. bis 5 Uhr. Jazzklub, in dem jeden Tag mind. drei Acts stattfinden. Dazu kann man Pool, Tischtennis oder Shuffleboard spielen.

372 [D17] **Jazz Standard,** 116 E 27th St., www.jazzstandard.com. Alteingesessener Jazzklub in Midtown.

373 [C19] **Smalls,** 183 W 10th St./7th Ave., www.smallsjazzclub.com. Kleine, gemütliche Jazzkneipe mit begrenztem Platz bei Livekonzerten (fast tgl. 16.30 oder 19.30–24 Uhr, $ 10/20 Eintritt).

374 [A8] **Smoke,** 2751 Broadway, Tel. 212 8646662, http://smokejazz.com. Eher eleganter Jazz & Supper Club in der Upper West Side, tgl. Livejazz ($ 38 mit Dinner, sonst an der Bar mit unterschiedlichem Eintritt).

375 [C19] **Village Vanguard,** 178 7th Ave. S/W 11th, Tel. 212 2554037, http://villagevanguard.com, Jazz-Sets tgl. 20.30 und 22.30 Uhr, $ 30, Studentenrabatt. „Carnegie Hall of Jazz" im Village, seit 1935, sehr klein im UG, dafür ähnlich legendär wie das Birdland.

376 [C19] **Zinc Bar,** 82 W 3rd St, Tel. 212 4779462, www.zincbar.com. Winziger *nightspot* mit Wohnzimmeratmosphäre, Livejazz, mehrere Sets am Abend (ab $ 10), im Kellergeschoss und mit „roter Bar".

Andere Livemusik

377 [E20] **Bowery Ballroom,** 6 Delancey St., Tel. 212 5332111, www.boweryballroom.com. Bands wie Fiery Furnaces, Animal Collective oder Scissor Sisters traten hier bereits genauso auf wie Country-, Hip-Hop- und Jam-Musiker. Bühne und Bar.

378 [D19] **Joe's Pub im Public Theater,** 425 Lafayette St., Tel. 212 9677555, www.joespub.com. Es wird ein breites Spektrum von Comedy bis Classic Rock mit zwei Auftritten täglich geboten. Es waren bereits große Stars aller Sparten, aber auch Newcomer zu sehen.

379 [E19] **Mercury Lounge,** 217 E Houston St., www.mercuryloungenyc.com, Tel. 212 2604700. Angesehener Rockklub mit fast tgl. Livebandauftritten zu Preisen ab $ 10.

380 [C6] **Red Rooster Harlem,** 310 Lenox Ave./125th St., Tel. 212 7929001, http://redroosterharlem.com. Restaurant mit „Comfort Food" und guter Atmosphäre, u. a. Fr. Soul und R&B, Sa. Groove, So. Gospelbrunch und Jazz.

381 [C5] **SHRINE Bar und Restaurant,** 2271 Adam Clayton Powell Jr. Blvd., Tel. 212 6907807, www.shrinenyc.com. Weltmusikbühne in Harlem mit mehreren Shows täglich, immer eng und voll, Bewirtschaftung und Freiplätzen für den Sommer.

382 [C20] **S.O.B.'s (Sounds of Brazil),** 204 Varick/W Houston St., Tel. 212 2434940, http://sobs.com. Beliebtes gehobenes Restaurant in SoHo, mit Latino-Küche und Livemusik (Salsa, African, African-Caribbean, Reggae, R&B, Samba, Calypso, Merengue).

383 [D16] **The Cutting Room,** 44 E 32nd St., Tel. 212 6911900, http://thecuttingroomnyc.com. Großer Klub mit täglichem Live-

In der Welthauptstadt des Theaters wird für jeden Geschmack etwas geboten

Entertainment. Befand sich ursprünglich im Village, wo schon große Stars verschiedenster Musikrichtungen auftraten. Dazu Bar und Lounge.

› Der legendäre Punk- und Rock-Klub **CBGB** wurde 2006 geschlossen, aber immer Anfang Oktober wird das **CBGB Festival** in Manhattan und Brooklyn veranstaltet , bei dem zahlreiche Bands auf mehreren Bühnen auftreten (www.cbgb.com).

Kabarett und Comedy

Kabarett ist in New York Alltag, die Etablissements sind klein und überfüllt, die Künstler experimentierfreudig und die Konkurrenz groß.

384 [E11] **Comic Strip Live Comedy Club,** 1568 2nd Ave., www.comicstriplive.com, Tel. 212 8619386. Hier traten schon Eddie Murphy und Jerry Seinfeld auf.

385 [C19] **Duplex Cabaret & Piano Bar,** 61 Christopher St., Tel. 212 2555438, www.theduplex.com. Ältestes Kabarett im Village, wo z. B. schon die Streisand oder Dick Cavett auftraten. Fest in Frauenhand.

386 [E20] **The Slipper Room,** 167 Orchard/ Stanton St., www.slipperroom.com. Der „Palace of Variety" – legendäre Vaudevillebühne für Theater, Literatur, Partys und Shows.

Theater und Konzerte

New York gilt als **„Welthauptstadt des Theaters"** mit dem Broadway als Dreh- und Angelpunkt. Es gibt für jeden Geschmack etwas: Musicals, Schauspiele und Comedy, Traditionelles und Experimentelles und so pilgern im Jahr über 13 Mio. Besucher zu den Aufführungen der fast 40 Broadway- und mehr als 300 weiteren Bühnen. 1732 hatte der Niederländer Rip van Dam in einer Lagerhalle an der Maiden Street das erste Theater eröffnet, doch so richtig boomte das

027ny Abb.: NYC&Co@Malcolm Brown

...häft erst im 20. Jahrhundert. ... Lyceum (s. S. 243) von 1903 gilt als das älteste heute noch genutzte Theater.

Die meisten **großen Theater** konzentrieren sich um Broadway und Times Square, dazu kommen verteilt über die ganze Stadt kleinere Off- und Off-off-Broadway-Theater. Dabei bezieht sich „off" nicht auf die Nähe zum Broadway, sondern auf die Größe des Theaters. Während die rund 40 **Broadway-Bühnen** (www.spotlighton broadway.com) über jeweils mehr als 500 Plätze verfügen, sind es bei den etwa 40 **Off-Broadway-Bühnen** nur je 100 bis 500 Sitzplätze und bei den mehr als 200 **Off-off-Broadway-Bühnen** unter 100 Zuschauer. Letztere sind die Hauptorte des experimentellen Theaters und sie zeichnen sich besonders durch Innovationsgeist und Risikofreudigkeit aus. V. a. in der kleineren Version sind sie oft identisch mit Kellern, Garagen, Schulen oder Klubs und geografisch finden sie sich konzentriert in Greenwich/East Village. Die großen Bühnen befinden sich hingegen zwischen Broadway (6th–8th Ave./42nd–53rd St.) und um den Times Square. Während der alle zwei Jahre (in geraden Jahren) stattfindenden **NYC Broadway Week** und der **Off-Broadway Week** im Herbst gibt es **verbilligte Tickets** (zwei Tickets zum Preis von einem) für Shows. Infos unter www.nycgo.com/broadway-week bzw. www.nycgo.com/off-broadway-week.

EXTRAINFO

Theaterprogramm im Internet

- **www.broadway.com, http://broadway.org, www.broadwayleague.com** und **www. broadwayonline.com** – Listen, Kommentare zu Shows, Tickets u. a.
- **www.nytheatre-wire.com** – Bühnen und Veranstaltungen, News, Besprechungen und Vorschau
- **www.nycgo.com/broadway** – das aktuelle Programm von NYC & Company
- **www.theatermania.com** – Reviews, Neuigkeiten und Programme

Tickets

Der Montag ist normalerweise spielfrei, Matineen finden Mi. und Sa. statt. Tickets zu ermäßigten Preisen für Veranstaltungen am selben Tag (bzw. Matineen am nächsten) gibt es bei

•**387** [C15] **TKTS Times Square,** Times/Duffy Sq. (47th–Broadway), www.tdf.org/tkts, Tel. 212 9129770, Mo.–So. 15–20 Uhr (Di. ab 14 Uhr) für Abendtickets, Mi.–Sa. 10–14, So. 11–15 Uhr (Matinéen), weitere Filialen am South Street Seaport 13 (Front/John St.) oder in Downtown Brooklyn (1 Metrotech Center/Jay-Myrtle St.).

- **Rabatte** gibt es außerdem im Internet unter www.nytix.com, www.broadwaybox.com, http://lunchtix.com.

Außerdem gibt es Tickets bei:

- **Ticketmaster:** www.ticketmaster.com, Tel. 1 800 7453000 bzw. 1 866 4487849. Verkaufsstände u. a. in Macy's 33, auch Internetbestellung.
- **Telecharge:** Tel. 212 2396200 oder 1 800 4477400, www.telecharge.com
- **Broadway Collection:** www.broadwaycollection.com. Tickets für über 20 Topshows, darunter Chicago, Cirque Du Soleil's Paramour, STOMP, The Phantom of the Opera, Wicked, The Lion King, Aladdin, School of Rock oder – bereits mehrfach mit Tony Awards ausgezeichnet – Kinky Boots und Matilda. Buchung bereits vor Reiseantritt bei vielen Reisebüros und -veranstaltern möglich.

Broadway-Theater im Theater District

Infos zum aktuellen **Programm** gibt es übersichtlich online unter www.newyorkcitytheatre.com bzw. unter www.shubertorganization.com/theatres/default.asp, v.a. zu jenen Theatern, bei denen keine Website angegeben ist.

388 [B14] **Ambassador Theater,** 219 W 49th St., www.ambassadortheater.com. Theater mit ungewöhnlicher Sitzanordnung, 1921 eröffnet und bekannt für den Topseller „Chicago", der hier seit 2003 läuft.

389 [B15] **Bernard B. Jacobs Theater,** 242 W 45th St. Im üppigen maurischen Stil mit viel Dekor 1927 eröffnet, zeitweilig Radiostudio und seit 1941 wieder Theater.

390 [C15] **Booth Theater,** 222 W 45th St., www.booth-theater.com. 1913 als optisches Pendant zum Shubert Theater eröffnet.

391 [C14] **Broadway Theater,** 1681 Broadway/53rd St. 1924 als Kino mit über 1700 Plätzen eröffnet, ab den 1930er-Jahren dann als Theater genutzt. U. a. wurde hier ab 1987 „Les Miserables" aufgeführt.

392 [C14] **Cort Theater,** 138 W 48th St. Architektonisch sehenswertes Broadway-Theater, nach dem Vorbild von Versailles Petit Trianon 1913 erbaut und üppig ausgestattet.

393 [C14] **Eugene O'Neill Theater,** 230 W 49th St., www.jujamcyn.com. 1925 eröffnetes Theater mit über 1100 Plätzen, 1959 nach dem bekannten amerikanischen Drehbuchautor benannt.

394 [B15] **Gerald Schoenfeld Theatre,** 236 W 45th. 1917 erbautes, schön ausgestattetes Theater mit über 1000 Plätzen.

395 [C14] **Gershwin Theater,** 222 W 51st St., www.gershwin-theater.com. Weniger historisch als groß. 1972 eröffnet und eines der größten Broadwaytheater mit über 1900 Plätzen und hochmoderner technischer Ausstattung.

396 [C15] **Imperial Theatre,** 249 W 45th St. „Annie Get Your Gun" war 1946 hier das erste Musical, dessen Uraufführung live im Radio übertragen wurde.

397 [C15] **Lunt-Fontanne Theatre,** 205 W 46th St., http://luntfontannetheatre.com. 1910 Debüt als „The Globe" mit zu öffnendem Dach, nach 1932 dann Kino und seit 1958 wieder Theater mit 1500 Plätzen.

398 [C15] **Lyceum Theatre,** 149 W 45th St., www.lyceum-theatre.com/lyceum_theatre_new_york.php. Ältestes kontinuierlich betriebenes Theater der Stadt, 1903 eröffnet und bekannt für hochklassige Aufführungen.

399 [C15] **Lyric Theatre,** 214 W 43rd St., www.lyricbroadway.com. 1997 neu eröffnet in Anlehnung an das Apollo Theater und symbolisch für die Wiedergeburt der New 42nd Street.

400 [B15] **Majestic Theater,** 247 W 44th St. 1927 im maurischen Stil als Pendant zum Royale Theatre fertiggestellt; legendäre Musicalbühne.

401 [C15] **Minskoff Theatre,** 200 W 45th St., http://minskofftheatre.com. 1973 eröffnet und seit 2006 Aufführungsort von „Der König der Löwen".

402 [C15] **Music Box Theater,** 239 W 45th St. Elegantes Theater im neoklassischen Stil von 1920, seit 1987 als „New York Landmark" unter Denkmalschutz.

403 [C15] **New Amsterdam Theatre,** 214 W 42nd St., www.newamsterdamtheatre.net. Langjähriger Aufführungsort des Erfolgsmusicals „Der König der Löwen".

404 [C15] **New Victory Theater,** 209 W 42nd St., www.newvictory.org. Renovierte Bühne von 1900, buntes Programm (Zirkus, Tanz, Puppenspiel, Comedy), ideal für Familien.

405 [C15] **Palace Theatre,** 1564 Broadway/47th St., www.palacetheatreonbroadway.

com. Das Erfolgsmusical „Die Schöne und das Biest" lief ab 1994 lange in diesem ehemaligen Vaudeville-Haus („The Palace") von 1913, das 1965 renoviert wurde.

406 [B14] **Samuel J. Friedman Theatre,** 261 W 47th St., Broadway–8th Ave., www.manhattantheatreclub.com. Bühne des Manhattan Theatre Club.

407 [C15] **Shubert Theater,** 225 W 44th St. Legte 1913 den Grundstein für die Theaterreihe an der Shubert Alley, im Inneren üppiges Dekor.

408 [C15] **Stephen Sondheim Theatre,** 124 W 43rd St., www.roundabouttheatre.org. 2009 nach Wiederaufbau (Originalbau von 1918) neu eröffnetes „grünes", d. h. umweltfreundliches Theater mit über 1000 Plätzen. Benannt nach dem berühmten Musicalkomponisten, der auch die Texte zu Leonard Bernsteins „West Side Story" schrieb.

409 [B15] **St. James Theater,** 246 W 44th St., www.jujamcyn.com. Hier wurde 1943 das Erfolgsmusical „Oklahoma!" uraufgeführt.

410 [C14] **Winter Garden Theater,** 1634 Broadway. Bekannt durch die Uraufführungen von „Cats" und „West Side Story". 1911 eröffnet und 1922/23 umgebaut.

EXTRATIPP

Gratiskonzerte

Den Sommer über finden im Central Park kostenlose Events, v. a. Konzerte, statt (www.centralparknyc.org/events). Hauptbühne ist die **Central Park Summerstage** (www.cityparksfoundation.org/summerstage) auf dem Rumsey Playfield (Zugang: E 69th St./5th Ave.). Dort gibt es u. a. die **ABC GMA Concert Series** der TV-Show **„GMA"** (http://gma.yahoo.com/music).

- **Harlem Meer Performance Festival,** Central Park Conservancy/Charles A. Dana Discovery Center, W 110th St./Frawley Circle (Nordostecke des Parks), Juni–Anf. Sept. So. 14–16 Uhr, www.centralpark.com/guide/activities/concerts/harlem-meer.html. Moderner Jazz, Salsa, Gospel, Tanz u. a., gratis.
- **Naumburg Orchestral Concerts** (http://naumburgconcerts.org), Naumburg Bandshell (Bethesda Terrace/72nd St.). Juni bis August finden auf der Freilichtbühne meist mehrere kostenlose (Klassik-)Konzerte statt.
- **Shakespeare in the Park,** im Delacorte Theater, Höhe 79th St., Anfang Juni–Anfang August, meist So. 20 Uhr. Open-Air-Shakespeare-Aufführungen, Gratistickets ab 13 Uhr des Aufführungstages im Delacorte Theater oder im Internet (http://publictheater.org/en/Programs--Events/Shakespeare-in-the-Park).

Daneben finden im Sommer z. B. am Union Square, South Street Seaport oder im Bryant Park (Gratis-)Konzerte, vielfach im Rahmen des **River to River Festivals,** statt (s. S. 262).

Unter dem Motto **Concerts in the Parks** gibt es einige kostenlose Sommerkonzerte (meist Sa./So., www.nycgovparks.org/events/free_summer_concerts) der New York Philharmonic und der Met und auch im Rubenstein Atrium des Lincoln Center, Museen oder **Kirchen** (z. B. Concerts at One in der Trinity Church, www.trinitywallstreet.org/music-arts) wird musikalisch häufig etwas geboten.

Im Rahmen der **NBC Today Show Concert Series** gibt es Ende Mai bis Anf. Sept. Gratiskonzerte an der 49th St., zwischen 5th und 6th Ave. (www.today.com/concertseries).

- Allgemeine Infos unter http://freeconcertsnyc.com, www.newyorkled.com/nyc_events_free_concerts.htm oder www.nycgo.com/free. Siehe außerdem auch „Brooklyn Info" (s. S. 172).

Off- und Off-off-Broadway-Bühnen

Viele kleinere Bühnen befinden sich im Greenwich Village, um den Washington Square bzw. im Umkreis der Bleecker und McDougal Street. Die 2nd Avenue (Houston–14th St.) im East Village hieß einst „Broadway des jiddischen Theaters" und auch hiervon sind noch Bühnen erhalten.

- **411** [C19] **Cherry Lane Theatre,** 38 Commerce St., www.cherrylanetheatre.org. Erstes New Yorker Off-Broadway-Theater mit heute drei Bühnen.
- **412** [C19] **Lucille Lortel Theatre,** 121 Christopher St., www.lortel.org. Seit 1955 konstant bespielt. Den Anfang machte hier Brecht/Weills „Dreigroschenoper".
- **413** [C19] **Minetta Lane Theatre,** 13 Minetta Lane/W 3rd–Bleecker St., http://minettalanenyc.com. Über 400 Plätze.
- **414** [E19] **Orpheum Theater,** 126 2nd Ave./E 8th St., www.orpheum-theater.com. Ursprünglich jiddisches Theater im East Village, derzeit läuft hier das Erfolgsmusical „Stomp".
- **415** [C19] **Players Theatre,** 115 MacDougal St./Minetta Lane, www.theplayerstheatre.com. Zwei Bühnen, Off- und Off-off-Broadway, in einem Haus von 1907.
- **416** [E18] **P.S. 122,** 1501st Ave./E 9th St., www.ps122.org. Genreübergreifende Bühne mit Performances und Off-off-Broadway Shows.
- **417** [D19] **Public Theater,** 425 Lafayette St., www.publictheater.org. Mit Restaurant Library at the Public, Joe's Pub (s. S. 240) und Lobby-Bar. Hier wurden u. a. „Hair" und „A Chorus Line" uraufgeführt.
- **418** [B15] **Signature Theatre Company,** The Pershing Square Signature Center, 480 W 42nd St., www.signaturetheatre.org. Theater in einem Neubau von Frank Gehry. Jede Saison ist einem anderen *playwright* gewidmet. Drei Bühnen: Irene Diamond Stage, The

028ny Abb.: mb

Ein historisches Juwel in Midtown: die Radio City Music Hall 49

Linney, The Griffin, dazu Café und Bookstore. Tickets $ 25. Livemusik im Café.

419 [F22] **St. Ann's Warehouse,** 45 Water St., nahe Brooklyn Bridge, http://stanns warehouse.org. Kreativ-alternative Bühne in einem alten Tabaklagerhaus.

420 [B14] **Studio 54 Theatre,** 254 W 54th St., www.roundabouttheatre.org. 1927 noch „Gallo Opera House", später Nachtklub, dann 1998 Wiedereröffnung als Theater mit *Musical Cabaret* und als Sitz der Roundabout Theatre Company.

421 [E18] **Theater for the New City,** 155 1st Ave./10th St., www.theaterforthenewcity.net. Ausgezeichnete Avantgarde-Bühne im East Village, v. a. Schauspiele.

Bühnen und Konzerthallen

76 [C6] **Apollo Theater.** *Die* Institution für Konzerte in Harlem, Music Café und Touren.

58 [C14] **Carnegie Hall.** Älteste Konzerthalle der Stadt mit drei Bühnen.

422 [B13] **Jazz at Lincoln Center,** Broadway/60th St., im Time Warner Center, www.jazz.org, Tel. 212 7216500. Drei Jazz-Bühnen: Allen Room, Rose Theater und Dizzy's Club mit Bar.

72 [B13] **Lincoln Center for the Performing Arts.** Größter Kulturkomplex der Welt, in dem mehr als zehn Ensembles auf mehreren Bühnen zu Hause sind, darunter die „Met" (www.metoperafamily.org) und das New York City Ballet (www.nycballet.com).

36 [B16] **Madison Square Garden.** Alles von Sportveranstaltungen über Zirkus und Rodeos bis zu großen Konzerten und Musicals.

49 [C14] **Radio City Music Hall.** Berühmt durch die Shows der Tanzgruppe „Rockettes" und das „Christmas Spectacular".

423 [I24] **The Brooklyn Academy of Music (BAM),** 30 Lafayette Ave., www.bam.org. Seit 1861 Sitz der Brooklyn Philharmonic, heute BAM Cultural District mit mehreren Bühnen/

429ny Abb.: mb

Institutionen. Unter anderem finden hier Sept. bis Dez. das „Next Wave Festival“ (Musik, Tanz, Schauspiele , Lesungen) und im Juni ein Filmfestival statt.

TV, Film und Kino

Die Stadt großer Regisseure wie Martin Scorsese, Spike Lee, Woody Allen hat abgesehen von konventionellen Kinos auch Filmvorführungen im Lincoln Center (Film Society) und zahlreiche große **Filmfestivals** zu bieten:

- **BAMcinemaFest,** 10 Tage im Juni Filme in der Brooklyn Academy of Music (www.bam.org/bamcinemafest)
- **Bicycle Film Festival** – Filmfestival Mitte Juni (www.bicyclefilmfestival.com/new-york)
- **Central Park Film Festival,** im August im Central Park nördlich von Sheep Meadow, W 72nd St. (www.centralparknyc.org/things-to-see-and-do/film-festival.html)
- **New York Film Festival** (Film Society of Lincoln Center, www.filmlinc.com), Ende Sept. für zwei Wochen
- **TriBeCa Film Festival** (https://tribecafilm.com/festival), zweite Aprilhälfte. Mehr als 100 Filme aus aller Welt, Kurzfilme, Open-Air-Kino, Kinderfilme und Workshops (initiiert von Robert de Niro)
- **Open-Air-Kino** im Rahmen des HBO Bryant Park Summer Film Festival (www.bryantpark.org/plan-your-visit/filmfestival.html) oder im Sommer freitags auf der Intrepid 42 (www.intrepidmuseum.org/Plan-Your-Visit/Public-Events-Calendar).

Tanzveranstaltung zum afroamerikanischen Kwaanza-Fest

EXTRATIPP

A meal & a movie

Essen im Kino (bzw. im zugehörigen Lokal) kann man bei:

●**424** [ci] **Syndicated,** 40 Bogart St., Bushwick, Tel. 718 3863399, http://syndicatedbk.com. Ungewöhnliche Mischung aus Bar, Restaurant und Kino. Zum Film werden ganze Gerichte, Cocktails und lokale Biere serviert. Chefkoch Bret Macris passt das „Theater-Menü“ dem Programm ebenso wie der Saison an. Auf der Leinwand werden Hollywood-Klassiker gezeigt, aber auch Independent-Filme.

- **Rooftop Films Summer Series,** http://rooftopfilms.com, Anf. Mai–Anf. Sept. auf verschiedenen Dächern New Yorks, danach sorgen DJs und Drinks für Partystimmung.
- **Movies With a View** an Pier 1 im Brooklyn Bridge Park 87 (www.brooklynbridgepark.org/event-series/movies-with-a-view)
- Tipp für Kinofans: Im **Museum of the Moving Image** (s. S. 219) werden regelmäßig verschiedene Filme gezeigt.

Tickets für TV-Shows müssen langfristig vorbestellt werden. Ohne Ticket **als Zaungast** dabei sein, kann man bei TV-Shows wie „Good Morning America“ (44th St./Broadway, tgl. 7–9 Uhr) oder der „Today Show“ (Rockefeller Plaza/49th St., Mo.–Fr. 7–10 Uhr). Lohnend sind auch die Touren von On Location Tours (s. S. 332).

- **NBC Studio Tour,** GE Building, 30 Rockefeller Plaza, 49th St./5th–6th Ave., www.thetouratnbcstudios.com. Tickets für $ 33 im NBC Experience Store bzw. im Internet, Mo.–Fr. 8.30–14, Sa./So. bis 17 Uhr.

008ny Abb.: mb

New York für Kauflustige

„Shop 'til you drop" – Shopping ist in den USA und speziell in New York ein beliebtes Freizeitvergnügen. Bei einem günstigen Stand des Dollars ist selbst in New York, das unter Amerikanern als „eher teuer" gilt, beinahe alles preiswerter als in Deutschland, vor allem aber (Freizeit-) Kleidung und Accessoires, Jeans, Schuhe, Leder- und Sportartikel sowie elektronische und technische Geräte.

Geöffnet sind die Geschäfte von spätestens 10 bis mind. 18 Uhr, Kaufhäuser und größere Shops zumeist bis 20/21 Uhr (v. a. freitags und samstags), ebenso Buch- und Musikläden (bis 22 oder 24 Uhr). Vielfach stehen auch sonntags die Türen offen, während jüdisch geführte Geschäfte ab Freitagmittag und samstags geschlossen sind.

Besonders günstige **Schnäppchen** kann man nach Weihnachten und am **„Black Friday"**, dem Freitag nach Thanksgiving, machen. Die Läden öffnen dann teils schon nachts.

Shoppingareale

Interessante Geschäfte verteilen sich über die ganze Stadt, doch lohnen sich ein paar Viertel bzw. Straßenzüge ganz besonders:

Das Areal um den Times Square 39 *ist als Fußgängerzone ausgewiesen*

Shoppingareale

Die wichtigsten Shoppingbereiche der Stadt sind im Kartenmaterial mit einer rötlichen Fläche markiert.

- **SoHo,** v. a. entlang dem Broadway ab Canal St.: Boutiquen, Kunstgalerien, Antiquitäten und Schnickschnack, Avantgardekleidung (www.sohonyc.com), in der Nähe der Canal St. v. a. preiswerte Shops. Das anschließende **NoLIta** (um Lafayette, Prince und Spring St.) gilt ebenfalls als interessante Shoppingadresse.
- **Lower East Side/Bowery,** zwischen Canal und Delancey, Orchard und Essex St. In der Orchard St. gibt es nördlich der Delancey St. Billigkleidung, Designeroutlets und Lederwaren, im südlichen Abschnitt dominieren dagegen Boutiquen und Lokale. Einige jüdische Läden und der Essex Street Market.
- **Downtown:** Lower Manhattan zwischen City Hall, WTC Site und Wall Street entwickelt sich zunehmend zum Shoppingareal (www.downtownNY.com).
- **Chinatown,** zwischen Canal St., Broadway und Bowery, mit Mott und Grand St. als Hauptachsen: asiatische Lebensmittel und Lokale, Geschirr und Haushaltswaren, Seidenkleidung, Jadeschmuck, Papier etc. (www.explorechinatown.com). Im angrenzenden **Little Italy** um die Mulberry St. gibt es v. a. ital. Feinkost, Bäckereien und Lokale.
- **Greenwich Village,** zwischen Washington und Sheridan Sq. (v.a. Bleecker St.): Boutiquen, Schuhläden, Galerien und Kurioses, aber auch Szenetreffs, Jazzklubs, Cafés und Off-Broadway-Bühnen (http://village alliance.org)
- **East Village,** St. Marks Place, Astor Place und Umfeld bis Tompkins Sq.: Boutiquen, Secondhandläden, Designermode, Kurioses, Galerien (v. a. um 3rd/2nd Ave. sowie 9th St.) sowie nette Kneipen und Cafés (St. Marks Pl., 2nd Ave.–Tompkins Sq.)
- **Union Square** und entlang der 14th St.: Discountläden, Kitsch und Ramsch, Elektronikgeschäfte, günstige Kleidung und lateinamerikanisch-orientalischer Straßenbasar (www.unionsquarenyc.org)
- **Chelsea/Meatpacking District:** Galerien und Boutiquen eher gehobener Kategorie, Cafés, Bars und Lokale (www.meatpacking-district.com).

200ny Abb.: mb

⊡ *Preiswert, bunt und ausgefallen: Uniqlo (s. S. 251) betreibt in New York gleich drei Kaufhäuser*

EXTRATIPP

Outlet Malls

- **Jersey Gardens,** nahe dem Newark Airport, ist ein Outlet-Shoppingcenter mit über 200 Läden auf 2 Etagen. Es gibt einen regelmäßigen Busshuttle (www.simon.com/mall/the-mills-at-jersey-gardens).
- **Woodbury Common Premium Outlets,** 498 Red Apple Court, Central Valley, www.premiumoutlets.com/outlet/woodbury-common, rund 220 Läden, Busse ab Port Authority (42nd St./8th Ave., auch im Explorer Pass enthalten)
- **Empire Outlet,** Staten Island, Eröffnung Ende 2017, siehe www.empireoutletsnyc.com

- **Herald Square und Broadway** (23rd–34th St.): Einkaufstempel wie Macy's, JC Penney (Manhattan Mall) und Herald Center (mit Duffy's und Modell's) sowie Billigläden am Broadway
- **New 42nd St./Times Sq.:** Billigwaren aller Art, Souvenirs, im Times Building (620 8th Ave.) MUJI-Kaufhaus und Dean & DeLuca (www.timessquarenyc.org)
- **5th Ave.** (51st–59th St., http://visit5thavenue.com): exklusive Shoppingmeile u. a. mit Tiffany, Cartier, Chanel, Apple, NBA Store.
- **Upper East Side:** Gourmetparadies (3rd Ave./70s Sts.), Antiquitäten (u. a. Sotheby's), Galerien, gehobene Boutiquen v. a. an Madison/Lexington Ave. (www.nyctourist.com/shopping_madisonave.htm)
- **Upper West Side** (Columbus Circle, Amsterdam Ave./Broadway, 84th–71st St.): Designerkleidung, Antiquitäten, Galerien, Mode, Geschenkartikel, *delis* mit Feinkost (z. B. Zabar's), „Shops at Columbus Circle" im Time Warner Center (Einkaufszentrum), Straßencafés und Restaurants

Malls und Kaufhäuser

425 [C18] **Barneys,** 101 7th Ave. Designermode-Kaufhaus in Chelsea, wo im Februar und Ende August ein beliebter Schlussverkauf stattfindet. Filialen: 660 Madison Ave., 194 Atlantic Ave. (Brooklyn), 2151 Broadway (Upper West Side).

426 [D13] **Bloomingdale's,** 3rd–Lexington Ave./59–60th St., www.bloomingdales.com. „Bloomies" ist ein Kaufhaus mit Tradition, das persönliche Einkaufsberater, kostenlose Hotelanlieferung und einen Übersetzungsservice anbietet. Weitere Filiale in SoHo, 504 Broadway/Spring–Broome St.

427 [C4] **Bloomingdale's Upper West Side Outlet,** 2085 Broadway. Hier kauft man gute Bekleidung etc. zu Schnäppchenpreisen.

428 [D22] **Century 21 Department Store,** 22 Cortland St. Filiale: 472 86th St. (Brooklyn), www.c21stores.com. Kleidung, Schuhe, Accessoires, Taschen, aber auch Haushaltswaren zu sagenhaft günstigen Preisen.

33 [C16] **Macy's.** Weltgrößtes Kaufhaus über mehrere Etagen und mit fünf Restaurants. Schnäppchenläden („Macy's Backstage") in der Bronx, in Brooklyn und Queens: www.macysbackstage.com.

429 [C16] **Manhattan Mall,** 6th Ave./33rd St. Einziges größeres Einkaufszentrum in Manhattan mit einer Filiale des Kaufhauses J.C. Penney, Aéropostale und *food court* im Untergeschoss.

430 [D18] **Nordstrom Rack,** 60 E 14th St./Union Sq. Billigversion der gleichnamigen Kaufhauskette.

431 [B13] **The Shops at Columbus Circle,** Time Warner Center/Columbus Circle, www.theshopsatcolumbuscircle.com. Mit Bio-Supermarkt Whole Foods.

432 [D22] **Westfield World Trade Center,** 185 Greenwich St., www.westfield.com/

EXTRAINFO

Mehrwertsteuer

Die **Sales Tax** (Mehrwertsteuer) besteht in New York City aus City Tax (4,5 %), State Tax (4 %) und MCTD (Metropolitan Commuter Transportation District) Tax (0,375 %) und beträgt derzeit 8,875 %. Bei Kleidung und Schuhen gilt eine Sonderregelung: Unter $ 110 pro Stück fällt keine Tax an, darüber werden 8,5 %, bei allen anderen Artikeln 8,875 % Steuer fällig.

westfieldworldtradecenter. Im Herbst 2016 fertiggestellte Mall zwischen 1 WTC und Fulton Center. Rund 100 Läden, u. a. Apple, Under Armour, Kate Spade und Lacoste.

› Bei Drucklegung dieses Buches noch im Bau befindlich waren die **Empire Outlets** in St. George auf Staten Island und **Pier 17** am South Street Seaport (Eröffnung 2018 bzw. 2017 geplant).

Bekleidungsgeschäfte

433 [C14] **Abercrombie & Fitch**, 720 5th Ave., Filiale am South Street Seaport. Kultiger Laden, besonders bei Jugendlichen beliebt.

434 [C15] **Aéropostale**, 1515 Broadway/45th St. Legere, jugendliche Mode und Accessoires, „Viewing Room" im OG mit Ausblick auf den Times Square.

435 [C14] **aritzia**, 600 5th Ave., http://aritzia.com. Kanadische Kette mit schicker, nicht ganz billiger Damen-Designerbekleidung und Accessoires. Filiale: 524 Broadway (SoHo).

436 [C13] **Bergdorf Goodman**, 754 5th Ave./58th St. bzw. 745 5th Ave. (Herrenabteilung). Wie Brooks Brothers ein sehr feines und teures Bekleidungshaus.

437 [C20] **DKNY SoHo**, 420 W Broadway. Bekannt geworden als Jeans-Label.

438 [C6] **Harlem Underground Clothing Company**, 20 E 125th St. Harlem-Memorabilien wie T-Shirts mit guten Aufdrucken, Caps, Sweatshirts.

439 [C14] **Henry Bendel**, 712 5th Ave. Nobelkaufhaus im Stil der 1920er-Jahre mit Designermode, Schmuck und Schuhen.

440 [C6] **Jimmy Jazz Clothing & More**, 132 W 125th St. Angesagte Kleidung, Schuhe und Accessoires verschiedener Brands.

441 [C15] **Joe Fresh**, 510 5th Ave. Kleidung in peppigen Farben zu günstigen Preisen, auch Kosmetik. Filialen: 110 5th Ave. und W 34th St.

442 [D14] **Saks Fifth Ave.**, 611 5th Ave./50th St. Upperclass-Herrenbekleidung in einer Art Mall mit Einzelshops verschiedener Marken. Günstige Schnäppchen gibt es bei Saks OFF 5TH, 125 E 57th St.

443 [D20] **Uniqlo (2)**, 546 Broadway, www.uniqlo.com. Trendiges japanisches Bekleidungsgeschäft in Soho mit praktischer und günstiger Mode. Filialen: 666 5th Ave./53rd St. und 31 W 34th Ave., 5th–6th Ave. sowie Atlantic Terminal Mall Brooklyn.

Modeboutiquen

Designermode findet man gehäuft an der 7th Ave. (30s–40s Sts.) und entlang der 5th, Lexington, Park und Madison Ave. (Nr. 600–900). Trendiger ist die Auswahl in der Lower East Side/Bowery und in Soho bzw. TriBeCa, wo auch New Yorker Designer zu finden sind. Wer es preiswerter möchte, der ist in der Orchard Street und am Broadway besser aufgehoben.

Neue Trends sind **Sample** oder auch **Warehouse Sales** (http://ny.racked.com/tags/sample-sales), bei denen hochklassige Firmen und Designer an bestimmten Tagen Ausstellungsstücke bzw. Lagerbestände zu günstigen Preisen anbieten, und **Pop-up Stores,** eine zeitlich begenzte Zwischennutzung leer stehender Räume (http://ny.racked.com/tags/pop-up-shops).

- 444 [D18] **Free People,** 79 5th Ave., 15–16th St., www.freepeople.com. Damenbekleidung im Hippiestil sowie Accessoires wie Schals oder Schuhe, weitere Filialn, u. a. 99 Spring St.
- 445 [D19] **OMG – The Jeans Store,** 678 Broadway. OMG („Oh My God") bietet Markenjeans in riesiger Auswahl zu günstigen Preisen, weitere Filialen v.a. entlang Broadway, Nr. 408, 424, 542, 678, 1658 u. a.
- 446 [D21] **Opening Ceremony,** 35 Howard St. Designermode, die nach einem neuen Konzept präsentiert wird: Es werden ausgewählte Modelabels und -designer aus wechselnden Ländern vorgestellt.
- 447 [E20] **Reed Space,** 151 Orchard St. Laden mit hippen Labels wie Stussy, 10.Deep, Crooks & Castles oder Too Black Guys.
- 448 [C20] **Stussy,** 176 Spring St., www.stussy.com. Trendsetter in SoHo. „Streetwear" und Topmarken aus aller Welt.
- 449 [D20] **Supreme,** 274 Lafayette St., www.supremenewyork.com. 1994 als Laden mit Skater-Kleidung und „Artist's Wear" eröffnet. Heute gehören Punks, Hip-Hopper u. a. Anhänger anderer Jugendkulturen zum Publikum.
- 450 [D20] **Yellow Rat Bastard,** 483 Broadway, www.yrbnyc.com. Laden in Soho, bekannt für flippige T-Shirts mit Aufdrucken u. a. ausgefallene Bekleidung und Zubehör.
- 451 [D19] **Zacky's,** 686 Broadway (NoHo), www.zackys.com. Schuhe und Kleidung verschiedener Trendmarken.

Buch- und Musikläden

- 452 [C18] **Academy Records,** 12 W 18th St., Nähe Union Square (Chelsea). Platten und CDs in großer Auswahl. Filialen: 415 E 12th St. (East Village) und 85 Oak St. (Brooklyn).
- 453 [D18] **Barnes & Noble (2),** 33 E 17th St. (Union Sq.), werktags meist 10–21, So. bis 18/19 Uhr, weitere Filialen. Große Buchhandelskette mit Zeitschriftenabteilung und zugehörigem Café sowie Veranstaltungen.
- 454 [C19] **Bleecker Street Records,** 188 W 4th St. *Der* Laden im East Village: Tolle Auswahl an CDs, Platten, DVDs, Postern u. a. Souvenirs.
- 455 [E19] **Bonnie Slotnick Cookbooks,** 28 E 2nd St. Ausgefallene und alte Kochbücher aller Art.
- 456 [C19] **BookBook,** 266 Bleecker St., 11–mind. 22 Uhr. „Bücherparadies" im Village mit neuen und gebrauchten Büchern.
- 457 [D18] **Forbidden Planet,** 832 Broadway, www.fpnyc.com. Comics, Bücher, Spiele, Accessoires.
- 458 [D9] **Kitchen Arts and Letters,** 1435 Lexington Ave./93rd–94th St. Kochbücher, Restaurantführer und anderes zum Thema „Essen und Trinken".
- 459 [D20] **McNally Jackson Books,** 52 Prince St. Unabhängiger Buchladen in NoLIta mit Schwerpunkt auf europäischer und Nahost-Literatur.
- 460 [C15] **Midtown Comics,** 200 W 40th St. Relativ großer, gut sortierter Comicshop, auch T-Shirts u. a. Souvenirs.
- 461 [D19] **St. Mark's Comics,** 11 St. Mark's Pl., www.stmarkscomics.com. Paradies für Comic-Fans im East Village, tgl. bis mind. 23 Uhr geöffnet. Filiale: 148 Montague St. (Brooklyn).
- 462 [D18] **Strand Books,** 828 Broadway/12th St., www.strandbooks.com. Der berühmte New Yorker Discountbuchladen

führt auch Bestseller, Antiquarisches und Erstausgaben.

463 [D22] **The Mysterious Bookshop,** 58 Warren St., www.mysteriousbookshop.com. Einer der ältesten Krimibuchläden in den USA. Besitzer Otto Penzler schreibt selbst Krimis und gab das Magazin „The Armchair Detective" heraus.

464 [C19] **Three Lives & Company,** 154 W 10th St. Buchladen der „alten Art" im Village, kundiges Personal und gemütliche Wohnzimmeratmosphäre, auch Lesungen.

Sport- und Fanartikel

465 [D20] **Converse,** 560 Broadway/Prince St. Hier gibt es nicht nur „Chucks", sondern auch andere Accessoires und Bekleidung.

466 [C15] **Mets Clubhouse,** 11 W 42nd St. Alles für die Fans des anderen New Yorker Baseballteams.

467 [D15] **Modell's,** 234 W 42nd St. und mehrere weitere Filialen, v. a. am Broadway (Nr. 150, 280, 740) und 360 Fulton St./Brooklyn. Sportfachgeschäft mit Kleidung und Fan- sowie Sportartikeln zu günstigen Preisen.

468 [C16] **MSG Store,** 7th Ave., 31st–33rd St. Gut sortierter Souvenirladen der New Yorker Teams im Madison Square Garden.

469 [D15] **NBA Store,** 545 5th Ave. Souvenirladen der Basketballliga NBA.

470 [C15] **NHL Store,** 1185 Ave. of the Americas. Ein Muss für Eishockeyfans: Souvenirs und Kleidung der Vereine der Eishockeyliga NHL.

471 [D20] **REI,** 303 Lafayette St. Seit Kurzem bietet der Outdoor-Spezialist aus Seattle seine Waren auch in SoHo an.

472 [C15] **Yankees Clubhouse,** 1501 Broadway. Alles für die Fans der legendären New Yorker Baseballmannschaft. Weitere Filialen u. a. im Stadion.

Elektronik, Kameras und Computer

473 [C18] **Adorama Camera,** 42W 18th St., www.adorama.com. Großes Angebot an Foto-, Video- und Astronomie-Zubehör zu günstigen Preisen.

474 [D13] **Apple Store,** 767 5th Ave./59th St., täglich rund um die Uhr geöffnet. Durch einen gläsernen Zugangswürfel kommt man in die unterirdische Apple-Filiale. Hier und in den weiteren Filialen (103 Prince St./SoHo, 401 W 14th St./9th Ave./Meatpacking District, 1981 Broadway/67th St./Upper West Side) gibt es alles für Apple-Fans, auch Vorträge und Workshops.

475 [B16] **B&H Photo – Video – Pro Audio,** 420 9th Ave./34th St., www.bhphotovideo.com. Kameras und Zubehör zu Schnäppchenpreisen.

476 [C20] **Leica,** 460 W. Broadway. Leica-Produkte wie Kameras, Linsen, Objektive, Stative, auch gebraucht. Außerdem Workshops.

477 [C19] **Lomography Gallery Store,** 41 W 8th St., www.lomography.com. Alles für den „Lomo-Fan". Weitere Filiale: 41 W 8th St.

Verschiedenes

478 [D16] **Boyd's of Madison Avenue Department Store,** 385 5th Ave./36th St. Ein Kosmetik- und Parfümerie-Kaufhaus, in dem es auch diverse Accessoires, einen Friseur und eine Apotheke gibt.

479 [D17] **Fishs Eddy,** 889 Broadway/19th St. Am Union Square gibt es ausgefallenes Geschirr, Wohnaccessoires, Haushaltswaren u. Ä.

480 [D21] **New Kam Man,** 200 Canal St. Asiatisch Angehauchtes: u. a. Haushaltswaren, Lebensmittel, Dekoartikel und Stoffe.

430ny Abb.: mb

481 [D16] **Old Print Shop,** 150 Lexington Ave., 29th–30th St. Karten, Bücher, Fotos und Drucke aller Art, besonders schöne Ansichten von New York.

482 [D20] **Pearl River,** 477 Broadway. Ein günstiger Asialaden, der Lebensmittel und Haushaltswaren, Geschirr und Dekoartikeln anbietet.

483 [E20] **Ranali Boutique,** 176 Bowery. Laden des gleichnamigen Schmuckdesigners mit breiter Palette von handgefertigten Lederhandtaschen über verrückte Hut- und Mützenkreationen bis zu individuellem Schmuck.

484 [D20] **Sur la Table,** 75 Spring St. Küchenutensilien, Geschirr u. a. in riesiger Vielfalt.

485 [E21] **Yunghong Chopsticks Shop,** 50 Mott St. Winziger Laden nur für Essstäbchen in allen Variationen, hübsch in Geschenkverpackungen.

Märkte

In New York findet in den Sommermonaten fast täglich irgendwo ein **farmers'** oder **greenmarket** statt (weitere Infos unter www.grownyc.org/ourmarkets). Zentral gelegen sind z. B. die folgenden Märkte:

10 [D23] **Bowling Green,** Broadway/Battery Place (Lower Manhattan), ganzjährig, Di./Do. 8–17 Uhr

486 [D22] **City Hall Park,** Broadway-Chambers St.-Warren St. (City Hall), März–Dez., Di./Fr. 8–16 Uhr

487 [E22] **Fulton Stall Market,** 207A Front St. Überdachter Markt mit lokalen Anbietern und Produzenten (tgl. nachmittags), während der Saison auch Markt im Freien (So. 11–17 Uhr).

50 [C14] **Rockefeller Center,** Rockefeller Plaza, W 50th–51st St. (Midtown), Ende Juli–Anfang Sept., Mi./Do./Fr. 8–17 Uhr

488 [H18] **Smorgasburg,** East River State Park, 90 Kent Ave./N. 7th St., www.smorgasburg.com, April–Okt./Nov. Sa./So. 11–18 Uhr. Großer Gourmetmarkt in Williamsburg mit Imbissständen. Außerdem immer So. 11–18 Uhr im Prospect Park (Breeze Hill). Saisonal Stände am South Street Seaport (11 Fulton St.) und Anfang Nov. bis Ende März Gourmet- und Flohmarkt im Skylight One Hanson (Fort Greene), gegenüber Barclays Center.

489 [E19] **Tompkins Square,** Ave. A, 7th St.-St. Marks Place (East Village), ganzjährig, So. 9–18 Uhr

26 [D18] **Union Square,** Broadway/E 17th St., Union Square Park (Chelsea), ganzjährig, Mo./Mi./Fr./Sa. 8–18 Uhr. Größter und wohl meistbesuchter Markt in New York.

Smorgasburg Flea – alles von Retromode bis zu Accessoires

Kulinarisches

490 [C22] **Amish Market Tribeca,** 53 Park Pl./W. Broadway. Gourmetmarkt in Tribeca mit Waren von Kleinproduzenten aus aller Welt, Imbisstheke und Café.

491 [D19] **Astor Wines & Spirits,** 399 Lafayette/4th St. Hervorragende Weinauswahl in modernem Interieur und mit informativen Beschreibungen im East Village.

492 [B18] **Chelsea Market,** 75 9th Ave., www.chelseamarket.com, Mo.-Sa. 7-21, So. 8-20 Uhr. „Gourmet Mall" mit Blue Bottle (Kaffee!), The Lobster Place, Chelsea Wine Vault, Fill-it (Essig/Öl), Manhattan Fruit Exchange oder Amy's Bread.

493 [D20] **Dean & DeLuca,** 560 Broadway/ Prince St. Der „Gourmettempel" der Stadt, außerdem Küchenzubehör und Espressobar.

494 [C17] **Eataly,** 200 5th Ave./23rd St., www.eataly.com. Italienischer Gourmetmarkt mit Lebensmitteln, frischem Fisch, Fleisch und Käse, Espressobar sowie Restaurants und Kochschule. Filiale im 4 WTC.

495 [E20] **Essex Street Market,** 120 Essex/Delancey St., www.essexstreetmarket.com, tgl. 8-19, So. 10-18 Uhr. Überdachter Markt mit Ständen und Veranstaltungen in der Lower East Side. Einkaufen und Naschen ist hier günstiger als im exklusiveren Chelsea Market. Wegen eines Neubaus an der Essex/ Delancey St. soll der alte Markt 2018 auf die gegenüberliegende Straßenseite umziehen.

496 [C18] **Garden of Eden,** 7 E 14th St. / 5th Ave. Dieser Biosupermarkt ist kleiner als Whole Foods, aber ebenfalls exquisit sortiert. Weitere Filiale z. B. 162 W 23rd St.

497 [D21] **Gourmet Garage,** 366 Broadway (Tribeca), www.gourmetgarage.com. Bekannter Feinkostladen mit Imbiss, ähnlich Dean & DeLuca, aber preisgünstiger. Weitere Filialen u. a. 117 7th Ave./10th St. und 155 W 66th St.

EXTRATIPP

Flohmärkte

› **Brooklyn Flea:** ab April. Fort Greene Flea, 176 Lafayette Ave., Sa. 10-17 Uhr. DUMBO Flea, Manhattan Bridge Archway Plaza, So. 10-17 Uhr. Im Winter findet Flea Williamsburg zusammen mit Smorgasburg (s. S. 254) unter Dach statt. Infos: www.brooklynflea.com bzw. www.smorgasburg.com.

501 [C17] **Chelsea Flea Market,** W 25th St., Broadway-6th Ave. (Chelsea), www.annexmarkets.com/chelsea-flea-market, Sa. und So. 6.30-18 Uhr. Rund 135 Verkaufsstände mit Antiquitäten, Möbeln, Kleidung u. a.

502 [B11] **GreenFlea,** Columbus Ave./76th-77th St., vor dem Museum of Natural History, www.greenfleamarkets.com, So. 10-17.30 Uhr. Wochen- und Flohmarkt, teils überdacht.

503 [B15] **Hell's Kitchen Flea Market,** W 39th St. (9th-10th Ave.), Sa./So. 9-17 Uhr, www.annexmarkets.com/hells-kitchen-flea-market. Flohmarkt nahe dem Port Authority Bus Terminal.

504 [G14] **LIC Flea & Food,** 46th Ave./5th St. in Long Island City/ Queens, Nähe MoMA P.S.1, http://licflea.com, Anf. April-Ende Okt. Sa./ So. 11-18 Uhr. Großer Flohmarkt mit Imbissständen.

498 [C20] **Kee's Chocolates,** 80 Thompson/ Spring St. Winziger Laden mit erlesenen Trüffeln und Pralinen.

499 [ci] **Moore Street Market,** 110 Moore St. (Williamsburg/Brooklyn). Einer der ältesten Märkte unter Dach, tgl. 8-mind. 18, So. 10-17 Uhr.

500 [C18] **Murray's Bagels,** 500 Ave. of the Americas. Bekannt für seine mind. 15 Sorten

EXTRATIPP

„24/7 Shops"

Im Stadtzentrum finden sich kleinere Lebensmittelgeschäfte *(convenience stores)* mit heißen/kalten Theken, auch *delis* genannt oder auch größere Supermärkte wie die folgenden:

- 509 [D22] **7Eleven,** 140 Church St. (nahe City Hall)
- 510 [D19] **Morton Williams,** 130 Bleecker St. Rund um die Uhr geöffneter Supermarkt im Greenwich Village.
- 511 [E19] **St. Mark's Market,** 21 St. Mark's Place. Günstig im East Village gelegener Laden.
- 512 [D18] **Westside Market NYC,** 84 3rd Ave. Gut sortierter Supermarkt, der 24 Std. geöffnet ist.

Bagels und verschiedene Aufstriche/Beläge, aber auch Sandwiches und Salate.

- 505 [C19] **Murray's Cheese,** 254 Bleecker St., Filialen im Grand Central Terminal 45, 43rd. St./Lexington Ave. oder 500 6th Ave. (12–13th St.). Bestes Käsegeschäft der Stadt. Seit 1940 Käse aus aller Welt, aber auch andere Feinkost wie Salami oder Schinken.
- 506 [E19] **Russ & Daughters,** 179 E Houston St. Legendärer *appetizer store* von 1914 mit riesiger Auswahl an jüdischen (und anderen) Spezialitäten, v. a. Räucherfisch, Lachs, Hering, Kaviar, auch Bagels und *cream cheese.*
- 507 [D18] **Trader Joe's,** 142 E 14th St. Preiswerte Biosupermarktkette mit guter Weinabteilung (138 E 14th St.).
- 508 [D18] **Whole Foods (2),** 4 E Union Sq./14th St., tgl. 8–23 Uhr. Größter Biosupermarkt der Stadt mit Imbissstationen (kalt und warm) und großer Auswahl an Lebensmitteln. Filialen u. a. Time Warner Center (10 Columbus Circle), 95 E Houston St. (Bowery).

New York zum Träumen und Entspannen

Hochhausschluchten und Wolkenkratzer prägen das Bild, das man von New York im Kopf hat, doch dazwischen gibt es überraschend viel Grün – Parks und „community gardens" (Gemeinschaftsgärten), Strände und Wintergärten, Promenaden und Freizeitareale. Sie geben New York einen wenig bekannten „grünen Touch" und bieten genügend Gelegenheit zum Erholen.

Der **Central Park** 70 ist New Yorks bekanntestes und größtes Beispiel für eine grüne Ruheoase auf Stadtgebiet. Zudem erinnerte man sich in den letzten Jahren verstärkt daran, dass die Stadt am Wasser liegt, an der Mündung des Hudson River in den Atlantik, und es entstanden neue bzw. renaturierte Ufer- und Strandpromenaden. Alte Piers wurden reaktiviert und vormals wenig attraktive Parks und Plätze wie Washington Square oder Union Square 26 umgestaltet und wiederbelebt.

Mitten in Manhattan gibt es inzwischen nicht nur **Fußgängerzonen,** sondern immer mehr **Parks und Plätze,** die zum einen als grüne Oasen im hektischen Alltagstreiben dienen, zum anderen während der Sommermonate zahlreiche kostenlose Veranstaltungen wie Konzerte, Lesungen, Entspannungskurse, Kino oder Schachturniere anbieten. Vor allem der **Bryant Park** [C15] ist diesbezüglich attraktiv, doch auch Washington Square [C/D19], Union Square 26, Tompkins Square [E19] oder der Columbus Park [D21] in Chinatown sind Erholungsidylle. Vom Battery Park 5 und der sich nördlich anschließenden Esplana-

035ny Abb.: mb

de bietet sich ein Blick auf Statue of Liberty 6, Ellis Island 7, New Jersey und Hudson River. Hier, wie auch an der **East River Waterfront Esplanade** (s. S. 258), sitzt man schön im Grünen und kann die Geschäftsleute bei der Mittagspause beobachten.

Der **High Line Park** 31, eine umgestaltete alte Hochbahntrasse, präsentiert sich als begrünte Promenade mit Sitzgelegenheiten und ist prädestiniert zum Flanieren, um den Ausblick auf Skyline und Fluss zu genießen oder um sich auf einer der bequemen Sonnenliegen auszuruhen.

Ein Zukunftsprojekt ist die **Lowline**, wo in einem historischen Trolley-Bahnhof unter der Delancey Street ein „Untergrund-Park" entstehen soll (http://thelowline.org). Ein ähnlich einladendes „grünes Projekt" ist der **Hudson River Park** 30, eine Promenade, die sich einmal von der Battery Park City 4 bis etwa zur 60th Street hinaufziehen soll. Teil davon ist der **Greenway**, ein Fuß- und Radweg, der fast rings um Manhattan führt. Zur begrünten Promenade des Hudson River Park gehören alte **Hafenpiers**, von denen viele zu Parkanlagen, Sportflächen, Naturschutzgebieten oder Arealen mit Unterhaltungswert umgewandelt wurden bzw. werden sollen. Auch innerhalb der Häuserschluchten verwandeln Bewohner – vermehrt unter Duldung bzw. sogar unterstützt von der

Seit 2009 präsentiert sich der High Line Park 31 als grünes Idyll in luftiger Höhe

Stadtverwaltung – aufgelassene Grundstücke in idyllische Gartenanlagen, die öffentlich zugänglichen **community gardens:** z. B. Jefferson Market Garden (Ave. of the Americas/W 8th St., Greenwich Village) oder Clinton Community Garden (W 48th St., 9th–10th Ave., Hell's Kitchen). Begonnen hat diese Bewegung in Harlem, mit Projekten wie „Project Harmony" (www.projectharmony.com).

Eine weitere Ruheoase haben bislang vor allem die New Yorker selbst für sich entdeckt: **Governors Island** 8. Die der Südspitze Manhattans vorgelagerte Insel, die lange als Militärstützpunkt unzugänglich war, steht zur Erholung „fernab" im Grünen und doch so nah, mit Blick auf Freiheitsstatue und Manhattans Skyline, zur Verfügung und soll nach und nach noch attraktiver gemacht werden.

EXTRATIPPS

Promenaden, Fußgängerzonen, Piers und Parks

Im September 2014 wurde der letzte Abschnitt des **High Line Park** 31 eröffnet. Die Promenade auf der alten Hochbahntrasse reicht von der Gansevoort bis zur W 34th St. und verbindet Meatpacking District, West Chelsea und Hell's Kitchen.

Ebenfalls seit Sommer 2011 steht die **East River Waterfront Esplanade** (www.nycedc.com/project/east-river-waterfront-esplanade) nicht nur erschöpften Wall-Street-Bankern zur Verfügung. Der 1,5 km lange Streifen zwischen Wall Street und Maiden Lane [E23] bietet „Look-Outs", Aussichtspunkte, am Ende der Wall Street eine Stufenkonstruktion zum Wasser, bequeme Liegen, Bänke und Barstühle mit Ausblick für den Mittagslunch sowie einen beliebten Hundepark. Eine Verbindung zum Manhattan Greenway (Fahrrad-/Fußweg) ist ebenso geplant wie die Einbeziehung der Piers 15 und 35. **East River Blueway** (www.eastriverblueway.org) heißt die Fortsetzung der East River Esplanade vom South Street Seaport/Brooklyn Bridge bis hinauf zur E 38th St., die derzeit im Bau ist.

Viel tut sich auch am **Hudson River Park** 30. Viele der Piers wurden zu Orten für Freizeitvergnügungen umfunktioniert. Das Areal nördlich vom Battery Park 5 ist mittlerweile eine durchgehende Grünanlage, ein Freizeit- und Erholungsareal mit Vorbildcharakter.

Fußgängerzonen sind punktuell entlang dem Broadway vom Columbus Circle (59th St.) bis zum Madison Square Park (23rd St.) bzw. zum Union Square (14th St.) entstanden. Markiert durch farbigen Bitumenboden und ausgestattet mit Stühlen, Tischen und Liegen sowie Pflanzkübeln sind Ruhezonen und Radwege entstanden. Die zentralen Bereiche liegen zwischen Times und Duffy Square (42nd–47th St.), am Herald Square (33rd–35th St.) und am Madison Square Park vor dem Flat Iron Building (25th–23rd St.).

Tipps zum Relaxen

- **Brooklyn Heights Promenade** 86 oder **Brooklyn Bridge Park** 87 schön zum Betrachten der Skyline von Manhattan, besonders bei Sonnenuntergang
- **Esplanade (Battery Park City** 4**)**: Vor allem vom Wagner Park exzellenter Blick auf Hudson River, Statue of Liberty, Ellis Island und New Jersey
- **Jefferson Market Garden**: kleines grünes Idyll im geschäftigen Village
- **Fort Tryon Park** im Norden Manhattans: ein ruhiges Idyll
- **Wave Hill** 109 in der Bronx: Manhattan scheint Lichtjahre entfernt.

New York für den Nachwuchs

New York ist nicht unbedingt die ideale Stadt für Babies und Kleinkinder, doch generell sind auch hier, wie überall in den USA, Kinder gerne gesehen. Zudem gibt es auch für die „Kleinen" einiges zu sehen und zu erleben.

Kinder und Familien kommen selbst im teuren New York in den Genuss vielerlei Vergünstigungen. Im Flugzeug oder mit Amtrak (Eisenbahn) reisen Kinder ermäßigt und in den **öffentlichen Verkehrsmitteln** New Yorks dürfen Kinder bis 1,12 m Größe in Erwachsenenbegleitung sogar gratis fahren. In **Hotels** übernachten sie bis zu einem bestimmten Alter kostenlos im Zimmer ihrer Eltern, **Restaurants** bieten vielfach Kindermenüs und -sitze, in **Museen** gelten Sondertarife.

Interessant für Kinder sind Museen wie das American Museum of Natural History 74, wo auch spezielle Programme und Workshops für Kinder zwischen 7 und 13 Jahren angeboten werden. Daneben bieten sich beispielsweise das Children's Museum of Manhattan (s. S. 213), das Brooklyn Children's Museum (s. S. 218), die New York Hall of Science (s. S. 219) oder der eine oder andere **Zoo**, z. B. im Central Park 70 oder in der Bronx, an.

Im **Central Park** gibt es nicht nur Spielplätze und Karussells, Discovery Center und Zoo, sondern auch Fahrradrikschas, einen Bootsverleih und das Marionette Theater At The Swedish Cottage (s. S. 260). **Kinder-Matineen am Broadway** finden z. B. im New Victory Theater (s. S. 243) statt. Ebenfalls unterhaltsam sind ein Ausflug nach **Coney Island** 97 mit seinen Vergnügungsparks, eine Bootsfahrt (s. S. 332) oder eine Familien-Radtour auf dem **Manhattan Waterfront Greenway** (s. S. 287). Anschließend böte sich im Brooklyn Bridge Park 87 zu Füßen der Brooklyn Bridge 16 (Empire Fulton Ferry Park) das historische **Jane's Carousel** an.

Vor allem auf **Pier 6** wird viel für Kinder geboten: Spielplatz (Sandbox), Schaukeln und Wasserspiele. An Pier 2 gibt es Ballspielplätze und einen Pop-up-Pool.

Auch Sportveranstaltungen sind etwas für die ganze Familie, besonders Baseball (s. S. 329) ist zu empfehlen, da auch abseits des Spielfelds immer etwas los ist.

NYC & Co. hat Tipps für Familien zusammengestellt, die im Internet abgerufen werden können:

› www.nycgo.com/maps-guides/family-friendly – Vorschläge und Veranstaltungen für Kinder und Teenager

Kultur für Kids

› **Brooklyn Botanic Garden** (s. S. 187), Discovery Garden, www.bbg.org/collections/gardens/discovery_garden

› **Children's Museum of Manhattan** (s. S. 213). Interaktives Museum mit vielen Dingen zum Berühren und Betätigen, Spielegalerie, nachgebautes TV-Studio und vielerlei Workshops und Veranstaltungen.

513 [C14] **FDNY Fire Zone,** 34 W 51st St., gegenüber Radio City Music Hall, www.fdnyfirezone.org, Mo.–Sa. 9–19 Uhr, So. 11–17 Uhr, Eintritt frei (außer bei Vorführungen)

514 [C20] **New York City Fire Museum,** 278 Spring, Varick-Hudson St., tgl. 10–17 Uhr, $ 8/5, www.nycfiremuseum.org. Sammlung von Feuerwehrzubehör vom 18. Jh. bis heute, mit Souvenirshop.

442ny Abb.: fo©petert2

515 [B3] **Sugar Hill Children's Museum of Art & Storytelling,** 898 St Nicholas Ave, www.sugarhillmuseum.org, C Train bis 155th St., Do./Fr. 10–17, Sa./So. 12–17 Uhr, $ 7 (Kinder ab 9 Jahre $ 4). Interaktives Kindermuseum mit vielerlei Programmen.

516 [C11] **Swedish Cottage Marionette Theatre,** W 79th St. (Central Park), Tel. 212 9889093, www.cityparksfoundation.org/arts/swedish-cottage-marionette-theatre, $ 10/7. Seit 1947 werden im Cottage wechselnde Theaterstücke für Kinder und Familien aufgeführt.

Läden für Kids

517 [C14] **American Girl Place,** 609 5th Ave./49th St., www.americangirl.com. Puppen und Zubehör, Spielzeug und Kleidung, Café, Musicalbühne, Puppensalon.

Der Zoo im Central Park 70

519 [C15] **Disney Store,** 1540 Broadway/Times Sq. Shop des Disney-Imperiums.

520 [C14] **LEGO Rockefeller Center,** 620 5th Ave. Enorme Auswahl an Legosteinen und -bausätzen direkt am Rockefeller Center.

521 [C14] **Nintendo NY,** 10 Rockefeller Plaza, http://nintendonyc.com. Hier gibt es alles, was mit den berühmten Spielekonsolen und Videogames zu tun hat.

EXTRATIPP

Schlemmen mit Kids

Leckeres Eis gibt es in **Eisdielen** wie popbar (5 Carmine St./6th Ave.), Cold Stone Creamery (u. a. 253 W 42nd) oder Serendipity 3 (225 E 60th St./2nd–3rd Ave.). Süßes in Hülle und Fülle wird in Dylan's Candy Bar (1011 3rd Ave./60th St.), bei Economy Candy (108 Rivington/LES) oder bei Hershey's (Times Sq.) angeboten.

016ny Abb.: NYC&Co@Alex Lopez

Zur richtigen Zeit am richtigen Ort

Eigentlich ist man in New York immer „zur richtigen Zeit am richtigen Ort", denn im Big Apple ist das ganze Jahr über etwas los. Zu den größten Events zählen Macy's Thanksgiving Day Parade (über 3,5 Mio. Besucher), Annual Village Halloween Party (2 Mio.) sowie International Auto Show und Times Square New Year's Eve mit je rund 1 Mio. Besuchern.

Frühjahr

- Ende Januar/Anfang Februar: **Chinese New Year's Celebration,** große Parade und viele Festivitäten um die Mott Street (www.explorechinatown.com)
- Mitte März: **St. Patrick's Day** mit der ältesten und größten Parade der Welt (5th Ave.) und irischem Fest (www.nycstpatricksparade.org)
- Ostersonntag: **Easter Parade/Easter Bonnet** Festival an der 5th Ave. (49th–57th St.)
- April: **New York International Auto Show** im Javits Center (www.autoshowny.com)
- 1. Maihälfte: **Harlem Jazz Shrines Festival.** Konzerte auf verschiedenen Bühnen in Harlem (http://harlemjazzshrines.org)
- Ende Mai: **Memorial Day Weekend** (Wochenende um den letzten Montag im Mai) mit **Memorial Day Parade** (Broadway/Dyckman St.) sowie **Fleet Week** (Woche um den Memorial Day): Militärtreffen zu Ehren der U.S. Navy und des Marine Corps mit kostenlosen Schiffsbesichtigungen, Flottenparade und Militärdrills an verschiedenen Orten, u. a. Pier 88 (48th St./West Side Hwy.) und Intrepid Sea, Air & Space Museum 42 (http://militarynews.com/app/fleetweeknewyork)

Die Macy's Thanksgiving Parade läutet die Vorweihnachtszeit ein

EXTRATIPP

Aktuelle Termine

Bei mehr als 5000 Straßenfesten und Veranstaltungen jährlich fällt es schwer, den Überblick zu behalten. Allein in den Parks finden über 425 kostenlose Events im Jahr statt (s. S. 244), dazu Open-Air-Kino und diverse Filmfestivals. Hilfreich zur Orientierung können folgende **Websites** und **Zeitschriften** sein:

- www.nycgo.com/events
- In der Freitagsbeilage der New York Times („Weekend Guide") bzw. der Samstagsbeilage der Daily News („New York Now") finden sich aktuelle Hinweise.
- Darüber hinaus wird immer mittwochs „Time Out", ein Wochenmagazin (www.timeout.com/newyork), das u. a. ausführlich über Events berichtet, gratis verteilt und es gibt „New York Magazine" (http://nymag.com) mit viel Lesestoff und Adresslisten.

Sommer

- Anfang Juni: Bei der **Puerto Rican Day Parade** (www.nprdpinc.org) versammeln sich über 2 Mio. Besucher an der 5th Avenue.
- Mitte–Ende Juni: **River to River Festival,** verschiedene (v. a. Musik-)Veranstaltungen an verschiedenen Orten in Lower Manhattan und auf Governors Island (http://lmcc.net/program/river-to-river).
- Letzter Sonntag im Juni: **PrideFest** in Greenwich Village (Abingdon Sq.–W 14th St.). Die LGBT-Gemeinde feiert mit Parade mit Touren, Picknicks, Konzerten und Feuerwerk (www.nycpride.org).
- 4. Juli: **Independence Day** mit verschiedenen Veranstaltungen und spektakulärem Feuerwerk (Macy's Fourth of July Fireworks) über dem Hudson oder East River (http://social.macys.com/fireworks)
- Juni–August: **HBO Bryant Park Summer Film Festival,** Open-Air-Filmklassiker im Bryant Park (montags, www.bryantpark.org/plan-your-visit/filmfestival.html), zudem viele andere Veranstaltungen wie Lesungen, Workshops oder Konzerte, z. B. „Broadway in Bryant Park" (donnerstagmittags)
- Mitte Juni–Mitte August: **SummerStage** mit Konzerten u. a. Veranstaltungen (Infos: www.cityparksfoundation.org/summerstage, vor allem im Central Park (70), aber auch in anderen *boroughs,* z. B. im East River Park, am Tompkins Square, im Marcus Garvey Park), außerdem **GMA** (Good Morning America) **Summer Concert Series:** Mitte Mai–Ende August freitags 7–9 Uhr, gratis (http://gma.yahoo.com/music), und **NBC Today Show Concert Series:** Ende Mai–Anf. Sept. Gratiskonzerte (49th St., 5–6th Ave., www.today.com/concertseries). Weitere Sommerveranstaltungen im Central Park (s. S. 146).
- August: **International Fringe Festival (FringeNYC).** Kunst-/Theaterfestival mit über 200 internationalen Akteuren, 16 Tage lang auf 20 Bühnen, meist in kleineren Theatern (http://fringenyc.org)
- 2. Sonntag im August: **Dominican Day Parade** (6th Ave., 36th–56th St.) mit Merengue-Musik und Essensstände sowie Parade (www.aleida.net/parades-en.html)
- August (Schwerpunkt): **Harlem Week,** ein bunter Veranstaltungskalender mit Kino, Konzerten, Basketballturnieren u. a. (http://harlemweek.com bzw. www.summerstageinharlem.org)
- Ende August–Anfang September: **US Open Tennis Championship,** eines der vier Grand-Slam-Turniere der Welt findet in Flushing Meadows statt (www.usopen.org).

Herbst

- Mitte September: **San Gennaro Festival,** Prozession und Fest in Little Italy (www.littleitalynyc.com)
- 3. Wochenende im September: **German-American Steuben Parade,** großer Umzug entlang der 5th Ave., Start 12 Uhr Ecke 5th Ave./63rd St. (www.germanparadenyc.org)
- Mitte Oktober: **Openhousenewyork,** „Tag der Offenen Tür", der an einem Wochenende stattfindet. Sehenswürdigkeiten, die normalerweise nicht zugänglich sind, können dann großteils kostenlos besichtigt werden (www.ohny.org).
- Anfang Oktober: Beim vom gleichnamigen Magazin veranstalteten **New Yorker Festival** finden ein Wochenende lang Lesungen, Konzerte und Theaterstücke, Touren, Filmvorführungen und Aufführungen an verschiedenen Orten statt (http://festival.newyorker.com).

Winter

- 31. Oktober: **Village Halloween Parade.** Umzug auf der 6th Ave., Spring St. bis 21st St. (http://halloween-nyc.com)
- Anfang November: **New York Marathon,** nicht nur ein Erlebnis für Läufer, sondern auch für die Zuschauer an der Strecke (www.tcsnycmarathon.org)
- Letzter Donnerstag im November: **Macy's Thanksgiving Day Parade.** Ab 9 Uhr von Central Park W/77th St. südwärts zur 34th St. bis Herald Sq. und Macy's. Dabei sind überdimensionale Ballons in Gestalt von Comicfiguren, geschmückte Paradewagen, Clowns, Tanz- und Musikgruppen und am Ende der Parade Santa Claus auf dem Schlitten, der die Vorweihnachtszeit einläutet (http://

☒ *Anfang November versammeln sich die Topläufer zum New York Marathon*

016ny Abb.: mb

Feiertage

In den USA gibt es die arbeitnehmerfreundliche Gepflogenheit, **Feiertage auf einen Montag** zu legen. Die **Feriensaison** dauert in Amerika von Memorial Day (letzter Montag im Mai) bis Labor Day (erster Montag im September).

- 1. Januar: **New Year's Day**
- 3. Montag im Januar: **Martin Luther King's Birthday**
- 3. Montag im Februar: **President's Day** (Washington's Birthday)
- Ende März/April: **Easter Sunday** (Ostersonntag); Karfreitag (Good Friday) gilt nur eingeschränkt als Feiertag, Ostermontag überhaupt nicht.
- letzter Montag im Mai: **Memorial Day**
- 4. Juli: **Independence Day** („4th of July“)
- 1. Montag im September: **Labor Day**
- 2. Montag im Oktober: **Columbus Day**
- 31. Okt.: **Halloween** (kein offizieller Feiertag!)
- 11. November: **Veterans' Day**
- 4. Donnerstag im November: **Thanksgiving Day**
- 25. Dezember: **Christmas Day;** Heiligabend und der 2. Weihnachtstag sind keine Feiertage

social.macys.com/parade). Das Aufblasen der Ballons findet am Nachmittag zuvor zwischen 77th und 81st St., nahe dem Museum of Natural History 74, statt.

- Vorweihnachtszeit (nach Thanksgiving): **Tree Lightning Celebrations,** z. B. am Lincoln Center 72 und Rockefeller Center 50 sowie am South Street Seaport 13. Außerdem **Weihnachtsmärkte** u. a. im Grand Central Terminal 45, im Bryant Park [C15], am Columbus Circle 71 oder auf dem Union Square 26
- Anfang November–Ende Dezember: **Annual Radio City Christmas Spectacular** mit den **Rockettes** (www.rockettes.com/christmas) und **„The Nutcracker“** mit dem **New York City Ballet at Lincoln Center** (www.nycballet.com)
- Dezember (beweg. Termin): **Hannukah,** jüdisches Lichterfest, an dem die weltgrößte Menorah acht Nächte lang an der Ecke 5th Ave./59th St. brennt. Veranstaltungen im 92nd Street Y (www.92y.org) oder im Museum of Jewish Heritage (s. S. 215, www.mjhnyc.org).
- 31. Dezember: **Times Square New Year's Eve Celebration & Ball Drop** (www.timessquarenyc.org), außerdem Feuerwerke über Prospect Park (Eastern Pkwy./Flatbush Ave., Brooklyn) und Central Park (59–110th St.) und New York Road Runners Midnight Run (www.nyrrc.org)

431ny Abb.: NYC&Co@Julienne Schaer

In New York ist der Wandel die einzige Konstante und das Extreme ein Markenzeichen. New York ist bunt und schrill, vielgestaltig und pulsierend und zugleich treffen hier die verschiedensten Ethnien auf engstem Raum zusammen. Nach Frank Sinatras Motto „If I can make it there, I'll make it anywhere" zieht der „Big Apple" seit Generationen Menschen aus aller Welt an. Selbst „9/11" konnte die Stadt nur kurzzeitig aus dem Gleichgewicht bringen und hatte zur Folge, dass bei den New Yorkern plötzlich neue Qualitäten zum Vorschein kamen.

Das Antlitz der Metropole

New York ist nicht „Amerika" im landläufigen Sinne – New York ist ein Unikum, ein Faszinosum, ein „Labyrinth von endlosen Schritten", wie es der New Yorker Autor Paul Auster in seiner „New York Trilogie" einmal nannte.

Spricht man von New York, meint man **Manhattan,** die 21,5 km lange und 1,3 bis 3,7 km breite Insel, die durch Hudson und East River vom Festland bzw. Long Island abgeschnitten ist. Dabei ist Manhattan nur einer von **fünf Stadtteilen** – die anderen sind Brooklyn, Queens, die Bronx und Staten Island – die mit insgesamt 785 km² Fläche New York City ausmachen.

Die Besucher drängeln sich vor allem auf Manhattan und dort wiederum zwischen Südspitze und Midtown, wobei sich die meisten Unterkünfte in Midtown befinden. Grundsätzlich gliedert sich Manhattan in **Downtown** (was nicht, wie sonst üblich, das Zentrum bzw. die Innenstadt, sondern den Südteil der Insel meint), **Midtown** und **Uptown. Upper Manhattan,** u. a. Harlem, umfasst das Areal nördlich des Central Park. Der Südspitze der Insel vorgelagert sind kleine Inseln, wie Governors, Ellis oder Liberty Island und auch im East River verteilen sich etliche Inseln und Inselchen. Beachtliche 30 % von Manhattan stehen auf künstlich **aufgeschüttetem Grund** (z. B. Battery Park City 4).

New York City ist Teil von **New York State,** einem der 13 Gründerstaaten der USA, mit 19,65 Mio. Einwohnern und flächenmäßig in den USA an 30. Stelle stehend. Er reicht im Nordwesten an die Großen Seen heran, wo sich an der Grenze zu Ontario (Kanada) zugleich eine Hauptattraktion Nordamerikas befindet: die Niagara Falls. Nicht New York City sondern **Albany** ist die Hauptstadt des Staates. New York City wird im Westen durch den Bundesstaat New Jersey begrenzt, während weiter nordöstlich, an der Küste, als nächster Bundesstaat Connecticut folgt.

Zyniker meinen, es gäbe nur zwei **klimatische Zustände** in New York City: Einerseits tropisch-feucht und heiß, andererseits nasskalt bis eiskalt, bei zu vernachlässigenden Übergangszeiten. Und tatsächlich, das **Wetter** in New York verhält sich wie seine Bewohner: wechselhaft, extrem und unvorhersehbar. Obwohl nahe dem 41. nördlichen Breitengrad, in ungefähr gleicher Höhe wie Madrid oder Neapel gelegen, darf man kein Mittelmeerklima erwarten.

Vorseite: Nächtlicher Blick aus der Luft auf die World Trade Center Site 2

In New York herrscht insgesamt ein etwas **extremeres Klima** als in unseren Breiten: Es gibt im Jahresdurchschnitt rund 710 mm Schnee und 1200 mm Regen. Feucht-heiße **Sommertemperaturen** von über 27 °C tagsüber (Schnitt im Juli: 25 °C) und mindestens 15 °C nachts sind die Regel, im **Winter** können die Temperaturen dagegen auf 0–5 °C tagsüber und auf Minusgrade nachts (Januar-Durchschnitt: 0 °C) abfallen. Es gibt viel Schnee (Schwerpunkt Jan.–März) und längere Frostperioden und sogar heftige Blizzards kommen vor. Als kältester Monat gilt der Februar mit durchschnittlich -3 °C. Das **Frühjahr** ist wechselhaft, angenehm warm und sonnig bis kalt mit (Schnee-) Regen. Schönste Reisezeit ist der **Herbst,** denn da schlägt das Wetter kaum Kapriolen, es kann zwar abends und morgens kühl werden, aber meist ist es klar und sonnig, oft bis in den November hinein.

Von den Anfängen bis zur Gegenwart

New York scheint vom Himmel gefallen zu sein. Wie Las Vegas oder Orlando hat auch die Ostküsten-Metropole mit anderen amerikanischen Großstädten wenig gemeinsam. Der Literat Henry James, 1843 in New York geboren, brachte es auf den Punkt: „New York ist keiner anderen Stadt ähnlich. Es ist eine hässliche Stadt und sie ist schmutzig. Das Klima ist ein Skandal. Aber wer einmal in New York gelebt hat, für den ist kein anderer Ort gut genug!“

Blick vom Brooklyn Bridge Park 87 über den East River auf die Skyline Manhattans mit One WTC

New York gilt zu Recht als einzige wahre Weltmetropole. Wie rasant der Aufstieg verlief, macht ein historischer Überblick deutlich. Er zeigt auch, dass der Weg von den Wigwams der einst hier lebenden Lenape-Indianer über die Handelsstation der Holländer und die englische Kleinstadt bis hin zur größten und bedeutendsten Stadt Amerikas zwar nicht reibungslos, aber zielstrebig und geradlinig verlief.

1524: Eine Handvoll Indianer lebt auf der dicht bewaldeten Insel Manhattan. Selbst als Giovanni da Verrazano, Florentiner in Diensten des französischen Königs, als erster Europäer vor der Insel auftaucht, ändert sich zunächst nichts an dem Idyll.

1609: Der Brite Henry Hudson, der für die niederländische Ostindische Handelsgesellschaft einen schnellen Seeweg nach Asien sucht, erforscht die Insel Manhattan und den später nach ihm benannten Fluss. Im Logbuch eines seiner Offiziere taucht erstmals der Name „Manna-hata" auf. Hudson nimmt wertvolle Pelze und euphorische Berichte vom „Paradies" mit nach Europa. Folge ist **1621** die Gründung der Westindischen Gesellschaft in den Niederlanden, die die „Neue Welt" erschließen soll.

1624 lassen sich die ersten europäischen Siedler auf Governors Island bzw. an der Südspitze Manhattans nieder.

1626 glaubt Peter Minnewit im Namen der Niederländer den lokalen Indianern die Insel Manhattan für ein paar Glasperlen und Werkzeug im Wert von 60 Gulden abgekauft zu haben; Indianer kennen jedoch keinen Landbesitz. Die sich ansiedelnden Holländer nennen den Ort „Nieuw Amsterdam".

1643 verschlechtert sich das Verhältnis zwischen Indianern und Siedlern zusehends, als man versucht von den Ureinwohnern Steuern einzutreiben und Landansprüche gewaltsam durchzusetzen. In einer Februarnacht massakrieren die Holländer 120 unschuldige Ureinwohner. Der Kriegszustand dauert bis **1655** an und zum Schutz gegen die Ureinwohner, aber auch gegen die sich vermehrt hier niederlassenden Briten, wird 1644 eine Steinmauer errichtet, deren Verlauf der heutigen Wall Street entspricht.

1646 entsteht gegenüber Neu-Amsterdam auf Long Island eine zweite niederländische Siedlung: „Breukelen", das heutige Brooklyn. Auch auf Manhattan formieren sich weitere Dörfer, z. B. Harlem.

1664 muss sich Peter Stuyvesant, der 1647 zum Verwalter ernannt worden war, dem zunehmenden Durck der britischen Kolonialmacht beugen. Neu-Amsterdam gerät kampflos in die Hände der Briten und wird zu „New York".

Um **1700** leben bereits rund 10.000 Menschen in New York, dessen Zentrum mit dem heutigen Lower Manhattan, der Südspitze der Insel, gleichzusetzen ist.

1725 und **1733** entstehen mit der „New York Gazette" und dem „New York Weekly Journal" die ersten beiden Zeitungen, **1732** gründet Rip van Dam, ein holländischer Geschäftsmann, das erste Theater und **1756** entsteht mit dem King's College (heute Columbia University) die erste Hochschule.

Am 4. Juli 1776 verabschiedet der Kontinentalkongress die Unabhängigkeitserklärung. Nach der Schlacht von Long Island halten die Briten die wichtige Hafenstadt besetzt. Erst am **25. November 1783** ziehen sie wieder ab.

Am 4. März 1789 versammelt sich nach dem Unabhängigkeitskrieg der erste Kongress in New York und ernennt George Washington im Rathaus, der heutigen Federal Hall, zum 1. US-Präsidenten.

1790 übernimmt Philadelphia von New York die Rolle als Bundeshauptstadt.

1792 manifestiert sich der Aufstieg der Stadt zum Wirtschafts- und Handelszentrum in der Gründung der Börse an der Wall Street.

1797 löst Albany New York als Hauptstadt des Bundesstaats ab.

1811 nimmt der Stadtrat den Entwurf von Stadtbaumeister John Randall an – mit weitreichenden Folgen: Die Straßen nördlich der Houston Street wurden nach dem Prinzip eines Gitternetzes angelegt und durchnummeriert. Nur der Broadway, der alte Indianerpfad, der inzwischen zur wichtigen Postkutschenroute ausgebaut worden war, blieb als Diagonale im Raster der Avenues und Streets erhalten. 1850 war die Stadt bereits bis zur 34th Street gewachsen, in den nächsten zehn Jahren bis zur 42nd Street.

1817 wird jegliche Sklaverei in New York verboten, zehn Jahre später werden alle Sklaven freigelassen.

1825 wird mit der Eröffnung des Erie-Kanals zwischen Buffalo und Albany New York direkt mit den Großen Seen verbunden.

1830 entsteht das erste Nahverkehrssystem, eine Pferdebahn, **1836** folgte die Long Island Railroad.

1851 wird die New York Times gegründet.

1857 beginnt die Anlage des Central Park durch Frederick Law Olmsted und Calvert Vaux. Er wird **1869** eröffnet.

1865: Die Industrialisierung nach Ende des Bürgerkriegs lässt New Yorks Einwohnerzahlen explodieren. Mit über einer halben Million Menschen und konstantem Immigrantenzustrom wird die Stadt zum „Tor zur Neuen Welt".

1871 beginnt der Bau der Hochbahn, die bis 1954 in Betrieb ist – New Yorks erstes Massentransportmittel.

1880 wird das Metropolitan Museum of Art eröffnet und **1882** installiert Thomas Alva Edison die erste elektrische Lichtanlage. **1883** wird die Brooklyn Bridge eingeweiht und die Metropolitan Opera eröffnet, **1886** folgt mit der Freiheitsstatue ein New Yorker Wahrzeichen und **1891** eröffnet die Carnegie Hall.

1898 entsteht „New York City" aus dem Zusammenschluss der vormals unabhängigen Städte bzw. Landkreise Manhattan, Brooklyn, Bronx, Queens und Staten Island. New York wird auf einen Schlag mit gut 3,5 Mio. Einwohnern zur größten Stadt der Welt.

1904: Aufbau eines Subwaysystems, das mit dem Zusammenschluss der drei ursprünglichen Unternehmen in den **1930er-Jahren** zum größten Subwaynetz weltweit wird

1913 eröffnet mit dem Grand Central Terminal New Yorks größter Bahnhof und leitet das „Goldene Zeitalter" der Eisenbahn ein.

29. Oktober 1929: Der „Schwarze Freitag" an der New Yorker Börse beendet die „Roaring Twenties" und löst eine Weltwirtschaftskrise aus.

1932 tritt Bürgermeister Fiorello H. La Guardia (1882–1947) sein Amt an und initiiert einen langsamen Wiederaufstieg der Stadt.

1929 startet der Bau des Empire State Building, **1931** folgt das Rockefeller Center und **1932** wird die berühmte Radio City Music Hall eröffnet.

Am **28. Juli 1945** kollidiert eine US-Militärmaschine im dichten Nebel mit dem Empire State Building.

1949 wird New York zur Heimat der Vereinten Nationen (UN), die **1952** den Komplex am East River beziehen.

1978–1987: Unter dem populären Bürgermeister Ed Koch erlebt die Stadt einen neuen Boom, der am „Black Monday", dem **19. Oktober 1987,** aber jäh unterbrochen wird.

1990 tritt mit David Dinkins erstmals ein Afroamerikaner das Bürgermeisteramt an. Er wird bereits nach einer Amtsperiode von dem

Republikaner Rudolph Giuliani abgelöst, der **1997** wiedergewählt wird.

11. September 2001: Terroranschlag auf das World Trade Center, der Tausenden das Leben kostet und die Stadt in Schock versetzt.

2002 folgt Michael Bloomberg Giuliani im Amt des Bürgermeisters.

3. November 2009: Der als „parteiunabhängig" angetretene Bloomberg wird nach 2005 für eine dritte Amtszeit – ermöglicht durch eine Änderung des Wahlgesetzes – wiedergewählt.

11. September 2011: Eröffnung des National September 11 Memorial

April 2012: Das One WTC übertrumpft das Empire State Building als höchster Bau der Stadt.

29. Oktober 2012: Hurricane Sandy fegt durch New York und hinterlässt eine Spur der Verwüstung.

1. Januar 2014: Der Demokrat Bill De Blasio übernimmt das Bürgermeisteramt vom nicht mehr kandidierenden Michael Bloomberg. In Brooklyn wird Marty Markowitz als Borough-Präsident durch Eric L. Adams ersetzt.

2014: Das One World Trade Center und das 9/11 Memorial & Museum eröffnen.

2015: Eröffnung des neuen Whitney Museum und des One World Observatory

März 2016: Den Bau des ehemaligen Whitney Museum bezieht The Met Breuer.

April 2018: Das New York Wheel – ein Riesenrad – und eine Outlet-Shoppingmall sollen auf Staten Island eröffnen.

Ein ganz besonderer Ort: das „9/11 Memorial" auf der World Trade Center Site 2

205ny Abb.: pm

Kulturmetropole New York

Über 100 Museen, unzählige Kunstgalerien und Kinos, mehr als 100 Universitäten und Hochschulen, zwei Opernhäuser, Theater in Hülle und Fülle, mehrere Orchester, Ballett- und Tanzensembles, zahlreiche Bibliotheken und Verlage – New York ist nicht nur das kulturelle Zentrum der USA, sondern der Welt. Frank Sinatra hat mit seinem Evergreen „New York, New York" die Anziehungskraft der Stadt auf einen Nenner gebracht: „If I can make it there, I'll make it everywhere!" Literaten, Musiker und Künstler aus aller Welt fanden sich schon immer in New York ein, denn hier ist alles möglich.

Bildende Kunst

Von den fast 1500 Kunstwerken, die 1913 bei der „Armory Show", offiziell „International Exhibition of Modern Art", in New York ausgestellt waren, stammte rund ein Drittel von europäischen Künstlern. Während sie eine Diskussion um die Kunst der Moderne auslösten, blieben die wenigen vertretenen amerikanischen Maler wie Edward Hopper, Marsden Hartley oder Joseph Stella weitgehend unbeachtet. Das sollte sich jedoch bald ändern. Drei maßgebliche Kunstrichtungen spielten in New York bei der Loslösung von Europa eine wichtige Rolle: **Realismus** („American Scene Painting"), **Abstrakter Expressionismus** und **Pop Art.**

Realismus und Abstraktion

Die frühe Malerei war von der **Hudson River School**, einem Zusammenschluss von Landschaftsmalern im Hudson River Valley (u.a. Thomas Cole und Asher B. Durand), geprägt, die zwischen 1825 und 1875 romantisch-atmosphärische Naturbilder schufen. Am Übergang vom 19. zum 20. Jh. stellte sich dann die Gruppe „The Eight" gegen alle Konventionen und 1908 schlossen sich fünf der Mitglieder (großteils Zeitungsillustratoren) unter Robert Henri – ab 1900 in New York und Lehrer an der New York School of Art – zur „Ashcan School" zusammen. Diese machte sich die Realität des Stadtlebens zum Thema und beeinflusste die Entstehung des **amerikanischen Realismus** maßgeblich.

Ebenfalls „Städtischen Sozialrealismus" praktizierte eine Gruppe von New Yorker Künstlern, die sich zur „14th Street Group" zusammenschloss. Sie stellten die gesellschaftlichen Probleme der Stadt unverblümt dar. Kenneth Hayes Miller (1876–1952) beeinflusste mit seinen ausdruckslosen Kleinbürgern in Alltagsszenen zahlreiche Künstler, darunter Reginald Marsh (1898–1954). Er schilderte den Alltag gewöhnlicher New Yorker akribisch genau und in oft greller Jahrmarktsatmosphäre (z. B. in dem Bild „Strand von Coney Island").

Die eigentliche Identifikationsfigur des **amerikanischen Regionalismus** war jedoch Thomas Hart Benton (1889–1975), ab 1911 in New York tätig und ursprünglich Kulissenmaler. Seine Wandbildserie „Epos der amerikanischen Geschichte" und seine Wandbilder für die Whitney Library stießen aufgrund ihrer plakativ-ehrlichen Wirkung seitens der Allgemeinheit allerdings auf wenig Verständnis.

In den 1920er- und 1930er-Jahren hatte sich in New York ein Kunstmarkt herausgebildet, Galerien und Museen wa-

Edward Hopper – Visionen des modernen und alltäglichen Amerika

Edward Hopper gilt als der größte amerikanische Realist des 20. Jh. und lässt sich keiner Schule oder Gruppe zuordnen, denn er überdauerte alle und sprengte ihr Spektrum. Man bezeichnet ihn als ***Begründer des American Scene Painting*** *und seine Bilder von Häusern und Menschen in Hotelzimmern, „diners" oder Büros prägen das Amerikabild von Generationen. Auch wenn seine Lebensdevise „I don't know" lautete, kannte er sein Ziel genau, nämlich Visionen des modernen und alltäglichen Amerika zu schaffen: nostalgisch, emotionslos-distanziert, melancholisch-trostlos. So sind seine vermeintlich realistischen Bilder in Wahrheit Rekonstruktionen, Verfremdungen oder Überzeichnungen der Realität.*

Hoppers ***Lebenslauf*** *war „stinknormal", ruhig und geordnet sein Privatleben und auch seine künstlerische Karriere verlief unspektakulär, jedoch stetig nach oben: vom Werbezeichner und Illustrator zum geschätzten und hochdotierten Maler. Hopper ist ein* ***New Yorker Eigengewächs,*** *wurde in Nyack als Sohn eines Textilkaufmanns am 22. Juli 1882 geboren, absolvierte eine Ausbildung zum Werbegrafiker und studierte anschließend an der New York School of Art erst Illustration, dann Malerei. Mehr als sein damaliger Lehrer Robert Henri, Begründer der „Ashcan School", beeinflussten ihn jedoch zu Anfang seine* ***Europareisen,*** *die erste 1906. Besonders Paris und der Impressionismus (später auch Matisse), prägten sein Frühwerk.*

1910 ließ sich der menschenscheue Künstler dauerhaft in New York nieder, arbeitete als ***Werbezeichner, Illustrator*** *und* ***Zeichenlehrer*** *und bezog 1913 ein eigenes Atelier am Washington Square. Seine ab 1915 entstehenden* ***Radierungen*** *erhöhten seinen Bekanntheitsgrad und seine erste Einzelausstellung 1920 im Whitney Studio Club verhalf ihm zum Durchbruch. Mitte der 1920er-Jahre fand Hopper zu dem ihm eigenen* ***realistischen Stil*** *und wandte sich mehr und mehr Themen der Neuen Welt und der Zivilisation zu: Häusern, Eisenbahnen, Autos sowie Küstenlandschaften - Bilder, geprägt von stark geometrischer Komposition mit begrenztem Ausblick, um eine* ***Distanz*** *zwischen Betrachter und Objekt zu schaffen.*

1924 heiratete Hopper die Malerin ***Josephine,*** *die ihm ab und zu als Modell diente. Die Sommer verbrachten beide an der Küste von Cape Cod (Massachusetts), ab 1933 im eigenen Sommerhaus. Im gleichen Jahr fand Hoppers erste* ***Retrospektive*** *im Museum of Modern Art statt. In den 1930er- und 1940er-Jahren bereiste Hopper mehrfach Amerika, fuhr an die Westküste und erkundete Mexiko. In den folgenden beiden Jahrzehnten häuften sich Ausstellungen und Auszeichnungen. Noch 1967 nahm er an der Biennale in São Paulo teil, doch nach einem mehrwöchigen Krankenhausaufenthalt starb er am 15.5. desselben Jahres in seinem Studio am Washington Square.*

Hoppers Werke sind dank der gleich bleibenden Merkmale unverwechselbar.

Thematisch wandte er sich von Landschaften und unbelebten Objekte (vor allem Häusern) mehr und mehr dem ***Großstadtleben*** *zu. Schiffe und Meer, Eisenbahnen und Bahnhöfe, Straßen und Autos sind Ausdruck seines eigenen* ***Mobilitätsbedürfnisses.*** *Das alles beherrschende Thema ist für Hopper jedoch der Mensch, eingebunden in die Zivilisation, aber dennoch isoliert, in sich versunken und einsam, umgeben von einer Atmosphäre lähmender Stille, mit ausdruckslosen, fast erstarrten Gesichtern. Darüber hinaus ist Hopper ein Meister der Psychologie. Sind mehrere Personen im Raum, scheint die Spannung entweder unerträglich oder aber es gibt überhaupt keine Beziehung.*

Die Wahl des ***Ausschnitts,*** *die* ***Perspektive*** *und* ***ungewöhnliche Blickwinkel*** *spielen bei Hopper eine ebenso wichtige Rolle wie das* ***Licht.*** *Er verfremdet es, schafft doppelte Lichtquellen, von innen und außen, spielt mit Schlagschatten und Hell-Dunkel-Kontrasten oder lässt seine Figuren bei Nacht agieren. Hoppers Farbwahl ist kühl, im Spätwerk zunehmend kräftiger, aufgetragen in großen, ungebrochenen Farbflächen.*

Die umfangreichste Sammlung von Hopper-Kunstwerken mit über 3000 Ausstellungsstücken beherbergt das Whitney Museum of American Art 32.

Literaturtipp:

› *Modern Life. Edward Hopper und seine Zeit, Ausstellungskatalog, Hirmer Verlag München, 2009*

ren gegründet worden und die Nachfrage gewachsen. Bereits 1917 hatte sich um Man Ray, Marcel Duchamp und Francis Picabia eine Gruppe formiert, die den **New Yorker Dada** ins Leben rief. **Edward Hopper** (1882–1967) hingegen war ein Einzelgänger, der den Stil der Neuen Gegenständlichkeit ins Leben rief. Hoppers „stille" Bilder wurden prägend für das Amerikabild und sind zeitlos universal.

1936 hatten sich die **„American Abstract Artists"** zusammengeschlossen, doch erst Ende der 1940er-Jahre konnte sich der Abstrakte Expressionismus als erster eigenständiger nationaler Stil konsolidieren und New York zu internationalem Ruf als neues Kunstzentrum nach Paris verhelfen. Den Begriff des Abstrakten Expressionismus prägte der New Yorker Jackson Pollock (1912–56). Andere abstrakte Künstler wie Willem de Kooning, Ad Reinhardt, Robert Motherwell, Barnett Newman, Mark Rothko oder Clyfford Still sahen sich als „Missionare", als Erneuerer und Provokateure in der bildenden Kunst.

Pop Art und moderne Kunst

In den 1960er-Jahren verschmolzen die Grenzen zwischen Malerei und Bildhauerei, zwischen Realität und Kunst und eine neue Stilrichtung bildete sich heraus: die **Pop Art.** Diese der Großstadtkultur angepasste Kunstrichtung wehrte sich gegen althergebrachte Vorstellungen und verschaffte sich auf humorvolle Weise in der Öffentlichkeit Gehör. Pop Art galt als jugendlich und optimistisch, als weltzugewandt und witzig: Profanes und typisch Amerikanisches, Fast-Food-Restaurants, Reklametafeln, Geldscheine, Comics und Star-Fotografien wurden zum Bildthema und die Grenzen zwischen Kunst, Kommerz und Kitsch verschwammen. Fundmaterial fand Verwendung in Collagen (Wesselman) und Assemblagen (dreidimensionale Collagen, z. B. bei Segal, Kienholz). Massenmedien (Lichtenstein, Warhol), Reklame (Rosenquist) oder z. B. Lebensmittel (Oldenburg) fanden Eingang in die Kunst.

Als **Jasper Johns** (geb. 1930), ab 1952 als Dekorateur in New York tätig, 1958 in seiner ersten Einzelausstellung in der Leo Castelli Gallery wirklichkeitsgetreue Abbildungen von Flaggen, Schießscheiben und Zahlen zeigte, hielt sich die Begeisterung in Grenzen. Er war eng befreundet mit **Robert Rauschenberg**, dessen „Combine Paintings" – Assemblagen mit Fundstücken – im selben Jahr bei Castelli zu sehen waren, der aber auch Happenings veranstaltete, Bühnenbilder und Kostüme entwarf. Auch **Jim Dine** hatte sich auf Objets trouvés, Assemblagen und Collagen spezialisiert und inszenierte Happenings wie „Car Crash".

Einen ersten umfassenderen Überblick über die Pop Art boten 1961 das Guggenheim Museum („Six Painters and the Object" – Dine, Johns, Lichtenstein, Rauschenberg, Rosenquist und Warhol) und die gemeinsame Ausstellung der „New Realists", 1962 in der New Yorker Sidney Janis Gallery. Dort wurden Werke von Dine, Lichtenstein, Oldenburg, Rosenquist, Segal, Warhol, Wesselman, Christo, Tinguely u. a. gezeigt.

Neben **Andy Warhol** war **Roy Lichtenstein** (1923–1997), ein New Yorker Eigengewächs, eine prägende Figur der Pop Art. Er konzentrierte sich auf Cartoonfiguren in kräftigen Umrissen und Farben und mit Sprechblasen versehen (z. B. „Look Mickey" oder „Popeye"). **James Rosenquist** (geb. 1933) blieb seinem gelernten Metier, der Reklamemalerei, auch als Pop-Art-Künstler treu. Durch seine „American Nudes" wurde hingegen **Tom Wesselmann** (1931–2004) bekannt – oft Kombinationen aus Collage und Assemblage, Bild und Plastik. 1924 in der Bronx geboren, studierte der Jude **George Segal** Kunst. Berühmt wurde er ab 1961 durch seine Gipsfiguren, die lebendigen Modellen nachempfunden und

039ny Abb.: mb

Die „Group of Four Trees" (1969–72) von Jean Dubuffet vor der Chase Manhattan Bank (Williams/Liberty St.)

Andy Warhol

Andy Warhol gilt als der Hauptvertreter der amerikanischen ***Pop Art,*** *als der „Papst des Pop". Andrew Warhola (1928–1987) wurde als Sohn tschechischer Einwanderer in ärmlichen Verhältnissen geboren und wurde als kränkelndes, nervöses Kind beschrieben. Er lernte den Beruf des Gebrauchsgrafikers in Pittsburgh und war dann in den 1950er-Jahren als Werbegrafiker und Schaufensterdekorateur in New York tätig, wo er mit seiner Mutter an der Lexington Avenue wohnte.*

Seine frühen Werke basierten auf ***Schaufensterdekorationen*** *und* ***Comics.*** *Als er merkte, dass auch Roy Lichtenstein Comic-Strip-Figuren verwendete, wandte er sich* ***Konsumartikeln*** *zu. 1962 gelang ihm der künstlerische Durchbruch mit den* ***„Campbell Soup Cans"*** *(Suppendosen). Noch im selben Jahr gründete er sein Atelier The Factory (erst 47th St., dann Union Square), in dem er sich auf die* ***Fließbandproduktion*** *von Kunstwerken oder* ***„Readymades",*** *meist im Siebdruckverfahren, verlegte. Neben „Reproduktionen des Alltäglichen" wie Geldscheinen oder Pappkartons wählte er sogar Autounfälle als Bildmotiv. Er setzte z. B. Pressefotos für seine Zwecke ein, verfremdete Prominentenbilder und reihte Marilyn Monroes oder Liz Taylors Porträt 25-fach nebeneinander.*

Mit dem Niedergang der Pop Art verlegte sich Warhol Ende der 1960er-Jahre aufs ***Filmemachen*** *und veranstaltete* ***Performances*** *zur Unterstützung der Rockgruppe Velvet Underground. 1968 wurde er bei einem Attentat schwer verletzt. In den 1970er-Jahren war er dann vor allem als* ***Porträtist*** *tätig.*

in verschiedene Alltagsszenen eingegliedert wurden (Environments).

Claes Oldenburg (geb. 1929), gebürtiger Schwede, lebte seit 1956 in New York und war vielseitig: Happenings, Kostümentwürfe, Requisiten, Environments aus Müll, vor allem aber Nachbildungen von Massenprodukten und Alltagsgegenständen in meist überdimensionierter Größe – wie Brot, Kuchen oder Kleidung – und seine „Soft Sculptures", überdimensionale Alltagskunst (z. B. Knöpfe oder eine Zahnbürste), meist im Freien aufgestellt, wurden berühmt.

Der **Fotorealismus** wurzelt zwar im Westen der USA, doch in New York sorgte **Richard Estes** (geb. 1932) Anfang der 1960er-Jahre für die Rückkehr zur Gegenständlichkeit in der amerikanischen Kunst. Seine New Yorker Stadtansichten und Schaufenster sind nur scheinbar fotografisch genaue Wiedergaben.

Pop Art und Realismus verschmolzen zum Ausdrucksmittel eines neuen Lebensstils, den auch **Happenings** (z. B. an der New York University), **Free Art, Street Work** und **Performance Art** verkörperten. **John Cage** (1912–1992) galt als Prototyp des experimentellen modernen Künstlers. Als „Organisator" führte er verschiedene Kunstgenres und Kulturkreise zu intermedialen Veranstaltungen im Grenzbereich zwischen Collage, Musik und Theater zusammen. Als „triviale Form" der Happenings entstand **Fluxus,** kurze ausgefallene Darbietungen, flüch-

tige Gesten und profane Gegenstände in bestimmten Aktionen zur „Kunst“ erhoben.

Die Pop Art mit all ihren Ablegern und Nachfolgern löste einen weitreichenden **Kunstboom** aus. Ob Minimal Art oder Konzeptionskunst, Neo-Dada, Neo-Abstraktion oder Anti-Form, New Image Painting, Performances oder Graffiti – in New York ist alles erlaubt.

Fotografie

Obwohl die Fotografie bereits 1839 „erfunden“ worden war, erlebte sie ihren ersten künstlerischen Höhepunkt in den USA erst zwischen den beiden Weltkriegen, initiiert durch große Fotografen wie Alfred Stieglitz und Ereignisse wie die „Armory Show“ von 1913. **Alfred Stieglitz** (1864–1946), Sohn deutscher Auswanderer, brachte erstmals Kunst und Fotografie unter einen Hut. Nach Schulabschluss und Fotochemiestudium in Deutschland begann er 1890 in New York die Fotografie zur Kunstform zu entwickeln. Stieglitz’ Erfindung des Gelatineverfahrens ermöglichte es, ohne Manipulation und Retuschen zu arbeiten. Ab Anfang des 20. Jh. entstanden seine berühmten New-York-Fotos, die Immigranten-Schiffe, Eisenbahnen, Pferde und Wolkenkratzerkulissen zeigten, aber auch seine Wolkenbilder wurden berühmt.

Wegweisend war 1902 die Gründung der Gruppe **„Photo-Secession“** durch Stieglitz sowie seine Zeitschrift „Camera Work“. In seiner 1905 eröffneten 291 Gallery fanden bis 1917 rund 80 Ausstellungen von Fotografenkollegen und modernen Malern statt. Auch Stieglitz’ Frau, die Malerin Georgia O'Keeffe stellte hier aus.

Kurz vor dem Ersten Weltkrieg hatte sich die Fotografie zur unabhängigen Kunstform entwickelt und die sogenannten **Piktorialisten** – darunter **Man Ray** – schöpften die Möglichkeiten von Überarbeitung und Retusche voll aus. Stieglitz selbst, dessen Frühwerk eher malerische Züge trug, wandte sich später der **Straight Photography**, der unmittelbaren Realitätswiedergabe, zu und wurde zum Wegbereiter der Dokumentarfotografie. Die Verwendung rein fotografischer Mittel, kompromisslose Frontalperspektive und der Verzicht auf malerische Elemente und atmosphärische Stimmungen stellte die kreativste fotografische Bewegung vor dem Zweiten Weltkrieg dar. Stieglitz war Vorbild für Fotografen wie v. a. **Paul Strand** (1890–1976), aber auch für die 1933 an der Westküste gegründete Gruppe „f.64" (Blende 64), zu der Imogen Cunningham, Ansel Adams und Edward Weston gehörten.

Die neue Fotografierweise wirkte sich auch in der **Mode- und Porträtfotografie** aus, wo Diskretion gefragt war. Das Genre blühte in den „Roaring Twenties" auf, als die Nachfrage seitens großer Glamour-Magazine wie Vogue, Look oder Vanity Fair wuchs. **Edward (Eduard) Steichen** (1879–1973), gebürtiger Luxemburger, übte enormen Einfluss auf spätere Modefotografen aus. Er arbeitete mit Stieglitz zusammen und der Durchbruch gelang ihm 1923 mit seinen Modefotos im Hochglanzmagazin Vogue. Er lichtete im Laufe seiner Karriere Hollywoodstars wie Walt Disney, Charlie Chaplin oder Gloria Swanson ab.

Die Wurzeln der **Dokumentarfotografie** reichen ins 19. Jh. zurück. **Jacob Riis** hatte bereits 1890 mit seiner Fotodokumentation „How the Other Half Lives" ein eindrucksvolles Zeugnis der sozialen Umstände geliefert, mit denen die Immigranten New Yorks Ende des vergangenen Jahrhunderts konfrontiert waren. In dieselbe Kerbe schlug **Lewis W. Hine** (1874–1940) mit seinen Fotoserien aus den Elendsvierteln von New York („Human Documents"). Er fotografierte auf Ellis Island, in Fabriken, zeigte Ausgebeutete und arbeitende Kinder. Weltberühmt machte ihn aber schließlich seine Fotoreportage von 1930 zum Bau des Empire State Buildings, „Men at Work".

Walker Evans (1903–1975) war ab 1928 fotografisch tätig, u. a. für Time Magazine und Fortune Magazine. Seine New Yorker Studien über Menschen und Milieu, z. B. eine Reportage über die New Yorker Subway (1939–41) oder „Many Are Called" (Porträts), haben eine starke Aussagekraft, lassen aber auch innere Distanz erkennen.

In den 1930er-Jahren entwickelte sich die **Pressefotografie** und der Bildjournalismus zu einem eigenständigen Medium und blühte im Zusammenhang mit der Gründung von zahlreichen Illustrierten auf. Der Schritt zur Sensationsfotografie war ein kurzer und „Weegee" – korrekt **Arthur Felling** (1899–1968) – die logische Konsequenz. Der erste Paparazzo der Geschichte agierte nämlich auch als Polizeireporter.

Kunst zum Anfassen und Kaufen direkt vom Straßenkünstler

Harlem Renaissance

Die „Wiedergeburt Harlems" war eine Bewegung, die in den 1920er- und 1930er-Jahren die kulturelle Szene beherrschte. Ein Pamphlet von Alain Locke mit dem Titel „The New Negro" (1925) forcierte maßgeblich das afroamerikanische Selbstbewusstsein. Die Harlem Renaissance umfasste mehrere Genres, wirkte in Tanz, Musik, Theater und bildender Kunst gleichermaßen. Vor allem handelte es sich aber um ein ***literarisches Phänomen,*** *das vor dem Hintergrund der in den 1920er-/1930er-Jahren entstandenen NAACP (National Association for the Advancement of Colored People) und dem „New Negro Movement" gesehen werden muss.*

Nachdem im Zuge des Ersten Weltkriegs viele Afroamerikaner aus dem Süden und Mittleren Westen nach Harlem geströmt waren, entwickelte sich der Stadtteil mehr und mehr zum ***„Negro Capital of the World".*** *Der Schriftsteller Langston Hughes berichtet in „The Big Sea" über Harlems Blütezeit in den „Roaring Twenties" mit Jazzmusikern wie Duke Ellington, dem Tänzer Bill „Bojangles" Robinson und wegweisenden Literaten.*

Als Antriebsfeder für ein neues „schwarzes Selbstbewusstsein" fungierten in der Literatur ***W. E. B. Du Bois,*** *Herausgeber der Zeitschrift The Crisis (1910–1934), und* ***James Weldon Johnson*** *(„Negro Spirituals", 2 Bde. 1925/26). Ebenfalls am Anfang der Harlem Renaissance steht* ***Jean Toomer*** *(1894–1967), der mit seinem Werk „Cane" (1923, dt.: „Zuckerrohr", 1985) berühmt wurde.* ***Zora Neal Hurston*** *(1891–1960) ist heute weniger als Autorin denn als Volkskundlerin und Anthropologin („Mules and men", 1935) mit feministischen Ansätzen bekannt.*

Mit den existenziellen Problemen der Farbigen befasste sich hingegen ***Langston Hughes*** *(1902–1967). Im Harlemer Dialekt verfasste er vor allem Kurzgeschichten und Gedichte, wie „The Weary Blues" (1926), „Not without Laughter" (1930) und „The Blues I'm Playing" (1934). Festus Claudius McKay, kurz* ***Claude McKay,*** *(1890–1948) aus Jamaica, galt als das „enfant terrible" der Szene und war radikal-politisch eingestellt. Sein Roman „Harlem Shadows" von 1922 brachte ihm Ruhm ein und in „Home to Harlem" (1928) schilderte er die Geschichte eines heimkehrenden schwarzen Soldaten.*

Wallace Henry Thurman *(1902–1934) schilderte, obwohl nicht direkt der Gruppe verbunden, eindrucksvoll das Leben in Harlem, z. B. in „The Blacker the Berry" (posthum 1939). Bereits 1928 hatte Thurman in „Harlem. A Forum for Negro Life", ein Jahr später zusammen mit W. J. Rapp in „Harlem. A Melodrama of Negro Life in Harlem" sowie in Essays unter dem Titel „The Negro Life in New York's Harlem" (1928) eindringlich die Situation der Schwarzen dargestellt.*

In den 1930er- und 1940er-Jahren begann, auch bedingt durch die ***Depression,*** *der Niedergang der Harlem Renaissance und damit des gesamten Stadtviertels. Literarisch führten Künstler wie William S. Braithwaite, Georgia Douglas Johnson oder Alice Nelson-Dunbar die Tradition fort und Toni Morrison lässt in „Jazz" (1992) das Harlem der 1920er-Jahre wieder aufleben.*

Ebenfalls für Life arbeitete **Andreas Feininger** (1907–1999), 1939 nach einem Bauhaus-Studium in die USA ausgewandert. Er wurde in den 1940er-Jahren mit seinen New-York-Aufnahmen wie „Brooklyn Bridge im Nebel" oder „Sunday at Coney Island" als „Meister des Lichts" berühmt.

Berenice Abbott (1898–1991) machte sich 19-jährig von Ohio auf nach Greenwich Village, lernte bei Man Ray in Paris und begann 1935 im Auftrag des von Roosevelt initiierten Federal Art Project (FAP) den städtebaulichen Wandel in New York zu dokumentieren. Das Ergebnis war der Fotoband „Changing New York" (1939). Außer ihren berühmten Stadtansichten schuf sie Porträts berühmter Zeitgenossen, lehrte und schrieb über Fotografie.

Robert Mapplethorpe (1946–1989) studierte am Pratt Institute in Brooklyn, war Filmemacher und Bildhauer und wandte sich in den späten 1970er-Jahren der Mode- und Porträtfotografie zu. Was für Aufsehen sorgte, waren seine homoerotischen männlichen Akte. Er starb im Alter von 42 Jahren an Aids, nachdem er eine Reihe von Selbstporträts zur Dokumentation der Phasen seiner Krankheit geschaffen hatte.

Cindy Sherman (geb. 1954) ist eine der wegweisenden modernen Fotografinnen, die sich nach dem Kunststudium in New York niederließ und erste Schwarz-Weiß-Selbstporträts schuf. Ihre Spezialität war und ist, sich selbst in verschiedene Rollen zu versetzen und abzulichten.

Ein „schlafendes New York" in Schwarzweiß zeichnet stimmungsvoll **Christopher Thomas** in seinem grandiosen Bildband „New York Sleeps" (s. S. 314).

Jüdische Kultur

Neben der Harlem Renaissance spielte ab der ersten Einwanderungsphase um die Wende vom 19. zum 20. Jh. die **jüdisch-amerikanische Literatur** in New York eine wichtige Rolle. Des Jiddischen als Sprache der polnischen und russischen Juden bediente sich **Isaac Bashevis Singer** (1904–1991), 1935 nach New York eingewandert. Seine Romane beschäftigen sich vor allem mit dem Leidensweg des jüdischen Volkes, mit der Auflösung von Familientraditionen und dem Getto-Leben.

J(erome) D(avid) Salinger (1919–2010), der wie John Updike oder Truman Capote für den 1925 gegründeten New Yorker arbeitete, gelang 1951 mit „The Catcher in the Rye" („Der Fänger im Roggen") sein größter Erfolg. Er schildert darin die seelischen Nöte und die Einsamkeit eines Jugendlichen an der Schwelle zum Erwachsenenleben, der, nachdem er bereits in der vierten Schule gescheitert ist, die letzten drei Tage vor den Weihnachtsferien allein in New York verbringt, um sich nicht seinen Eltern stellen zu müssen.

Zur zweiten jüdischen Schriftstellergeneration (nach den 1920er-Jahren) gehört **Henry Roth** (1906–1995), der in „Call it sleep" (1934) die ärmlichen Lebensbedingungen einer jüdischen Einwandererfamilie schildert. **Elie Wiesel** (geb. 1928) führte die jüdische Tradition in den 1950er-Jahren fort, ebenso **E. L. Doctorow** (geb. 1931), der eine Rückbesinnung auf die jüdische Identität und Werte fordert. Zur modernen Generation jüdischer Literaten gehört **Tony Kushner** (geb. 1956), berühmt geworden mit „Undoing World", „Angels in America"

(Pulitzer-Preis) oder „A Dybbuk: Between two Worlds", das die bekannte Band The Klezmatics vertont hat (CD „Possessed", 1997). Zu den jüngsten New Yorker Autoren mit jüdischem Hintergrund gehören **Michael Chabon, Gary Shteyngart, Jonathan Safran Foer, Nathan Englander** und **Shalom Auslander.** Ihre Werke sind nicht nur geistreich, sondern auch mit Witz und etwas Melancholie geschrieben.

Die **jüdische Klezmermusik** hat in New York ebenfalls besondere Bedeutung. Ihre Wurzeln liegen in der Volksmusik der Ostjuden zwischen Baltikum und Schwarzem Meer. Klezmer leitet sich vom hebräischen „kley zemer" (Liedersammlung) ab und wurde von Immigranten wie dem legendären Musiker Leon Schwartz aus der Ukraine nach Amerika und speziell nach New York gebracht. In den 1980er-Jahren erlebte die Klezmermusik zunächst in New York einen Boom. Bands und Musiker wie Kapelye oder Klezmorim, Max Epstein, Andy Statman oder Zev Feldman sorgten für ein Aufblühen der Klezmermusik. Auch die jüdische Jugend begann sich plötzlich für ihre Herkunft und Kultur zu interessieren und überall in der westlichen Welt entstanden und entstehen Klezmerbands und die Fangemeinden wachsen.

Einen bedeutenden Anteil am weltweiten Boom hat die New Yorker Band **The Klezmatics.** Sie versteht sich wie kaum eine andere Band auf traditionelle Klezmermusik, auf deren osteuropäische Einflüsse von Polka bis zu Sinti/Roma-Musik, sie verschmilzt sie mit Elementen des amerikanischen Jazz, Rock und Pop, mit afrikanischen Rhythmen oder arabischen Elementen und lässt so eine neue, mitreißende Mischung entstehen. Dabei interpretieren sie nicht nur traditionelle Lieder neu, sondern vertonen auch Gedichte, Prosa und Theaterstücke bekannter jüdischer Autoren wie Kushner und treten mit anderen jüdischen Künstlern wie Ray Musiker oder Chava Alberstein auf.

New Yorks Musikszene

Musicals sind das Erste, was man mit der New Yorker Musikszene in Verbindung bringt – dann vielleicht **Jazz.** Auch wenn New Orleans dessen Wiege ist und sich Chicago nach dem ersten Weltkrieg zum Zentrum entwickelte, tat sich auch im New York der 1920er-Jahre im Jazz enorm viel. Harlem, speziell die 125th Street, war in den „Roaring Twenties" das Mekka dieser Musikrichtung. Im Apollo Theater 76 traten Louis Armstrong, Count Basie und Billie Holiday auf. Duke Ellington war ab 1927 im Cotton Club (s. S. 240) in Harlem für die Tanzmusik zuständig, die dem Geschmack der weißen Gäste angepasst war. Dieses *streamlining* führte letztendlich auch zur Entwicklung des **Swing** und machte Bandleader wie Count Basie oder Benny Goodman in aller Welt populär.

In den 1940er-Jahren erreichte der Big Band Swing seinen Höhepunkt, wurde abgelöst von **Progressive Jazz** (Stan Kenton) und vor allem vom **Bebop.** Letzterer galt als „something they (= die Weißen) can't play". Legendär wurden die Auftritte in Minton's Playhouse und im Birdland (s. S. 239) und für besonderes Aufsehen sorgten der technisch brillante Trompeter Dizzie Gillespie, der Saxofonist Charlie „Bird" Parker oder Miles Davis (ebenfalls Trompete), die grandiose Ella Fitzgerald (Gesang) oder Thelonious Monk (Klavier).

041ny Abb.: mb

⊡ *Musik gibt es in New York an jeder Ecke, in vielen Parks und auf Plätzen*

In der modernen Musik- und Literatur szene sorgten und sorgen afroamerikanische New Yorker für wichtige und entscheidende Impulse. Gerade **Hip-Hop** und **Rap** entstanden in den schwarzen Gettos der US-Metropolen. Besonders die Bronx spielte dabei in den 1960er-Jahren eine entscheidende Rolle. Als Pionier galt der 1959 in Harlem geborene Kurtis Blow (bürgerlich Kurtis Walker), der den Rap in seiner Anfangszeit stark prägte. Von ihm stammt der Klassiker des Hip-Hop „The Breaks“ aus dem Jahre 1980. Jenseits des Mainstream eines Jay-Z (aus Brooklyn) findet man auch heute mit Bands und Musikern wie den Arsonists, Brand Nubian, dem jungen und innovativen Jesse Boykins III oder Hi Tech *black music* in Reinform.

Ein weiteres Ausdrucksmittel der afroamerikanischen Szene sind seit den späten 1980er-Jahren **Poetry Slams,** die von New York ihren Siegeszug um den Globus antraten. Dabei tragen mehrere Künstler – vermehrt auch Amateure – dem Publikum aus dem Stehgreif Gedichte und Kurzgeschichten vor, wobei der „Sound“ der Worte oft wichtiger ist als der Inhalt – Hip-Hop in Literatur umgesetzt.

Für Furore sorgten zuletzt auch junge Bands aus New York in der **alternativen Folk- und Indie-Szene.** Namen wie TV on the Radio, Yeah Yeah Yeahs, MGMT, Hercules & Love Affair oder Vampire Weekend sind mittlerweile auch in Europa ein Begriff. Inzwischen vergeht kein Jahr, ohne dass eine neue Band aus New York bekannt wird – wie zuletzt Grizzly Bear, Dirty Projectors, Restless People, Yeasayer oder die Drums. Besonders das Brooklyner Viertel **Williamsburg** gilt als Hochburg der Indie-Szene. Viele angesagte und innovative Musiker und Bands kommen von hier oder aus dem nahe gelegenen Bushwick, das derzeit ebenfalls als „up and coming“ gilt.

Leben in der Stadt

New York, „The Big Apple“, ist das Symbol für eine ethnisch vielgestaltige und demokratische Welt und die einzige wirkliche Weltmetropole. New York gleicht einer „Arche Noah“, auf der sich verschiedenste Ethnien versammelt haben, und das Leben in der Stadt ähnelt einem wimmelnden Ameisenhaufen, der von außen chaotisch wirkt, im Kern jedoch genauen Regeln folgt. Hier kann jeder nach seiner Vorstellung glücklich werden, solange er den anderen respektiert.

New Yorks Bürgermeister

Seit Januar 2014 ist der mit der afroamerikanischen Aktivistin und Dichterin Chirlane McCray verheiratete ***Bill DeBlasio*** *(*1961) aus Brooklyn der 109. Bürgermeister New Yorks. Der linksliberale Demokrat wurde mit überwältigender Mehrheit (73 %) gewählt und löste* ***Michael R. Bloomberg*** *ab, der das Amt zwischen 2002 und 2013 innehatte. Der parteilose Bloomberg (*1942), Millionär und einstiger Republikaner, hatte die Stadt nach „9/11" wieder auf die Bahn gebracht und vor allem wegweisende stadtplanerische Projekte sowie den Tourismus angekurbelt.*

Bloombergs Vorgänger war von 1994 bis 2001 der Republikaner ***Rudolph Giuliani.*** *Er eroberte sich durch sein beherztes Auftreten unmittelbar nach dem 11. September 2001 einen festen Platz im Herzen der New Yorker. Ansonsten wäre er vor allem als „Law and Order Mayor" in die Geschichte eingegangen, denn sein Hauptziel, die „Säuberung" der Stadt und die Bekämpfung der Kriminalität, brachten dem gebürtigen New Yorker auch viel Kritik ein. Als ehrgeiziger junger Staatsanwalt hatte Giuliani einst den Auftrag gehabt, das Korruptionsgeflecht zu entwirren, das sein Vor-Vorgänger* ***Edward I. Koch*** *verursacht hatte. Dieser volksnahe, hemdsärmelige Demokrat war (wie Bloomberg) gleich zweimal wiedergewählt worden und amtierte von 1978 bis 1989. Auf Koch war im November 1989* ***David Dinkins,*** *der erste Afroamerikaner im Amt, gefolgt. Allerdings sorgte speziell seine Erfolglosigkeit in Sachen Kriminalitätsbekämpfung bereits 1994 für seine Abwahl.*

Verwaltung und Politik

New York City ist Teil von **New York State**, einem der 13 Gründerstaaten der USA, dessen Hauptstadt **Albany** ist. **New York City** mit seinen über 8,3 Mio. Einwohnern setzt sich aus fünf **boroughs** (Stadtbezirken) zusammen, die verwaltungstechnisch zusammengefasst, aber eigentlich Städte für sich sind: Im Norden ist das die **Bronx** (ca. 109 km²), gefolgt vom kleinsten Teil der Stadt, **Manhattan** (60 km²). **Brooklyn** (183 km²), flächenmäßig an zweiter Stelle, schließt sich abgetrennt durch den East River im Südosten an. Im Nordosten von Brooklyn befindet sich der größte Stadtteil, **Queens** (283 km²). Sowohl Brooklyn als auch Queens liegen auf Long Island, der etwa 190 km langen Atlantikinsel. Im Südwesten schließlich, jenseits des Hudson River und angrenzend an den Bundesstaat New Jersey, liegt **Staten Island** (152 km²).

An der Spitze der New Yorker Stadtverwaltung steht der **Mayor** (Bürgermeister), der zweimal für jeweils vier Jahre gewählt wird. Zuletzt änderte Bloomberg für seine eigene Wiederwahl 2009 das Gesetz kurzerhand. Der Bürgermeister arbeitet in der City Hall und residiert üblicherweise in der Gracie Mansion (s. S. 145). In seinem Amt unterstützen ihn fünf **Borough Presidents** (Vertreter der fünf Stadtteile) und der 51-köpfige **City Council** (Stadtrat), ebenfalls jeweils vier Jahre lang amtierend; zusätzlich gibt es ein siebenköpfiges **Board of Education** (Bildungsausschuss).

042ny Abb.: mb

Wirtschaft und Bildung

New York steht synonym für Wall Street, Banken, Börsen und „Big Money" und gilt als **Finanzhauptstadt** der Welt. Neben der New York Stock Exchange (NYSE), über die die Geldgeschäfte der Welt laufen, gibt es die amerikanische Aktienbörse und zahlreiche Produktbörsen. „9/11", der Zusammenbruch des „Neuen Marktes" sowie die jüngste Weltwirtschaftskrise sorgten auch in New York für Probleme und trieben die Arbeitslosenzahlen kurzzeitig hoch. Sie liegen derzeit wieder bei gut 6%.

Die Stadt gilt vor allem dank des eisfreien Containerhafens, der unter der Ägide der Port Authority of New York and New Jersey steht und sich großteils im benachbarten New Jersey befindet als wichtigster Umschlagplatz für Getreide und sonstige Agrarprodukte. Als Arbeitgeber an erster Stelle steht jedoch das **Dienstleistungsgewerbe:** Stadtverwaltung, Universitäten, Krankenhäuser, Banken und Versicherungen, UN und vor allem der Einzelhandel. Ebenso stellt die **Filmindustrie** einen wichtigen Wirtschaftsfaktor dar. Unzählige Werbeaufnahmen *(location shots)* und über 200 Filme pro Jahr werden hier gedreht und zudem gilt New York von jeher als Sitz von TV- und Radiosendern: Die drei großen TV-Anstalten CBS, ABC und NBC sind hier zu Hause.

Mit der New York Times, zu der u.a. der frühere International Herald Tribune (jetzt: „International New York Times") gehört, dem Wall Street Journal und der Daily News gibt es drei **Zeitungen** mit Auflagen von mehr als einer Million Exemplare und auch viele bedeutende Wo-

Der Hafen ist noch heute für die Frachtschifffahrt bedeutend

chen- und Monatszeitschriften wie Time Magazine oder Sports Illustrated werden in New York produziert.

Auch die **Weinindustrie** des Staates New York hat zugelegt: Auf der Beliebtheitsskala der Weine aus den USA stehen die hier angebauten Weine nach Kalifornien und Oregon an dritter Stelle.

Im Staat New York sind zwei staatliche Universitäten mit jeweils mehreren „Filialen“ vertreten: **CUNY** (City University of New York) und **SUNY** (State University of New York). Während erstere insgesamt 23 Colleges (Fakultäten) in Manhattan, Brooklyn, Queens und der Bronx unterhält, verteilen sich die Niederlassungen der SUNY großteils auf den restlichen Bundesstaat. Ausnahmen sind das Health Science Center in Brooklyn, das New York Maritime College und das Bronx Fashion Institute of New York City, die in New York City liegen.

Die 1849 gegründete CUNY war die erste amerikanische Hochschule, die keine Studiengebühren erhob, und sie ist die größte in New York. Darüber hinaus gibt es insgesamt rund 100 weitere Hochschulen, darunter etliche **Privatuniversitäten**, z. B. die Columbia University 81 von 1754 als die älteste, die New York University (gegründet 1831) als größte Privatuni in den USA, die Fordham University, 1841 von Jesuiten gegründet, oder die auf Wirtschaft spezialisierte Pace University.

„Welcome to NY!“ – Bedeutung des Tourismus

Der Tourismus spielt die erste Geige in New York City. Er sorgt für Hunderttausende Jobs und Milliardeneinkünfte. New York ist nicht nur das beliebteste US-Ziel für internationale Gäste, sondern ist auch das beliebteste Städteziel für Besucher aus den USA, weit vor Las Vegas, Orlando, San Francisco und Los Angeles.

Für die Deutschen steht New York unter den Reisezielen in den USA seit Langem konstant an erster Stelle auf der Beliebtheitsskala, hinzu kommt, dass gut drei Viertel aller deutschen Besucher sogar wiederholt nach New York kommen. Angeblich sind rund drei Viertel der Überseereisenden „Reisende in Sachen Kultur“. Sie kommen zum Vergnügen nach New York, wobei Einkaufen und Broadway-Besuche auf der Beliebtheitsskala ganz weit oben stehen.

Trotz des Dollarkurses und politischer wie wirtschaftlicher Unruhen ist New York noch immer ein Renner: 2016 wird die 60-Mio.-Besucher-Marke angesteuert.

2016 werden geschätzte 12,7 Mio. der Gesamtzahl der Touristen **internationale Besucher** sein, davon rund 630.000 Deutsche. Die Deutschen, die als Lieblingsbeschäftigung „Shopping“ angeben, positionierten sich, was die europäischen Besucher angeht, nach Briten und Franzosen an 3. Stelle. Die internationalen Gäste sind dafür bekannt, im Durchschnitt während ihres New-York-Aufenthalts fünfmal so viel Geld auszugeben wie Urlauber aus den USA bei durchschnittlichen 6 Nächten Aufenthaltsdauer.

Die immer noch preisgünstigen Flüge nach New York, spektakuläre Aktionen und die Eröffnung neuer Museen und Attraktionen, vor allem aber die Orientierung zum Wasser und die Entstehung neuer Parks, Promenaden und Fußgängerzonen sowie ein wachsendes kulturelles Angebot sorgten und sorgen für anhaltende Attraktivität. Am Broadway liegen die Besucherzahlen bei rund 14 Mio. New York umwirbt Besucher intensiver als früher und lockt mit Sonderangeboten und Rabattaktionen in Restaurants, Hotels und Sehenswürdigkeiten, mit Gratisevents und Schnäppchenangeboten.

„Grünes" New York

„Going Green" ist angesagt: Städte wie San Francisco, Portland oder Chicago haben den Anfang gemacht und New York zieht nach. Parkanlagen, Promenaden, Gemeinschaftsgärten, energiesparende, umweltfreundliche Bauten und Projekte wie Fußgängerzonen, begrünte Pieranlagen, Stadtstrände oder der High Line Park zeigen New York von einer neuen, „grünen" Seite. Natürlich bringen Größe und Bevölkerungsdichte der Stadt ihre spezifischen Probleme mit sich. Obwohl der Nahverkehr in New York besser ausgebaut ist als in jeder anderen US-Stadt, ist die **Luftverschmutzung** noch immer sehr hoch, die Treibhausgasemissionen sind jedoch im Vergleich zur Bevölkerungsdichte relativ gering, der Stromverbrauch niedriger als in anderen Großstädten. Die meisten Busse und auch schon viele Taxis sind Hybridfahrzeuge, mit Gas oder elektrisch betrieben und auch dem **Fahrradfahren** wurde in letzter Zeit höherer Stellenwert zugemessen. Neue Radwege sind entstanden und Fahrradverleih an Selfservice-Stationen wird angeboten.

Viele staatliche und städtische Bauten werden heute von Windkraft versorgt, außerdem sorgen Unterwasserturbinen im East River für **Stromerzeugung.** Die **Wasserversorgung** wird u.a. aus den Catskill Mountains gewährleistet. Dort gibt es an die 20 Reservoirs, die reines Wasser ohne Zusätze liefern. Im Rahmen der Water Conservation Challenge haben sich zudem etliche große New Yorker Hotels und Restaurants verpflichtet, ihren Wasserverbrauch zu reduzieren.

Die **Müllentsorgung** ist ein weiteres großes Problem. In der Vergangenheit und teils noch heute wird er als *landfill,* d.h. zur Aufschüttung von Land, genutzt. Angesichts von Giftstoffen im Müll gibt es auch hier zunehmend Probleme.

043ny Abb.: mb

Recycling wird großgeschrieben und der Fantasie in Sachen Müllbehältern sind keine Grenzen gesetzt

044ny Abb.: mb

„**PlaNYC**" heißt eine 2007 von Ex-Bürgermeister Bloomberg ins Leben gerufene Initiative, die bis 2030 die Senkung von Emissionen und Verringerung von Müllbergen sowie die Förderung von Recycling u. a. umweltschützenden und energiesparenden Programmen vorsieht. In diesem Zusammenhang hatte die Stadtverwaltung 2009 die Einrichtung **verkehrsberuhigter Zonen** – kleiner Fußgängerzonen – durchgesetzt. Beispielsweise wurden entlang dem Broadway vom Columbus Circle bis hinunter zum Union Square eine Reihe teilweise verkehrsberuhigter und mit Radwegen versehener Areale eingerichtet.

Für Schlagzeilen sorgte der **High Line Park** 31 nahe dem Hudson River. Von der Gansevoort Street im Meatpacking District durch Chelsea bis hinauf zur 34th Street am Javits Convention Center 38 entstand auf der Trasse einer ehemaligen Eisenbahnlinie zum Schlachthofviertel eine ungewöhnliche grüne Freizeitoase.

Dass sich New York verstärkt dem Wasser zuwendet, zeigt das Projekt **„Vision 2020"**. Promenaden am Wasser – wie die **East River Waterfront Esplanade** (s. S. 258) oder der Brooklyn Bridge Park – und die Einführung einer Pendlerfähre (East River Ferry) machten den Anfang. Der **Battery Park** 5 bzw. Battery Park City gehen inzwischen lückenlos ins Grün des **Hudson River Park** 30 mit

Eine grüne Oase im hektischen Großstadttrubel: der High Line Park 31

neu gestalteten Piers und Grünanlagen, Spielwiesen und Sportflächen über. Der **Manhattan Waterfront Greenway**, eine knapp 50 km lange Route, umrundet als begrünter Geh- und Radweg direkt am Ufer von East und Harlem River fast die gesamte Insel.

Der **Hudson River Park** soll sich einmal von Battery Park City 4 bis zur 60th Street hinaufziehen. Zu Freizeit- und Erholungszwecken genutzt werden heute alte Pieranlagen wie Pier 25, 45, 66 oder 84 am Hudson River. Auch in Brooklyn wurden die alten Piers umgestaltet: Zwischen DUMBO 87 und Red Hook 90 ist der **Brooklyn Bridge Park** 87 entstanden – Grünanlagen, Veranstaltungsplätze und sogar Biotope (Marschland) auf ehemaligen Piers.

Kirchengärten wie der von St. Luke in the Fields im West Village und v. a. **Community gardens** – Gemeinschaftsgärten auf brachliegenden Grundstücken oder Parkplätzen – kamen bereits in den 1970er-Jahren auf, anfangs vor allem in Harlem und großteils illegal. Mittlerweile sind die meisten Gärten sanktioniert und zugleich in dicht bebauten und besiedelten Vierteln wie Harlem, Hell's Kitchen, dem Village oder der Lower East Side zu wichtigen grünen Lungen geworden.

„Grün" ist New York bereits seit Langem in Sachen **Ernährung.** Allein in Manhattan finden regelmäßig über 50 *farmers'* bzw. *green markets* (s. S. 254) statt und Biosupermärkte wie Whole Foods (s. S. 256) oder Garden of Eden (s. S. 255) erfreuen sich wachsender Beliebtheit. Dazu hat Ex-Bürgermeister Bloomberg 2013 durchgesetzt, dass in New York zuckerhaltige Getränke nicht in Größen von über 16 oz. (0,47 l) verkauft werden dürfen.

EXTRATIPP

Green New York

- **Community Gardens:** www.greenthumbnyc.org, www.greenguerillas.org, www.moregardens.org, www.projectharmonynyc.org
- **High Line Park:** www.thehighline.org
- **Manhattan Waterfront Greenway:** www.nyc.gov/html/edc/pdf/greenway_mapside.pdf
- **Farmers'/Greenmarkets:** www.grownyc/greenmarket.org
- **„Grüne Events" in Downtown:** www.downtownny.com/green-around-lower-manhattan
- **PlaNYC:** http://www.nyc.gov/html/planyc/html/home/home.shtml

Die New Yorker und ihr Alltag

„Who's the native New Yorker? No one can tell!", meinte einmal der Kunstkritiker Robert Stern. In der Tat ist ein buntes Völkergemisch charakteristisch für die Stadt, aber dennoch trifft der abgedroschene Begriff des „melting pot" nicht zu. Von „Verschmelzung" kann nämlich nicht die Rede sein, die Devise heißt „Einheit in der Vielheit" oder, mit den Worten von Ex- Bürgermeister David Dinkins, „New York ist kein Schmelztiegel, sondern ein prächtiges Mosaik."

New Yorker pflegen ihre Neurosen – wie Woody Allen eindringlich in seinen Filmen schildert – und sind stolz auf ihre skurrile Hassliebe zu dieser maßlosen Stadt, die niemals schläft. „Bei all dem Reichtum und Glanz dieser Stadt finden

„Grünes" Bauen

__LEED (Leadership in Energy and Environmental Design)__ ist ein von der US-Regierung - genauer, dem U.S. Green Building Council - ins Leben gerufenes Zertifizierungssystem für __„grünes" Bauen.__ Umweltfreundliches Design und ebensolcher Betrieb sind Voraussetzungen, um diese Auszeichnung zu erhalten, die es in verschiedenen Kategorien und in Silber, Gold und Platin gibt.

Stolz auf eine goldene LEED-Umweltschutzauszeichnung ist der __Hearst Tower__ von Sir Norman Foster, ein 46-stöckiges Gebäude (300 W 57th St./8th Ave., nahe Columbus Circle), bei dem der ursprüngliche Sockel von 1928 gelungen mit einem Neubau kombiniert wurde. Es zählt zu den umweltfreundlichsten und ersten „grünen" Gebäuden in New York, bei dem ökologische und energiesparende Technologien zur Anwendung kamen.

Beim __New York Times Building__ (40) (www.newyorktimesbuilding.com) steht das LEED-Zertifikat derzeit noch aus. Das Besondere an dem von Renzo Piano geplanten, rund 228 m hohen Wolkenkratzer sind weder das sechsstöckige Atrium noch Lobby Garden und Lobby Auditorium, sondern die umweltschutztechnischen Details, z. B. die Außenhaut, eine neuartige „Glass Curtain Wall" mit keramischen Sonnenschutzelementen, die sich automatisch an Lichteinfall und Sonneneinstrahlung anpassen.

Ein eigenes kleines Gaswerk liefert rund 40 % der benötigten Energie, es wird eine neuartige Fußbodenluftzirkulation zur Kühlung benutzt und der meiste Stahl der Außenkonstruktion besteht aus Recyclingmaterial.

Inzwischen buhlen weitere Bauten um Auszeichnungen als __umweltfreundliche Gebäude:__ So die __Goldman Sachs Headquarters__ (West St./Vesey) in Battery Park City. Dieser 43-stöckige Glas- und Stahl-Turm von Henry Cobb (Pei Cobb Freed & Partners) verfügt ebenfalls über modernste Technologien zu Energieeinsparung und zum Umweltschutz.

Auf dem flächenmäßig größten Bauplatz in Midtown entstand __One Bryant Park__ (Bank of America Tower, 42nd/Avenue of the Americas/One Bryant Park), ein Musterbeispiel für Ökoarchitektur, Nachhaltigkeit und Wirtschaftlichkeit. Wasserfilter für Brauchwasser auf dem Dach und ein eigenes Gaskraftwerk zeichnen dieses nach dem Empire State Building - das nach aufwendiger Sanierung ebenfalls LEED-Gold erhielt - zweithöchste Gebäude in Manhattan u. a. aus.

__New York by Gehry__ (s. S. 52) setzt auf eine energie- und kostensparende Glas-Stahl-Konstruktion und auf Wasserfiltersysteme, Spezialverglasung und viel Grün im Zugangsbereich, strebt jedoch, anders als One WTC und das neue Whitney Museum kein LEED-Zertifikat an.

Bereits ausgezeichnet sind das __Cooper Union New Academic Building, HL 23__ an der HIgh Line, die __JP Morgan Chase Headquarters__ und __The Solaire,__ ein „grüner" Wohnblock in Battery City von Pelli Clarke Pelli.

› *__Infos zu LEED-Vergabekriterien und -Bauten:__ www.usgbc.org.*

wir doch nur sehr wenig gute Manieren", klagte schon 1774 John Adams, der zweite Präsident der USA. Und die Parole „Do your own thing" – ein Bekenntnis zur radikalen Ellbogenmentalität – war bis zum 11. September 2001 weitverbreitet. Was an jenem sonnigen Herbsttag passierte, hat die New Yorker verändert. Selbstlose Hilfsbereitschaft und das mutige Agieren von Hilfskräften und ehrenamtlichen Helfern hat sie in einem anderen Licht gezeigt: Hektik und Agressivität, Arroganz und Egoismus – Züge, die man ihnen gemeinhin zuschrieb – traten zugunsten von Disziplin, Solidarität und Hilfsbereitschaft zurück.

New York und die New Yorker sind ein „House of Everybody" und ein **Symbol für die Welt:** Nirgendwo sonst findet man eine solche Pluralität und so gravierende kulturelle, ethnische und ökonomische Unterschiede. In New York gibt es mehr Millionäre und Milliardäre als sonstwo in den USA, gleichzeitig leben hier aber auch dreimal so viele Obdachlose. New York ist einerseits die Stadt mit der größten jüdischen Gemeinde der Welt, beherbergt aber zugleich riesige lateinamerikanische, afroamerikanische und asiatische Gemeinschaften. Das Erstaunliche ist, dass das Zusammenleben der Kulturen und Völker hier weitgehend reibungslos funktioniert.

New York City zählt derzeit gut **8,5 Mio. Einwohner,** von denen grob 1,6 Mio. in Manhattan, 2,6 Mio. in Brooklyn, 2,3 Mio. in Queens, knapp 1,5 Mio. in der Bronx und knapp 0,5 Mio. in Staten Island wohnen (Stand 2015). Anfang des 18. Jh. lebten nur rund 5000 Menschen in New York, um 1800 waren es knapp 70.000 und nach der Masseneinwanderung in der zweiten Hälfte des 19. Jh. und dem Zusammenschluss der fünf *boroughs* 1898 dann über 3 Mio. Bis 1924 und der Einführung von Quoten war besonders der Zustrom von Iren, Deutschen, Italienern und osteuropäischen Juden enorm, doch auch von 1933 bis 1942 und nach dem Zweiten Weltkrieg war New York **Zufluchtsort vieler Flüchtlinge.** Nach dem Krieg strömten zudem Afroamerikaner aus dem Süden und *Hispanics* aus karibischen, mittel- und südamerikanischen Staaten, v.a. aus Puerto Rico, nach New York.

„Museum der Menschheit"

Hermann Kesten bezeichnete New York einmal als „anglisierten Vorort von Europa", als „komplettes Museum der Menschheit" und „Babel mit hundert Sprachen". Obwohl Los Angeles und Miami größere Anteile an nicht-amerikanischen Einwohnern verzeichnen, ist New York die am deutlichsten **kosmopolitisch geprägte Immigrantenstadt.** Aktuell ist rund ein Drittel der New Yorker Gesamtbevölkerung weiß, 29 % *Hispanics/Latinos* (nicht-weiß), 25 % afroamerikanischer und 13 % asiatischer Abstammung. Mit rund 2 Mio. Gläubigen befindet sich hier zudem die größte jüdische Gemeinde außerhalb Israels. Rund ein Sechstel aller US-Einwohner hat übrigens deutsche Wurzeln, allein eine halbe Million Deutsch-Amerikaner sollen in New York leben.

Die einzelnen Ethnien bilden eigene **Enklaven,** verfügen über eigene Infrastruktur und Kultur, pflegen ihre Sprache (Spanisch ist die zweithäufigst gesprochene), ihre Feiertage, Feste, Bräuche und Gewohnheiten – und ihre Religionen: Der Katholikenanteil in NYC ist ungewöhnlich hoch für die USA, aber

„Play Ball!" – New York, Hauptstadt des Baseball

*New York gilt nicht zu Unrecht als **„Capital of Baseball"**: Hier wurde 1845 der erste Baseballklub - der Knickerbocker Club of New York - und 1876 mit der **National League (NL)** die erste Profiliga gegründet. Die NL bildet heute mit der 1900 gegründeten **American League (AL)** die sogenannte **Major League Baseball (MLB)** als übergeordnete Profi-Organisation. Ihr gehören seit 1903 die **New York Yankees** an - mit 27 Meistertiteln der erfolgreichste Baseballverein weltweit. Bis in die späten 1950er-Jahre lieferten sich die Yankees aufsehenerregende Duelle mit den Lokalrivalen, den **New York Giants** und den **Brooklyn Dodgers**. Dann packten die Giants und die Dodgers 1957 ihre Koffer und zogen nach San Francisco bzw. Los Angeles um. Dass New York dennoch „Hauptstadt des Baseball" blieb, ist auch den 1962 gegründeten **New York Mets** zu verdanken, die 1969 und 1986 Meisterehren erlangten. Höhepunkt der Saison ist, wenn sich die Lokalrivalen in den **„Subway Series"** gegenüberstehen - 2000 spielten beide sogar um den Titel.*

erklärbar durch den hohen hispano-latinischen Bevölkerungsanteil. Die protestantischen Religionsgemeinschaften liegen an zweiter Stelle.

Völkerübergreifend ist die Weigerung, die eigene **kulturelle Identität** abzulegen. Kulturelle Differenzierung ist wichtiger als oberflächliche Integration. Man ist stolz darauf, **„Bindestrich-Amerikaner"** zu sein – Asian-American, Afro-American, Hispanic-American. Das „Mosaik New York" stellt vor Herausforderungen, bietet aber auch Chancen und zeigt auf, dass nicht Verschmelzung und Gleichmacherei die Lösung sind, sondern ein friedliches Nebeneinander auf der Basis einer freiheitlich-demokratischen Gesellschaftsordnung.

⊡ New York ist kein ethnischer Schmelztiegel, sondern ein Mosaik aus vielen kleinen bunten Steinchen

Ethnische Viertel

Chinatown, Little Italy und Harlem sind die bekanntesten „fremdländischen" Enklaven New Yorks, da sie sich auf Manhattan befinden. Sie sind aber längst nicht die einzigen und bei Weitem nicht die größten. Die Italiener haben sich beispielsweise längst zuhauf nach Carroll Gardens, Bensonhurst oder Cobble Hill (Brooklyn) zurückgezogen. Der größte Anteil an „Hispano-Latinos", so der korrekte Terminus, lebt in der Bronx und in Queens. Die „Neoyorkinos", wie sie auch genannt werden, machen etwa 29 % der New Yorker Bevölkerung aus. Sie stammen zu einem Drittel aus Puerto Rico, ein Viertel kommt aus der Dominikanischen Republik, etwa 16 % aus Südamerika und etwa 14 % aus Mexiko.

Queens gilt als die multi-ethnischste Ecke von New York und Viertel wie **Elmhurst-Corona** gelten als Musterbeispiel für ein friedliches Zusammenleben unterschiedlicher Ethnien über Generationen. In Queens bilden jedoch zugleich die **Mittel- und Südamerikaner** nach den Weißen die zweitgrößte Bevölkerungsgruppe. Gerade an der Roosevelt Avenue siedelten sich in den 1950er- und 1960er-Jahren vermehrt **Puerto Ricaner** an, mittlerweile sollen es über 1 Mio. in ganz New York sein. Nach aktuellem Stand stellen die Hispanics die größte Minderheit im Staat New York, während die Asiaten mit fast 13 % die schnellstwachsende Gruppe bilden.

Rein **„schwarze" Siedlungen** finden sich in den Brooklyner Stadtteilen Bedford-Stuyvesant und East New York sowie in Far Rockaway oder Jamaica (Queens). Brooklyn weist anteilsmäßig den höchsten Schwarzenanteil auf, wird aber dennoch von Weißen dominiert. Brooklyn ist für sich eine „Vielvölkerstadt", in der sich u.a. **Araber** (Atlantic Ave), **Juden** (Crown Heights, Williamsburg), **Ukrainer** und **Russen** (Brighton Beach) eine neue Heimat geschaffen haben.

Harlem, wie die Region von Fluss zu Fluss, etwa vom nördlichen Central Park bis zur W 155th Street, genannt wird, hat längst seinen vormals schlechten Ruf als „Schwarzen-Getto" überwunden und erlebte ein Revival. Der Aufschwung bezieht sich in erster Linie auf den zentralen Teil, das „klassische" Harlem nördlich der 110th St. zwischen 5th Avenue und St. Nicholas Avenue. Hier soll sogar inzwischen die Mehrheit nicht mehr „schwarz" sein. Neben dem weißen Bevölkerungsanteil stieg vor allem der der *Hispanics.* Sie sind traditionell konzentriert in der Region östlich der 5th Avenue – in East oder Spanish Harlem („El Barrio") – zu Hause.

In Queens und in Brooklyn leben anteilsmäßig die meisten Asiaten. Das **Chinatown** in Downtown Manhattan gliedert sich in verschiedene asiatische Ethnien mit jeweils eigenen Strukturen. Speziell finanzkräftige Zuwanderer aus Hongkong kaufen mehr und mehr Teile des angrenzenden, früher florierenden Italienervier-

045ny Abb.: mb

tels auf. Als größtes zusammenhängendes **Italienerviertel** New Yorks gilt das Areal um die Arthur Avenue in der Bronx.

Im **East Village** hört man häufig osteuropäische Sprachen – Ukrainer, Polen und Russen konzentrieren sich hier. **Lower East Side** und **Bowery** waren einstmals die bevorzugten Wohnorte von **Juden** und **Deutschen,** doch vor allem die Nachkommen der Ende des vergangenen Jahrhunderts eingewanderten Juden sind in die Brooklyner Stadtviertel Williamsburg und Crown Heights abgewandert. Heute sind rund 40 % aller Weißen in Brooklyn Juden. **Inder** haben sich ihre eigene Enklave mit entsprechender Gastronomie im East Village (E 6th St.) und Jackson Heights (Queens) errichtet, **Korea** im Kleinformat ist in der 33rd Street zwischen Broadway und 6th Avenue zu finden.

Die 2010 erfolgte **Volkszählung** in den USA brachte neue Ergebnisse bezüglich der ethnischen Verteilung auf den Großraum New York. Wer sich für die dafür interessiert, findet hier Informationen:

› http://projects.nytimes.com/census/2010/explorer

Konfliktpotenzial

Es gibt durchaus Konflikte zwischen den einzelnen Bevölkerungsgruppen, das Gleichgewicht ist labil. Kommen neue Einwanderergruppen hinzu, wie Flüchtlinge aus asiatischen oder südamerikanischen Ländern, die Wohnungen und Arbeitsplätze beanspruchen, kann es leicht um den Frieden in einzelnen Stadtvierteln geschehen sein. Asiaten und Schwarze, Schwarze und Juden, Latinos und Weiße – zwischen diesen Gruppen bestehen soziale Spannungen, die gelegentlich in Zusammenstößen münden.

Stürmische Zeiten

New York bringt man nicht unbedingt mit ***Tropenstürmen*** *in Verbindung, dabei wurden seit dem 17. Jh. mehr als 80 verzeichnet. Ein Blick auf die Karte macht deutlich, dass die Stadt mit dem vorgelagerten Long Island – auf dieser Insel liegen mit Brooklyn und Queens die größten New Yorker Bezirke – genau auf der Durchzugsroute atlantischer Tropenstürme liegt. Zuletzt sorgte 2012* ***Wirbelsturm Sandy*** *für Furore. Er ging nach dem New England Hurricane (Sept. 1938) als zweitschwerster Tropensturm in die Statistik ein und hinterließ zusammen mit der folgenden Flutwelle eine riesige Schneise der Verwüstung.*

Ein Faktor ist dabei die (Jugend-)**Arbeitslosigkeit** in afroamerikanischen Wohnvierteln und die hohe Geburtenrate bei schwindender Zahl intakter Familien. Soziale Verwahrlosung in Teilen der Bronx, in Bedford-Stuyvesant oder East New York – wo zugleich Bandenkriege zwischen Puerto Ricanern und Afroamerikanern an der Tagesordnung sind –, sind unausweichliche Folgen. Kriminalität, vor allem **Drogenkriminalität,** ist verbreitet und damit verbunden spielt die Beschaffungsprostitution eine Rolle.

Ebenfalls für Unruhe sorgt die wachsende **Gentrifizierung,** die in Stadtteilen wie Williamsburg/Greenpoint (Brooklyn), Central Harlem, LES/Chinatown, Bushwick oder East Harlem besonders ausgeprägt ist. Dort sind die Mieten teils um mehr als das Doppelte gestiegen und die Geringerverdienenden werden zunehmend von einer gut situierten Schicht verdrängt.

Made in NYC – eine kulinarische Entdeckungsreise

New York City ist nicht nur ein Mekka für Bummler, auch das kulinarische Angebot lässt jedem Besucher schnell das Wasser im Munde zusammenlaufen. Mehr und mehr **lokale bzw. regionale Produkte** sind in den Läden, Lokalen und Märkten zu finden. Besonders in **Brooklyn** schießen Kleinunternehmen, die lokale, mit Sorgfalt und in Handarbeit gefertigte Produkte von Süßem bis zu Hochprozentigem anbieten, wie Pilze aus dem Boden. NYC hat sich zu einem lohnenden Reiseziel für **Feinschmecker** und **Slow-Food-Fans** gemausert und das nicht nur wegen der über 70 Michelin-Sterne, die New Yorker Lokale gegenwärtig innehaben. Erster Stopp, um die breite Palette an regionalen Produkten kennenzulernen, sind die **Wochenmärkte** (s. S. 254), allen voran der **Union Square Market** mitten in Manhattan oder der Gourmetmarkt **Smorgasburg** in Brooklyn. Doch auch bei alltäglichen Genussmitteln wie **Kaffee** kann man Außergewöhnliches entdecken: So dürfte der Kaffee der **Brooklyn Roasting Co.** (s. S. 175) zu den Besten weltweit gehören. Fast in jeder Straße findet man inzwischen kleine Cafés, die ausgezeichneten Kaffee und dazu frische Backwaren oder Snacks bieten und oft auch selbst Kaffeebohnen rösten, zum Beispiel **Stumptown Coffee** (s. S. 235), **Blue Bottle** (s. S. 234), **Porto Rico Importing Company** (s. S. 82), **La Colombe** (s. S. 71) oder **Roasting Plant** (s. S. 68).

Wer einmal die **Schokolade der Mast Brothers** (s. S. 184) aus Brooklyn probiert hat, ist süchtig nach mehr. Dabei produzieren die „Bearded Brothers" Rick and Michael Mast nur wenige Sorten: einige „single origin" (aus Kakao aus Belize, der Dominikanischen Republik, aus Madagaskar oder Papua-Neuguinea), und andere mit Zusätzen wie Meersalz, Kakaostückchen, Ahornsirup oder Mandelmilch. Aber auch andernorts wird inzwischen gute Schokolade in kleinen Mengen produziert, beispielsweise bei **Jacques Torres** (s. S. 175), bei **Kee's** (s. S. 255) oder bei **Nunu** (s. S. 178), deren Schokolade so gefragt ist, dass die kleine Firma kaum genügend produzieren kann.

Und noch eine kleine „süße Sünde" ist in New York verbreitet: **Cupcakes.** In speziellen Konditoreien wie dem **Little Cupcake Bakeshop** (s. S. 71) oder bei **Baked By Melissa** (s. S. 55) bzw. an

330ny Abb.: mb

⊡ *Cupcakes von Baked by Melissa (s. S. 229)*

Foodtrucks werden unzählige Varianten angeboten.

Bagels sind, ein seit eh und je beliebter Imbiss und typisch für New York. Sie werden typischerweise mit *lox* (Lachs) oder *cream cheese* bestellt. An jeder Ecke kann man sie bekommen, dabei ist Bagel nicht gleich Bagel – so viel wird klar, wenn man erst einmal einen der in zahlreichen Varianten angebotenen „Hefeteigkringel" im **Bagel Store** (s. S. 183) in South Brooklyn probiert hat. Hier wird der Bagel nicht nur, wie es sich gehört, erst kurz in kochendes Wasser geworfen und dann gebacken, sondern in der zugehörigen Backstube wird alles liebevoll per Hand gemischt, geformt und viel experimentiert.

Inzwischen hat sich New York City vor allem dank der **Brooklyn Brewery** (s. S. 181) sowie weiterer **Kleinbrauereien** (oft mit eigenem Pub), deren Produkte man zum Beispiel in der **Bronx Beer Hall** (Arthur Avenue Market, s. S. 203) testen kann, wieder einen Namen in der Bierszene gemacht. Es gibt sogar richtige **Biergärten** in New York wie die Bohemian Hall (s. S. 198) oder die Radegast Hall (s. S. 183). Sogar eine der großen Münchner Brauereien hat eine „Filiale"mit Lokal eröffnet: das **Paulaner Brauhaus** (265/267 Bowery).

Ebenso angesagt wie Brauereien sind **Brennereien** *(distilleries)*: In den letzten Jahren haben etliche Aussteiger, v. a. aus der Bank- und Hightechindustrie, ihr Hobby zum Beruf gemacht und jetzt sorgt eine ganze Reihe von Brennereien in NYC mit hochklassigen Produkten – Gin, Wodka und v. a. Whiskey – für Schlagzeilen. Während einige noch im „Verborgenen" brennen, lassen andere schon Publikum zu Touren und Proben zu.

Brennereien in NYC

- •**522** [H27] **Breuckelen Distilling,** 77 19th St., Williamsburg/Brooklyn, http://brkdistilling.com. Spezialisiert auf Whiskey.
- › **Greenhook Ginsmith,** Greenpoint/Brooklyn, http://greenhookgin.com. Gin der Extraklasse, samstags Touren.
- •**523** [bk] **Industry City Distillery,** 33 35th St., Sunset Park/Brooklyn, http://drinkicd.com. Beliebt ist der „beet sugar vodka", auch Touren.
- •**524** [G22] **Kings County Distillery,** Sand Street Gate (Ecke Sand/Navy), Navy Yard/ Brooklyn, http://kingscountydistillery.com. 2010 als erste Brennerei in NYC nach der Prohibition gegründet, Touren und Tasting Di.–Fr. 15/17, Sa. halbstündl. 13–16 Uhr, $ 8, Uhr, bekannt für Whiskey.
- •**525** [bi] **New York Distilling Company,** 79 Richardson St., Williamsburg/Brooklyn, http://nydistilling.com, Touren Sa./So. 14–17 Uhr. Hier werden Gin und Whiskey gebrannt, mit eigene Bar nebenan: **Shanty,** 79 Richardson St.
- •**526** [be] **Tirado Distillery,** 755 E 134 St., Bronx, www.tiradorum.com. V.a. Rum und Corn Whiskey, auch Moonshine, erste Brennerei in der Bronx seit der Prohibiton.
- •**527** [F27] **Van Brunt Stillhouse,** 6 Bay St., Red Hook/Brooklyn, http://vanbruntstillhouse.com, Touren Fr.–So. auf Anmeldung (siehe Website), Tasting Do./Fr. 16–21, Sa. 14–21, So. 14–18 Uhr. Whiskey, aber auch Rum, Grappa und Moonshine.

PRAKTISCHE REISETIPPS

443ny Abb.: fo©Yevgenia Gorbulsky

206ny Abb.: mb

An- und Rückreise

Flüge

Es gibt mehrere Nonstop-Verbindungen aus dem deutschsprachigen Raum nach New York. Die Maschinen fliegen meist einmal täglich bzw. mehrmals wöchentlich und landen großteils auf dem **John F. Kennedy International Airport** (JFK), seltener auf dem **Newark Liberty International Airport** (EWR). Den **La Guardia Flughafen** (LGA) bedienen nur Inlandsflüge (Infos zu allen Flughäfen: www.panynj.gov/airports).

Nonstop fliegen American Airlines, Delta, United Airlines und Swiss von Zürich und Austrian Airlines sowie United Airlines von Wien. United Airlines startet von Frankfurt, München, Hamburg und Berlin nach Newark, Delta Air Lines von Frankfurt zum JFK, ebenso Air Berlin von Düsseldorf und Berlin. Lufthansa bedient von Frankfurt und München Newark und auch den JFK Airport. Singapore Airlines fliegt von Frankfurt zum JFK.

Daneben gibt es eine Reihe von **Umsteigeverbindungen** über europäische Großstädte, z. B. von British Airways (London), Air France (Paris), KLM (Amsterdam), Iceland Air (Reykjavik), SAS (Stockholm/Oslo), Brussels Airlines (Brüssel) oder Iberia (Madrid).

Bei der **Planung einer Rundreise durch die USA** ist auf Anschlüsse, die Möglichkeit zu Gabelflügen oder *stopovers* (meist einer gratis) zu achten – Bedingungen, die von Gesellschaft zu Gesellschaft variieren. Oft ist diese Variante nämlich günstiger als extra Inlandsflüge zu buchen.

207ny Abb.: mb

Die **reine Flugzeit** nach New York beträgt rund 9 Stunden. Da der Großteil der Flugzeuge am Nachmittag in Amerika landet und die **Zeitverschiebung** „nur" **6 Stunden** beträgt, lassen sich die Auswirkungen des **Jetlag** beim Hinflug weitgehend vermeiden. Die Tage nach der Heimkehr bereiten in der Regel größere Probleme, da man übermüdet am Morgen oder Vormittag in Deutschland ankommt.

Zu Hause sollte man dennoch auf den verlockenden Nachmittagsschlaf verzichten und nicht länger als üblich schlafen, sondern besser einen zusätzlichen Urlaubstag einplanen.

Flugpreise

Je nach Anbieter, Fluggesellschaft, Jahreszeit, Wochentag, Route oder auch Länge der Vorausbuchung variieren die Preise. Im Allgemeinen bekommt man ein Economy-Ticket (hin und zurück) von Deutschland, Österreich und der Schweiz nach New York City für **etwa 700 €** (inkl. aller Steuern, Gebühren und Entgelte). Am teuersten ist es in der Hochsaison, in den Sommerferien im Juli und August sowie rund um Weihnachten und Neujahr. Speziell für diese Zeiten ist eine frühzeitige Buchung dringend zu empfehlen, aber auch sonst ist das in der Regel empfeh-

◁ Willkommen im Big Apple – Begrüßung im JFK Airport

△ Air Berlin verbindet Düsseldorf und Berlin direkt mit New York

Flug-Know-how

Check-in und Kontrollen

- Nicht vergessen: Spätestens 72 Stunden vor Abflug die ESTA-Registrierung vornehmen und einen gültigen (Restgültigkeit mind. bis einschließlich Rückflugdatum) maschinenlesbaren Reisepass dabei haben (s. S. 304)
- Es gibt keine Papiertickets mehr und beim Check-in genügt die Vorlage des Passes bzw. der Buchungsnummer.
- Bei internationalen Flügen empfiehlt es sich, mindestens 2 Stunden vor Abflug einzuchecken. Vielfach kann dies schon im Vorfeld im Internet bzw. vor Ort an Automaten geschehen, doch muss das Gepäck trotzdem an einem Schalter, manchmal an speziellen Expressschaltern, eingecheckt werden.
- Genügend Zeit für Check-in bzw. Umsteigen einplanen, da strenge und mehrmalige Sicherheitskontrollen üblich sind und das Gepäck per Hand durchsucht werden kann. Auch das Aktivieren von Laptops oder Kameras, das Ausziehen der Schuhe und Körperkontrollen per Abtasten (evtl. Körperscanner) sind üblich. Die von den Fluggesellschaften als hinreichend angegebenen Umsteigezeiten können sich je nach Flughafen – London und Paris sind diesbezüglich berüchtigt – als Flop erweisen.

Gepäck

- Bei Linienflügen nach und von Nordamerika dürfen Economy-Class-Passagiere nur ein Gepäckstück bis 23 kg als Freigepäck aufgeben. Ein zweites Gepäckstück kostet um die 75 € (bzw. $ 100) zusätzlich. Außerdem darf ein Handgepäckstück von begrenztem Gewicht (meist 6–8 kg) und genau definierter Größe (je nach Fluggesellschaft variabel und unterschiedlich streng kontrolliert) mit an Bord genommen werden, dazu eine Hand-, Foto- oder Laptoptasche.
- Jedes Gepäckstück wird durchleuchtet bzw. durchsucht, daher Koffer u. a. Gepäckstücke nicht abschließen (ggf. wird das Schloss sonst aufgebrochen).
- Aus Sicherheitsgründen dürfen spitze und scharfe Gegenstände, v. a. Messer und Scheren aller Art, leicht entzündliche Gase (z. B. in Sprühdosen, Campinggas), Feuerzeuge und andere gefährliche Objekte nicht ins Handgepäck (vorher im Koffer verstauen!). Ebenfalls nicht an Bord erlaubt sind Flüssigkeiten und Gels mit Ausnahme von verschriebenen Medikamenten und Babynahrung. Flüssige Kosmetika u. Ä. dürfen nur in Kleinstgefäßen bis max. je 100 ml und in einer separaten 1-l-Plastik-Ziptüte mit ins Flugzeug.
- Infos über verbotene Güter gibt es unter: www.tsa.gov/traveler-information/prohibited-items bzw. bei den jeweiligen Fluggesellschaften.

Rückbestätigung

Eine Rückbestätigung des gebuchten Rückflugs ist nicht mehr nötig, allerdings wird empfohlen, sich im Internet oder per Anruf noch einmal über die Flugzeiten zu vergewissern.

lenswerter als eine „Last Minute"-Buchung. Zur ersten Orientierung in Sachen Preise und Verbindungen helfen die Websites großer Internetbroker wie www.expedia.de. Speziell außerhalb der Hauptsaison offerieren die Fluggesellschaften selbst **Sonderangebote.** Dann kann man z. B. mit Lufthansa (www.lufthansa.de), United Airlines (www.united.com), Delta Air Lines (www.delta.com) oder Air Berlin (www.airberlin.com) für unter 600 € nach New York und zurück fliegen. Diese Tickets haben in der Regel eine befristete Buchungs- und Gültigkeitsdauer. **Last-Minute-Flüge** werden ab etwa 14 Tagen vor Abflug angeboten und lassen sich bei Spezialisten wie www.ltur.com buchen.

Preiswerter sind **Jugend- und Studententickets** (je nach Airline alle jungen Leute bis 29 Jahre und Studenten bis 34 Jahre). **Kinder** unter zwei Jahren fliegen ohne Sitzplatzanspruch meist kostenlos, ansonsten werden die regulären Preise je nach Airline um 25 bis 50 % ermäßigt. Ab dem 12. oder 14. Lebensjahr gilt der Erwachsenentarif oder ein besonderer Jugendtarif.

Vom Flughafen in die Stadt

Der **John F. Kennedy International Airport** (www.panynj.gov/airports/jfk.html) ist einer der meistfrequentierten Flughäfen weltweit. Er liegt in Queens, etwa 20 km bzw. – bei normalem Verkehr – eine gute Fahrtstunde von Manhattan entfernt und ist mit Newark und La Guardia durch private Klein-/Linienbusse verbunden (Details unter www.panynj.gov/airports/jfk-airport-connections.html). Die Fluggesellschaften verteilen sich auf mehrere durch eine Magnetbahn **(AirTrain)** verbundene Terminals. Im **International Arrivals Building** befinden sich sämtliche Einrichtungen, die für Besucher nützlich sind: Reservierungsservice mit *courtesy phones* (kostenlose Direktverbindung), Autovermietungen, Infostände etc. Vor jedem Terminal fahren Taxis, Hotel- und Flughafen-Shuttles und die Busse der Autovermieter zu den Parkplätzen ab. Von den insgesamt acht per AirTrain verbundenen Terminals sind besonders 1 (Lufthansa, Austrian, Air France, Alitalia), 2/3 (Delta), 4 (KLM, Swiss), 7 (Air Canada, British Airways, US Airways, United, Iberia) und 8/9 (American) für Besucher wichtig.

Ein **Airport Ground Transportation Center**, das Auskünfte zu **Fahrtmöglichkeiten in die Stadt** gibt, findet sich ebenfalls in jedem Terminal. Es gibt drei Möglichkeiten, vom Flughafen nach Manhattan zu gelangen:

- **mit dem Taxi:** $ 52 bzw. zu Stoßzeiten $ 56,50 Fixpreis plus Brückenzoll/Tunnelgebühr und Trinkgeld, ca. $ 65 insgesamt, Fahrtdauer 45–60 Min. Der Fixpreis gilt auch von Manhattan zum JFK.
- **per Kleinbus** zu Hotels bzw. zentralen Haltepunkten in Manhattan (einfache Fahrt $ 17–25), Abfahrt etwa alle 30 Min. Eine Vorreservierung ist im Allgemeinen nicht nötig, man teilt am Schalter einfach Personenzahl, Fahrtziel und Gepäckmenge mit und wird bei Eintreffen eines Busses zugeteilt. Die Wartezeiten betragen im Normalfall max. 30 Min., in Stoßzeiten etwas länger, und die Preise variieren. Ein Anbieter ist z. B. **GO Airlink** (www.goairlinkshuttle.com, Tel. 212 8129000 oder kostenlos unter Tel. 1 877 5998200). Je nach Verkehr, Zahl der Fahrgäste bzw. Haltepunkte mind. 60 Min. Fahrtdauer. Detaillierte Infos erhält man im Web unter www.panynj.gov/airports/jfk-taxi-car-van-service.html

EXTRATIPP

Bahnreisen mit Amtrak

Die Eisenbahngesellschaft **Amtrak** bietet sich für eine Rundreise mit Stopp oder Ausgangspunkt New York an. Gerade an der Ostküste zwischen Boston, New York, Philadelphia und Washington hat der Zug Auto und Flugzeug als wichtigstes Verkehrsmittel abgelöst.

Die **Acela-Express-Züge, Metroliner** und **regionale Züge** verbinden stündlich die Städte an der Ostküste und sind **nicht reservierungspflichtig.**

Wer mehrmals mit dem Zug fahren will, für den lohnt sich der nur hierzulande zu erwerbende **USA Rail Pass.** Es gibt ihn in verschiedenen Variationen (z. B: 15 Tage/8 Abschnitte für $ 460 bzw. rund 420 €). Lange Strecken sollten im Voraus reserviert werden, Liege- bzw. Schlafabteile gibt es gegen Zuzahlung. Max. zwei Kinder von 2 bis 15 Jahren fahren in Begleitung eines Erwachsenen zum halben Preis, ein Kind unter 2 Jahre fährt kostenlos.

› **Infos/Tickets** unter https://deutsch.amtrak.com/amtrak/ende/24/_www_amtrak_com/take-the-trains-across-america-with-usa-rail-pass

› **mit der Subway:** Die preiswerteste, aber zeitaufwendigste Möglichkeit. Mit dem „Train" gelangt man für insgesamt $ 8 vom Flughafen in die Stadt, allerdings ist diese Variante wegen des eventuell nötigen Umsteigens nur etwas für Leute mit leichterem Gepäck. Per Magnetzug **AirTrain** geht es von den Terminals bzw. vom „Federal Circle" im 4- bis 10-Min.-Takt für $ 5 (bezahlbar an der Endstation an Automaten) in rund 12 Minuten zur Subway-Station Howard Beach und von dort mit der Line A mit einem Ticket zu $ 3 in 70 bis 90 Minuten nach Manhattan (Tickets an MetroCard-Automaten). Eine zweite, längere Variante ist die Fahrt mit dem AirTrain zur Subway-Station Sutphin Blvd./Archer Ave. und dann mit den Linien E, F oder Z in die Stadt. Die Bahn verkehrt rund um die Uhr alle 10 bis 20 Minuten.

› **Infos:** Metropolitan Transit Authority, Tel. 718 3301234, www.mta.info bzw. www.panynj.gov/airports/jfk-ground-transportation.html

› **per Bus:** Mit dem New York Airport Service Express Bus (www.nycairporter.com) von JFK bzw. LaGuardia Airport ab jedem Terminal. Mehrere Stops in Manhattan (Grand Central Station, Port Authority Bus Terminal, Penn Station), einfache Fahrt vom/zum JFK $ 17, hin und zurück $ 30.

Der **Newark Liberty International Airport** (www.panynj.gov/airports/newark-liberty.html) befindet sich in Newark, New Jersey, 26 km südwestlich von Manhattan. Die einzelnen Terminals des Flughafens sind ebenfalls durch eine Magnetbahn **(AirTrain)** miteinander verbunden. Sie stoppt auch an der **Newark Liberty International Airport Station,** von wo aus als öffentliche Verkehrsmittel NJ-Transit- oder Amtrak-Züge zur Penn Station in Manhattan (5–2 Uhr, $ 13, www.njtransit.com, Tel. 1 800 6267433 bzw. www.amtrak.com, Tel. 1 800 8727245) bei rund 25 Min. Fahrtdauer verkehren.

Per Taxi kostet die Fahrt vom Newark Airport je nach Ziel $ 50 bis 75 (zuzüglich Mautgebühren und Trinkgeld) und die Fahrtdauer beträgt ca. 45 Min.

Ansonsten stehen ebenfalls **Shuttle-Busse** zur Verfügung (www.panynj.gov/airports/ewr-taxi-car-van-service.html), z. B. Super Shuttle oder GOAirlink. Sie fahren von jedem Terminal ab.

128ny Abb.: mb

› Detaillierte **Infos** und **Telefonnummern** gibt es unter www.panynj.gov/airports/ewr-ground-transportation.html.

La Guardia Airport im Norden von Queens (Airport Info Service: Tel. 718 5333400) ist der am nächsten an Manhattan (rund 13 km) gelegene Flughafen, allerdings landen und starten hier nur Inlandsflüge.

Nach Downtown gelangt man per Taxi, Shuttlebus, mit öffentlichen Bussen (M60 und Q33) oder dem New York Airport Service Express Bus (ab $ 14, www.nycairporter.com). Es gibt keine Subway-Verbindung.

› Details unter: http://laguardiaairport.com

Mit dem Schiff

Seit 2004 bietet der **Luxusliner Queen Mary II** („QM2") der Cunard Line eine Linienverkehrsverbindung zwischen Southampton (Großbritannien) bzw. Hamburg und New York. Die Schiffsreise dauert 7 bis 10 Tage (einfache Strecke) und kostet von Hamburg aus inkl. einer Flugstrecke ab 1700 €.

› Infos: www.cunard.de oder www.queen-mary-2.de

⌃ *Heutzutage fast exotisch: mit der Queen Mary II nach New York*

Per Bahn oder Bus

Die (halbstaatliche) **Eisenbahngesellschaft Amtrak** bietet sich dank der Acela-Express-Züge und Metroliner für Städtetrips entlang der Ostküste zwischen Boston, New York, Philadelphia und Washington an. Es verkehren überdies Züge nach Chicago (und weiter an die Westküste) sowie nach Atlanta, New Orleans und Florida. In New York befindet sich der Amtrak-Bahnhof Penn(sylvania) Station im Madison Square Garden 36. **Regionalzüge** aus New Jersey (PATH) und Long Island (LIRR) treffen ebenfalls in der Penn Station ein. Die Regionalzüge aus dem Norden (New York State und Connecticut) halten hingegen im Grand Central Terminal (Metro-North Railroad, MNR).

Überlandbusse erleben ein Revival. Die Zahl der Busgesellschaften steigt stetig und v.a. die Strecke von New York nach Washington ist eine viel frequentierte Route, die bereits für einen Fahrtpreis um $20 und noch billiger erhältlich ist. Standards, Fahrzeuge, Bahnhöfe und Stopps, Fahrtdauer und Frequenz, Bequemlichkeit, Preise und Komfort sind unterschiedlich und ein Check der einzelnen Firmen ist dringend angeraten. Abgesehen von Greyhound (Port Authority Bus Terminal, 8th Ave./40th–42nd St., www.greyhound.com) gibt es lokale Busgesellschaften wie

- **Megabus** (http://us.megabus.com)
- **Boltbus** (www.boltbus.com)
- **Eastern Bus** (www.gotobus.com/eastern)

Im Allgemeinen bekommen Reisende, die früh buchen, billigere Tickets, als jene, die kurz vor der Abreise kommen.

Autofahren

Auf einen Mietwagen kann man in New York aufgrund des **gut ausgebauten und billigen Nahverkehrs** gut verzichten. Aufgrund von Staus und Baustellen, Einbahnstraßen, extremer Parkplatznot und astronomischen Parkgebühren, höheren Mietwagen- und Benzinpreisen, vor allem aber wegen des aggressiven Fahrstils der New Yorker ist Autofahren in New York sogar wenig empfehlenswert. Falls man aus bestimmten Gründen ein Fahrzeug benötigt, sollte man dies **bereits zu Hause im Reisebüro oder Internet buchen,** da die offerierten „Pakete" (inkl. Versicherungen, Steuern und unbegrenzten Kilometern) weit günstiger kommen als eine Buchung vor Ort.

Für „Durchreisende" empfiehlt sich in New York das Anmieten eines Wagens erst am Abreisetag bzw. die Rückgabe am Tag der Ankunft.

Wer es trotzdem wagen möchte, mit dem Auto in der Stadt unterwegs zu sein: Unter http://nyc.bestparking.com finden sich **Parkplätze** und aktuelle Tarife in NYC.

Anbieter von Mietwagen sind z.B.

- **Avis:** www.avis.de
- **Alamo:** www.alamo.com
- **Hertz:** www.hertz.com
- **Broker:** www.mietwagen-broker.de

Barrierefreies Reisen

Amerika ist für Menschen mit einer Behinderung ein ideales Reiseland und obwohl in der hektischen Metropole New York manches etwas schwieriger sein mag, ist eine Reise dorthin durchaus machbar. Immer mehr **Busse** sind bei-

320ny Abb.: mb

spielsweise mit Rollstuhllifts ausgestattet und viele **Subway-Stationen** verfügen über Aufzüge, Rampen und Sprachhilfen an Automaten.

Detaillierte Informationen zur Zugänglichkeit von Einrichtungen finden sich unter:

› http://web.mta.info/accessibility/stations.htm

In vielen **Museen** gibt es Touren für *handicapped/disabled people* (z. B. American Folk Art Museum (s. S. 212) , MoMA 57, Metropolitan Museum 62, New-York Historical Society (s. S. 217), Brooklyn Museum 95).

Auf der offiziellen Website des Bürgermeisters von New York City, „Mayor's Office for People with Disabilities", finden sich – auch nach Art der Behinderung sortiert – Informationen zu möglichen Hilfen und zur Zugänglichkeit von öffentlichen Einrichtungen wie Restaurants etc.

› www.nyc.gov/html/mopd
› Big Apple Greeter (s. S. 330) bietet auch (Gratis-)Touren für Menschen mit Behinderung an.

Parken ist in New York wahrlich kein Vergnügen und es empfiehlt sich, auf ein Auto zu verzichten

Diplomatische Vertretungen

In Deutschland, Österreich und der Schweiz

- **Botschaft der Vereinigten Staaten,** Pariser Platz 2, D-10117 Berlin, Tel. 030 83050, Konsularabteilung (Visa): Clayallee 170, Tel. 030 83050, https://de.usembassy.gov/de
- **Botschaft der Vereinigten Staaten,** Boltzmanngasse 16, A-1090 Wien, Tel. 01 313390, Visa: Tel. 07 20116000, http://austria.usembassy.gov
- **Botschaft der Vereinigten Staaten,** Sulgeneckstr. 19, CH-3007 Bern, Tel. 031 3577011, Visa: Tel. 031 5800033, http://bern.usembassy.gov

In New York

Die Botschaften von Deutschland, Österreich und der Schweiz befinden sich in Washington, D.C. In New York helfen einem im Notfall aber die dortigen Konsulate weiter.

Eine Liste der jeweiligen **Auslandsvertretungen** findet sich im Internet unter www.auswaertiges-amt.de (für Deutschland), www.bmeia.gv.at (für Österreich), www.eda.admin.ch (für die Schweiz).

- •**528** [E14] **German Consulate General,** 871 United Nations Plaza (1st Ave./49th St.), Tel. 212 6109700, www.new-york.diplo.de
- •**529** [D12] **Austrian Consulate General,** 31 E 69th St., Tel. 917 6129792, www.bmeia.gv.at/botschaft/gk-new-york.html
- •**530** [D15] **Swiss Consulate General,** 633 3rd Ave., Tel. 212 5995700, www.eda.admin.ch/newyork

Ein- und Ausreisebestimmungen

Dokumente und Formulare

Dank des **Visa Waiver Program** (VWP) ist ein Visum für Staatsbürger von Teilnehmerländern (darunter Deutschland, Österreich und die Schweiz) bei einem Aufenthalt von max. 90 Tagen und bei Vorlage eines Rückflugtickets nicht nötig. Besucher müssen im Besitz eines **maschinenlesbaren Reisepasses** („e-Pass") sein, der mindestens noch die gesamte Aufenthaltsdauer lang gültig ist.

Seit 2009 müssen sich alle Bürger – auch Kinder –, die ohne Visum einreisen, spätestens 72 Stunden vor Abflug online registrieren lassen **(Electronic System for Travel Authorization – ESTA).** Dieser Registrierungsvorgang kostet einmalig $ 14 (Umrechnung je nach Kurs). Die Registrierung kann im Reisebüro oder im Internet auf folgender Website erfolgen:

- https://esta.cbp.dhs.gov (Antrag) bzw.
- http://german.germany.usembassy.gov/visa/vwp/esta (deutsche Erläuterungen und Link zum Antrag)

Erfragt werden Name, Geburtsdatum, Adresse, Nationalität, Geschlecht, Passdetails, erstes Hotel, Zweck und Dauer der Reise etc. Wer einmal registriert ist, kann innerhalb von zwei Jahren mehrfach einreisen, sofern der Pass solange gültig ist. Updates wie die Ergänzung bzw. Änderung der ersten Adresse vor Ort oder Datumsänderungen sind nachträglich möglich. Nach der Registrierung erfolgt im Allgemeinen sofort eine Mitteilung („Authorization Approved"). Bei Besitz eines Visums ist keine Registrierung nötig.

Nicht mehr visumsfrei einreisen dürfen Staatsangehörige von VWP-Ländern, die seit dem 1.3.2011 **in den Irak, den Sudan, nach Iran oder Syrien gereist** sind oder die entsprechende **doppelte Staatsangehörigkeit** besitzen.

Im Rahmen von **Secure Flight** müssen der Fluggesellschaft 72 Stunden vor Abflug die maßgeblichen Passagierdaten komplett vorliegen, d. h. voller Name (alle Vornamen und kompletter Nachname gemäß Reisepass), Geburtsdatum, Geschlecht. Die Angaben werden im Normalfall bereits bei der Buchung gemacht. Die erste US-Adresse inklusive Postleitzahl kann bei Check-in nachgereicht werden.

Wer länger als 90 Tage im Land bleiben möchte – zum Beispiel, um zu studieren oder zu arbeiten –, Staatsbürger eines Landes ist, das nicht am VWP teilnimmt oder VWP-Staatsangehöriger ist, der nach dem 1.3.2011 in den Irak, Sudan, Iran oder Syrien eingereist ist oder zusätzlich die Staatsangehörigkeit dieser Länder besitzt, muss sich ein **Visum** beschaffen. Um ein solches „Nichteinwanderungsvisum für vorübergehenden Aufenthalt" zu bekommen, ist eine persönliche Vorsprache in den Konsulaten in Frankfurt, Berlin oder München, Wien oder Bern nötig. Über die Details informiert:

› https://de.usembassy.gov/de/visa bzw. https://travel.state.gov.

Einverständniserklärung für Minderjährige

Reisen Kinder nur mit einem Elternteil, ist in vielen Ländern bei der Einreise eine Einverständniserklärung des anderen Elternteils erforderlich. Detailinfos siehe Website des Auswärtigen Amtes.

Immigration

Am Einreiseschalter *(Immigration Counter)* des ersten Flughafens in den USA wird der Pass gescannt und es werden **Fragen** zu Reiseroute, Zweck der Reise, Beruf, Bekannten oder Freunden in USA, evtl. auch zum Reisebudget gestellt. Es werden **tintenlose Fingerabdrücke** (jeweils vier Finger und Daumen) genommen und es wird ein **Foto** gemacht, ehe es den Stempel mit einer auf normalerweise drei Monate festgelegten Aufenthaltsdauer in den Pass gibt. Der Vorgang selbst dauert nur wenige Minuten, die Wartezeit hängt vom Passagieraufkommen ab.

Wer sich vorher für das Programm „**Global Entry**" qualifiziert hat, kann sich sofort zu den Computerterminals begeben und dort viel schneller die Fragen beantworten.

› Infos: www.cbp.gov/travel/trusted-traveler-programs/global-entry

Infos zu **aktuellen Einreisebestimmungen** findet man im Internet unter:

› www.auswaertiges-amt.de/DE/Laenderinformationen/00-SiHi/UsaVereinigteStaatenSicherheit.html

Gepäck und Zoll

Nach der Einreise geht es weiter zum Gepäckband *(baggage claim)* und hat man dort sein Gepäck in Empfang genommen, geht es (im Allgemeinen) durch den Ausgang mit der Aufschrift „Nothing to declare" („Nichts zu verzollen"). Hier wird die im Flugzeug ausgeteilte **weiße Zollerklärung** *(customs form)* – eine pro Familie mit gleicher Adresse – abgegeben. Auf ihr ist anzugeben, ob und welche Waren beziehungsweise wie viel Geld mitgeführt wird, gelegentlich finden Stichproben statt.

Bei einem Anschlussflug muss das Gepäck anschließend neu eingecheckt werden.

Einreise in die U.S.A.

Eine **Devisenbeschränkung** gibt es nicht, lediglich Summen über $ 10.000 müssen deklariert werden. Die Einfuhr von Alkohol und Tabak ist begrenzt:

- 1 l Alkohol bzw. 200 Zigaretten oder 100 Zigarren (keine kubanischen)
- Geschenke im Wert bis $ 100
- Verboten sind alle tierischen und pflanzlichen Frischprodukte/Lebensmittel sowie Samen und Pflanzen, außerdem Klappmesser u. a. gefährliche Objekte. Bei Medikamenten in größeren Mengen empfiehlt es sich, ein ärztliches Attest dabei zu haben, da die Einfuhr von Rauschmitteln untersagt ist.
- Details finden sich im Internet unter www.cbp.gov/travel/international-visitors.

Einreise in Europa

Bei der **Rückreise** nach Hause gelten folgende Bestimmungen:

- **Tabakwaren** (über 17-Jährige in EU-Länder und die Schweiz): 200 Zigaretten oder 100 Zigarillos oder 50 Zigarren oder 250 g Tabak
- **Alkohol** (über 17-Jährige in **EU-Länder**): 1 l über 22 Vol.-% oder 2 l bis 22 Vol.-% und zusätzlich 4 l nicht-schäumende Weine und 16 l Bier; in die **Schweiz:** 2 l (bis 15 Vol.-%) und 1 l (über 15 Vol.-%)
- **Andere Waren** für den persönlichen Gebrauch (gilt für über 17-Jährige) können nach **Deutschland** und **Österreich** maximal im Wert von 430 € eingeführt werden. In die **Schweiz** dürfen andere Waren bis zu einem Wert von CHF 300 eingeführt werden.

Wird der Warenwert von maximal 430 € bzw. CHF 300 überschritten, werden **Einfuhrabgaben** auf den Gesamtwert der Ware erhoben. Die Berechnung erfolgt dabei entweder pauschalisiert oder nach dem Zolltarif jeder einzelnen Ware zuzüglich eventueller sonstiger Steuern.

Einfuhrbeschränkungen bestehen z. B. für Tiere, Pflanzen, Arzneimittel, Betäubungsmittel, explosive Materialien, Lebensmittel, Raubkopien, bestimmte Schriften (Hetzschriften, Pornografie etc.), Waffen und Munition; in Österreich auch für Rohgold und in der Schweiz für CB-Funkgeräte.

Nähere Informationen liefern die lokalen Zollämter bzw. folgende Websites:

- **Deutschland:** www.zoll.de
- **Österreich:** www.bmf.gv.at/Zoll
- **Schweiz:** www.ezv.admin.ch

Elektrizität

In den USA gibt es **Wechselstrom von 110 bis 115 V**, daher müssen mitgebrachte Geräte wie Fön oder Rasierapparat umstellbar sein. Wegen der anderen Steckdosenform ist außerdem ein **Adapter** nötig, den man am besten schon von zu Hause mitbringt bzw. in einem Flughafen- oder Elektronikgeschäft kauft.

Wechselkurs

Stand: Oktober 2016

1 $	=	0,89 €/0,97 SFr
1 €	=	1,12 $
1 SFr	=	1,03 $

Geldfragen

Karten und Reiseschecks

Das Zauberwort in Amerika heißt **credit card** (CC), wobei Mastercard und Visa die gebräuchlichsten sind. Selbst Kleinstbeträge werden mit Kreditkarte bezahlt und sie ist nötig, um eine Kaution (z.B. für den Mietwagen) zu stellen und um Reservierungen, Ticketbestellungen und Buchungen zu garantieren. Für das bargeldlose Zahlen werden ca. 1 bis 2% des Betrags für den Auslandseinsatz berechnet, damit Bargeld am Automaten (Automatic Teller Machine/ATM) zu ziehen, kostet von 0 bis zu 5,5% Gebühr.

Immer mehr deutsche Banken (auch die Postbank) statten ihre **Geldkarten** nicht mehr mit der **Maestro-**, sondern der Bezahlfunktion **„V Pay"** aus, bei der nicht der kopierbare Magnetstreifen, sondern der Chip gelesen wird. Das hat zur Folge, dass an Bankautomaten **außerhalb der EU** mit der V-Pay-Karte **kein Geld gezogen werden kann,** da die Automaten die Chips nicht lesen können.

› Weitere Infos unter www.vpay.de

Viele Banken sperren die Debit-(EC-)Karten zudem aus Sicherheitsgründen für den **Einsatz im außereuropäischen Ausland** oder beschränken den Verfügungsrahmen. Man sollte sich im Vorfeld bei seiner Bank erkundigen und die Karte ggf. für das Reiseland freischalten lassen.

Beim **Abheben von Bargeld in Landeswährung** wird manchmal angeboten, dass die Abrechnung mit dem eigenen Konto in Euro erfolgen kann **(Dynamic Currency Conversion)**. Wählt man diese Option, wird aber ein **ungünstiger Wechselkurs** zugrundegelegt, der erhebliche Kosten

130ny Abb.: mb

verursachen kann. Man sollte Abhebungen immer in der Landeswährung abbuchen lassen. Dann legt die eigene Bank den offiziellen Devisenkurs zugrunde.

Travelers Cheques (TC) in Dollarbeträgen werden von American Express und Travelex zur Verfügung gestellt. In Stückelungen von bestenfalls $50 pro Scheck verhelfen sie zu Bargeld, allerdings vor allem bei AmEx- oder Travelex-Filialen. In Hotels oder Geschäften hingegen werden sie nur ungern oder gar nicht mehr umgetauscht bzw. als Zahlungsmittel akzeptiert. Wie Kreditkarten sind auch Schecks **versichert** (Seriennummern notieren und Kaufbeleg aufbewahren!) und bei Verlust oder Diebstahl kann die Sperrung (s.S. 319) und der Ersatz von Karten oder Schecks veranlasst werden.

Bargeld

Bargeld braucht man meist nur für z.B. Trinkgelder in Hotels bzw. den Kauf einer Zeitung am Automaten. Günstig ist es, **Quarter** zu sammeln, da diese häufig für Automaten gebraucht werden.

Die amerikanische Währungseinheit ist der **US-Dollar:** $1 (one „buck") besteht aus 100 Cent (c).

› **Münzen:** Penny (1 c), Nickel (5 c), Dime (10 c), Quarter (25 c)

› **Banknoten:** $ 1, 5, 10, 20, 50, 100, 500 und 1000 („Grand") – alle sind grün und etwa gleich groß, der Unterschied liegt im Wertaufdruck und dem abgebildeten Staatsmann.

Euro erst vor Ort in Dollar zu tauschen ist eher problematisch. Es gibt zwar genügend Wechselstuben und auch viele AmEx-Filialen tauschen Bargeld, doch fallen im Allgemeinen hohe Gebühren an und zudem wird ein schlechterer Kurs zugrunde gelegt.

› **Geldwechsel:** Mehrfach zu finden sind z. B. Filialen von Currency Exchange International.

Preise und Kosten

Hotelkosten belasten in New York das Reisebudget am meisten. Der offizielle Schnitt liegt bei $ 270 pro Doppelzimmer, doch mit etwas Glück findet man auch weit günstiger etwas. Bei der **Verpflegung** kommt man oft sogar günstiger weg als in europäischen Großstädten. Preiswert essen lässt sich in *neighborhoods* wie Chinatown oder der Lower East Side, im Essex Street Market (s. S. 255) oder mittels Einkauf auf einem der *greenmarkets* (s. S. 254). Ein Abendessen in einem Lokal kostet im offiziellen Durch-

New York City preiswert

*Mit einem **New York CityPass, Explorer Pass** oder **New York Pass** kann man Geld bei Museumseintritten, Touren und Attraktionen sparen (s. S. 216), zudem gibt es bei Museen Zeiten mit freiem Eintritt (s. S. 216).*

*Für spontan Entschlossene gibt es bei TKTS (s. S. 242) oder im Lincoln Center 72 **ermäßigte Theater- und Konzertkarten** für Veranstaltungen am selben Tag. **Gratiskonzerte** finden im Sommer im Central Park 70 oder in anderen Parks (wie Bryant Park, s. S. 113, Prospect Park 94) bzw. auf öffentlichen Plätzen oder in Kirchen statt.*

*Während der **Summer bzw. Winter NYC Restaurant Week** (Mitte Feb.-Anf. März bzw. Juli/August jeweils für mehrere Wochen, s. S. 227) bieten ausgewählte Restaurants an Werktagen preiswerte 3-Gang-Menüs zu festgelegten Preisen an. In Brooklyn heißt diese Restaurantwoche „Dine in Brooklyn" (http://dineinbk.com).*

***Hotelschnäppchen** (meist Jan./Feb.) gibt es auf www.nycgo.com. Während der **Broadway** und der **Off-Broadway Week** (s. S. 242) gibt es „two-for-one"-Tickets.*

*Die Ticketpreise für den **öffentlichen Nahverkehr** sind – angesichts der möglichen Streckenlängen – sehr moderat. Eine **Wochenkarte** (s. S. 344) lohnt auf alle Fälle. Eine **Stadtbesichtigung per öffentlichem Bus** kann man preiswert zum Beispiel mit den Linien M2, M3, M4 oder M5 oder mit dem kostenlosen Busservice von Downtown Connection (s. S. 47) unternehmen. **Günstige Stadtführungen** bieten Free Tours by Foot („pay-what-you-wish") oder die Big Apple Greeters (s. S. 330).*

*Auf www.smartsave.com („United States/New York") gibt es **Coupons** für Ermäßigungen bei diversen Attraktionen und www.nycgo.com/maps-guides/free-in-nyc informiert umfassend über **Gratisangebote** in NYC.*

schnitt um die $ 45, wobei zum Preis auf der Speisekarte in New York insgesamt fast 30% an *tax* und Trinkgeld dazuaddiert werden müssen. Die **Eintrittspreise** sind der Qualität der Museen angemessen und entsprechen europäischem Niveau. Es gibt es für Studenten und Senioren Ermäßigungen und gelegentlich an bestimmten Tagen bzw. Abenden verbilligten („pay what you wish") oder freien Eintritt (s. S. 216). Der Andrang zu diesen Zeiten ist allerdings meist beachtlich. Generell handelt es sich in den New Yorker Museen um *suggested admissions,* also um einen Vorschlag, der theoretisch freiwillig ist. Dennoch wird die Höhe meist genau vorgegeben und es wird erwartet, dass sie auch vom Besucher exakt eingehalten wird.

Informationsquellen

Infostellen zu Hause

New York ist durch eine deutsche Agentur vertreten, die auch für Österreich und die Schweiz zuständig ist:

- **NYC & Company,** c/o Aviareps Tourism, München, Tel. 089 552533835, www.nycgo.com/de
- **NY State:** www.iloveny.com oder www.ny.gov
- **Deutsch-amerikanische Kulturinstitute,** z. B. in München, Berlin oder Nürnberg verfügen über Bibliotheken, es gibt dort Informationsveranstaltungen und ein Beratungsangebot (z. B. für Austauschschüler), Lesungen u. a. Events. Eine Adressliste findet sich unter https://de.usembassy.gov/de/deutsch-amerikanische-beziehungen/deutsch-amerikanische-kulturinstitute-in-deutschland.
- Unter **www.vusa.travel** finden sich allgemeine Infos und Links zu den USA.

Allgemeine Telefonauskunft

- Tel. 212 4841200, 9–18 Uhr

Infostellen in der Stadt

Touristeninformation

NYC & Company betreibt mehrere offizielle Informationsstellen (meist 9–mind. 18 Uhr, www.nycgo.com/articles/official-nyc-information-centers):

531 [C16] **Official NYC Information Center at Macy's Herald Square,** 151 W 34th St.

532 [D22] **Official NYC Information Center – City Hall,** Südspitze des City Hall Park, Park Row (Kiosk)

533 [C15] **Official NYC Information Center – Times Square,** TKTS Plaza, Broadway/47th St.

534 [E23] **Official NYC Information Center – South Street Seaport,** East River Waterfront Esplanade, Pier 15 (in einem Bau mit Hornblower Cruises)

Darüber hinaus gibt es ein Infocenter in der Federal Hall:

535 [D23] **Infocenter Federal Hall,** 26 Wall St., www.nps.gov/feha, Mo.–Fr. 9–17 Uhr

Die **Downtown Alliance** (www.downtownny.com) betreibt ebenfalls mehrere Information Kiosks:

536 [C22] **Downtown Alliance (1),** 7 World Trade Center, tgl. 9–19 Uhr

537 [D23] **Downtown Alliance (2),** Bowling Green Park, tgl. 8–18 Uhr

538 [C23] **Downtown Alliance (3),** Pier A, Harbor House, tgl. 8–18 Uhr

Veranstaltungs- und Kartenservice

Veranstaltungstickets gibt es günstig bei **TKTS** (s. S. 242) am Times Square.

432ny Abb.: mb

Die Stadt im Internet

- **www.nycgo.com** – offizielle Website (auch auf Deutsch) von NYC & Company, dem Tourismusamt, mit Listen, Informationen und Links verschiedenster Art.
- **www.nyc.gov** – offizielle Website der Stadtverwaltung von New York City, weniger touristisch, aber trotzdem auch für Besucher interessant
- **www.nycgovparks.org** – Infos zu allen der Parkverwaltung unterstehenden Sehenswürdigkeiten, z. B. Ellis Island
- **www.citysearch.com/guide/newyork-ny-metro** – Informationen und Wertungen zu allen Arten von Veranstaltungen, zu Theatern, Museen und Shopping
- **www.timeout.com/newyork** – Website des gleichnamigen Wochenmagazins, v. a. mit Infos zu Veranstaltungen, Restaurants und Nachtleben
- **http://nymag.com** – Website des New York Magazine mit teils tagesaktuellen Informationen zu Restaurants, Shopping, Filmen, Kultur, Nachtleben und dazu interessante Berichte
- **www.innewyork.com** – Tipps u. a. zu den Themen Shopping, Essen gehen und Entertainment
- **www.notfortourists.com/NewYork.aspx** – „Insidertipps" und Aktuelles zu Restaurants, Theatern und Museen, Neighborhoods u. a.
- **www.nytimes.com** – Website der wichtigsten Tageszeitung New Yorks und der USA

Einzelne Stadtteile (boroughs)

Informationen zu den einzelnen *boroughs*, zu Events, Neuigkeiten, Anlaufstellen, Infrastruktur etc. finden sich auf den folgenden Webseiten:

- **Brooklyn:** http://explorebk.com, außerdem zu **Coney Island:** www.coneyisland.com
- **Bronx:** www.ilovethebronx.com und www.bronxarts.org (Bronx Council On the Arts)
- **Queens:** http://itsinqueens.com
- **Staten Island:** www.visitstatenisland.com
- **Long Island:** www.discoverlongisland.com

Hilfreiche Anlaufstelle für Besucher: ein Infokiosk von NYC & Company (s. S. 309)

Einzelne Viertel und Attraktionen

- **www.centralparknyc.org** – virtuelle Tour durch den Central Park
- **www.explorechinatown.com** – Infos zum Chinesenviertel New Yorks
- **www.villagevoice.com** – Website der gleichnamigen alternativen Stadtteilzeitung
- **http://timessquarenyc.org** – Informationen zum „Herz der Stadt", News, Veranstaltungen etc., zusammengestellt von der Times Square Alliance
- **www.renewnyc.com** – Website der Lower Manhattan Development Corporation, v. a. über Entwicklungen in Lower Manhattan
- **www.downtownny.com** – Infos der Downtown Alliance zur Entwicklung von Downtown und der World Trade Center Site, informative Pläne und Infos zu Veranstaltungen, Nahverkehr, Shops etc.
- **www.nycgo.com/articles/new-york-secrets-slideshow** – die verborgenen „Perlen" in Downtown entdecken
- **www.harlemonestop.com** – aktuelle Veranstaltungen, Sights, Touren und einzelne Viertel in Harlem
- **www.greaterharlemchamber.com** – Website des Chamber of Commerce (Handelskammer) zu verschiedenen Aspekten Harlems
- **http://forgotten-ny.com** – Infos zu alten Straßen, historischen Bauten, Parks und idyllischen Ecken
- **www.meatpacking-district.com** – aktuelles zu einem der In-Viertel

New-York-Apps

- **iTrans NYC Subway** ($ 3,99 für iOS) und **MyTransit NYC** (gratis für Android): zwei empfehlenswerte Apps zum Nahverkehr mit praktischen Tipps zu Linien und Fahrplänen sowie aktuellen Infos

EXTRATIPP

Zeitung lesen

Deutsche und internationale Zeitungen gibt es in großer Zahl in *bookstores* wie **Barnes & Noble** (s. S. 252) oder Zeitungskiosken *(news stands)*, wie die täglich geöffneten:

- **Duggal News Stand,** 700 W 181st St./ Broadway
- **Hotaling's,** 630 W 52nd St., 11th–12th Ave.
- **Midtown Newsstand,** 520 8th Ave., 36th–37th St.

Auch im Main Reading Room in der **New York Public Library** 43 liegt Lesestoff aus und es gibt kostenlosen Internetzugang mit einer gratis erhältlichen ACCESS Card (www.nypl.org/books) sowie Gratis-WLAN.

Besucher im **Goethe Institut** (30 Irving Place, www.goethe.de/ins/us/en/sta/ney.html?wt_sc=newyork) werden ebenfalls mit Medien versorgt und es gibt Ausstellungen und Veranstaltungen wie auch in der Galerie Ludlow 38 (38 Ludlow St.).

- **Time Out New York:** nützliche App des informativen Wochenmagazins mit Tipps zu Restaurants, Läden, Nightlive und Events (gratis für iOS und Android)
- **Broadway.org:** Infos über gerade laufende und geplante Broadway-Shows mit der Möglichkeit, direkt Tickets zu erwerben (gratis für iOS und Android)
- **NY Times:** App der New York Times mit Nachrichten und Veranstaltungshinweisen (kostenlos für iOS und Android)
- **m.nycgo.com:** mobile Seite von New York City & Company, zum Beispiel mit Empfehlungen zu Gastronomie sowie Shopping und „what's nearby"-Funktion

Publikationen und Medien

Landkarten, Pläne

Einfache **Stadtpläne** gibt es z. B. bei den Touristeninformationsstellen (s. S. 309). Ebenfalls hilfreich sind die ständig aktualisierten „Fodor's Flashmaps New York City" und „NFT – Not for Tourists Guide to New York City" mit Karten und Infos im Taschenbuchformat. Beide gibt es in Buchläden wie Strand Books (s. S. 252).

Dazu sollte man sich einen kostenlosen **MTA-(Nahverkehrs-)Plan** beschaffen – erhältlich in größeren Subway-Stationen oder den Infostellen (s. auch http://web.mta.info/maps).

Kostenlose Karten und andere Informationen als **App** aufs Handy gibt es online unter www.nycgo.com/articles/best-nyc-smartphone-apps.

Stadtmagazine

Beilagen in Tageszeitungen, z. B. am Freitag und Sonntag in der New York Times, geben Auskunft über das aktuelle Geschehen und Veranstaltungen. Unter den zahlreichen Gratisheften zählen die monatlich erscheinenden Hefte **Where** – mit umfassenden Listen sowie Artikeln – und **IN New York** (www.innewyork.com) – viel zu Shopping sowie Veranstaltungskalender und Sonderausgaben wie „Dining Issue" – zu den informativsten. An **Stadtmagazinen** lohnen:

- **Time Out New York, www.timeout.com/newyork**, erscheint jeden Mittwoch, gratis. Rubriken wie „Film", „Music & Nightlife", „Arts & Culture" und „Food & Drink" sowie längere Beiträge, umfassender Serviceteil zu allen Stadtteilen, Museumslisten sowie Veranstaltungskalender, außerdem Sonderhefte.

133ny Abb.: mb

- **New York Magazine,** http://nymag.com, wöchentlich. Viel Lesestoff, außerdem Listen (Nachtklubs, Restaurants, Museen, Shops etc.).
- **The New Yorker,** www.newyorker.com, wöchentlich. Eher intellektueller Lesestoff. 1925 von Harold Ross gegründet und bekannt für den umfassenden Kulturteil, Berichte und Glossen aus der Gesellschaft („Talk of the Town"); außerdem Kurzgeschichten, Kulturnachrichten und Rezensionen aller Art. Schriftsteller wie John Updike, J. D. Salinger oder Truman Capote haben für den New Yorker gearbeitet.
- **Village Voice,** www.villagevoice.com, kostenloses mittwochs erscheinendes Wochenmagazin. Interessante Artikel, Leserservice mit Listen, Veranstaltungen und Tipps aus allen Bereichen, auch Gratis-Events („Open City"). Als linksliberales Boheme-Blatt 1955 von Norman Mailer gegründet. Es befasst sich kritisch mit Politik, Kultur und Gesellschaft.

Zeitungen

Eine an nahezu jeder Straßenecke erhältliche **überregionale Zeitung** heißt **USA Today** (www.usatoday.com) und kostet $2. Sie bietet eine informative Mischung aus News und Kommentaren, hat einen ausführlichen und hervorragenden Sportteil und legt großen Wert auf grafische Gestaltungselemente.

Im New Yorker Großraum gibt es insgesamt **zehn Tageszeitungen,** neben etwa hundert lokalen und ethnisch orientierten Blättern, Abend- und Sonntagszeitungen unterschiedlicher Qualität. Die **New York Times** (www.nytimes.com) zählt zu den wenigen großen überregionalen *daily papers* („Tageszeitungen") von Ruf. Sie existiert seit 1851 und gilt als Flaggschiff des amerikanischen Pressewesens. Die Besonderheit des Blattes sind die *sections* – themenbezogene Beilagen wie freitags der „Weekend Guide" oder am Donnerstag „Arts & Leisure". Beliebt sind überdies der Kultur- und Lokalteil („Metro Section"). Samstag um Mitternacht kommt die kiloschwere, $ 6 teure Sonntagsausgabe auf den Markt, sie enthält u. a. die Rubrik „New York Times Book Review" (Literaturkritik), verschiedene Magazine und einen umfangreichen Comicteil.

Dem **Wall Street Journal** (www.wsj.com/europe) – der meistgelesenen Tageszeitung in den USA – haftet der Ruf an, führender Meinungsmacher der USA zu sein. Es richtet sich v. a. an die Wirtschaftswelt, es gibt keinen Lokalteil, kein Feuilleton und keine Beilagen.

Daneben existieren **Boulevardblätter** wie Daily News (www.nydailynews.com) und New York Post (http://nypost.com), deren Stärken die Lokalteile sind. Newsday (www.newsday.com) bietet im Unterschied zu den beiden vorher genannten gute Kommentare.

The New York Observer (http://observer.com) ist eine lachsfarbene Wochenzeitung für die „Happy Few": zynisch, liberal-demokratisch, einfallsreich. Bekannt geworden ist die 1987 gegründete „Zeitung für Journalisten" durch Kolumnen von Candace Bushnell („Sex and the City") und lesenswerte Geschichten aus der Society, Literatur, Kunst und Stadtpolitik.

Mediale Vielfalt – in New York an jeder Straßenecke

Unsere Literaturtipps

Sachliteratur

- *Abbott, Berenice,* ***Changing New York,*** *New Press, 2008. Schöner Fotoband der großen Fotografin von 1939.*
- *Adams, Michael Henry, Harlem: Lost and Found, 2001. Harlem wie es war, schön illustriert mit Fotos.*
- *Ascher, Kate,* ***The Works: Anatomy of a City,*** *Penguin, 2007. Ein Buch über die Infrastruktur und das „Funktionieren" der Stadt, mit vielen Illustrationen.*
- *Brinke, Margit und Peter Kränzle,* ***Reclams Städteführer. Architektur und Kunst New York,*** *Reclam Verlag, 2010. Detailierte Infos über Architektur, Kunst und Museen der Stadt.*
- *Giloy-Hirtz, Petra und Ira Stehmann (Hrsg.): Thomas, Christopher,* ***New York Sleeps,*** *Prestel, 2016. Fantastischer Bildband über die „Stadt, die nie schläft".*
- *Groos, U., S. Beckstette, M. Müller,* ***I Got Rhythm. Kunst und Jazz seit 1920,*** *Prestel Verlag 2015. Entwicklung des Jazz in der Kunst.*
- *Hofer, Veronika und Betsy Pinover Schiff,* ***Die Gärten von New York,*** *Hirmer, 2010. New York als Eldorado der Gartenkünste: die schönsten Gärten, öffentlichen Parks, privaten Refugien.*
- *Schwartz, Arthur,* ***Arthur Schwartz's New York City Food,*** *Stewart, Tabori & Chang, 2008. Lesenswerte Einführung in die kulinarische Szene von New York, mit Rezepten.*
- *Stichweh, D.,* ***NY Skyscrapers,*** *Prestel Verlag 2016. Grandioser Bildband zur Architektur New Yorks.*
- ***View New York – Nine Perceptions,*** *Kerber Verlag Bielefeld, 2011. Ausstellungskatalog mit New-York-Bildern verschiedener Fotografen.*
- *Westheider, O. und M. Philipp (Hsg.),* ***New York Photography 1890–1950. Von Stieglitz bis Man Ray,*** *Hirmer Verlag 2012. Buch über die großen Fotografen New Yorks.*
- *Der geniale Architekturführer* ***AIA Guide to New York City*** *erhielt im Mai 2010 nach langer Pause von Oxford University Press eine Neuauflage. Für Architekturfans ein Muss!*

Belletristik

- *Auster, Paul:* ***Mond über Manhattan*** *(1989),* ***Die New-York-Trilogie*** *(1988),* ***Die Brooklyn Revue*** *(2006). Der wohl berühmteste New Yorker Autor (geb. 1947) hat mehrere Romane über New York (und Brooklyn) verfasst.*
- *Cole, Teju,* ***Open City,*** *2011 (deutsch 2012 bei Suhrkamp). Erzählung über einen nigerianischen Immigranten und seine Spaziergänge durch die Stadt, die sich ihm nach und nach offenbart.*
- *Dos Passos, John,* ***Manhattan Transfer,*** *Rowohlt, 1966. Der Roman über den „Großstadtdschungel" New York aus dem Jahr 1925, ein kaleidoskopartiger Querschnitt mit Stilwechseln, Assoziationen und Reflexionen.*
- *Deborah Feldman,* ***Unorthodox.*** *Secession Verlag für Literatur, Zürich 2016. Brilliante Lebensbeschreibung einer vormals ultraorthodoxen Jüdin in Williamsburg.*

- *Fitzgerald, F. Scott,* ***Der Große Gatsby,*** *Diogenes, 2006. Ebenfalls ein Klassiker (von 1925) der New York Literatur.*
- *Friedman, Kinky, u. a.* ***Greenwich Killing Time*** *(Rotbuch Verlag, 2005) und* ***Der glückliche Flieger*** *(Bittermann, 2005). Der jüdische Texaner lebte in Greenwich Village und schildert in seiner Krimiserie skurrile Fälle.*
- *Himes, Chester,* ***Harlem Romane,*** *Unionsverlag, 2009. Bei den Krimis des Afroamerikaners (1909–1984) sorgen „Coffin Ed" Johnson und „Grave Digger" Jones in Harlem für Ordnung.*
- *Kerouac, Jack,* ***The Town and the City,*** *Rowohlt, 1984. Eine tragische Familiengeschichte steht im Zentrum des Romans von 1950, zudem ein Spiegelbild der persönlichen Erlebnisse Kerouacs, der im Drogenmilieu den „Großstadtwahnsinn" am eigenen Leib erlebte.*
- *McCann, Colum,* ***Die große Welt,*** *Rowohlt 2009. Der Roman spielt in New York und handelt u. a. von Philippe Petit, jenem großen Seiltänzer, der 1974 zwischen den Türmen des World Trade Center balancierte und diese Erfahrungen in* ***„To reach the clouds"*** *(Faber & Faber, 2008) niedergeschrieben hat. In dem Roman* ***„This Side of Brightness"*** *(Picador, 2005, dt. Titel „Der Himmel unter der Stadt") geht es um einen Obdachlosen, aber auch um den Subway-Bau Anfang des 20. Jh.*
- *MacLean, Alex,* ***Über den Dächern von New York,*** *2012. Die Stadt von oben.*
- *Niemann, Christoph,* ***Abstract City,*** *Knesebeck 2012. Alltägliches aus NYC mit genialen grafischen Mitteln und viel Humor umgesetzt.*
- *Selby, Hubert,* ***Letzte Ausfahrt Brooklyn,*** *Rowohlt, 1972. Der Romanklassiker von 1964 handelt vom Niedergang Brooklyns und seiner Bewohner.*
- *Stringer, Lee,* ***Grand Central Winter,*** *Herder, 2002. Fesselnde Geschichte aus dem Leben der „homeless people" („Obdachlose"). Der Autor selbst lebte lange auf der Straße bzw. den Schienen.*
- *Vandenberghe, Tom, Jacqueline Gossens, Luk Thys,* ***New York Street Food,*** *2013. Das Buch beschäftigt sich mit dem Phänomen des Straßenimbisses in New York City und bietet Rezepte zum Nachkochen.*
- *Whitehead, Colson,* ***Der Koloß von New York,*** *Hanser 2005. Collagenartige Stories über New York.*
- *Whitman Walt,* ***Leaves of Grass,*** *Simon & Schuster, 2006 (neue deutsche Übersetzung bei Hanser Verlag München: „Grasblätter", 2009). Lesenswerter Gedichtband – in stetig erweiterter Fassung zwischen 1855 und 1897 mehrmals aufgelegt – des Nationaldichters (1819–1892), der in Brooklyn aufwuchs und zeitweise lebte und unter anderem als Korrespondent für die New York Times arbeitete.*
- *Wolfe, Tom,* ***Fegefeuer der Eitelkeiten,*** *Rowohlt, 2005. „The Bonfire of the Vanities", so der Originaltitel, erschien 1987. Wolfes (geb. 1931) spannende Geschichte gibt am Beispiel eines Wall-Street-Brokers Einblick in das High-Society-Leben in der Upper East Side.*

Internet

Internetnutzung mit privaten Laptops stellt normalerweise kein Problem dar, denn es gibt zahlreiche **WLAN-Hotspots** in New York. V.a. die Downtown Alliance betreibt zwölf Hotspots in Lower Manhattan. Es gibt z.B. welche an folgenden Orten:

- Bowling Green 10
- Bryant Park [C15]
- City Hall Park (s. S. 50)
- Hanover Square (William-Hanover St, [D23])
- Pier 17 (South Street Seaport 13)
- Times Square 39 (Broadway Pedestrian Plaza)
- Union Square 26 und Umgebung
- Vietnam Veterans Park (South-Water St., [D23])
- World Financial Center 3, Winter Garden
- mehrere Subway-Bahnhöfe, z.B. 8th Ave./W 14 St. Station, 8th Ave./23rd St., 7th Ave/W 14 St. und 6th Ave./W 14th Street

134ny Abb.: mb

Listen der Hotspots in New York finden sich unter:

- http://manhattan.about.com/od/citylife1/a/freewifihotspot_2.htm
- www.downtownny.com/programs/free-public-wifi
- www.nycgo.com/articles/wifi-in-nyc

Gegenwärtig werden an alten Telefonsäulen neue **LinkNYC-Terminals** installiert, die freies WLAN, Gratistelefonate in den USA, ein Tablet für Informationen und Ladestationen für Smartphones bieten.

- Infos: www.link.nyc

In vielen **Cafés, Geschäften** und in **öffentlichen Einrichtungen**, z.B. der New York Public Library 43 oder im David Rubenstein Atrium (Lincoln Center 72), gibt es ebenfalls Hotspots oder frei nutzbare internettaugliche Computer. In **Hotels** steht manchmal Internet gratis im Zimmer zur Verfügung, gelegentlich nur in der Lobby, vielfach ist es auch kostenpflichtig.

Maße und Gewichte

Längen

1 inch (in)	2,54 cm
1 foot (ft)	30,48 cm
1 yard (yd, = 3 feet)	0,91 m
1 mile (= 1760 yards)	1,61 km

WLAN-Hotspots in Parks und auf Plätzen sind in New York verbreitet

Flächen

1 square inch	6,45 cm²
1 square feet	929 cm²
1 square yard	0,84 m²
1 acre (= 0,405 ha)	4046,80 m²
1 square mile (= 640 acres)	2,59 km²

Hohlmaße

1 pint	0,47 l
1 quart (= 2 pints)	0,95 l
1 gallon (= 4 quarts)	3,79 l

Gewichte

1 ounce (oz)	28,35 g
1 pound (= 16 ounces)	453,59 g

Temperaturen

Umrechnungsschlüssel

(Grad Fahrenheit - 32) x 0,56 = Grad Celsius

Beispiele

23 Grad F	-5 Grad C
32 Grad F	0 Grad C
50 Grad F	10 Grad C
68 Grad F	20 Grad C
86 Grad F	30 Grad C

Konfektionsgrößen

Herren

Deutsche Bekleidungsgrößen (z. B. 50) minus 10 ergibt amerikanische Größe (40)

› Herrenhemden

D	36	37	38	39	40/41	42	43
USA	14	14,5	15	15,5	16	16,5	17

› Herrenschuhe

D	39	40	41	42	43	44	45
USA	6,5	7/7,5	8	8,5/9	9,5	10/10,5	11/11,5

Damen

D	36	38	40	42	44	46
USA	6	8	10	12	14	16

› Damenschuhe

D	36	37	38	39	40	41	42
USA	6	6,5/7	7,5/8	8,5	9	9,5	10

Kinder

D	98	104	110	116	122
USA	3	4	5	6	6x

› Kinderschuhe

D	23	24	25	26	27	28	29	30	31	32	33
USA	6,5	7,5	8,5	9,5	10,5	11,5	12,5	13	1	1,5/2	2,5

Medizinische Versorgung

Allgemeine Situation

Den hohen Arzt-, Medikamenten- und Krankenhauskosten in Amerika steht ein **hoch entwickeltes medizinisches System** gegenüber. Schnelle und fachkundige Behandlung ist gesichert, vorausgesetzt, man kann die Zahlungsfähigkeit (durch Vorlage einer Kreditkarte) nachweisen. Bei Praxisbesuchen ist sofort zu bezahlen, gesetzliche Krankenkassen übernehmen die Kosten nicht, weswegen der Abschluss einer Reisekrankenversicherung (s. S. 347) ratsam ist.

Besonderen **Risiken** sind US-Reisende nicht ausgesetzt, es gibt selten Umstellungsprobleme mit der Nahrung und das Wasser kann unbesorgt getrunken werden, in den letzten Jahren hat sich sogar der Chlorgeschmack verringert. Besondere Impfungen sind nicht nötig. Relativ häufig sind Erkältungen aufgrund der Vollklimatisierung von Bauten und Verkehrsmitteln. Empfindliche sollten immer eine Jacke, einen Pullover, ein Tuch oder einen Schal dabei haben. Hygiene wird in den USA großgeschrieben und WCs sind normalerweise sehr sauber.

322ny Abb.: mb

Ärztezentren wie dieses gibt es – im Falle eines Notfalls – in fast allen Stadtvierteln

Ärzte und Apotheken

An qualifizierten **Ärzten** besteht kein Mangel, der Spezialisierungsgrad ist hoch und die Konkurrenz groß, daher preisen Mediziner in Zeitungen und Telefonbüchern ihre Dienstleistungen an. **Health Care** oder **Family Centers** sind Gemeinschaftspraxen, die ohne Termin und lange Wartezeiten („walk-in") weiterhelfen. Hausbesuche sind unüblich. Im **Notfall** ruft man die Ambulanz oder fährt zu einer Hospital-Notaufnahme *(emergency room)*. Namen und Adressen von Ärzten können leicht über die Hotelrezeption, das Internet bzw. das Telefonbuch *(medical services/physicians)* in Erfahrung gebracht werden.

Krankenhäuser und Arztpraxen

539 [B13] **City MD,** 315 W 57th St. (8–9th Ave.), Tel. 212 3152330, Mo.–Fr. 8–22, Sa./So. 9–21 Uhr, zentral am Columbus Circle gelegen

540 [D11] **Doctors House Call Service/ Travelers Medical Center,** 952 5th Ave./76th–77th St., Tel. 212 7371212, http://travelmd.com. Arztbesuche rund um die Uhr, auch in Hotels sowie *medical center* (24 Std.).

541 [D13] **Dr. Klaus D. Lessnau,** 110 E 59th St., Tel. 212 5832969

542 [B15] **Dr. Walk-In,** Times Sq, W 661 8th Ave,/42nd St., www.drwalkin.com. Arztservice in Duane-Reed-Drogeriemärkten. Ohne Voranmeldung, mehrere Filialen.

Zahnärztliche Notfälle

543 [D18] **Emergency Dentist NYC,** 100 E 12th St., Tel. 646 3368478. 24-Stunden Notfallservice.

Apotheken

Pharmacies sind rar, dafür gibt es in jedem Supermarkt und *drugstore* ein Grundsortiment (größer und preiswerter als z. B. in Deutschland) an freiverkäuflichen Arzneimitteln.

In *drugstores* kann man an speziellen Schaltern auch ärztliche Verordnungen *(prescriptions)* für rezeptpflichtige Medikamente einlösen und manchmal gibt es zudem einen ärztlichen Notfallservice. In New York verbreitet sind die *drugstores* **CVS Pharmacy, Duane Reade** (www.duanereade.com) und **Rite Aid** (www.riteaid.com, 24-Std.-Service).

Es empfiehlt sich dennoch, die übliche kleine **Reiseapotheke** und dringend benötigten Arzneien von zu Hause mitzubringen.

Notfälle

Verhalten im Notfall

In einem Notfall hilft ein Polizist *(cop)* oder man wählt die gebührenfreie **zentrale Notrufnummer 911**, über die man Polizei, Krankenwagen und Feuerwehr erreicht.

Das nächste **Polizeirevier** kann man unter Tel. 311 erfragen oder auf www.nyc.gov/html/nypd/html/home/contact_information.shtml herausfinden. Bei Diebstahl (zum Beispiel Reisepass) oder sonstigen Verbrechen ist dort Anzeige zu erstatten.

Darüber hinaus sollte man sich wegen der Ausstellung eines Ersatzreiseausweises an die zuständige **diplomatische Auslandsvertretung** (s. S. 304) wenden. Auch in anderen Notfällen, z. B. medizinischer oder rechtlicher Art, bemüht man sich dort, dem Urlauber vermittelnd zu helfen.

Karten- und Schecksperrung

Bei Verlust der Kreditkarte gibt es für Kartensperrungen eine **deutsche Zentralnummer.** Man sollte allerdings unbedingt vor der Reise klären, ob die eigene Bank diesem Notrufsystem angeschlossen ist.

Aber Achtung: Mit der telefonischen Sperrung sind die Bezahlkarten zwar für die Bezahlung/Geldabhebung mit der PIN gesperrt, nicht jedoch für das **Lastschriftverfahren mit Unterschrift.**

Man sollte daher auf jeden Fall den Verlust zusätzlich **bei der Polizei zur Anzeige bringen,** um gegebenenfalls auftretende Ansprüche zurückweisen zu können.

In **Österreich** und der **Schweiz** gibt es keine zentrale Sperrnummer, daher sollten sich Besitzer von in diesen Ländern ausgestellten Kreditkarten vor der Abreise bei ihrem Kreditinstitut über den zuständigen Sperrnotruf informieren.

Generell sollte man sich immer die **wichtigsten Daten** wie Kartennummer und Ausstellungsdatum separat notieren, da diese unter Umständen abgefragt werden.

› **Deutscher Sperrnotruf (von den USA aus):** Tel. 011-49-116116 oder Tel. 011-49-3040504050
› Unter **www.kartensicherheit.de** gibt es zusätzliche Infos und man kann einen SOS-Infopass mit den wichtigsten Telefonnummern heruntergeladen und ausgedruckt werden.

Gegen Angabe der Seriennummern bzw. sogar des Kaufbelegs werden **Reiseschecks** innerhalb von 24 Stunden ersetzt. Dazu ist bei einem Verlust oder Diebstahl umgehend die Meldung bei American Express bzw. Travelex nötig: Telefonnummern und Hinweise erhält man zusammen mit den gekauften Schecks (vorher notieren!). Gegebenenfalls wird ein Polizeiprotokoll gefordert und muss ein Rückerstattungsformular ausgefüllt werden.

Manche **Mobilfunkkarten** lassen sich ebenfalls über die zentrale deutsche Sperrnummer sperren. Ansonsten ist ein sofortiger Anruf bei der Kundenbetreuung des Anbieters nötig. Dort kann die SIM-Karte gesperrt und eine neue SIM-Karte bestellt werden. Um die Karte sperren zu lassen, werden neben der Rufnummer evtl. auch die PUK-Nummer, die Kartennummer oder das Kundenkennwort abgefragt.

Fundbüros

Es gibt kein städtisches Fundbüro, lediglich die Taxivereinigung und MTA (Metropolitan Transit Authority) unterhalten Sammelstellen:

› **New York City Taxi & Limousine Commission,** Tel. 311
› **MTA-Fundstelle:** Tel. 212 7124500 oder 212 7124501, http://advisory.mtanyct.info/lostfound (Forschen nach Fundobjekten), Abholung: Subway-Station 34th St./8th Ave.

Geld von zu Hause

Mit der **Kreditkarte** kann pro Transaktion bzw. Woche nur einen bestimmter, festgelegter Höchstbetrag in bar abgehoben werden. Je nach ausgebender Bank und Art der Karte bzw. Konditionen, gilt im Ausland meist ein Tageslimit von ca. 500 bis 1000 €, bis der vorgegebene Kreditrahmen ausgeschöpft ist.

Wer dringend eine größere Summe an Bargeld benötigt, kann sich aber z. B. weltweit über **Western Union** via Postbank oder Reisebank (Filialen an Bahnhöfen, Flughäfen etc.) Geld schicken lassen.

› Infos unter www.westernunion.de

Öffnungszeiten

In den USA gibt es kein verbindliches Ladenschlussgesetz und in New York gilt oft sogar „24/7", d. h. Betrieb täglich und rund um die Uhr.

› **Geschäfte:** je nach Art und Größe von 9/10 bis mind. 18 Uhr, oft länger (v. a. Buchläden). An Sonntagen manchmal geschlossen oder ab 11/12 bis 17 Uhr.

Postgebühren

(Stand: Oktober 2016)

- **Deutschland, Österreich, Schweiz:** Karten und Briefe bis 1 oz (28 g) $ 1,15 (jedes weitere oz: 98 c). Die Beförderungsdauer beträgt ca. 5 bis 7 Tage.
- **Inland** („First Class"): Briefe bis 1 oz (28 g) 47 c, jedes zusätzliche oz kostet weitere 21 c, Karten 34 c

- **Kaufhäuser/Malls:** 10–19/20 Uhr, So. meist 11–18 Uhr
- **Restaurants:** ca. 12–15 und 18–22 Uhr warmes Essen
- **Delis:** 7–24 Uhr, manche rund um die Uhr
- **Bürozeiten:** Mo.–Fr. 9–17 Uhr
- **Banken:** werktags 10–14/15 Uhr
- **Postämter:** Mo.–Fr. 8/9–17, Sa. bis 13/14 Uhr
- **Museen und Sehenswürdigkeiten** besucht man am besten von Di. bis So. zwischen 10 und 17 Uhr (Mo. ist manchmal geschlossen).

Post

Postämter benötigt man heute höchstens noch zum Kauf von Briefmarken. **Briefkästen** sind blau-rot und mit der Aufschrift „US-MAIL" und einem Adler gekennzeichnet. Express Mail und Priority Mail sind schnellere, aber teurere Versandmöglichkeiten, für die es eigene Briefkästen gibt.

Größere Sendungen verschickt man mit einem **parcel service** (zum Beispiel UPS, FedEx, DHL) und **Geldanweisungen** gibt man bei Western Union auf (Tel. 1 800 3254176).

Wer innerhalb den USA Post verschicken möchte, kommt am günstigsten mit „First-Class Mail" weg, „Priority" und „Express" sind teurer. Weitere Infos finden sich unter http://postcalc.usps.com.

✉**544** [B16] **Farley Post Office,** 421 8th Ave./31st St., gegenüber Madison Square Garden, Mo.–Fr. 7–22, Sa 9–21, So 11–19 Uhr

Radfahren

New York ist stolz auf ein 320 km umfassendes Fahrradwegenetz. Der **Manhattan Waterfront Greenway** führt auf ca. 50 km beinahe rings um Manhattan. Am schönsten ist ein ca. 18 km langer Abschnitt mit *bike trail* entlang der West Side vom Battery Park 5 bis zur George Washington Bridge. Der Pfad ist schmal und im Südabschnitt stärker befahren als im Norden.

- **Infos:** www.bikenyc.org
- **Karten:** www.nyc.gov/html/edc/pdf/greenway_mapside.pdf oder www.nycbikemaps.com/maps/manhattan-waterfront-greenway-bike-map

Citi Bike ist ein expandierendes Bike-Sharing-Projekt, bei dem an 600 solarbetriebenen Docking-Stationen in Manhattan und zunehmend auch in Brooklyn und Queens blaue Leihfahrräder zur Verfügung stehen. 1- oder 3-Tages-Pässe gibt es an den Kiosks für $ 12 bzw. $ 24. Details zur Nutzung finden sich unter www.citibikenyc.com.

Fahrradverleih und Radtouren bietet z. B. **Bike and Roll** an. **Bike the Big Apple** (www.bikethebigapple.com) veranstaltet interessante Touren durch alle Boroughs, auch Nachttouren. **Central Park Bike**

323ny Abb.: mb

Tours offeriert Parktouren und Fahrradverleih (http://centralparkbiketours.com).

› **Bike and Roll,** Central Park (s. S. 146) sowie weitere saisonal geöffnete Standpunkte, http://bikenewyorkcity.com, Tel. 212 2600400. Es gibt mehrere Verleihstationen und verschiedene Touren, auch über die Brooklyn Bridge und per Water Taxi zurück. Fahradverleih ab $ 44/Tag.

Infos und Karten gibt es unter:

› www.nyc.gov/html/dot/html/bicyclists/bicyclists.shtml – Infos und Links
› www.nyc.gov/html/dot/html/bicyclists/bikemaps.shtml – herunterladbare Fahrradkarte
› www.ridethecity.com – mit Routen und Fahrradwegen sowie Streckenberechnungen
› www.bike.nyc/events – Infos zu Fahrradtouren/-veranstaltungen

Schwule und Lesben

Seit dem 24.6.2011 sind im Staat New York gleichgeschlechtliche Ehen erlaubt und was die Zahl der Heiratslizenzen als auch die Einnahmen in die Stadtkasse angeht, war dieses Gesetz ein Erfolg. Die „Gay Community" in New York gilt als besonders groß, aktiv und wirtschaftlich bedeutend. Tipps zum Heiraten in NY gibt es unter: www.nycgo.com/articles/nyc-i-do.

Die LGBT-Szene („Lesbian, Gay, Bisexual and Transgender") konzentriert sich auf Greenwich Village, das benachbarte Chelsea und Teile von SoHo. Auch Jackson Heights in Queens ist für sein *gay nightlife* bekannt und Park Slope (Brooklyn) ist eln beliebter Wohnort.

Treffs, Bars und Klubs

545 [C18] **LGBT Community Center,** 208 W 13th St./7th Ave., Tel. 212 6207310, https://gaycenter.org. Infozentrum und Beratungsstelle, Veranstaltungen und Café.

546 [B18] **Gyms Sportsbar,** 1678th Ave., www. gymsportsbar.com. Bis 4 Uhr morgens Barbetrieb und im Untergeschoss „locker room" mit intimer Partyatmosphäre. Vor allem für Männer.

547 [C19] **Henrietta Hudson,** 438 Hudson St. (West Village), http://henriettahudson.com. Lesbenbar mit DJs und Billiard.

548 [C19] **Stonewall Inn,** 53 Christopher St./Sheridan Sq., http://thestonewallinnnyc.com. Die wohl legendärste Schwulenbar der Welt.

549 [C19] **The Monster,** 80 Grove St./7th Ave., www.monsterbarnyc.com. Beliebter Gay-Klub, im EG Pianobar, im UG Disco, gute Margaritas und v. a. Latinopublikum.

137ny Abb.: NYC&Co@J. Alan Hamilton

LGTB-Hotels

🏨**550** [B18] **Chelsea Pines Inn,** 317 W 14th St. (8th–9th Ave., Chelsea), Tel. 212 9291023, www.chelseapinesinn.com. Großteils von Gay-Publikum frequentiertes Hotel in guter Lage. In einem alten Reihenhaus aus der Mitte des 19. Jh. warten 26 gut ausgestattete Zimmern ab $ 230/DZ auf die Gäste.

LGBT-Szene im Internet

- **www.nycgo.com/gay** – Rubrik von NYC & Co.
- **www.timeout.com/newyork/lgbt** – eine eigene Rubrik in „Time Out NY"
- **www.nycpride.org** – NYC Pride ist ein 10-tägiges Fest Ende Juni in Erinnerung an die Stonewall Riots, mit großem Umzug entlang der Christopher Street.

Sicherheit

Allgemeine Situation

Nach neueren Statistiken zählt NYC zu den sichersten US-Großstädten mit über ¼ Mio. Einwohnern. New York, aus Filmen als Stadt der Diebe und Straßengangs, der Mafia und der Banden bekannt, ist zu Recht stolz darauf. Vor allem die Gewaltverbrechen sind in den letzten Jahren um rund ein Drittel zurückgegangen, wohingegen *street crimes,* Delikte wie Taschendiebstähle, aber auch Überfälle, Schutzgelderpressungen und Drogengeschäfte wie in anderen Großstädten schwieriger zu bekämpfen sind.

Seit dem 11. September 2001 hat sich viel verändert, auch was **erhöhte Polizei-**

Leihfahrräder von Citi Bike stehen nicht nur in Manhattan zur Verfügung

Die Christopher Street Parade

präsenz und **verschärfte Sicherheitsvorkehrungen,** Beobachtungskameras und Kontrollen betrifft. Am Einlass zu Events, Sportveranstaltungen oder Attraktionen und Museen wird wie am Flughafen kontrolliert, Taschen werden durchsucht und größere Rucksäcke sind nicht erlaubt. Ebenso kann Gepäck in Nahverkehrsmitteln oder Subway-Stationen überprüft werden.

In den letzten Jahren hat sich in touristisch frequentierten Gebieten, selbst in früheren *high crime areas* wie dem nördlichen Central Park oder Harlem und Teilen von Queens, den Bronx oder Brooklyn die Situation **erheblich verbessert.** Harlem kann mitterweile angstfrei besucht werden. Die Polizei ist wesentlich stärker präsent und viele Innenstadtbereiche haben in letzter Zeit wieder an Attraktivität gewonnen und sind zu beliebten Wohnvierteln geworden.

Vorbeugende Maßnahmen

Vorsicht ist bei **Massenveranstaltungen und Menschenaufläufen,** z.B. in öffentlichen Verkehrsmitteln oder während Veranstaltungen, geboten. Taschendiebstahl *(pickpocketing)* ist eines der häufigsten Delikte. Dagegen stellen die in Subway-Stationen und an den Straßen sitzenden Obdachlosen *(homeless people)* normalerweise keine Gefahr dar. **Parks, verlassene Gegenden und dunkle Parkgaragen** sollte man **bei Dunkelheit** (besonders allein) besser meiden und Umwege in Kauf nehmen, wenn sie durch belebtere Viertel führen.

Wie in jedem anderen Urlaubsland ist davon abzuraten, Handtaschen, Fotoausrüstungen, dicke Brieftaschen (womöglich in der Gesäßtasche) und kostbaren Schmuck offen herumzutragen und Reisegepäck unbeaufsichtigt zu lassen.

435ny Abb.: mb

Stattdessen sind **Brustbeutel, Gürteltaschen** und ein **kleiner Rucksack** sinnvolle Alternativen. **Bargeld** sollte man nur in kleineren Mengen bei sich haben und das **Aufteilen von Dokumenten/Geld** zwischen zwei zusammenreisenden Personen ist ebenso empfehlenswert wie das getrennte Aufbewahren von Dokumentenkopien und Originalen.

In der teils zu Unrecht verrufenen **Subway** ist es wichtig, die speziellen Sicherheitshinweise, vor allem bei Nachtfahrten, zu beachten und z.B. die kameraüberwachten Wartezonen aufzusuchen *(off-hour waiting areas)*. Häufig halten sich Polizeibeamte in Subway-Stationen auf und dazu ist immer in den mittleren Wagen ein Zugabfertiger präsent. **Busse** sind nachts oft die sicherere Alternative, da die Fahrer mit Funk ausgestattet sind. Nur in offizielle gelbe **Taxis** mit Lizenz und Tarifuhr einsteigen!

In **Hotels/Motels** haben Spione, mehrfache Schließanlagen, verschlossene Verbindungstüren sowie das Angebot, Wertgegenstände im Safe zu deponieren, ihren Sinn. Serviceschilder sollte man nicht an die Türklinke hängen, sie zeigen lediglich deutlich an, dass niemand im Zimmer ist.

Pause gefällig? Grünanlagen und Strände gibt es in New York genug

Massive Polizeipräsenz macht New York heute zu den sichersten US-Städten

139ny Abb.: mb

Sport und Erholung

Aktivsport und Freizeitvergnügen

Grünflächen, Parks und Freizeitareale sind in New York reichlich vorhanden. Am bekanntesten und größten ist der Central Park 70, größenmäßig gefolgt vom Riverside Park (entlang dem Hudson River), der nordwärts in Fort Tryon und Inwood Hill Parks übergeht, und vom Prospect Park 94 in Brooklyn (mit Zoo und Wildlife Center). Mehrere kleine Parks verteilen sich auf Midtown und Downtown, etwa der Battery Park 5, der Washington Square Park [C/D19] oder der Bryant Park [C15], dazu kommen *community gardens* (s. S. 258). Man entdeckt derzeit die *waterfront* und die alten Piers neu, sie werden u.a. zum Spielen (u.a. Pier 25) und Sonnenbaden genutzt (u.a. Pier 45) oder mit Lokalen bzw. Bars (u.a. Pier 84) ausgestattet (www.hudsonriverpark.org). Natur der anderen Art erlebt man z.B. im Marine Park in Brooklyn mit Nature Center und Trails durch Salz-Marschland (Info: www.nycgovparks.org/parks/marine-park).

EXTRATIPP

Besondere Sportevents

- Ein Höhepunkt im Sportkalender ist der **New York Marathon** (www.tcsnycmarathon.org, www.nyrr.org), der seit 1970 am ersten Sonntag im November an der Verrazano Bridge startet und bis zum Central Park durch alle fünf Stadtteile New Yorks führt.
- **Empire State Building Run-Up,** Anfang Februar. Es gilt die 1576 Stufen zum 86. Stock des Empire State Bldg. zu erklimmen. Infos: www.nyrr.org
- **Tunnel to Towers Run**, im Sept. wird mit einem 5 km-Lauf an den Feuerwehrmann Stephen Siller erinnert, der durch den Brooklyn Battery Tunnel zu den Twin Towers rannte, wo er später starb, http://tunnel2towers.org.
- **US Open Tennis Championships,** Flushing Meadow (Queens), Ende Aug.–Mitte Sept., www.usopen.org. *Das* legendäre Tennisturnier
- **Five Boro Bike Tour,** Anf. Mai, 65-km-Fahrradtour für jedermann (www.bikenewyork.org/ride/five-boro-bike-tour)

Botanische Gärten sind ebenfalls in allen Stadtvierteln zu finden: vom Conservatory Garden (Central Park) über New York Botanical Garden und Wave Hill in der Bronx bis hin zum Queens und Brooklyn Botanic Garden.

Auch an **Stränden** herrscht kein Mangel, sei es auf Coney Island/Brooklyn (z. B. Brighton oder Manhattan Beach), Long Island (Rockaway Beach – besonders geeignet zum Wellenreiten!), in der Bronx (Orchard Beach – zur Naturbeobachtung ideal!) oder in Queens (Jamaica Bay). Einen Teil von Staten Island nimmt die Gateway National Recreation Area (Strände, Sportanlagen, Jogging-/Fahrradwege u. a.) ein und Governors Island 8 gilt ebenfalls als neues grünes Freizeitidyll am Wasser. Die Strände auf Long Island gelten als besonders einladend (www.loving-long-island.com/long-island-beaches.html). Die Badesaison läuft von Ende Mai bis Anfang September (Infos: www.nycgovparks.org/facilities/beaches).

Abgesehen von einer **Eislaufbahn** im Bryant Park befinden sich im Winter weitere am Rockefeller Center 50 (50th St./5th Ave.), im Central Park 70 (Wollman Rink) und im Prospect Park 94. Überall werden auch Schlittschuhe verliehen.

Der **Manhattan Waterfront Greenway** führt auf knapp 50 km beinahe rings um Manhattan und wird von Spaziergängern, Joggern, Bikern und Skatern gleichermaßen benutzt (s. auch S. 321). Ähnlich verhält es sich mit der **East River Esplanade** und am Ufer gegenüber bietet der **Brooklyn Bridge Park** 87 ebenfalls eine breite Palette an Freizeitmöglichkeiten, darunter einen Pool an Pier 2 (Ende Juni–Anfang Sept.) oder Volley- und Basketballspielfelder.

Der Central Park, der an Wochenenden für den Verkehr gesperrt ist, bietet Möglichkeiten für verschiedene Freizeitaktivitäten, z. B. Sport- und Spielplätze, Fahrrad-, Skates- und Bootsverleih (s. S. 146).

Fitness

S551 [A17] **Chelsea Piers Sports & Entertainment Complex,** 17th–23rd St./Hudson River, Tel. 212 3366666, www.chelseapiers.com. Fitnesseinrichtungen aller Art, Laufbahn, Pool, Eisbahn, Golf, Sport- und Spielfelder, Jachthafen, aber auch Shops und Lokale wie Chelsea Brewing Company.

324ny Abb.: mb

Profisport

New York ist ein Paradies für Sportfans mit Profiteams in den vier Nationalsportarten **Basketball** (National Basketball Association/NBA: November–Anfang Juni; Women's National Basketball Association/WNBA: Juni–August), **Baseball** (Mayor League Baseball/MLB: April–Oktober), **American Football** (National Football League/NFL: September–Januar) und **Eishockey** (National Hockey League/NHL: Oktober–Mai) sowie im **Soccer** (Fußball: Mai–Oktober).

Einen Besuch im Madison Square Garden 36, z.B. wenn die **Rangers** (Eishockey) oder die **Knicks** (Basketball) spielen, sollte man sich nicht entgehen lassen. Lohnend ist auch ein Baseballspiel, sei es der gefeierten **Yankees** oder der **Mets** (Karten frühzeitig vorbestellen, Yankee-Tickets vergünstigt am Spieltag bei Modell's, 234 W 42nd St.), die sich zuletzt 2000 im Meisterfinale gegenüberstanden.

American Football

- **New York Giants (NFL),** MetLife Stadium im Meadowlands Sports Complex New Jersey, 1 MetLife Stadium Dr., East Rutherford/NJ - S-Bahn-Anschluss ab Manhattan/Penn Station und Expressbusse zu Spielen ab Port Authority Bus Terminal, 8th Ave./42nd St., www.giants.com
- **New York Jets (NFL),** ebenfalls im MetLife Stadium, s. o., www.newyorkjets.com

Im Barclays Center spielen die Brooklyn Nets Basketball und die Islanders Eishockey

Noo Yawkese – die Sprache der New Yorker

„Ever'body says words different …", schrieb John Steinbeck in „Grapes of Wrath" („Früchte des Zorns"). In der Tat wird im Land der unbegrenzten Möglichkeiten eine ganze Reihe ***regionaler Dialekte*** *gepflegt. New York bildet sogar eine eigene Sprachinsel zwischen dem Südstaaten-Dialekt - dem „Southern drawl" - und dem Neuengland-Dialekt. „American English" ist nicht gleich „American English" - ein Kalifornier wird sich vermutlich mit einem Mexikaner leichter verständigen können als mit einem Südstaatler oder gar mit einem „Noo Yawker".*

Immer noch skeptisch? Beginnen wir mit der heimlichen Nationalhymne Brooklyns - ***„Brooklyn National Anthem":***

„Da Spring is sprung, do grass is riz
I wunneh weah da boidies is?
Da boid is on da wing? - dat's absoid
From what I hoid da wing is on da boid!"

Alles klar? Das folgende Beispiel klärt weiter auf: Ein gewisser Mr. John Occhiogrosso aus Brooklyn gewann den Wettbewerb ***„Best New York Accent in Houston"*** *u. a. mit dem Ausspruch: „Can oi hab a cuppa kowafee an a glazza watta?" Der Herr wünschte eine Tasse Kaffee und ein Glas Wasser, allerdings auf „Noo Yawkese", streng genommen auf „Brooklynese", einem New Yorker Subdialekt.*

Die ***Herkunft des New-York-Dialekts*** *geht auf die britische Kolonialzeit zurück. Im damaligen Kings County (Brooklyn) wurde „King County English" gepflegt, hinzu kamen deutsche und vor allem jiddische Elemente, wie „Mazel tov", der Begriff für „viel Glück", oder Wörter wie „Bagel", „Blintz", „Knish" oder „Chuzpe", „Zoff", „malochen" oder „Tacheles" reden.*

Bezüglich der ***Aussprache*** *glaubt man Wurzeln im Gälischen ausmachen zu können (z. B. oi und d/th). Da zudem einige Sprachforscher Gemeinsamkeiten mit dem „Southern drawl" erkannt haben, was bei der starken Zuwanderung von Afroamerikanern aus den Südstaaten zu Beginn des 20. Jh. nicht wundert, ist es legitim, von New York als „nest of languages" zu sprechen. Schließlich sollte nicht verschwiegen werden, dass es Wissenschaftler gibt, die das „Noo Yawkese" weniger als regionalen oder geografischen Dialekt betrachten, sondern als* ***Klassendialekt,*** *als die Sprache der „lower class".*

„Whadsa madda wid dat" („what's the matter with that"), „da goils love it" („the girls love it"), „Shoiman boined Atlanter" („Sherman burned Atlanta"), „dose were da days" („those were the days") oder „my udduh bruddah" („my older brother") lassen Besonderheiten erkennen, die es dem Besucher nicht unbedingt leicht machen, einen New Yorker zu verstehen, es sei denn, man kennt ***die folgenden Regeln:***

- ***Vokal+r*** *wird zu oi: girl - goil, pearl - poil, nerve - noive, Jersey - Joisey, third - thoid, turn - toin, dirty - doity, purple - poiple. Aber auch: I/I'm - Oi/oim*
- ***oi wird zu er:*** *toilet - terlet, noise - nerz, voice - verse, choice - cherce, oyster - erster*
- ***th wird zu t oder d:*** *with - wit, that - dat, mother - mudda, others - uddas, then - den*

- ***aw-Laute:** talk - tawk, fork - fawk, New York - Noo Yawk, of course - uf caws*
- ***Weglassung von r:** paper - papah, beer - beeah*
- ***Weglassung von d:** didn't - dint*
- ***Hinzufügung eines r:** idea - idear, sofa - sofer*
- ***Verkürzungen:** should have - shudda, what's the matter - smatter, wouldn't you - wuntcha, do you hear me - juhhimee, did you eat yet - jeet jet, what the ... - whudda ..., cup of - cuppa, glas of - glazza, got to - gotta, go on - gwan*
- ***Dehnungen:** dog - dooaug, cab - keeab, coffee - kowafee*
- ***Spezielle Aussprache:** Staten Island - Staten Oi-land, Long Island - Lunk-guylan, New Jersey - Joisey; Houston (St.) - Hausten (St.), Greenwich - Grännitsch*

436ny Abb.: mb

Baseball

- **New York Yankees (MLB),** Yankee Stadium 104, http://newyork.yankees.mlb.com
- **New York Mets (MLB),** Citi Field 100, http://newyork.mets.mlb.com

Basketball

- **New York Knicks (NBA),** Madison Square Garden 36, www.nba.com/knicks
- **New York Liberty (WNBA),** Madison Square Garden 36, www.wnba.com/liberty
- **Brooklyn Nets (NBA),** Barclays Center, 620 Atlantic Ave./Flatbush Ave. [I24], Brooklyn, www.nba.com/nets

Eishockey („hockey")

- **New York Rangers (NHL),** Madison Square Garden 36, http://rangers.nhl.com
- **New Jersey Devils (NHL),** Prudential Center, 165 Mulberry St., Newark/New Jersey (PATH ab Manhattan), http://devils.nhl.com
- **New York Islanders (NHL),** Barclays Center, 620 Atlantic Ave./Flatbush Ave. [I24], Brooklyn http://islanders.nhl.com

Fußball („soccer")

- **Red Bull New York (MLS),** Red Bull Arena, 600 Cape May St., Harrison/New Jersey (PATH ab Manhattan), www.newyorkredbulls.com
- **New York City FC (MLS),** Yankee Stadium 104, www.nycfc.com

Sprache

Es dürfte schwierig sein, in den USA ganz ohne **Englisch** auszukommen, doch es ist einfacher als in jedem anderen Land, sich trotzdem durchzuschlagen. Small Talk ist auch mit kleinem Wortschatz möglich und die Erwartungshaltung der Amerikaner nicht hoch. Das **Amerika-**

EXTRATIPP

Turnstile Tours

Turnstile Tours ist ein Touranbieter der anderen Art, nicht nur was das Konzept, sondern auch was die Themen und die Qualität der Führungen angeht. Ziel von Firmengründerin Cindy VandenBosch ist es, **Kultur und Hintergründe** zu beleuchten und bislang vernachlässigte Projekte bekannt zu machen. Ein solches ist der **Brooklyn Navy Yard** (91), einst Schiffswerft, heute ein (großteils nicht öffentlich zugänglicher) ökologisch wegweisender städtischer Industriepark.

Angeboten werden Touren zu verschiedenen Aspekten, z. B. Sustainable Architecture & Industry, Urban Ecology oder Navy Yard Inside Industry Tour. **Building 92** ist Museum und zugleich Tour-Ausgangspunkt, benachbart befindet sich eine Urban Farm (http://brooklyngrangefarm.com).

Zweiter Fokus des Tourveranstalters sind **Food Cart Tours** in Manhattan. Auf den Spuren des besten „Street Food" im Financial District und in Midtown gibt es an verschiedenen Imbissständen während der zweistündigen Spaziergänge Kostproben – z.B. Falafel, Jerk Chicken, Tacos, Pizza oder Kaffee – und viel Wissenswertes über die Hintergründe dieses Business.

› **Turnstile Tours,** Tel. 347 9038687, http://turnstiletours.com. Liste aller Touren mit ausführlichen Erläuterungen. Außer den erwähnten Führungen gibt es auch Bootstouren und Markttouren.

[>] *Dom Gervasi bei einer seiner „Made in Brooklyn"-Touren*

nische weist gegenüber dem britischen Englisch etliche Abweichungen hinsichtlich des Wortschatzes, der Grammatik und der Aussprache auf. Gewisse Universalfloskeln gehören zum guten Ton, z. B. „How are you (today)?" – die Frage nach dem Befinden ist aber vor allem auch eine Begrüßungsformel. „Have a nice day/trip" dient der Verabschiedung, ebenso wie „It was a pleasure meeting you" oder „See you". Letzteres ist selten als Einladung gemeint, sondern vielmehr ein legerer Abschiedsgruss. Eine kleine Sprachhilfe findet sich im Anhang dieses Buches (s. S. 350).

Stadttouren

Bustouren

› **Gray Line**, www.newyorksightseeing.com, Tel. 212 3972600. Angeboten werden Touren verschiedener Länge in Doppeldeckerbussen (z. B. eine „Hop-on-hop-off"-Tour, die Tickets sind 48 Std. gültig und kosten online $ 59), mit unterschiedlichem Fokus und in verschiedenen Kombinationen, z. B. auch inklusive Bootsfahrt.

› **City Sights NY,** Tel. 212 8122700, www.citysightsny.com. Stadtrundfahrten in Doppeldeckerbussen, beliebiges Ein- und Aussteigen („Hop-on-hop-off") u. a. Angebote.

Walking Tours

gratis

› **Big Apple Greeter,** Tel. 212 6698159, www.bigapplegreeter.org. Kostenlose Führungen von New Yorkern durch ihre Viertel. Vorherige Anmeldung nötig.

› **Free NYC Foot Tours,** Tel. 646 4506831, www.nycbyfoot.com. Gratistouren (bzw. eigentlich „pay-what-you-wish") durch Lower Manhattan, Midtown, die Historic Districts (Soho, Little Italy, Chinatown, Greenwich Village) sowie Central Park. Für weitere Details siehe die Website.

› **Discover Flatiron Walking Tour,** Tel. 212 7412323, www.flatirondistrict.nyc/free-walking-tour. Gratistouren durch den historischen Flatiron District. Start ist sonntags um 11 Uhr ab Südwestecke Madison Square Park (23rd St./Broadway), William Seward Statue, Subway: 23rd St.

kostenpflichtig

› **Big Onion Walking Tours,** Tel. 212 4391090, www.bigonion.com. Touren (ab $ 20) von Historikern durch verschiedene Viertel und zu verschiedenen Themen.

› **NYC Walking Tours, Municipal Art Society,** Tel. 212 4391049, www.mas.org („Tours"). Tägl. 12.30 Uhr Grand Central Terminal, ansonsten meist Sa./So. interessante Touren mit Schwerpunkt Architektur/Stadtplanung/Kultur ($ 25).

› **Susansez NYC Walkabouts,** Tel. 917 5093111, http://susansez.com. Verschiedene ausgefallene Touren, auch außerhalb Manhattans, unterschiedliche Dauer und Preise.

› **NY Insightseeing Tours,** Tel. 718 4471645, www.insightseeing.com. Deutschsprachige Führungen in kleinen Gruppen in unterschiedlichen Vierteln ab $ 27.

Spezialtouren

› Siehe auch **Fahradtouren** (s. S. 321).

› **Harlem Heritage Tours,** Tel. 212 2807888, www.harlemheritage.com. Breite Palette an Walking- und Bustouren (kleine Gruppen) durch das Harlem von früher und heute. **Harlem is Home Tours** (www.harlemonestop.com/tours) bietet Touren mit Einheimischen.

208ny Abb.: mb

› **Helicopter Tours of NY,** Tel. 212 3550801, www.heliny.com. Touren ab 15 Min. Dauer, weitere Anbieter sind zum Beispiel www.libertyhelicopters.com oder www.newyorkhelicopter.com.

› **HusHTours,** http://hushtours.com, Tel. 212 2093370. „Hip-Hop"-Bustouren u. a. Touren auf den Spuren von Rap-Legenden und zu Filmschauplätzen durch Harlem, Brooklyn und die Bronx.

› **Chassidic Discovery Walking Tour** (s. S. 184). Empfehlenswerte Rundgänge durch Brooklyns jüdisches Viertel.

› **Made in Brooklyn Tours,** Tel. 1 800 8383006, www.madeinbrooklyntours.com. **Dom Gervasi** stellt in zweistündigen Walkingtouren. Besuchern Teile seiner Stadt – DUMBO, Red Hook, Williamsburg, Gowanus oder Bensonhurst – vor. Es werden Unternehmen gezeigt, die in Brooklyn verschiedene Waren herstellen – Wein, Kaffee, Schokolade, Glas, Möbel oder Keramik.

› **New York Rock and Roll Walking Tours,** Tel. 212 6966578, www.rockjunket.com. Es gibt zweistündige Musik(Bus-)touren zu verschiedenen Themen in unterschiedlichen Vierteln.

- **On Location Tours,** Tel. 212 2093370, http://onlocationtours.com. Auf den Spuren großer Stars und ihrer Filme New York entdecken. Beliebt sind vor allem die „Sex and the City"-Touren!
- **Wall Street Walks,** www.wallstreetwalks.com. Interessante Rundgänge durch den Financial District mit Wall Street und 9/11 Memorial Tour ($ 35). Verschiedene Schwerpunkte, Themen und Zeiten.
- **Wild Food and Ecology Tours,** Tel. 914 8352153, www.wildmanstevebrill.com. Touren durch den Central Park und andere Parks mit „Wildman" Steve Brill, der Besuchern u. a. zeigt, was essbar ist und was nicht.
- **A Slice of Brooklyn Bus Tours,** www.asliceofbrooklyn.com. 4,5-stündige Bustouren ab Manhattan durch Brooklyns Neighborhoods mit Filmszenen auf Monitoren und Test zweier Pizzerien.
- **Urban Oyster NYC Walking Tours,** Tel. 347 6188687, www.urbanoyster.com. Ungewöhnliche Food-/Biertouren, schwerpunktmäßig in Brooklyn mit seiner Brauerei-Tradition.

Schiffsfahrten

- **Circle Line Sightseeing Cruises,** Pier 83/W 42nd St., Tel. 212 5633200, www.circleline42.com. Ganze oder halbe Umrundung Manhattans, außerdem diverse Abend- und Dinner-Cruises und empfehlenswerte neue „Hello Brooklyn!"-Touren.
- **New York Water Taxi,** www.nywatertaxi.com, Tel. 212 7421969, Abfahrten u. a. von Pier 11 und Battery Park 5. Die gelben Wassertaxis bieten empfehlenswerte Hop-on-hop-off-Touren mit sechs Stopps in Manhattan und Brooklyn. Mit Tagesticket ($ 31) können die Boote beliebig oft genutzt werden. NY Water Taxi kooperiert mit Circle Line Downtown.
- **Circle Line Downtown** (www.circlelinedowntown.com) bietet verschiedene Ausflugsfahrten auf der „Zephyr" und dem Hochgeschwindigkeitsboot „Shark" an, u. a. schöne NYC Audubon Summer Eco Cruises mit fachkundiger Begleitung sowie Hafentouren (Infos: http://workingharbor.com/hh-boat-tours.html).
- **New York Waterway,** Tel. 1 800 5333779, www.nywaterway.com. Regelmäßiger Fährverkehr auf Hudson und East River, ab 39th St./Pier 79.
- **Whale Watch/Dolphin Watch Adventure Cruise,** www.americanprincesscruises.com/dolphin_whale_watching.htm. Vierstündige Walbeobachtungstouren, Mitte Juni–Ende Okt. ab Riis Landing, Rockaway/Queens.

Telefonieren

Eine **Eins** gefolgt von einem dreistelligen **area code** – in Manhattan 212 im Festnetz bzw. 646 und 917 für *mobil phones,* in der Bronx, Brooklyn, Queens und Staten Island 718 , 347 oder 929 – geht der siebenstelligen Rufnummer voraus und muss auch bei Ortsgesprächen mitgewählt werden.

Die Rufnummer kann auch als werbewirksame **Buchstabenkombination** (meist Namensabkürzung) angegeben sein: 2 – ABC, 3 – DEF, 4 – GHI, 5 – JKL 6 – MNO, 7 – PQRS, 8 – TUV, 9 – WXYZ.

Gebührenfrei, aber regional begrenzt, sind 1–800er-/844er-/855er-/866er-/877er-/888er-Nummern, teuer sind Nummern, die mit 1–900 beginnen.

Bei den **Telefonkosten** wird unterschieden zwischen *local calls* (bis 3 Min. in NYC meist 50 c), *non-local* (außerhalb der Stadt), *long-distance* (innerhalb der USA) und *oversea calls* (ins Ausland).

Telefonkarten

In Hotels bereitet Telefonieren über Festnetz *(landline)* kein Problem, es wird meist über Kreditkarte abgerechnet. Öffentliche Telefone sind eine Rarität geworden, die bessere und preiswerte Alternative dazu und zu Handy-Gesprächen sind Telefonkarten. Bei diesen wird grundsätzlich zwischen **calling cards** (monatliche Abrechnung vom Kreditkartenkonto) und **prepaid** oder **phone cards** (geladen mit einem bestimmten Betrag) unterschieden.

Da die verschiedenen auf dem Markt befindlichen Karten zur schwer durchschaubaren Wissenschaft geworden sind, sei hier lediglich auf einige hilfreiche Websites verwiesen:

- **www.callingcards.com** – Übersicht über Anbieter und Preise, ebenso:
- **www.long-distance-phone-cards.info/callingcards**
- **www.us-callingcard.info** – empfehlenswerte beliebig wiederaufladbare Karte ohne Grundgebühr

In den USA gibt es Telefonkarten auch in Supermärkten oder Tankstellen zu kaufen. Die Bedingungen bzw. Einsatzmöglichkeiten der Karten unterscheiden sich aber gravierend und viele sind für Überseegespräche ungeeignet.

Mobile Phone (Handy)

Der eingedeutschte Begriff „Handy" existiert im Englischen in Bezug auf Telefone nicht, *handy* heißt lediglich „praktisch", „nützlich" oder „geschickt". Man spricht von *cellphone* oder *mobile (phone)*.

Unlängst wurden überall in der Stadt **LinkNYC-Stationen** (s. S. 316) mit Lademöglichkeit, Gratis-WLAN und -telefonaten innerhalb der USA sowie Infomöglichkeiten eingerichtet.

Wegen hoher Gebühren sollte man bei seinem Anbieter herausfinden, welcher Roamingpartner günstig ist und diesen ggf. per **manueller Netzauswahl** voreinstellen. Da sich die **passiven Kosten**, wenn man von zu Hause aus angerufen wird, addieren, besser die Mailbox deaktivieren.

Wichtige Telefonnummern

- **Internationale Fernsprechauskunft:** 00
- **Internationale Vermittlung:** 01

Für Telefonate aus den USA ins Ausland lauten die Vorwahlen wie folgt (jeweils gefolgt von der Ortskennzahl ohne Null und der Rufnummer):

- **Deutschland:** 011-49
- **Österreich:** 011-43
- **Schweiz:** 011-41

Uhrzeit und Datum

Die Vereinigten Staaten sind in vier Hauptzeitzonen eingeteilt – Eastern Time, Central Time, Mountain Time, Pacific Time –, die eine Verschiebung von der mitteleuropäischen Zeit zwischen 6 und 9 Stunden bedeuten. In New York gilt **Eastern Time**, d. h. **6 Stunden Zeitverschiebung.** Wenn es in Mitteleuropa 12 Uhr mittags ist, ist es in New York erst 6 Uhr morgens.

In den USA wird bei der **Uhrzeit** nicht bis 24 durchgezählt, sondern nur bis 12. Die Zufügung von a.m. *(ante meridiem)* weist auf vormittags, p.m. *(post meri-*

diem) auf nachmittags hin. 12 Uhr mittags heißt *noon,* 0 Uhr *midnight.*

Sommerzeit *(daylight saving time/ DST)* herrscht in den USA vom zweiten Sonntag im März bis zum ersten Sonntag im November. Das **Datum** wird in der Reihenfolge Monat–Tag–Jahr angegeben, z.B. Sept. 30, 2016 oder kurz 9/30/2016.

Den **Jetlag,** der sich glücklicherweise bei Ankunft in den USA (meist am späten Nachmittag/frühen Abend) im Unterschied zur Rückkehr kaum bemerkbar macht, übersteht man am besten, indem man sich möglichst gleich auf die Ortszeit einstellt. Besser im Flugzeug auf dem Hinweg nicht schlafen – es bleibt ohnehin hell – und trotz des langen Anreisetages erst zu gewohnter Zeit am Abend schlafen gehen.

Die Tage nach der Rückkehr bereiten einem mehr Probleme, weil man am Morgen oder Vormittag in Deutschland, Österreich oder der Schweiz ankommt. Wohl dem, der es ungeachtet aller Enge geschafft hat, ein paar Stunden im Flugzeug zu schlafen! Ansonsten sollte man zu Hause möglichst auf den verlockenden Nachmittagsschlaf verzichten, erst am Abend zu Bett gehen und nicht länger als üblich schlafen. Viel frische Luft hilft gegen Jetlag, aber die Umstellung auf die heimische Uhrzeit kann dennoch ein paar Tage dauern. Es ist daher günstig, einen zusätzlichen Urlaubstag einzuplanen bzw. an einem Wochenende zurückzukehren.

In toller Lage: das Millenium Hilton in Downtown, nahe 9/11 Memorial ❶ und Financial District

Unterkunft

Ein wenig überspitzt könnte man behaupten, in New York gäbe es eigentlich nur zwei Arten von Hotel: entweder superteure Luxusherbergen und Boutiquehotels oder teure Absteigen. Die Zimmer in letzterer Kategorie sind meist klein und zur Grundausstattung gehören Farbfernseher, Telefon sowie (oft laute) Klimaanlagen. Die (Schallschutz-)Fenster sind häufig nicht zu öffnen und blicken oft auf triste, dunkle Hinterhöfe. Frühstück ist fast nie im Preis enthalten.

Generell kann man sagen. dass das **Preis-Leistungs-Verhältnis,** was Service, Größe, Ausstattung und Lage der Hotels bzw. der Zimmer angeht, in New York im Vergleich zu anderen US-Städten zu wünschen übrig lässt.

Derzeit gibt es an die 110.000 Hotelzimmer allein in Manhattan, weitere sind in Arbeit/Planung. Der **offizielle Durchschnittspreis** liegt statistisch bei derzeit knapp unter $300 für ein Doppelzimmer; dazu kommt die **tax** (Steuer) in Höhe von 14,75 % und je nach Zimmerzahl noch ein zusätzlicher **Aufschlag** pro Nacht *(Hotel Room Occupancy Tax).* In **Realität** lässt sich mit etwas Recherchieren ab **etwa $200** ein ordentliches Zimmer finden.

Während sich die typischen Touristenhotels vornehmlich in Midtown, im Umkreis von Theater District und Broadway befinden, sind weiter nördlich, an der 5th Ave. bzw. auf der Upper East Side verstärkt die Luxushotels angesiedelt. In Szenevierteln wie SoHo, Gramercy oder dem Meatpacking District sowie zuletzt auch in Harlem und Upper Manhattan wächst die Zahl schicker, aber ebenfalls teurer Boutiquehotels.

438ny Abb.: mhh

Besonders viele Hotels eröffneten in den letzten Jahren in den **boroughs.** Sie bieten teilweise günstigere Alternativen zur Übernachtung in Manhattan. Einen Blick wert sind v. a. Hotels in Brooklyn (v. a. Williamsburg, DUMBO), das zudem gut an Manhattan angebunden ist (http://explorebk.com/stay). In **Brooklyn** (v.a. Williamsburg) gibt es auch schicke Boutiquehotels wie das McCarren Hotel (www.mccarrenhotel.com), das Wythe Hotel (http://wythehotel.com), das 1 Hotel Brooklyn Bridge am Pier 1 (https://1hotels.com/brooklyn_bridge), das Brooklyn A Hotel an der Atlantic Avenue in Downtown (http://thebrooklynny.com) oder das Nu Hotel (www.nuhotelbrooklyn.com).

In New York ist eine **Buchung im Voraus** das ganze Jahr über ratsam, sei es über hiesige Reiseveranstalter oder auf eigene Faust, z. B. im Internet über Hotelbroker oder direkt beim Hotel. Ein weiterer Vorteil ist, dass es sich dann um „Inklusivpreise" handelt. Besonders beliebte Reisedaten, an denen Hotelzimmer knapp werden können, sind der 4. Juli (4th of July, Unabhängigkeitstag), Thanksgiving, Weihnachten und auch bestimmte Sommerwochenenden.

Die **Preise bei Reiseveranstaltern** beginnen in der Nebensaison bei rund 160 € für ein schlichtes Doppelzimmer ohne Frühstück. Preiswerter ist oft eine **Buchung im Internet**, z. B. bei

- www.hotelbook.com
- https://de.hotels.com
- www.nycgo.com/hotels
- www.tripadvisor.de (Bewertungen von Hotels)

Hat man bereits zu Hause ein Hotelzimmer gebucht, legt man an der Rezeption den erhaltenen **Voucher** bzw. die erhaltene Reservierungsnummer und eine Kreditkarte – als Sicherheit und für Zusatzkosten *(incidentals)* – vor.

EXTRAINFO

Buchungsportale

Neben Buchungsportalen für **Hotels** (z. B. www.booking.com, www.hrs.de oder www.trivago.de) bzw. für **Hostels** (z. B. www.hostelworld.de oder www.hostelbookers.de) gibt es auch Anbieter, bei denen man **Privatunterkünfte** buchen kann. Portale wie www.airbnb.de, www.wimdu.de oder www.9flats.com vermitteln Wohnungen, Zimmer oder auch nur einen Schlafplatz auf einer Couch. Diese oft recht günstigen Übernachtungsmöglichkeiten sind nicht **unumstritten,** weil manchmal normale Wohnungen gewerblich missbraucht werden. Wenn die Stadt regulierend eingreift, kann das zu kurzfristigen Schließungen führen. Eine Buchung unterliegt also einem gewissen **Restrisiko.**

Preiskategorien

Die Preiskategorien der Hotels beziehen sich auf ein Doppelzimmer zuzüglich Steuern, ohne Frühstück. Saisonal bedingt, an Feiertagen und Wochenenden kann es zu Aufschlägen kommen, in flauen Zeiten gibt es oft Angebote. Broker bzw. Reiseveranstalter vermitteln Unterkünfte oft preiswerter.

- $ unter $ 160
- $$ $ 160–240
- $$$ $ 240–350
- $$$$ über $ 350

Hotels und Bed and Breakfast

Lower Manhattan

552 [D23] **Andaz Wall Street** $$$$, 75 Wall St., Tel. 212 5901234, http://newyork.wallstreet.andaz.hyatt.com. **Für Menschen mit erlesenem Geschmack und großem Geldbeutel:** 253 große Zimmer und Suiten auf 13 Etagen im Finanzviertel. Loftartiges Ambiente, dazu kommen warme Farben und natürliche Materialien wie Bambus oder Marmor. Ein Garten ist zugehörig, Frühstück und Internet sind inklusive und ein Restaurant mit Biergarten gehört dazu. Eine weitere „Filiale" ist Andaz Fifth Ave., 485 5th Ave./41st St., Tel. 212 601 1234, http://newyork.5thavenue.andaz.hyatt.com.

553 [D22] **Millenium Hilton** $$-$$$, 55 Church St., Tel. 212 6932001, www3.hilton.com/en/hotels/new-york/millenium-hilton-NYCMLHH/index.html. **In Toplage und mit Ausblick:** Über 55 Stockwerke verteilen sich in diesem Hochhaus im Financial District nahe dem 9/11 Memorial knapp 600 große Zimmer und Suiten, besonders schön sind die „Corner Rooms" in den oberen Etagen. Dazu großer Swimmingpool und Restaurant sowie Bar. Auch Packages inkl. Frühstück.

554 [D23] **Riff Hotel – Downtown** $$, 102 Greenwich St., Tel. 212 7668888, www.riffdowntown.com. **Kleines, schickes Downtown-Hotel:** 36 loftartige Zimmer, schick eingerichtet mit Küchenecken und teilweise mit Balkonen, nahe WTC Site und Wall Street.

555 [C23] **Ritz Carlton New York** $$$$, 2 West St., www.ritzcarlton.com/en/hotels/new-york/battery-park, Tel. 212 3440800. **Ein beliebter Klassiker:** 298 große, edle Zimmer, viele mit Hafenblick!

SoHo, Village, Chelsea

556 [C17] **Chelsea Savoy Hotel** $-$$$, 204 W 23rd St., Tel. 212 9299353, www.chelseasavoynyc.com. **Funktionell und preiswert:** verschiedene, meist kleine Zimmer schon ab ca. $ 120, mitten in Chelsea nahe einer Subway-Station, sauber und ansonsten unauffällig. Inkl. WLAN und Gratisfrühstück.

557 [D18] **Hotel 17** $-$$, 225 E 17th St., Tel. 212 4752845, www.hotel17ny.com. **Eher altmodischer Charme, aber preiswert:** 122 kleine Zimmer. Glamourös und kultig, antiquiert mit viel Holz, nicht alle Zimmer mit eigenem Bad.

558 [E20] **SoHotel** $$-$$$, 341 Broome St., Tel. 1 800 7370702, http://thesohotel.com. **Erschwingliches, gemütliches Boutiquehotel:** In einem historischen Haus in Bowery/NoLIta gibt es 100 Zimmer, teils renoviert und unterschiedlich groß (bis zu 5 Pers.), gute Betten und das zugehörige Lokal/die Bar Randolph. Kein Aufzug!

559 [B18] **Standard Hotel** $$$-$$$$, 848 Washington St., www.standardhotels.com/new-york/properties/high-line, Tel. 212 6454646. **In spektakulärer Lage mit grandiosem Ausblick:** Boutiquehotel über dem High Line Park mit allem Drum und Dran, auch Restaurant, Bar und Biergarten.

560 [D19] **St. Marks Hotel** $-$$, 2 Saint Marks Pl., Tel. 212 6740100, http://stmarkshotel.net. **Hotel ohne großen Luxus, aber preiswert und in guter Lage:** 64 Zimmer mit eigenen Bädern, TV, aber ohne Aufzug mitten im bunten East Village. Pizzeria und Bar im EG, Gesamtpreis ab ca. $ 130.

561 [B17] **The Gem Hotel Chelsea** $$-$$$, 300 W 22nd St./8th Ave., Tel. 212 6751911, www.thegemhotel.com. **Cooles Hotel im hippen Chelsea:** gut ausgestattete, moderne Zimmer in historischem Bau. Mit Bar.

562 [B19] **The Jane** $-$$$, 113 Jane St., Tel. 212 9246700, www.thejanenyc.com. **Witzige Kajüten mit Stockbetten:** Standard Single Cabin mit nur knapp 5 m² und Badezimmer im Gang, Bunk Bed Cabins für 2 Personen mit technisch guter Ausstattung sowie größere Captain's Cabins mit eigenem Bad. Im West Village nahe Hudson River.

563 [C19] **Washington Square Hotel** $$$, 103 Waverly Place, Tel. 212 7779515, www.washingtonsquarehotel.com. **Legendäre Herberge für Schriftsteller und Künstler:** eher kleine Zimmer. Die obere Etagen bietet einen schönen Parkblick.

Midtown Manhattan

564 [B13] **6 Columbus Circle** $$$$, 6 Columbus Circle, Tel. 1 877 6265862, www.sixtyhotels.com/six-columbus. **Cooles Designhotel:** 88 Gästezimmer in Designerhotel am Central Park, modern, zeitlos, elegant und avantgardistisch. Mit großem Bad und Minibar im Zimmer.

565 [C14] **Ameritania Hotel** $$, 230 W 54th St./Broadway, Tel. 212 2475000, www.ameritanianyc.com. **Im Theater District gelegenes Standardhotel:** zweckmäßige/ moderne Zimmer. Das Hotel ist auch bei deutschen Veranstaltern buchbar.

566 [D14] **Bernic Hotel** $$$, 145 East 47th St., Tel. 844 8852376, www.thebernichotel.com. **Neu, luxuriös und supergünstig gelegen:** im August 2016 eröffnetes Hotel nahe dem Grand Central Terminal. 96 elegante, wenn auch nicht allzu große, helle Zimmer, teils mit Balkonen, ab ca. $ 250.

567 [C16] **Herald Square Hotel** $$-$$$, 19 W 31st St., www.heraldsquarehotel.com, Tel. 212 2794017. **Nahe Macy's:** 130 unterschiedlich eingerichtete, gemütliche Zimmer in ehemaligem Sitz des LIFE Magazine (1883–1936).

568 [C14] **Hilton New York Hotel** $$$, 1335 Ave. of the Americas, Tel. 212 5867000, www.hilton.de/newyork. **Da weiß man, was man hat:** gut gelegenes, auch von Deutschland aus buchbares Hotel, noch erschwinglich, da es Sonderangebote und verschiedene Zimmertypen gibt. Toller Ausblick von den Zimmern in den oberen Etagen.

569 [D14] **Lotte New York Palace** $$$-$$$$, 455 Madison Ave., www.lottenypalace.com, Tel. 212 8887000. **Altehrwürdig und**

EXTRATIPP

Hotelketten

Empfehlenswert sind die Hotels der Kette **Apple Core** – Broadway@Times Square, La Quinta Manhattan, New York Manhattan Hotel, The Hotel@Times Square und Ramada Eastside. Alle sind in guter Lage und inklusive Frühstück und WLAN zu relativ günstigen Preisen (ab $ 220 sowie Sonderangebote) erhältlich.

› www.applecorehotels.com, Tel. 212 7902710

Im Allgemeinen preiswerter sind die Häuser der **Choice-Hotel-Kette** (Comfort Inn, Quality Inn etc.), von denen es in NYC mehrere gibt:

› www.choicehotels.com/new-york/new-york/hotels

mit Stil: Schräg gegenüber der St. Patrick's Cathedral verteilen sich rund 900 Zimmer in drei Kategorien auf das Herrenhaus (von 1882) des New Yorker Finanziers Henry Villard im Stil eines italienischen Palazzo mit 55-stöckigem Turm.

570 [D17] **Marcel Hotel** $$$, 201 E 24th St., http://hotelmarcelnewyork.com, Tel. 212 6963800. **Im angesagten Gramercy:** 135 kompakte, moderne Zimmer, Kaffeebar und Restaurant im Haus.

571 [D14] **Pod 51 Hotel** $$-$$$, 230 E 51st St., Tel. 1 800 7425945, www.thepodhotel.com. **Quadratisch-praktisch und relativ preiswert:** 360 Zimmer in Midtown, teils mit Stockbetten, winzig, aber gut, witzig ausgestattet und mit Minibädern. Schicker Patio. Filiale:

☐ *Das Easyliving Harlem befindet sich in einem Brownstone-Haus*

572 [D15] **Pod 39 Hotel** $$-$$$, 145 E 39th St., 3rd Ave.–Lexington Ave., Tel. 212 8655700.

573 [C16] **The Ace Hotel** $$$-$$$$, 20 W 29th St., Tel. 212 6792222, www.acehotel.com. **Hippes Hotel von und für Kreative:** günstig zum Empire State Building gelegen, in 12-stöckigem historischem Bau mit 260 unterschiedlich großen Zimmern in interessantem hippem Design, teils mit Sitzecke und Kühlschrank. Gratis-WLAN, Bar in der Lobby.

574 [B14] **The Belvedere** $$$-$$$$, 319 W 48th St., www.belvederehotelnyc.com, Tel. 212 2457000. **Im Angebot vieler deutscher Reiseveranstalter:** Art-déco-Bau im Theater District, große Zimmer mit Kitchenette, breites Preisspektrum.

575 [C14] **The Blakely** $$$-$$$$, 136 W 55th St., www.blakelynewyork.com, Tel. 212 2451800. **Elegant und luxuriös:** traditionell-edel gestaltetes Hotel mit rund 100 gut ausgestatteten Zimmern mit CD-/DVD-Player, WLAN und Küchenecke.

576 [D15] **The Library Hotel New York** $$-$$$$, 299 Madison Ave./E 41st St., Tel. 212 9834500, www.libraryhotel.com. **Ideal für Bücherwürmer:** im Preis enthaltenes Frühstücksbuffet, Gratisgetränke, *cookies* und Obst, Wein und Käse am Abend, WLAN etc. Zahlreiche *specials/packages*.

577 [D17] **The MAve** $$$-$$$$, 27th St./62 Madison Ave./27th St., Tel. 646 2372004, www.themavehotel.com. **Modernes Boutiquehotel im Flatiron District:** künstlerisch gestaltete hohe Räume in verschiedenen Kategorien. Preise inkl. Frühstück und WLAN, auch günstigere *special rates*.

578 [C15] **The Muse Hotel** $$$, 130 W 46th St., www.themusehotel.com, Tel. 212 4852400. **Luxuriöses Boutiquehotel in günstiger Midtown-Lage, ideal zum Shoppen:** verschiedene Zimmertypen, Superservice und Lokal.

579 [C16] **Wolcott Hotel** $$$, 4 W 31st, Tel. 212 2682900, www.wolcott.com. **Sauberer „Klassiker":** 176 renovierte Zimmer in guter Lage nahe Empire State Building.

580 [B15] **YOTEL** $$$, 570 10th Ave., Tel. 646 449 770, www.yotel.com/en/Hotels/New-York-City. **Hipp und ungewöhnlich, doch eher teuer:** Hotel nahe Times Square mit verschiedenen Typen an „cabins", wie die Bäder eher klein, doch sehr hipp und schick. Mit angesagter Rooftop-Terrasse „Social Drink & Food" und Restaurant „Green Fig".

Uptown Manhattan

581 [A9] **Marrakech Hotel** $$-$$$, 2688 Broadway/102nd-103rd St., Tel. 212 2222954, www.marrakechhotelnyc.com. **Orientalisches Flair in der Upper West Side:** 125 ausgefallene, saubere Zimmer (auch für 4 Pers.) in kräftigen Farben, nahe Subway-Stopp und nur drei Blocks vom Central Park entfernt.

582 [E13] **The Bentley** $$$, 500 E 62nd St./York Ave., http://german.bentleyhotelnyc.com, Tel. 212 6646000. **Ausblick und Eleganz:** große Zimmer, Rooftop-Restaurant, Cappuccinobar (24 Std.), auch bei deutschen Veranstaltern buchbar.

Harlem

583 [C5] **Easyliving Harlem** $$, 214 W 137th St., www.easylivingharlem.com, Tel. 646 5995651. **Mit Familienanschluss und Küche:** vier Gästezimmer in einem historischen Haus im Herzen von Harlem (s. S. 162) mit Gemeinschaftsküche, Innenhof und kenntnisreichen Gastgebern.

584 [C6] **Harmony Hospitality House** $-$$, 216 W 122nd St., www.airbnb.de/rooms/241021. **Gemütlich mit nahem Community Garden:** Apartment in der obersten Etage eines liebevoll renovierten Brownstone-Reihenhauses in Harlem (s. S. 158).

209ny Abb.: mb

Bronx

585 [D4] **Mi Casa Tu Casa** $, 143 E 150th St., Bronx, Tel. 718 4029310, www.micasatucasa150.com. **Mal was Anderes?** Günstig am Grand Concourse, nahe einer Subway-Station gelegenes, familiär betriebenes Bed and Breakfast mit vier lateinamerikanisch inspirierten Zimmern ab $ 95 in einem historischen Haus mit Gemeinschaftsküche und Garten.

586 [be] **Opera House Hotel** $$, 436 E 149th St., Bronx, www.operahousehotel.com. **Mal was Anderes:** Luxus in der Bronx. In der ehemaligen Oper im dem angesagten Viertel SoBro gelegenes Boutiquehotel. Gemütliche Zimmer mit allen modernen Annehmlichkeiten.

Brooklyn

587 [J21] **Condor Hotel** $$-$$$, 56 Franklin Ave., Brooklyn, Tel. 347 5072482, www.condorny.com. **Interessante Lage und mit Frühstück:** in Williamsburgs weniger bekannter South Side, in einem interessanten orthodox-jüdischen Viertel. Verschiedene gut ausgestattete Zimmer und Suiten, einige Zimmer mit Balkon und Blick auf die Skyline von Manhattan. Gratis-WLAN und -Frühstück.

588 [H18] **McCarren Hotel & Pool** $$$, 160 N 12th St., Brooklyn, Tel. 718 2187500, www.mccarrenhotel.com. **Mitten in der angesagten North Side von Williamsburg:** 64 geschmackvolle und moderne Gästezimmer sowie Suiten verschiedener Typen, schicke Rooftop-Bar mit „Lounge" (Ausblick auf Manhattans Skyline!) und großer Swimmingpool. Gratis-WLAN und Minibar. „Oleanders" heißt das zugehörige Restaurant.

589 [G24] **Nu Hotel** $-$$, 85 Smith St., Tel. 718 8528585, www.nuhotelbrooklyn.com. **Supertipp in Brooklyn:** modernes Boutiquehotel im lebendigen Downtown von Brooklyn (nahe Subway-Station!) mit 93 luftig-freundlichen, gut ausgestatteten Zimmern, auch „Künstlerzimmer" (ab $ 150!). Bar-Lounge zugehörig und Leihfahrräder inklusive.

590 [cj] **The Brooklyn A Hotel** $$-$$$, 1199 Atlantic Ave., Tel. 718 7891500, http://thebrooklynny.com. **Ein Superschnäppchen in Brooklyn:** Von diesem Boutiquehotel kommt man in 15 Min. per A Train nach Manhattan. Ab ca. $ 140 gibt es Zimmer und Suiten mit guter Ausstattung (Kaffeemaschine, Mikrowelle und Kühlschrank), außerdem Gratisfrühstück.

Jugendherbergen und Hostels

In der Jugendherbergsszene ging es zuletzt **drunter und drüber.** Nachdem in den letzten Jahren zahlreiche Hostels eröffnet hatten, einige seriös, andere weniger, schlossen etliche wieder, **gelegentlich zum Nachteil von Reisenden,** die gebucht (und evtl. bezahlt) hatten und dann vor verschlossenen Türen standen bzw. erst kurz vor Reiseantritt davon erfuhren. Viele der Hostels haben nicht den städtischen Auflagen entsprochen, daher ist Vorsicht geboten. Eine **aktuelle Liste** an preiswerten Unterkünften findet sich unter: www.hostels.com/us.ny.ny.html.

591 [B8] **Hostelling International New York** $, 891 Amsterdam Ave./W 103rd St., Tel. 212 9322300, www.hinewyork.org. **Klassische Jugendherberge:** 624 Betten in Schlafsälen (4–12 Pers.), Grünanlage, Cafeteria, Küche. Jugendherbergsausweis oder Tagesmitgliedschaft nötig.

592 [B10] **International Student Center** $, 38 W 88th St., Tel. 212 7877706, www.nystudentcenter.org. **Schlichte, preiswerte Herberge:** 18- bis 30-Jährige können nahe dem Central Park in einem historischen Bau im Schlafsaal nächtigen. Reservierung über Internet möglich.

593 [B8] **Jazz on the Park Hostel** $, 36 W. 106th St., www.jazzhostels.com, Tel. 212 9321600. **Günstig gelegenes Hostel:** inkl. WLAN, Frühstück, Bettwäsche etc., max. sechs Betten pro Zimmer, auch DZ/Familienzimmer, Bett ab $ 50. Filiale:

594 [B14] **Jazz on Columbus Circle** $, 940 8th Ave., Tel.646 8769282, www.jazzhostels.com

595 [D20] **The Bowery House** $-$$, 220 Bowery, Tel. 212 8372373. http://theboweryhouse.com. **Echt historisch und eher ungewöhnlich:** loftartige Unterkunft in der Bowery, zeitweise Soldatenunterkunft daher v. a. kleine (teils auch fensterlose) „cabins", aber auch 4-Bett-Zimmer, teilweise ohne eigenes Badezimmer und ohne Fenster. Gemeinsamer *living room* mit TV, Dachgarten, Bar und Lokal.

596 [D15] **YMCA Vanderbilt Hotel** $-$$, 224 E 47th St., www.ymcanyc.org, Tel. 212 9122500. **Eine der besten Herbergen:** im UN-Viertel mit 371 Zimmern, Gemeinschaftsbädern, Fitness-, TV-Raum, Cafeteria, Pool und Fitnesscenter.

Für längere Aufenthalte

- **Sara's New York Homestay,** 1 W 34th St./5th Ave., Tel. 212 5645979, www.sarahomestay.com. Für Studenten, Unterbringung in Familien, WGs oder Studios/Apartments verschiedener Typen und Standards in ganz New York City.

Verhaltenstipps und Umgangsformen

Selbst in New York, das bezüglich der Umgangsformen einen eher schlechten Ruf hat, sind Freundlichkeit, Hilfsbereitschaft, Diskretion und Disziplin üblich. Der Kunde ist König, Vordrängen, Muffigkeit, Aggressivität und Hektik sind verpönt.

Do's und Don'ts – amerikanische Besonderheiten

- **Trinkgelder** (*tipp* oder *gratuity*) sind in den USA nicht inklusive. Angesichts der geringen Löhne der Beschäftigten im Dienstleistungsgewerbe ist es üblich, in Restaurants, Klubs, Bars etc. ca. 20 % vom Rechnungsbetrag zu der Gesamtsumme zu addieren. Ein Amerikaner berechnet meist auf den Cent genau das Trinkgeld, manchmal sogar anhand eigens dafür konstruierter Tabellen. Ein ähnlicher Richtwert gilt für Taxifahrer (15 %), während in Hotels für den Transport von Gepäck durch den *bellboy* $ 1–2 pro Gepäckstück angemessen sind, etwa dasselbe für das Bereitstellen des Pkws. Zimmermädchen *(maids)* erhoffen sich mind. $ 2 pro Aufenthaltstag und auch *guides* gibt man ein Trinkgeld, selbst wenn die Touren gratis sind.
- Obwohl in vielen **Museen** New Yorks nur von einer *suggested donation* die Rede ist, gilt es als unhöflich, die vorgeschlagene Summe nicht zu bezahlen.
- **Rauchen** ist in Parks und auf Plätzen, in öffentlichen Gebäuden, in Nahverkehrsmitteln und auch in der Mehrzahl von Restaurants und Bars verboten. Die Zahl reiner Nichtraucherhotels wächst ebenfalls.
- **Alkohol** darf an Personen unter 21 Jahren nicht verkauft oder ausgeschenkt und generell nicht in der Öffentlichkeit konsumiert werden.
- Bei offiziellen **Einladungen** oder Restaurantbesuchen sollte man nach den Kleidervorschriften fragen: *formal* („elegant"), *business casual* („ordentlich"), oder *casual* („leger")?
- **Händeschütteln** ist bei der **Begrüßung** eher unüblich, dafür werden altersunabhängig schnell die Vornamen benutzt.
- Eine echte Wissenschaft ist der Gebrauch der weiblichen **Anredeformen:** Mrs. (meist verheiratet oder verwitwet, älter) steht „Miss" als universal anwendbare Anredeform, unabhängig von Alter und oft auch Stand – und geschrieben noch neutraler „Ms." – gegenüber.
- Die amerikanischen **Tischsitten** unterscheiden sich besonders im Hinblick auf das Hantieren mit dem Besteck: Amerikaner schneiden mit dem Messer vor und benutzen dann nur noch die Gabel. Beidhändig zu essen gilt als „europäisch". Es würde keinem Amerikaner einfallen, Pizza oder Meeresfrüchte mit Messer und Gabel zu essen. Selbst in Toplokalen kann man sich Essensreste in ein *doggy bag* einpacken lassen.
- **Toiletten** nennt man nie *toilet* sondern immer *restroom, ladies'* bzw. *men's room, bath* oder *powder room;* **Handys** heißen in den USA *mobile* oder *cell phone,* bedeutet doch das Wort *handy* nichts anderes als „handlich", „praktisch" oder „geschickt".

437ny Abb.: mb

Verkehrsmittel

Autofahren ist in den USA normalerweise ein Vergnügen, nicht so allerdings in New York. Vom selber Fahren kann nur abgeraten werden, zumal in New York City ein gut ausgebautes, preiswertes und sicheres öffentliches Verkehrssystem existiert.

Subway und Busse

Die New Yorker Nahverkehrsbetriebe **MTA (Metropolitan Transit Authority)** betreiben seit 1965 Busse und U-Bahnen. Die Verbindung nach New Jersey stellt hingegen New Jersey Transit her.

Die **Subway,** kurz *train* genannt, verfügt über die größte U-Bahn-Flotte der Welt – über 6300 Subway-Wagen auf 24 Linien mit 469 Stationen – und transportiert täglich etwa 5,5 Mio. Fahrgäste auf einer über 1000 km langen Schienenstrecke, sowohl unterirdisch als auch oberirdisch. Es handelt sich um ein schnelles, sicheres und preiswertes Verkehrsmittel, das sich ständig im Ausbau befindet (z. B. Verlängerung der Linie 7 bis Hudson Yards, Neubau 2nd Avenue Subway, East Side, von Lower Manhattan bis 125th Street in Harlem), außerdem entstanden als neuer Kreuzpunkt Fulton Center und der World Trade Center Transportation Hub. Auch wenn technische Pannen an der Tagesordnung sind und irgendwo stets Bauarbeiten anstehen, lässt sich ein New Yorker davon nicht aus der Ruhe bringen. Schließlich hat er/sie immer Lesestoff oder Smartphone dabei. *Riding the train* bedeutet, mit unzähligen Kulturen, Hautfarben, Sprachen, Geräuschen und Gerüchen, Zeitungs- und Buchtiteln konfrontiert zu werden, und erlaubt interessante Sozial- und Gesellschaftsstudien.

Außerdem betreibt die MTA über 5700 **Busse,** über 300 Linien in fünf Stadtteilen, die über 16.000 Haltestellen bedienen und an einem normalen Werktag auf insgesamt etwa 3000 km Liniennetz über 2,5 Mio. Fahrgäste transportieren.

Der streckenunabhängige Einheitspreis für ein **Einzelticket** beträgt $ 3 (Expressbusse $ 6,50), Kinder unter 1,10 m Größe fahren gratis. Mit einer **MetroCard,** einer wiederaufladbaren Geldwertkarte, kostet die Einzelfahrt nur $ 2,75 („Pay-Per-Ride"). Es gibt MetroCards aber auch als Zeitkarte, **„Unlimited-Ride"**. Eine Zoneneinteilung und damit Preisstaffelung gibt es bislang nicht.

Alle Tickets gibt es in Subway-Stationen an **Automaten** oder **Schaltern** zu kaufen. In **Bussen** kann man mit abgezähltem Bargeld auch beim Fahrer zahlen. MetroCards können mit einer beliebigen Summe zwischen $ 5,50 und $ 80 aufgeladen werden, der Fahrpreis wird an einer Schranke bzw. einem Lesegerät (in Bussen) beim Durchziehen automatisch abgebucht. Normalerweise kommt auf dem Display die Meldung „GO", bei Ungültigkeit der Karte oder Problemen „Please, swipe again" („Bitte wiederholen"). Es gibt an Ausgängen von U-Bahn-Stationen auch *MetroCard Reader,* Lesegeräte, zur Überprüfung der Restsumme. Die Karte kann von mehreren Personen gleichzeitig benutzt werden und es gibt 11 % Rabatt auf den Fahrpreis. Sie kostet einmalig $ 1, ist wiederaufladbar und normalerweise ein Jahr gültig (das Datum steht oben links).

Das kostenlose **Umsteigen** zwischen Bus und U-Bahn (bzw. umgekehrt) oder von Bus zu Bus ist innerhalb von 2 Stunden möglich, allerdings mit gewissen Einschränkungen. So darf z. B. ein Bus mit demselben Ticket nicht auch zur Rückfahrt benutzt werden und Expressbusse sind ausgeschlossen. Beim erneuten Durchziehen der Karte nach dem Umsteigen erscheint dann die Anzeige „Transfer OK" statt einer Neuabbuchung. In Bussen ist es nötig, beim Schaffner bzw. am Automaten ein Umsteige-(Transfer-)Ticket zu besorgen.

Die MetroCard gilt nicht nur in Manhattan, sondern auch in den Verkehrsmitteln anderer Gesellschaften wie MTA Long Island Busse, MTA SIR und mehreren anderen Buslinien in Queens oder Staten Island. Für Besucher empfehlens-

EXTRATIPP

Subway- und Busfahren leicht gemacht

Trains, wie die New Yorker die Subway-Züge nennen, fahren in Manhattan **Uptown** (nach Norden) oder **Downtown** (nach Süden) und sind mit **Buchstaben** oder **Nummern** sowie mit der **Endstation** gekennzeichnet. **Busse** sind wesentlich stärker verkehrsabhängig, erfordern mehr Zeit und Geduld und eine bessere Ortskenntnis. Auf Bussen wird die **Endhaltestelle** angegeben. Sie verkehren entlang den Avenues in **Nord-Süd-Richtung** und an etwa jeder 10. Straße ist das Umsteigen in „Crosstown-Busse" – in **West-Ost-Richtung** – möglich. Bushaltestellen sind klar gekennzeichnet und werden mindestens zwischen 7 und 22 Uhr regelmäßig angefahren.

Bei Bussen und Subway wird zwischen **Express** und **Local** unterschieden. Erstere halten nicht überall und sind schneller (und im Fall der Busse teurer). **Pläne** hängen in jeder U-Bahn-Station oder Bushaltestelle, Faltpläne sind an Ticketschaltern kostenlos erhältlich. In Bussen ist das Einsteigen nur vorn, beim Fahrer, möglich (dort Bezahlung per MetroCard oder mit abgezähltem Bargeld). Zum **Aussteigen** ist es nötig, eine Schnur oder einen Druckknopf zwischen den Fenstern zu betätigen, die das „Stop Request"-Schild zum Erleuchten bringen. Man steigt hinten aus, indem man gegen die Tür drückt.

New Yorks berühmte Subway ist ein Spiegel der bunten Bevölkerungsstruktur – hier zu sehen auf einem Mosaik in einer Station

326ny Abb.: mb

wert sind **Zeitkarten** *(MetroCard Unlimited-Ride)* für beliebig viele Fahrten, z. B. eine **Wochenkarte** für derzeit $ 31. Bei Wechsel der Station (z. B. weil man versehentlich am falschen Gleis steht) kann eine Unlimited-Ride MetroCard erst nach 18 Minuten erneut benutzt werden. Sie ist damit auch nicht von mehreren Personen gleichzeitig zu verwenden.

- **Infos:** MTA, Tel. 511, www.mta.info (mit Fahrplänen und Karten)
- **Interessant** sind auch www.straphangers.org und www.nycsubway.org und ein Besuch des NY Transit Museums in Brooklyn (s. S. 219).
- **Fundbüro MTA:** http://advisory.mtanyct.info/lostfound, Abholung: Subway-Station 34th St./8th Ave.
- **Achtung:** An Wochenenden verkehren gerade in Brooklyn wesentlich weniger *trains* und es kann zu Ausfällen kommen. An den Stationen sind jeweils die Fahrplanänderungen angeschlagen.

⌃ *Taxis sind gelb oder apfelgrün, Letztere fahren v. a. in den „boroughs"*

Taxi

Martin Scorsese bzw. Travis Bickle in „Taxi Driver" machten die Berufssparte unsterblich und tatsächlich scheint es, als seien in New York mehr Taxis auf der Straße als private Autos. Es sollen über 13.000 lizenzierte Gefährte und über 50.000 Taxifahrer unzähliger Nationalitäten auf den Straßen unterwegs. Rund 90 % aller Fahrer wurden im Ausland geboren, was man auch schnell merkt, wenn man in eine der Karossen steigt.

1907 wurden in NYC erstmals rotgrüne Taxis in Betrieb genommen, seit 1967 sind sie gelb lackiert. Klassisch waren die Checker Cabs, gefolgt von Ford Crown Victorias, die zunehmend durch **Hybridfahrzeuge** (z. B. Ford Escape Hybrid-SUV) ersetzt werden. Man hat **Kreditkartenzahlung** in Taxis eingeführt und **Satellitentechnik** (zur Lokalisierung) dazu kommen **Videobildschirme**, auf denen Fahrgäste das Kinoprogramm oder Stadtpläne, gekoppelt mit allerlei Werbung, sehen können.

Abseits von Sammelpunkten wie Bahnhöfen oder Flugplätzen werden Taxis in New York auf der Straße mehr oder weniger waghalsig in gewünschter Fahrtrichtung per **Handzeichen** angehalten *(to hail a taxi)*. Taxistände sind unbekannt. Auf dem Dach des Fahrzeugs zeigt ein **erleuchtetes Schild** mit einer Nummer an, dass das Fahrzeug frei ist.

Ein Taxi nimmt auch mehrere Passagiere in etwa gleicher Fahrtrichtung auf (jeder zahlt separat), ansonsten werden bis zu vier zusammenreisende Personen zu einem Fahrpreis transportiert.

Man sitzt immer auf der **Rückbank**, die von den Vordersitzen durch Plexiglas abgetrennt ist. Dort klebt meist auch die Lizenz. Man sollte immer nur in offizielle **gelbe Taxis** mit Taxameter, Foto des Fahrers und Lizenznummer einsteigen und ans Trinkgeld (ca. 15 %) denken!

Außerhalb Manhattans verkehren dagegen apfelgrüne Taxis, sog. **Boro Taxis**, wobei diese auch in Harlem zu sehen sind. Dort bieten ansonsten v. a. schwarze Limousinen „car service" an, da reguläre Yellow Cabs Harlem früher eher mieden.

Limousinen

Limousinen sind bei mehreren Personen eine Alternative zum Taxi. Limousinen-Gesellschaften bieten meist Stundentarife für 1 bis 4 Personen (ab ca. $ 35 Grundpreis) an. Extras kosten Aufpreis und für Flughafenfahrten gibt es oft einen Fixpreis. Die Anbieter sind zahlreich, einer davon ist

› **Lincoln Limousine Service,** Tel. 212 6665050, www.lincolnlimousines.com. Individuelle Touren und Flughafenfahrten nach Absprache.

EXTRAINFO

Taxi-Preise und Infos (Stand Oktober 2016)

Grundgebühr $ 2,50 plus 50 c für jede zusätzliche 1/5 mi (ca. 300 m) bzw. pro 60 Sek. langsamer Fahrt. Aufschläge fallen von 20–6 Uhr (50 c) bzw. Mo.–Fr. 16–20 Uhr ($ 1) an, außerdem für Übergepäck und besondere Fahrten. Es gibt eine Flughafen-Flatrate ($ 52 plus *toll/tip*), auch für Fahrten zum Flughafen, aber nur nach/von Manhattan.

› **New York City Taxi and Limousine Commission,** Tel. 311 (allgemeine Infos) bzw. 212 6399675 (Fundstelle)

› **Infos zu NYC Taxi und Boro Taxi:** www.nyc.gov/html/tlc/html/home/home.shtml

EXTRATIPP

Fahrradtaxis

Ein Kuriosum sind **„Velocabs"** (Fahrradrikschas), die sich todesmutig durch den stinkenden Großstadtverkehr (bzw. den Central Park) schlängeln, um Besucher von A nach B zu bringen. Abgerechnet wird nach gefahrener Zeit (ist meist angegeben), pro Min. werden im Schnitt $ 2,50–4 verlangt. Für 30 Min. Central-Park-Tour sind mind. $ 60 einzuplanen.

› **Infos:** www.nycpoa.org

Regionalzüge

Regionalzüge aus New Jersey und Long Island – betrieben von PATH, NJTransit und LIRR (Long Island Railroad) – kommen in der Penn Station, die aus dem Norden (New York State und Connecticut) von Metro North Railroad hingegen im Grand Central Terminal (42nd St./Park Ave.) an.

210ny Abb.: mb

PATH stellt die Verbindung nach Newark, New Jersey her. Ein zweiter PATH-Bahnhof befindet sich an der World Trade Center Site ❷. LIRR frequentiert 130 Stationen auf Long Island, hält u.a. an Shea Stadium und Belmont Park.

- **Metro North:** www.mta.info/mnr
- **PATH:** www.panynj.gov/path
- **NJTransit:** www.njtransit.com
- **LIRR:** www.mta.info/lirr

Fährverkehr

Die Hauptanlegestellen für Fähren in New York City sind: Pier 11 (Wall St.), State Island Ferry Terminal (Whitehall St.), Battery Park (Slip 6, vor Castle Clinton ❺), WFC (World Financial Center ❸), Pier 79, W 39th St., Pier 83 (Circle Line).

- **Staten Island Ferry** (s. S. 37). Gratisfahrten nach Staten Island, vorbei an der Statue of Liberty und mit Blick auf Manhattans Skyline. Abfahrten alle 30 Min., rund um die Uhr, jeweils zur vollen und halben Stunde.
- **Governors Island Ferry** (s. S. 37). Pendelverkehr im Sommer mit Ausblick auf die Erholungsinsel.
- **NY Waterway,** mehrere Anlegestellen, www.nywaterway.com. Verbindung zwischen Manhattan und New Jersey sowie Brooklyn.
- **NY Water Taxi** (s. S. 332). Hop-on-hop-off-Touren verbinden Anlegestellen in Manhattan und Brooklyn.
- **East River Ferry,** www.eastriverferry.com, $ 4, Tagesticket $ 12 (an Wochenenden $ 6/18). Fährverkehr auf dem East River von E 34th St./Midtown oder Wall St./Pier 11 nach Long Island City (Queens) und Brooklyn (mehrere Stopps).

Die East River Ferry verbindet Manhattan mit Brooklyn und sorgt damit für einen weiteren Aufschwung dieses boroughs

Versicherungen

Eine Versicherung ist in den USA unverzichtbar: eine private **Auslandskrankenversicherung**, da die Kosten für ärztliche Behandlungen in den USA von den gesetzlichen Krankenversicherungen in Deutschland und Österreich nicht übernommen werden. **Schweizer** sollten bei ihrer Versicherungsgesellschaft nachfragen.

Der Abschluss einer **Jahresversicherung** ist in der Regel kostengünstiger als mehrere Einzelversicherungen. Günstiger ist auch eine **Versicherung als Familie** statt als Einzelpersonen. Zur Erstattung der Kosten zu Hause benötigt man ausführliche Quittungen (mit Datum, Namen, Bericht über Art und Umfang der Behandlung, Kosten der Behandlung und Medikamente). Bei Versicherungsabschluss ist auf einen **Vollschutz ohne Summenbeschränkung** zu achten, außerdem sollte im Falle einer schweren Krankheit oder eines Unfalls auch der **Rücktransport** übernommen werden. Wichtig ist auch, dass im Krankheitsfall der **Versicherungsschutz über die vorher festgelegte Zeit hinaus** automatisch verlängert wird, wenn die Rückreise nicht möglich ist.

Nicht immer sinnvoll ist der Abschluss **weiterer Versicherungen** wie Reiserücktritts-, Gepäck-, Reisehaftpflicht- oder Reiseunfallversicherung. Sie enthalten viele Ausschlussklauseln und zudem sind gewisse Schäden und Verluste auch durch bereits existierende Versicherungen wie Privathaftpflicht oder Unfallversicherung abgedeckt. Auch in manchen (Gold-)Kreditkarten sind bestimmte Versicherungen schon enthalten, meist allerdings nur für den Karteninhaber und oft nur bei Bezahlung der Reiseleistung mit der Kreditkarte.

Eine **Reiserücktrittsversicherung** lohnt bei unterschiedlich hohem Selbstbehalt und zu unterschiedlichen Konditionen nur für teure Reisen und für genau definierte Fälle, z. B. gelten Terroranschlag, Streik oder Naturkatastrophen nicht als Rücktrittsgründe.

Bei der **Reisegepäckversicherung** ist zu bedenken, dass zum Beispiel bei Flugreisen verlorenes Gepäck oft nur nach Kilopreis und nach Zeitwert oder sogar nur nach Vorlage von Rechnungen bzw. eines Polizeiprotokolls ersetzt wird. Dabei gibt es strikte Regeln, was Sorgfalt und Aufsichtspflicht angeht, und eine lange Liste an Ausschlussgründen. Überdies deckt häufig die Hausratversicherung schon Einbruch, Raub und Beschädigung von Eigentum auch im Ausland ab.

Eine **Privathaftpflichtversicherung** hat man in der Regel bereits und bei einer existierenden **Unfallversicherung** sollte man prüfen, ob diese im Falle plötzlicher Arbeitsunfähigkeit aufgrund eines Unfalls im Urlaub zahlt.

Wetter und Reisezeit

Für New York gibt es keine „Nebensaison“ und eigentlich auch kein „schlechtes Wetter“, denn dafür ist die Angebotspalette an Museen und „Indoor-Attraktionen“ zu groß. Die **jährlichen Klimaschwankungen** in New York sind extremer als hierzulande. Sehr heißen und feuchten Sommern stehen kalte und durchaus schneereiche Winter gegenüber. Im **Sommer** kann die Hitze in der Stadt unerträglich werden, verstärkt durch hohe Luftfeuchtigkeit, fehlende Luftzirkulation und die Luftverschmutzung. Kurioserweise sind während des

148ny Abb.: mb

Hochsommers, in der Ferienzeit, die Flüge am teuersten, während Hotels gerade dann mit Sonderangeboten und Ermäßigungen locken. In den Sommermonaten empfiehlt sich leichte **Kleidung**. Erkältungsanfällige Personen tun jedoch gut daran, Pullover oder Jacke mitzunehmen. Regenschutz ist wegen der annähernd gleichmäßigen Verteilung der Niederschläge übers Jahr sinnvoll, ebenso bequeme feste Schuhe.

Frühjahr und Herbst sind meist mild, haben kühle Nächte und sind daher die empfehlenswerteren Jahreszeiten für einen Besuch der Stadt. Der Herbst (vor allem Sept./Anf. Okt.) birgt den Vorteil meist größerer Wetterstabilität, während das Frühjahr bzw. der Frühsommer (Mai/Anf. Juni). längeres Tageslicht bietet, allerdings auch schnellere Wetterwechsel und Regenschauer.

Der **Winter** ist recht wechselhaft, häufig sehr kalt und schneereich, vor allem im Januar und Februar. Hingegen herrschen meist zum Christmas Shopping, vor Weihnachten, noch relativ gute Wetterbedingungen: Es ist nicht all zu kalt und der Schnee hält sich in Grenzen.

Frühling in New York – eine optimale Zeit für einen Besuch

Durchschnitt	Wetter in New York											
Maximale Temperatur	2°	4°	10°	16°	22°	27°	29°	28°	24°	18°	12°	5°
Minimale Temperatur	–6°	–5°	–1°	5°	10°	15°	18°	18°	13°	7°	3°	–3°
Regentage	11	10	11	11	12	11	10	10	9	8	11	11
	Jan	Febr	März	Apr	Mai	Juni	Juli	Aug	Sept	Okt	Nov	Dez

ANHANG

006ny Abb.: mb

Kleine Sprachhilfe

Für einen tieferen Einstieg in die Sprache seien an dieser Stelle die Reisesprachführer „Amerikanisch – Wort für Wort" (Kauderwelsch-Band 143), „American Slang" (Kauderwelsch-Band 29) und „More American Slang" (Kauderwelsch-Band 67) aus dem Reise Know-How Verlag empfohlen.

Begrüßung und Höflichkeit

Guten Morgen	*Good morning* (bis mittags)
Guten Tag	*Good afternoon* (ab mittags)
Guten Abend	*Good evening*
Gute Nacht	*Good night*
Auf Wiedersehen	*Good bye/Bye-bye/ See you* (umgangssprachlich)
Willkommen!	*Welcome!*
Mein Name ist ...	*My name is ...*
Wie heißen Sie?	*What's your name?*
Schön Sie/Dich kennenzulernen/zu sehen.	*Nice/Good to see you.*
Entschuldigen Sie ...	*Excuse me, please, ...* (bei Fragen)
Verzeihung!	*Sorry/Pardon me!*
Bitte	*Please* (bei Fragen, Bitten)
Danke	*Thank you/Thanks*
Bitte, gern geschehen	*You are (very) welcome*
Könnten Sie mir bitte sagen ...	*Could you, please, tell me ...*

Allgemeine Fragen und Wendungen

Ich bin/Wir sind ...	*I am .../We are ...*
Das ist/sind ...	*This is/These are ....*
Wo ist/sind ...?	*Where is/are ...?*
Wo kann ich ... bekommen?	*Where can I get ...?*
Was ist das?	*What's that?*
Haben Sie ...?	*Have you got ...? I am looking for ...*
Wie viel kostet ...?	*How much is ...?*
Ich verstehe nicht.	*I don't understand.*
Sprechen Sie Deutsch?	*Do you speak German?*
Wie heißt das auf Englisch?	*What's that in English?*
vielleicht	*perhaps, maybe*
wahrscheinlich	*probably*
Ist es möglich ...?	*Is it/Would it be possible ...?*
Wer?	*Who?*

+++ Die wichtigsten Wörter mit dem Bonus-Audiotrack des Kauderwelsch-

Was?	*What?*
Wie?	*How?*
Wie viel(e)?	*How much?* (Menge) *How many?* (Anzahl)

Zeit

Wie spät ist es?	*What time is it?*
Es ist 10 Uhr	*It's 10 a.m. (ante meridiem)*
Es ist 22 Uhr	*It's 10 p.m. (post meridiem)*
Mittag/Mitternacht	*noon/midnight*
heute	*today*
morgen	*tomorrow*
gestern	*yesterday*
morgens	*in the morning*
nachmittags	*in the afternoon*
abends	*in the evening*
früh/früher	*early/earlier*
spät/später	*late/later*

Wochentage

Montag	*Monday*
Dienstag	*Tuesday*
Mittwoch	*Wednesday*
Donnerstag	*Thursday*
Freitag	*Friday*
Samstag	*Saturday*
Sonntag	*Sunday*
Feiertag	*holiday*

Geldangelegenheiten

Geld, Kleingeld, Bargeld	*money, change, cash*
1 Dollar ($)	*„buck" (100 cent)*
1/5/10/25 Cent (c.)	*penny/nickel/dime/quarter*
Tausender	*grand*
Geldautomat	*ATM (automated teller machine)*
Kreditkarte	*credit card*
Reisescheck	*travelers cheque/check*
Ausweis	*ID (identification papers/card), passport*
Steuer	*tax*
Gebühr	*fee*

Unterwegs

Wie weit ist es bis ...?	*How far is it to ...?*
Ist das der richtige Weg nach ...?	*Is this the right way to ...?*
Nord, Süd, Ost, West	*north, south, east, west*
links, rechts	*left, right*
geradeaus, zurück	*straight (ahead), back (to)*
Ampel, Kreuzung	*traffic light(s), junction*
Auto/Mietwagen	*car, vehicle/rental car*
Autovermietung	*car rental station*
Lastwagen	*truck*
Motorrad	*motorcycle, bike*
Benzin	*gas*
Tankstelle	*gas station*
Führerschein	*driver's license*
Panne/Pannenhilfe	*breakdown/roadside assistance*

Öffentliche Verkehrsmittel

Fahrkarte	*ticket*
Tageskarte	*day pass*
einfache Fahrt	*one-way trip*
hin und zurück	*round trip*
Schienenverkehr (Tram, U-/S-Bahn)	*light rail*
Straßenbahn	*tram, streetcar, light rail*
U-Bahn	*subway, metro*
(Bus-)Bahnhof/-Haltestelle	*(bus) station/stop*
Eisenbahn/Bahnhof	*railroad/railroad station*
Schiff/Fähre/Taxi	*boat/ferry/cab*

Unterkunft

Haben Sie ein Zimmer frei?	*Any vacancy? Do you have a room available?*
Zimmer frei/besetzt (Schilder)	*Vacancy/No vacancy*
Reservierung	*reservation*
Einzel-/Doppelzimmer	*single/double room*
... mit einem Bett/	*... with one (king-size)/*
... mit zwei Betten	*... two (queen-size) beds*
... mit Frühstück	*... breakfast included*
Badezimmer/Dusche/Badewanne	*bathroom/shower/bathtub*
Nebenkosten	*incidentals*
WC	*bathroom, restroom, ladies'/men's room*
behindertengerecht	*handicapped accessible/handicap-accessible*
Aufzug/Treppe/Rolltreppe	*elevator/stairs/escalator*
Stockwerk/Parterre/erster Stock	*floor/ground oder first floor/second floor*

Essen und Trinken

Speisekarte	*menu*
Ich möchte ... bestellen	*I would like (to order) .../I will take .../*
Rechnung	*check*
Tagesgericht	*daily special*
Vorspeise	*appetizer*
Hauptgericht	*entree/entrée*
Nachspeise	*dessert*
Frühstück	*breakfast*
Mittagessen	*lunch*
Abendessen	*dinner/supper*
Bedienung	*waiter/waitress*
Trinkgeld	*tip, gratuity*
essen	*to eat*
trinken	*to drink*

Register

Die Autoren

Margit Brinke und **Peter Kränzle** sind promovierte Archäologen, die sich 1995 als Journalisten und Buchautoren selbstständig gemacht haben. Seither konnten sie sich durch über 90 Publikationen bei verschiedenen Buchverlagen und durch regelmäßige Mitarbeit bei Zeitungen, Magazinen und Websites einen Namen im Reise- und Sportjournalismus machen. Im Reise Know-How Verlag wurden außer dem vorliegenden Buch u. a. Reiseführer über San Francisco, Chicago, Toronto, Las Vegas, Los Angeles, New Orleans und Washington, D.C. publiziert. Seit dem ersten New-York-Besuch im Jahr 1982 wurden die Autoren vom Charisma dieser einzigartigen Weltmetropole in den Bann gezogen. Dennoch war es keine „Liebe auf den ersten Blick", denn New York ist eine Stadt, die man „erobern" und lieben lernen muss. Inzwischen zieht es die Autoren Jahr für Jahr in den sich stets wandelnden „Big Apple".

Schreiben Sie uns

Dieses Buch ist gespickt mit Adressen, Preisen, Tipps und Daten. Unsere Autoren recherchieren unentwegt und erstellen alle zwei Jahre eine komplette Aktualisierung, aber auf die Mithilfe von Reisenden können sie nicht verzichten. Darum: Teilen Sie uns bitte mit, was sich geändert hat oder was Sie neu entdeckt haben. Gut verwertbare Informationen belohnt der Verlag mit einem Sprachführer Ihrer Wahl aus der Reihe „Kauderwelsch".

Kommentare übermitteln Sie am einfachsten, indem Sie die Web-App zum Buch aufrufen (siehe Umschlag hinten) und die Kommentarfunktion bei den einzelnen auf der Karte angezeigten Örtlichkeiten oder den Link zu generellen Kommentaren nutzen. Wenn sich Ihre Informationen auf eine konkrete Stelle im Buch beziehen, würde die Seitenangabe uns die Arbeit sehr erleichtern. Unsere generellen Kontaktdaten siehe Impressum.

Impressum

Margit Brinke, Peter Kränzle

CityTrip PLUS New York City

12., neu bearbeitete und komplett aktualisierte Auflage 2017

ISBN 978-3-8317-2867-1
Printed in Germany

Druck und Bindung:
Media-Print, Paderborn

Herausgeber: Klaus Werner
Layout: amundo media GmbH (Umschlag, Inhalt), Peter Rump (Umschlag)
Lektorat: amundo media GmbH
Karten: Ingenieurbüro B. Spachmüller, amundo media GmbH
Anzeigenvertrieb: KV Kommunalverlag GmbH & Co. KG, Alte Landstraße 23, 85521 Ottobrunn, Tel. 089 928096-0, info@kommunal-verlag.de
Kontakt: Osnabrücker Str. 79, 33649 Bielefeld, info@reise-know-how.de

Bildnachweis

Umschlagvorderseite: fotolia.com©TTstudio | Umschlagklappe rechts: Margit Brinke
Soweit ihre Namen nicht vollständig am Bild vermerkt sind, stehen die Kürzel an den Abbildungen für die folgenden Fotografen, Firmen und Einrichtungen. Margit Brinke: mb | Michael Tulipan: mt | Paula Monroe: pm | MSGEntertainment: msg | C. Harrigan: ch | L. Halpern: lh | NYC & Company: NYC&Co | Millenium Hilton Hotel: mhh | S9 Architecture/Perkins Eastman: S9 | fotolia.com: fo

CITYATLAS

439ny Abb.: mb

1 cm = 150 m
0 300 m

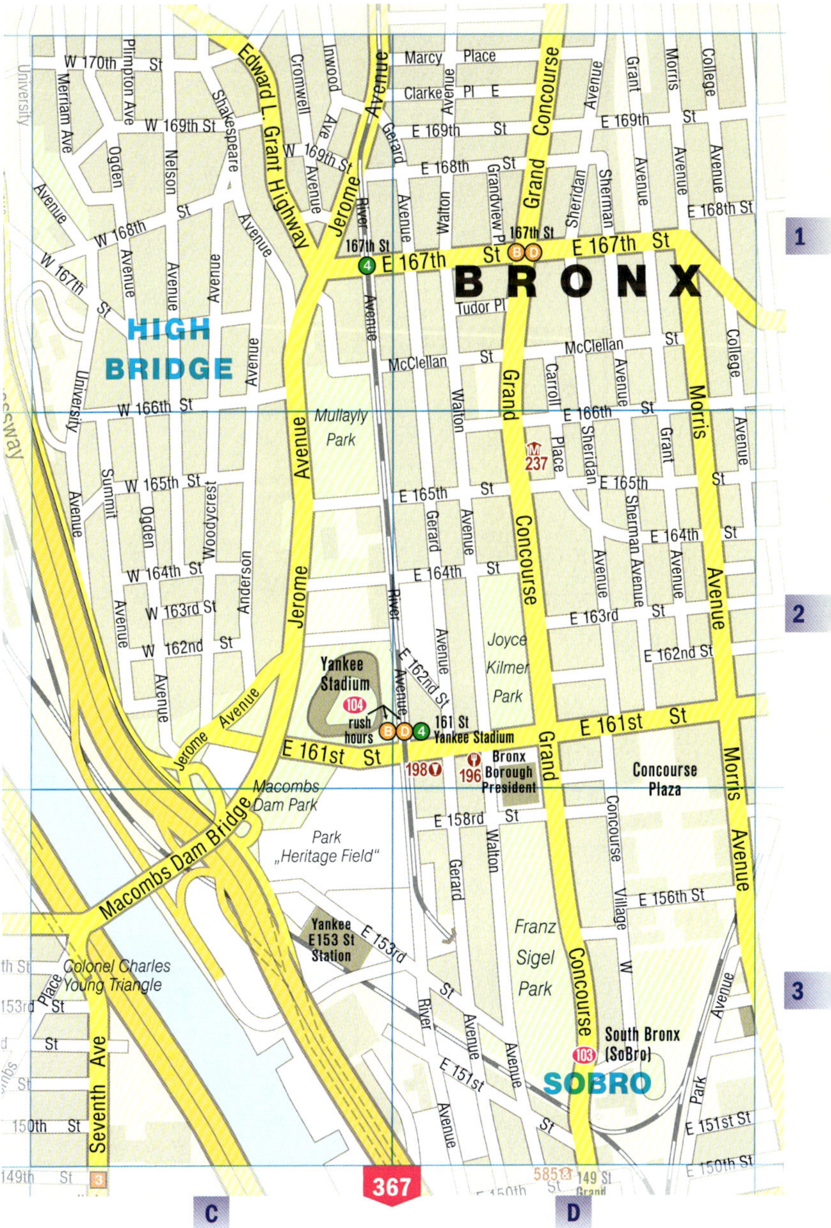
BRONX
HIGH BRIDGE
SOBRO
W 170th St
Merriam Ave
Plimpton Ave
W 169th St
Shakespeare
Edward L. Grant Highway
Cromwell
Inwood
Ave
Jerome Avenue
W 169th St
Marcy Place
Clarke Pl E
E 169th St
Gerard
E 168th St
Grandview Pl
Grand Concourse
Avenue
Grant
Morris
College
E 169th St
Avenue
Sheridan
Sherman
E 168th St
Ogden
Nelson
W 168th St
Avenue
W 167th St
University
River
Walton
167th St
E 167th St
Tudor Pl
McClellan St
Carroll
Mullayly Park
W 166th St
E 166th St
Place
237
Summit
W 165th St
Woodycrest
E 165th St
E 164th St
W 164th St
W 163rd St
W 162nd St
Anderson
E 163rd St
E 162nd St
Sherman Avenue
Yankee Stadium
104
rush hours
E 162nd St
161 St Yankee Stadium
Joyce Kilmer Park
E 161st St
Jerome Avenue
Bronx Borough President
198
196
Concourse Plaza
Macombs Dam Park
Macombs Dam Bridge
E 158rd St
Park „Heritage Field“
Concourse Village W
E 156th St
Yankee E153 St Station
E 153rd St
Franz Sigel Park
Colonel Charles Young Triangle
Place
153rd St
Seventh Ave
River Avenue
E 151st St
103
South Bronx (SoBro)
Park Avenue
E 151st St
150th St
149th St
E 150th St
585
149 St Grand
367
1
2
3
C
D

0 1 cm = 150 m 300 m

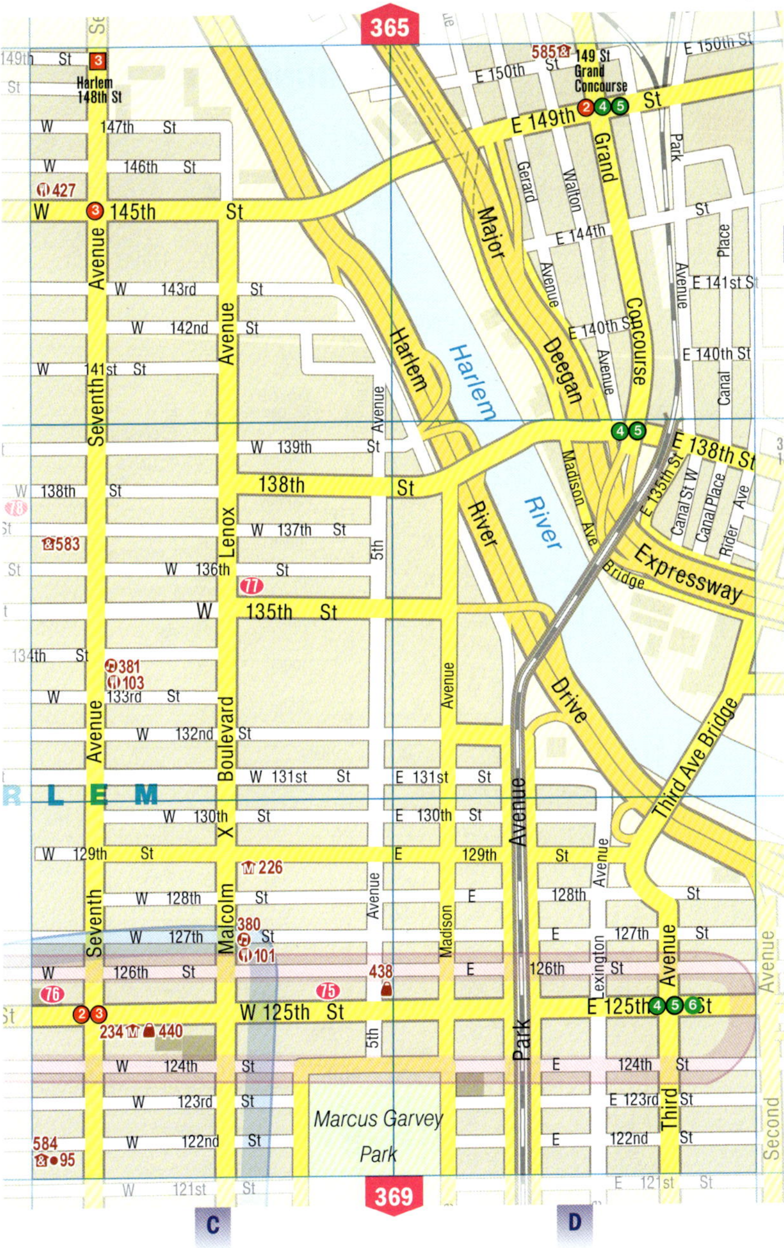
365
369
4
5
6
C
D
Harlem 148th St
149 St Grand Concourse
W 145th St
E 149th St
E 150th St
Harlem River
Major Deegan Expressway
Harlem River Drive
Grand Concourse
Gerard Avenue
Walton Avenue
Park Avenue
Canal Place
E 138th St
E 135th St
Canal St W
Rider Ave
Madison Ave Bridge
Third Ave Bridge
Seventh Avenue
Lenox Avenue
Malcolm X Boulevard
5th Avenue
Madison Avenue
Park Avenue
Lexington Avenue
Third Avenue
Second Avenue
W 147th St
W 146th St
W 143rd St
W 142nd St
W 141st St
W 139th St
138th St
W 137th St
W 136th St
W 135th St
134th St
W 133rd St
W 132nd St
W 131st St
E 131st St
W 130th St
E 130th St
W 129th St
E 129th St
W 128th St
E 128th St
W 127th St
E 127th St
W 126th St
E 126th St
W 125th St
E 125th St
W 124th St
E 124th St
W 123rd St
E 123rd St
W 122nd St
E 122nd St
W 121st St
E 121st St
E 144th St
E 141st St
E 140th St
HARLEM
Marcus Garvey Park
585
427
583
77
78
381
103
226
380
101
438
75
76
234
440
584
95

0 1 cm = 150 m 300 m

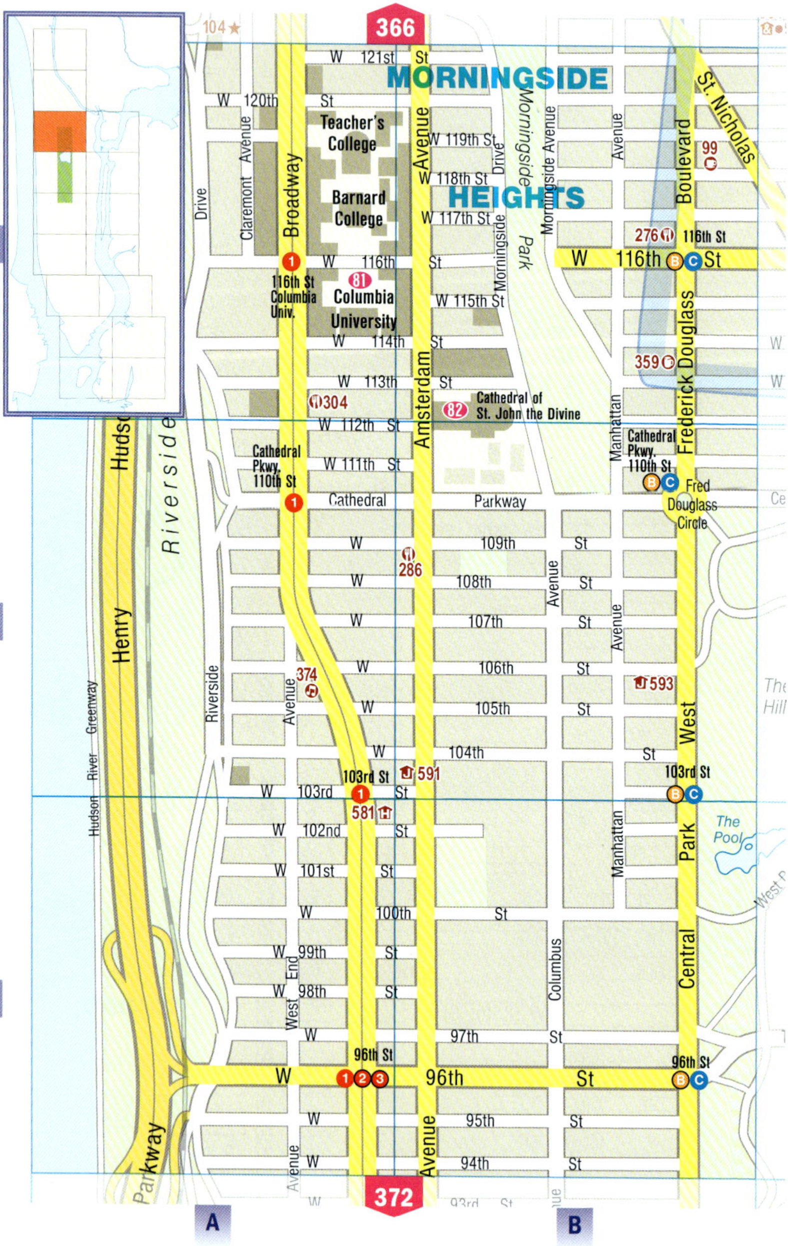

367
370
373
7
8
9
C
D
95
100
96
69
68
458
HARLEM
W 121st St
W 120th St
W 119th St
W 118th St
W 117th St
W 116th St
116th St
W 115th St
W 114th St
W 113th St
W 112th St
W 111th St
Central Park North/110th St
Central Park North
Frawley Circle
Seventh Avenue
Lenox Avenue
Fifth Avenue
Madison Avenue
Park Avenue
Lexington Avenue
Third Avenue
Second Avenue
E 121st St
E 120th St
E 119th St
E 118th St
E 117th St
E 116th St
E 115th St
E 112th St
E 111th St
110th St
E 110th St
E 109th St
E 108th St
E 107th St
E 106th St
E 105th St
E 104th St
103rd St
E 103rd St
E 102nd St
E 101st St
E 100th St
E 99th St
E 98th St
E 97th St
96th St
E 96th St
E 95th St
E 94th St
E 93rd St
The Cliff
Harlem Meer
The Great Hill
The Mount
Conservatory Garden
Central Park
North Meadow
East Meadow
West Drive
East Drive
Transverse Rd No. 4

0 1 cm = 150 m 300 m

7
8
9
G
H
375
20th Ave
20th Ave
18th St
19th St
20th St
Blvd
Shore
Ralph Demarco Park
21st Ave
21st Ave
21st Rd
21st Drive
21st Rd
21st St
21st St
21st St
23rd St
24th St
26th St
St
DITMARS STEINWAY
Crescent St
Ditmars Blvd
Ditmars Blvd
22nd Rd
22nd Dr
23rd Ave
23rd Rd
23rd Dr
23rd Terrace
23rd Ave
23rd St
24th Ave
24th Rd
24th St
24th St
26th St
27th St
28th St
29th St
24th Ave
Crescent St
Shore Blvd
Shore Blvd
Astoria Park
Robert F. Kennedy Bridge
Hoyt Ave North
Hoyt Ave South
Astoria Park South
Pot Cove
12th St
14th St
14th Pl
18th St
25th Rd
26th Ave
26th Rd
22nd St
27th St
4th St
9th St
185
Astoria Blvd (Hoyt Ave)
N
Q
Astoria Blvd

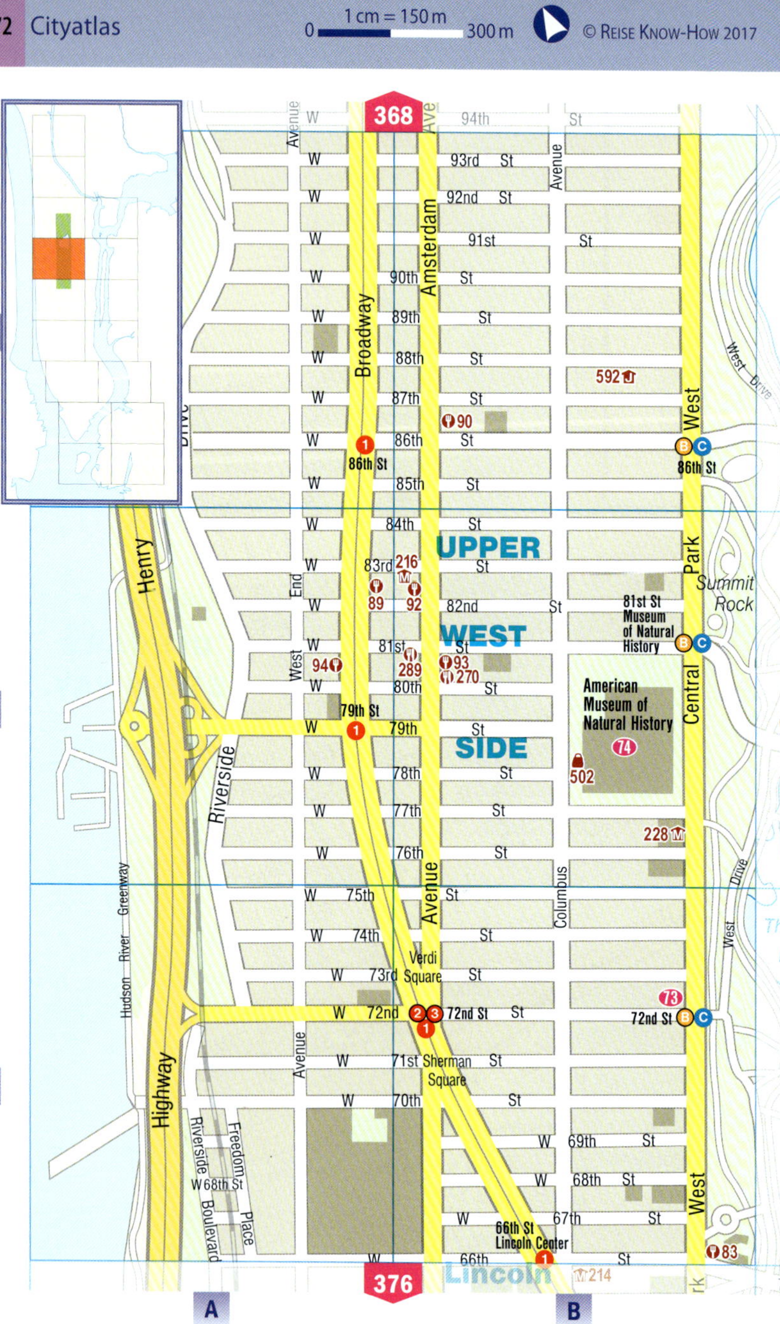
1 cm = 150 m
0
300 m
© Reise Know-How 2017
368
376
10
11
12
A
B
UPPER
WEST
SIDE
Broadway
Amsterdam Avenue
Columbus Avenue
Central Park West
West End Avenue
Riverside Drive
Henry Hudson Highway
Hudson River Greenway
Riverside Boulevard
Freedom Place
W 68th St
W 94th St
W 93rd St
W 92nd St
W 91st St
W 90th St
W 89th St
W 88th St
W 87th St
W 86th St
W 85th St
W 84th St
W 83rd St
W 82nd St
W 81st St
W 80th St
W 79th St
W 78th St
W 77th St
W 76th St
W 75th St
W 74th St
W 73rd St
W 72nd St
W 71st St
W 70th St
W 69th St
W 68th St
W 67th St
W 66th St
86th St
79th St
72nd St
66th St Lincoln Center
81st St Museum of Natural History
Verdi Square
Sherman Square
American Museum of Natural History
Summit Rock
West Drive
Lincoln
592
90
216
89
92
94
289
93
270
74
502
228
73
83
214

Jaqueline Kennedy Onassis Reservoir
Transverse Rd No. 3
Pinetum
The Great Lawn
Metropolitan Opera
Central Park
Metropolitan Museum of Art (Met Fifth Avenue)
Belvedere Castle
Turtle Pond
Transverse Rd No. 2
Cedar Hill
The Glade
The Ramble
Conservatory Pond
The Lake
Cherry Hill
Pilgrim Hill
Bowling Green
Bandshell & Summerstage
The Mall
Sheep Meadow
Central Park
East Green
East Drive
Guggenheim Museum
Fifth Avenue
Madison Avenue
Park Avenue
Lexington Avenue
Second Avenue
86th St
77th St
68th St/ Hunter College
YORKVIL
UPPER EAST SIDE
369
374
377
10
11
12
C
D

0 1 cm = 150 m 300 m

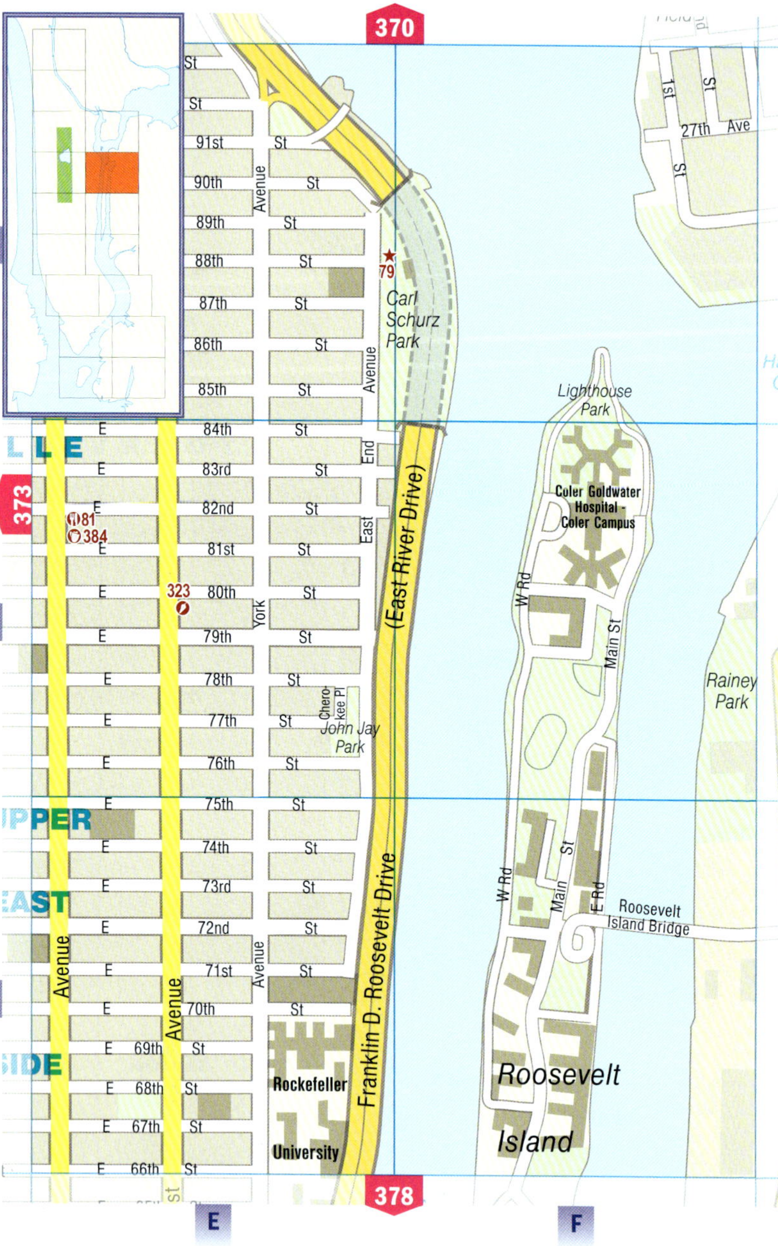

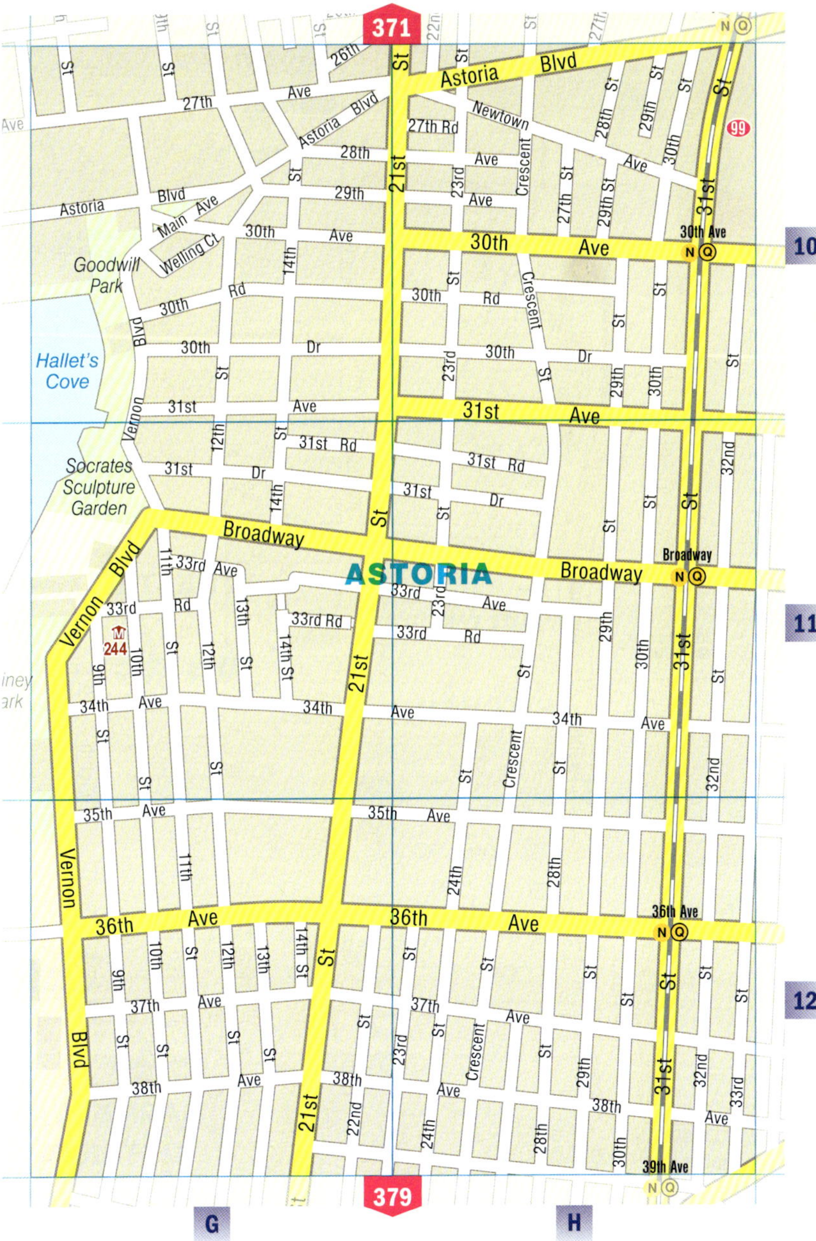
371
379
10
11
12
G
H
ASTORIA
Astoria Blvd
Newtown Ave
Crescent
21st St
31st St
30th Ave
31st Ave
Broadway
34th Ave
35th Ave
36th Ave
37th Ave
38th Ave
39th Ave
30th Ave
Broadway
36th Ave
Vernon Blvd
Main Ave
Welling Ct
Goodwill Park
Hallet's Cove
Socrates Sculpture Garden
27th Rd
28th Ave
29th Ave
30th Rd
30th Dr
31st Rd
31st Dr
33rd Ave
33rd Rd
27th Ave
26th
14th St
12th St
11th St
10th St
9th St
13th St
22nd St
23rd St
24th St
27th St
28th St
29th St
30th St
32nd St
33rd
244
99

0 1 cm = 150 m 300 m

373
381
378
13
14
15
C
D
Transverse Rd
East Drive
West Drive
Heckscher Playground
No. 1
82
The Dairy
Zoo
86
Wollman Rink
87
The Pond
Central Park South
Grand Army Plaza
5th Ave/ 59th St
88
59
53
474
436
261
260
433
75
57th St/ 7th Ave
W 57th St
57th St
W 58th
W 56th St
W 55th St
W 54th St
W 53rd St
W 52nd St
W 51st St
W 50th St
W 49th St
W 48th St
W 47th St
W 46th St
W 45th St
W 44th St
W 43rd St
W 41st St
W 40th St
W 39th St
W 38th St
W 37th St
58
288
439
575
74
297
Museum of Modern Art (MoMA)
7th Ave
568
565
391
57
5th Ave/53rd St
78
236
47-50 Sts Rockefeller Center
513
52
230
395
267
410
49
Rockefeller Center
50
73
520
51
442
517
50th St
49th St
393
72
521
435
MIDTOWN
296
392
405
387
397
470
396
68
402
398
578
519
77
394
390
407
401
434
533
469
400
65
Times Square
70
39
403
399
472
408
360
44
269
42 St Bryant Park
466
441
42nd St/ Times Sq
220
404
Bryant Park
NY Public Library
43
5th Ave
340
460
334
Broadway
Seventh Avenue
Avenue of the Americas
Fifth Avenue
Madison Avenue
Park Avenue
Lexington Avenue
Third Avenue
Vanderbilt Av.
E 66th St
E 65th St
E 64th St
E 63rd St
E 62nd St
E 61st St
E 60th St
59th St
58th St
E 57th St
E 56th St
E 55th St
54th St
E 53rd St
52nd St
51st St
E 50th St
49th St
48th St
E 47th St
E 46th St
E 45th St
E 44th St
E 43rd St
E 42nd St
E 41st St
E 40th St
E 39th St
E 38th St
E 37th St
Lexington Ave/ 63 St
Lexington Ave/ 59 St
426
541
59th St
262
Lexington/53rd St
51st St
569
54
329
571
55
566
56
596
69
Grand Central Terminal
274
45
229
42nd St/ Grand Central
46
576
67
530
66
572
MURRAY
Second Avenue

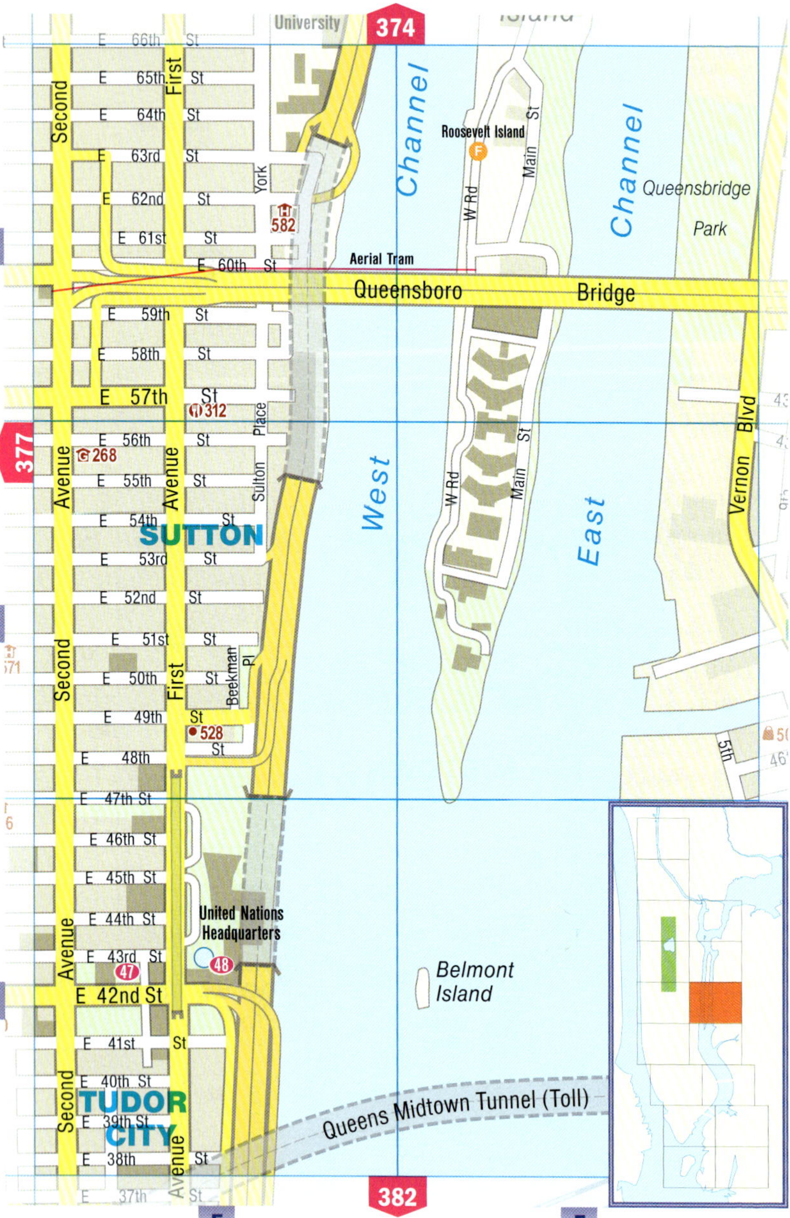

1 cm = 150 m
0
300 m
© Reise Know-How 2017
374
377
382
13
14
15
E
F
University
E 66th St
E 65th St
E 64th St
E 63rd St
E 62nd St
E 61st St
E 60th St
E 59th St
E 58th St
E 57th St
E 56th St
E 55th St
E 54th St
E 53rd St
E 52nd St
E 51st St
E 50th St
E 49th St
E 48th St
E 47th St
E 46th St
E 45th St
E 44th St
E 43rd St
E 42nd St
E 41st St
E 40th St
E 39th St
E 38th St
E 37th St
Second Avenue
First Avenue
York
Sutton Place
Beekman Pl
SUTTON
TUDOR CITY
582
312
268
528
47
48
Aerial Tram
Queensboro Bridge
Roosevelt Island
W Rd
Main St
West Channel
East Channel
Queensbridge Park
Vernon Blvd
5th
United Nations Headquarters
Belmont Island
Queens Midtown Tunnel (Toll)

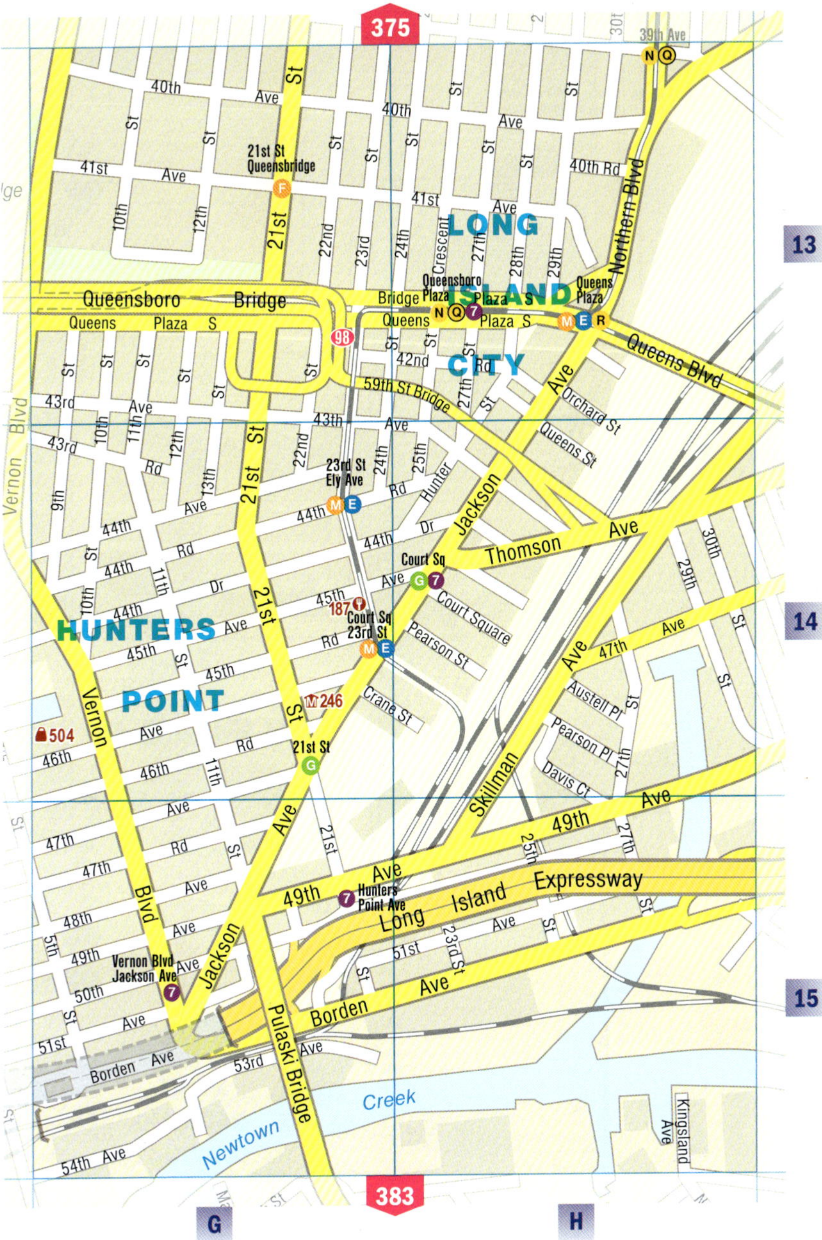
375
383
13
14
15
G
H
LONG ISLAND CITY
HUNTERS POINT
Queensboro Bridge
Queens Plaza S
Queens Plaza N
21st St Queensbridge
Queensboro Plaza
Queens Plaza
59th St Bridge
23rd St Ely Ave
Court Sq
Court Sq 23rd St
21st St
Hunters Point Ave
Vernon Blvd Jackson Ave
39th Ave
40th Ave
40th Rd
41st Ave
42nd Rd
43rd Ave
43rd Rd
44th Rd
44th Dr
44th Ave
45th Ave
45th Rd
46th Ave
46th Rd
47th Ave
47th Rd
48th Ave
49th Ave
50th Ave
51st Ave
53rd Ave
54th Ave
Northern Blvd
Queens Blvd
Orchard St
Queens St
Jackson Ave
Thomson Ave
Hunter St
Court Square
Pearson St
Crane St
Skillman Ave
Austell Pl
Pearson Pl
Davis Ct
Long Island Expressway
Borden Ave
Pulaski Bridge
Vernon Blvd
Newtown Creek
Kingsland Ave
Crescent St
21st St
22nd St
23rd St
24th St
25th St
27th St
28th St
29th St
30th St
9th St
10th St
11th St
12th St
13th St
5th St
98
187
246
504

0 1 cm = 150 m 300 m

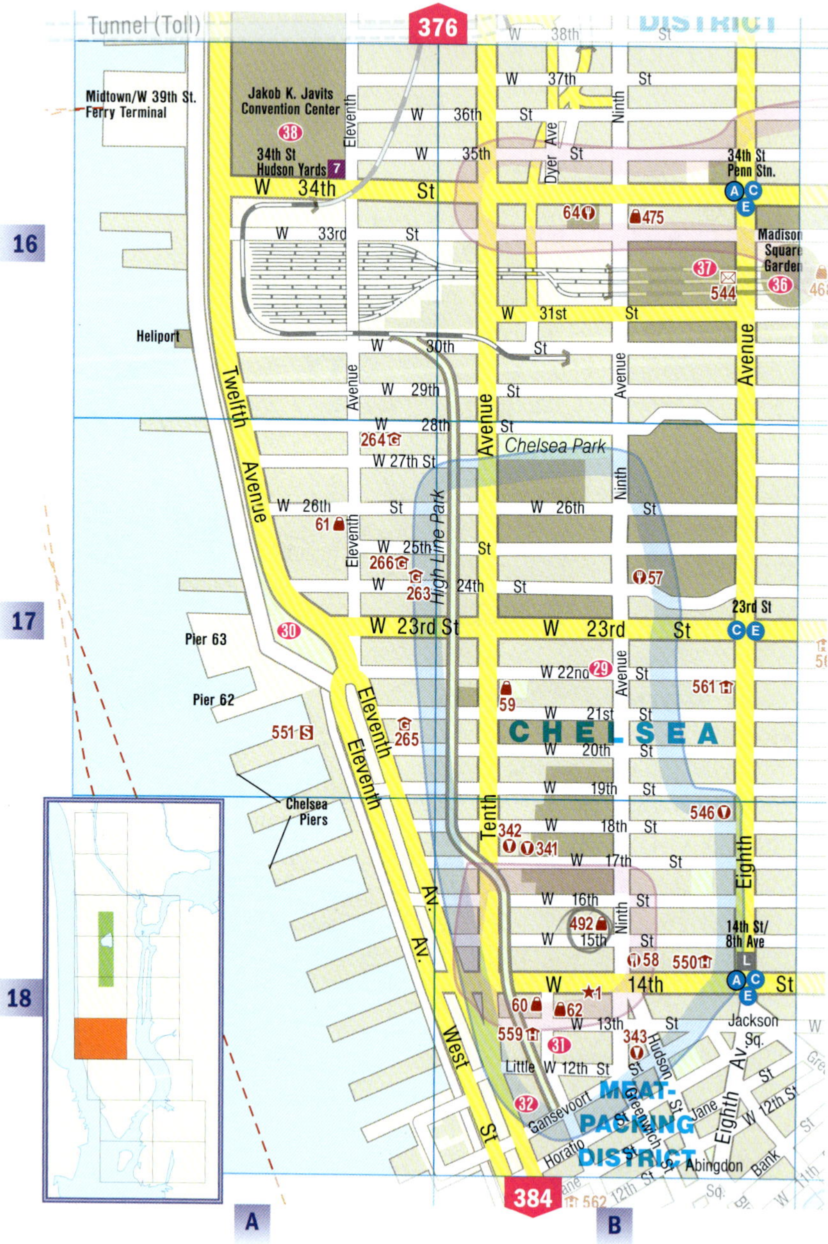

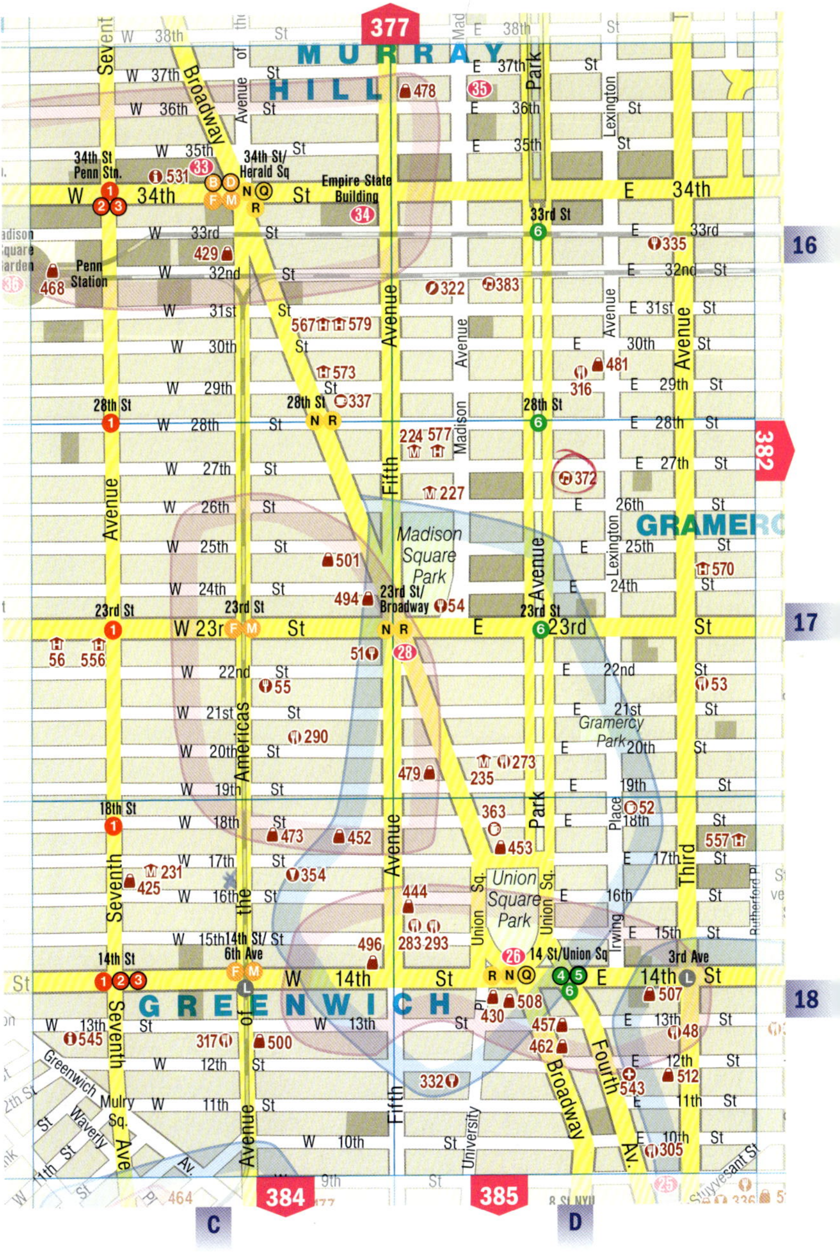
377
382
384
385
16
17
18
C
D
MURRAY HILL
GRAMERC
GREENWICH
Madison Square Park
Union Square Park
Gramercy Park
Broadway
Seventh Avenue
Avenue of the Americas
Fifth Avenue
Madison Avenue
Park Avenue
Lexington Avenue
Third Avenue
Fourth Av.
Irving Place
University Pl.
Union Sq.
Rutherford Pl.
Greenwich
Waverly
Mulry Sq.
Stuyvesant St
W 38th St
E 38th St
W 37th St
E 37th St
W 36th St
E 36th St
W 35th St
E 35th St
W 34th St
E 34th
W 33rd St
E 33rd
W 32nd St
E 32nd St
W 31st St
E 31st St
W 30th St
E 30th St
W 29th St
E 29th St
W 28th St
E 28th St
W 27th St
E 27th St
W 26th St
E 26th St
W 25th St
E 25th St
W 24th St
E 24th St
W 23rd St
E 23rd St
W 22nd St
E 22nd St
W 21st St
E 21st St
W 20th St
E 20th St
W 19th St
E 19th St
W 18th St
E 18th St
W 17th St
E 17th St
W 16th St
E 16th St
W 15th St
E 15th St
W 14th St
E 14th St
W 13th St
E 13th St
W 12th St
E 12th St
W 11th St
E 11th St
W 10th St
E 10th St
9th St
34th St Penn Stn.
34th St/ Herald Sq
Empire State Building
Penn Station
Madison Square Garden
33rd St
28th St
23rd St
23rd St/ Broadway
18th St
14th St
14th St/ 6th Ave
14 St/Union Sq
3rd Ave
8 St NYU
33 34 35 36 28 26 25
531 429 468 478 335 322 383 567 579 573 337 481 316 224 577 227 372 501 570 494 54 56 556 51 55 53 290 273 235 479 363 52 453 473 452 557 231 425 354 444 283 293 496 507 545 317 500 508 430 457 462 48 543 512 332 305 464 177 336

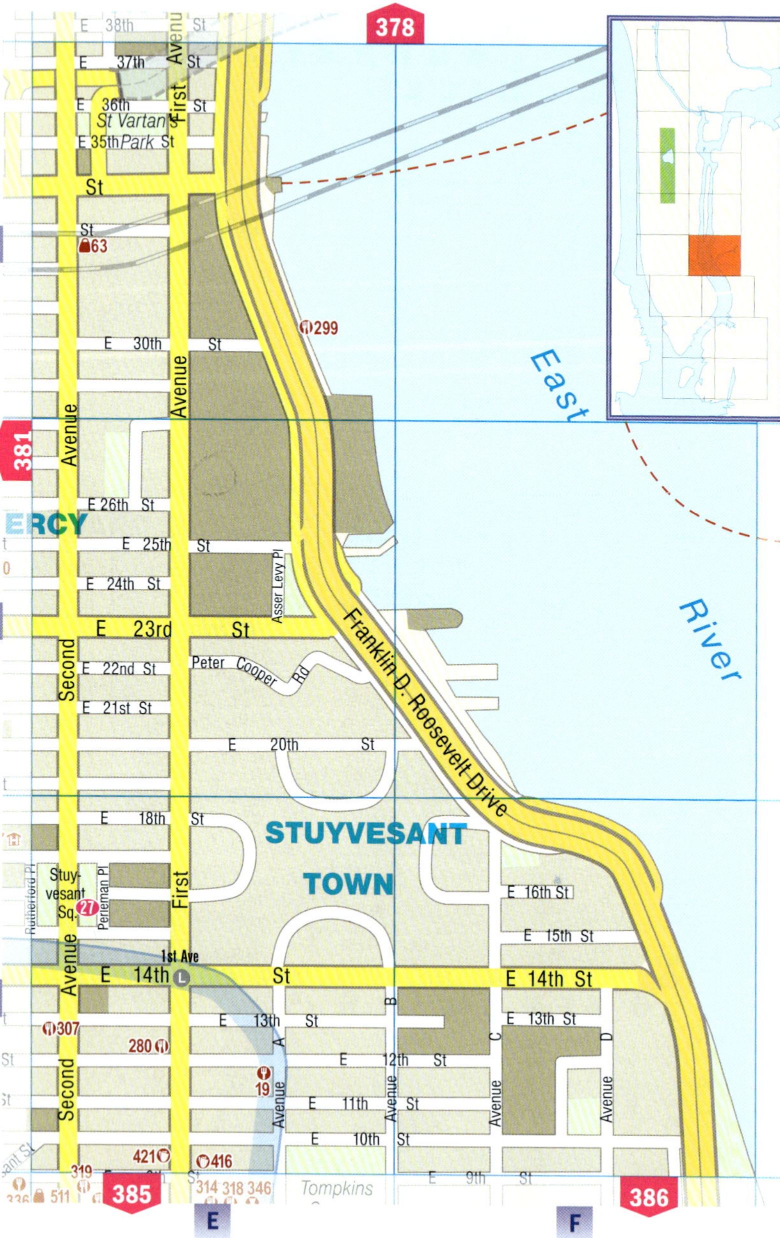
1 cm = 150 m
0
300 m
© Reise Know-How 2017
378
381
385
386
16
17
18
E
F
E 38th St
E 37th St
E 36th St
E 35th St
St Vartan's Park
First Avenue
Second Avenue
63
E 30th St
299
East River
E 26th St
E 25th St
E 24th St
Asser Levy Pl
E 23rd St
E 22nd St
Peter Cooper Rd
E 21st St
Franklin D. Roosevelt Drive
E 20th St
E 18th St
STUYVESANT TOWN
Stuy-vesant Sq.
27
Rutherford Pl
Perlman Pl
E 16th St
E 15th St
1st Ave
E 14th St
E 13th St
307
280
E 12th St
19
Avenue A
Avenue B
Avenue C
Avenue D
E 11th St
E 10th St
421
416
E 9th St
319
314 318 346
511
Tompkins

379
386
387
16
17
18
G
H
GREENPOINT
N.WILLIAMSBU
Bushwick Inlet
East River State Park
East River Ferry
Greenpoint Ave
Nassau Ave
Bedford Ave
McGuinness Blvd
Mc Guiness Blvd
Manhattan Ave
Franklin St
Kent Ave
Nassau Ave
Bedford Ave
Berry St
Wythe Ave
Commercial St
Box St
Clay St
Dupont St
Freeman St
Green St
Huron St
India St
Java St
Kent St
Greenpoint Ave
Milton St
Noble St
Oak St
Quay St
West St
Eagle St
Ash St
Provost St
N Henry St
Eckford St
Leonard St
Lorimer St
Guernsey St
Clifford Pl
Meserole Ave
Banker St
Dobbin St
Norman Ave
Cayler St
N 15th St
N 14th St
N 13th St
N 12th St
N 11th St
N 10th St
N 9th St
N 8th St
N 7th St
N 6th St
N 5th St
2nd St
54th Ave
Driggs Ave
92
155
146
143
588
162
152
488
165
149
164
161

0 1 cm = 150 m 300 m

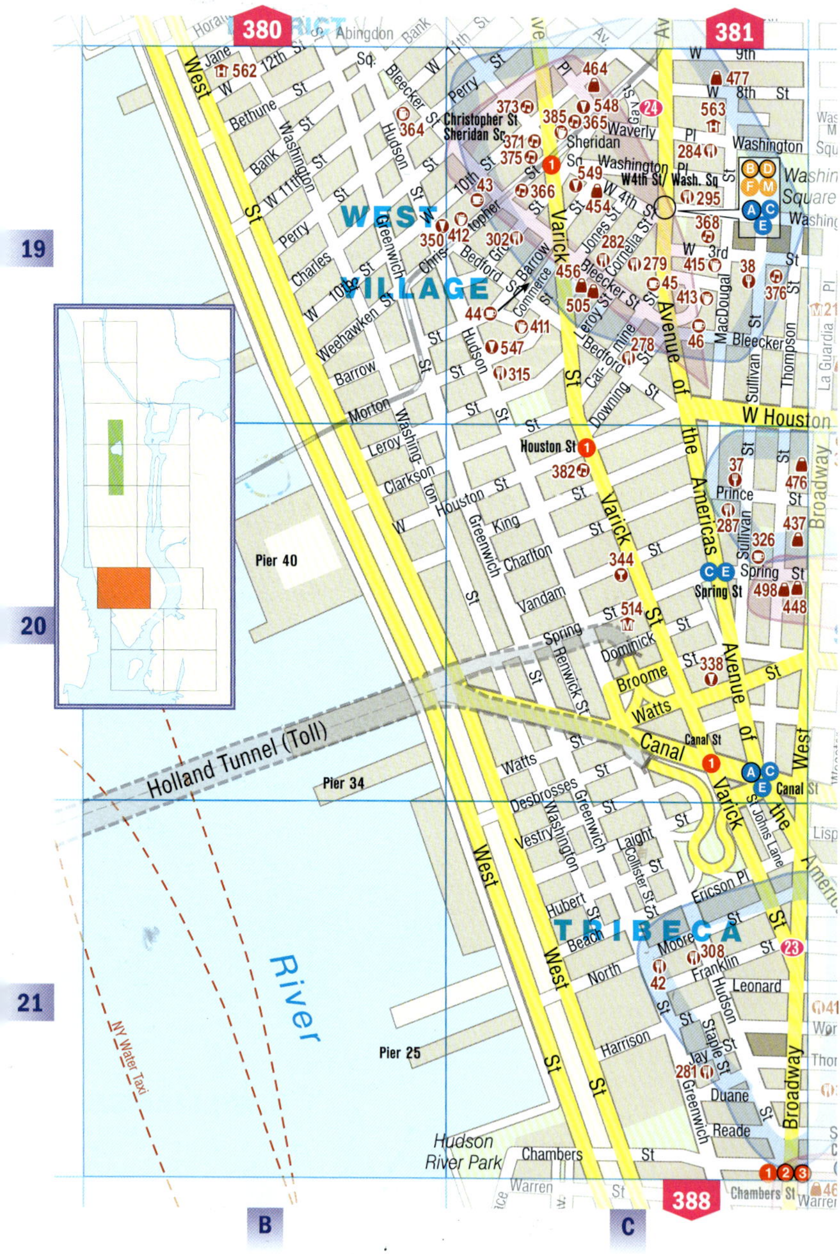

☐ Liste der Karteneinträge Seite 396

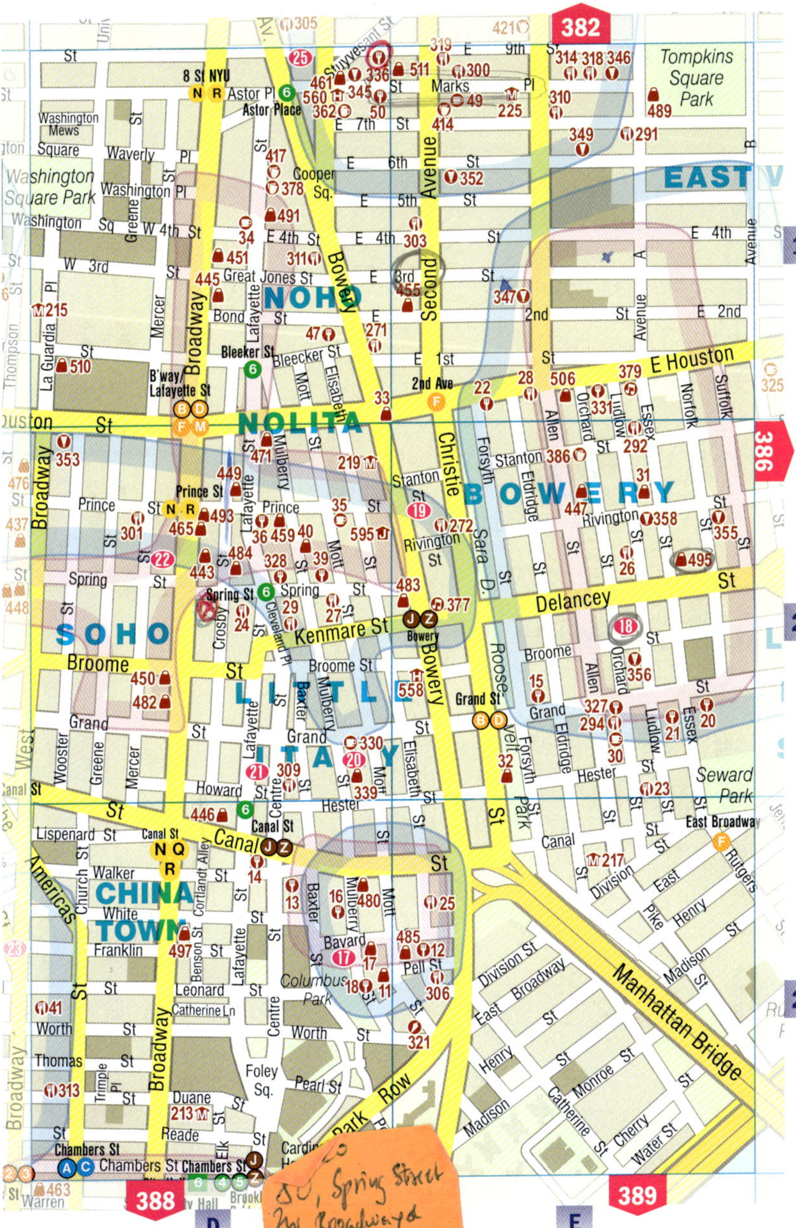

30, Spring Street
zw. Broadway & Crosby
BALTASAR, Brasserie

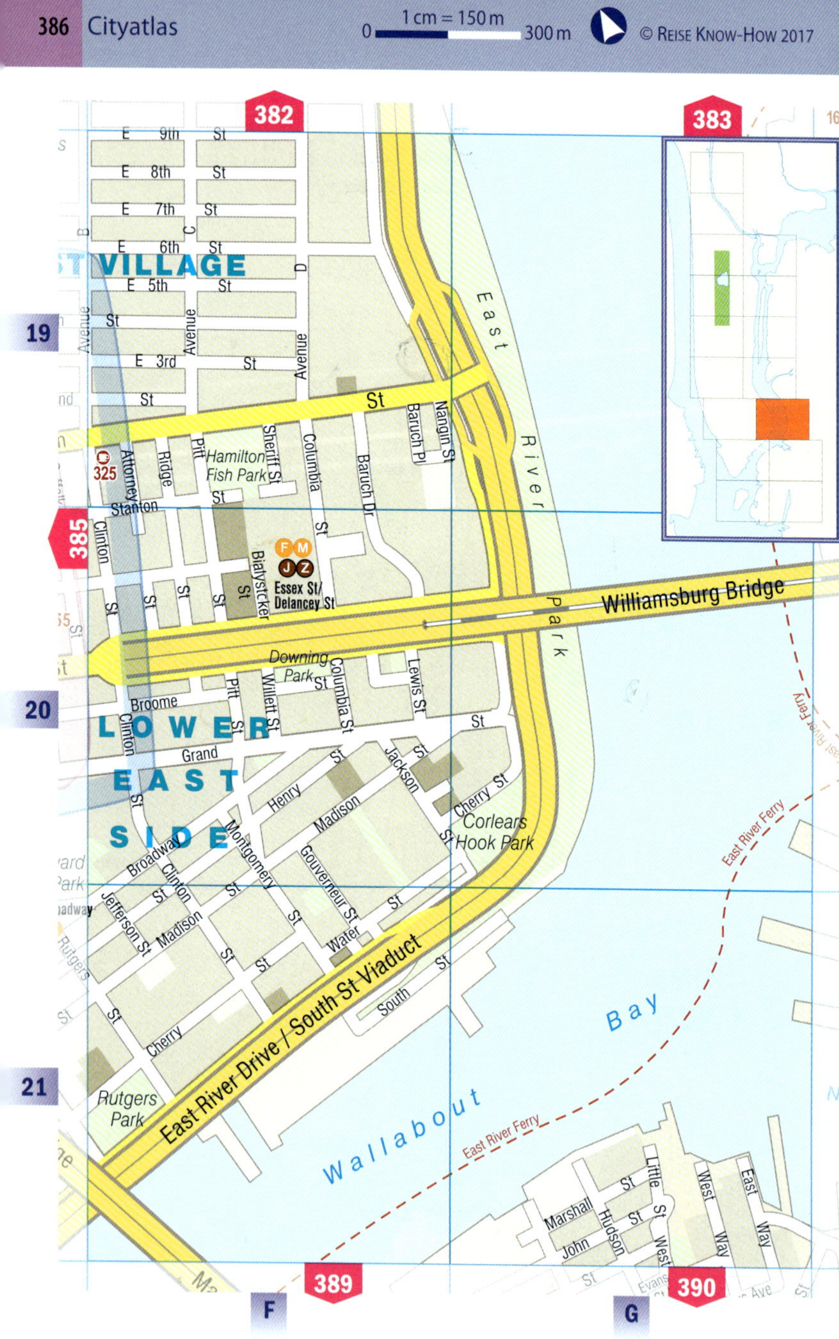
0
1 cm = 150 m
300 m
382
383
385
389
390
19
20
21
F
G
E 9th St
E 8th St
E 7th St
E 6th St
E 5th St
E 3rd St
VILLAGE
Avenue B
Avenue C
Avenue D
Attorney
Ridge
Pitt
Sheriff St
Columbia St
Baruch Dr
Baruch Pl
Nangin St
Hamilton Fish Park
Stanton St
325
Clinton
Bialystocker
Essex St/ Delancey St
East River Park
Williamsburg Bridge
Downing Park
Columbia St
Lewis St
Broome
Willett St
LOWER EAST SIDE
Grand
Henry
Madison
Jackson St
Cherry St
Corlears Hook Park
Montgomery
Gouverneur St
Broadway
Jefferson St
Rutgers
Water
South St
East River Drive / South St Viaduct
Rutgers Park
Wallabout Bay
East River Ferry
Marshall St
John St
Hudson
Little St
West St
West Way
East Way
Evans

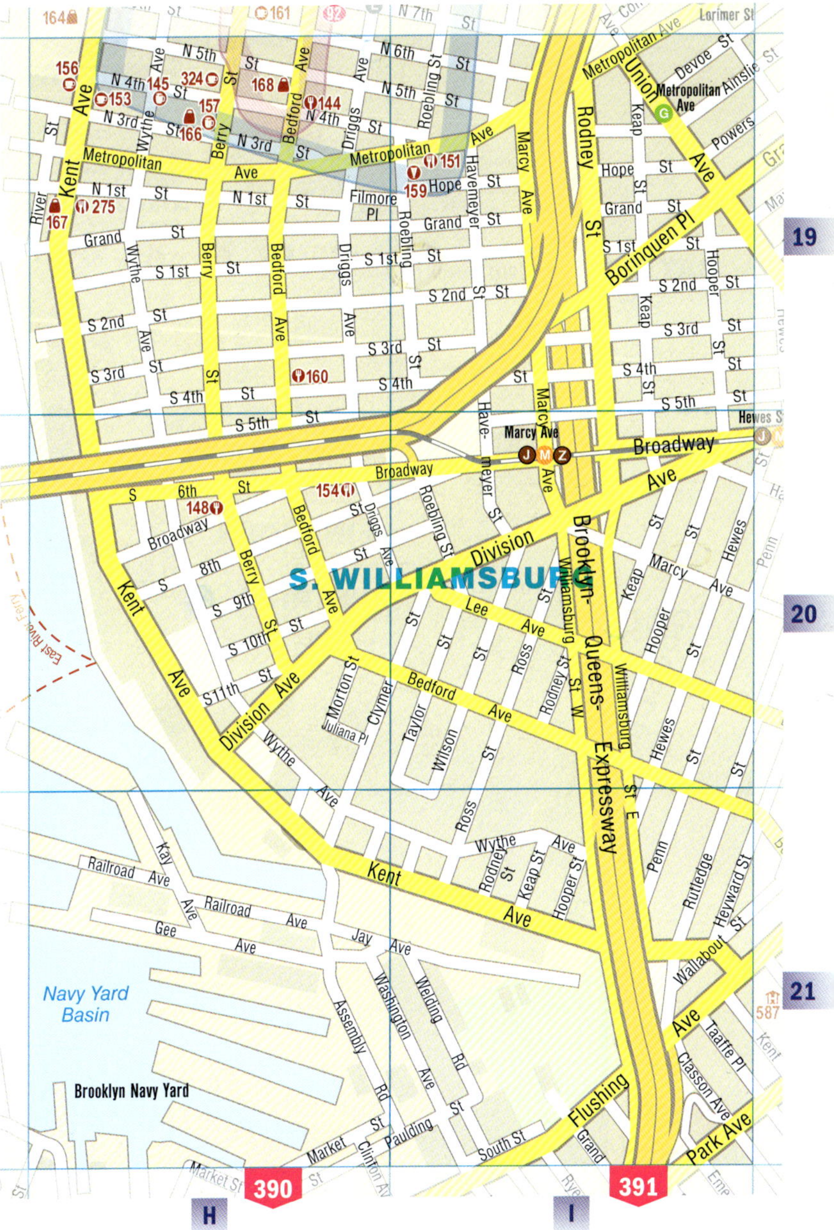
S. WILLIAMSBURG
Navy Yard Basin
Brooklyn Navy Yard
Metropolitan Ave
Marcy Ave
Broadway
Kent Ave
Wythe Ave
Berry St
Bedford Ave
Driggs Ave
Roebling St
Havemeyer St
Marcy Ave
Rodney St
Union Ave
Keap St
Hooper St
Hewes St
Division Ave
Lee Ave
Ross St
Borinquen Pl
Brooklyn-Queens-Expressway
Williamsburg St W
Williamsburg St E
Penn St
Rutledge St
Heyward St
Wallabout St
Flushing Ave
Taaffe Pl
Classon Ave
Park Ave
Kay Ave
Railroad Ave
Gee Ave
Jay Ave
Assembly Rd
Washington Ave
Welding Rd
Paulding St
Market St
Clinton Av
South St
Grand St
Morton St
Juliana Pl
Clymer St
Taylor St
Wilson St
Devoe St
Ainslie St
Powers St
Hope St
Filmore Pl
N 7th St
N 6th St
N 5th St
N 4th St
N 3rd St
N 1st St
S 1st St
S 2nd St
S 3rd St
S 4th St
S 5th St
S 6th St
S 8th St
S 9th St
S 10th St
S 11th St
Lorimer St
East River Ferry
164
161
156
145
324
168
144
153
157
166
151
159
167
275
160
154
148
587
19
20
21
H
I
390
391

0 1 cm = 150 m 300 m

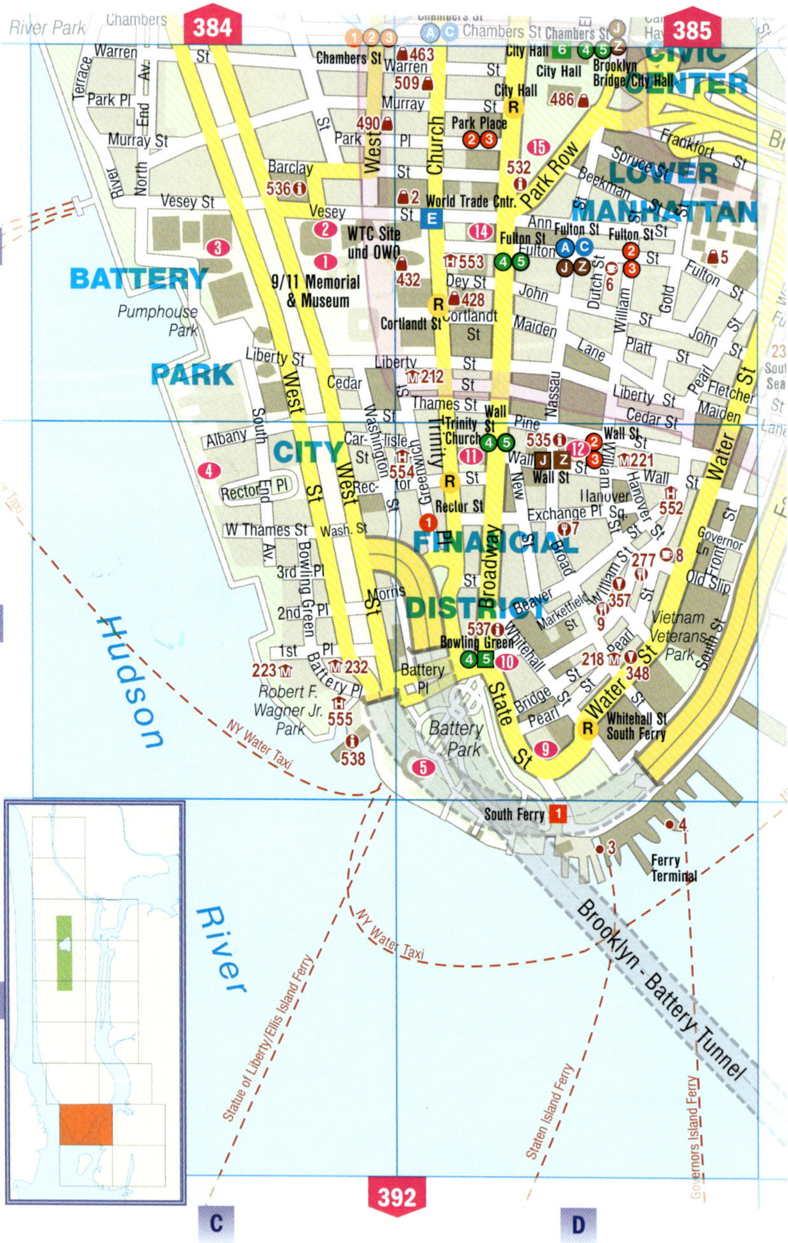

386
390
393
22
23
24
E
F
Manhattan Bridge
Brooklyn Bridge
East River Drive/South St Viaduct
Brooklyn-Queens-Expressway
Cadman Plaza W
Cadman Plaza Park
Empire-Fulton Ferry State Park
DUMBO
BROOKLYN HEIGHTS
RED HOOK
St James Pl
Wagner Pl
Dover St
Peck Slip
Water St
Front St
Fulton St
South St Seaport
Pier 17
Pier 11
Pier 1
Pier 2
Pier 3
Pier 4
Pier 5
Pier 6
East River Ferry
NY Water Taxi
IKEA Ferry
NY Waterway (Fähren nach New Jersey)
John St
Jay St
Pearl St
Plymouth St
Main St
Washington St
York St
Prospect St
High St
Old Fulton St
Everit St
Doughty St
Furman St
Columbia Heights
Poplar St
Middagh St
Willow St
Cranberry St
Hicks St
Henry St
Pineapple St
Clark St
Orange St
College Pl
Love Ln
Monroe Pl
Pierrepont St
Montague St
Remsen St
Grace Ct
Hunts Ln
Joralemon St
Columbia Pl
Willow Pl
Garden Pl
Sidney Pl
State St
Atlantic Ave
Pacific St
Hicks St
Amity St
Congress St
Warren St
Baltic St
Colombia St
Clinton St
16
13
87
86
361
487
10
233
534
419
111
298
109
107
108
112
110
240
125
117
A
C
2
3

1 cm = 150 m
0 300 m

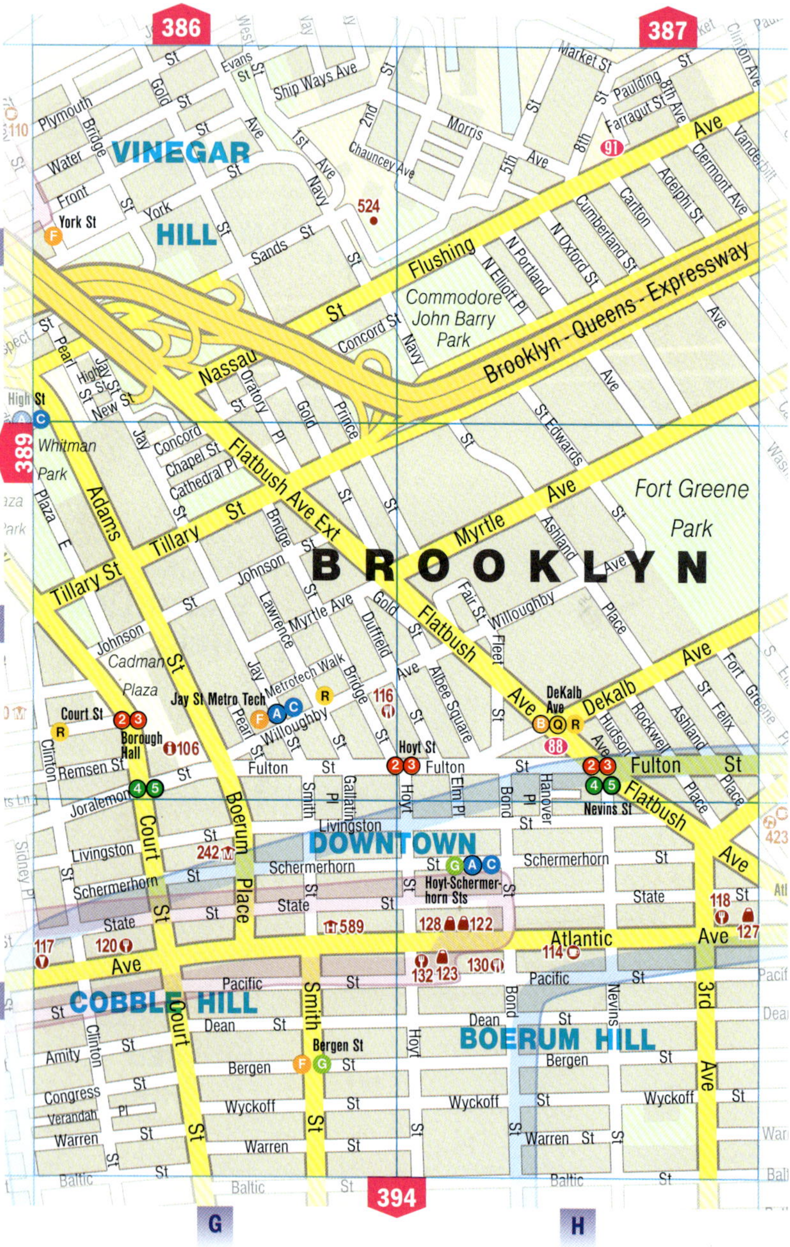

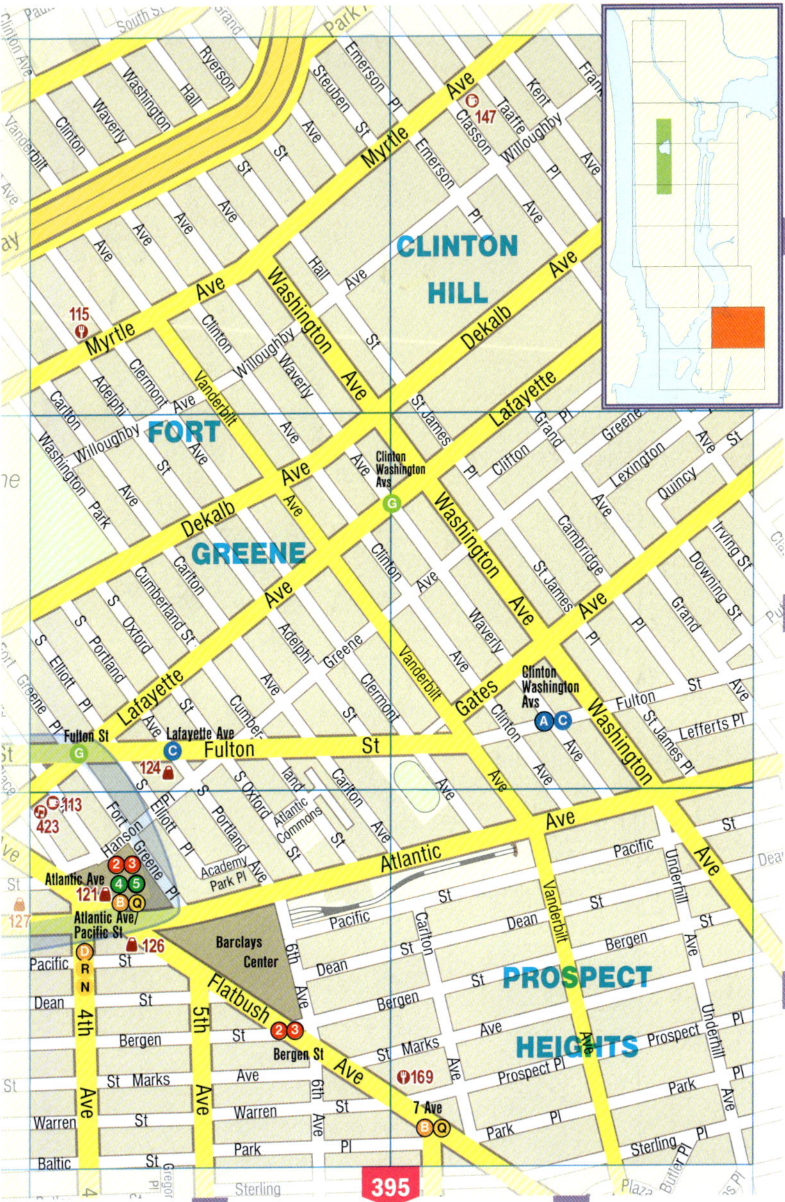
CLINTON
HILL
FORT
GREENE
PROSPECT
HEIGHTS
Barclays
Center
Myrtle Ave
Dekalb Ave
Lafayette Ave
Fulton St
Atlantic Ave
Flatbush Ave
Washington Ave
Vanderbilt Ave
Gates Ave
Clinton Ave
Waverly Ave
Willoughby Ave
Clermont Ave
Adelphi St
Carlton Ave
Cumberland St
S Oxford St
S Portland Ave
S Elliott Pl
Fort Greene Pl
Hanson Pl
Academy Park Pl
Atlantic Commons
St James Pl
Grand Ave
Classon Ave
Emerson Pl
Steuben St
Hall St
Ryerson St
Taaffe Pl
Kent Ave
Greene Ave
Lexington Ave
Quincy St
Irving St
Downing St
Cambridge Pl
Clifton Pl
Lefferts Pl
Pacific St
Dean St
Bergen St
St Marks Ave
Prospect Pl
Park Pl
Sterling Pl
Underhill Ave
Butler Pl
Plaza
4th Ave
5th Ave
6th Ave
Warren St
Baltic St
Washington Park
Park Ave
Clinton Washington Avs
Fulton St
Lafayette Ave
Atlantic Ave
Atlantic Ave/ Pacific St
Bergen St
7 Ave
115
147
124
113
423
121
127
126
169
22
23
24
I
J
395

0 1 cm = 150 m 300 m

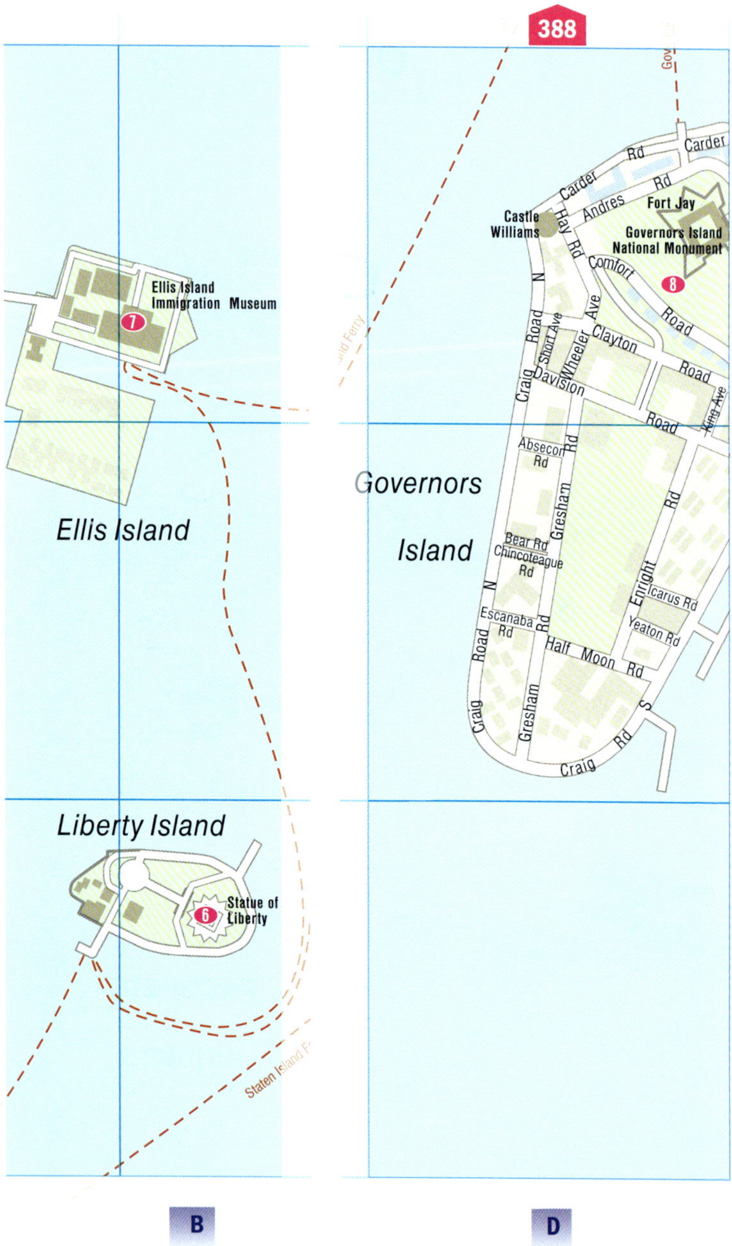

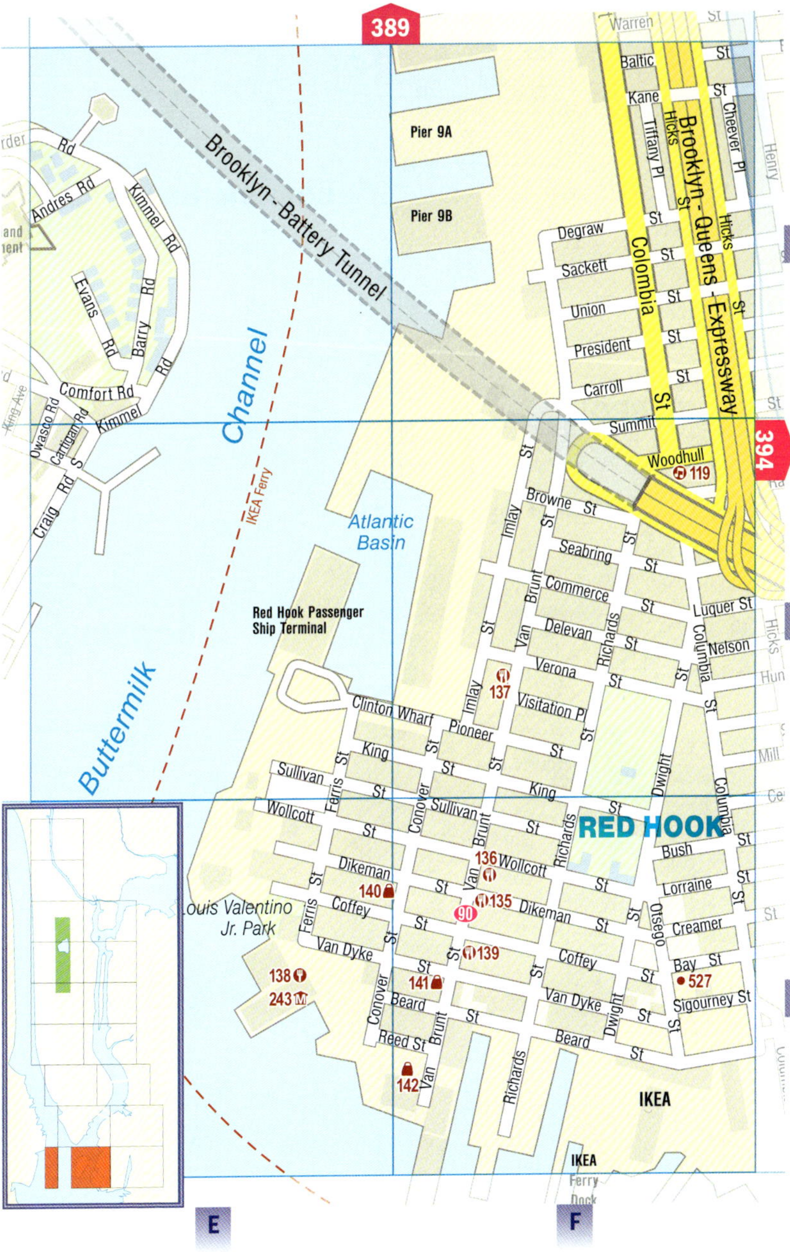
389
394
25
26
27
E
F
Brooklyn - Battery Tunnel
Buttermilk Channel
IKEA Ferry
Atlantic Basin
Pier 9A
Pier 9B
Red Hook Passenger Ship Terminal
Louis Valentino Jr. Park
RED HOOK
IKEA
IKEA Ferry Dock
Brooklyn - Queens - Expressway
Andres Rd
Kimmel Rd
Evans Rd
Barry Rd
Comfort Rd
Owasco Rd
Carrigan Rd
Craig Rd
Warren St
Baltic St
Kane St
Tiffany Pl
Hicks St
Cheever Pl
Henry
Degraw St
Sackett St
Union St
President St
Carroll St
Colombia St
Summit St
Woodhull St
Browne St
Imlay St
Seabring St
Commerce St
Delevan St
Verona St
Visitation Pl
Luquer St
Nelson St
Columbia St
Van Brunt St
Richards St
Clinton Wharf
Pioneer St
King St
Sullivan St
Wollcott St
Ferris St
Conover St
Dikeman St
Coffey St
Van Dyke St
Beard St
Reed St
Dwight St
Bush St
Lorraine St
Creamer St
Bay St
Sigourney St
Otsego St
119
137
136
135
90
139
140
141
142
138
243
527

0 1 cm = 150 m 300 m

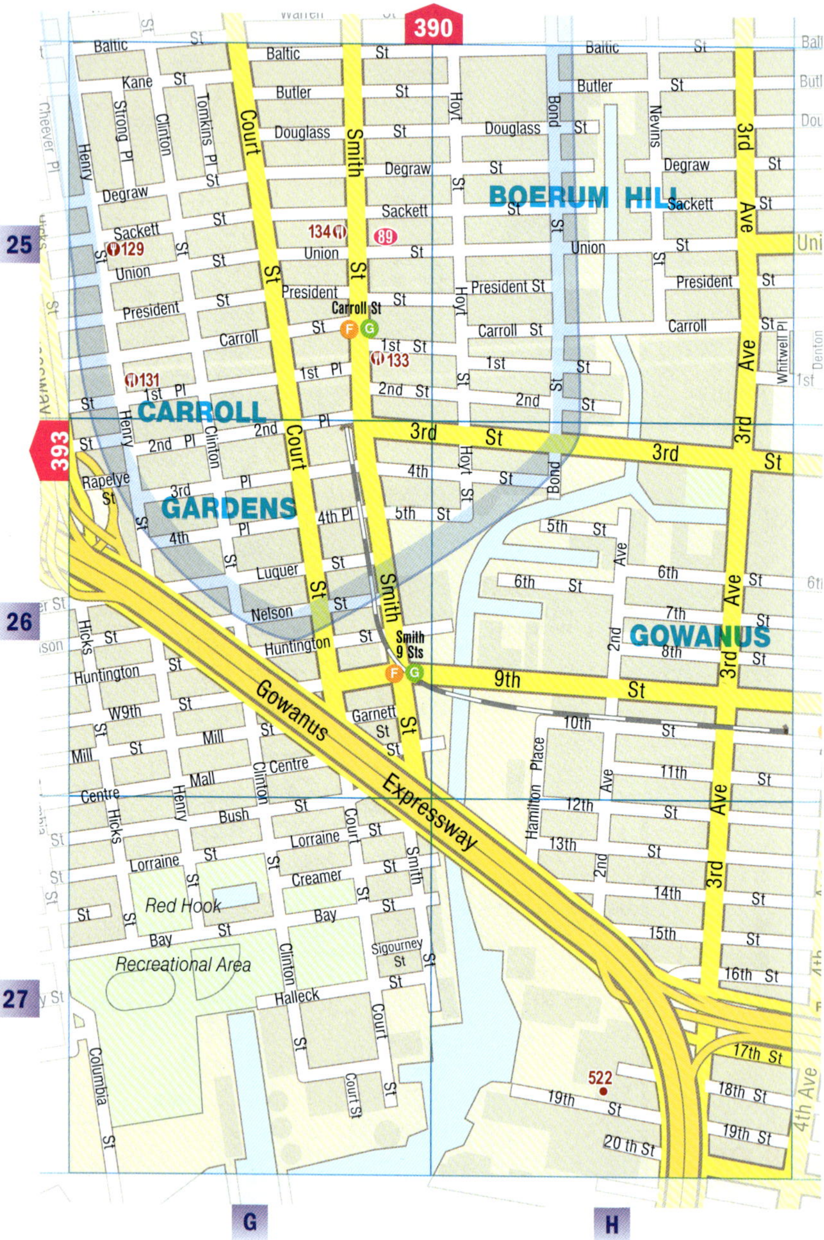

391
25
26
27
I
J
Park Pl
Sterling Place
St Johns Pl
Lincoln Pl
Berkeley Pl
170
Union St
President St
Carroll St
Place
1st St
2nd St
3rd St
4th St
5th St
6th St
7th St
8th St
9th St
10th St
11th St
12th St
13th St
14th St
15th St
16th St
17th St
18th St
19th St
Polhemus Pl
Fiske Pl
Garfield Place
Montgomery Pl
Sterling Pl
Butler Pl
Plaza St
St Johns Pl
Grand Army Plaza
2 3
Grand Army Plaza
Plaza St W
4th Ave
5th Ave
6th Ave
7th Ave
8th Ave
Prospect Park West
PARK SLOPE
WINDSOR TERRACE
Prospect Park
9th St
4th Ave
7th Ave
94
15th St Prospect Park
Prospect Ave
Prospect Expressway
Webster Pl
Jackson Pl
Calder Pl
Windsor Place
Windsor Pl
Howard Pl
Fuller Pl
10th Ave
Prospect Ave

Liste der Karteneinträge

Die Planquadrat-Spalten I und J befinden sich nicht auf dem Faltplan, sondern nur im City-Atlas.

441ny Abb.: NYC&Co@Tagger Yancey

Blick vom One World Observatory 2 nach Norden

Hier nicht aufgeführte Nummern liegen außerhalb der abgebildeten Karten. Ihre Lage kann aber wie die von allen Ortsmarken im Buch mithilfe der kostenlosen Web-App angezeigt werden (s. S. 406).

New York City mit PC, Smartphone & Co.

QR-Code auf dem Umschlag scannen oder **www.reise-know-how.de/citytrip-plus/nyc17** eingeben und die **kostenlose Web-App** aufrufen (Internetverbindung zur Nutzung nötig)!

- ★**Anzeige der Lage und Satellitenansichten aller** beschriebenen Sehenswürdigkeiten und touristisch wichtigen Orte
- ★**Routenführung** vom aktuellen Standort zum gewünschten Ziel
- ★**Exakter Verlauf** der empfohlenen Stadtspaziergänge
- ★**Audiotrainer** der wichtigsten Wörter und Redewendungen
- ★**Aktuelle Infos** nach Redaktionsschluss

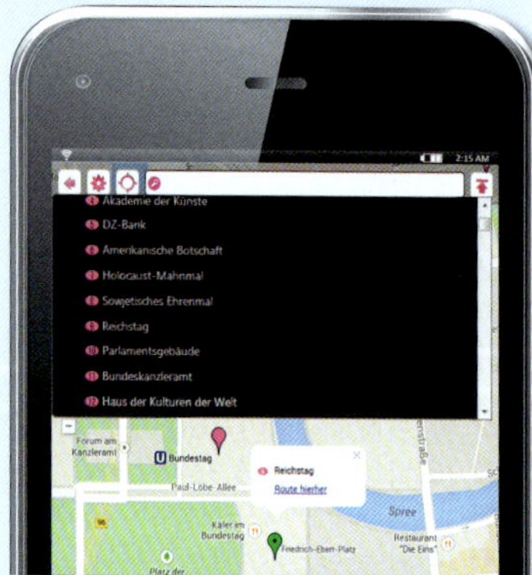

GPS-Daten zum Download

Auf der Produktseite dieses Titels unter www.reise-know-how.de stehen die GPS-Daten aller Ortsmarken als KML-Dateien zum Download zur Verfügung.

Stadtplan für mobile Geräte

Um den Stadtplan auf mobilen Geräten nutzen zu können, empfehlen wir die App „Avenza Maps" der Firma Avenza™. Der Stadtplan wird aus der App heraus geladen und kann dann mit vielen Zusatzfunktionen genutzt werden.

Unsere App-Empfehlungen zu New York City

- **iTrans NYC Subway** ($ 3,99 für iOS) und **MyTransit NYC** (gratis für Android): Apps zum Nahverkehr mit praktischen Tipps zu Linien und Fahrplänen sowie aktuellen Infos
- **Time Out New York:** Nützliche App des informativen Wochenmagazins mit Tipps zu Restaurants, Läden, Nightlive und Events (gratis für iOS und Android)
- **Broadway.org:** Infos über gerade laufende und geplante Broadway-Shows mit der Möglichkeit, direkt Tickets zu erwerben (gratis für iOS und Android)
- **NY Times:** App der New York Times mit Nachrichten und Veranstaltungshinweisen (kostenlos für iOS und Android)
- **m.nycgo.com:** Mobile Seite von New York City & Company, zum Beispiel mit Empfehlungen zu Gastronomie sowie Shopping und „what's nearby"-Funktion

Manhattan, Stadtbezirke

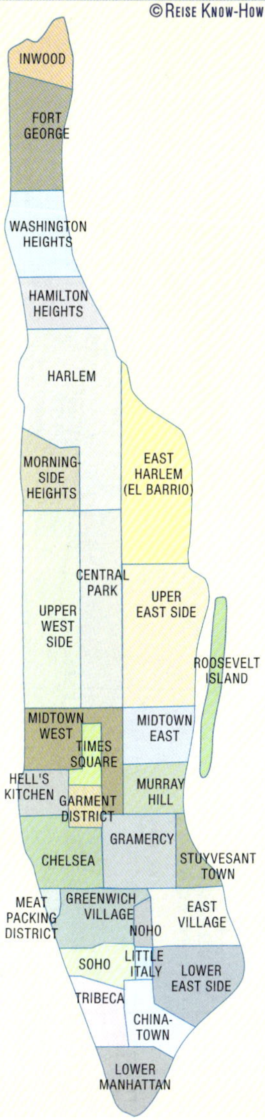

Legende der Karten- und Textsymbole

- 11 Hauptsehenswürdigkeit
- [D23] Verweis auf Planquadrat im City-Faltplan bzw. City-Atlas

- Arzt, Apotheke, Krankenhaus
- Bar, Bistro, Klub, Treffpunkt
- Bed and Breakfast
- Biergarten, Pub, Kneipe
- Café
- Galerie
- Geschäft, Kaufhaus, Markt
- Hotel, Unterkunft
- Imbiss
- Informationsstelle
- Jugendherberge, Hostel
- Museum
- Musikszene, Disco
- Postamt
- Restaurant
- Sehenswürdigkeit
- Sport-/Spieleinrichtung
- Sonstiges
- Theater
- vegetarisches Restaurant
- Weinlokal

- 6 Terminal (Endhaltestelle Subway)
- 6 Local Stop (Subway)
- A Express Stop (Subway)

- 3 Stadtspaziergang Nr. 3 (Spaziergänge siehe S. 40, S. 62 und S. 114)
- Shoppingareale
- Gastro- und Nightlife-Areale

i j k

14th St/ 8th Ave
14th St
14th St/ 6th Ave
14 St/ Union Sq
3rd Ave
1st Ave
Christopher St Sheridan Sq
W4th St/ Wash. Sq
8 St NYU
Astor Place
Houston St
Prince St
Spring St
Bleecker St
B'way/ Lafayette St
2nd Ave
Houston St
Williamsburg Bridge
Essex St/ Delancey St
Bowery
Grand St
East Broadway
Canal St
Franklin St
City Hall
Chambers St
Park Pl.
Chambers St
Brooklyn Bridge/City Hall
Manhattan Bridge
World Trade Cntr.
für Linie 1 zurzeit geschl.
Cortlandt St
Fulton St
Wall St
Broad St
Rector St
Bowling Green
Whitehall St
South Ferry
South Ferry
Brooklyn Bridge
High St
Clark St
Court St
Borough Hall
Jay St Metro Tech
York St
DeKalb Ave
Hoyt St
Hoyt-Schermerhorn Sts
Nevins St
Atlantic Ave/ Pacific St
Bergen St
Atlantic Ave
Fulton St
Lafayette Ave
Clinton Washington Avs
Classon Ave
Bedford Nostrand Avs
Myrtle Willoughby Avs
Flushing Ave
Lorimer St
Broadway
Hewes St
Marcy Ave
Bedford Ave
Metropolitan Ave
Lorimer St
Graham Ave
Grand St
Montrose Ave
Morgan Ave
Jefferson St
DeKalb Ave
Knickerbocker Ave
Myrtle/ Wyckoff Avs.
Central Ave
Myrtle Ave
Kosciusko St
Gates Ave
Canarsie/ Rockaway Pkwy
Jamaica Center Parsons/Archer JFK Airport
Ozone Park/Lefferts Blvd Rockaway Park/Beach 116 St/ Far Rockaway/Mott Ave/JFK Airport
WILLIAMSBURG
BUSHWICK
BEDFORD-STUYVESANT
Kingston Utica Ave
Throop Avs
Nostrand Ave
Franklin Ave
Crown Heights und Bedford-Stuyvesant
Crown Hts Utica Ave
Kingston Ave
New Lots Ave
Park Pl
Franklin Ave
Nostrand Ave
President St
Sterling St
Eastern Pkwy/ Brooklyn Museum
Botanic Garden
Prospect Park
Winthrop St
Church Ave
Beverley Rd
Flatbush Av Brooklyn College
FLATBUSH
Brighton Beach/ Coney Island
Beverley Rd
Church Ave
Park-side Ave
Fort Hamilton Parkwy
Church Ave
Coney Island/ Stillwell Ave
Prospect Park
Green-Wood Cemetery
BROOKLYN
RED HOOK
Carroll St
Union St
Grand Army Plaza
7 Ave
Brooklyn Museum
Smith 9 Sts
4th Ave
9th St
7th Ave
15th St Prospect Park
Prospect Ave
25th St
95th St Coney Island/ Stillwell Ave
Governors Island
Brooklyn-Battery Tunnel
Brooklyn Queens Expy
Prospect Expy
Holland Tunnel
Upper Bay
River
Liberty State Park
Ellis Island
Liberty Island
New Jersey Turnpike
Washington St
Luis Muñoz Marin St
Grand St
384
386
388
390
392
392
394
163
150
158
424
499
590
239
93
94
95
523
1cm = 750 m
0
2 km
©Reise Know-How 2017

a b c

i j k